GOD

EEN GESCHIEDENIS

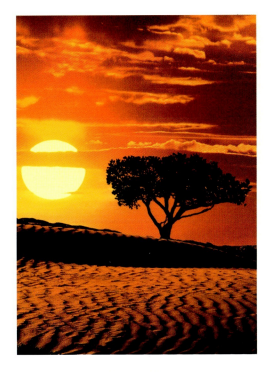

De woestijn
Uit *Inleiding*, blz. 27

Standaard Uitgeverij | Uitgeverij Het Spectrum

GOD

EEN GESCHIEDENIS

JOHN BOWKER

Yorubabeeld
Uit *Inleiding*, blz. 25

links
Nederige dienaar
Uit *India*, page 81

INHOUD

EEN DORLING KINDERSLEY BOEK

Uitgever Sean Moore
Ontwerp Tina Vaughan
Vormgeving Dirk Kaufman
Hoofdredacteur Chuck Wills
Productie Chris Avgherinos

Voor Dorling Kindersley geproduceerd door

studio cactus
13 SOUTHGATE STREET WINCHESTER HAMPSHIRE SO23 9DZ

Projectmanager Kate Grant, Mick Cady
Hoofd vormgeving Sharon Rudd
Projectredactie Donna Wood

Copyright © 2002 Dorling Kindersley Limited
Text Copyright © 2002 John Bowker

Vertaling
Joost Zwart en Jantsje Post
Redactie en opmaak
Asterisk*, Amsterdam

Oorspronkelijke titel
God, a brief history
© 2002 Dorling Kindersley Limited, London

Nederlandstalige uitgave
© 2003 by Standaard Uitgeverij nv, Belgiëlei 147 a, 2018 Antwerpen
www.standaarduitgeverij.be

Verantwoordelijke uitgever voor Nederland:
Uitgeverij Het Spectrum,
Montalbaendreef 2, 3562 LC Utrecht

Alle rechten voorbehouden. Niets uit deze uitgave mag worden verveelvoudigd, opgeslagen in een geautomatiseerd gegevensbestand, of openbaar gemaakt, in enige vorm of op enige wijze, hetzij elektronisch, mechanisch, door fotokopieën, opnamen, of enige andere manier, zonder voorafgaande toestemming van de uitgever.

ISBN 90 7120 693 9
NUR 700/680
D/2003/0034/311

VOORWOORD	6
INLEIDING	8
De dood van God	10
Verwerping van God	12
Beelden van God	14
Praten over God	16
Het ervaren van de wereld	18
Het ervaren van God	20
Fenomenologiey	22
God en normen en waarden	24
Dood en leven van God	26

DE AZTEKEN, UIT IN DEN BEGINNE, BLZ. 48

IN DEN BEGINNE	28
Inleiding en tijdbalk	30
Godin	32
De natuurlijke wereld	36
Symbool en teken	38
Muziek	40
Ritueel	42
Mythe	46
Offer	48
Architectuur	50
Kunst	52
INDIA	54
Inleiding en tijdbalk	56
Tamil Nadu	58
Indusvallei	60
Offer	62

Drie en een	64
K itiek op God	68
De woeste goden	72
Amitabha	74
Vroege filosofieën	76
Rama en *Ramayana*	78
Hanuman	80
De purana's	82
De upanishads	84
Filosofen	86
Vishnu	90
Krishna	94
Krishna en Radha	96
Vishnu en Krishna	98
Krishna en verering	100
Seks en Tantra	102
Shiva	104
De zonen van Shiva	108
Verering van Shiva	110
Godin en Shakti	116
Godin en God	118
Kabir	120
Sikhs	122
Geluid en klank	128
Mandala en yantra	130
Tempels van India	132
Pelgrimage	134
Kennis en liefde	136
Van Tagore tot Gandhi	138
DE GODSDIENSTEN VAN AZIË	140
Inleiding en tijdbalk	142
Orakelbeenderen	144
Tian	146
Confucius	148
Natuur en God	150
Tao te Tjing	152
Drie uit Een	154
De installatie van de goden	156
Boeddha's en bodhisattva's	158
Korea	160
Korea en Japan	162
Japan	164
Tempels en rituelen	168
Bergen	170

DE GODSDIENSTEN VAN ABRAHAM 172

Inleiding en tijdbalk
  voor het jodendom 174
De bijbel en God 176
God en Heer 178
De nederlagen van de goden ... 182
De toorn van God 184
De liefde van God 186
De heiligheid van God 188
Tempel, heiligheid en
  priesters 190
Offers en psalmen 192
De Babylonische ballingschap .. 194
Zarathustra 196
Na de ballingschap 198
De Heilige Schrift 200
Verandering en stabiliteit 202
Wijsheid 204
De schepping 206
Het Lijden 208
De rabbijnen 210
De synagoge 212
Liturgie 214
Kabbala 216
Maimonides 218
De Chassidiem 222
De holocaust 224

Priesters, uit De godsdiensten van Abraham, blz. 198

Laozi, uit De godsdiensten van Abraham, blz. 152

Inleiding en tijdbalk
  voor het christendom 228
Achtergronden 230
Paulus 234
Jezus 236
Het Nieuwe Testament 240
De persoon van Christus 242
Jezus en God 244
Drie in Een 246
Het Oost/West-debat 248
Duisternis en licht 250
De 'negatieve weg' 252
Het Keltische Christendom 254
Augustinus 258
Benedictus en Dominicus 262
Franciscus 264
Thomas van Aquino 266
Dante 270
De Weg van het Niet-Weten ... 274
Architectuur 276
Liturgie en theater 278
Muziek 280
Beeldende kunst 282
Iconen 286
Van Griekenland naar Rusland 288
Luther en Calvijn 290
Teresia en Johannes 292
Ignatius 294
John Wesley 296
Amerika 298
Oude overtuigingen in nieuwe
  kledij 304
God en mythe 308
De rede voorbij 310

Bevrijdingstheologie 312
Thealogie 314
Secularisatie 316

Inleiding en tijdbalk
  voor de islam 318
Mohammed 320
Het visioen in de grot 322
De Koran 324
Kalligrafie 326
Allah in de Koran 328
De macht van God 332
De Soefi's 334
Rabia 336
Al-Halladj 338
Ibn Arabi 340
De Vogelvergadering 342
Rumi 344
Soefi-orden 346
De Sharia 348
De moskee 350
Al-Farabi 352
Ibn Sina (Avicenna) 354
Al-Ghazali 356
Jihad en martelaarschap 360

TOT SLOT 362

Bibliografie 374
Register 382
Woord van dank 398

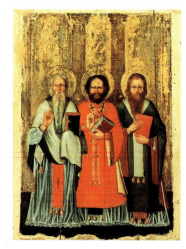

De Cappadociërs, uit De godsdiensten van Abraham, blz. 253

Voorwoord van de auteur

Dit boek was het idee van Sean Moore van Dorling Kindersley, die ook de bedenker was van de ondertiteltitel, die verwijst naar *A Brief History of Time* van Stephen Hawking. God en tijd hebben twee dingen gemeen: geen van beide bestaan op een manier die met het gezond verstand valt te begrijpen en beide spelen, voorzover wij weten, vanaf de vroegste geschiedenis een centrale rol in het menselijke bewustzijn.

Er heeft nooit een menselijke samenleving bestaan waarvan God geen deel uitmaakte en bijna altijd werd die God als controlerend en scheppend wezen gezien. Dat was zelfs het geval in maatschappijen die doelbewust seculier probeerden te zijn, zoals:

- de jonge Verenigde Staten, waar godsdienst en politiek bewust werden gescheiden (die scheiding van kerk en staat werd in 1902 ook aan de Filippijnen opgelegd);
- Turkije, waar in 1928 een amendement werd aangenomen waarmee het artikel 'de religie van de Turkse staat is de islam' uit de grondwet van 1924 werd geschrapt;
- Rusland en China, waar de marxistische kritiek op godsdienst staatsbeleid werd;
- India, waar ten tijde van de onafhankelijkheid een grondwet werd opgesteld die vrijheid van geweten en godsdienst garandeerde (artikel 25.1) en waarin men de Verenigde Staten zoveel mogelijk volgde in het scheiden van de staat van welke godsdienst dan ook.

God is in geen van deze landen verdwenen. Een volledige geschiedenis van God zou daarom zo ongeveer de geschiedenis van alles zijn – of zoals de schoolmeester opmerkt in het toneelstuk *Forty Years On* van Alan Bennett: 'God, wie Hij verder ook is en Hij is natuurlijk verder alles, is geen dwaas.'

Dit boek is uiteraard wat bescheidener. Het is geen volledige geschiedenis van alles wat men over God dacht en geloofde en ook geen verslag van alle verhalen die over God zijn verteld. In plaats daarvan bespreek ik hoe de mens zijn eigen ontdekkingen over God deed en hoe dat zijn idee over wie en wat God is heeft veranderd en hoe God werkelijkheid voor hem werd.

De hoofdstukken zijn min of meer chronologisch opgezet, maar soms bleek het overzichtelijker om een episode in één keer te behandelen (bijvoorbeeld het verhaal van de Sikhs tussen de Indiase godsdiensten of Korea en Japan als episode in de Aziatische godsdiensten) in plaats van de geschiedenis in stukjes op te delen volgens de data. Tijdlijnen en kaarten die relevant zijn voor de behandelde onderwerpen geven een beknopt overzicht van de gebeurtenissen en mensen, zodat de chronologie in een oogopslag duidelijk is. Ik heb ook geprobeerd het een en ander over geloofsopvattingen en -praktijken te verklaren, maar dit boek is geen geschiedenis van godsdiensten; daartoe kunt u terecht bij *An Illustrated History of Religions* (CUP, 2001). In *Een wereld van religies* (Lannoo, 1999) kijk ik via kunst en architectuur naar godsdienst; *The Oxford Dicionary of World Religions* (OUP, 1997) geeft aanvullende informatie over mensen, teksten en geloofsopvattingen en -praktijken die in dit boek aan de orde komen.

Dit boek begint met een inleiding waarin ik inga op de achtergronden van het geloven in God; geloven blijkt diep verankerd te zitten in hersenen en lichaam van de mens. Vervolgens komt een hoofdstuk met de titel *In den beginne*, dat de manieren behandelt waarop de mens heel vroeger het wezen en de betekenis van God onderzocht door middel van kunst, muziek, dans, architectuur, rituelen, seks, verhalen, offers en eerbied voor de natuur. Al deze oeroude thema's komen door het gehele boek heen steeds weer terug.

Vervolgens komt een aantal hoofdstukken over de manieren waarop het geloof in God begon en zich ontwikkelde in de belangrijkste religieuze tradities van de wereld, verdeeld over drie hoofdgroepen: de godsdiensten van India, van Oost-Azië en van (oorspronkelijk) het Midden-Oosten en de mediterrane wereld. Omdat die

VOORWOORD VAN DE AUTEUR

laatste groep (jodendom, christendom, islam) zich over de gehele wereld heeft verspreid, is het misschien beter om te spreken van de Abrahamische godsdiensten omdat in alle drie religies Abraham (Ibrahim in de islam) als stichter wordt beschouwd.

In de tekst heb ik de namen van mijn bronnen en andere aangehaalde boeken zo beknopt mogelijk gehouden: de auteur (of de titel van het boek) staat tussen haakjes vermeld met een verwijzing naar de relevante pagina's. Aanvullende informatie vindt u in de bibliografie.

Woorden en termen die mogelijk onbekend zijn, heb ik in de tekst geprobeerd te verklaren. De pagina waarop een term voor het eerst voorkomt is in het register vetgedrukt.

Hoewel elke godsdienst zijn eigen tijdrekening kent, worden in dit boek alle data gegeven volgens de christelijke jaartelling.

Dit boek had niet kunnen worden geschreven zonder de hulp van de vele personen die ik in het dankwoord zal noemen, maar mijn dank gaat bovenal uit naar twee mensen die dit boek werkelijkheid maakten: Sean Moore van Dorling Kindersley, die met het voorstel kwam – zijn kalme integriteit is een zeldzame gave - en mijn vrouw Margaret. Ik heb meer over God geleerd van haar gezelschap dan van wat dan ook: dit boek is van haar en is een uiting van dank en liefde.

De dichter en schrijver Thomas Hardy zei altijd dat 'een uitgebreide blik op het ergste' een noodzakelijke voorwaarde is voor een eerlijk oordeel over het leven. En over God, zou ik daaraan willen toevoegen, want er zit zoveel dwaasheid, slechtheid en commerciële exploitatie in alles wat de mens met God doet. Niettemin verbaast het me hoeveel mensen en hoeveel media in het geval van God *alleen* naar het slechte kijken en nooit naar de bliksminslag waarmee God de mens in een toestand van goedheid en genade brengt. Een gedicht van R.S. Thomas, geciteerd op blz. 317, eindigt met een pleidooi voor 'de betere ventilatie van de atmosfeer van de gesloten geest'. Ik hoop dat dit boek daarvoor kan zorgen.

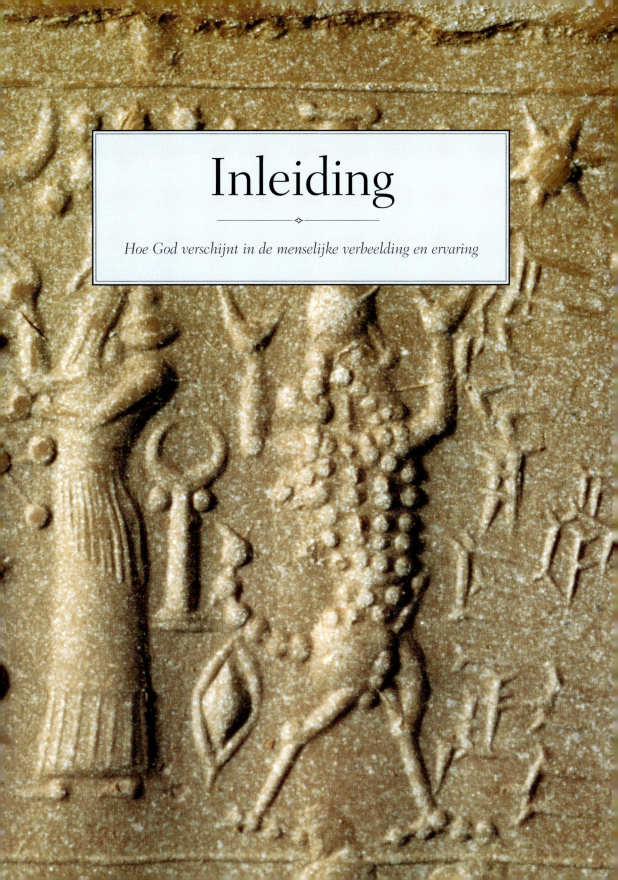

Inleiding

Hoe God verschijnt in de menselijke verbeelding en ervaring

De dood van God

In de stortkoker

De god Hadad
De Assyriërs vereerden verschillende goden die de mens tegen rampspoed zouden beschermen. Koning Esarhaddon (7e eeuw vChr.) werd beloofd: 'Ik geef u levenskracht zoals uw moeder die u baarde die schonk: de zestig grote goden staan aan mijn zijde en beschermen u.'
(Moscati 1960: 73)

De Amerikaanse journalist H.L. Mencken (1880-1956) hield in 1923 een herdenkingsdienst voor de goden, die, zoals hij het formuleerde, waren 'verdwenen in de stortkoker'. Hij vroeg zich af: 'Wat is er geworden van Sutekh, ooit de grote god van de gehele Nijlvallei? Wat is er geworden van:

Reseph	Isis	Anath	Ptah
Ashtoreth	Anubis	Baäl	Addu
Astarte	Shalem	Hadad	Dagon
El	Sharrab	Nergal	Yau
Nebu	Amon-Re	Ninib	Osiris
Melek	Sebek	Ahijah	Moloch?

Allemaal waren het ooit vooraanstaande goden. Velen van hen worden met angst en beven genoemd in het Oude Testament. Zij stonden vijf-, zesduizend jaar geleden op gelijke hoogte met Jahweh zelf; de ergsten stonden ver boven Thor. Toch zijn ze allemaal in de stortkoker verdwenen en samen met hen ook:

Bile	Juno Lucina	Ler	Saturnus
Arianrod	Furrina	Morrigu	Vediovis
Govannon	Consus	Pwyll	Kronos
Ogyryan	Enki	Dea Dia	Engurra
Gwydion	Belus	Manawyddan	Dimmer
Mu-ul-lil	Nuada Argetlam	Tagd	Uhargisi
Goibniu	Ubilulu	Odin	Gasan-lil
Llaw Gyffes	U-dimmer-an-kia	Lleu	Enurestu
Ogma	U-sab-sib	Mider	U-Mersi
Rigantona	Tammuz	Marzin	Venus
Mars	Bau	Ceros	Mulu-hursang
Vaticanus	Anu	Edulia	Beitis
Adeona	Nusku'		

De lijst gaat nog een pagina lang door. Dan vraagt Mencken: 'Waar is de begraafplaats voor dode goden? Welke rouwklager verzorgt hun graf? ... De mens zwoegde generaties lang om reusachtige tempels voor hen te bouwen – tempels van stenen zo groot als hooiwagens. Duizenden priesters, tovenaars, aartsdiakens, evangelisten, haruspices, bisschoppen en aartsbisschoppen hielden zich bezig met de interpretatie van hun grillen. Wie aan hen twijfelde stond de dood te wachten, meestal op de brandstapel. Legers trokken op om hen te verdedigen tegen de ongelovigen: dorpen werden platgebrand, vrouwen en kinderen werden afgeslacht, vee werd verdreven ... Ze waren goden met de hoogste status en waardigheid – goden van beschaafde volkeren – vereerd door miljoenen. Allemaal waren ze theoretisch almachtig, alwetend en onsterflijk. En allemaal zijn ze dood' (*Prejudices* 1958). Mencken voerde een lange oorlog tegen God: in het *Minority Report* (1997) omschrijft hij God als 'de onheuglijke toeverlaat van de incompetenten, de hulpelozen, de miserabelen. Zij vinden niet alleen een toevlucht in Zijn armen, maar ook een gevoel van superioriteit, troost voor hun uitgeholde ego want Hij plaatst hen boven hen die beter zijn.'

Mencken was lang niet de enige die 'de dood van God' verkondigde. Zijn vraag: 'Waar is de begraafplaats van de goden?' was al veertig jaar eerder beantwoord door een nog grotere tegenstander van God, Friedrich Nietzsche (1844-1900). In *De vrolijke wetenschap* (1887) beschrijft Nietzsche een krankzinnige die op een mooie ochtend het marktplein oprent onder het schreeuwen van: 'Ik zoek God, ik zoek God!

Verscheidene mensen die geen geloof hadden, zagen dit en barstten in lachen uit. "Is hij dan de weg kwijt?" zei er een. "Is hij verdwaald als een kind?" sprak iemand anders. "Of heeft hij zich verstopt? Is hij bang voor ons? Is hij op reis gegaan? Is hij verhuisd?" Zo riep men lachend. De krankzinnige sprong tussen de mensen in en keek met zijn blik dwars door hen heen. "Waar God gebleven is?" schreeuwde hij, "ik zal het jullie vertellen: we hebben hem gedood – u en ik." Men zegt dat de krankzinnige diezelfde dag een aantal kerken bezocht en daar zijn *requiem aeternam deo* zong. Toen hij ter verantwoording werd geroepen, zou hij hebben geantwoord: "Wat zijn deze kerken anders dan de graftomben van God?"'

Nietzsche schreef dat de dood van God 'een recente gebeurtenis' was; in de negentiende eeuw twijfelden veel mensen aan het bestaan van God. Maar die twijfel, met de dood van God als mogelijke uitkomst, is iets van alle eeuwen en bijna alle delen van de wereld. We zien die twijfel in India met de opkomst van de jaina's en boeddhisten (*blz. 69-71*), bij sommige joden (*blz. 225*) en in China bij de naturalisten (*blz. 150*).

Eredienst in Assyrië
Deze rolzegel uit de 9e/8e eeuw vChr. beeldt een eredienst uit. De Assyriërs vormden tussen 1900 en 612 vChr. een grootmacht in Mesopotamië en Voor-Azië. Hun hoofdgod was Asshur, maar daarnaast werden ook andere goden en godinnen vereerd.

Verwerping van God

Argumenten voor het atheïsme

> 'Diagoras de Atheïst bezocht eens de stad Samothrace, waar een vriend tegen hem zei: "Denk je dat de goden niet om de mensen geven? Kijk eens naar al deze votiefafbeeldingen, je kunt dan zien hoeveel mensen aan de woede van een storm op zee zijn ontsnapt door tot de goden te bidden, die hen vervolgens veilig aan land hebben gebracht." "Ik zie het," zei Diagoras, "maar waar zijn de afbeeldingen van al die mensen die schipbreuk leden en in zee zijn verdronken?" Een andere keer was hij op zee toen de bemanning zich zorgen begon te maken vanwege een naderende storm; iemand mopperde dat men zijn verdiende loon kreeg voor het aan boord nemen van een atheïst. Diagoras wees toen op een aantal andere schepen die dezelfde koers voeren en die ook in moeilijkheden verkeerden en vroeg of elk van die schepen een Diagoras op de passagierslijst had staan. Het is een feit dat het karakter van een man of zijn manier van leven geen invloed heeft op zijn geluk of ongeluk.'
>
> (Cicero 3.89)

Ludwig Feuerbach
Feuerbach (1804-1872) zei dat 'God' een projectie is van de hoogste idealen van de mens, het beste wat hij zich kan voorstellen. Theologie (denken over God) is dus eigenlijk antropologie (het beste waar we op kunnen hopen in het menselijke leven).

DE DOOD VAN GOD is niet ongewoon. Over de gehele wereld sterft God elke generatie opnieuw. In de mediterrane oude wereld was Diagoras een kenmerkend voorbeeld van iemand die het bestaan van God ontkende – Athenagoras (2e eeuw nChr.) schreef: 'Hij hakte een houten beeld van Herakles in stukjes om zijn rapen op te koken en verklaarde luidkeels dat God niet bestond.' Cicero (1e eeuw vChr.) gebruikte hem als voorbeeld *(kader links)*.

Maar waarom sterft God steeds weer opnieuw? In het algemeen kunnen we de redenen in drie groepen verdelen. De eerste groep bestaat uit *verwerpingen*. De criticus kijkt naar beweringen over God en stelt vervolgens dat die niet coherent, niet substantieel of onwaar zijn – bijvoorbeeld de stelling dat God de aarde letterlijk in zes dagen schiep, terwijl het bewijsmateriaal dat in de loop der eeuwen is verzameld, aantoont dat het ontstaan veel langer duurde; of neem de stelling dat God liefde is, terwijl het lijden van zoveel mensen en het lot van zoveel dieren (voor een groot deel onverdiend) niet op liefde wijst. Dit is het probleem dat 'theodicee' wordt genoemd (van het Griekse *theos*, 'god' en *dike*, 'rechtvaardigheid'): als God, zoals men beweert, almachtig is en vervuld van liefde, waarom schept Hij dan niet een wereld waarin liefde voorkómt dat er onterecht lijden bestaat? God is dus óf niet almachtig óf niet vervuld van liefde. De mensen die God verwerpen wijzen ook op de dingen die mensen in naam van God doen en die niet bepaald wenselijk zijn – bijvoorbeeld oorlog voeren of de onderwerping van de vrouw aan de man goedpraten.

De tweede groep redenen om God dood te verklaren bestaat uit *reducties*: de mensen geloven in God, maar de reden waarom ze dat doen heeft niets te maken met de mogelijkheid dat God bestaat. Zo beweert H.L. Mencken *(blz. 11)* bijvoorbeeld dat mensen in God geloven omdat ze zelf tekortschieten en troost of macht over anderen zoeken en dat alleen via God voor elkaar kunnen krijgen. Dat is een vorm van projectie (iets buiten onszelf creëren dat onze diepste behoeften bevredigt en dat vervolgens als reëel beschouwen, ook al bestaat het niet echt). Meer mensen zagen God als projectie, bijvoorbeeld Feuerbach (1804-1872) *(bijschrift links)*, Sigmund Freud (1856-1939) en vooral Karl Marx (1818-1883), die ervan overtuigd was dat 'God' niets anders is dan het middel waarmee de

VERWERPING VAN GOD

vervreemding tussen de diverse klassen in de maatschappij in stand wordt gehouden: 'God' wordt gebruikt om de ongelijkheid in de maatschappij te rechtvaardigen en om de werkende klasse op haar plaats te houden. Reductionistische argumenten kunnen meestal zelf gereduceerd worden tot 'niets meer dan' – dat wil zeggen, God is niets meer dan... De bioloog Richard Dawkin is een recent voorbeeld van een reductionist: deze wetenschapper stelt dat God niets meer is dan een virus dat het ene stel hersenen na het andere infecteert met schadelijke informatie.

De derde groep redenen bestaat uit *weerleggingen*: men kijkt naar de argumenten die voor het bestaan van God worden aangevoerd en weerlegt die vervolgens. Een klassiek voorbeeld van argumenten voor het bestaan van God zijn de vijf godsbewijzen van Thomas van Aquino (*blz. 267*), die we ook in andere godsdiensten tegenkomen. Vaak werd een vroege vorm van het argument weerlegd, waarna iemand het bijstelde, waarna het opnieuw werd weerlegd enzovoort. Sommige argumenten voor het bestaan van God zijn definitief weerlegd en worden niet langer verfijnd, maar veel andere zijn nog steeds onderwerp van discussie en zullen dat in de toekomst ook blijven. Niet alle argumenten voor het bestaan van God zijn definitief weerlegd. De discussie gaat voort.

Feit blijft dat dergelijke argumenten niet tot een eindoordeel kunnen leiden, want wát God ook is (als God al iets is), God is in ieder geval heel wat meer dan de conclusie van een argument. Argumenten kunnen wel iets zeggen over de waarschijnlijkheid dat God bestaat (of niet) en aantonen dat allerlei verschijnselen in een universum als het onze (en we hebben nog geen ander om het mee te vergelijken) veel meer hout snijden als God bestaat. Maar als God bestaat, waarom lopen de woorden over God dan zo uiteen en waarom lijken ze zo vaak alleen een uitvergroting van onszelf te zijn?

Dat was ook de vraag van het kleine zwarte meisje (*blz. 14*).

Theodicee
De stelling dat God almachtig is en vervuld van liefde valt moeilijk te accepteren in het licht van onverdiend lijden van bijvoorbeeld hongerende kinderen. Soms wordt het kwaad door de mens veroorzaakt, maar vaak is het ook het gevolg van natuurlijke gebeurtenissen waarover de mens geen controle heeft.

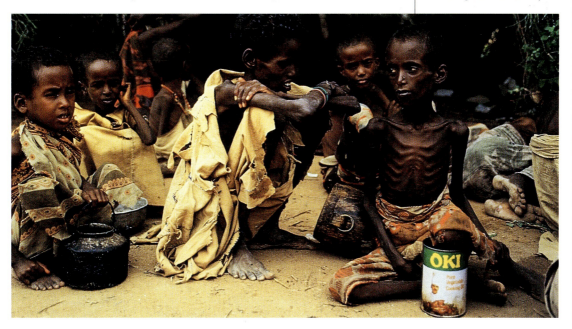

INLEIDING

Beelden van God

Veranderingen in het beeld van God

Shaw over Christus
'Waarom testen we het christendom niet eens? *Een niet te beantwoorden vraag na 2000 jaar keuze voor: "Niet deze man, maar Barabbas..." "Deze man" mag nog geen mislukkeling worden genoemd, want niemand was zo verstandig zijn weg te volgen.*'
(Androcles en de leeuw).

HET KLEINE ZWARTE MEISJE vroeg aan de missionaris die haar had bekeerd: 'Waar is God?' 'Hij heeft gezegd: "Zoekt en gij zult vinden",' antwoordde de missionaris. Zo begint het boek *De avonturen van het kaffermeisje op zoek naar God* van de Ierse toneelschrijver George Bernard Shaw (1856-1950). Het meisje neemt het advies letterlijk: zij pakt een knuppel om alle valse afgodsbeelden mee stuk te slaan en gaat op zoek. Op haar reis ontmoet ze mensen die allemaal iets anders beweren over het wezen van God *(kader onder)*. Aan het einde van haar tocht ontmoet het kleine zwarte meisje Voltaire, die zijn tuintje verzorgt *(bijschrift rechts)*. Voltaire beëindigt zijn *Candide* met de conclusie dat er maar één 'antwoord' is en dat is doen wat we kunnen, onze eigen tuin verzorgen: *'Il faut cultiver notre jardin.'*

Shaw zei dat 'God' nergens een antwoord op is, want de mens heeft de ideeën over God keer op keer aangevallen en veranderd, zodat 'God' buiten onze eigen ideeën geen realiteit meer heeft: 'De bijbel is wetenschappelijk in elk opzicht achterhaald, maar blijft interessant als verslag van hoe de kijk op God zich ontwikkelde, vanaf de eerste poging van de beschaafde mens om bestaan, oorsprong en doel van alles waarvan wij ons bewust zijn te verklaren:

HET KLEINE ZWARTE MEISJE

Tijdens haar zoektocht naar God ontmoet het kleine zwarte meisje achtereenvolgens:

✦ **DE HERE DER HEERSCHAREN**, die offers en bloed eist.
✦ **DE SCHEPPER UIT HET BIJBELBOEK JOB**, die haar niet kan vertellen waarom er zoveel in de schepping verkeerd is.
✦ **DE FILOSOOF UIT HET BIJBELBOEK PREDIKER**, die nergens meer betekenis in ziet, behalve in het genieten van de goede dingen des levens.
✦ **DE PROFEET MICHA**, die de God hekelt die offers eist.
✦ **DE PSYCHOLOOG PAVLOV**, die haar vertelt dat God een geconditioneerde reflex is.
✦ **EEN ROMEINSE SOLDAAT**, die zegt dat God hetzelfde is als de macht van het keizerrijk.
✦ **JEZUS**, die zegt dat God ín haar is.
✦ **DE APOSTEL PETRUS**, die de kerk op zijn rug draagt en metgezellen heeft die 'kleinere en meestal veel lelijker kerken dragen' – en allen het kleine zwarte meisje verzekeren dat hun versie van God de enig juiste is.
✦ **JODEN**, die wachten op de Messias.
✦ **DE KARAVAAN DER NIEUWLICHTERS**, die het geloof hebben omgeruild voor het begrip natuurlijke selectie: voor hen is God een fabel.
✦ **EEN MOSLIM**, die gelooft dat God Allah is: het wezen van de mens is veelvuldig; alleen Allah is één ... hij is de binnenste kern van de ui, het onstoffelijke centrum dat het lichaam mogelijk maakt. Hij is het aantal van het oneindige aantal sterren, het gewicht van de onweegbare lucht, de – 'U bent een dichter, hoor ik,' zei de beeldenmaker. De Arabier die op deze manier werd onderbroken, kreeg een vuurrode blos van woede, hij sprong op en trok zijn kromzwaard. 'Durft u mij een ordinaire versjesmaker te noemen?' riep hij.

BEELDEN VAN GOD

de kinderlijke verering voor een donderende, aardbevingen veroorzakende, hongersnoden rondstrooiende, met blindheid en doofheid slaande, moordende, verwoestende almachtige boeman, schepper van dag en nacht, zon en maan, van de vier seizoenen en het wonder van zaaien en oogsten ontwikkelde zich tot het ideaalbeeld van een goede wijze en rechtvaardige rechter, een liefhebbende vader, dat verder evolueerde tot het onstoffelijke woord dat nooit meer vlees werd, waarna ten slotte de moderne wetenschap en de filosofie het probleem aanpakten met hun *Vis Naturae*, hun *Élan Vital*, levenskracht, evolutionaire eetlust, de nog abstractere categorische imperatief en wat al niet meer'.

Shaw wilde hiermee zeggen dat de mens God altijd naar zijn evenbeeld schept. Voltaire merkte al op dat God de mens naar zijn evenbeeld schiep (Genesis 1:26-27) en dat de mens het compliment retourneerde. Zijn tijdgenoot Montesquieu (1689-1755) schreef: 'Als driehoeken een God hadden, zou die God drie zijden hebben.' Dit is een observatie die ten minste teruggaat op de Griekse filosoof Xenophanes (6e-5e eeuw vChr.):

> 'Ossen, leeuwen en paarden zouden als ze handen hadden hun goden naar hun eigen vorm modelleren en ze een lichaam geven als het hunne.'
>
> (Fragment 15)

De Engelse dichter Rupert Brooke (1887-1915) leverde hier met zijn gedicht *Hemel* een fraaie variant op *(kader rechts)*. Onze woorden over God lijken altijd aan die beperking te zijn onderworpen. Cultuurrelativisme is de technische term – ons beeld van God is gerelateerd aan de ideeën en woorden die in een bepaalde periode in een bepaalde culturele context beschikbaar zijn. Dat geldt zelfs voor woorden die men als openbaring beschouwt en waarin God wordt gehoord en gelezen. Indiase Sikhs (maar ook anderen) eerbiedigen hun heilige Boek alsof het God op aarde is *(blz. 126)*, maar ze maken niet de vergissing te denken dat deze heilige schrift ook werkelijk God is. De zelfopenbaring van God moet wel plaatsvinden (áls ze plaatsvindt) in woorden die mensen kunnen begrijpen en die woorden horen per definitie bij bepaalde mensen, perioden en talen. Dus als God alleen beschreven kan worden in termen van ons evenbeeld, terwijl dat beeld van generatie op generatie enorm verandert, hoe kunnen wij dan iets werkelijk onafhankelijk betrouwbaars zeggen over God?

> 'Vissen hebben hun rivier en ander nat;
> Maar is er meer dan dat? ...
> Vaag weten we, in vertrouwen roepen we hoog,
> De toekomst is niet helemaal droog.
> En daar (zo geloven ze) zwemt er Een
> Die zwom vóór er rivieren waren om ons heen,
> Immens, in vissige vorm en geest gehuld,
> Grootmoedig, almachtig en van liefde vervuld;
> En onder die almachtige vin,
> Komt ook de kleinste vis erin ...
> En in die hemel waar elke wens vervuld is,
> Zal er geen land meer zijn, zo zegt de vis.'
>
> (Rupert Brooke 1963: 35-36)

Voltaire

Voltaire (1694-1778) schreef zijn toneelstuk Candide *na de aardbeving in Lissabon van 1755 als aanval op de stelling dat onder Gods opperheerschappij 'alles goed is in deze beste van alle mogelijke werelden'.*

Praten over God

Een aanhoudend correctieproces

GEORGE BERNARD SHAW zei dat ons beeld van God zo vaak is veranderd dat er nog maar weinig over is van wat men ooit over God geloofde; hij beweerde zelfs dat er van God niets meer over is. Maar het feit dat we ergens niet adequaat over kunnen praten, wil nog niet zeggen dat er niets *is* om over te praten. Wetenschappers kunnen niet adequaat over het heelal praten, maar dat wil nog niet zeggen dat er niets over te zeggen valt. Wetenschappers corrigeren aanhoudend de dingen die zij over bepaalde eigenschappen van het heelal zeggen. De corrigeerbaarheid van de wetenschap heeft in het verleden geleid tot talrijke correcties, zo veranderden de absolute ruimte en tijd van Newton door de relativiteitstheorie van Einstein en de kwantummechanica van Bohr.

Een belangrijk punt hierbij is dat Newton het niet opeens helemaal 'fout' had; de oude theorie blijft geldig (in het soort tijd en ruimte waarin de mens leeft), want ze is betrouwbaar voor veel praktische doeleinden. Maar bepaalde beweringen over het heelal zijn volledig onjuist gebleken, ook al werden ze generaties lang als zeker en noodzakelijk beschouwd. Flogiston, calorische warmte, ether; allemaal zaken waarvan men dacht dat ze bestonden. Ze werden noodzakelijk geacht om processen als verbranding en de voortplanting van licht te kunnen verklaren. 'Alle ruimte,' zo schreef Newton, 'is doordrongen van een elastisch medium, de ether, waarin geluidstrillingen kunnen worden doorgegeven, maar met veel grotere snelheid.' Maar de aannamen moesten weer worden verworpen; de onbekendheid van de termen bewijst hoezeer ze in de vergetelheid zijn geraakt.

Het is niet moeilijk om meer voorbeelden van de corrigeerbaarheid van de wetenschap te vinden: er was een tijd waarin men dacht dat de aarde stilstond en zich ergens in het centrum van het universum bevond; dat insecten, muizen, vissen en kikkers spontaan genereerden uit rottend organisch materiaal; dat het bloed door twee stelsels stroomde, het veneuze en arteriële, en via onzichtbare poriën in het tussenschot van het hart en via anastomosen – piepkleine openingen tussen de aderen en slagaderen – van het ene stelsel in het andere stroomde. Het waren, zoals Mencken zou zeggen (*blz. 10*), wetenschappelijke entiteiten van het hoogste belang en ze zijn allemaal in de stortkoker beland.

We trekken hier vervolgens niet de conclusie uit dat we de wetenschap niet langer kunnen vertrouwen omdat ze haar opvattingen zo vaak heeft aangepast. Het omgekeerde is eerder waar: omdat de wetenschap openstaat voor correcties en handelt over wat we kunnen zeggen over de dingen is ze betrouwbaar, ook al blijkt ze over bepaalde onderwerpen fout te hebben gezeten. Wat wetenschappers zeggen is dus ongeveer, voorlopig, corrigeerbaar, feilbaar en vaak fout, maar ze zitten *fout over iets*. Geen enkele wetenschapper kan definitief en met volstrekte zekerheid zeggen hoe het

Newtons wetten
Het succes van satellieten en ruimteschepen getuigt van de blijvende geldigheid van de wetten van Newton, ook al is zijn zienswijze over het universum op diverse gebieden achterhaald door de (eveneens incomplete) inzichten uit de kwantummechanica.

universum in elkaar steekt, maar wat in het universum aanwezig is, maakt benaderingen en veranderende beelden met een zekere mate van betrouwbaarheid mogelijk. Wetenschappers construeren dus *voorlopige* beelden van het universum en van onszelf op grond van bewijzen die uit de ervaring voortkomen en veelal experimenteel verkregen zijn. Maar die kennis is lang niet allemaal op directe observatie gebaseerd: niemand kan neutrino's direct waarnemen of de evolutie zien die miljoenen jaren geleden plaatsvond. Maar met behulp van 'abductieve redenering' *(blz. 266)* concluderen wetenschappers uit bepaalde eigenschappen (of bewijzen) van wat *wel* gezien kan worden de (voorlopige) waarheid van neutrino's en evolutie.

De voorgaande overwegingen gelden ook min of meer voor God. Wat de mensen over God zeggen is onvermijdelijk benaderend, voorlopig, corrigeerbaar en vaak fout, want 'niemand heeft ooit God gezien' (Johannes 1:18). Waarom niet? Omdat God niet een object is zoals andere objecten in het universum die toegankelijk zijn voor observatie. Via abductieve redeneringen kunnen we uit onze ervaring van het universum en onszelf tot de conclusie komen dat God *is*. Dat betekent dat God *direct* ervaren (als aanwezig voor ons), maar niet *rechtstreeks* geobserveerd kan worden *(zie ook blz. 20)*.

Op basis van ervaring en redenatie heeft de mens het voorlopige beeld van God voortdurend gecorrigeerd en veranderd; net als bij flogiston bleken sommige dingen die over God werden beweerd gewoon fout te zijn *(bijschrift rechts)*. We corrigeren bijvoorbeeld nu de opvatting dat God mannelijk is: in dit boek wordt daarom het mannelijke persoonlijk voornaamwoord niet voor God gebruikt, afgezien van in citaten.

Dat betekent echter nog niet dat God er niet is en niet besproken kan worden. Het beeld van God is wat dat betreft goed vergelijkbaar met het beeld van de wetenschap van het universum: het is benaderend, voorlopig, corrigeerbaar en vaak verkeerd. Maar de mogelijkheid blijft onverkort bestaan dat het *verkeerde uitspraken zijn over Iemand*. Niemand kan definitief en volledig zeggen hoe God is, maar de lange betrokkenheid bij God, op vele manieren zoals beschreven in dit boek, heeft het menselijke inzicht gefilterd en gezeefd. Dat is het gevolg van het feit dat de mens voldoende van God heeft ontdekt om een benaderend en veranderend beeld van Hem te kunnen schetsen dat betrouwbaar is als basis voor de benadering van God in gebed en andere vormen van eredienst. Het ervaren van de wereld leidt tot de erkenning van God.

God schiep Adam
De traditionele opvattingen over God worden voortdurend aangepast en gecorrigeerd. God wordt niet langer gezien als een oude man met een lange witte baard die op een wolk enkele duizenden meters boven de aarde zweeft. Traditionele symbolen blijven echter krachtig aanwezig in de menselijke verbeelding, niet alleen in de kunst en poëzie, maar ook in gebed en eredienst.

Het ervaren van de wereld

De menselijke reactie

The Grand Canyon
In de indiaanse mythologie is deze kloof het pad dat Ta-Vwoats maakte toen hij een rouwend opperhoofd meenam om diens vrouw te bezoeken in de geestenwereld. Het was een plek van angst totdat er een rivier doorheen werd gelegd als barrière tegen boze invloeden.

Bill Bryson (1951) reisde voor zijn boek *Het verloren continent* kriskras door het landelijke Amerika en besloot ook de Grand Canyon te bezoeken. Toen hij daar arriveerde, hing er een dikke mist. Desondanks wandelde hij naar een bekend uitzichtpunt aan de rand van de canyon:

'Ik kwam na een tijdje lopen bij een rotsplateau aan de rand van de canyon. Ik keek naar beneden, maar alles wat ik zag was een grijze soepachtige massa. Er verscheen nog een echtpaar van middelbare leeftijd en terwijl we wat praatten over hoe teleurstellend het uitzicht was, gebeurde er iets wonderbaarlijks: de mist scheurde uiteen, de wolken trokken weg als een toneelgordijn dat opengaat en opeens zagen we dat we op de rand van een loodrechte, duizelingwekkende rotswand van minstens driehonderd meter hoog stonden. "Jezus!" zeiden we en deden snel een stap naar achteren; overal langs de canyon hoorden we als een echo andere bezoekers "Jezus!" zeggen, alsof er een boodschap werd doorgegeven. Vervolgens was er een langdurige stilte, die alleen werd doorbroken door het zachte schuiven van sneeuwmassa's, want voor ons lag het indrukwekkendste uitzicht op aarde en dat sloeg ons met stomheid.'

Wat gebeurde er op dat moment in het brein en het lichaam van Bill Bryson? De externe receptoren in zijn ogen en oren gaven zintuiglijke boodschappen door aan specifieke delen van de thalamus, waar de

---

DE LANGE EN DE KORTE ROUTE
Hoe de hersenen zintuiglijke prikkels omzetten in gevoelens en reacties.

✣ **DE LANGE ROUTE**: hierbij sturen de hersenen de binnenkomende prikkels via de hersenschors, waar de informatie wordt geëvalueerd, naar de amygdala. Hoewel dit proces uiterst snel verloopt, is er een kort moment van nadenken voordat de emoties opkomen.

✣ **DE KORTE ROUTE**: in sommige omstandigheden (zoals bij het zien van een slang in aanvalshouding) kan even nadenken de dood betekenen. De hersenen nemen dan de korte route van de thalamus naar de amygdala, die onmiddellijk tot handelen aanzet.

binnenkomende signalen werden verwerkt: het resultaat daarvan ging naar gespecialiseerde delen van de hersenschors. In de hersenschors werd vervolgens uitgezocht wat er aan de hand was en een waarschuwing ging uit naar een ander deel van de hersenen, de amygdala, om de passende reacties in het lichaam in gang te zetten. Het directe zien en horen van de externe wereld om hem heen werd zodanig geïnterpreteerd dat hij angstig een pas naar achteren deed en een overweldigend gevoel van schoonheid ervoer.

Dit is een sterk vereenvoudigd beeld en bovendien staat het onderzoek naar de hersenwerking nog in de kinderschoenen. We weten echter wel dat de manier waarop ons brein en ons lichaam reageren op gevoelens en emoties over wat er binnen en buiten ons gebeurt absoluut fundamenteel is, niet alleen voor ons overleven, maar ook voor wat we zijn als mens. We nemen de wereld niet waar als een camera, die mechanisch alles vastlegt wat de lens passeert, maar als mensen die reageren met interpretaties en gevoelens en die daardoor de wereld en zichzelf *ervaren*. Deze ervaringen komen vaak voort uit het direct zien van de wereld *(kader rechts)*.

Natuurlijk kunnen onze directe emoties de plank misslaan. Als we erover nadenken komen we misschien tot de conclusie dat er geen reden is voor angst en als de emoties later optreden, ontdekken we bijvoorbeeld dat iets wat eerst heel saai leek eigenlijk heel ontroerend is. Dat betekent dat de hersenen zintuiglijke input (wat we zien, horen, aanraken enzovoort) aan onze gevoelens en reacties relateren op twee manieren die de lange en de korte route worden genoemd *(kader linksonder)*. De gevoelens en ervaringen die ons tot mens maken en ons in leven houden kunnen op een heel directe manier ontstaan, of treden pas op na een proces van denken en bespiegeling. Door dat tweede proces kunnen we uit onze emoties een wereld van verbeelding opbouwen: we schrijven boeken en gedichten, we componeren muziek of maken schilderijen.

We zien echter nooit 'angst' of 'schoonheid' als zodanig. We ervaren (zien, horen enzovoort) zaken die bepaalde signalen bevatten die de diverse emoties in ons opwekken. Deze signalen zouden we 'aanleidinggevende eigenschappen' kunnen noemen: eigenschappen die leiden tot een specifieke emotionele respons. Wanneer mensen naar een horrorfilm kijken, kunnen zij echte angst ervaren omdat de regisseur in zijn film bewust heeft gebruikgemaakt van aanleidinggevende eigenschappen die de emotie angst oproepen. Met God is het precies zo: we zien 'God' niet, we zien bepaalde aanleidinggevende eigenschappen in de wereld om ons heen en in andere mensen die leiden tot de emotie en respons van ontzag, verwondering, eerbied, dankbaarheid – en tot op zekere hoogte angst. Rudolf Otto (1869-1937) omschreef het gevoel als *mysterium tremendum fascinans et augustum*, een overweldigend mysterie dat ontzag opwekt, maar dat ook aantrekt. Het is een emotie of gevoel van de aanwezigheid van een transcendent en eerbied opwekkend 'Anders', dat toch ook op een persoonlijke manier aanwezig is en dat ons naar een alsmaar dieper ervaren relatie leidt. Het betreft hier dus een gevoel van diepe betekenis en bestemming: het natuurlijke 'voelen' van God.

De Britse dichter Norman Nicholson vertelde dat hij eens in het Ruskin museum in het Lake District stond toen er twee kinderen binnenkwamen die naar een vitrine met mineralen liepen. Een van hen wees op 'een vreemd stuk kwarts, goudkleurig, glanzend en grillig gevormd als een Chinese hagedis: "Dat is mijn favoriet," zei de een. "Ontzettend mooi," zei de ander' (Nicholson 1955: 194). Dat is een voorbeeld van iets zien dat direct de ervaring van schoonheid oproept.

Schoonheid ervaren
Wanneer we naar iets moois kijken, ervaren we niet zozeer 'schoonheid' als wel bepaalde aanleidinggevende eigenschappen die de geëigende respons oproepen.

Het ervaren van God

Een fundamenteel bewustzijn

Rodin en Rilke
De dichter Rilke had zoveel bewondering voor het werk van Rodin (afbeelding), dat hij in 1902 bij hem in de leer ging om in woorden de kracht van Rodins werk te kunnen uitdrukken: 'Maar zo nu en dan gaat het doek van het ooglid geluidloos op – Een beeld gaat naar binnen, Gaat door de stille spanning van de ledematen, Bereikt het hart – en houdt op te bestaan.'
(Sämtliche Werke 1955-1997: I, 505).

Door de manier waarop lichaam en hersenen van de mens gebouwd zijn, zien en ervaren we de wereld (en ons innerlijke wezen) op zowel emotionele als rationele manieren. In het geval van God zien we direct de aanleidinggevende eigenschappen die tot de emotie en ervaring van God leiden, ook al zien we God niet rechtstreeks – dat wil zeggen zonder de tussenstap van de wereld en zijn objecten. We kunnen vervolgens ook de neocortex gebruiken om over die ervaring na te denken. Misschien denken we dan dat we een vergissing begingen: we hadden het gevoel dat we God ervoeren, maar nu menen we dat het een ervaring van laten we zeggen schoonheid was. Maar we kunnen ook nadenken over de ervaring en erop vertrouwen; we kunnen haar dan uitbreiden en verdiepen met zaken als gebed, theologie en het theater van het ritueel *(blz. 42)* – maar ook met een nieuwe kijk op de wereld en andere mensen, waardoor ons leven verandert. We zien en ervaren God dus direct (maar niet rechtstreeks) via de gebeurtenissen in de wereld om ons heen omdat onze hersenen en ons lichaam nu eenmaal zo functioneren. We kunnen onmogelijk God niet voelen, net zomin als we onmogelijk angst niet kunnen voelen. We kunnen bijna elke emotie rationeel bekijken en herinterpreteren of onderdrukken, maar de ervaring van God blijft een mogelijkheid en een kans voor het soort brein en lichaam van de mens. De woorden 'laten we bidden' blijven betekenis houden.

Veel mensen beweren daarom dat zij God voelen of God ervaren, of in elk geval ervaringen hebben die wijzen op de realiteit van God. Specifieke ervaringen zijn misschien niet zo belangrijk in godsdiensten, vooral omdat we ons vaak vergissen of bepaalde dingen verkeerd interpreteren, maar we kunnen alleen

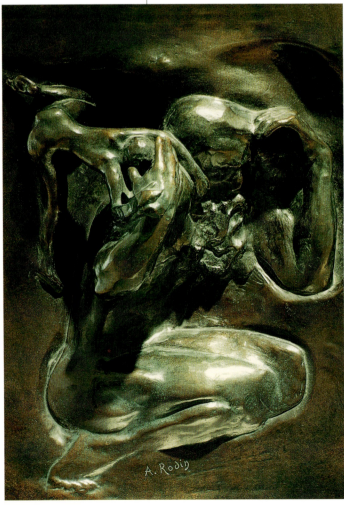

op basis van ervaring iets te weten komen over het reële bestaan van dingen: we kunnen alleen weten dat de wereld bestaat als we er bepaalde ervaringen mee hebben opgedaan – ervaringen die we kunnen delen met anderen en die van dien aard zijn dat we redelijkerwijs tot de conclusie kunnen komen dat de wereld bestaat (al hebben sommige filosofen dat betwist). Voor God gaat hetzelfde op: als we geen ervaring van God kunnen hebben, is daarmee het vraagstuk of God bestaat geen serieus vraagstuk.

Argumenten afgeleid van ervaring zijn nooit een eenvoudige zaak. Filosofen waarschuwen ons hoe moeilijk het is om vanuit veronderstelde ervaring bij de waarheid of de realiteit te komen van wat beweerd is ervaren te zijn: het feit dat er mensen bestaan die beweren ontvoerd te zijn geweest door buitenaardse wezens leidt niet automatisch tot de conclusie dat buitenaardse wezens daadwerkelijk buiten hun verbeelding bestaan.

Niettemin hebben we niets anders dan onze ervaring (en onze bespiegelingen erover en het met elkaar delen ervan) om ons begrip van de wereld, het universum en God op te bouwen. We moeten uiteraard de redenen geven waarom we bepaalde beweringen doen, zodat anderen kunnen beoordelen of we voldoende onderbouwing voor onze veronderstelling hebben aangedragen en we mogen nooit vergeten hoe goedgelovig de mens is – vooral als het fantastische of ongelooflijke zaken betreft!

Maar als er een onderbouwing voor bepaalde beweringen is, als er sterk bewijsmateriaal bestaat (bijvoorbeeld door getuigenissen van andere mensen), en zeker als we zelf de bewijzen kunnen controleren, hebben wij goede reden om te geloven in wat beweerd werd, ook al is die bewering, zoals alle beweringen, uitgedrukt in benaderende, corrigeerbare woorden. Dat betekent dat er vanuit een filosofische standpunt bezien een serieus argument bestaat, gebaseerd op ervaring, dat pleit voor het bestaan van God – een argument dat in het kader rechts is samengevat.

Een belangrijke reden voor mensen om in God te blijven geloven, ondanks de drie soorten tegenargumenten *(blz. 12-13)*, is dus een gewaarwording of ervaring die zij aan God toeschrijven en die zij zelf of ook andere personen hebben ervaren. Zij merken (in ieder geval een groot deel van hen) dat hun leven op ingrijpende wijze verandert wanneer ze op die waarheid en de consequenties ervan vertrouwen en ermee leven.

Het is dus duidelijk dat de gewaarwording van God in de menselijke ervaring en het nadenken daarover fundamenteel is. Als dat bewustzijn niet zo vaak in alle samenlevingen en in elke generatie zou voorkomen, zou de constante verandering en correctie van de manier waarop mensen over God denken, waar Bernard Shaw op wees, niet mogelijk zijn.

De menselijke geschiedenis van God is het verhaal van mensen die steeds dichter bij God komen te staan door een dieper inzicht in het wezen van die Ene die hen heeft uitgenodigd en aangetrokken. De geschiedenis van de wetenschap is een fantastisch eerbetoon aan de integriteit van de menselijke geest. Net als de geschiedenis van God. Maar als het ervaren van God van zo'n fundamentele betekenis is, wat betekent dat dan eigenlijk? Het pogen die vraag te beantwoorden is het terrein van de fenomenologie.

> 'We kunnen nu het standpunt dat religieuze ervaring bewijzen levert voor [de bewering dat] God bestaat als volgt formuleren: als iemand een kennelijke ervaring van God heeft onder omstandigheden waarin er geen reden is om aan te nemen dat men God zou lijken te ervaren zelfs als er geen God was, of dat men als God niet bestaat dat niet zou kunnen ontdekken, dan hebben we op de ervaring gebaseerd bewijs dat God bestaat.'
>
> (Yandell, 1944: 17)

Fenomenologie

Aard en oorzaak van ervaring

Het geloof in God berust op veel meer dan alleen ervaringen van God. Uitspraken over specifieke ervaringen van God worden in bijna alle godsdiensten traditioneel met grote voorzichtigheid bekeken, want ze zijn vaak het gevolg van een verwarde toestand van de hersenen, soms door het gebruik van alcohol of drugs. Niettemin voelen veel mensen de aanwezigheid van God op een manier die niet persoonlijk (exclusief voor hen) is, maar die ze delen met vele anderen.

Om wat voor ervaringen gaat het? Die zijn buitengewoon divers, zoals dit boek zal laten zien. Het is de taak van de fenomenologie (van het Griekse *phainomens*, 'verschijningen' en *logos*, 'woord', 'rede', 'bespiegeling') om ze te beschrijven. Er zijn twee niveaus binnen de fenomenologie: ten eerste wordt beschreven wat mensen vertellen over hun ervaringen en ten tweede wat we moeten concluderen of accepteren op basis van die ervaringen – wát heeft ze doen ontstaan? Fenomenologen kunnen buitengewoon ingewikkeld praten over bijvoorbeeld stoelen (*zie kader*) of over de kerstman, maar dat laat alleen

---

DE TWEE NIVEAUS VAN DE FENOMENOLOGIE
Het beschrijven en verklaren van fenomenen

✧ **HET EERSTE NIVEAU**: hierop wordt beschreven wat mensen zeggen te hebben ervaren (de verschijningen in hun eigen bewustzijn) zonder in te gaan op de waarheid of waarde van het gerapporteerde. Wanneer de dichter Henry Vaughan schrijft: 'Ik zag gisteravond eeuwigheid, als een grote ring van puur en eindeloos licht,' noteert de fenomenoloog: 'Henry Vaughan meldt de verschijning in zijn bewustzijn van iets dat hij omschrijft als een ring van puur en eindeloos licht en hij zegt dat dit hem de eeuwigheid leek.' Op dit niveau legt de fenomenoloog slechts vast wat mensen melden. Mensen kunnen zeggen dat ze de kerstman hebben gezien op de avond voor Kerstmis: de fenomenoloog noteert dan op het eerste niveau dat de mensen die verschijning meldden, zonder te oordelen of de kerstman echt bestaat en zich door schoorstenen laat zakken.

✧ **HET TWEEDE NIVEAU**: op dit niveau wordt nagedacht over welke conclusies we kunnen trekken, over wat er noodzakelijkerwijs moet bestaan om de verslagen die op het eerste niveau zo consistent werden gemaakt te verklaren. Mensen melden bijvoorbeeld verschijningen in hun bewustzijn die ze omschrijven als stoelen. Op het eerste niveau doet de fenomenoloog geen uitspraak over het al dan niet bestaan van stoelen. Wanneer er talrijke meldingen binnenkomen met een grote consistentie in de beschrijvingen van de eigenschappen van die 'stoelen' vraagt de fenomenoloog op het tweede niveau: wat moet het geval zijn in een wereld van dit soort als er zoveel verslagen binnenkomen die met elkaar consistent zijn? Vervolgens kunnen zij en anderen het woord 'stoel' gebruiken met een duidelijk beeld aan wat voor verschijning in het bewustzijn dit refereert, of hoe het woord 'stoel' gebruikt moet worden en wat de omstandigheden zijn waarin het passend is het woord te gebruiken – wanneer mensen in hun bewustzijn een verschijning ervaren van een object met vier poten, een zitting en een rug.

maar zien hoe belangrijk het credo 'haast je langzaam' is. Veel mensen denken dat het geloven in God hetzelfde is als het geloven in elfjes of de kerstman – iets wat we ontgroeien naarmate we meer inzicht krijgen. Fenomenologen zijn wijzer: op het eerste niveau noteren ze de opvatting (zonder een oordeel over het waar of onwaar ervan te vellen) van kinderen dat de kerstman bestaat en cadeaus uitdeelt. Vervolgens merken ze op dat kinderen dat geloof ontgroeien. Maar daarmee zijn ze nog niet klaar met hun werk. Op het tweede niveau vragen fenomenologen zich af welke fenomenen in de werkelijkheid verantwoordelijk zijn voor dat geloof en antwoorden dan dat de verwachtingen van kinderen in een bepaalde periode van het jaar en de ervaring van iemand verkleed in herkenbare symbolische kleding die pakjes uitdeelt de oorzaak zijn.

De kerstman
Soms wordt gesteld dat geloven in God hetzelfde is als geloven in de kerstman: als we jong zijn geloven we er misschien in, maar we geven dat op wanneer we ouder en wijzer zijn. De fenomenologie toont op het tweede niveau aan waarom die bewering onjuist is.

Het is meteen duidelijk dat het ervaren van God absoluut niet lijkt op het ervaren van de kerstman. Met betrekking tot God leggen de fenomenologen net als dit boek vast wat mensen te melden hebben. Op het tweede niveau *beschrijven* ze (net als andere mensen die zich bezighouden met de waarheid over wie en wat we zijn) niet alleen die verslagen, maar zij vragen zich ook af wat we moeten concluderen op grond van die verslagen die maar blijven komen en die met elkaar consistent zijn. Welke menselijke ervaring heeft aanleiding gegeven tot het woord 'God', dat we zodanig kunnen gebruiken dat ook anderen begrijpen waarover we het hebben. Niet iets dat zo zichtbaar is als een hand voor mijn ogen, maar wel iets – of iemand – dat onmiskenbaar echt is.

Het klinkt misschien wat duister, maar Tom Stoppard sloeg in zijn toneelstuk *Jumpers* de spijker op zijn kop. In het stuk denkt George Moore, een filosoof, na over wat hij van God kan weten en na deze korte inleiding in de fenomenologie hebben we enig inzicht in de moeilijkheden waarop hij stuit. Dan schiet hem te binnen waarom hij doorgaat met zijn worsteling om te begrijpen:

'Hoe kun je weten wat je gelooft als het al zo moeilijk is om te weten wat je weet? Ik beweer niet dat ik weet dat God bestaat, ik beweer alleen dat hij het doet zonder dat ik het weet, en terwijl ik dat beweer, beweer ik dat niet te weten; ik weet dat ik dat niet kan en God weet dat ik dat niet kan. (Pauze.) En toch zal ik u vertellen dat ik af en toe, niet noodzakelijkerwijs bij het aanschouwen van regenbogen of pasgeboren baby's, noch in extremen van verdriet of vreugde, maar meestal erdoor overvallen op een triviaal moment – bijvoorbeeld het uitwisselen van signalen door twee vrachtwagenchauffeurs in het donker van een godverlaten nacht op de oude A1 – dat ik in het knipperen van de koplampen in de regen dat iets gemeenschappelijks lijkt te bevestigen dat noch dierlijk en niet des vrachtwagenchauffeurs is – dat ik het dan weet' (blz. 71).

God en normen en waarden

Schoonheid, waarheid, goedheid en liefde

> 'Euclides heeft alle kwaliteiten van de cirkel volledig beschreven, maar hij heeft in geen enkele propositie iets gezegd over de schoonheid ervan. De reden hiervoor is duidelijk. Schoonheid is geen kwaliteit van de cirkel. Ze ligt in geen enkel deel van de lijn, waarvan alle delen een gelijke afstand tot een gemeenschappelijk middelpunt hebben. Het is alleen het effect dat die figuur produceert in de geest, die ontvankelijk is voor dergelijke gevoelens.'
>
> (Hume 1779: App. 1 §3)

HET 'WETEN' waar George Moore (*blz. 23*) het over had, laat zien dat de mens gebeurtenissen, objecten en mensen kan ervaren op een manier die zijn gewone natuur overstijgt. Hersenen en lichaam van de mens geven hem de mogelijkheid om waarheid, schoonheid en goedheid te zien als iets met onafhankelijke en absolute waarde. Dat gevoel van absolute waarde brengt sommigen ertoe (*direct zien; blz. 17*) God te zien als degene die het veroorzaakt en er garant voor staat. Anderen bestrijden dat.

Toen paus Benedictus XI een kunstenaar zocht voor de Sint-Pieter in Rome tekende Giotto een zuivere cirkel voor hem. De paus en zijn adviseurs zagen niet alleen vaardigheid, maar ook schoonheid in de cirkel en kozen voor Giotto. Vier eeuwen later trok de Schotse filosoof David Hume (1711-1776) hun keuze in twijfel: hij stelde dat als men de juiste metingen verricht iedereen het erover eens kan zijn dat een lijn een cirkel vormt, maar men kán het er niet over eens zijn dat een cirkel ook mooi is (*kader linksboven*).

Hume stelde dat esthetische normen (of iets mooi of lelijk is) subjectief zijn, net als morele normen (over wat goed is en hoe we moeten handelen): 'Als er al een principe in de filosofie bestaat waarop we kunnen vertrouwen is dat, naar ik denk, dat we heel zeker kunnen zijn dat er niets op zichzelf waardevol, verwerpelijk, weerzinwekkend, mooi of misvormd is. Die toeschrijvingen komen voort uit de specifieke aard en het weefsel van het menselijke sentiment.'

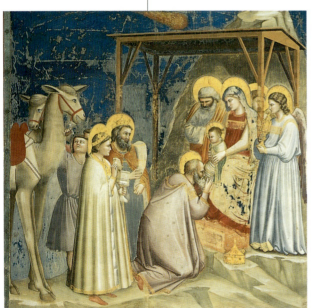

Giotto di Bondone
Giotto (ca. 1267-1337) schilderde dit fresco van De aanbidding der koningen *circa 1303-1310. Hij werd bewonderd als 'een schilder die alle anderen overtreft'* (Sacchetti, 14e eeuw); *hij is tegenwoordig vooral beroemd als schilder van de fresco's over het leven van Franciscus van Assisi (blz. 264-265).*

Als we normen met betrekking tot goedheid en waarde niet 'zien' maar projecteren op wát we zien, dan, zo redeneerde Hume, is dát de reden waarom we het zo vaak allemaal oneens zijn over wat goed of mooi is. 'Wat waar is aan de ene kant van de Pyreneeën,' schreef Pascal (*blz. 311*), 'is niet waar aan de andere kant.' Hume zei dat onze meningsverschillen over God wijzen op hetzelfde gebrek aan objectiviteit en wel om dezelfde redenen: we zien God niet zoals we een cirkel zien. In zijn *Gesprekken over de natuurlijke godsdienst* (1779) stelt Hume dat de klassieke redeneringen om het bestaan van God aan te tonen fundamentele fouten bevatten.

Hume maakte evenwel geen onderscheid tussen meetbare eigenschappen (zoals rondheid) die tot overeenstemming in de norm leiden en aanleidinggevende eigenschappen, die tot normen leiden die met anderen gedeeld kunnen worden, maar die niet dwingend zijn (eigenschappen waarover iedereen het eens moet zijn). Het is een feit dat mensen met hun brein en hun lichaam normen delen over schoonheid, goedheid en God en dat al die normen een relatie hebben met wat zij feitelijk zien. Die normen zijn corrigeerbaar en feilbaar *(blz. 16 e.v.)*, maar ze zijn toch objectief omdat de aanleidinggevende eigenschappen direct worden gezien en tot gedeelde normen leiden – al zijn die gedeelde normen niet zo eenstemmig als in het geval van een cirkel. Dat geldt echter voor vrijwel elke norm die we in ons dagelijks leven hanteren.

Zo hebben bijvoorbeeld ook de Yoruba in Afrika esthetische normen *(kader rechts)*, maar wat zij mooi vinden en wat Chinezen mooi vinden is heel verschillend. Bij de Yoruba leiden bepaalde kenmerken tot de respons 'mooi':

> *'Schoonheid wordt gezien in het gemiddelde (iwontúnsuonsi) – niet te groot of te klein, niet te mooi (in sommige volksverhalen ontpoppen beeldschone mannen en vrouwen zich als halfvergane skeletten) of te lelijk. De Yoruba houden daarnaast van nieuwe elementen en improvisatie in hun kunst. Die voorkeur is vooral duidelijk te zien in het rijke en uitgebreide arsenaal aan religieuze kunst.'*
>
> (Thompson 1984: 5)

Door de manier waarop de mens in elkaar steekt kan hij niet anders dan interacties aangaan met en reageren op de wereld. We weten dat waarheid, schoonheid en goedheid absolute begrippen zijn omdat we ze herkennen in de talrijke uiteenlopende omstandigheden waarin ze voorkomen. Daarbij blijven ze absoluut wat ze zijn (waarheid, schoonheid of goedheid), ook al zijn we het er niet over eens wat mooi of goed is (dit speelt minder bij waarheid). Hetzelfde geldt voor de liefde, die groter is dan die drie – groter omdat de liefde mensen tot gedrag kan dwingen waarin zij hun egoïsme vergeten en zichzelf kunnen opofferen voor anderen.

Daarin herkennen veel mensen God. Het feit dat we absolute fenomenen ervaren in de loop van dit leven zou wel heel merkwaardig zijn als het universum een toevalligheid is. Maar wanneer ze komen van de Ene die Absoluut is (compleet, met niets dat aan de perfectie kan worden toegevoegd), die de wereld heeft geschapen en instandhoudt – een wereld waarin wijzelf en de beste aspecten van ons wezen worden gevormd door absolute abstracties – is dat allesbehalve merkwaardig. Zodra wij bepaalde normen en waarden herkennen en ons leven op basis daarvan inrichten, beginnen we ons te realiseren, weten we zelfs *dat* God is: bron en betekenis van transcendente ervaring. Daarmee weten we nog niet *wat* God is en bijgevolg is de manier waarop we over God praten even gevarieerd als de manier waarop we het bijvoorbeeld hebben over schoonheid.

> *'De Yoruba beoordelen alles esthetisch – vanaf de smaak en de kleur van een yam tot aan de kwaliteit van verfstoffen en de kleding en houding van vrouwen en mannen. In een van de eerste woordenboeken van hun taal, gepubliceerd in 1858, werd het lemma* amewa *opgenomen, letterlijk "kenner van schoonheid", wie oog heeft voor artisticiteit.'*
>
> (Thompson, 1984: 5)

Yorubabeeld
De 24 miljoen Yoruba leven voornamelijk in Nigeria; ze staan bekend om hun kunstnijverheid en religiositeit. Shango (blz. 303) was een van hun belangrijkste goden.

Dood en leven van God

Mogelijkheid en imitatie

Het 'weten' van George Moore (*blz. 23*) herinnert ons eraan dat de meeste mensen die hun leven leiden in de aanwezigheid van God geen filosofen zijn, zoals duidelijk wordt gemaakt door Jean Grou (1730-1803), schrijver in de christelijke traditie (*kader links*).

Niettemin spelen filosofen een grote rol in het aangeven van de grenzen van wat redelijkerwijs wel of niet kan worden gezegd of beweerd op de basis van ervaring en dat heeft zonder twijfel bijgedragen aan het filterproces waardoor het menselijke beeld van God – en het praten over God – veranderd is.

Dat is belangrijk, want het is niet gemakkelijk om over God te praten: vloeiend en enthousiast praten (zoals Grou het formuleerde) biedt nog geen garantie dat het geen vloeiende en enthousiaste onzin is. Het grote probleem is dat God niet een object is dat zich bevindt tussen de andere objecten van het universum die beschikbaar zijn voor observatie, ook al zijn er veel personen die zeggen de aanwezigheid van God te voelen. Zowel nu als vroeger hebben mensen gezegd dat zij God direct in de wereld en in andere mensen voelden; velen zeggen ook dat ze voorbij woorden een werkelijkheid hebben ervaren die in woorden niet goed kan worden beschreven.

Sommigen concluderen daaruit dat God het universum is of dat het universum het lichaam of het handelen van God is (dat wil zeggen dat 'God' een woord is om de transcendente natuur van het universum in relatie met onszelf te beschrijven). Maar de meeste gelovigen denken dat als God daadwerkelijk bestaat, hij onafhankelijk is van dit of enige ander universum. God staat los van alle omstandigheden die aanleiding geven tot een gevoel of emotie van God (dat kan het gehele universum zijn in een gevoel van identificatie met de gehele kosmos), net zoals de slang bijvoorbeeld onafhankelijk blijft van het gevoel of de emotie angst die hij oproept. Noch God, noch de slang is enkel een emotie. Dat maakt meteen duidelijk waarom de dood van God herhaaldelijk ter sprake komt in de theologie en filosofie. Het is al moeilijk genoeg om het wezen van een slang te beschrijven, ook al kunnen we slangen vangen, observeren en ontleden. Dat is bij God ten enen male onmogelijk: alle pogingen van de mens om de essentie van God in woorden te beschrijven zijn noodzakelijkerwijs gedoemd te mislukken. Ons dilemma is dat wij altijd woorden nodig hebben. Alleen met woorden kunnen we met elkaar delen dat de gevoelens en emoties die de realiteit van God oproepen diep in de menselijke natuur zitten verankerd: ze komen voort uit activiteit van onze genen en eiwitten.

'De christelijke kennis van God is geen eindeloze reeks van redeneringen over de essentie en perfectie van God zoals wiskundigen over cirkel en driehoek redeneren. Veel filosofen en theologen met grootse en nobele ideeën over de goddelijke natuur werden daardoor zelf niet heiliger of deugdzamer dan anderen ... De ziel staat door gebed in directer contact met het goddelijke dan de wijze mannen door hun studie. Talrijke eenvoudige mensen zonder scholing, maar opgeleid in de school van God, spreken passender over hem, nobeler, vloeiender en vuriger dan de bekwaamste geleerden, die, omdat ze niet op gebeden vertrouwen, op een droge, zelfs pijnlijke manier schrijven en praten over hemelse zaken ... de heilige Antonius (blz. 252) kende God door te bidden en beklaagde zich dat de zon te snel opkwam en zo zijn gebed beëindigde. Hetzelfde geldt voor Sint Franciscus, die hele nachten lang in vreugdevolle extase de volgende woorden herhaalde: "Mijn God en mijn Alles!" Het voelen van God, die experimentele kennis, was het streven van alle heiligen en het resultaat van hun samensmelting met hem.'

(Grou 1786: §1)

Het tekortschieten van woorden betekent dat de dood van de karakteriseringen van God een onvermijdelijk fenomeen is – al die goden en godinnen die, in de woorden van Mencken *(blz. 10-11)*, 'in de stortkoker' zijn verdwenen. Voor sommige mensen betekent dat ook de dood van God als zodanig: in hun ogen mislukken de karakteriseringen van God omdat er niets bestaat waarvan die karakteriseringen een expressie kunnen zijn. Toch is al vaak gebleken dat de dood van de karakteriseringen van God niet samenviel met de dood van God maar juist met het leven van God – het voortleven van God in de menselijke ervaring en verbeelding omdat met de dood van het oude en inadequate mensen een nieuw begrip van en een nieuwe visie op God krijgen.

Dat geldt ook voor personen die beweren dat de zelfopenbaring van God een bepaalde stabiliteit in het menselijke inzicht in God heeft opgeleverd. Sommige visies op God zijn zeker stabiel, maar in de openbaringen ervan worden ze nog steeds uitgedrukt in menselijke taal die we kunnen begrijpen. Daarom wordt in godsdiensten waarin zwaar op openbaring wordt geleund toch heel duidelijk gemaakt dat de essentie (essentiële natuur) van God niet identiek is aan of gevangen wordt in de woorden van de openbaring, hoezeer men ook vaststelt dat de woorden van de openbaring de brug vormen tussen mens en God.

De geschiedenis van God kan dus niet vanuit het gezichtspunt van God zelf worden verteld, want God is per definitie zonder begin of einde en verhalen zonder begin en einde zijn moeilijk te vertellen. Maar de geschiedenis van God vanuit het menselijke perspectief is een verhaal van de heroïsche en fascinerende strijd van de mens om tot God te komen en van de verwondering en glorie die daarmee samengaan. Toch hoort ook dan elke uitspraak over God en elke vorm van verering te eindigen met de woorden *Deus semper major*, 'God is altijd groter'. (De mogelijkheid van) God is universeel, want alle mensen zijn op dezelfde manier samengesteld uit genen en eiwitten waardoor we de wereld ervaren met gevoelens en bespiegelingen over de betekenis van die gevoelens. De mens ervaart God ook *via* de wereld. Wat *zegt* hij vervolgens over de manier waarop God voor hem is gaan leven? Hoe is het menselijke begrip van God verdiept en gefilterd door de tijd?

De woestijn
De woestijn is een vijandige en gevaarlijke regio, maar de woestijn is ook de plaats waar mensen naartoe gaan wanneer zij met God alleen willen zijn. Volgens de Amerikaanse dichter Stephen Crane (1871-1900):

Ik liep alleen in de woestijn en ik riep:
'God, haal mij weg van deze plek!'
Een stem zei:
'Dit is geen woestijn'
Ik riep: 'Ja, maar –'
Een stem zei:
'Dit is geen woestijn.'

(Williams, 1962: 227).

In den Beginne

*De eerste en blijvende fundamenten
van de zoektocht van de mens naar God*

In den beginne

De zoektocht van de mens naar God begon lang voor de uitvinding van het schrift en de boekdrukkunst. In het begin moest de mens daarom alle ideeën, verhalen en opvattingen onthouden en mondeling doorgegeven (orale traditie). Ook nu nog wordt veel informatie op die manier bewaard en doorgegeven, maar we weten niet hoe oud die informatie is en of die veel veranderd is in de loop van de tijd. We kunnen daardoor onmogelijk weten wat men in de prehistorie over God en Godin dacht. Veel van wat archeologen vinden vertoont overeenkomsten met vondsten uit latere perioden waaruit wel geschriften bewaard zijn gebleven en die teksten geven ons een idee wat ze betekenen voor de mensen die ze gebruikten of bouwden. Die informatie biedt inzicht in geloofsovertuigingen en -praktijken van eerdere perioden, maar zekerheid hieromtrent hebben we niet.

Door het ontbreken van teksten of inscripties kunnen we de wildste speculaties over die vroege tijdperken maken. Om maar één voorbeeld te geven: in de woestijn in het zuiden van Peru zijn in een gebied van bijna duizend vierkante kilometer de beroemde Nasca-lijnen (soms 'het achtste wereldwonder' genoemd) te vinden. Het lijnenspel is zo enorm groot en gecompliceerd dat alleen vanuit de lucht valt te zien wat ze voorstellen. Wat betekenden ze voor de mensen die ze hebben gemaakt, maar die ze nooit konden zien? Sommigen menen dat het hier landingsbanen voor buitenaardse bezoekers betreft, die als bovennatuurlijke wezens werden beschouwd – de eerste goden. De archeoloog Anthony Aveni bracht ze in verband met watervoorraden: de figuren zouden beschermende geesten voorstellen die de toegang tot waterbronnen markeren (veel afbeeldingen zijn van vogels en dieren). Zekerheid

hierover hebben we niet, maar de ene theorie lijkt waarschijnlijker te zijn dan de andere.

De betekenis van die artefacten valt nauwelijks meer te achterhalen, maar de vormen waarmee en waardoor onze voorouders contact zochten met God zijn gebleven: de inhoud verandert, maar natuur, vruchtbaarheid, scholing, symbolen, dans en muziek, extase, rituelen, mythen, offers, architectuur en kunst zijn vandaag de dag even belangrijk als vroeger. Ze zijn diep verweven met ons brein en ons lichaam en vormen het fundament waarop elke menselijke cultuur is gebouwd.

In den beginne Tijdbalk

Nasca-lijnen
Volgens sommigen zijn de Nasca-lijnen in Peru een kalender voor de Paraca's en de Nasca's; anderen zien er rituele paden naar ceremoniële plaatsen in. Er zijn zelfs mensen die menen dat ze van buitenaardse origine zijn.

Paleolithicum	ca. 35.000 – 10.000
Willendorf-sculptuur	ca. 19.000
Indianen in Amerika	ca. 7000
Catal Hüyük	ca. 6500 – 5500
Grotschilderingen	2000 – 1500
Amenophis IV · Hymne aan Aton · Noorse mythologie · Seti I	1500 – 1000
Xenophanes · Acropolis	1000 – 500
Cicero	500 – 0
Athenagoras · Tang-dynastie	0 – 1000
Giotto · Azteken en Maya's	1250 – 1500
Newton · Montesquieu	1500 – 1750
Voltaire · Hume · Schopenhauer · Grou · Schelling · Feuerbach · Wagner · Marx · Peirce · Rodin · Nietzsche	1750 – 1850
Shaw · Freud · Husserl · Otto · Geestendans · Rilke · Jung · Einstein · Brooke · Wittgenstein · Revival van de witte heks	1850 – HEDEN

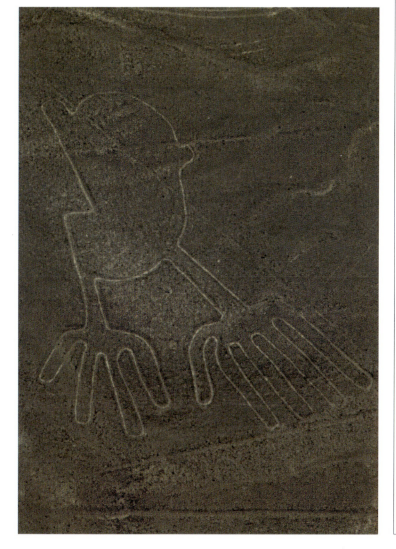

IN DEN BEGINNE

Godin

De Moeder van alle dingen

Godin van Willendorf
Dit kleine beeldje van kalksteen is gevonden in Willendorf, Oostenrijk en wordt daarom de 'Venus van Willendorf' genoemd. Het is een heel vroeg (19.000 vChr.) voorbeeld van de erkenning van de vrouw als bron van leven en vruchtbaarheid. De zeven banden om het hoofd zijn mogelijk een voorbeeld van 'zeven' als heilig getal.

Het verhaal van God begint met het verhaal van Godin, die minstens de helft van de geschiedenis van God uitmaakt. Sommigen gaan nog een stap verder en denken dat dit verhaal *begon* als het verhaal van Godin, want God werd oorspronkelijk als vrouwelijk gezien, met de mannelijke God als ondergeschikte partner.

Dit idee ontstond door de wereldwijde vondsten van vrouwenbeeldjes en grotschilderingen van vrouwen, veelal uit de Steentijd (35.000-10.000 vChr.), waarbij de nadruk is gelegd op borsten, de zwangere buik en de vagina, precies die delen van het vrouwenlichaam die verbonden zijn met het produceren en voeden van nieuw leven. Dergelijke beeldjes worden genoemd naar Venus, de Romeinse godin van de liefde *(zie afbeelding links).*

De vele vondsten van zo'n 'venus', vaak zonder mannelijk pendant, heeft geleid tot de opvatting dat de vroegste mens het goddelijke aanvoelde als Godin. Sommige cultuurhistorici gaan nog een stap verder:

> *'De dood is het krachtigste, dramatische mysterie, alleen vergelijkbaar met de geboorte – en beide worden omsloten en omvat door de Grote Moeder. Dit concept van een vrouwelijke aarde als het begin van de cyclus van geboorte, leven, dood en wedergeboorte ligt ten grondslag aan alle mythologische en religieuze symboliek: het is de bron van alle religieuze opvattingen. Het is van belang om hierbij de tijdsdimensie niet te vergeten: God was ten minste de eerste 200.000 jaar van het menselijke leven op aarde vrouwelijk en die schatting is nog aan de voorzichtige kant. Ongetwijfeld werden er al houten beeldjes van de Grote Moeder gemaakt lang voordat de stenen Venussen van de Cro-Magnon-mens het licht zagen, maar hout is een zeer vergankelijk materiaal.'*
>
> (Sjöö en Mor 1991: 48-49)

Heeft er ooit een cultuur bestaan waar de cultus van Godin in het teken stond van landbouw en niet van jacht en dood? Volgens de archeoloog James Mellaart wel: hij groef in de jaren zestig van de vorige eeuw een stad op bij Catal Hüyük in Turkije die tussen 6500 en 5500 vChr. een bloeitijd kende. Hoewel er sporadisch jachttaferelen voorkomen zijn er verder bij de opgravingen geen wapens of sporen van offers gevonden. Er waren ruimten waar alleen Godin in wandschilderingen en reliëfs was afgebeeld, wat zou kunnen wijzen op een cultus en wereldbeeld waarin de vrouw vanwege haar vruchtbaarheid en instandhouding van het leven de dominante rol speelde. In sommige ruimten bevinden zich afbeeldingen van een soort vrouwelijke gier die naast een lichaam zonder hoofd zit: dit wordt wel geïnterpreteerd als een uiting van het geloof dat Godin de lichamen van de doden weer terugneemt (als bij een begrafenis) om daaruit nieuw leven te scheppen. Dit idee werd uitgewerkt door Marija Gimbutas (1921-1994) die in haar boek *The Living Goddesses* op basis van archeologische vondsten stelde dat er een oude Europese cultuur heeft bestaan van landbouwers, 'betrekkelijk vredelievend, artistiek begaafd, waarschijnlijk egalitair wat hun sociale structuur betreft en vereerders van Godin'. Dat volk werd weggevaagd door invallers afkomstig uit de Russische steppen: '... een patriarchaal, semi-nomadisch herdersvolk ... militaristisch want zij produceerden wapens en reden op paarden. Hun godsdienst draaide om mannelijke goden.' Dit zou een kopie kunnen zijn van de manier waarop de Ariërs de cultuur en beschaving van noordelijk (en uiteindelijk heel) India hebben overgenomen *(blz. 60)*.

Reconstructie van opvattingen uit prehistorische tijden blijft altijd een zaak van gissen. Slechts heel zelden vinden archeologen een inscriptie bij een artefact die aangeeft welke geloofsopvatting erbij hoorde. Teksten waarin de mens uitdrukking probeerde te geven aan zijn geloof in Godin en God, zijn alleen uit latere perioden bewaard gebleven en vaak bleken later gevonden teksten in strijd met wat men aanvankelijk dacht. Zo werden afbeeldingen uit Egypte van vrouwen die hun borsten ondersteunden altijd beschouwd als uitingen van een vruchtbaarheidscultus, maar na de ontcijfering van de hiërogliefen bleek dit een standaardgebaar van rouw.

Er zijn veel andere hypothesen over vroege religieuze gebruiken opgesteld, bijvoorbeeld in het citaat links over wedergeboorte als bron van alle religieuze symboliek en opvattingen. In *The Discovery of the Modern Goddess* (1998) toont Ronald Hutton aan dat veel beweringen over Godin niet zozeer uitspraken zijn over mensen uit het grijze verleden, maar over mensen uit het actuele heden. Toch laten artefacten en teksten duidelijk zien dat Godin op veel plaatsen werd vervangen door God; in het geval van Noord-India loopt de verdwijning van afbeeldingen van Godin in de Indusvallei vrijwel parallel aan de verdwijning van Godin uit de veda's *(blz. 62)*. Dat proces van verdringing heeft doorgezet en geleid tot de dominante masculiene verbeelding en typering van God.

Ooit kon de mens God/Godin rechtstreeks en vol zelfvertrouwen portretteren, maar het is in de loop der eeuwen steeds duidelijker geworden dat woorden en verbeelding altijd tekort zullen schieten *(blz. 17)*. Niettemin *moeten* we iets zeggen, hoe provisorisch en onvolledig ook, om uitdrukking te geven aan wat er zo waar en schitterend is aan de menselijke ervaring. De vraag hoe de vrouwelijke ervaring weer een plaats kan krijgen in de karakterisering van God, die nu nog grotendeels mannelijk is, wordt steeds belangrijker – en voor sommige religieuze leiders steeds pijnlijker. Sommigen gaan ervan uit dat het al te laat is: godsdienst is al zo lang voornamelijk patriarchaal dat 'God' een dood beeld is

Moedergodin
Jung (blz. 39) was zo onder de indruk van het algemeen voorkomen van beeldjes als dit (Turkije, ca. 6000 vChr.) dat hij de Grote Moeder beschouwde als 'de eerste, sterkste en hardnekkigste van alle archetypen' (Husain 1997: 19).

DE POSITIEVE ROL VAN HEKSEN

Antropologen stellen dat heksen in kleine gemeenschappen diverse belangrijke functies vervullen.

- ✥ **HEELKUNDE**: ze zijn actief in de geneeskunst en behandelen met geneeskrachtige kruiden.
- ✥ **CONFLICTBEMIDDELING**: ze beschikken over de autoriteit om conflicten op te lossen.
- ✥ **NAASTENLIEFDE**: ze dwingen een gemeenschap tot goede daden. Zo kan het geloof dat verwaarloosde ouderen in boze heksen kunnen veranderen, leiden tot een betere zorg voor oude mensen.
- ✥ **HET BOZE OOG**: ze bieden de mogelijkheid tot laatste actie in een situatie, zoals een vijand verslaan door het boze oog op hem te werpen.

Witte heksen
Kevin Carlyon, hogepriester van de Britse witte heksen, wijdt twee novicen in in het Verbond van Aardse Magie (1999).

geworden. Voor hen betekent het terugvinden van goddelijkheid het terugvinden van Godin, van wie de cultus, naar wordt beweerd, nooit is verdwenen maar alleen ondergronds is gegaan. Een van de voorbeelden van die opvatting is *wicca*, afgeleid van een Oud-Engels woord met de betekenis 'buigen' of 'vormgeven'. Wicca berust op het geloof dat menselijke zaken en bepaalde kenmerken van de omgeving kunnen worden geordend, gecontroleerd en veranderd door personen met bepaalde krachten die, naar men meestal aanneemt, aangeboren zijn. De nadruk ligt hierbij op de toepassing van krachten, afkomstig van Godin, om bestaande omstandigheden te veranderen, bovenal door het eigen innerlijke leven te veranderen – 'de kracht van het innerlijk', zoals Margot Adler schrijft in haar boek *Drawing Down the Moon*, 'om creatief bezig te zijn en het eigen leven te veranderen'.

Hekserij wordt meestal geassocieerd met het gebruik van magie, maar de gebruikte technieken komen van binnenuit of worden geschonken door een bovennatuurlijke kracht en worden niet (zoals meestal bij magische praktijken) aangeleerd. Het geloof dat die bovennatuurlijke kracht de duivel was, leidde in het middeleeuwse Europa tot een vervolging van heksen, die nog werd versterkt door het feit dat heksen vaak vrouwen waren en over geheimzinnige krachten beschikten waar mannen geen greep op hadden.

Vanwege dat antagonisme werden heksen gewoonlijk op een vijandige manier beschreven. Tegenwoordig beschrijven antropologen hun activiteiten positiever *(kader bovenaan)*. Heksen kunnen zeker bedreigend zijn, maar dat betekent alleen dat ze over sanctiemiddelen beschikken om abnormaal gedrag te corrigeren.

De groeiende emancipatie van de vrouw in zowel de samenleving als religie heeft geleid tot een herwaardering van de rol en de betekenis van heksen. Hekserij zou de manier zijn waarop Godin als een levende waarheid heeft overleefd, de hedendaagse wicca (witte heksen) vormen niet meer dan de nieuwste fase in een ononderbroken religieuze traditie. Starhawk, een leidster in de wicca-revival aan het einde van de twintigste eeuw, zei: 'Volgelingen van wicca zoeken inspiratie in voorchristelijke bronnen, Europese folklore en mythologie. Ze zien zichzelf als priesters en priesteressen van een oude Europese sjamanistische *(blz. 160-161)* natuurgodsdienst waarin een godin wordt vereerd die verwant is aan de Grote Moeder in haar drie aspecten van maagd, moeder en kroon.'

In *The Spiral Dance* (1979) protesteerde zij tegen de karikatuur van heksen als 'volgelingen van een verknipte cultus' en stelde dat wicca 'de diepte, waardigheid en ernst van een echte religie' heeft. In die religie is Godin het brandpunt van de eredienst en zijn verering en liturgie (van het Griekse *leitourgia: blz. 214*) de belangrijkste manieren waarop de menselijke ervaring van goddelijkheid wordt uitgedrukt. Margot Adler citeert een ritueel voor het openen van een heilige cirkel waarin mensen hun eigen verering kunnen 'vormgeven' *(kader rechts)*. Bij die verering wordt Godin vaak, maar niet altijd, van God gescheiden.

Niet iedereen ziet de scheiding van Godin van God als noodzakelijk om de ervaring en het inzicht van vrouwen een rol te geven in de karakterisering van God. Dat lijkt nagenoeg onmogelijk in religies waar de masculiene taal en verbeelding van God dominant zijn en dat altijd al waren. Sommigen vinden het moeilijk anders te denken over God dan als de *Hij*-figuur die zij en hun traditie altijd voor ogen hebben gehad.

Het mannelijke persoonlijk voornaamwoord zegt voldoende. In 1851 schreef de auteur Herman Melville (1819-1891) een brief aan Nathaniel Hawthorne over de algemene afkeer van God: 'De reden waarom de meeste mensen bang zijn voor God en Hem eigenlijk niet mogen, is omdat ze Zijn hart niet mogen, ze zien Hem alleen maar als brein, als een horloge.' Hij voegde daar tussen haakjes aan toe: 'Je hebt natuurlijk gemerkt dat ik een hoofdletter gebruik bij de woorden die naar de godheid verwijzen; vind je ook niet dat er wat strooplikkerij in dat gebruik zit?' In dit boek wordt aangetoond dat strooplikken niet hetzelfde is als verering, liturgie en gebed: hoe dichter mensen bij God/Godin komen, hoe meer zij beseffen dat beelden en woorden tekortschieten voor de Ene die ze met hun woorden aanduiden. Dat betekent dat metaforen en analogieën onvermijdelijk worden wanneer mensen iets willen zeggen over God/Godin. De krachtigste en meest gebruikte metafoor voor het samengaan met God/Godin is die van de seksuele gemeenschap omdat die zoveel méér is dan alleen een fysieke gebeurtenis. Niettemin is het fysieke aspect belangrijk en daarom werd de praktijk van de seksuele eenwording in veel godsdiensten in de rituelen opgenomen als inleiding tot het deel worden van God.

Gezien het grote belang van de vereniging van man en vrouw als metafoor voor het deel worden van God/Godin is het niet verbazingwekkend dat veel mensen het als bevrijdend ervaren om naast mannelijke ook vrouwelijke beelden en woorden te gebruiken in hun benadering van God, in wie geslacht niet bestaat: geen enkel woord voldoet voor de essentie (de essentiële aard en het wezen) van *de Ene die is*. Woorden kunnen echter wel iets van de ervaring vangen – en kunnen die ervaring tot een visioen uitbreiden.

> 'Op de grond moet een cirkel worden getrokken rondom de personen die meedoen aan de ceremonie. In het middelpunt van de cirkel wordt een altaar geplaatst. Midden op het altaar staat een beeld van de Godin met een wierookbrander ervoor ...
> Wanneer iedereen gereed is, verzamelt men zich in de cirkel. De vrouw die als priesteres functioneert, instrueert de man die de priesterrol vervult om de kaarsen en wierook aan te steken. Dan spreekt zij: "De aanwezigheid van de nobele Godin strekt zich overal uit. Over de vele vreemde, magische en schitterende werelden. Naar alle plaatsen van wildernis, betovering en vrijheid." De godin wordt vervolgens vereerd in de vier windrichtingen en alle aanwezigen worden in de cirkel verzegeld met de volgende spreuken:
> "De cirkel is verzegeld en iedereen hier aanwezig
> Is helemaal gescheiden van de buitenwereld,
> Zodat we de Vrouwe die we vereren
> kunnen verheerlijken.
> Wees gezegend!
> Allen herhalen: Wees gezegend! ...
> Zoals boven, zo ook onder:
> Zoals het universum, zo de ziel.
> Zoals buiten, zo binnen.
> Gezegende en glorieuze Vrouwe,
> Op deze dag wijden we u
> Ons lichaam, Onze geest,
> En onze ziel. Wees gezegend! ...
>
> Ons ritueel nadert het einde.
> O lieflijke en genadige Godin,
> Wees met ons als we vertrekken.
> De cirkel is verbroken!"'
>
> (Adler 1986: 470-472)

De natuurlijke wereld

'Lopen met zorg'

Zonnedans
Een gelooide huidschildering van de zonnedans. Volgens de Pueblo-indianen in New Mexico werd de bron van het leven (vereenzelvigd met de zon) door het Binnenopperhoofd die 'het heilige beheerste' in de wereld gebracht. Volgens R. Gutierrez (1991) moest hij de kosmos in het juiste evenwicht houden door ervoor te zorgen dat de mens niet onbelemmerd zijn eigen weg ging en dat de wederzijdse relaties tussen mensen, dieren, natuurkrachten en de bovenwereld niet verstoord raakten.

Wanneer de Anishinabe-indianen op jacht gaan, lopen ze voorzichtig. De dieren waarop wordt gejaagd moeten uiteraard sterven, maar de jachtactiviteit op zichzelf wordt gezien als communicatie tussen mensen en *dierpersonen*. Daarbij moeten prooidieren in hun eigen taal worden overgehaald hun lichaam op te geven door de verzekering van de mens dat hij hiervoor genoegdoening zal verschaffen zodat de geest van het gedode dier wordt herboren: via rituelen zijn jager en prooi met elkaar verbonden.

'Lopen met zorg' is een indiaanse wijze van omgaan met de heiligheid van de wereld. De Sioux-indianen (die oorspronkelijk leefden op de prairies langs de bovenloop van de Mississippi) spreken de aarde aan als Moeder: 'Elke stap die we op u zetten moet op een heilige manier worden gezet; elke stap moet een gebed zijn.'

Over geheel Noord-Amerika verspreid leefden indianen en er waren talloze volken met allemaal hun eigen taal, zodat het onjuist is om generaliserend te spreken over de 'indiaanse religie'. Niettemin keren sommige fundamentele thema's, die we vaak bij alle oerreligies tegenkomen (*kader onder*), steeds weer terug, bijvoorbeeld dat de mens leeft in een hecht netwerk van relaties met alles wat bestaat.

Wat de Europese kolonisten beschouwden als een wildernis werd door de indianen gezien als iets levends, vervuld van geesten (*kader rechtsboven*). Het 'grote mysterie' waarover Luther Standing Bear spreekt, was het algemeen verbreide geloof dat alle dingen van de Hoge God komen, de Ene bron van leven als geschenk, de zelf ongemaakte Maker van alles wat ís.

De Hoge God, voor wie elk volk zijn eigen naam had, wordt gekend in de vele manifestaties van leven en schepping, die allemaal dragers zijn van dezelfde geest. Deze opvatting is niet een soort primitieve wetenschap, een

OERRELIGIES

Volgens H. Turner (1977) zijn alle latere religies ontstaan uit oerreligies met zes gemeenschappelijke kenmerken.

- ✣ **VERWANTSCHAP**: een gevoel van verwantschap met de natuur.
- ✣ **SAMENLEVING**: een reëel gevoel niet alleenstaand te zijn, gescheiden van de overigen.
- ✣ **GEESTEN**: het geloof niet geïsoleerd te leven, maar omringd te zijn door goede en boze geesten.
- ✣ **RELATIES**: het vermogen met een bepaalde geest een relatie aan te gaan om zegeningen en bescherming te ontvangen.
- ✣ **LEVEN NA DE DOOD**: het idee dat die relaties na de dood worden gecontinueerd.
- ✣ **SACRAMENT**: het geloof in een sacramentele wereld te leven waarin het materiële en het fysieke beide het spirituele in zich meedragen.

middel om bijvoorbeeld de natuurlijke fenomenen te verklaren. De manifestaties vormen het middel waarmee de indianen via gezicht, geluid en gehoor een relatie met God aangaan als bijvoorbeeld in de zweethutceremonie, beschreven door Linda Hogan van de Chickasaw-indianen aan de oevers van de Mississippi: 'Aan het einde van de middag zijn we gereed om de ruimte te betreden. De hete lavastenen liggen binnen al klaar. Ze herinneren ons aan de rode, vurige kern van de aarde en aan de goddelijke vonk in al het leven. Nadat de leren deurflap gesloten is, wordt water over de stenen gegoten en stijgt de hete stoom rondom ons op. In de zweethutceremonie wordt de hele wereld in deze kleine ruimte samengebald. De dieren komen van warme en zonnige verten. Er is water uit donkere meren. Wind. Jonge, buigzame wilgentakken die over ons hoofd gebogen zijn, herinneren zich hun leven geworteld in de grond, zonlicht dat door hun bladeren werd opgenomen. Ze herinneren zich hoe water met erin opgeloste mineralen door hun stam omhoog stroomde en hoe vogels in hun takken nestelden en hoe planeten door de kosmos reisden tijdens hun kortstondige leven. Wind komt uit de vier richtingen. Hij ging door grotten en ademde door ons lichaam. Het is dezelfde lucht die elanden hebben ingeademd, lucht die de longen van een grizzlybeer heeft gepasseerd. We zitten als individuen bijeen en spreken, een voor een, onze diepste woorden van behoefte, hoop, verlies en overleven. We herinneren ons dat alle dingen verbonden zijn. [We] zeggen de woorden "Allemaal mijn verwanten" voor en na het bidden: die woorden scheppen een relatie met andere mensen, met dieren, met de aarde.'

Het zien van God in en via de natuurlijke orde der dingen is over de gehele wereld algemeen verbreid. Wanneer de wereld zelf wordt gezien *als* God – bijvoorbeeld als het lichaam van God – noemen we dat pantheïsme *(verg. panentheïsme; blz. 317)*. Maar ook wanneer God als losstaand van de natuurlijke orde wordt gezien, vat men deze natuurlijke orde toch vaak op als een geschenk van God, dat men kan lezen en interpreteren als een openbaring naast de geschriften *(gedicht op blz. 255)*: een boek waarin de bedoeling en betekenis van God worden onthuld.

> 'We zagen de grote open vlakten, de schitterende, glooiende heuvels en meanderende stromen met dichte begroeiing niet als "wild". Alleen de blanke zag de natuur als een "wildernis" en alleen hij zei dat het land "vergeven" was van "wilde" dieren en "primitieve" mensen. Voor ons was dat niet zo: de aarde bood overvloed en we werden omringd door de zegeningen van het Grote Mysterie.'
>
> (Luther Standing Bear 1978: 38)

De geestendans
De geestendans (1870 en 1890) was bedoeld om de oude orde te herstellen, waarbij ook de doden weer tot leven zouden worden gewekt: 'De tijd zal komen dat het gehele indiaanse ras, levenden en doden, zal worden herenigd op een geregenereerde aarde om een eigen leven van geluk te leiden, voor eeuwig bevrijd van dood, ziekte en ellende.'
(Mooney 1975: 75)

Symbool en teken

De zoektocht naar een gemeenschappelijk taal

IN HET CENTRUM VAN DE WERELD stond Yggdrasil, 'de es waar Ygg woont', van wiens groei en vruchtbaarheid de negen werelden afhingen – zo verhalen in ieder geval de oude noordse sagen (bijvoorbeeld de *Edda* van Snorri Sturluson). Zelfs de Aesir-goden waren afhankelijk van het overleven van de boom.

De boom werd gesteund door drie wortels: de eerste reikte tot Jotunnheim, het land van de reuzen; de tweede tot Niflheim, de laagste van de negen werelden; en de derde tot Godheim en de stad Asgard, waar goden als Thor en Odin woonden. Maar de boom was onbeschermd: elke dag knabbelden de draak Nidhogg en kleinere slangen aan de wortels en geiten vraten van de bladeren en takken. Daarom gaven de drie nornen Urdr, Verdandi en Skuldr (Lot, Zijn en Noodzaak) Yggdrasil elke dag water uit een heilige bron en smeerden de barsten in de stam dicht met modder om hem in leven te houden. Er werden ook offers gebracht aan Yggdrasil, vaak door dieren of mensen aan boomtakken op te hangen. Het ultieme offer werd gebracht door Odin, die zichzelf met zijn speer doorstak en negen dagen dood aan Yggdrasil bleef hangen om de geheimen van de runen te leren kennen.

De runen vormden het eerste schrijfsysteem waarmee wijsheid en geheimen in kaart werden gebracht: op de grond gevallen boomtakjes werden door de Nornen (schikgodinnen) gecombineerd tot letters en cijfers waarmee ze hun inzichten in het leven vastlegden. Odin gebruikte de runen om uit de dood op te staan: zijn zelfopoffering was nodig geweest om het geheim van de runen te leren en het met anderen te kunnen delen.

Er werden nog meer sagen verteld over de boom Yggdrasil en allemaal verwijzen ze naar de betekenis van de boom als het universele symbool van de kosmos als een dynamisch proces en als symbool van de constante strijd tussen leven en dood: de destructieve draak bij de wortels van Yggdrasil vond zijn tegenhanger in de beschermende arend in de top ervan.

De boom als symbool komt in alle wereldgodsdiensten voor. De boom is vaak de *axis mundi*, de centrale spil waar de wereld omheen draait. Bomen zijn tevens een natuurlijk symbool van groei, dood en wedergeboorte in de oneindige cyclus van de seizoenen. Een boom representeert de macht van God om te scheppen en te vernietigen.

De boom is slechts een van de symbolen die de mens gebruikt om verhalen te vertellen over God, universum, leven en dood – en over alle manieren waarop hij zijn leven ervaart. Symbolen zijn de zichtbare uitdrukking van de gevoelens en gedachten die de

Symbool
Dit gebrandschilderde raam met een afbeelding van de Maagd Maria in een blauw gewaad en met een halo is (systeem van Peirce, zie tekst) een symbool van Haar.

Icoon
Deze ivoren sculptuur van de Maagd Maria heeft de Aziatische gelaatstrekken die karakteristiek zijn voor in het Oosten vervaardigde beelden. Het is (systeem van Peirce, zie tekst) een icoon van Haar.

mens over de wereld en zijn plaats daarin heeft. De kracht van symbolen is dat ze een gemeenschappelijke taal vormen die alle mensen begrijpen.

De kracht van die taal en het feit dat sommige symbolen in veel culturen en tijdperken terugkeren, leiden bij de psycholoog Carl Jung (1875-1961) tot het idee dat het godsbeeld diep in alle mensen verankerd zit: 'Het is verbonden met een welomlijnd complex van psychologische factoren' (8.528) – maar hij was wel zo voorzichtig om eraan toe te voegen: 'wat God in zichzelf is, valt buiten de competentie van de psychologie.'

Jung had zeker gelijk met zijn opmerking dat symbolen zeer belangrijk zijn geweest in de zoektocht van de mens naar God, want ze representeren niet alleen God en de eigenschappen van God; ze worden verondersteld iets van de realiteit van God in zich mee te dragen. Dat werd opgemerkt door de Amerikaanse logicus C.S. Peirce (1839-1914) toen hij het begrip van symbolen verbond met de studie van tekens in de semiotiek (van het Griekse *sema*, 'teken'). Peirce onderscheidde drie soorten tekens: icoon, index en symbool. Een icoon is een teken dat een deel van de kwaliteiten bevat van het item waar het voor staat (bijvoorbeeld kaarten en diagrammen); een index is een teken met een dynamische relatie met het item waar het voor staat en vestigt de aandacht op hetgeen de betekenis is (bijvoorbeeld de kwikkolom in een thermometer die de temperatuur meet en ziekte of gezondheid aangeeft); een symbool ten slotte is een teken met een eerder afgesproken betekenis. Een beeld van een heilige is een icoon, een relikwie van een heilige is een index, een halo is een symbool dat naar heiligheid verwijst.

Hoe meer de mens ging beseffen dat God ver voorbij het menselijke gezichts- en beschrijvingsvermogen ligt, hoe meer de visuele representatie van God verschoof van icoon (in de betekenis van Peirce) naar symbool. Alle tekens, in welke vorm dan ook, zijn echter tegelijk dragers van de betekenissen die de mens in zijn eigen traditie met 'God' associeert, waardoor het hem mogelijk is een relatie met God aan te gaan. Dat betekent dat tekens die men met God associeert stabiel zijn, al ligt de betekenis ervan niet noodzakelijkerwijs voor alle eeuwigheid vast. Zoals de karakterisering van God sterk verandert in de tijd, zo verandert ook de betekenis van tekens. Belangrijke tekens en symbolen leiden daarom een eigen leven. Toen de volken van Noord-Europa tot het christendom overgingen, veranderden hun symbolen. De zelfopoffering van Odin aan de levensboom werd vervangen door het offer van Jezus aan het kruis; en de Galileër werd daardoor de jonge held die de dood overwint en de betekenis en het doel van het leven onthult. In *The Dream of the Rood* ('rood' is een Oud-Engels woord voor 'kruis') schrijft een Angelsaksische dichter:

'De jonge strijder, hij was de almachtige God, kleedde zich uit, vastberaden en onbevreesd; hij besteeg het kruis, dapper voor de ogen van velen, om de mensheid te verlossen. Een kruis werd opgericht; ik droeg de machtige koning, de heer van de hemel, omhoog.'

Index
Relikwieënkistje van de Maagd Maria uit Limoges, Frankrijk. Zo'n voorwerp bevat een relikwie van een persoon of object (bijvoorbeeld een stukje van het kruis van Jezus). Een relikwieënkistje is (systeem van Peirce, zie tekst) een index van Haar.

Muziek

Extase en trance

Indiase trance en dans
'De kunst van het dansen ontstond toen Vishnu de demonen doodde en Lakshmi de elegante bewegingen van haar echtgenoot zag en hem vroeg wat ze betekenden' (Anand 1965: 239). In India kent men ruim 300 klassieke dansvormen in samenkomst met God, waarvan er veel zijn uitgebeeld op de tempel van Chidambaram.

> 'De muziek staat helemaal apart. Ze is gescheiden van alle andere kunsten ... Ze drukt geen specifieke en welomschreven vreugde, verdriet, zorgen, angst, plezier of een vreedzame stemming uit, maar de geabstraheerde essentie hiervan, zonder bijkomstigheden en dus zonder de erbij gebruikelijke emoties. Toch kunnen we muziek volledig begrijpen en deel uitmaken van deze essentie.'
>
> (Schopenhauer 1788-1860)

Volgens de musicus Lee 'Scratch' Perry wordt reggae door sommige mensen als 'een explosie' ervaren, 'maar ik spreek van diepgewortelde muziek ... 72 volken [het aantal volken in de joodse bijbel] hebben hun hart verpand aan reggae, rock steady, ska, meringue, calypso, jazz – wat voor muziek dan ook; muziek is de enige trooster, ik vertel je de waarheid meneer!' (Johnson en Pines 1982).

Reggae is van oorsprong de muziek van de rastafari's, een religieuze beweging die in het Caribische gebied ontstond waarin Afrika wordt bewierookt en Haile Selassie, de voormalige keizer van Ethiopië en afstammeling van Salomo en de koningin van Sheba, wordt gezien als de messianistische *(blz. 198, 203)* vertegenwoordiger van God op aarde. De reggae ontstond als reactie op het lijden en onrecht dat voortkwam uit de slavernij en bood meer dan alleen troost. Johnson en Pine citeren ook Big Youth:

> *'Zij zien reggae als heilige dansmuziek. Maar er is ook een vorm van reggae die Jah-muziek [Jah of Jahweh is de naam van God in de joodse bijbel] wordt genoemd ... Dat is de muziek die zwarte mensen inspireert. Die muziek is filosofisch en zo sterk dat mensen erdoor het duister verlaten. Jah-muziek leert mensen zichzelf kennen.'*

Muziek heeft op vrijwel iedereen deze uitwerking. Muziek in haar vele verschijningsvormen geeft de mens de mogelijkheid zijn gevoelens en emoties te uiten en roept ook een emotionele respons op, zoals Schopenhauer (1788-1860) al opmerkte *(kader links)*. Omdat muziek zo direct inwerkt op gevoelens en emoties is ze een essentieel middel om gevoelens van en over God uit te drukken.

Muziek kan trance (een toestand waarin mensen beweren tot God te komen) en soms extase opwekken – sóms, maar dat hangt af van hoe men trance en extase definieert. Vaak worden die woorden als synoniem beschouwd: een toestand waarin hersenen en lichaam ingrijpend en merkbaar veranderen, waardoor de indruk ontstaat dat iemand of buiten zijn gewone manier van leven in de wereld is getreden (Grieks *ekstasis*, 'buiten staan') of dat hij overgenomen of bezeten wordt door een kracht van buitenaf, bijvoorbeeld door demonen of door God.

Om verwarring tussen deze heel verschillende toestanden te voorkomen opperde Gilbert Rouget in zijn *Music and Trance* (1985) het woord 'extase' te gebruiken voor die toestanden waarin iemand in afzondering, onbeweeglijkheid en rust in een staat van gelukzaligheid tot God komt (vaak met ingrijpende en zichtbare gevolgen) en het woord 'trance' te reserveren voor vergelijkbare ingrijpende en zichtbare veranderingen die in het openbaar en meestal onder begeleiding van zang, trommels of andere muziek en van dans optreden.

Rouget verduidelijkt de verschillen aan de hand van de heilige Teresia van Avila (blz. 292), want zij ondervond beide fenomenen. Zij is niet zo precies in haar omschrijving als Rouget, want zij noemde alles extase (Spaans *extasis*). Niettemin maakte ze onderscheid tussen vereniging (*union*, 'trance' bij Rouget) en vervoering of verrukking (*arrobamiento*, 'extase' bij Rouget): dat laatste (dus extase) produceert 'fenomenen van een hogere graad' en in die toestand van volstrekt 'alleen zijn' met God ('De woestijn en eenzaamheid schijnt de ziel beter toe dan alle gezelschap van de wereld.') voelde zij zowel pijn als glorie.

Een rondgang door de wereld levert nog andere verschillen op behalve dat tussen privé en openbaar:

* extase leidt tot visioenen en klanken, trance niet;
* extase wordt bereikt door zelfbeheersing of afsluiting van de zintuigen, trance door overstimulering van de zintuigen;
* mensen die uit extase terugkomen herinneren zich wat er gebeurd is, wanneer ze uit trance komen is dat meestal niet het geval.

Een belangrijk verschil tussen trance en extase, zo stelt Rouget, is dat trance wél en extase níet wordt begeleid door muziek. Hij bedoelt daarmee niet dat muziek trance opwekt door direct op receptoren in de hersenen in te werken, maar dat muziek de sociale acceptatie en stimulansen levert voor gedrag dat tot trance kan leiden – een soort gedrag immers dat buiten de context van sociale instemming met angst en argwaan bekeken wordt. In zijn conclusie vraagt Rouget zich af waarom muziek zo'n onontbeerlijke factor is voor trance en antwoordt daarop:

'Omdat muziek de enige taal is die gelijktijdig tot het hoofd en de benen spreekt; omdat de groep de persoon in trance met muziek een spiegel biedt waarin hij het beeld van zijn geleende identiteit kan zien en omdat muziek hem de mogelijkheid biedt zijn identiteit aan de groep duidelijk te maken door middel van dans. Er is helemaal geen mysterie. Indien dat er al is, ligt het in de toestand van trance zelf als een speciaal bewustzijnsniveau; als we naar een verklaring zoeken, ligt die mogelijk in de overweldigende kracht van de samensmelting van emotie en verbeelding. Dat is de bron waar trance uit voortkomt. Muziek socialiseert deze toestand en maakt een volledige ontwikkeling ervan mogelijk' (blz. 325 e.v.).

'Muziek kan de luisteraar vangen in gouden kettingen en hem aanzetten tot beschouwing van heilige onderwerpen.'

(Thomas Morley, Engelse componist)

De extase van Sint Teresia
Het beeld van Bernini toont Teresia in extase: 'Het hele lichaam is verlamd. Het is onmogelijk om voeten of armen te bewegen. Als men staat, gaat men zitten als iemand die van de ene plaats naar de andere wordt gedragen, zelfs niet in staat om te ademen' (Teresa 1987: 251). Ook in het openbaar maakte zij momenten van vereniging/trance mee, waarbij ze voelde hoe ze haar lichaam verliet terwijl de andere zusters het merkten; en soms als ze met de zusters zong, was 'het effect ... zo intens dat mijn handen gevoelloos werden.' (Ibid.: 389)

Ritueel

Gedrag ingebed in het brein

Doop
De doop is een ritueel dat men kan zien als een bekrachtigend symbool, waarbij de gedoopte, kind of volwassene, onderdeel wordt van het lichaam van Christus (blz. 235, 241) en waarmee hij door God naar het leven voorbij de dood wordt gevoerd, ook al gaat dit leven door. In Christus is de dood al overwonnen. De apostel Paulus zei: 'Want gij zijt gestorven en uw leven is verborgen met Christus in God.' (Brief aan de Colossenzen 3.3)

ALLE MENSEN leiden hun leven met voor zich 'een keuze tussen catastrofen' – naar de titel van een boek van de sciencefictionschrijver Isaac Asimov over 'de rampen die onze wereld bedreigen'. Die lopen van ververwijderd (de ondergang van het heelal) tot vlakbij (klimaatverandering, uitputting van hulpbronnen). Op kleinere schaal wordt de mens geconfronteerd met bedreigingen van zijn leven, van het oversteken van de straat tot het oplopen van een virus. De mens beschikt over talrijke verdedigingsmechanismen om zijn eiwitten en genen te beschermen. Sommige zijn biologisch van aard, bijvoorbeeld de huid die het lichaam beschermt; andere, bijvoorbeeld cultuur, zijn door de mens zelf gecreëerd – de maatregelen die genomen zijn om succesvol te overleven in families, naties en keizerrijken. Cultuur als een defensieve 'huid' bestaat uit zaken als schrijven en boeken, verkeerslichten, school en religies.

Godsdienst is het oudste culturele systeem waarvan we weten dat het een belangrijke rol speelde bij alles wat met de voortplanting te maken had, bijvoorbeeld de geboorte van kinderen en het beschermen en opvoeden ervan. Veel godsdiensten kennen daartoe strikte rituelen en regels op het gebied van seksuele activiteit, huwelijk en voedingspatronen *(Bowker 1995: 3-108)*.

Godsdienst biedt op vele manieren bescherming aan genenreplicatie, om het in moderne termen uit te drukken, en aan opvoeding. Het ritueel is daarbij een van de belangrijkste. Rituelen bestaan uit aangeleerd en herhaald gedrag dat individuen die behoren tot een bepaalde groep of godsdienst soms alleen, maar meestal in groepsverband uitvoeren. Rituelen zijn zo belangrijk voor het leven van de mens dat ze evenzeer in niet-religieuze context plaatsvinden (bijvoorbeeld de parades en ceremonieën in communistische landen) als in religieuze erediensten en overgangsriten (bij geboorte, puberteit, huwelijk en dood).

Rituelen verbinden in een religie de cultuur met God ten dienste en bescherming van God. Overleven is in alle godsdiensten belangrijk, maar 'overleven waarvoor?' Wat is het doel van een leven in de context van die kwetsbaarheid? Rituelen zijn een algemene en meestal non-verbale manier om vorm te geven aan de betekenis en het doel van leven en dood. Rituelen zijn herhaalde patronen van handelen en gedrag; ze spelen in veel situaties een belangrijke rol – bij de viering van de geboorte van een kind of het rouwproces na het overlijden van een persoon; bij de dankzegging voor de leven schenkende aanwezigheid van voedsel en water en bij het dood en verderf zaaien onder vijanden; bij lofprijzingen of boete doen; bij het erkennen van God en het zoeken naar Gods aanwezigheid. Dit alles werkt alleen wanneer rituelen worden erkend en begrepen op het diepste niveau van het menselijke perceptievermogen. Daarom zijn ze organisch geïntegreerd in het brein en lichaam van de mens en is ritueel gedrag een natuurlijk kenmerk van de mens. Tot op zekere hoogte geldt dit ook voor dieren: wetenschappers die diergedrag bestuderen (ethologen) spreken vaak van 'ritueel vertoon' bij de opmaat tot de paring of bij de verdediging van een territorium.

Deze 'natuurlijkheid' betekent niet dat ritueel gedrag genetisch bepaald is, zoals sommigen beweren. Rituelen komen in alle menselijke culturen voor omdat ze de interactie registreren tussen de twee belangrijkste manieren waarop onze hersenen informatie verwerken in reactie op de wereld om ons heen: *associatief leren* en *symbolische cognitie*.

Associatief leren wil zeggen associaties vormen tussen representaties van gebeurtenissen in de wereld, iets dat bij alle diersoorten in diverse graden van complexiteit voorkomt. Ons brein is geëvolueerd om bepaalde prikkels te beoordelen als intrinsiek waardevol (bijv. zoete smaken) of te vermijden (bijv. bittere of zure smaken). Dergelijke niet-aangeleerde stimuli worden *primaire bekrachtigers* genoemd. Wij leren snel *neutrale prikkels* te herkennen die in tijd of ruimte verbonden zijn met primaire bekrachtigers, zodat ze vervolgens leiden tot steeds dezelfde emotionele reactie en motivatie tot handelen. Deze neutrale prikkels heten *secundaire bekrachtigers*. De amygdala (blz. 44) en de frontale cortex zijn de belangrijkste hersenstructuren waarin de primaire bekrachtigers worden verwerkt en waarin alle associaties met secundaire bekrachtigers als in een soort databank worden opgeslagen.

Rituelen zorgen voor prikkels die ons brein intrinsiek aangenaam of afstotend vindt (waardoor emoties tijdens het ritueel worden versterkt), daarnaast zijn er ook aangeleerde associaties tussen prikkels die levenslang kunnen blijven bestaan. Voorbeelden van intrinsiek opwindende of aandacht trekkende prikkels die in rituelen worden toegepast, zijn beweging, kleur, licht, emotionele gelaatsuitdrukkingen van maskers, geaccentueerde seksueel geladen kenmerken (cosmetica, oliën), plotselinge harde geluiden (vuurwerk, bellen), taalgebruik (zingen, declameren), pijn (kastijding, besnijdenis), temperatuur (doop door onderdompeling), geuren (wierook, parfums), smaak (ritueel bereid voedsel) en nog veel meer.

De mens reageert echter niet alleen op prikkels, hij interpreteert ze ook en identificeert ze in relatie tot andere prikkels met behulp van *symbolische cognitie*. De mens kan al denkend tekens (blz. 38-39) gebruiken, zodat hij bijvoorbeeld 'rechter' en 'koning' kan gebruiken als metaforen voor God om die vervolgens vorm te geven met tekens, symbolen en iconen.

Het brein analyseert een concept als 'koning' door het in de samenstellende delen te splitsen (bijvoorbeeld uiterlijk, stemgeluid, emotionele connotaties), die alle in gespecialiseerde hersengebieden worden opgeslagen. Die informatie wordt vervolgens gecombineerd in multimodale verwerkingsgebieden (zoals de temporale lobben en de prefrontale cortex) wanneer het concept wordt geactiveerd door het lezen van het woord 'koning', door het denken aan een koning enzovoort. Door God te zien als koning gebruiken we bestaande representaties in onze hersenen om ons een

Bar en Bat Mitswa
Deze joodse ceremonieën zijn 'rites de passage' (overgangsriten) waarmee jongens en meisjes (bij sommige joodse stromingen alleen de jongens) hun jeugd achter zich laten en de verantwoordelijkheden van het convenant (blz. 176) aanvaarden: zij worden 'een zoon (of dochter) van de geboden'. De 613 geboden en verboden van de thora (blz. 200) vormen de manier waarop de joden 'ja' kunnen zeggen tegen God.

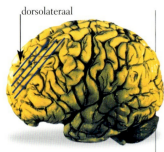

dorsolateraal

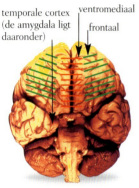

temporale cortex (de amygdala ligt daaronder)
ventromediaal frontaal

Het brein en ritueel
Tijdens rituelen wordt in de hersenen opgeslagen informatie opgeroepen om betekenisvolle reacties te kunnen genereren. De temporale lobben spelen een belangrijke rol in het samenvoegen van die informatie. De ventromediale en de prefrontale cortex koppelen die betekenissen aan, vaak diepe, emoties.

beeld te vormen van hoe God is door God te verbinden met een potentieel enorm netwerk van associaties die op diverse manieren kunnen worden ingeschakeld (bijvoorbeeld in ritueel symbolisme, religieuze kunst, gebed, poëzie en nog veel andere manieren). Zo kan religieuze symboliek op een cognitief niveau worden vergeleken met de manier waarop in rituelen prikkels op een associatief niveau worden gebruikt om gevoelens en emoties op te wekken, waardoor ook op dat niveau het ritueel bijdraagt aan de emotionele ervaring van de mens.

Ons vermogen tot symbolische cognitie komt voort uit de langdurige co-evolutie van cultuur en hersenen – vooral in de prefrontale cortex, die de complexe cognitieve processen coördineert die een rol spelen bij symbolische representatie en leren (Deacon, 1998). Door middel van symbolische cognitie kunnen cultureel belangrijke symbolen (bijvoorbeeld het christelijke kruis of Shiva als Nataraja, de Heer van de Dans; blz. 104) ontstaan die het centrum vormen van de talrijke lagen van religieuze associaties, herinneringen en emoties. Het menselijk brein vormt dus niet alleen associaties tussen prikkel en gebeurtenis, zoals dat bij lagere dieren het geval is, maar interpreteren prikkels ook als *betekenisvol* door symbolen te gebruiken om een representatie te vormen van wat er aan de hand is, zowel met betrekking tot de externe uitdrukking ervan (bijvoorbeeld spraak en mime) als wat betreft de interne ervaring. Zo kunnen betekenissen worden geassocieerd met ervaring en leiden tot een emotionele respons (bijvoorbeeld het beeld van de wederopstanding dat uitdrukking geeft aan het vertrouwen dat zelfs de dood overwonnen kan worden, of de scheppende en vernietigende dans van Shiva die de dood als onderdeel van de cyclus aanvaardbaar maakt).

Rituelen orkestreren dus de interactie tussen associatieve en symbolische leerprocessen door de zintuiglijke kenmerken van symbolische uitingen te manipuleren. Zo verhogen primaire en secundaire bekrachtigers opwinding, gevoelens, gewaarwordingen en concentratie. Er ontstaan interacties met de concepten die besloten liggen in en worden opgewekt door de prikkels van het ritueel (symbolische en icoonobjecten, gebaren, taal enzovoort) zodat men ze ervaart en *voelt* als uitermate krachtig, absoluut relevant en

DE 'SOMATISCHE MARKER'-HYPOTHESE

Quinton Deeley verklaart deze theorie die cognitie en emotie met elkaar verbindt als volgt.

Deze hypothese verbindt cognitie en emotie en stelt dat cognitieve vaardigheden worden beïnvloed door lichamelijke of *somatische* 'markers', die cognitieve representaties voorzien van bijpassende gevoelens of reacties die zijn gebaseerd op eerdere emotionele conditionering. De ventromediale en de prefrontale cortex zouden de somatische markers die geassocieerd zijn met een bepaald prikkelpatroon of mentale representatie opnieuw activeren en zo de activiteiten van emotionele netwerken coördineren.

Vanuit dat gezichtspunt verbinden rituelen symbolische representatie met somatische toestanden. Zodra rituele symbolen of de ermee geassocieerde concepten weer voorkomen, worden de geprogrammeerde somatische markers gedeeltelijk of volledig geactiveerd. Dat kan zich manifesteren in onbewust gemotiveerd of volledig bewust gedrag (geen ritueel onrein voedsel gebruiken of een eerbiedige houding ten aanzien van religieuze iconen of symbolen). (Damasio, 2000)

memorabel. Rituelen komen daarom zeer algemeen voor in godsdiensten en samenlevingen (veel rituelen zijn seculier en niet specifiek met een religie verbonden) omdat ze een buitengewoon effectieve manier vormen om (vaak een transcendente) betekenis te vinden voor het leven. Rituelen creëren bijna even sterk als kleur of klank specifieke emoties en gevoelens als vreugde, ontzag, eerbied, extase of smart.

De 'somatische kenteken'-hypothese *(kader linksonder)* is een theoretisch instrument dat verklaart hoe rituelen symbolische cognitie en emotie verbinden. Betekenis wordt op zeer complexe manieren geconstrueerd, versterkt, opgeslagen en opgeroepen zodat het geen verbazing wekt dat de mens zijn omgeving niet alleen met rituele praktijken vult, maar ook met tekens en symbolen. Zo kunnen ook zeer abstracte ideeën als tijd, ruimte en God een persoonlijke betekenis krijgen en worden gebruikt. We kunnen ze relateren aan de wereld zoals wij die ervaren, ook al weten we dat ze 'niet precies zo' zijn. Dat is nu juist waar het in alle godsdiensten om gaat in de relatie met God, die zich voorbij woorden en beschrijvingen bevindt en toch duidelijk kenbaar en benaderbaar is via tekens en rituelen. De analogie is het middel om het abstracte concreet voorstelbaar te maken in termen van wat we al kennen *(Thomas van Aquino; blz. 268)*.

Het zal nu duidelijk zijn waarom rituelen zo belangrijk zijn in de evolutie van de mens. Ze vormen een onmisbaar onderdeel in het opbouwen van een beschermende cultuur omdat ze mensen verbinden via wat met het menselijk brein en lichaam mogelijk is. Hierdoor worden het belang en de schoonheid van rituelen geenszins aangetast, maar het verklaart waarom rituelen onmisbaar zijn, zelfs als we alleen in termen van menselijke evolutie denken.

Rituelen vormen de wereld waarin mensen samenleven met hun naasten, met elkaar verbonden door een gezamenlijke richting en identieke ervaringen en emoties. Het ritueel is daardoor een diepgewortelde en natuurlijke 'taal' door middel waarvan mensen sinds oeroude tijden uitdrukking geven aan hun gevoelens over en hun begrip van God, niet in het minst als de Ene die uiteindelijk betekenis geeft aan elk aspect van leven en dood.

Begrafenis
Rituelen rond de dood helpen de rouwende mens zijn verdriet te verwerken, maar het oorspronkelijke doel ervan was om de gestorvene te helpen bij zijn overgang naar het hiernamaals. In de Gita (blz. 92) zegt Krishna over zichzelf: 'Wie in het uur van zijn dood, als hij zijn lichaam verlaat, aan mij denkt, voegt zich bij mijn Zijn, daaraan bestaat geen twijfel.' Rituelen spelen bij deze overgang een helpende rol zodat de dode 'ontsnapt aan zelfs de verst reikende bloedhonden van Yama [de dood]'.
(Bowker 1998: 167)

Mythe

Voorbij wetenschappelijke analyse

HET CITAAT HIERNAAST is afkomstig van de Afrikaanse Fon, een volk uit Dahomey, en het handelt over de komst van metaal – en zwaarden – naar de aarde. Zulke verhalen zijn veel ouder dan het geschreven of gedrukte woord; ze werden van de ene generatie op de volgende doorgegeven.

Mythen zijn het gemeenschappelijke bezit van samenlevende groepen als familie, stam en volk – het bindmiddel dat de groepsleden bij elkaar houdt. Oyekan Owomoyela beschreef hoe families in Ibadan (Nigeria) bij elkaar komen om raadsels en verhalen te vertellen:

> 'Afgezien van enkele concessies aan de vooruitgang zoals elektriciteit, waterleiding en een radio dat een vast programma van een lokale zender uitzendt, blijft het huishouden het domein van de traditie. Na het avondmaal verzamelen de familieleden zich op de veranda [waar] ... de bijeenkomst begint met amusante raadsels. Wat dineert met een oba (de hoogste baas van de gemeenschap) en laat de afwas aan hem over? Een vlieg. Wat passeert het paleis van de oba zonder eerbied te betonen? Regenwater. Op weg naar Oyo kijkt hij richting Oyo, op weg van Oyo kijkt hij nog steeds richting Oyo. Wie is dat? Een dubbelzijdige trom. Na de raadsels komen de verhalen ...'
>
> (Lindfors 1977: 264)

Mythe is de manier waarop het levensverhaal van een individu in de context van veel grotere verhalen wordt geplaatst – vertellingen over de familie, stam of het volk waar het individu toebehoort en over de hele wereld in verleden, heden en toekomst. Mythe is het belangrijkste hulpmiddel van de menselijke geest om God te onderzoeken en verbeelden: godsdiensten zijn gemeenschappen die een gemeenschappelijke geschiedenis en mythologie hebben. Dat lijkt tegenwoordig moeilijk te begrijpen omdat de meeste mensen het woord mythe gebruiken in de betekenis van 'onwaar'. Zeker onwaar is echter de opvatting dat er maar één manier is om de waarheid te vertellen – bijvoorbeeld de wetenschappelijke. Mythen herinneren ons eraan dat de waarheid evenzeer in fictie

---

'Ik weet niet of Mawu een man of vrouw is. De geschiedenis zegt ons dat Mawu de wereld schiep. Toen de wereld was geschapen, trok Mawu zich terug van de aarde en ging in de lucht wonen. Toen hij daar eenmaal was, wilde Mawu niet meer terugkeren naar de aarde. Daarna ging alles op de wereld fout. De mensen wisten niet hoe ze dingen voor zichzelf moesten doen. Ze maakten ruzie. Ze vochten zelfs. Ook wisten zij niet hoe ze het land moesten bewerken, hoe ze kleren konden weven om hun lichaam te bedekken.

Daarom stuurde Mawu haar enige zoon, Lisa genaamd, naar de aarde. Mawu gaf haar zoon Lisa metaal, Gu, en ze droeg Lisa op om naar de aarde te gaan, het struikgewas te kappen met dit metaal en de mensen te leren nuttige dingen te maken.'

(Courlander 1996: 166)

Mythe in Afrika
Isidore Okpewho legt in onderstaand eenvoudige diagram van de groeicyclus van de Afrikaanse mythe een verband tussen feit en fictie.

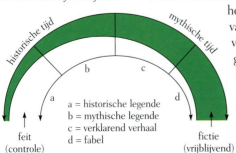

a = historische legende
b = mythische legende
c = verklarend verhaal
d = fabel

als in wetenschappelijke feiten kan worden verteld, even goed in poëzie als in wiskundige bewijzen – zelfs beter, want in mythen kunnen mensen vastleggen en met anderen delen dat zij méér zijn dan wat wetenschappelijke analyse hun vertelt, namelijk 'zoogdieren met zeer fijn afgestelde fysiologische apparatuur die met superieur gemak taken uitvoeren die lagere dieren niet of met moeite volbrengen', in de woorden van J.A. Ramsey (Mackay 1977). De filosoof F.W.J. Schelling (1775-1854) schreef in zijn *Gespräche über der Poesie*: 'Wat is elke rijke mythologie anders dan een verzameling cryptische uitdrukkingen van de omringende natuur in een transfiguratie van verbeelding en liefde?'

Schelling leefde in een tijd van toenemend vertrouwen dat de wetenschap de ware verklaring en het enig ware verhaal van alles zou geven – een standpunt dat 'sciëntisme' wordt genoemd. De componist Richard Wagner (1813-1883) keerde zich tegen dit misplaatste vertrouwen in zijn 'Gesamtkunstwerke', opera's waarin hij bewust teruggreep op bestaande mythen om een nieuwe mythe te scheppen die in de loop van de tijd zelf beladen zou worden met betekenis.

Wagner twijfelde er niet aan dat de natuurkunde (en andere wetenschappen) veel vragen kan beantwoorden. Maar niet alle vragen: waarom lijdt de mens? Hoe verhoudt dat lijden zich tot wat hij of anderen in het verleden hebben gedaan? Hoe kan hij worden gered of verlost van kwaad dat hij in het verleden heeft begaan? In de opera *Parsifal* behandelt Wagner het onderwerp verlossing en de manier waarop dat thema verbonden is met lijden *(bijschrift rechts)*.

Parsifal is een voorbeeld uit vele. In een breder kader gezien is mythe een essentiële menselijke verworvenheid die het de mensen mogelijk maakt zijn diepste inzichten, hoop en angsten en zijn ervaring van God met anderen te delen.

Parsifal

In de opera *Parsifal* van Richard Wagner wordt het thema medelijden uitgewerkt. Parsifal heeft te doen met Amfortas, die in bitter berouw naar de dood verlangt als 'een kleine boetedoening voor een zonde als de mijne' (acte 3.249). Parsifal neemt een deel van het lijden op zich (medelijden) en krijgt daardoor inzicht in zichzelf en slaat zo de weg naar zijn eigen verlossing in. Het is het medelijden dat de langverwachte verlosser kenmerkt:

'Voor het verwoeste heiligdom lag Amfortas in intens gebed,
Smekend om een teken van vergeving:
De onschuldige dwaas, wijs geworden door medelijden:
Wacht op hem, degene die ik kies.'
(1.1.234 e.v.)

Offer

Het veiligstellen van leven en orde

LANG GELEDEN stierf het menselijk ras uit. De goden hadden de mens vele dingen gegeven, maar ze hadden hem niet de macht of in elk geval niet de kennis gegeven zich voort te planten. De goden Quetzalcoatl en Xolotl besloten de mens te redden. Quetzalcoatl daalde af in de onderwereld en verzamelde de verspreide beenderen van dode mensen en bracht die naar de bovenwereld. Daar vermaalde hij ze tot meel, maar er zat nog steeds geen leven in. Hij sneed toen een van zijn eigen bloedvaten open en vermengde zijn bloed met het meel. Vervolgens boetseerde Xolotl daaruit een menselijke vorm en Quetzalcoatl blies er zijn levensadem in. Nadat hij zijn levensbloed voor deze schepping had gegeven, beschermde Quetzalcoatl de mens door hem te leren zich voort te planten, de tijd te meten, het land te bewerken, te schrijven en de sterrenhemel te begrijpen.

Deze Azteekse mythe laat zien hoe diep bloed, leven en offeren met elkaar verbonden zijn. Zij die het leven hebben ontvangen doordat God zelf bloed gaf, kunnen hun dankbaarheid het beste tonen door op hun beurt bloed te offeren. Offers speelden daarom een belangrijke rol in de Azteekse godsdienst. Priesters offerden hun eigen bloed door een draad met weerhaakjes door hun tong en oren te trekken. Daarnaast werden mensenoffers gebracht in theatrale rituelen en ceremonieën; de Azteken voerden steeds vaker oorlog met naburige volken, onder andere om gevangenen te maken die nodig waren voor alle offerpraktijken.

Een offer brengen is een van de belangrijkste manieren waarop mensen hun gevoelens over God tot uitdrukking brengen. Offerpraktijken komen in alle religies voor – al werden ze vaak bekritiseerd, aangepast en soms van een nieuwe vorm en betekenis voorzien – maar altijd vormen ze een fundamentele weergave van de mens die zijn situatie begrijpt en er iets aan doet. 'Geen mens is alleen' en een offer brengen is een van de krachtigste manieren waarover de mens beschikt om te laten zien hoeveel zijn relaties hem waard zijn – bovenal zijn relatie met God. Het offer is dus een middel waarmee leven en orde

De Azteken
Het offeren van bloed was van levensbelang voor de Azteken, een volk dat afstamde van Mexicaanse krijgers die zich rond 1325 nChr. op het eiland Tenochtitlán in het Texcoco-meer vestigden. Zij noemden zich Azteken naar het legendarische land van hun voorouders en bouwden een bloeiend rijk op dat in de 16e eeuw met de komst van de Europeanen ten val kwam.

kunnen worden veiliggesteld: het is de taal waarin de mens zijn onzekere situatie (altijd bedreigd door de dood) erkent en zijn behoeften en hoop uitdrukt. Dat gold ook voor de Maya's, de voorgangers van de Azteken in Midden-Amerika. Aanvankelijk dacht men dat de Maya's een vreedzaam volk waren met een religie waarin de sterren een belangrijke rol speelden, waardoor ze een indrukwekkende hoeveelheid kennis van wiskunde en astronomie opdeden. Nadat echter de hiërogliefen van de Maya's waren ontcijferd, bleek dat ook de Maya's oorlogen voerden en vijanden gevangennamen die zij verminkten en offerden. Menselijk bloed was een onmisbaar element om de goden gunstig gezind te houden.

Mensenoffers maken slechts een klein deel uit van de geschiedenis van het offers brengen aan God. Offeren is het ritueel aanbieden van iets dat leeft of van een levenloos object. Het leven of object dat wordt geofferd hoeft niet van grote waarde te zijn: de waarde ligt in de offerhandeling zelf.

Er zijn veel redenen om te offeren en een specifiek offer kan om diverse redenen worden aangeboden. Het offer kan na een overtreding of zonde worden gebracht als een soort boete (accepteren dat er een prijs moet worden betaald) of als een zoenoffer (kalmeren van de gerechtvaardigde toorn van God); het kan ook worden aangeboden als een substituut voor iets dat al aan God toebehoort (bijvoorbeeld de eerstgeborene); het kan dienen om een gemeenschap te vormen van de personen die deelnemen aan het offerritueel; een offer kan ook worden gebracht in de verwachting er iets voor terug te krijgen (het principe dat in het Latijn *do ut des* wordt genoemd: 'ik geef opdat jij zult geven'); het kan de functie hebben een gedachte of gebrek 'weg te wassen'; als dankzegging of om een bedreiging of ramp zoals hongersnood, droogte, overstroming of onvruchtbaarheid af te wenden. Hoe belangrijk ook, offerpraktijken zijn niet onomstreden. In India twijfelen zowel jaina's als boeddhisten *(blz. 68-71)* er sterk aan of men door te offeren wel bereikt wat men wil bereiken. In hun ogen is het idee dat God uitsluitend zou reageren tegen een prijs volkomen absurd. Niettemin erkennen zij wel hoe belangrijk de offerprocedure is als een taal waarin gevoelens over waarde worden uitgedrukt. Daarom stelden ze *dana* (geschenk) in als een equivalent van het offer: in het boeddhisme is *dana* voedsel, drank, kleding en andere benodigdheden van het dagelijks leven die aan boeddhistische monniken worden gegeven; *dana* is voor leken dan ook een van de belangrijkste manieren om verdienste te verwerven.

Ook in religies waarin men veel waarde hecht aan het brengen van offers worden vraagtekens geplaatst bij het nut ervan en de manier waarop de offerprocedure wordt uitgevoerd. De kern van het offeren blijft evenwel het besef dat sommige zaken, of individuen, van zo'n onschatbare of zelfs oneindig grote waarde zijn dat het zin heeft iets of alles ervoor te offeren. Er bestaat geen groter bewijs van liefde dan het leven opofferen voor een vriend, behalve misschien het leven geven voor een vijand.

Offerschaap
Moslims zijn verplicht dieren te offeren (een schaap, kameel, koe of geit). Het offer tijdens het Grote Feest (Aid al Kabir, ook wel id-ul adha genoemd) gedenkt dat Ibrahim (Abraham) een ram offerde in plaats van zijn zoon. Dit offerfeest vindt plaats op de tiende dag van Dhul 'Hijjah en het symboliseert voor moslims de genade van Allah, die een substituut accepteert in plaats van wat Hem van rechtswege toekomt.

Architectuur

Gebouwen van God

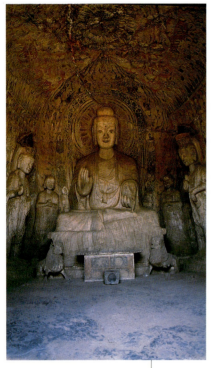

Grottempels
De oudste door de mens gemaakte schilderingen liggen diep in grotten verborgen; hun betekenis is niet volledig bekend, maar het is aannemelijk dat ze iets met sjamanisme (blz. 160) en rituelen te maken hadden. Grotten bleven bij diverse godsdiensten in trek, bijvoorbeeld als boeddhistische chaitya's en Byzantijnse grotkerken. De afbeelding toont het Chinese grottempelcomplex van Longmen aan de Yi-rivier, bestaande uit 1352 grotten en 40 pagodes van diverse afmetingen met meer dan 100.000 afbeeldingen van Boeddha. De grotten werden tot ver in de Tang-periode uitgebreid en gedecoreerd.

In Karnak aan de oevers van de Nijl, niet ver van Luxor, bouwden de Egyptische farao's talrijke tempels. De reusachtige zuilenhal van Seti I (ca. 1318-1304 vChr.) beslaat een oppervlakte als een voetbalstadion waarin de grootste christelijke kathedraal verdwijnt in de ruimte. De paleizen van de farao's waren al schitterend, maar de tempels overtroffen alles.

Dat geldt overal ter wereld voor de religieuze architectuur. Alle aan God gewijde bouwwerken worden met de beste krachten en technieken van hun tijd opgetrokken. Er werden onvoorstelbare kapitalen aan gespendeerd en meester-vaklieden, beeldhouwers en kunstenaars werden ervoor ingezet. Via de architectuur vertelt de mens niet alleen het verhaal van God, maar ook dat van de waarde en kosten van de erediensten. De decoraties van de gebouwen vertellen vaak ook direct het verhaal van God: in beeldhouwwerken, schilderingen en schitterend gekleurd glas.

Mensen hebben bewust tempels en kerken gebouwd om hun nadering tot God via verering, ritueel en gebed een eigen gewijde plaats te geven. Er is vaak gediscussieerd over de vraag of God een gebouw nodig heeft: hoe kan men God, die toch de gehele wereld overziet, binnen muren beperken? Vaak dient het gebouw echter als bescherming van het beeld (de zichtbare voorstelling) van God. In de meeste tempels doorloopt de gelovige een reeks stadia, vaak via poorten, binnenplaatsen en zalen, die uitmonden in een donker en mysterieus interieur. In dit centrum bevindt zich de heiligste plek, waar de aanwezigheid van God gevoeld kan worden.

Gebouwen vertellen het verhaal van God ook nog op een andere manier: ze bieden een plaats waar mensen kunnen samenkomen in de aanwezigheid van God. Het woord 'synagoge' betekent 'plaats van verzameling': hierin komen joden samen om het woord van God te horen, dat wordt voorgelezen en geïnterpreteerd en waar zij zich wenden in de richting van Jeruzalem, de stad waar ooit de grote tempel van Salomo stond *(blz. 190-191).*

Dat simpele feit geeft aan dat religieuze gebouwen het verhaal van God kunnen vertellen via hun opzet. Christelijke kerken hebben vaak de vorm van een kruis; moskeeën zijn gebouwd rondom de kansel van waaraf het woord van God wordt verkondigd en rondom de nis *(mihrab)* die de gelovigen de richting van Mekka wijst; hindoetempels weerspiegelen de kosmos in miniatuurvorm zodat de schepsels en de Schepper elkaar op heilige grond kunnen ontmoeten; bij Chinese tempels zijn de ingangen op de vier windstreken gericht zodat de goede krachten en invloeden naar binnen kunnen stromen; de Griekse tempels werden gebouwd op plaatsen die men associeerde met de goden, vaak een hooggelegen plek om dichter bij de goden te zijn, een goed voorbeeld hiervan is de Acropolis (Grieks: bovenstad) van Athene.

Gebouwen onthullen ook op een andere belangrijke manier iets van het verhaal van God in de geschiedenis van de mens. Gebouwen zijn niet statisch: ze worden voortdurend veranderd en die veranderingen vertellen ons hoe het beeld van God is veranderd. Tempels en kerken kunnen ook worden afgebroken om ruimte te maken voor nieuwbouw. Zo werd er 2000 jaar lang gewerkt aan de tempelstad van Karnak. Egypte is een oase van 1000 kilometer lang, die vruchtbaar is door de jaarlijkse overstroming van de Nijl. De farao's regeerden over dit uitgestrekte gebied door zichzelf overal te verbinden met lokale godheden en hun cultus zodat zij voor al hun onderdanen de manifestatie van God werden.

Ook de zonnegod Ra (of Re) van Heliopolis ('stad van de zon') werd verbonden met de farao's, die de zoon van Ra werden genoemd en die men associeerde met de pracht en kracht van de zon. De goden van andere belangrijke plaatsen als Thebe en Memphis werden benoemd tot bondgenoten van Ra. Toen een faraodynastie uit Thebe de troon besteeg, brachten ze hun God, Amon, mee en dat leverde Amon-Ra op. Vervolgens werd geprobeerd de goden in families en hiërarchieën onder te brengen; farao Amenophis IV (1379-1362 vChr.) zorgde voor een omwenteling door vast te stellen dat Aton, de zon die warmte en leven aan de aarde geeft, de opperste God was. Hij nam de naam Achnaton aan – hij die Aton dient – en liet alle tempels van de andere goden sluiten. Zelfs de namen van andere goden werden overal weggehakt van de muren en beelden waarop ze aangebracht waren. Na de dood van deze farao verdween ook de zonnegod Aton en werden alle nieuwe tempels weer afgebroken waarna het bouwmateriaal werd gebruikt voor de reconstructie van de oude tempels. Zo vergaat het veel bouwwerken die een religieuze functie hebben: ze weerspiegelen de manier waarop de mens God ervaart, terwijl hun geschiedenis ook vertelt hoe het menselijke beeld van God verandert in de loop van de tijd.

Het grote tempelcomplex te Karnak
Tijdens de eerste vijf jaar van zijn regeerperiode vergrootte farao Amenophis IV het tempelcomplex van Karnak en wijdde het aan de nieuwe oppergod Aton: hij noemde het pr-itn, 'het domein van Aton'. Hij componeerde ook een beroemde hymne waarin de levenschenkende kracht van de zon wordt bezongen: 'U rijst in perfectie aan de horizon de hemel omhoog, o levende Aton, die het leven begon ... U bent mijn verlangen.'
(Simpson 1973: 290)

IN DEN BEGINNE

Kunst

Wijzen naar de waarheid

> *'De dwaas, de minnaar en de dichter*
> *Hebben een rijke fantasie ...*
> *De verbeelding speelt al snel parten,*
> *Als ze vreugde bespeurt;*
> *Zoekt ze naar de brenger van die vreugde*
> *En in de nacht, denkend aan angst*
> *Is een struik al snel een beer!'*
>
> (Shakespeare: *Een Midzomernachtdroom*, 5.1.7)

Handsilhouetten
Vanaf het Paleolithicum werden wandschilderingen van dieren gemaakt in grotten, mogelijk als onderdeel van een sjamanistisch ritueel (blz. 160). Ook legden ze hun hand tegen de rotswand en trokken de omtrek ervan over.

LANG GELEDEN zag Butades, een jonge vrouw uit Corinthe, zich geconfronteerd met het vooruitzicht gescheiden te worden van haar minnaar; voordat hij vertrok, liet ze hem in het licht staan zodat zijn schaduw op de muur viel. Daarna trok ze zijn silhouet over op de muur zodat ze in zijn afwezigheid een kopie van hem had. De Franse kunstenaar J-B. Suvée schilderde dit onderwerp en noemde het werk *De oorsprong van het tekenen*.

In de mediterrane wereld dacht men vroeger dat de kunst inderdaad zó begonnen was – in dat geval zouden de overgetrokken handen op een rotswand het echte begin van de kunst aanduiden. In zijn *Natuurlijke historie* (1e eeuw nChr.) schreef de Romein Plinius de Oudere dat niemand wist of de Egyptenaren of de Grieken de kunst hadden uitgevonden, maar, zo schreef hij: 'Iedereen is het erover eens dat de kunst begon met het overtrekken van de schaduw van een persoon.'

In de mediterrane wereld, de bakermat van de westerse kunst, was kunst oorspronkelijk bedoeld als *mimesis*, een Grieks woord dat 'imitatie' betekent. Maar kopiëren en imiteren volstonden niet. De filosoof Plato stelde dat het doel van kunst perfecte imitatie is, maar de bekwaamheid van een kunstenaar ligt daarbij in het suggereren van de waarheid van het gekopieerde en *niet* in exact kopiëren ervan: met andere woorden: een echte kunstenaar suggereert een beeld, maar produceert geen exacte kopie.

Het woord 'beeld' roept uiteraard meteen ook het woord 'verbeelding' op *(kader linksboven)*. Wanneer kunstenaars voor een lege muur staan activeren zij eerst hun verbeeldingskracht voordat ze er daadwerkelijk een voorstelling op aanbrengen. Met name Leonardo da Vinci vond dit een belangrijk punt in de opleiding van een kunstenaar: 'Ik wil graag een nieuwe regel aan de methode toevoegen, die misschien triviaal mag lijken, maar die niettemin heel nuttig is om de geest te scherpen en ontvankelijk te maken voor nieuwe beelden. Wanneer wij bijvoorbeeld naar een oude verweerde muur kijken terwijl we in onze verbeelding bezig zijn met het ontwerpen van een tafereel, lijkt de muur landschappen uit te beelden met bergen, rivieren, rotsen, bomen, vlakten en glooiende valleien. We kunnen er zelfs complete veldslagen en bewegende figuren in zien, met de meest bijzondere gelaatsuitdrukkingen en exotische kostuums, naast een oneindig aantal zaken die elk apart tot afzonderlijke, scherpomlijnde vormen kunnen worden teruggebracht. Vergelijk dit met het bronzen geluid van klokken, waarin men alle denkbare namen en woorden kan horen.'

Verbeelding is ook van eminent belang in de toch totaal andere Chinese wereld. In China horen poëzie en schilderkunst bij elkaar als 'de gastheer en de gast'. Beide streven ze naar volmaaktheid, niet door wat ze concreet uitbeelden maar door wat ze weglaten. In Chinese schilderingen komen vrijwel geen schaduwwerkingen voor, zelfs niet wanneer de zon of de maan duidelijk zichtbaar is, omdat in de Chinese schilderkunst geen poging wordt gedaan om een onderwerp realistisch als op een foto af te beelden. Het primaire doel van de Chinese schilder is het overbrengen van de innerlijke identiteit en eenheid van natuur en verschijning (Tao; blz. 152) en daarin slaagt hij beter met suggestie dan met het reproduceren van de oppervlakkige verschijningsvorm. Toen keizer Hui Sung een examen regelde voor aankomende ambtenaren koos hij een dichtregel die de kandidaten moesten illustreren: 'Toen ik terugkeerde van een rit over de bloeiende weide waren de hoeven van mijn paard welriekend.' Het winnende schilderij toonde geen weide vol bloemen, maar een paard dat over een pad loopt terwijl twee vlinders rondom zijn hoeven cirkelen. De aanwezigheid van weide en bloemen wordt alleen gesuggereerd, ze zijn niet direct zichtbaar.

Overal ter wereld hebben mensen emoties en gevoelens uitgedrukt en opgeroepen met kunst waarin techniek en verbeelding samengaan. Kunst is daardoor als vanzelfsprekend uitgegroeid tot een belangrijke 'taal' waarin de mens 'iets' – in de ruimste zin van het woord – over God probeert uit te drukken. God is vaak direct afgebeeld, ook al weten mensen heel goed dat God niet voor een muur of doek gezet en gekopieerd kan worden. Veelal wordt de afbeelding van Godin en God daarom gesuggereerd door middel van symbolen die met hen worden geassocieerd.

Kunst kan ook alle mogelijke gevoelens die de mens over God/Godin heeft uitdrukken: van het diepste berouw tot de hoogste lofprijzing. Kunst kan leren en instrueren, maar ook werken als propagandamiddel: soms wordt met kunst geprobeerd mensen te laten geloven door middel van afschrikwekkende afbeeldingen van het eeuwige hellevuur en de straffen die de zondaar na de dood te wachten staan. Maar bovenal kan kunst de waarheid van God benaderen door de manier waarop kunst verbonden is met het algemene voelen van God in de gebeurtenissen in de wereld. In dat geval dwingt kunst bepaalde emoties niet af, maar suggereert ze veeleer. Kunst is te vergelijken met een venster waardoor de mens kan kijken en soms zien. Niettemin is het in sommige religies een enorme contradictie dat God op wat voor manier dan ook zou kunnen worden afgebeeld. Dat komt dichtbij afgoderij: de verering van een stoffelijk beeld in plaats van de ongeziene en onzienbare werkelijkheid. In India is het beeld echter een van de leven schenkende manieren waarop het onzienbare te zien is – in India is *darshan* een veelgebruikte term voor 'verering', maar letterlijk betekent het 'zien'.

Chinese kunst
'Voor de Chinezen is het onderwerp van een schildering onverbrekelijk verbonden met de vorm ervan: beide zijn uitdrukking van een allesomvattende filosofische grondhouding ten aanzien van de zichtbare wereld ... Een Chinese schilder was, anders dan zijn Europese kunstbroeder, nooit alleen maar schilder. Hij was tevens een filosoof: zijn visie vervaagde niet met het ouder worden, maar werd juist sterker en dieper.'
(Sullivan 1979: 1)

India

Een mozaïek van manieren om tot God te komen

INDIA

IN DE 19E EEUW bedacht men de term hindoeïsme voor de coalitie van samenhangende godsdiensten die in India bestaat. Het woord is afgeleid van het Perzische *hindu*, in het Sanskriet *sindhu*, dat 'rivier' betekent en naar de bewoners van de Indusvallei verwijst: het woord staat dus voor Indiaas. Van het miljard inwoners van India is bijna 80 procent hindoe, terwijl er buiten India nog 30 miljoen hindoes leven, maar er bestaat geen eenheidsreligie die we 'hindoeïsme' kunnen noemen. Er zijn tal van gemeenschappelijke kenmerken in de geloofsopvattingen en -praktijken van de hindoes aan te wijzen, maar ze worden op verschillende manieren uitgedrukt: de dorpsreligie op het platteland is bijvoorbeeld heel anders dan de filosofische religie.

Historisch beschouwd lijkt de Indiase religie een aantal stadia te hebben doorlopen, maar ook dat beeld is misleidend, want enkele van de oudste vormen worden nog steeds beleden zonder te zijn

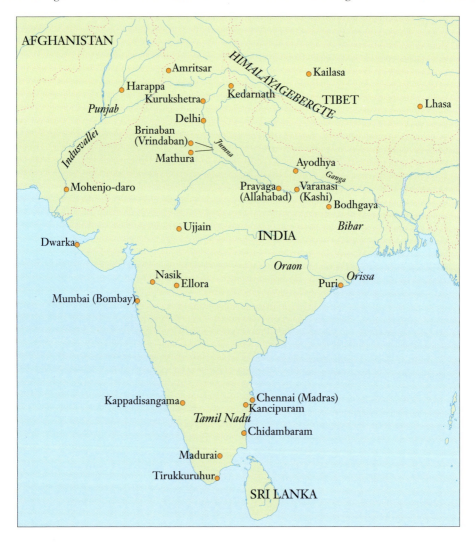

INLEIDING EN TIJDBALK

aangetast door latere innovaties. De wortels van de Indiase godsdienst liggen in de tradities van de vroegste bewoners van India: de beschaving van de Indusvallei (ca. 2500-1800 vChr.), de Dravidische cultuur die voortleeft bij de Tamils in Zuid-India en de Ariërs die Noordwest-India binnentrokken vanaf 1500 vChr. De Arische religie werd de hoofdstroom binnen de vedische religie, die gebaseerd is op offerrituelen en heilige teksten die veda's en vedanta's worden genoemd.

Binnen de Indiase coalitie zijn sommige bewegingen (het jainisme, boeddhisme en de sikhs) tot afzonderlijke godsdiensten uitgegroeid; andere ontwikkelden eigen tradities zonder volledig zelfstandig te worden. Noemenswaardige gelovigen zijn de vaishnava's (toegewijd aan Vishnu en de geïncarneerde vormen van Vishnu, vooral Krishna en Rama), de shaiva's (toegewijd aan Shiva en zijn partners) en de shakta's (toegewijd aan Godin). Gemeenschappelijk beleden opvattingen (maar telkens anders begrepen) zijn onder andere: God als absolute Bron van alle verschijning manifesteert zich op vele manieren, ook in de vorm van diverse goden en godinnen, waardoor de mens de diverse manifestaties kan benaderen, begrijpen en vereren; de zich steeds herhalende cyclus van de wedergeboorte tot de keten van onwetendheid *(avidya)* wordt verbroken en bevrijding *(moksha)* wordt bereikt; de vorm waarin de wedergeboorte plaatsvindt, wordt bepaald door *karma*, een morele wet die even onpersoonlijk en onvermijdelijk is als zwaartekracht; de noodzaak van het handhaven van orde in de samenleving en het universum *(dharma, blz. 68 en rita, blz. 62)*. Er bestaan vele gelijkwaardige wegen om *moksha* te bereiken: een belangrijke manier is verering van de zichtbare vorm van de godheid in *darshana* ('direct zien') en *puja* ('verering').

Verering

In India wordt de godheid in tempels verwelkomd als geëerde gast in een vorm van verering die puja wordt genoemd.

INDIA TIJDBALK

2500–1500	Indusvallei · Tamilgoden en -godinnen · Ariërs
1500–1000	Vedische periode
1000–500	Brahmanisme · Samkhya · Upanishads · Bhagavad Gita
500–0	De Boeddha · Epossen *(Ramayana en Mahabharata)* · Kanada en Vaisheshika · Nyaya
0–250	Nagarjuna · Patanjali
250–500	Purana's
500–750	Stichting van Nyingma · Nalvars/Nayanars
750–1000	Shankara · Nammalvar (Maran) · Shantideva · Stichting van Kagyu · Stichting van Sakya
1000–1250	Vacana-dichters · Shrividya · Ramanuja · Jayadeva · Madhva · Devi Gita · Jagganath-tempel · Shinran
1250–1500	Stichting van Geluk · Sants
1500–1750	Goeroe Nanak · Kabir · Vallabha · Surdas · Caitanya · Mirabai · Goeroe Arjan · Tulsi Das · Tukaram · Rupa · Krishnadasa Kaviraja · Gouden Tempel · Goeroe Granth Sahib geïnstalleerd · Goeroe Gobind Singh
1750–HEDEN	Ram Mohan Roy · Brahmo Sabha/Brahmo Samaj · Ramakrishna · Rabindranath Tagore · Vivekananda · Gandhi · Aurobindo · Wereldparlement van religies · Grootste Kumbhamela ooit in Prayaga

Tamil Nadu

Waar de goden samenkomen

IN ZUID-INDIA VERTELLEN TAMILS graag het verhaal van de brahmaan (*zie verder*) Jamadagni die met een vrouw trouwde die zich zo goed kon concentreren dat zij net zoveel water als ze wilde, kon meedragen in een lap stof. Op een dag ging de vrouw water halen uit de rivier en keek toevallig in het water, waarin zij enkele *gandharva's* (musici en zangers van de goden) die boven haar vlogen, zag weerspiegeld. Getroffen door hun schoonheid verloor zij haar concentratie en het water stroomde onmiddellijk weg. Jamadagni ondervroeg zijn vrouw over wat er gebeurd was en toen zij bekende dat ze ontroerd was geraakt door de schoonheid van de gandharva's gaf hij hun zoon Parashurama het bevel haar mee te nemen naar de wildernis en haar het hoofd af te hakken. Op de plaats van executie probeerde zij zich te redden door een andere vrouw te omhelzen, een *paraiya* (Tamil voor 'uitgestotene', vandaar het Nederlandse woord paria). De zoon hakte prompt van beide vrouwen het hoofd af en keerde overweldigd door verdriet terug naar zijn vader.

Jamadagni prees de gehoorzaamheid van zijn zoon en beloofde hem een beloning. De zoon vroeg zijn vader om zijn moeder weer tot leven te wekken. Hij kreeg te horen dat hij de hoofden weer op de schouders moest zetten, waarna ze beiden weer zouden leven.

De zoon gehoorzaamde, maar hij zette per abuis het hoofd van de paraiya op het lichaam van zijn brahmaanse moeder en vice versa. De vrouw met het hoofd van een brahmaan en het lichaam van een paraiya werd de godin Mariamma, aan wie geiten en hanen worden geofferd, maar geen buffels; de vrouw met het hoofd van een paraiya en het lichaam van een brahmaan werd Ellamma, aan wie buffels worden geofferd, maar geen geiten en hanen. Het verhaal van de verwisselde hoofden wordt door heel India verteld, maar overal met verschillende bedoelingen (*Ganesha; blz. 108*).

'Brahmanisme' (van brahmanen, 'zij die over rituelen en offers gaan') is de naam van een vroege vorm van godsdienst die ontstond uit de geloofsopvattingen en -praktijken van de Ariërs, die rond 1500 vChr. India binnentrokken (*blz. 60*). Van hen zijn de heilige teksten afkomstig die bekend staan als de veda's, waardoor deze vroege godsdienst ook wel de vedische religie wordt genoemd. Het brahmanisme en zijn heilige taal het Sanskriet verspreidden zich geleidelijk aan over heel India: de brahmaanse goden en geloofsopvattingen en -praktijken werden dominant zonder de bestaande andere geloofsopvattingen te elimineren. Het hoofd van een brahmaan kon op het lichaam van een paraiya worden gezet, maar het omgekeerde kwam ook voor, zoals bij de vorm van verering die *puja* (*blz. 94*) wordt genoemd. Deze integratie van onafhankelijke opvattingen leidde tot nieuwe wegen voor het Indiase volk om God te begrijpen en te vereren.

Heilige taal
Het Sanskriet (zie letters boven) werd de heilige taal van India, maar veel Indiase religies hebben hun eigen heilige talen, bijvoorbeeld de Dravidische talen in Zuid-India.

De verspreiding van het brahmanisme werd wel 'de grote traditie' genoemd tegenover 'de kleine traditie' (de plaatselijke godsdiensten), maar die benaming is opgegeven omdat de aanhangers van de laatstgenoemde zich erdoor gekleineerd voelden, alsof ze slechts het kleine broertje waren (Redfield 1956). Dit is een zeer gevoelig en politiek beladen onderwerp in India, want in landstreken als Tamil Nadu, waar een Dravidische taal wordt gesproken, streven de inwoners naar meer autonomie of zelfs onafhankelijkheid. De Tamil-namen voor God zijn symbool geworden voor de Tamil-identiteit, ook al zijn de goden en godinnen van het Tamil-pantheon sinds lang verbonden met brahmaanse en andere Indiase goden.

Dat geldt zeker voor de god Murukan, aan wie drie van de belangrijkste zes tempels van Tamil Nadu zijn gewijd. Tamils gebruiken het woord *teyvam* om alles te benoemen wat tot het wezen van God behoort: het is *teyvam* dat manifest wordt in alle vormen waarin God verschijnt. In dat goddelijk wezen liggen schoonheid, liefde en eeuwigdurende jeugd – kortom alles dat kan worden samengevat met het woord *muruku*. *Muruku* is *teyvam* en *muruku* (een abstract, onzijdig zelfstandig naamwoord) wordt werkelijkheid en personifieert zich als Murukan.

Murukan is de manier waarop de Tamils zich God voorstelden voordat de brahmaanse ideeën uit het noorden de overhand kregen. Murukan werd met het brahmanisme verbonden door hem te beschouwen als de zoon van Shiva *(blz. 108)*, die al vroeg aan Rudra werd gekoppeld *(blz. 105)*. Murukan wordt ook vereenzelvigd met Skanda *(blz. 109)*, de grote krijger, die door de vereerders van Shiva wordt aanvaard als degene die naar Shiva leidt en de mensheid verlossing van deze wereld brengt.

Dit proces waarin uiteenlopende benaderingen van God zich aan elkaar aanpasten, zodat ze beide veranderden, sterker werden en samen tot een nieuwe visie uitgroeiden, is fundamenteel voor het Indiase verhaal van God. Bepaalde manifestaties van God/Godin blijven zeer stabiel in de loop der eeuwen en toch verandert de verbeelding van God altijd, zowel letterlijk als metaforisch *(zie Pattini, rechts)*.

Benaderen wij de Indiase opvatting van God via Tamil Nadu, dan zien we dat er veel verschillende draden in het weefsel zitten: de dorpsreligie is een van de belangrijkste, maar minst bekende van die draden. Het vertellen van verhalen is een fundamenteel aspect in alle Indiase religies want uit die verhalen leren wij dat het niet gaat om de overwinning van de ene God op de andere, maar om de overwinning op onwetendheid door allen voor allen. Er zijn ten minste driehonderddrieëndertig miljoen goden in India (omdat elke levensvorm een manifestatie van God kan zijn en men traditioneel aanneemt dat er evenveel levensvormen bestaan), maar voorbij beeld en metafoor is er alleen de Ene die op al die manieren gekend wordt. De Tamil-dichter Allama schreef *(kader rechts)*.

De godin Pattini
De cultus van de godin Pattini verspreidde zich van Zuid-India naar Sri Lanka, waar zowel boeddhisten als hindoes (die verder tegenover elkaar staan) haar vereren. In Zuid-India wordt zij nauwelijks meer zelfstandig vereerd omdat haar cultus is versmolten met die van Kali (blz. 117).

'Zoekend naar uw licht
ging ik op pad:
Het was als de plotselinge
dageraad
Van een miljoen miljoen zonnen,

Een knooppunt van bliksems
Voor mijn verbazing.

O Heer van de grotten,
Indien u licht bent,
kan er geen metafoor bestaan.'

(Ramanujan, 1973: 52)

Indusvallei

De komst van de Ariërs

VAN DE VELE DRADEN waaruit de Indiase kijk op God is geweven, is die van de Induscultuur (ca. 2500-1800 vChr.) een van de oudste. Archeologen hebben gebouwen, beeldjes en zegels uit die periode opgegraven, maar het schrift is nog niet ontcijferd en is het niet duidelijk hoe de religie in elkaar stak. Het is zelfs niet zeker of er een Dravidische taal werd gesproken *(blz. 58)* of een vroege vorm van het Indo-Europees.

Uit de bestudering van de ruïnes en artefacten van de Induscultuur heeft men afgeleid dat er in die cultuur sprake was van bepaalde religieuze thema's die lijken te verdwijnen (om later weer op te duiken) met de komst van een nieuw volk, de Ariërs, die met hun geloofsopvattingen en -praktijken de Indusvallei gingen domineren – en uiteindelijk geheel India.

De Ariërs (*arya* = 'nobel') kwamen uit Centraal-Azië; door hun vaardigheid met paarden en strijdwagens verspreidden ze zich over Europa en Noord-India – dit is de reden waarom er verwantschap bestaat tussen de Indiase en de Europese talen: het woord 'God', *Gott* in het Duits, is Germaans, maar het Arische woord *dyaus* is de stam van *Zeus, Deus* en *Dieu*. De Ariërs trokken vanaf 1500 vChr. India binnen – als gewelddadige veroveraars zo dacht men vroeger, maar sommige geleerden denken nu eerder aan een vreedzame infiltratie waarbij de Dravidische geloofsopvattingen niet werden afgeschaft of verboden, maar geabsorbeerd en aangepast. In het wereldbeeld van de Ariërs werd het leven instandgehouden door een sterke relatie tussen goden en mensen. Die relatie, die in de eerste plaats door offers werd onderhouden, staat beschreven in hun heilige geschriften: de veda's.

De veda's (van *vid*, 'kennis') zouden niet door gewone mensen zijn geschreven, maar de eeuwige waarheid representeren die door *rishi's* ('zij die zien') aan de wereld is onthuld. Eeuwenlang werden ze niet op schrift gesteld maar mondeling doorgegeven, vandaar de benaming *shruti* ('dat wat gehoord is'). Er zijn vier basisverzamelingen (*samhitas*): de Rig Veda met 1028 verzen verdeeld over tien mandala's; de Sama Veda, waarin de verzen van de Rig Veda zijn gegroepeerd voor het gebruik door priesters bij offerrituelen; de Yajur Veda die offerspreuken bevat; en de Atharva Veda die bestaat uit spreuken, vervloekingen en geneeskrachtige verzen.

De veda's werden later uitgebreid met de brahmana's, die rituele teksten bevatten en de heilige kracht van de declamaties en verzen (*mantra's*) verklaren en daarna met de aranyaka's, die de verklaring bieden voor de innerlijke betekenis van de rituelen en

Het proto-Shiva-zegel
Sommige wetenschappers denken dat dit een vroege voorstelling van Shiva is. De dieren rondom de centrale figuur suggereren zijn rol als Pashupati: Heer der dieren.

ONTDEKKINGEN UIT DE INDUSVALLEI

Sommige zaken komen in latere geloofsopvattingen en -praktijken terug

- **WATER**: baden bij gebouwen wijzen op het belang van water en rituele reiniging, iets wat we ook bij latere hindoetempels zien.
- **GODIN EN MOEDER**: talrijke vrouwenfiguurtjes wijzen op het belang van Godin en Moeder als de bron van vruchtbaarheid en leven.
- **YONI EN LINGA**: stenen ringen en fallusvormige stenen verwijzen naar yoni en linga (het vrouwelijke en mannelijke voortplantingsorgaan) als bronnen van leven en kracht.
- **SHIVA**: een zegel toont iets dat op een zittende stier lijkt, maar dat ook wel als een voorloper van de god Shiva (*blz. 104 e.v.*) wordt gezien en daarom wel het proto-Shiva-zegel genoemd. Het stelt een figuur voor zittend in een yogahouding, omringd door dieren. Daarom spreekt men ook wel van het Pashupati-zegel, omdat Shiva wordt gezien als Heer der dieren (*pashupati*).
- **BESCHERMDE BOMEN**: bomen worden gezien als centra van verering die beschermd worden, zoals nu nog in plattelandsdorpen.

Moedergodin
Beeldjes van de Grote Moeder zijn algemeen in de Indusvalleicultuur, maar in de Arische veda's speelt zij een bescheiden rol.

offers; beide worden beschouwd als onderdeel van de *shruti* (heilige geschriften). Na de aranyaka's komen de upanishads (*blz. 84*), die dezelfde verklarende functie hebben en het slot of de culminatie van de veda's vormen en daarom ook bekend staan als de vedanta (de vedanta omvat als de basis voor latere commentaren ook badarayana's Brahma of Vedanta Sutra, een onvolledige samenvatting van de leer van de veda's en de upanishads, en de Bhagavad Gita; *blz. 92*). Deze werken ontstonden tussen ca. 1200 tot 300 vChr. De teksten maken duidelijk dat het offer als middel om mens en goden te verbinden een fundamentele rol speelde in de Arische of vedische religie. In Rig Veda 10.90 wordt beschreven hoe de gehele schepping en elk aspect van de samenleving zijn voortgekomen uit het offeren en in stukken hakken van een oermens (*purusha*). De orde van een samenleving is een natuurlijk onderdeel van de kosmische orde en door middel van het brengen van offers kan die orde gehandhaafd en zichtbaar gemaakt worden. De goden hebben dezelfde eetlust en verlangens als de mens en kunnen dus meedoen aan de rituele maaltijd en worden aangesproken in verzen in de verwachting dat hun boosheid gesust en hun gunst verworven kan worden, bijvoorbeeld in de vorm van materiële zaken zoals vee, zonen en rijkdom.

Het doel was niet het verwerven van onsterflijkheid, maar succes in dit leven en de verlenging daarvan als de goden dat goedkeurden tot honderd jaar. Sommige offerrituelen, *shrauta* genoemd, waren openbaar en werden vaak op grote schaal uitgevoerd. Andere, de *grihya* (behorend tot de individuele huishoudens), waren een zaak van families en personen. In de loop van de tijd namen de offerrituelen in aantal toe en werden steeds gecompliceerder, waardoor er een klasse van priesters, brahmanen genoemd, ontstond die toezicht moesten houden op de rituelen: vandaar dat dit nieuwe stadium in de vedische religie brahmanisme werd genoemd.

INDIA

Offer

De vedische goden

Agni
Agni bemiddelt tussen mensen en goden. Zijn drievoudige natuur weerspiegelt de drie offers. Hij gaat vergezeld van een ram. Hij wordt ook wel afgebeeld met zeven tongen, gouden tanden, duizend ogen, vlammende haren, zwarte kleding en een vuurspuwende speer. Zijn met linten van rook versierde strijdwagen wordt getrokken door rode paarden; de wielen zijn de zeven winden.

'Gij, Soma, de wachter van onze lichamen,

Maak ieder deel van ons tot uw huis, Heer der Heren.

Ook al gaan wij zo vaak tegen uw ferme heerschappij in,

Wees ons genadig en goedgunstig'

(RV 8.48.9)

Volgens de Rig Veda zijn er 33 goden. In de veda's worden nog veel meer namen van goden genoemd, terwijl het getal 33 nergens wordt verklaard. Niettemin werd dat getal de basis voor de latere classificatie van de goden in de brahmana's (blz. 60-61), waarin de diverse delen van de kosmos als (om het in moderne theatertermen uit te drukken) een serie decors worden beschouwd waarin zich het enorme epos van het leven afspeelt.

Uit het kader rechtsboven wordt duidelijk hoe de goden in de vedische en brahmaanse religie uitdrukking geven aan de kracht en energie van de natuurlijke orde en hoe energie wordt getransformeerd tot nieuwe uitkomsten die regelmatig en tot op zekere hoogte voorspelbaar zijn. De goden bewaren de fundamentele orde van het universum, de *rita*. Op deze manier maakt de vedische religie dat wat we de onveranderlijke wetten van de natuur (*aditya's*) en de voorwaarden van het leven (*rudra's*) kunnen noemen, persoonlijk in de vorm van goden. Daardoor konden mensen interacties met de goden aangaan en realiseerden zij zich dat zij door middel van samenwerking met de goden een rol konden spelen in het handhaven van de *rita* (harmonie en orde) van het universum. Die communicatie en samenwerking werd bereikt door middel van offers.

Het offer komt in de vedische religie voort uit de fundamentele observatie dat de dood een noodzakelijke voorwaarde van het leven is. We zien dat tegenwoordig bijvoorbeeld in de dood van sterren, waarbij elementen vrijkomen die nodig zijn voor het ontstaan van nieuwe planeten en organisch leven; of in de dood van opeenvolgende generaties levende wezens waardoor mogelijkheden voor evolutie ontstaan. De vedische Ariërs zagen dat het nodig was planten en dieren te doden om voedsel te verkrijgen. Zij beseften ook dat degene die eet vervolgens op zijn beurt voedsel kan worden voor een ander. Zoals het in een van de upanishads (blz. 84) wordt geformuleerd: 'Deze hele [wereld] is slechts voedsel en de eter van voedsel' (*Brihad-aranyaka Up*. 1.4.6). De passage vervolgt met: 'Soma is voedsel en Agni is de eter van voedsel', waarmee twee van de belangrijkste vedische goden worden benoemd.

Soma die was geassocieerd met de maan, 'de kom van Soma', is het voedsel voor het rituele vuur en daarmee het voedsel voor de goden. Strikt genomen is alles wat in een ritueel vuur aan de goden wordt geofferd Soma, maar de benaming werd meestal gereserveerd voor een specifiek offer: een plant of stof met een krachtig hallucinerende of verdovende werking. Men heeft lang gedacht dat het hierbij ging om de vliegezwam, *Amanita muscaria*, maar

De drieëndertig goden

De vetgedrukte namen zijn de goden die tot de 33 behoren, aan wie Prajapati werd toegevoegd, de Heer der schepping. Hij werd als de bron en schepper van alles beschouwd.

Decor	Hoofdrolspeler	Bijrolspeler	Regisseur
Aarde	**Agni** (vuur)	Vijf elementen	Ashvins (landbouwgoden)
Ruimte	**Vayu** (wind)	11 rudra's (leven schenkende energieën)	Indra
Lucht/hemel	**Surya** (zon)	12 adityas (heersende wetten)	Mitra/Varuna
Sterrenbeelden	**Soma** (maan)	Voorouders	Svayambhu & Parameshtihin

waarschijnlijk was het de plant *Ephedra*, die amfetamine bevat. Soma, ook geassocieerd met sperma, werd gezien als de brenger van leven, de genezer van ziekten en de heer van alle andere goden omdat deze zonder Soma niet zouden kunnen bestaan. Alle verzen van Mandala 9 van de Rig Veda zijn gericht aan Soma en bovendien is de gehele Sama Veda *(blz. 60)* aan hem gewijd.

Soma vestigt zich in de mensen die offeren en verbindt hen zo met God. Soma gaat gemakkelijk de mens in en beïnvloedt hem, maar hoe komt Soma nu in de goden? Het antwoord op deze vraag is door vuur, gepersonifieerd door Agni (vergelijk het Latijnse *ignis*, 'vuur': *bijschrift links*). Het gehele universum krijgt een zichtbare vorm in Agni. Hij is de warmte van de zon, de bliksemflits, het vuur in de haard thuis en het vuur in het offerritueel. Hij brengt leven en verteert het. Agni bevordert als het vuur van de hartstocht het ontstaan van leven en via het proces van de lijkverbranding draagt Agni alles wat er van het dode lichaam over is weg van de aarde.

De vedische goden handhaven de natuurlijke orde der dingen en ontplooien hun activiteit op duidelijk verschillende terreinen. Maar hoe zijn ze aan elkaar verwant? Dat werd een steeds belangrijker vraag.

'Agni prijs ik, de bestuurder van het huishouden, de goddelijke verzorger van het offer, de opperpriester, de gever van zegeningen.

Moge Agni, die geprezen moet worden door oude en moderne zieners, de goden leiden.

Door Agni kan men dag na dag rijkdom en welzijn verwerven, Hij die glorieus is en omringd worden met heldhaftige zonen

O Agni, het offer en ritueel dat u aan alle zijden omvat, dat echt naar de goden gaat ...

Bestuurder over rituele functies, de helder stralende bewaker van de kosmische orde (rita), bloeiend in uw eigen rijk,

O Agni, sta voor ons open als een vader voor zijn zoon. Wees ons nabij voor ons welbevinden.'

(RV 1.1)

Zonnegod
Surya de zonnegod rijdt door de hemel in zijn door paarden getrokken wagen.

Drie en Een

Manifestaties van God

IN EEN VROEG VEDISCH VERS (RV 5.31) worden verschillende goden met elkaar verbonden als dezelfde realiteit in verschillende stadia van manifestatie (kader blz. 66):

'Bij uw geboorte, Agni, bent u Varuna; indien in brand gestoken wordt u Mitra: in u, zoon van kracht, vinden alle goden hun kern; voor hen die vereren wordt u Indra.'

De goden van de veda's verschijnen in en door de natuurlijke orde die zij handhaven, maar niet als de personificatie van natuurlijke fenomenen. Men kan hen benaderen, vooral door offers te brengen in hun respectievelijke domeinen, maar al vroeg in de vedische periode begon men zich te realiseren dat men de goden het beste kan zien als manifestaties van die Ene die geldt als Bron van alle verschijning.

*'Hier aanschouw ik de heer der stammen,
Een goedaardige, grijze priester met zeven helden als zonen,
Geflankeerd door zijn ware broeders;
Bliksem en het met olie besprenkelde vuur.*

*Wie was er om de gestructureerde te zien
Toen de ongestructureerde chaos hem voor het eerste baarde?
Waar was het leven, het bloed, de adem van de aarde?
Wie zoekt hierover opheldering bij een wijze?
Ik, dwaas, vraag dit in onwetendheid,
Mediterend over de voetsporen achtergelaten door de goden.
Wijze zangers hebben een verhaal met zeven lijnen gesponnen
Rondom de zon, dat kalf van de hemel.
Ik, onwetende, zoek kennis
Van die zieners die kunnen weten.
Wat was de Ene? Wie was de Ongeborene
Die de zes regio's scheidde?*

*Spraak is verdeeld over vier niveaus,
De wijze zangers kennen ze allemaal.*

Indra
Indra belichaamt de kwaliteiten van de andere goden: 'Indra was gemaakt van alle andere goden en daarom werd hij de grootste' (Avyakta Up. 5.1).

Drie niveaus blijven verborgen, de mens bereikt ze nooit.
De mens spreekt alleen de vierde taal.

Ze noemen het Indra, Mitra, Varuna,
Agni en Garutman [de zon], de hemelse vogel.
Over de Ene zingen de zangers op vele manieren:
Ze noemen hem Agni, Yama, Matarishvan.

De gele vogels vliegen hoog naar de hemel,
Langs het donkere pad, gekleed in wateren.
Ze zijn hier teruggekeerd van rita's thuis,
De aarde is doordrenkt van welvaart.'

(RV 1.164. 1, 4-6, 45-47)

In de veda's wordt de Ene die alle dingen schiep Prajapati genoemd.

'In den beginne was er de gouden schoot
[Hiranyagarbha, de eivormige bron van alle schepsels,
Enige heerser over alles dat geboren was.
Hij hield hemel en aarde in stand.
[Aan] welke God zullen wij offeren?
Hij is de schenker van adem, kracht en de vitaliteit van het leven;
Alle goden gehoorzamen zijn bevel.
Hij is de wet van de dood, wiens schaduw het eeuwige leven is.
[Aan] welke God zullen wij offeren?

Over alles wat ademt, beweegt of stil is,
Is hij, door zijn macht, de heerser.
Hij is de God van mens en vee.
[Aan] welke God zullen wij offeren?

Dat de vader van de aarde ons nooit kwaad moge doen,
Want hij schiep de hemel en volgde dharma.
Hij bevrijdde de krachtige en kristalheldere wateren.
[Aan] welke God zullen wij offeren?

Prajapati, alleen u omarmt al deze
Geschapen dingen en niemand anders dan u.
Vervul de wensen van ons gebed;
Dat we rijkdom in onze handen mogen hebben.'

(RV 10.121.1-3, 8f)

De zorg van God
'Hij die de zwanen wit,
papegaaien groen en pauwen
in alle kleuren maakt,
Hij zal u steunen in het leven.
Verlang niet naar rijkdommen
als u arm bent,
juich niet als u rijk bent:
iedereen zal de beloning
voor vroegere daden
[karma; blz. 92] ontvangen,
of die nu goed of slecht zijn'
(Pancatantra 2.69).

RECHTS:

Varuna
Naga-koning Varuna zit op een lotus gedragen door slangen. In de hemel op de achtergrond zijn manifestatie als regengod.

Maar in werkelijkheid is de Ene die in en achter alles ligt als de zelf ongeproduceerde Producent volstrekt buiten het vermogen van de menselijke taal om te beschrijven of van het menselijk brein om te begrijpen.

'Noch bestaan, noch niet-bestaan was al,
Noch de wereld, noch de lucht erboven;
Wat was bedekt? En waar?
En wie gaf het bescherming?
Was er water, diep en onpeilbaar?

Er was dood, noch onsterflijkheid,
Noch enig teken van nacht of dag.
De ENE ademde zonder lucht door zelfimpuls;
Anders dan dat was er helemaal niets ...

Wie weet het echt? Wie kan hier zeggen
Wanneer het geboren werd, vanwaar kwam de schepping?
De goden zijn jonger dan de schepping van de wereld;
Wie weet dus hoe en wanneer deze tot leven kwam?

Dat waaruit de schepping was geboren,
Of het alles bij elkaar had gehouden of niet;
Hij die in de hoogste hemel toekijkt.
Hij alleen weet, tenzij – ook Hij niet weet.'

(RV 10.129.1-2, 6-7)

Deze vraag-antwoordprocedure wordt ook toegepast in de upanishads (*blz. 84-85*). Bij sommigen leidde dat tot vernietigende kritiek op de manier waarop de goden waren gekarakteriseerd, zodat nieuwe religies ontstonden.

VEDISCHE GODEN

De volgende goden worden in RV 5.31 (het vers op blz. 64) met Agni in verband gebracht.

- **VARUNA** handhaaft de kosmische orde van de hemelen en garandeert zo de regelmaat van de seizoenen – bovenal die van het regenseizoen. Hij is de heer van *rita* (*blz. 62*) en daarmee ook van *dharma* (*blz. 68*). Hij begrijpt de innerlijke betekenis van de dingen en waakt met duizend ogen over de mens: 'De wijze, de wetten handhavende Varuna zit als koning op een troon, heersend over alles en alles aanschouwend dat was of zal zijn.' *(RV 1.25.9)*
- **MITRA** (in Europa Mithras; *blz. 233*) is zo nauw verbonden met Varuna dat zij vaak met de dubbelnaam Mitra-Varuna worden aangeduid. In de veda's is slechts één vers uitsluitend aan Mitra gewijd. Mitra zorgt dat de mens de door Varuna gegarandeerde orde respecteert, zijn beloften nakomt en zijn vriendschapsbanden onderhoudt.
- **INDRA** is de heerser over de goden: in de veda's zijn meer verzen aan hem gewijd dan aan enige andere god, met uitzondering van Agni. Zijn kracht (gesymboliseerd door de *vajra*, 'donderslag') wordt gehandhaafd door Soma (*blz. 62*), waarvan hij de belangrijkste ontvanger is. Daarom is hij de bron van kracht voor alle levende wezens.

Kritiek op God

Boeddhisten en jaina's

Er waren eens vier koningen van aangrenzende koninkrijken, die allen een andere ervaring hadden over hoe het leven in elkaar steekt *(kader onder)*. Toen de koningen zagen hoe hebzucht en wellust leidden tot conflict en vernietiging, keerden zij de wereld de rug toe en gingen zwerven.

Twee Indiase religies kennen aanhangers die de wereld verzaken *(shramana's)*, al volgen ze niet allemaal dezelfde weg. Sommigen proberen met yoga de energie *(chakra)* te activeren die latent in het lichaam aanwezig is; anderen ontwikkelen krachten waarmee ze wonderen kunnen verrichten waartoe verder alleen goden in staat zijn. Sommigen gaan nog verder en verwerpen ook de bijbehorende goden. Vaak verwerpen ze ook dat wat *dharma* wordt genoemd.

In het brahmaanse geloof helpen offers en ritueel het universum als een uurwerk 'op schema te lopen' – te functioneren zoals het behoort te functioneren. Dharma vervult dezelfde functie. Dharma is een woord dat veel betekenissen heeft, maar de kernbetekenis is zó leven en je gedragen als passend is voor wie (of wat) je bent. Dharma is een zo fundamenteel begrip dat godsdienst en leven in India vaak *sanatana dharma*, 'eeuwig dharma', wordt genoemd. Er bestaat een enorme hoeveelheid literatuur over wat dharma precies betekent voor de talrijke aspecten van het leven. Dharma bepaalt dan ook onvermijdelijk de manieren waarop de gelovigen God benaderen: zo mogen alleen brahmanen en andere priesters belangrijke offers brengen. Dharma schept een sterk geordende samenleving en een duidelijke relatie tussen mens en goden. Maar het verhaal van de vier

---

DE VIER KONINGEN

De vier koningen zagen overal hebzucht, wellust en conflict om zich heen, ze keerden rijkdom en macht de rug toe en verzaakten de wereld.

- **DE EERSTE KONING**: hij zag een mangoboom die veel vruchten droeg. Een menigte naderde en hakte uit hebzucht de boom om zodat ze de vruchten konden pakken; de koning keerde onmiddellijk de wereld de rug toe.
- **DE TWEEDE KONING**: elke dag zag hij een mooie vrouw voorbijkomen met aan elke arm een prachtige armband; op een dag droeg zij ze allebei om één arm: door het rinkelende geluid trok ze de blik van alle mannen; de koning keerde onmiddellijk de wereld de rug toe.
- **DE DERDE KONING**: hij zag een vogel zich aan een karkas te goed doen; binnen enkele ogenblikken streken tientallen vogels op het karkas neer en vielen elkaar aan in een woeste strijd om het voedsel; de koning keerde onmiddellijk de wereld de rug toe.
- **DE VIERDE KONING**: deze koning zag een prachtige stier in een kudde. Plotseling werd de stier aangevallen door de jongere stieren, die de koeien voor zichzelf wilden; de koning keerde onmiddellijk de wereld de rug toe.

koningen herinnert ons eraan dat naast het brahmanisme, en ook al eerder, benaderingen tot God ontstonden die er onafhankelijk van bleven – zoals yoga, mits de interpretatie van het proto-Shiva-zegel (*blz. 60*) juist is.

Binnen sommige onafhankelijke geloofsopvattingen werd het brahmanisme en de bijbehorende opvatting van God radicaal verworpen. Het verhaal van de vier koningen is van boeddhistische oorsprong, waar men een vergelijkbaar verhaal kent over de jonge prins Gautama. Hij groeide beschermd op in het paleis van zijn vader, die niet wilde dat hij verontrustende ervaringen zou krijgen. Op een gegeven moment echter mocht hij mee met rijtochten en zag toen een zieke man, een oude man en een dode man. Verontrust door het idee dat hem dat ook te wachten stond, piekerde Gautama hoe hij hieraan kon ontsnappen. Tijdens een vierde rit zag hij een shramana (asceet die de wereld verzaakt), uitgemergeld, maar stralend en met een serene glimlach. Toen Gautama zag dat deze man en anderen zoals hij de bedreigingen van het leven hadden overwonnen, verliet hij zijn vrouw en zoon en trok naar een bos waar hij een extreme vorm van ascetisme beoefende. Hij ontdekte dat dit tot buitengewone krachten en verworvenheden leidde, maar ook niet meer dan dat: met ascetisme kan men bepaalde doelen bereiken, maar het brengt geen verlossing van lijden en dood. Teleurgesteld in de beperkte resultaten van het ascetisme zocht Gautama naar 'de middenweg' (een algemene benaming voor het boeddhisme) tussen ascetisme en ritueel. Hij ging zitten onder een boom om te mediteren over wat hij later 'het zien van de dingen zoals ze werkelijk zijn' noemde. Daar doorliep hij vier stadia of niveaus van toenemend inzicht (*jhana's*) en bereikte ten slotte verlichting. Vanaf dat moment werd hij de Boeddha (de Verlichte). Hij begreep nu hoe lijden (*dukkha*) ontstaat en hoe de mens dat achter zich kan laten. Deze kern van verlichting staat opgesomd in de Vier Edele Waarheden (*kader blz. 70*).

Maar waar is God in dit systeem? Niet helemaal nergens, maar nergens buiten het hele proces van verschijningen die worden en ophouden te zijn. De Boeddha ontkende nooit de realiteit van God. Het was God in de personificatie van Brahma die, toen Boeddha beweginloos onder de boom der verlichting zat, hem aanspoorde om op te staan en zijn inzichten met anderen te delen.

Wat Boeddha wel ontkende was het geloof dat er een God is die ergens buiten het universum staat, die zelfs overleeft als dit universum ophoudt te bestaan en die de Bron en Schepper is van alle dingen. Brahma, die in het brahmanisme als de Schepper wordt gezien, had zich vergist: hij was de eerste verschijning toen dit nieuwe universum ontstond en hij dacht daarom dat hij als eerste de oorsprong of schepper van alles moest zijn. De Boedha ontkende ook het nut van offers. Tussen de Jataka-verhalen (verhalen over Gautama in zijn eerdere incarnaties op aarde) zitten verhalen over gebeurtenissen waaruit blijkt dat men niet op de goden kan vertrouwen omdat offers niet met zekerheid de gewenste resultaten opleveren. In een van die verhalen wordt Brahmadatta, een brahmaan, door zijn

De uitgemergelde Boeddha
Gautama na zijn periode van ascetisme in het bos, voordat hij de verlichting bereikt. Zijn van nature glanzende huid was dof geworden door de geestelijke krachtsinspanningen.

Jaina-altaar
Er bestaan twee hoofdstromingen binnen het jainisme: digambara's lopen naakt en ze beelden de tirthankara's naakt en met neergeslagen ogen uit: ze zijn dood voor de wereld. Bij de shvetambara's dragen ze een lendendoek en kijken met één oog naar de wereld.

ouders overgehaald naar een offerfeest te gaan om zo het domein van Brahma binnen te gaan. Op een dag krijgt hij een os om te offeren, maar hij heeft niet het benodigde zout en gaat naar een nabijgelegen dorp om het te halen. In zijn afwezigheid komen er jagers voorbij die de os doden en opeten, alleen de huid en ingewanden laten ze achter. Toen Brahmadatta terugkeerde, realiseerde hij zich hoe machteloos Agni *(blz. 63)* feitelijk is. Hij riep uit: 'Heer van het vuur, als u zichzelf niet kunt beschermen, hoe zult u mij dan beschermen? Nu het vlees op is, zult u het hiermee moeten doen!' Hij gooit huid en ingewanden op het vuur en gaat weg om een verzaker van de wereld *(shramana)* te worden. De goden zijn dus beperkt, maar even echt als iets echt kan zijn in het boeddhisme: God (de goden) is een van de vele manieren waarop de stroom van vluchtige verschijningen vorm krijgt.

Maar zolang ze bestaan kunnen goden heel behulpzaam zijn, bijvoorbeeld door gebeden te verhoren. Daarom is het boeddhisme zoals dat nu op de wereld wordt beleden een religie waarin ook goden zeer belangrijk zijn. De meeste Indiase goden zijn opgenomen in het boeddhisme *(bijv. Pattini, blz. 59; Yama, blz. 72)*, daarnaast kregen ook oudere goden uit gebieden waar het boeddhisme voet aan de grond had gekregen een plaats.

Dat is noch een contradictie, noch een paradox. Het betekent alleen dat de Boeddha op zijn zoektocht naar verlichting en nirwana (die duizenden of miljoenen wedergeboorten duren) erkende dat het verstandig kan zijn hulp aan goden of godinnen te vragen of om hun domein *(devaloka,* 'hemel') na de dood te betreden, of zelfs om zelf een God/Godin te worden – een reële mogelijkheid omdat ook een god niet méér is dan een vorm of verschijning tussen vele op weg naar verlichting.

Daarom is het een groot misverstand om het boeddhisme 'een niet-theïstische religie' of zelfs 'een filosofie, niet een religie' te noemen, zoals men vaak hoort. De latere vormen van boeddhisme (waarvoor de verzamelnaam 'mahayana' wordt gebruikt) kennen talrijke verschijningsvormen die mensen (en anderen) op belangrijke manieren helpen: de belangrijkste zijn boeddha's en bodhisattva's (mensen die

DE VIER EDELE WAARHEDEN

Van lijden tot verlichting

- **EEN**. Het bestaan van *dukkha* (lijden): alle dingen zijn vergankelijk *(anicca)*; zodra ze worden, zijn ze op weg op te houden te bestaan; er bestaat nergens iets dat permanent is, zelfs niet een ziel om de dood te overleven.
- **TWEE**. De oorzaak van *dukkha* (het zoeken of verlangen naar iets permanents): zoeken naar iets dat permanent is, leidt onvermijdelijk tot *dukkha*: het lijden en de ontevredenheid die ontstaan omdat we het niet vinden.
- **DRIE**. Als we dat waarlijk begrijpen, zien we de dingen zoals ze echt zijn en worden we daardoor niet langer geschokt en beïnvloed. Zuiver zijn, zonder te worden geraakt door 'de katapulten en pijlen van het buitensporige lot' (of door iets anders), is de toestand van nirwana bereiken.
- **VIER**. Het ervaren en begrijpen van deze waarheden biedt de mogelijkheid het acht-stappen-pad *(ashtangika-marga)* te zien dat leidt naar de ultieme toestand van verlichting.

verlichting hebben bereikt, maar terugkeren uit het nirwana om anderen die nog in de wereld lijden te helpen). Enkele belangrijke voorbeelden (uit de volgens de boeddhisten miljoenen) zijn: Tara, de moeder van alle boeddha's, die gezworen heeft nooit haar vrouwelijke vorm op te geven *(blz. 73, 74)*; Amitabha/Amida *(blz. 74)*; Bhaishya-goeroe, de helende boeddha; Hachiman Daibosatsu *(blz. 165)*; en Kshitigarbha/Di Zang, die kinderen helpt en gemartelde zielen redt uit de hel.

Zo ontstonden binnen het boeddhisme cultussen van verering en vertrouwen die vaak niet te onderscheiden zijn van de manier waarop anderen God vereren als een persoon die eeuwig is en losstaat van dit of enig ander universum. Niettemin besefte de Boeddha heel goed hoe een misplaatst vertrouwen in God/Godin mensen kan afleiden van het pad naar verlichting. Hij had grote kritiek op rituelen en offers omdat ze tot het valse geloof kunnen leiden dat de goden *in laatste instantie* echt zijn of dat goden de offers consumeren omdat ze hongerig zijn. Daarnaast zag hij dat rituelen en offers kunnen leiden tot de uitbuiting van gelovige en behoeftige mensen. De Boeddha beschouwde zichzelf niet als God of als bemiddelaar tussen goden en mensen, maar als een arts die ziekte diagnosticeert en medicijnen voorschrijft. Personen die God gebruiken om de ziekte langer te laten duren en die geld verdienen door gebruik te maken van menselijke nood worden in krachtige termen veroordeeld.

De Boeddha oefende dus al in de vijfde eeuw vChr. radicale kritiek uit op de brahmaanse godsdienst. Hij was niet de enige. Ook de jaina's vertelden het verhaal van de vier koningen *(Uttaradhyayanasutram 18.45-47)* en volgden net als de boeddhisten de asceten in hun verwerping van brahmaanse offerrituelen en de brahmaanse opvatting van de goden. Ze verwierpen ook het geloof dat God de schepper van alle dingen is die zelf buiten de schepping staat. Toch verwerpen de jaina's evenzeer de beschuldiging dat zij niet in God geloven. God is de Ene in wie alle perfecte wezens *(siddha's)* en alle gidsen *(jina's)* bestaan, zodat God Velen in Een is en toch alleen dat wat er echt *is*, en dus Een.

De jaina's ontwikkelden hun eigen rituelen en verering, zoals die van de 24 *tirthankara's*, zij die 'de voor trekken' en het pad naar het doel wijzen, maar ook van de *siddha's*, want zij zijn wat God is: de ultieme waarheid. Voor hem als de Ene zingen ze hymnen in Indiase trant om God te beschrijven en te loven: 'U bent onvergankelijk, machtig, onkenbaar, ontelbaar, eerste, Brahma, Ishvara, oneindig: de heiligen noemen u bij deze namen' *(Bhaktamara Stotra 24)*.

Zowel jaina's als boeddhisten (en anderen) hadden fundamentele kritiek op de manier waarop het begrijpen van God zich in India ontwikkelde. Zij zochten een natuurlijke en legitieme manier om uitdrukking te geven aan de fundamentele erkenning van God door de mens. Die manier die zich tot het boeddhisme ontwikkelde, kreeg ook buiten India vaste voet aan de grond.

De voeten van Boeddha
Nadat de Boeddha het nirwana had bereikt kon niet meer worden gezegd dat hij is of niet is, want het nirwana ligt buiten het bereik van het menselijke begrijpen. De Boeddha kan daardoor niet worden vereerd, want hij is niet God en niet aanwezig voor verering. Men kan hem echter in gedachten houden en dankzij zijn afbeeldingen kan men dankbaarheid voor zijn leer uiten. Het opblazen door de Taliban in 2001 van de boeddhabeelden bij Bamiyan berust dan ook op een totaal onbegrip voor dit boeddhistische idee van dankbaarheid, die de Taliban voor afgoderij hielden.

De woeste goden

Tara, de 'traan van mededogen'

Een woeste god
Yama is voor hindoes en boeddhisten de Heer van de Dood. Voor hindoes is hij rechter en gevangenbewaarder (van de slechte mensen) na de dood, maar voor boeddhisten is karma (blz. 92) de enige rechter en onthult Yama alleen hoe goed of slecht een mensenleven is geweest.

IN HET BOEDDHISME zijn God, goden en godinnen even echt als alle andere dingen in de oceaan van verschijningsvormen, maar ze zijn niet échter. Wat geldt voor de mens – er woont geen 'zelf' of ziel in de mens, er is alleen de samenkomst van vergankelijke verschijningsvormen – geldt voor het gehele universum.

Volgens de mahayana-filosoof Nagarjuna (ca. 150-250 nChr.) zijn alle fenomenen zonder een 'zelf' of zelfessentie van wat voor soort dan ook. In het juiste perspectief gezien zijn alle dingen – inclusief mensen en God – zonder kenmerken: een leegte die *shunyata* wordt genoemd. Deze leegte omvat in feite het wezen van wat Boeddha is – ze is met andere woorden de Boeddha-natuur zelf *(kader onder)*.

Bewuste verschijningsvormen zijn bevoorrecht omdat ze over het vermogen beschikken te kunnen beseffen dat ze niets anders zijn dan de Boeddha-natuur (iets anders bestaat niet, ondanks de schijn van het tegendeel). Door onwetendheid en belemmeringen in het leven te overwinnen kan de mens tot dat inzicht komen en zelf verlicht worden.

Goden en godinnen spelen in het mahayana-boeddhisme dezelfde rol als boeddha's en bodhisattva's, ze bieden bescherming tegen alles wat inzicht in de waarheid verhindert en geven praktische hulp bij het verwerven van dat inzicht. In Tibet worden goden vaak als woeste figuren uitgebeeld: ze hebben afschrikwekkende gezichten en houden wapens, ledematen en afgehakte hoofden van hun slachtoffers in hun vele armen. Als ze niet woest waren, konden ze namelijk geen bescherming bieden aan de mensen die hun hulp inroepen tegen de vele gevaren – voor geest, lichaam of ziel.

De hoogste onder hen is de Heer der Kennis, de Ene die de nederlaag van de onwetendheid belichaamt en zo het pad naar inzicht en verlichting openlegt. In de meeste Tibetaanse kloosters is er een ruimte aan hem gewijd, waar een constante wake wordt gehouden om hem te binden als beschermer van het klooster en de omgeving ervan *(kader rechts)*. Hij geeft de offers en wapens door aan de woeste goden die ze nodig hebben – schedels gevuld met bloed om te drinken en de huid van gevilde lijken om te dragen. We hebben bescherming nodig tegen zaken die erger zijn dan de dood.

De woeste goden worden tot beschermers gemaakt door twee soorten ritueel: het brengen van offers en visualisering. Dat laatste betreft een zware inspanningen vergende rituele praktijk waarmee de deelnemers, de yogi's, samenvallen met de goden: ze worden wat de goden zijn, niet door dat gewoon te dénken (zoals de Romeinse keizer Nero, die op zijn sterfbed, na een leven waarin hij werd beschouwd als de vertegenwoordiger van God op aarde, sprak: 'Ik

> *'Omdat hij per definitie leeg is, is de gedachte dat de Boeddha bestaat of niet bestaat na het nirwana verkeerd ...*
>
> *Wat de essentie van de Tathagata ook is,*
> *Ze is de essentie van de wereld.*
> *De Tathagata heeft geen essentie.*
> *De wereld is zonder essentie.'*
>
> (Nagarjuna 1995: *Mulamadhyamakakarika*, 22.14, 16)

geloof dat ik een god aan het worden ben!'), maar door een rigoureus programma van contemplatie dat een leven lang kan duren. Maar zelfs pogingen om het ritueel te volgen, kunnen de kracht van de woeste goden al tot leven wekken.

Dat is mogelijk doordat de yogi's bij hun oefeningen de waarheid van *shunyata* in de praktijk brengen: alle verschijningen, inclusief die van de woeste goden en van mensen, zijn van dezelfde aard, ook al lijken ze verschillend te zijn: ze delen allen dezelfde boeddhanatuur. Integratie met waarheid bestaat al, men hoeft dit alleen maar te beseffen.

Voor Tibetanen (en veel andere boeddhisten) is deze bescherming en hulp geconcentreerd in Tara, 'Zij die redt'. Tara zou geboren zijn uit een traan van mededogen van Chenrezi Avalokiteshvara (blz. 158) toen hij het lijden in de wereld aanschouwde. Tara identificeerde zich met de meest hulpeloze en mishandelde mensen op de wereld. Toen zij verlichting bereikte, kreeg ze als beloning de mogelijkheid aangeboden om een man te worden. Zij antwoordde: 'Er bestaat "mannelijk" noch "vrouwelijk", net zomin als er "zelf" of "persoon" is [de leer van *shuntaya*]: zich hechten aan "mannelijk" en "vrouwelijk" is destructief. Omdat er veel mannen zijn die verlichting willen bereiken en weinig vrouwen die mogelijkheid hebben, zal ik alle levende wezens belichaamd in een vrouw helpen totdat de leegheid van de wereld volledig is verwezenlijkt.'

Tara is de helper die altijd bereikbaar is – in die mate zelfs dat de rituelen die toegang tot haar bieden dagelijks en niet slechts eenmaal per jaar worden uitgevoerd. Zij wordt naar de dorpen op het platteland gebracht door acteurs die de verhalen over de hulp die zij brengt naspelen. Deze opvoeringen (die *ach'e lhamo* worden genoemd) kunnen dagen duren, er is een verteller die de dansvormen en verzen becommentarieert en het hele dorp neemt eraan deel. Deze voorstellingen 'prikkelen haar hart van mededogen'. Het prikkelen van het hart van mededogen vindt ook plaats bij andere manifestaties in het boeddhisme.

> In de meeste Tibetaanse kloosters bevindt zich een altaar voor de Heer der Kennis.
>
> *'Bij de ingang hangen de rottende kadavers van beren, wilde honden, yaks en slangen, opgestopt met stro, om de boze geesten die de drempel zouden willen overschrijden te verjagen. De karkassen vallen uit elkaar en de hele plek is even afstotend als bij ons een opslagruimte vol rommel, overdekt met spinnenwebben, een vergaarbak van oude paraplu's van een overgrootvader, sjofele resten van een bontmantel ooit door een oudtante gedragen ... Op de muren zijn afbeeldingen van de goden geschilderd. Op het eerste gezicht lijken het demonen, monsters, duivels. Het gaat echter om goede geesten, beschermers, die een schrikwekkende vorm aannemen om de onzichtbare krachten van het kwaad te bestrijden ... [Een] donker, stoffig hoekje verspreidt een muffe lucht ... met vettige, gevilde karkassen en op de muren geschilderde angstaanjagende goden die op monsters rijden; ze dragen diademen van schedels en kettingen van mensenhoofden, in hun handen houden ze met bloed gevulde schedels bij wijze van drinknap.'*
>
> (Maraini 1952: 50-51)

Witte Tara
Elke Tibetaanse religieuze school kent Tara in een andere vorm en kleur (blz. 74). Bescherming zoekende Tibetanen zeggen vaak de mantra (blz. 129) van Tara: om tare tuttare ture svaha.

Amitabha

Het zuivere land

> 'Zo lang het lijden van levende wezens voortduurt, wil ik hun medicijn zijn, hun dokter, hun verpleegkundige, tot iedereen is geheeld. Opdat alle wezens hun doel bereiken zal ik zonder aarzeling mijn eigen lichaam geven met al mijn verzamelde deugden uit verleden, heden en toekomst zodat het voor dat doel gebruikt kan worden.'

TARA BEREIKTE VERLICHTING, maar keerde terug om degenen die nog lijden in de wereld te redden. Dergelijke reddende figuren worden bodhisattva's genoemd (zij die verlichting bereiken en terugkeren om anderen te helpen). De dichterfilosoof Shantideva (8e eeuw nChr.) vatte hun lijfspreuk samen (*kader links*). Omdat de boeddha-natuur zich in alle mogelijke vormen manifesteert, kan Tara ook als een godin verschijnen. In *Hommages aan de eenentwintig Tara's*, een tekst die in de elfde eeuw van India naar Tibet werd gebracht, heeft elk van de 21 vormen van Tara als godin een andere rol, bijvoorbeeld rampen voorkomen, wensen vervullen, wijsheid vergroten en de zieken genezen; elke vorm is verbonden met een andere kleur. De Geluk-school (in Tibetaans *dge-lugs-pa*, 'deugdzame weg') in het Tibetaanse boeddhisme, de richting waartoe de dalai lama behoort, vereert de Groene Tara.

Boeddha's en bodhisattva's worden in het boeddhisme vereerd op de manier waarop mensen in andere religies God eren, want goden en godinnen behoren tot de talrijke manieren waarop de boeddha-natuur zich in verschijning kan uitdrukken. In de vorm van God/Godin brengen ze hulp en verlossing aan de wereld. Een van de bekendste en meest vereerde onder hen is Amitabha ('oneindig licht'), in China bekend als A-mi-t'o (van het Sanskriet Amita) en in Japan als Amida. Hij wordt ook wel Amitayus genoemd, 'oneindig leven'. Amitabha biedt hun die in vertrouwen tot hem komen de beloning van terugkeer naar het zuivere land van Sukhavati, het Boeddha-land of het in het westen liggende paradijs.

Het verhaal gaat dat lang geleden een koning Boeddha hoorde prediken, waarna hij afstand van zijn troon deed en monnik werd onder de naam Dharmakara (Hozo in Japan). Geïnstrueerd door de boeddha Lokeshvararaja zwoer hij met 28 eden om een Boeddha-land te stichten. Hij onderzocht talloze bestaande landen en noteerde de perfectiekenmerken van elk land om een land te kunnen scheppen dat volmaakt perfect zou zijn. Zo ontstond Sukhavati, waarover hij regeerde. Hij wijdde zich onmeetbaar lang aan goede daden en naastenliefde; na verloop van tijd werd hij zo de boeddha Amida.

Nu zit hij op een lotus, zendt stralen van gouden licht uit, omringd door een aura groter dan een miljard werelden. Hij wordt vergezeld door de bodhisattva's Avalokiteshvara en Mahasthamaprapta en hij draagt 84.000 merktekens als symbolen van de deugden die ermee corresponderen. Amitabha heeft gezworen aan alle stervende mensen te verschijnen die oprecht naar verlichting hebben gestreefd en die hem op dat moment aanroepen, zodat hij hen naar het westelijke paradijs kan leiden. Het pad van inzet en vertrouwen staat bekend als *nembutsu* (Chinees *nien-fo*), 'indachtig aan de Boeddha', wat daarna werd samengevat in de woorden *Namu Amida*

Butsu (Chinees *Nan-mo A-mi-tuo fo*), 'Ik zoek mijn toevlucht bij de boeddha Amida'. Volgens de Japanse wijsgeer Shinran (1173-1262) vormt de inspanning om het zuivere land te bereiken het belangrijkste obstakel dat mensen weerhoudt er daadwerkelijk te komen: er is geloof *(shinjin)* nodig dat Amida zal helpen – en daarbij gaat het niet om geloof als verdienste, maar om simpelweg te vertrouwen op de genade en goedheid van Amida (verg. Luther over geloof; blz. 291).

Shinran werd op negenjarige leeftijd een boeddhistische tendai-monnik, maar toen zijn leermeester Honen in 1207 in ballingschap moest gaan, verwierp Shinran het kloosterleven. Hij trouwde, kreeg kinderen en stichtte een gemeenschap van volgelingen, die uitgroeide tot Jodo Shinsu, de 'Ware Zuivere Land School'. Hij geloofde dat de boeddha's en bodhisattva's hun verplichtingen en geloften om de behoeftigen te helpen altijd zullen nakomen, zodat alle 'paden van inspanning' voor de gewone mens totaal overbodig zijn. Inspanningen laten ons hoogstens zien dat ze tot niets leiden, want iedereen mislukt altijd. Zelfs het herhaald aanroepen van Amida's naam *(nembutsu)* is niet echt nodig: één welgemeende smeekbede is al voldoende om Amida's hulp te verkrijgen.

Geloof is daarmee voor Shinran niet een daad van de vrije wil, een bewust besluit om op Amida te zullen vertrouwen. Geloof is de eenduidige aanvaarding dat wij ons al in de reddende omhelzing van Amida bevinden en dat we niets méér hoeven te doen dan die liefde te accepteren. Hij beschreef het contrast tussen inspanning en geloof in een brief: 'De [verwachting] naar het Zuivere Land te worden gebracht [door Amida] behoort aan hen die geboorte zoeken in het Zuivere Land door religieuze praktijken. Hun praktijken zijn gebaseerd op inspanning. De dood wordt [als het cruciale moment gezien] door hen die geboorte zoeken door religieuze praktijken. Zij hebben nog niet het ware geloof bereikt. Zij die in het ware geloof leven, bevinden zich, omdat ze omhelsd zijn [door Amida] en nooit verlaten worden, *reeds in de fase* waarin zij verzekerd zijn [van verlichting]. Daarom hebben ze geen behoefte om naar de dood uit te kijken en zijn ze niet afhankelijk van het geloof om naar het Zuivere Land te zullen worden gebracht. Zodra het vertrouwen in hen wortel schiet, is geboorte in het Zuivere Land verzekerd. Zij hoeven niet uit te kijken naar de ceremonie [van het doodsbed] om naar het Zuivere Land gebracht te worden' *(Dobbins 1999: 282-283)*.

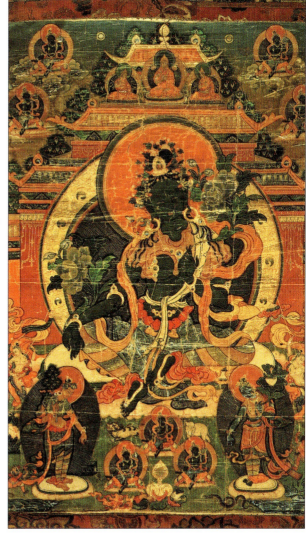

Groene Tara
Een schildering op doek van de Groene Tara. 'De kleur groen wordt gemaakt door wit, geel en blauw te mengen: de Groene Tara verenigt dus pacificeren, vergroten en vernietigen in zich.' (Buddhaguhya)

Vroege filosofieën

Samkhya-yoga

IN HET WERELDBEELD van boeddhisten en jaina's is geen plaats voor God als schepper, wat niet wil zeggen dat goden en godinnen onbelangrijk zijn en al helemaal niet dat ze geen macht hebben. Hindoes zien daarom het boeddhisme en jainisme als interpretaties (*darshana*) van de waarheid, maar dan interpretaties die het op dat punt, en op andere punten, mis hebben. Ze worden daarom beschouwd als *nastika darshana* in plaats van *astika*.

Van de zes *astika darshana's* bestaan er drie interpretaties waarin, ook al erkent men de autoriteit van de veda's, God wordt beschouwd als marginaal of onbelangrijk. De vaisheshika, gesticht door Kanada (2e eeuw vChr.), is een analyse van de zes manieren waarop verschijning zich in het bewustzijn manifesteert – later uitgebreid met de status van dat wat heeft opgehouden te bestaan. Nyaya, dat dichtbij vaisheshika staat, is een uitwerking van de logica met betrekking tot het trekken van geldige conclusies over de categorieën. Udayana (1025-1100) gebruikte die logica om negen argumenten op te stellen voor het bestaan van God; twee daarvan (*karyat* en *ayojanat*) lijken op de eerste twee godsbewijzen van Thomas van Aquino (blz. 267) en een ander is een moreel argument waarin wordt gesteld dat waarde niet uit inerte materie kan worden gehaald.

De samkhya (traditioneel gesticht door Kapila, 6e eeuw vChr.) is een poging het verschijnen van het universum zelf te verklaren. Samkhya begint met de observatie van het radicale verschil tussen bewustzijn (*purusha*) en inerte materie (*prakriti*): purusha is het bewuste, intelligente Zelf of de essentie en prakriti is de eeuwige, onbewuste mogelijkheid van al het zijnde of alle verschijningen. In zichzelf bevindt prakriti zich in een toestand van perfect evenwicht en is opgebouwd uit drie lijnen (*guna's*): *sattva* (het subtiele principe van mogelijk bewustzijn), *rajas* (het principe van activiteit) en *tamas* (het principe van passiviteit).

Het ontvouwen en evolueren van prakriti vanuit de toestand van evenwicht start wanneer het purusha krijgt, zodat de dualiteit van subject en object ontstaat. De versmelting van deze twee wordt vergeleken met een lamme met gezonde ogen die zit op de schouders van een blinde met gezonde benen. De 'blindheid' van prakriti betekent dat het zich niet bewust is van het proces van evolutie, ook al produceert het voortdurend verschijningen. De verscheidenheid daarvan is het gevolg van de uiteenlopende proporties van de guna's: als bijvoorbeeld sattva domineert, wordt er geest (*manas*) geproduceerd, maar dat is niet het zélf. Het ware Zelf is purusha, nog steeds in associatie met de

Meditatie
In India wordt meditatie gewoonlijk begeleid door ritueel en vaak ook door verering. Dat geldt ook voor filosofiesystemen waarin het niet gaat om God.

producten van prakriti, maar onbewogen, onveranderd en onverstoorbaar. In het licht van het bewustzijn van purusha kan de mens zich bewust worden van prakriti. Als purusha in de mens zijn ware aard vergeet en het lichaam of de geest als het ware Zelf beschouwt, blijft het verbonden met materiële zaken ofwel prakriti. Redding of bevrijding bestaat uit het besef van wat al het geval is, namelijk dat het ware Zelf (*purusha*) in de mens altijd onafhankelijk en vrij was en dat ook nu is.

Vrijheid wordt op die manier bereikt door kritische kennis (*samkhya*), die van zowel praktische als theoretische aard is: daarom raakte yoga verbonden met samkhya en ontstond de samkhya-yoga van Patanjali. In deze dynamische filosofie is er geen noodzaak voor God: alles is met alles verbonden door ketens van oorzaak en gevolg, waarvoor observeerbare en natuurlijke verklaringen zijn, want alles komt voort uit het ontbreken van balans tussen purusha en prakriti. Daaruit volgt weer dat elk gevolg en elke manifestatie al aanwezig is in de voorafgaande oorzaak, want anders zouden die oorzaken geen stabiele en voorspelbare, maar volstrekt willekeurige gevolgen hebben.

In dit systeem is God niet nodig. Wél noodzakelijk wordt een verklaring voor de ervaring van God/Godin door de mens, die opvallend aanwezig blijft. Binnen de samkhya werden daarom verschillende manieren bedacht waarop God en Godin kunnen ontstaan. Een verklaring luidde dat ze niet méér zijn dan een van de vele producten van prakriti (een oplossing die dicht bij het boeddhisme ligt); een andere verklaring was om God gelijk te stellen aan purusha, de eeuwige bron, de zelf ongeproduceerde Producent van alles wat ís via prakriti, de secundaire producent van oorzaken. Bij samkhya is de mogelijkheid buiten beschouwing gelaten dat God op de een of andere manier buiten het systeem staat, buiten purusha en prakriti, als een onafhankelijke Heer en Producent van ook die twee.

De aanhangers van samkhya waren voorzichtig in hun uitspraken over God en Godin, zelfs in de vroegste stadia van Indiase religie. Zoals alle Indiase scholen of systemen is ook samkhya vooral gericht op redding of bevrijding uit de gevangenis waarin de mens vastzit. De bevrijding wordt niet bewerkstelligd door een tussenkomst van God, maar door een juist begrip en inzicht – want de gevangenis waaruit de mens moet worden bevrijd is onwetendheid.

Het feit echter dat er in samkhya, net als in het boeddhisme en jainisme, een plaats is voor God/Godin, toont aan hoe fundamenteel de mens God/Godin ervaart. Die ervaring is zodanig sterk dat ze niet behoeft te concurreren met naturalistische verklaringen van verschijning, of die nu van de moderne wetenschap of oude filosofieën afkomstig zijn; ze kan ernaast bestaan op een manier die er coherent mee is en ze kunnen elkaar zelfs versterken. Het geloof in God vond een krachtige uitdrukking in een verzameling teksten die collectief bekend staat als *itihasa* ('zo was het daadwerkelijk'), waarin verhalen, opvattingen en geloofspraktijken zijn verzameld die ontelbare Indiërs hebben gesteund in hun devotie aan God.

Het gaat om werken als de purana's *(blz. 82-83)* en de beide grote epossen *Mahabharata (blz. 92-93)* en *Ramayana*, het geliefde verhaal van de avonturen van Rama, de favoriete held en prins van India.

Yoga
Yoga (van yuj, verbinden) vraagt, naast ascetisme en concentratie, om een extreme inzet om zich af te wenden van de wereld en zich te voegen bij God of het object van verering.

Rama en *Ramayana*

De nederlaag van het kwaad

Ballingschap in het bos
Ramayana 3 gaat over de ballingschap van Rama. Het bos wordt geportretteerd als een plaats van meditatie en strijd: 'Zij die tapas en geloof in het bos beoefenen, zij die rustig weten en die het leven van een bedelaar leiden, vertrekken bevrijd van zonde door de deur van de zon naar de plaats waar de onsterflijke, onvergankelijke persoon leeft.'
(Mundaka Up. 1.2.11)

LANG GELEDEN, zo wordt verteld, veranderde een man met een geschiedenis als dief nadat men hem had geleerd hoe hij moest mediteren – hij veranderde totaal, want hij zat zo lang stil, zich onbewust van de wereld, dat de mieren een mierenhoop over hem heen bouwden. Sindsdien werd hij Valmiki genoemd, 'geboren uit een mierenhoop'.

Valmiki wordt traditioneel gezien als de schrijver van de *Ramayana*. De inspiratie voor het epos in zeven boeken *(kandas)* van 24.000 verzen vond hij toen hij zag hoe een jager een vogel van een paartje doodde en hoe de overgebleven vogel verdrietig rondcirkelde. Valmiki riep uit:

'Jager, je ziel zal in cirkelende jaren nooit vrede, nooit rust vinden,

Want geen gedachte aan liefde of genade deed je aarzelen of hield je hand tegen.'

Hij had nog nooit eerder zo gesproken en in dit wonderbaarlijke woordritme sprak hij de gehele *Ramayana*.

Hoewel de *Ramayana* aan Valmiki wordt toegeschreven, groeide het werk in een proces van vele eeuwen; rond de vierde-tweede eeuw vChr. kreeg het werk zijn huidige vorm. Het boek verhaalt over de avonturen en tegenslagen van Rama die, naar de wens van de god Vishnu, net als zijn drie broers in Ayodhya werd geboren als zoon van Dashartha, koning van Kosala.

De *Ramayana* is een episch verhaal waarin de personages (vooral Rama, Lakshmana en Sita) voorbeelden zijn van dharma (de juiste manier van leven en van gedrag) in tijden van voor- en tegenspoed: het klassieke verhaal van de triomf van het goede over het kwade.

De *Ramayana* laat ook zien hoe Rama door zijn discipline en het ascetisme dat *tapas* ('warmte') produceert, de kracht verkreeg om het pad van dharma in alle omstandigheden te blijven volgen. In de veda's is *tapas* de kracht die de goden gebruiken (maar die niet door hen is gecreëerd) om de geschapen orde tot leven te wekken *(bijv. RV 10.129.3)*. Tapas werd met brandoffers tot leven gewekt en was zichtbaar bij de offerende priesters in het zweet dat in stromen bij hen uitbrak. Later werd het de kracht die voortkwam uit ascetisme, kuisheid en yoga, waarmee een enorm reservoir aan energie in het lichaam wordt opgeslagen dat tot bevrijding leidt *(moksha)*.

Om al die redenen is de *Ramayana* een boek dat in India wordt gekoesterd tot op de dag van vandaag. De verhalen zitten diep verankerd in het Indiase leven: iedereen kent ze en elk jaar worden ze voorgedragen en opgevoerd tijdens festivals door heel India, die Rama Lilas worden genoemd. Men zegt:

'Wie de heilige, leven schenkende *Ramayana* leest en reciteert, is vrij van fouten en bereikt de hemel.' Hetzelfde effect wordt bereikt door de naam van Rama te fluisteren in het oor van een stervende of wanneer een stervende persoon zelf die naam uitspreekt – zoals Gandhi deed toen hij werd vermoord.

In een van die versies, de *Adhyatma Ramayana* (tijd en schrijver onbekend), wordt het idee uitgewerkt dat Rama veel meer is dan een grote held: hij en zijn geliefde Sita zijn in dit werk *avatars*, 'incarnaties' (*avatara*, 'afkomst'; *blz. 91*) van Vishnu. Zij vormen in hun essentie de twee aspecten van Brahman (*blz. 86-87*): Rama is de onpersoonlijke bron van alle verschijning en Sita is de manier waarop Brahman manifest en creatief wordt. De slechte Ravana vereert God in hen, ook al is hij de vijand van God: God in gedachten hebben kan leiden tot haat voor (of de dood van) God, maar het blijft hoe dan ook God die men in gedachten heeft.

In de *Adhyatma Ramayana* zijn de gebeurtenissen allegorieën van alles wat mogelijk is in de menselijke zoektocht naar God (inclusief het verlangen naar God als God afwezig of ver weg lijkt, een verlangen dat later zo belangrijk werd in de verering van God; *blz. 96*). De hoofdpersonages verbeelden de manier waarop God/Vishnu zich manifesteert, niet alleen in de belangrijkste avatars, maar ook in andere goden en godinnen. Dat geldt vooral voor Hanuman, die ook belangrijk is in nog latere ontwikkelingen van de *Ramayana*.

Het huwelijk van Sita
Rama en Sita zijn toonbeelden van toewijding – die tussen man en vrouw en die tussen mens en God.

De zeven boeken van de Ramayana

De avonturen van Rama worden verteld in de zeven boeken van de Ramayana.

- **BALAKANDA**: boek 1 gaat over de jeugd van de vier prinsen en vertelt hoe Rama en zijn broer Lakshmana de demonen verslaan en hoe Rama een boog spant die anderen niet eens kunnen optillen, waardoor hij zijn geliefde Sita als bruid krijgt.
- **AYODHYAKANDA**: in boek 2 wordt verteld hoe Rama wordt afgezet als troonopvolger van Dasharta en samen met Lakshmana in ballingschap wordt gestuurd naar het bos.
- **ARANYAKANDA**: boek 3 gaat over de ballingschap in het bos en vertelt hoe de zuster van Ravana, de demonenkoning van Lanka, Rama begeert. Wanneer Rama haar afwijst, beschouwt ze Sita als het obstakel en haalt ze Ravana over Sita te ontvoeren – met het verdriet van Rama tot gevolg, die tevergeefs zijn geliefde zoekt.
- **KISHINDHAKANDA**: in boek 4 wordt verteld hoe Rama Sugriva, de koning van de apen (d.w.z. alle bosbewoners), helpt, die op zijn beurt Hanuman erop uitstuurt om Sita te zoeken.
- **SUNDARAKANDA**: in boek 5 wordt verteld hoe Hanuman Sita vindt en Ravana te slim af is.
- **YUDDHAKANDA**: boek 6 gaat over de strijd tussen Rama en Ravana. Sita bewijst dat zij niet is aangeraakt door Ravana door zich in het gerechtsvuur te gooien zonder te verbranden. Ze wordt gerehabiliteerd door Agni (*blz. 63*), waarna Rama tot koning wordt gekroond.
- **UTTARAKANDA**: het 7e en laatste boek bevat allerlei aanvullende verhalen en eindigt met de dood van Sita, met Rama die zijn lichaam verlaat en hun hereniging in de hemel.

INDIA

Hanuman

De Aapgod

De Aapgod
Een 18e-eeuwse bronzen plaat van Hanuman. Voor zijn vereerders is hij hét voorbeeld van de dienaar en symboliseert kracht en loyaliteit.

VAN ALLE MANIFESTATIES VAN GOD in diervorm is de aap Hanuman de meest vereerde, vooral in Noord-India. Hanuman is Mahavira, de grote held van de hindoes, zoon van Vayu de wind en de vriend en dienaar van Rama.

Hij is vooral bekend om zijn rol in de *Ramayana* (blz. 78); hij helpt Rama door Sita te redden uit handen van Ravana, de boosaardige koning van Lanka. Hanuman komt diens koninkrijk binnen door over de oceaan te springen, maar hij wordt gevangengenomen en voor Ravana gebracht. Ravana zit trots op zijn hoge troon, maar Hanuman is niet onder de indruk. Hij rolt zijn staart op en stijgt zo op tot grotere hoogte dan Ravana. Woedend geeft Ravana het bevel zijn troon op blokken te zetten, maar Hanuman rolt zijn staart nog enkele windingen verder op en stijgt daardoor altijd hoger dan de trotse koning – een levendige uitbeelding van de zegswijze *Deus semper maior*, 'God is altijd groter'.

Nog bozer geworden beveelt Ravana de staart van Hanuman in brand te steken, maar Hanuman rent sneller dan de wind, die immers zijn vader is: het vuur kan hem onmogelijk inhalen. Terwijl Hanuman wegrent, worden het paleis, alle bezittingen en de oogst van Ravana door het vuur vernietigd.

Tijdens de grote slag met Ravana die nu volgt, raakt Lakshmana, de broer van Rama, dodelijk gewond, waarna Hanuman erop uitgestuurd wordt om het enige geneesmiddel te halen, een kruid dat op een van de bergen in de Himalaya groeit. Hanuman vliegt weg, maar wanneer hij bij de berg arriveert, is hij vergeten welk kruid hij moest halen, dus graaft hij de hele berg maar uit en brengt die naar Lanka. Na de nederlaag van Ravana vertrekt Hanuman met Rama naar Ayodhya, waar hij wordt beloond met de gift van eeuwige jeugd – of indien niet eeuwig toch minstens een miljoen jaar.

Dit is de eendimensionale algemene geschiedenis van de held die de mensheid helpt door een reis te maken waarin hij de bekende wereld achter zich laat, het kwade ontmoet en het verslaat en terugkeert met hulp van goede krachten. Dit is bijvoorbeeld ook het verhaal van Jezus en de verzoeking in de woestijn aan het begin van zijn prediking (blz. 238). Al deze verhalen verwijzen ver voorbij zichzelf naar de Ene die de pionier is van de reis door het leven van alle mensen en die als hun helper verering en lof waard is.

Dat was ook de bedoeling van Tulsi Das (ca. 1532-1632; de naam betekent 'dienaar van de *tulsi*', een plant die heilig is voor Vishnu). Hij schreef de *Ramcaritmanas*, 'Het heilige meer van de daden van Rama', in het Hindi en niet in de heilige taal het Sanskriet. Hij vertelt de *Ramayana* na in een taal die toegankelijk

---

Hoe ziet Hanuman er in de Indiase verbeelding uit?

'Als een kleine aap, geknield en met gevouwen handen naast Rama, diens broer Lakshmana en zijn vrouw Sita zittend; soms scheurt hij zijn borst open om een afbeelding van Rama in zijn hart te tonen; soms vliegt hij door de lucht met een Himalayabergtop in zijn hand; met lang haar en soms met vijf hoofden, de handen in angstwerende (abhayai) of wensenvervullende (mudra) houdingen; met een knots, boog of bliksemflits in de handen ... toegewijd en eer bewijzend, mededogend, maar ontzagwekkend, beschermer en opruimer van obstakels, brenger van welvaart en vernietiger van het kwaad ... dat alles is Hanuman.'

(Ludvik 1994: 1)

was voor gewone mensen, waardoor het boek voor velen de favoriete toegang tot God is geworden en wel 'de bijbel van Noord-India' wordt genoemd (Macfie 1930: vii). Het verhaal wordt door een aantal deelnemers verteld, onder andere door Shiva, die toegewijd is aan Rama – een poging om verschillende traditites van God samen te voegen. De nadruk ligt nog steeds op dharma (*blz. 68, 78*), maar nu wordt dharma mogelijk gemaakt door de aanwezigheid van Rama in het leven van hen die zich aan hem wijden.

Tulsi Das had een bijzondere verering voor Hanuman en wendde zich in tijden van nood altijd tot hem. De heerser van Delhi eiste ooit van Tulsi Das dat hij de waarheid van zijn geloof zou bewijzen door een wonder te verrichten en toen Tulsi Das weigerde, werd hij in de gevangenis geworpen. Toen Tulsi Das vervolgens Hanuman aanriep, kwam er een groot apenleger om Delhi te verwoesten. De heerser vroeg Tulsi Das om vergeving en liet hem vrij. Zijn ode aan Hanuman *(kader rechts)* is te vinden in de gedichtenbundel, *Vinaya-patrika* ('De brief van nederig verzoek', gericht aan Rama).

Hanuman is een buitengewoon geliefde verschijning, maar er zijn nog talloze andere vormen waarin God/Godin zich manifesteert. Het verhaal van veel van die vormen is te vinden in de purana's.

'Heil, grote gelukbrenger, verlichter van aardse lasten, Purari's manifestatie als aap;

Vernietiger van de demonen alsof ze niet meer dan motten zijn, door de woede van Rama in de vorm van vlammende kransen! ...

Heil, zoon van de wind, van beroemde overwinningen, enorme wapens, grote kracht en lange staart ...

Heil, gezicht als de opkomende zon, vurig fonkelende ogen, met een toef borstelig grijs haar;

Met gebogen wenkbrauw, met diamanten tanden en klauwen, als een leeuw voor zijn vijanden als dolle olifanten ...

Goedmaker van landbouwrampen, hevige angst, ongunstige planetenstanden, geesten, dieven, brand, ziekte, grote epidemieën en aandoeningen! ...

Over niemand anders kan deze lof worden uitgesproken, hij maakt het onmogelijke mogelijk en het mogelijke onmogelijk.

Door zijn beeld te onthouden, huis van vreugde, wordt een mens bevrijd van zorgen en aandoeningen.'

(Allchin 1966: 100, 102)

Nederige dienaar
Hanuman vereert Rama terwijl Sita en Lakshmana toekijken. De verjaardag van Hanuman (Hanuman Jayanti) wordt vooral in Zuid-India en in Delhi uitbundig gevierd.

Scène uit een purana
De Bhagavata Purana verhaalt hoe de god Vishnu geïncarneerd als Varaha, het wilde zwijn, de demon Hiranyaksha, versloeg.

De purana's

Verhalen van lang geleden

DE PURANA'S zijn teksten waarin de Indiase opvatting van God heel duidelijk naar voren komt. Ze werden *purana* ('oud') genoemd omdat men dacht dat ze oeroud waren, maar ook omdat het verhalen betrof uit het grijze verleden – mythen, rituelen, geloofspraktijken, kosmologie en genealogieën van goden en koningen. De teksten werden gebundeld vanaf de tijd van de Guptas (ca. 320-500 nChr.), maar tot in de 16e eeuw kwamen er toevoegingen, bewerkingen en nieuwe indelingen.

Traditioneel worden in een purana vijf onderwerpen behandeld:

- het in verschijning brengen van een universum (de schepping);
- de vernietiging en vervolgens herschepping van het universum;
- genealogieën;
- het bewind van de veertien *manus*, de eerste voorouders van de mens, die allen over een tijdperk *(manvantara)* regeerden;
- de dynastieën en de geschiedenis van de heersers van zon en maan van wie alle menselijke koningen afstammen.

Veel purana's handelen over een veel breder spectrum aan goden en godinnen dan degene waar ze formeel mee verbonden worden, terwijl ze vaak ook niet over de voorgeschreven hoofdonderwerpen gaan. Ze bevatten veel aanvullend materiaal. Door alle informatie over goden en godinnen en de rituelen waarmee zij dienen te worden benaderd, verschaffen de purana's inzicht in de manier waarop de brahmaanse religie zich ontwikkelde: de purana's handelen niet zozeer over de grote openbare godsdienstige ceremonieën als wel over kleinschaliger rituelen in de thuisomgeving, waardoor ze de toegang tot God/Godin ook voor alle gewone mensen mogelijk maakten. De brahmanen die kozen voor deze manier van leven rondom God, stonden bekend als smarta's (omdat ze smriti of

VISHNU

GROTE EN KLEINE PURANA'S

Heilige teksten over de Indiase manier van vereren

De purana's kunnen een enorme omvang hebben. Traditioneel worden ze verdeeld in 18 grote purana's (mahapurana's) en 18 kleinere (upapurana's), maar de indeling van de 18 kan variëren. De mahapurana's zijn weer verdeeld in groepen van zes, die elk verbonden zijn met een van de drie fundamentele onderdelen van het bestaan, die we ook in samkhya zien: *sattva, rajas* en *tamas* (blz. 76). Elk van deze drie werd verbonden met de vorm van God die in die zes purana's centraal staat:

- Rajas/Brahma: Bhavishya; Brahma; Brahmanda; Brahmavaivarta; Markandeya; Vamana;
- Sattva/Vishnu: Bhagavata; Garuda; Naradiya; Padma; Varaha; Vishnu;
- Tamas/Shiva: Agni; Kurma; Linga; Matsya; Shiva; Skanda.

ondersteunende geschriften volgden, *zie ook shruti; blz. 60*) of pauranika's (uitvoerders van de purana's). Hun vormen van verering en geloofsaspecten liepen in de praktijk uiteen, maar in principe erkenden en vereerden ze allen de vijf manifestaties van God: Vishnu, Shiva, Ganesha (de zoon van Shiva), Surya (de zon) en Mahadevi (de Grote Godin).

Het theoretische kader voor de verering van de vijf goden (*pancayatana puja*) speelde een belangrijke rol in het formuleren van tegenargumenten (vaak in de vorm van verhalen) tegen de kritische benadering van God (*blz. 68-77*). De *Vishnu Purana* bijvoorbeeld omvat een krachtige verwerping van degenen die nagna's en pasanda's worden genoemd en waartoe boeddhisten en jaina's behoren, net als iedereen die het ritueel als geldige manier om God te benaderen verwerpt. In de purana's wordt duidelijk gemaakt waarom de verering van God zo belangrijk is en hoe die moet plaatsvinden. Ze speelden daarmee een belangrijke rol in het verenigen van diverse cultussen die elk gericht waren op een bepaalde manifestatie van God, of dat nu Shiva en zijn partners betrof, of Vishnu en zijn avatars (incarnaties), van wie Krishna de belangrijkste is (*blz. 92 e.v.*).

'Zoals rivieren vele bronnen hebben en toch een eenheid vormen met de oceaan waarin ze uitmonden, zo komen alle veda's, alle heilige teksten, alle waarheden, ook al verschillen ze in de manier van ontstaan, bijeen in God.'

(Bhagavata Pur. 8.1)

In een purana is de hiërarchie van goden en godinnen vaak afhankelijk van de god waaraan de tekst is gewijd – in de *Vishnu Purana* 5.34.29 staat bijvoorbeeld hoe Krishna Shiva versloeg. Maar het algemene thema is dat God leeft, ondanks de kritiek. God kan in talloze vormen worden aanbeden, maar het zijn allemaal vormen waarin de Ene die God is (in toenemende mate vereenzelvigd met Narayana; *blz. 90, 104*) gekend wil worden.

De purana's laten daarom duidelijk zien hoe de verering van vele goden en godinnen in India uitkristalliseerde in twee grote bewegingen: de *vaishnava's*, die Vishnu en zijn avatars vereren, en de *shaiva's*, die voornamelijk Shiva vereren. Beide hoofdstromingen zijn in talloze uiteenlopende onderbewegingen verdeeld, maar er bestaat geen bittere rivaliteit tussen nevenstromingen of zelfs de hoofdstromingen.

De aanval op offeren
'De nagna's zeggen: alle geboden die leiden tot het verwonden en doden van dieren zijn verkeerd; wie zegt dat boter in het heilige vuur werpen beloning brengt, spreekt als een klein kind; als Indra, die verondersteld wordt een god te zijn, leeft van het hout dat als brandstof voor het heilige vuur wordt gebruikt, staat hij lager dan de dieren, die zich ten minste nog met bladeren voeden.'

(Vishnu Pur. 3.18.25)

Dat kwam voort uit het geloof van zowel vaishnava's als shaiva's dat Narayana (oorspronkelijk vooral met Vishnu geassocieerd) de Ene is, in wie de gehele schepping en alle manifestaties van God/Godin hun oorsprong vinden. Via God/Godin als vormen van Narayana wordt het doorlopende proces van het universum in gang gehouden. Ze zijn niet, zoals een vluchtige lezing van de veda's doet vermoeden, *personificaties* van de natuur, want daarmee zouden ze een eigen, afzonderlijke identiteit hebben – een vorm van polytheïsme, een verzameling van vele goden en godinnen. Ongetwijfeld waren (en zijn) er Indiërs die de goden op die manier zien. Maar zelfs in de veda's (ten tijde van de vroegste varianten) werden al pogingen gedaan een andere opvatting te formuleren, namelijk dat goden en godinnen *manifestaties* zijn van de Ene bron en oorsprong van alle reële verschijning. De zoektocht naar die Ene speelt een belangrijke rol in de upanishads.

De upanishads

Heilige teksten over de zoektocht naar de Ene

DE UPANISHADS zijn heilige teksten (ongeveer 200 bij elkaar, het aantal hangt af van de classificatie) die over een lange periode ontstonden (vanaf ca. 600 vChr. tot in de Middeleeuwen), maar de latere teksten zijn voornamelijk uitbreidingen van en commentaren op de oudere. In de *Muktika Upanishad* staan 108 teksten, maar vele daarvan dateren van lang na het einde van de vedische periode. Er zijn 13-18 upanishads die nauw verbonden zijn met de veda's en die de gezaghebbende vedanta vormen (het einde of culminatie van de veda's).

In de upanishads wordt de zoektocht naar de innerlijke betekenis van de verzen en rituelen die aan de goden zijn gericht voortgezet (in de veda's komen weinig godinnen voor) en ze vormen een uitwerking van het geloof dat achter de vele manifestaties van God uiteindelijk die Ene ligt die de bron is van alle verschijning, inclusief de goden zelf (*kader links*).

In de vedische godsdienst lag de nadruk op rituelen en offers als de manier waarop de mens de kracht en de goede wil van de goden naar de wereld kan lokken. De upanishads vormen een zoektocht naar de Ene universele realiteit die alles doet ontstaan en die alles dat is handhaaft, inclusief alle goden.

Maar wie of wat is die Ene? Yajnavalkya (*zie links*) antwoordde: 'Brahman', maar wat is Brahman? Aanvankelijk (*kader rechts*) was *brahman* rituele kracht en verwees het woord naar diegenen die erover beschikten, met andere woorden de brahmanen. Maar in de tijd van de brahmana's (*blz. 60-61*) en de upanishads veranderde dat. De zoektocht was niet langer voornamelijk gericht op macht, maar meer op inzicht en kennis die de mens bevrijdt.

Het karakteristieke gebed van de upanishads wordt uitgesproken door een offerende priester en het geeft aan waar het bij het offeren uiteindelijk om gaat:

'Leid mij van het onechte naar het echte; leid mij van de duisternis naar het licht; leid mij van de dood naar de onsterfelijkheid.'

(Brihadaranyaka Up. 1.3.28)

Rituelen kunnen een ernstige hindernis vormen omdat ze de mensen *in de wereld* brengen en tot een poging om deze wereld te beheersen, in plaats van *in zichzelf* om zelfkennis te verwerven en hoe zij spiritueel kunnen groeien op basis van die kennis.

Een van de bekendste leermeesters uit de upanishads is Yajnavalkya. Op een dag werd hem de volgende vraag gesteld:

'Hoeveel goden zijn er?' Hij antwoordde dat er 3306 zijn (het aantal dat genoemd wordt in een hymne aan alle goden). 'Jawel,' zei de vragensteller, 'maar hoeveel zijn er nu écht?'

'Hij antwoordde: "Drieëndertig."(blz. 63)
"Ja, maar hoeveel zijn er?"
"Zes."
"Ja, maar hoeveel zijn er?"
"Drie."
"Ja, maar hoeveel zijn er?"
"Twee."
"Ja, maar hoeveel zijn er?"
"Anderhalf."
"Ja, maar hoeveel zijn er?"
"Een ..."
"Wie is de Ene?"
"De Adem. Hij is Brahman. Dat [tat] noemen ze hem."'

(Brihadaranyaka Up. 3.9.1, 9)

Dit geeft in essentie weer hoe de upanishads het Indiase verhaal van God hebben veranderd.

DE UPANISHADS

In de *Shatapata Brahmana* en vervolgens in de upanishads kreeg de term brahman een andere betekenis: het ging de bron van kracht betekenen en daarmee de onpersoonlijke, hoogste Ene die als enige écht ís, die (of 'dat') het hele universum schept, draagt en regeert. Volgens de *Brahmasutra* 8.3, '*aksharam brahma paramam*', 'Brahman is de hoogste Ene die niet verandert [of "sterft"]'.

Brahman is daardoor de hoogste heerser ('parameshvara', *para,* 'hoogste' + *ishvara* 'heer') over alle dingen, inclusief de goden. Brahman schept alle dingen door de kracht die *maya* wordt genoemd, wat betekent dat alle dingen onthullen wat Brahman feitelijk is. De mens ziet Brahman gewoonlijk niet rechtstreeks omdat hij zijn eigen interpretatie legt over alles wat hij ziet. Op die manier is *maya* ook de mantel die de onthulling van Brahman als de enige waarheid, de realiteit van alles wat ís, tegenhoudt: we zien in het donker een eind touw op een pad liggen en interpreteren dat het om een slang gaat. Het pad naar redding en verlossing bestaat uit het leren zien van wat écht is (het pad van de kennis, *jnana*) en uit het zodanig leren leven dat men de waarheid in de eigen persoon leert verwezenlijken (het pad van de yoga).

Op die manier realiseert de mens zich uiteindelijk dat hij altijd al was wat Brahman is, want er is niets (en was ook nooit) iets anders dan dat – of Dat *(tat; kader links)*. Dat besef staat verwoord in de mahavakya's (grote zegswijzen van de upanishads): 'U bent Dat *(tat-tvam-asi);* ik ben Brahman; Al dit is Brahman; Dit Zelf is Brahman; Puur Bewustzijn is Brahman.'

Brahman is zonder eigenschappen *(nirguna)* en kan niet worden beschreven, maar alleen benaderd. Over Brahman kan men alleen zeggen wat het *niet* is, *neti, neti,* 'niet dit, niet dit'. Indien Brahman de zelf ongeproduceerde Producent is van alles, inclusief godinnen en goden, rijst onmiddellijk de vraag: wat is dan de relatie tussen Brahman en God/Godin? Dat is de kernvraag die de Indiase filosofen zich stelden.

WAT IS BRAHMAN?

Oorspronkelijk was Brahman verbonden met kracht.

Het woord *brahman* komt mogelijk van een woord dat 'groeien', 'doen toenemen', 'sterker maken' betekent. Oorspronkelijk zou het verwijzen naar de manier waarop offers en rituelen bijna magisch de kracht vergroten van de persoon die offert. In het vroegste gebruik van het woord in de veda's, vooral in de Atharva Veda, verwijst Brahman naar de mysterieuze kracht van een magische spreuk. Het is ook de heilige uiting of declamatie *(mantra;* blz. 129) waarmee het ritueel werkzaam wordt en de hemelse wezens *(deva's)* groeien. Pas later is Brahman de bron geworden van alles wat ís.

Brahmanen

Brahmanen waren de hoeders van de correcte uitvoering van rituelen en daardoor intermediairs tussen God en de wereld.

INDIA

Ishvara
Ishvara, de driehoofdige vorm van God, in een van de tempels van Shankara, verwijst naar de trimurti (blz. 90) van God in het universum. Maar God is alleen God voor hen die onwetend zijn: Brahman kennen is weten dat God alleen een verschijningsvorm is.

Filosofen

Shankara

In de *Chandogya Upanishad* leert Uddalaka zijn zoon Shvetaketu dat alle manifestaties een uitdrukking van Brahman zijn: 'In den beginne, mijn zoon, was Zijn *(sat)* alleen, slechts één, zonder een tweede. Er zijn mensen die zeggen: "In den beginne was niet-zijn *(asat)* alleen, slechts één, zonder tweede [d.w.z. essentie zonder bestaan; *zie ook blz. 268-269*]: uit dat niet-zijn werd het zijn geproduceerd." Maar hoe zou dat kunnen, mijn zoon? Hoe kan zijn voortkomen uit niet-zijn? In tegendeel, geliefde zoon, in het begin was dit Zijn alleen, slechts één, zonder tweede. Het dacht: was ik maar met veel! Laat ik me uitbreiden. Het stuurde vuur erop uit en het vuur dacht: was ik maar met veel! Laat ik me uitbreiden.' (6.2.1-3; de passage gaat verder met de creatie van alle dingen.)

Hieruit volgt dat er geen verschil is tussen alle verschijning en Brahman: het vuur brengt vele vonken voort, die weliswaar individueel lijken, maar allemaal uitdrukkingen zijn van vuur. Dat betekent dat het essentiële wezen van wat een mens is (het binnenste 'zelf' of de ziel, *atman* genoemd) niet verschilt van Brahman: atman *ís* Brahman. Wie er anders over denkt, legt zichzelf een verkeerd idee op, zoals Gaudapada (8e eeuw nChr.) schreef in zijn commentaar op de *Mundaka Upanishad* (kader rechtsboven).

Volgens de traditie was Gaudapada de leermeester van de grote filosoof Shankara (788-822). Shankara ontwikkelde deze niet-dualistische manier om Brahman en verschijning te begrijpen: volgens hem bestaat er geen dualiteit tussen de twee, die wordt er door valse perceptie op geprojecteerd. Deze filosofie wordt daarom advaita (*a-dvaita*, niet-dualisme) genoemd. Voor Shankara is Brahman Absoluut Zijn zonder attributen of kwaliteiten (nirguna Brahman), waarin geen onderscheid bestaat tussen subject en object en waarover niets te zeggen valt. Zodra Brahman zich uitbreidt in manifeste verschijning kan er natuurlijk wel iets concreets over worden gezegd, maar alleen vanuit een menselijk beperkt perspectief. Als Brahman op een

SAT-CIT-ANANDA
Absoluut Zijn, Zuiver Bewustzijn, Volledige Gelukzaligheid

Sat-cit-ananda is de essentie van Brahman zoals (onvolledig) gekend in de menselijke ervaring. *Sat*, 'Zijn' of 'Waarheid', benadrukt het onveranderlijke wezen van Brahman als puur, onvoorwaardelijk bestaan dat voorafgaat aan alle andere bestaansvormen en ervaring zodat *(in Samkhya; blz. 77)* het gevolg noodzakelijkerwijs in de voorafgaande oorzaak zit. *Cit*, 'bewustzijn', benadrukt de bewuste natuur van Brahman-ervaring: Brahman is het ultieme pad van weten, de zelfverlichtende essentie van weten die alle andere, afgeleide ervaring mogelijk maakt. *Ananda*, 'gelukzaligheid', benadrukt de sublieme waarde van het ervaren van Brahman.

voorlopige en incomplete manier wordt gekarakteriseerd, spreekt men van saguna Brahman (Brahman 'met kenmerken'): we kunnen bijvoorbeeld stellen dat Brahman absoluut Zijn (*sat*), puur Bewustzijn (*cit*) en volledige Gelukzaligheid (*ananda*) is, dat wil zeggen *sat-cit-ananda* of *sacchidananda* (kader linksonder).

Brahman kennen en ervaren is het overstijgen van onwetendheid en foute perceptie en de dingen zien zoals ze écht zijn – dat wil zeggen niets anders dan Brahman. In advaita wordt daarom *jnana-yoga* (het 'pad van de kennis'; blz. 92) beschouwd als de beste weg naar *moksha* (verlossing van de eindeloze keten van wedergeboorte), maar die kennis is geen abstracte intellectuele acceptatie. Ze is het persoonlijke besef dat het samengaan altijd (want atman *is* Brahman) het geval is geweest en dat *dat* nu als een persoonlijke waarheid wordt begrepen. Het resultaat van dat samengaan is extatische vreugde, want men wordt zich bewust dat men niets anders is dan Zijn zelf, wiens wezen gelukzaligheid is. Zoals zout oplost in water en daar niet meer van te onderscheiden is, zo lost atman op in Brahman *(Chandogya Upanishad 4.13.1-3)*.

Wordt hiermee God geëlimineerd in deze visie? Niet volgens Shankara, want hij zei dat het strikt genomen niet *Brahman* is van wie men *sat-cit-ananda* zegt, want als Brahman echt buiten het bereik van taal en beschrijving ligt, is iets over Brahman zeggen in principe spreken over minder dan Brahman. Shankara maakte daarom onderscheid tussen para-Brahman (de hoogste Brahman) en apara-Brahman (saguna Brahman, *zie eerder*: Brahman op een voorlopige en benaderende manier gezien).

Shankara identificeerde apara-Brahman vervolgens met Ishvara (van *ish*, 'kracht hebben'), het Indiase woord voor Heer of God. Ishvara is Brahman als Brahman via de kracht van *maya* (blz. 85) het Zijn creatief uitbreidt tot verschijning. In Ishvara wordt Brahman weerspiegeld (direct maar niet onmiddellijk ervaren; blz. 20) door de sluier van *maya*. Ishvara of God is de heer van *maya*, inherent aan het universum dat hij van binnenuit regeert – als de binnenste heerser draagt hij de naam Antaryamin. Ishvara is echter ook transcendent, want als Brahman, hoe geconditioneerd en vervormd weerspiegeld ook in onze perceptie, transcendeert Ishvara noodzakelijkerwijs alle dingen.

Met betrekking tot de wereld is Ishvara de Ene die het universum schept, instandhoudt en vernietigt *(bijschrift linksboven)*. Omdat Ishvara toegankelijk is en onze enige toegang tot Brahman vormt, is hij het object van verering, devotie en lof en de leidraad voor een goed en moreel hoogstaand leven. Het wekt dus geen verbazing dat Shankara aan het einde van zijn korte leven veel bijdroeg aan het herstel van tempels en kloosters. Volgens de traditie was zijn laatste handeling dichterbij God komen: op 32-jarige leeftijd verliet hij Kedarnath in de het Himalayagebergte, trok naar Kailasa, de woonplaats van Shiva (blz. 106-107) en werd nooit meer gezien. Andere denkers meenden dat de niet-dualiteit van Shankara's systeem God te veel reduceerde en boden andere interpretaties van de vedanta.

> 'Een touw dat in het donker slecht zichtbaar is, wordt voor een slang of waterstroompje water gehouden. Het Zelf wordt op dezelfde manier verkeerd gezien. Maar als we het touw zien zoals het is, verdwijnt de foute perceptie en wordt het bewustzijn zich bewust van de niet-dualiteit door de herkenning: "Dit is slechts een touw". Zo is het ook met het inzicht in wat het Zelf is.'
>
> (Mandukyakarika 2.17)

Vele golven
Alle verschijning is niet verschillend van Brahman: de oceaan heeft ontelbare golven in allerlei afmetingen en vormen, die echter allemaal identiek zijn met de oceaan die ze voortbrengt en draagt.

Filosofen

Ramanuja en Madhva

Draagbaar altaar
De alles doordringende Vishnu wordt door geheel India vereerd. Draagbare altaren zorgen ervoor dat hij overal kan worden aanbeden.

SHANKARA ONTKENDE HET BELANG van toewijding aan God niet: hij was afkomstig uit Zuid-India, waar de *bhakti*-praktijk bloeide (*blz. 95*). Niettemin meende Ramanuja (11e-12e eeuw), ook stammend uit het zuiden, dat Shankara God te weinig status had gegeven. Als filosoof werkte hij de logica van Shankara's argumenten over Brahman verder uit. Hij stelde eveneens dat Brahman werkelijkheid is en zelfs de enige werkelijkheid die er bestaat. Maar in dat geval kan de conclusie dat Brahman sat-cit-ananda is niet een conclusie over minder dan Brahman zijn, want er bestaat geen 'minder'. Apara-Brahman (*blz. 87*) postuleren is een wat onhandige constatering dat elke uitspraak over Brahman benaderend, corrigeerbaar en feilbaar is (*blz. 16-17*). Maar, zo stelde Ramanuja, het is een benaderende en corrigeerbare uitspraak over *Brahman* – niet over iets dat minder is dan Brahman.

Ramanuja vond eveneens dat Brahman de zelf ongeproduceerde Producent is van alles wat er bestaat, bij wie gevolgen altijd besloten zitten in hun oorzaak en dat er dus niets kan zijn dat niet van Brahman komt. Dat betekent dus dat materie en het bewuste Zelf niet van Brahman kunnen worden gescheiden en niet los van Brahman kunnen bestaan. Ramanuja noemde die onscheidbaarheid *aprithak-siddhi* – die echter niet een relatie is van volledige identiekheid. Zoals het bewustzijn een relatie heeft met een lichaam en daarvan onscheidbaar is zonder er identiek aan te zijn, zo verhoudt Brahman zich tot het Zelf en het lichaam door er onscheidbaar van te zijn zonder er identiek aan te zijn.

Zoals een individu een Zelf (atman) met een lichaam is, zo heeft Brahman de wereld als lichaam, onscheidbaar, maar niet identiek. Brahman is niet een onvoorwaardelijke identiteit, maar meer een organische eenheid die bestaat uit identiteit-in-verschil, een identiteit waarin het ene deel het andere domineert, beheerst en instandhoudt. In de upanishads staat 'er is geen meervoudigheid': volgens Ramanuja wil dat niet zeggen dat de kennelijke meervoudigheid aan objecten in wezen illusoir is (zoals in advaita, waarin geen dualiteit bestaat), maar dat die meervoudigheid van objecten (d.w.z. van schepping) weliswaar realiteit is, maar niet los van Brahman kan bestaan.

Door te stellen dat Brahman aanwezig is met het universum als lichaam, matigde Ramanuja het niet-dualisme van Shankara, waardoor zijn eigen systeem de naam vishishtadvaita kreeg, gematigd niet-dualisme. Net als bij Shankara is Ishvara (Brahman als God) degene die alle universums schept, instandhoudt en vernietigt, maar voor Ramanuja is Brahman werkelijk aanwezig in de vorm van God (niet op een gedeeltelijke of weerspiegelde manier). Dat betekent dat kennis en verering van God bij Ramanuja nog belangrijker zijn, want ze zijn de kennis en verering van Brahman, niet van apara-Brahman. Niet alleen *jnana* (kennis) is een pad naar verlossing (*moksha*), ook bhakti is dat, net als volledige overgave aan God (*prapatti* genoemd door zijn volgelingen). Dit leidt tot wat Ramanuja *darshana-samanakara-jnana* noemt, een direct voelen van de werkelijkheid van God.

Ramanuja stelde zelfs op basis van de algemeen gemelde ervaring van bhakti dat bhakti als zodanig niet wortelt in de inspanning van de mens om God te benaderen en te vereren, maar in de bedoeling van God om bhakti mogelijk te maken: het is bij de gratie Gods dat de mens God ziet en vereert. Dat betekent dat de benadering van God niet beperkt is – zoals in de brahmaanse religie – tot de drie hoogste kasten: ze is mogelijk voor iedereen die openstaat voor de gratie Gods en haar verwelkomt.

Madhva (1197-1276), een ook uit Zuid-India afkomstige brahmaan, startte in zijn visie aan de andere kant en vond dat het bestaan van diversiteit en verschillen het fundamenteelste feit is dat we in het universum kunnen waarnemen. Brahman kan niet identiek zijn met het universum en er ook niet één stap van verwijderd zijn, want dan zou Brahman stijgen en dalen, toenemen en afnemen met opkomst en ondergang van dit en elk volgend universum. Voor Madhva *is* Brahman God en God identificeert hij met Vishnu (*blz. 91 e.v.*). God is gescheiden van en anders dan alles wat geschapen is, zodat het pad naar *moksha* (verlossing) moet beginnen met het afstand doen van de wereld en het zich wenden tot God.

De wil en vastberadenheid om deze eerste stap te zetten kan de mens het gemakkelijkste bereiken via de studie van de veda's. Heeft men eenmaal besef van het wezen en de onmetelijkheid van God, dan volgt de tweede stap, de toewijding aan God: dat betekent alles doen (inclusief verering) zonder rekening te houden met de gevolgen ervan – alleen vanuit het besef dit voor God te doen. In plaats van *moksha*, wenst men God. Het besef dat God volkomen anders en verschillend is, maakt een relatie mogelijk die elk moment en elk aspect van het leven doordrenkt. In het laatste stadium trekt God de sluier van verkeerde waarneming en onbegrip weg en is de persoon die vereert helemaal alleen met de Ene.

Deze filosofen interpreteerden alleen de upanishads (*blz. 84-85*), maar omdat ieder van hen tot andere (en soms logisch elkaar uitsluitende) conclusies kwam, is het duidelijk dat de upanishads geen coherent filosofisch systeem bevatten. Zoals bij haast alles in de Indiase religies is het doel van de upanishads om aansporing en steun te geven aan hen die verlossing van de gevangenschap van dit leven zoeken. De belangrijkste vijand is onwetendheid, dus is het essentieel om de waarheid te kennen – om, met andere woorden, te weten wat waarlijk écht is. Het is vervolgens van het hoogste belang om deze waarheid in het dagelijks leven in praktijk te brengen en dat betekent in India het herkennen en vereren van God in een van de vele vormen waarin God zich manifesteert. Twee belangrijke vormen van God zijn Vishnu (vooral vereerd door de vaishnaiva's) en Shiva (vooral vereerd door de shaivites).

Verering
Voor Ramanuja en Madhva was verering van het hoogste belang. Hier wachten gelovigen voor de ingang van de tempel van Kali (blz. 117) in Dakshineshwar.

Vishnu

Hij die alle dingen instandhoudt

Voor zowel Ramanuja als Madhva werd God belichaamd door Vishnu, wiens naam 'de Ene die alle dingen doordringt' betekent. Vishnu is daarom de Ene die alle dingen instandhoudt. Volgens de mythe omvat hij het universum in drie stappen: als Vishnu slaapt, lost het universum op in een vormeloze toestand, als een oceaan zonder kenmerken; resten van wezens die er nog zijn, vormen zichzelf om tot de ineengekronkelde slang Shesha, op wie Vishnu rust.

In die toestand wordt Vishnu Narayana genoemd (bewegend op het water), hij is dan (nog een andere betekenis van 'Narayana') de laatste verblijfplaats van de mens. Op deze manier werd Narayana, die waarschijnlijk van oorsprong een Dravidische *(blz. 58, 59)* god was en daarom geen belangrijke rol speelt in de veda's, geïntegreerd in de cultus van Vishnu – een cultus die een van de belangrijkste religieuze bewegingen in India is geworden, namelijk die van de vaishnava's.

Vishnu werd ook geïntegreerd in andere religieuze bewegingen in India door een van de 'drie-in-een vormen', de trimurti, te worden, namelijk God die zich manifesteert in de drie fundamentele aspecten van het leven: scheppen, instandhouden en ontbinden. Deze drie zijn Brahma de schepper, Vishnu de instandhouder en Shiva de vernietiger. Brahma wordt tegenwoordig nog maar in enkele tempels vereerd, voornamelijk in Noord-India, maar de goden Vishnu en Shiva staan aan de top van de belangrijkste erediensten – ze hebben ook ieder apart de drie noodzakelijke voorwaarden van het leven op zich genomen: scheppen, instandhouden en vernietigen.

Ontelbare vormen
Een gouden beeldje met enkele van de vele incarnaties van Vishnu. 'De godheid is in staat ontelbare vormen aan te nemen omdat hij in zijn essentie voorbij alle vormen is: door ze aan te nemen verliest hij niets van zijn eigen goddelijkheid, hij vult ze met de glorie van zijn goddelijkheid, net zoals goud niet ophoudt goud te zijn als er allerlei sieraden van worden gemaakt.'
(Aurobindo 1955: 765)

DE VIJF VORMEN VAN VISHNU

Vishnu kent vele vormen, maar manifesteert zichzelf het vaakst in de volgende vijf.

- **PARA**: (Opperste) en daarmee identiek aan Para-Brahman *(blz. 87)*.
- **VYUHA**: vier krachten, gesymboliseerd door de vier armen van Vishnu, die alles voortbrengen wat nodig is voor bestaan. Ze verschijnen in manifestaties die zelf ook kunnen worden benaderd en vereerd, bijvoorbeeld als Samkarshana die kennis en kracht brengt en Aniruddha die kracht *(shakti)* en glorie brengt.
- **VIBHAVA**: het vermogen om als *avatara* (incarnatie) in de wereld te komen.
- **ANTARYAMIN**: de geestelijke leidsman, Vishnu als gids en vriend (verg. Shankara, blz. 86-87).
- **ARCAVATARA**: verschijning in zichtbare vormen als tempel, tempelbeelden en afbeeldingen *(zie verder, blz. 87)* van vaak buitengewone schoonheid en kracht, waarin Vishnu vaak met zijn attributen wordt verwelkomd.

SYMBOOL VAN VISHNU

Vishnu is Ishvara, de Heer en God die voor iedereen toegankelijk is. Hij is de oorzaak van alle gevolgen en heeft alles, behalve zijn eigen 'zijn', als lichaam. Hij bestaat gewoonlijk in vijf hoofdvormen *(kader links)*, maar zijn manifestaties kunnen zowel enorm qua aantal als ingewikkeld zijn. De voornaamste van zijn vele manifestaties zijn te zien in de 24 iconen van Vishnu, die elk de vier symbolen van Vishnu in steeds een andere relatie representeren. Die symbolen zijn de schelp, die staat voor de oorsprong van het bestaan; het wiel, dat staat voor de eeuwige Geest; de lotus, die staat voor het zich ontvouwende universum; en de staf, die staat voor de macht van kennis en van de tijd.

Vishnu is niet alleen aanwezig in tempels en beeldhouwwerken, maar ook in zijn avatars *(avatara)*. Het woord betekent 'neerdaling' en komt dichtbij wat we een 'incarnatie' zouden kunnen noemen. Het betreft hier echter een speciale vorm van incarnatie waarmee de bron van alle verschijning zichzelf manifesteert in individuele verschijningen.

Avatars van Vishnu
Het aantal avatars bedraagt, afhankelijk van de lijst, 10 tot 39. De lijst begint met lagere dieren als Matsya, de vis, en Kurma, de schildpad, want elk aspect van de schepping kan de aanwezigheid van de schepper weerspiegelen. Daarnaast zijn er de grote figuren Rama en Krishna – maar ook de Boeddha, een voorbeeld van assimilatie van een radicaal andere traditie. De culminatie is Kalki, die aan het einde van dit universum zal verschijnen om de slechte mensen te vernietigen en een eindtijd van orde te brengen: 'In de schemering van zijn tijd, als alle heersers dieven zijn, zal de heer van het universum als Kalki worden herboren.'
(Bhagavata Pur. 1.3.26)

Dit fenomeen is mogelijk in elk aspect van de geschapen orde – in rivieren of bomen, in de ochtend- of avondschemering. Maar bovenal geloofde men dat Vishnu, die alles in het universum regelt en doordringt, uit vrije keuze in bepaalde vormen op aarde manifest wordt. Vishnu wordt niet manifest omdat karma, de wet van moreel gedrag (blz. 92), hem heeft verplicht zich te openbaren: 'De oorzaak van de neerdaling van een avatar is uitsluitend de vrije keuze van Ishvara en niet de dwingende wet van het karma. Het doel is de bescherming van het goede en de vernietiging van het kwade.' Volgens de tekst van de geïncarneerde Vishnu, Bhagavad Gita ('Het lied van de heer', zie ook blz. 92-93) zegt God:

'Telkens als dharma [geordend en ordelijk bestaan] instort en adharma [het tegenovergestelde] bloeit, schep ik mijzelf; ik incarneer van tijdperk tot tijdperk om het goede te redden en het kwade te vernietigen om zo dharma te herstellen' (4.8).

God wordt in geen enkel opzicht minder door de neerdaling in manifeste vorm, want alle dingen zijn evenveel de manifestatie van God *(bijschrift linksboven)*. De avatars vormen daarom het brandpunt van de verering van Vishnu, onder wie de Krishna de belangrijkste figuur is.

INDIA

Familieconflict
De vijf dappere broers van de Pandava-familie; beschilderde stenen beelden uit de Surya-tempel in Bombay.

Vishnu

Mahabharata en Gita

DE TWEE GROTE EPOSSEN *Mahabharata* en *Ramayana* (blz. 78-79) zijn in heel India geliefd en vormen voor velen een kennismaking met God. De *Mahabharata* is over een lange periode (van 400 vChr. tot 400 nChr.) uitgegroeid tot een reusachtige tekst van meer dan 100.000 verzen op rijm, verdeeld over achttien boeken. Het hoofdonderwerp is het conflict tussen twee families, de Pandava's en de Kaurava's, met als culminatie de achttien dagen durende veldslag van Kurukshetra. Binnen de vele plots en subplots van het verhaal is de dharma (moreel en juist gedrag) van de Pandava's en de adharma (immoreel gedrag) van de Kaurava's een constant thema: 'Van dharma komt winst en genot; de mens verdient alles via dharma, want dharma is de essentie en de kracht van de wereld' (3.9.30).

De Pandava's worden geholpen door hun neef Krishna, een avatar (incarnatie) van Vishnu. De instructie die Krishna aan de wagenmenner Arjuna geeft, is een van de fraaiste teksten uit de Indiase beschaving: de Bhagavad Gita, 'Het lied van de Heer'.

De Gita is een deel van boek 6 van de *Mahabharata*; in achttien hoofdstukken van elk 700 verzen wordt eerst de gewetenscrisis van Arjuna beschreven: hij staat in de strijd tegenover een aantal familieleden, moet hij aanvallen en hen misschien doden? Krishna helpt hem en vertelt hem wat

DE DRIE PADEN

In de Mahabharata wijst Krishna Arjuna op drie paden, die marga en yoga worden genoemd.

ॐ **HANDELEN** (*karma-marga*): karma is de onpersoonlijke wet (zoals de zwaartekracht) die verantwoordelijk is voor de gevolgen van alle handelingen. Aanvankelijk was karma de rituele handeling van het offeren, vervolgens de kracht van Brahman die werd opgeroepen met rituelen; in de Gita houdt karma zowel de goden als de mensen in stand en dient voor zichzelf en niet voor persoonlijk gewin te worden ingezet. 'De hele wereld is onderworpen aan de *karma* van handelen, behalve handelingen voor het offeren; geef u daarom over aan die handelingen, zonder eigenbelang' (3.9).

ॐ **KENNIS** (*jnana-marga*): Jnana is niet 'kennis in het algemeen', maar het inzicht waardoor de mens begrijpt hoe hij onzelfzuchtig moet handelen; dat inzicht is *buddhi*, zodat *buddhi-yoga* een combinatie is van karma en *jnana*: de inspanning om te handelen met een geestelijk houding die afstand neemt van het handelen en de gevolgen daarvan voor de eigen zaak. 'De verlichten, zij die gewapend zijn met deze doelgerichtheid, ontdoen zich van de vruchten die handelen oplevert en bevrijd van het gevangenschap van de wedergeboorte bereiken ze een toestand van gelukzaligheid' (3.52).

ॐ **TOEWIJDING AAN GOD** (*bhakti-marga*): God is de Ene achter alle manifestaties van God, de Bron en Bewaarder van al het zijn (10.20-42). Omdat de mens geen abstract idee kan vereren, ziet en vereert hij God in diverse vormen, maar het blijft *God* aan wie hij zich toevertrouwt in toewijding.

het juiste gedrag is. Het advies is voor een deel pragmatisch, want de ziel overleeft de dood van het lichaam (2.16-30) en daaruit volgt:

* een rechtvaardige oorlog opent de deur naar de hemel (2.32);
* het is voor Arjuna, die immers krijger is, dharma om te vechten (2.33);
* wanneer hij dat niet doet, verliest hij aan status (2.34).

Krishna's leer gaat echter nog veel verder. Hij wijst Arunja op drie paden of manieren *(marga, kader links)* om tot God te komen, ook wel yoga genoemd (de inspanning die nodig is om een doel te bereiken).

Arjuna vraagt Krishna wat de beste manier is om hem te vinden: door verering (bhakti) of door 'het zoeken van het onvergankelijke dat in zichzelf niet manifest is?' (12.1 e.v.). Krishna antwoordt: 'Zij die hun geest in compleet vertrouwen op mij richten, zijn het meest bedreven in yoga', maar zij die met grote inspanning het 'niet-manifeste, eeuwige, alom aanwezige, maar nergens zichtbare zoeken, zullen mij ook vinden ... Zij die de doodvernietigende manier van verering zoeken, die mij met constant vertrouwen als het hoogste doel vereren: die vereerders *[bhakta's]* zijn mij het liefst' (12.20).

Het pad van bhakti (toewijding aan God) is buitengewoon belangrijk in de Gita. De Gita lijkt een reactie op de situatie die ontstond na de kritiek op de kostbare rituelen van de brahmaanse religie – een situatie waarin God was gemarginaliseerd door de ontwikkeling van boeddhisme en jainisme als afzonderlijke godsdiensten en de opkomst van samkhya *(blz. 68-77)*.

In de Gita wordt onderstreept hoe waardevol de drie belangrijkste manieren zijn om God te benaderen en *moksha* (verlossing) te zoeken. De Gita kan dus worden gelezen als een formulering van (en steun voor) vrijwel *alle* Indiase manieren om het doel te benaderen, of het nu om advaita, vishishtadvaita of dvaita *(blz. 86-89)* gaat. Het boek is een poging om uiteenlopende meningen met elkaar te verzoenen en daardoor verdere schisma's te voorkomen.

Zijn alle opties even goed? Over die vraag is veel gediscussieerd, maar uiteindelijk stelt de Gita dat bhakti het beste pad is omdat men dan zowel geïnspireerd als geholpen wordt door de genade *(prasada)* van God. Volgens de traditie wordt de leer van de Gita samengevat in een culminerend vers *(caramashloka)*: 'Laat alle gedachten aan dharma varen [handelen met oog voor de consequenties] en zoek in plaats daarvan toevlucht tot mij alleen. Wees onbezorgd, ik bevrijd u van alles wat kwaad is' (18.66).

Epische strijd
De veldslag tussen de Pandava's en de Kaurava's; Krishna zet vóór de slag zijn leer uiteen aan Arjuna: zo is de Bhagvad Gita *ontstaan.*

Krishna

De avatar van Vishnu

Venugopala
Wanneer Krishna op zijn fluit speelde, raakten alle dieren, vogels en mensen betoverd door zijn muziek. Als koeienhoeder met fluit staat hij bekend als Venugopala.

Krishna is niet alleen bekend uit de BhagavadGita, maar ook uit een hele serie andere teksten en uit een nog breder spectrum aan geloofspraktijken waarmee de Indiërs uitdrukking hebben gegeven aan hun liefde en toewijding. Dat betekent dat Krishna uiteenlopende tradities bij elkaar heeft gebracht (zoals vaker in India is voorgekomen; *blz. 58-59, blz. 83*) en ze met Vishnu heeft verbonden. Hier en daar zijn nog sporen van die verschillende tradities te zien.

Krishna is mogelijk een historische figuur die men later als God is gaan beschouwen. Zijn stam, de Yadava's, verenigde zich met de Vrishni's, wier God Vasudeva in de Gita wordt genoemd als Krishna zegt: 'Bij de Vrishni's ben ik Vasudeva, bij de Pandava's Arjuna, ... de wijsheid der wijzen' (10.37). Het samengaan van de stammen wordt weerspiegeld in de versmelting van hun goden (*zie ook Jahweh en El; blz. 178, 183*). Vanaf ten minste de tweede eeuw vChr. stond Vasudeva-Krishna bekend als Bhagavan ('eerbiedwaardig wezen') en zijn vereerders als *bhagavata's*.

Toen Vasudeva-Krishna verbonden raakte met de cultus van Vishnu in de vorm van een avatar (incarnatie) betekende dat volgens sommigen (bijvoorbeeld de shrivaishnava's) dat hij ondergeschikt was – een vorm waarin Vishnu manifest wordt. Maar voor anderen (bijvoorbeeld Gaudiya Vaishnava's) betekende het juist het omgekeerde: omdat Krishna al actief

Puja

In een analyse van puja *onderscheidde Lawrence Babb (1981) drie samenstellende delen.*

- **REINIGEN**: de noodzaak om rein of zuiver te zijn voordat God/Godin wordt benaderd – vandaar de belangrijke rol van water bij plaatsen van verering. Dat was al in de Indusvallei (*blz. 60-61*) het geval; daarnaast zijn rivieren, bovenal de Gangarivier, plaatsen van reiniging en de aanwezigheid van God/Godin, waar de vereerders haar/hem kunnen naderen.
- **TER AARDE WERPEN**: het zichzelf ter aarde werpen voor de voeten van God/Godin (*pranam*) om hen te eren met bijbehorende daden: bij mensen onderling is het aanraken van de voeten van een geëerd persoon vertaald in de praktijk van *namaste*: respect betonen door de handen samen te brengen, ze tot voor het gezicht brengen en tegelijkertijd een kleine buiging te maken. Aan de goden betoont men een vergelijkbaar, maar verdergaand respect door dieper te buigen of zich ter aarde te werpen, bloemslingers te offeren of grafische tekens te maken in rood of geel poeder, liederen (*bhajans*) te zingen en *mantra's* (*blz. 129*) te declameren, een vuur (*arti*) aan te steken en rondom de God/Godin te lopen. Deze eerbetuigingen worden vervolgens versterkt door giften van het soort waar Krishna om vraagt.
- **VOEDSEL DELEN (PRASAD)**: het geofferde voedsel wordt spiritueel geconsumeerd door de godheid en getransformeerd, zodat het kracht en genade verkrijgt; het wordt vervolgens teruggeschonken als *prasada* om nu door de vereerder te worden geconsumeerd in een handeling die hem met de godheid verbindt.

was in de wereld, bood hij Vishnu de mogelijkheid om via Krishna te bewerkstelligen wat hij anders niet had kunnen doen, zodat Krishna van beiden de hoogste is.

Op wat voor andere manieren was Krishna actief? Onder de Abhira's stond hij bekend als de herder Gopala, de beschermer van het vee. Dat wijst mogelijk op het belang van God voor het waarborgen van vruchtbaarheid; bij de Abhira's werden verhalen verteld over Krishna/Gopala die door het bos van Vrindavana (Brindavan: vandaag de dag nog steeds een belangrijk centrum voor de verering van Krishna) trok, waar hij demonen versloeg en danste en de liefde bedreef met de vrouwen die het vee hoedden, de gopi's. Er waren meer dan 16.000 gopi's, van wie ieder dacht dat zij de enig echte geliefde van Krishna was. De manier waarop Krishna hen allemaal bemint alsof ieder voor hem uniek is en hij omgekeerd de geliefde van iedereen wordt, vormde de basis van de extatische devotie voor Krishna die bekendstaat als bhakti.

Bhakti (van *bhaj*, 'delen', 'loyaal zijn') had oorspronkelijk niets te maken met extatische devotie of passionele hartstocht. Het betekende aanvankelijk 'iets aangenaam vinden' of 'loyaal zijn' en in de Gita impliceert het een exclusieve en loyale concentratie van alle geestelijke vermogens op Krishna alleen. Maar hoe moet die loyaliteit worden getoond? Volgens de Gita doet men dat het beste door deze juist gerichte concentratie te tonen in offers van liefde *(kader rechts)*. Dit kennelijk eenvoudige gebod vat in feite kernachtig samen hoe de verering van God als Krishna zich steeds verder verwijderde van de brahmaanse offerpraktijken richting *puja*.

Het woord *puja* is mogelijk afgeleid van het oud-Dravidische woord voor 'bloem' + 'offer'. In de praktijk is *puja* de algemene Indiase gewoonte, zeker in de dorpsreligie, om goden en godinnen met offers en gaven te benaderen, alsof het vereerde bezoekers en gasten zijn *(kader links)*. Bij de *puja* is de godheid voor de vereerder letterlijk in het beeld aanwezig en het begin van het ritueel is dan ook bedoeld om de godheid in beeld te brengen: een van de avatars is daarom *arcavatara*, de neerdaling van Vishnu in het tempelbeeld, dat van steen *(mula)* of metaal *(utsava-vigraha)* gemaakt kan zijn.

Dat wil dus zeggen dat verering letterlijk het met respect *(darshana)* 'zien' van de godheid in het beeld is. Het beeld zelf *is niet* de godheid, maar de godheid kan worden gezien door het beeld (met andere woorden: God/Godin wordt direct, maar niet rechtstreeks gezien). Toen *puja* werd verbonden met bhakti en bhakti transformeerde tot liefde voor Krishna, stroomde er een vloedgolf van extatische en emotionele verering naar de kern van het Indiase verhaal van God.

'Wanneer een vereerder [bhaktya] een blad, een bloem, fruit of water aan mij offert – met liefde – accepteer ik dat offer met liefde. Alles wat u doet of eet of offert of geeft of als u zichzelf kastijdt ... maak het een offer aan mij en ik zal de knevels van het karma losmaken, de vruchten van goed en kwaad ... Zelfs een verstokte misdadiger, die alleen van mij houdt en van niemand anders, moet als een heilige [sadhu] worden beschouwd, want hij zal doordrenkt worden van dharma.'

(BhagavadGita, 10.26 e.v.)

Offergaven van liefde
Bloemen vormen betere offers dan dieren, want die moeten gedood worden (blz. 112-113).

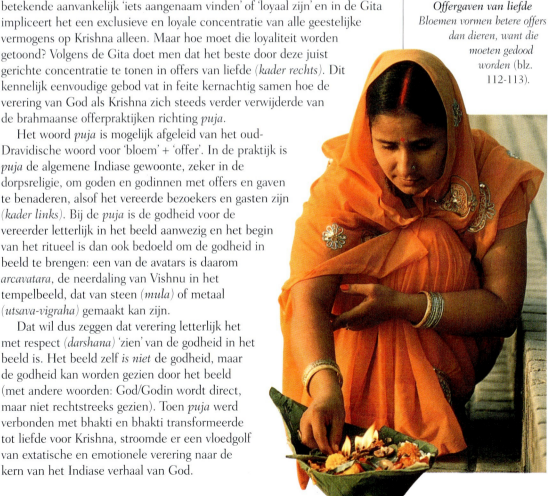

INDIA

Krishna en Radha

De betekenis van liefde

Dans der liefde
De liefde die Krishna en Radha delen, staat voor de realiteit van de liefde die het universum en elk detail erin instandhoudt.

RADHA WAS VERUIT DE FAVORIETE GOPI van Krishna (in eerdere teksten worden Pinnai en Satya als favorieten genoemd, maar in ieder geval vanaf de veertiende eeuw nam Radha de eerste plaats in). Hun extatische liefde is het voorbeeld van de liefde die mogelijk is tussen mens en God. Die liefde kent twee hoofdthema's – scheiding en vereniging – die steeds weer opduiken in de bhakti-poëzie *(blz. 93-95)*. In de poëzie van afwezigheid of scheiding *(virahadukkha; kader links)* lijkt God zich te verbergen of zich te hebben teruggetrokken en de dichters geven uitdrukking aan hun pijn en hun verlangen naar de terugkeer van God – Radha, in de afwezigheid van Krishna, 'lijdt pijn omdat ze van u gescheiden is'. In de poëzie van passie en gemeenschap *(kader rechts)* wordt de liefde levendig en in fysieke termen beschreven.

De *Gitagovinda*, een van de grootste voorbeelden van poëzie over deze twee thema's van bhakti, werd in de twaalfde eeuw door Jayadeva geschreven om uiting te geven aan de opperste gelukzaligheid van de versmelting van de ziel met God. Het werk bestaat uit 24 liederen. In het eerste lied wordt Krishna geprezen om zijn tien incarnaties *(zie blz. 91; Krishna wordt hier gelijkgesteld aan Vishnu)*; het tweede vers behandelt Krishna als Hari (Hari betekent 'de taankleurige' of 'de vernietiger van pijn'; dit is een algemene aanspreektitel van de avatars van Vishnu, vooral Krishna). Vervolgens vertellen de liederen over de vernedering en pijn van Radha, want zij ziet Krishna 'de liefde bedrijven met elke jonge vrouw, zonder onderscheid' (2.1) en 'genieten van de omhelzing van vele vrouwen, begerig naar hartstochtelijke liefde' (1.3.39). De liederen zijn daarna te verdelen in de thema's afwezigheid en scheiding (3-16), verzoening en vergeving (17-21) en vereniging (22-24). De liederen zijn bedoeld om precies diezelfde liefde voor God op te wekken in hen die de volgende woorden lezen of horen:

*'Ze verbergt haar wang
in haar handpalm,
Haar wang bleek
Als de maansikkel in de avond.*

*Voorbeschikt te sterven
Door de ondraaglijke pijn
van scheiding;
Zij zucht en zingt
gepassioneerd "Hari, Hari",
Hopend u te bereiken in het
volgende leven ...*

*Ze denkt alleen aan u en
uw komst.
Ze beschouwt aandachtig
Uw troostende ledematen*

En overleeft zo.'

(Gitagovinda 4.916-917, 21)

'Laat dit lied van medeleven van Jayadeva
uw hart versieren en laat
dit lied de essentie van verering
aan de voeten van Hari leggen
en de diverse vormen van pijn
van dit zondige, donkere tijdperk van Kali vernietigen.'

[het laatste van de vier tijdperken voordat alles wordt vernietigd]

(Gitagovinda 12.24.24)

KRISHNA EN RADHA

Indiase minnaars
In latere ontwikkelingen, vooral in de leer en traditie van Caitanya (blz. 136-137), staat liefde zoals die zich uit in de samenkomst van Krishna en Radha voor de betekenis van Brahmans wezen – dat wil zeggen een volmaakte eenheid.

De perfecte versmelting van Krishna en Radha is precies wat Brahma (*blz. 85*) is. De formule *sat-cit-ananda* (*blz. 86*) manifesteert zich in hun vereniging, waarbij Radha de gelukzaligheid belichaamt, de *hladini-shakti* van Krishna: de relatie is niet-dualistisch (*advaita; blz. 86*) en toch is het een eenheid die voortkomt uit een relatie van liefde (vergelijkbaar met de manier waarop christenen spreken over God als de Drie-eenheid; blz. 247).

Deelnemen aan deze goddelijke natuur van versmelting-in-relatie werd het doel van verering. Rupa (16e eeuw) liet zien hoe mensen, binnen de grenzen van hun fysieke lichaam, een spiritueel lichaam kunnen ontwikkelen waarmee het mogelijk is deel te nemen aan het goddelijke 'toneelstuk' (*lila*), dat het wezen van God en de bron van alle verschijningsvormen in het universum is. Zijn tijdgenoot Krishnadasa Kaviraja schreef de *Govindalilamrita* om te laten zien hoe de vereerder met behulp van de oude methode van visualisering (*blz. 72-73*) zichzelf na lang en zorgvuldig oefenen in de liefde van Radha en Krishna kan verliezen (met andere woorden zichzelf in God kan verliezen). Zo komt hij veel verder dan de vedische verbeelding van de goden en zelfs voorbij Brahma de Schepper: 'Ik geef me in verwondering over aan Shri Krishna Caitanya, de meedogende, die de wereld heeft genezen van de waanzin van onwetendheid en vervolgens de waanzin van de nectar van heilige liefde voor hemzelf heeft gebracht. Het uiteindelijke doel van spirituele ontwikkeling, de liefdevolle dienstbaarheid aan de lotusvoeten van de vriend van het hart van Radha, onbereikbaar via Brahma, Ananta [de kosmische opgerolde slang waar Vishnu op rust] en anderen, wordt alleen bereikt door intens verlangen door hen die opgaan in zijn activiteiten in Vraja [de grazige weiden waar Radha en Krishna elkaar ontmoetten]. (Delmonico 1995: 248).

Dit verlangen naar God, op aarde belichaamd door Krishna, bracht een school van dichters voort die bekendstaan als de alvars.

*'Zo begon de ontmoeting in liefde,
toen het sidderen van lichamen
stevige omhelzing verhinderde;
waar de vreugde van het elkaar bezien
met onderzoekende blikken
werd onderbroken door lonken met de ogen;
waar het wederzijds drinken
van de honing van elkanders lippen
werd verhinderd door het uiten
van liefdeskreetjes.
En toch vergrootten deze schijnbare
obstakels de vreugde in het liefdesspel ...
Hoewel verstrengeld in haar armen
hoewel geplet door het gewicht
van haar borsten
hoewel gekrabd door haar nagels
hoewel door haar kleine tanden
in de lippen gebeten
hoewel overweldigd door de
dorst van haar dijen
zijn lokken gegrepen door haar handen
dronken van de nectar van haar lippen
beleefde hij immens genot aan
dergelijke zoete kwellingen.
De wegen van de liefde zijn
inderdaad vreemd!'*

(*Gitagovinda* 12.23.10-11)

INDIA

Boterdief
Krishna danst met klonten boter die hij zou hebben gestolen. Toen Nammalvar over de episode zong, raakte hij bewusteloos door de pijn van Krishna die werd gestraft – men bond hem met touwen vast aan een stenen vijzel.

'Hij komt in de vorm waarin
zij zoeken,
Zij die zich waarlijk
tot hem wenden,
En toch is dat niet
noodzakelijkerwijs
zijn vorm.'

(Tiruvaymoli 2.5.9)

'God, het oneindige mysterie,
Die op die verre dag
de wereld mat met zijn pas,
Deze dag is tot mij gekomen.
Hoe? Ik weet het niet;
Maar het leven wordt gevuld
van zoete vervoering.'

(Periya Tiruvandadi 56)

Vishnu en Krishna

De alvars

ERGENS IN DE ACHTSTE EEUW nChr. werd in Tirukkuruhur in Zuid-India een jongen geboren die de naam Maran kreeg. Volgens de legende zagen zijn ouders iets ongewoons in hem en daarom brachten ze het kind naar de Vishnu-tempel ter plaatse. Hij werd op de binnenplaats onder een tamarinde (*blz. 90*) neergelegd, waar hij zestien jaar lang doorbracht in diepe meditatie en trance. Hij kwam uit die toestand toen Madurakavi (later zijn discipel) hem een vraag stelde: 'Als dat wat klein is tussen de doden wordt geboren, wat zal het eten en waar zal het liggen?' Maran antwoordde: 'Het zal de doden eten en erop liggen.'

Op dat moment werd Maran wakker en begon de liederen te zingen die later bekend zouden worden als 'de Tamil Veda' (sommigen beschouwen alle vier door hem geschreven werken als de Tamil Veda, volgens anderen bestaat die alleen uit de *Tiruvaymoli*).

Maran werd Nammalvar genoemd ('onze in-God-verzonkene') en is de meest vereerde van de twaalf Tamil-alvars, de groep die het inzicht in God zoals Ramanuja (*blz. 88-89*) dat in zijn filosofie uitdrukte in schitterende poëzie verwoordde: Nammalvar is het lichaam, de anderen zijn de ledematen. Alvar betekent 'hij die verzonken is' in de liefde voor God. Voor de twaalf is God Narayana (de zelf ongeproduceerde Producent en oorsprong van alles), Vishnu (God, manifest in de schepping en vooral in avatar/incarnatie) en Antaryamin (God, leidend van binnenuit) – de drie vormen noodzakelijkerwijs samen de Ene.

De twaalf Tamil-alvars leefden tussen de vijfde en achtste eeuw, toen de jaina's en boeddhisten, nog steeds talrijk in Zuid-India, ruimte boden voor het vereren van God, maar dan wel op een manier die degenen die op weg zijn naar verlichting en nirwana zullen leren achter zich te laten.

Voor de alvars betekende dat een trivialisering van God en een ontkenning van de diepe en ingrijpende liefde die de mens voor God kan ervaren. Zij en de nayanaren (toegewijd aan Shiva; *blz. 110-111*) brachten een revival van een op God gerichte verering op gang.

In de gedichten van Nammalvar is Narayana (Tirumal bij de Tamils) God voorbij alles wat gezegd kan worden, de Ene die de oorsprong is van de godinnen en goden zoals de mens die kent, die groter is dan in woorden kan worden uitgedrukt (*kader linksboven*).

God als Vishnu omvat het gehele universum, de beroemde drie stappen waarin Vishnu het universum doorschrijdt: omdat 'hij evenzeer binnen als buiten' is (*Tiruvaymoli 1.3.2*), is hij altijd nabij (*kader links*). Die 'nabijheid' neemt een zichtbare vorm aan als Vishnu incarneert om de mens te redden.

> '*De Heer kiest de geboorte als mens*
> *Accepteert dit leven met al zijn zorgen,*
> *Komt hier binnen ons bereik*
> *Om ons door lijden op te heffen*
> *Tot zijn Wezen als God.*'
>
> (Tiruvaymoli 3.10.6)

De verhalen over de liefde van Krishna voor alle gopi's geven zowel uitdrukking aan zijn liefde voor alle mensen als aan de vreugde van de versmelting met hem (*samshlesha*, de 'bhakti van vereniging'). De pijn van het afscheid van hem vinden we terug in de poëzie van afwezigheid (*viraha*, de 'bhakti van verlangen'). De verzen van Nammalvar gaan over beide, als onderdeel van de overwinning van God.

> '*Goddank! Goddank! Goddank!*
> *De zware last in het leven verdwijnt,*
> *Verrotting verdwijnt, de hel is geplunderd:*
> *Er is geen plaats meer voor de dood.*
> *Zelfs het tijdperk van Kali zal eindigen.*
> *Zie! Daar zijn de dienaren van de Heer …*
> *Rennend in alle richtingen over de aarde,*
> *Dansend en zingend te zijner ere.*'
>
> (Tiruvaymoli 5.2.1)

Dit feest van samenkomst met God is het ultieme geschenk van God. Het enige wat de mens hoeft te doen, is naar God te verlangen, niet vanwege de beloning, maar gewoon om God zelf.

> '*O Heer, onmetelijk in uw glorie,*
> *Ik ben gegroeid en heb mijzelf verloren in uw genade:*
> *Verander niet, ik smeek het u!*
> *Ik verlang niet te ontsnappen aan wedergeboorte,*
> *Ik verlang niet uw dienaar te zijn in de hemel.*
> *Het enige waar ik naar streef, is U niet te vergeten.*'
>
> (Periya Tiruvandadi 58)

De gedichten van Nammalvar

Nammalvar is de avatara *van Senai Mudaliar, de aanvoerder van de dienaren van God. Hij schreef vier werken:*

❧ **TIRUVIRUTTAM** ('van God vervulde' of 'goede' gedichten): 100 vierregelige verzen over het verlangen van de ziel naar God, beginnend als volgt:
'Om ons te verlossen van onwetendheid en van kwaad en van vervuiling in het lichaam,
Om ons te redden van geboren worden, keer op keer, om dat alles te doen en om ons leven te geven
Kwam u, Heer van hen die voorbij de dood zijn, hier op aarde, werd geboren uit vele schoten en nam vele vormen aan:
Aanvaard, o Heer, mijn onderwerping, die voortkomt uit mijn hart.'

❧ **TIRUVACIRIYAM** (*aciriyappa* is het metrum): zeven gedichten die voortkomen uit een aantal verhalen over God.

❧ **PERIYA TIRUVANDADI** (*periya* betekent 'groot'; *andadi* is een stijl waarbij het laatste woord van een vers het eerste woord van het volgende is).

❧ **TIRUVAYMOLI** ('het goddelijke woord'): 1102 gedichten over vijf thema's van de filosofie van vishishtadvaita: het wezen van Brahman als God; de ziel die God zoekt; de middelen (*sadhana*) om tot God te komen; het doel dat moet worden bereikt en de hindernissen die zich onderweg voordoen.

Krishna en verering

Mirabai

DE BHAKTI-DICHTERS van verering van God lieten duidelijk blijken dat hun liefde voor God geen enkele beperking kent. Zij die verliefd zijn, zijn alleen op God gericht, zoals een vrouw alle maatschappelijke conventies achter zich laat om bij haar geliefde te kunnen zijn.

> 'Ik liet de sluiers van het denken vallen,
> rende en nam de vlucht
> en zocht bescherming
> aan zijn voeten'
>
> (Futehally 1994: 83)

Het gedicht (links) toont de liefde van een van de grootste bhakti-dichters voor God. Hari is heer Krishna en Mira, die het gedicht schreef, is Mirabai, de Rajput-prinses die in de 16e eeuw haar familie en haar oude leven opgaf om zich als rondtrekkende zangeres te wijden aan Krishna, haar Heer. Zij schreef sublieme poëzie over de extase van de aanwezigheid van God.

> 'Zegt Meera:
> Ik tel de sterren, ik wacht
> op een straaltje licht.'
>
> (Futehally 1994: 93)

Vergroot afwezigheid de liefde in het hart? Ze leidt in ieder geval tot een verlangen naar God dat niet op die manier gevoeld zou worden zonder het zwarte gat van afwezigheid.

> 'Indringend is mijn pijn
> Door de afwezigheid van deze nacht:
> Wanneer zullen bundels van
> Schemerend licht weer zachtjes opkomen?
> Het maanlicht – o misleidende achtergrond –
> Brengt mijn hart geen troost;
> Als ik slaap, ontwaak ik in verwarring
> Gekweld, want van u gescheiden:
> Heer van genade, Heer van verlossing,
> Zegen mij met een glimp van uw gezicht.'

> 'Ik hoor
> zijn fluisterende stap
> en beklim
> heuvelforten om
> hem te zien.
>
> Het is de tijd van
> kwakende kikkers en roepende
> pauwen,
> de spreeuw kwettert, de koekoek
> zingt.
>
> Indra jubelt,
> roept de wolken omlaag
> van alle vier
> zijden, de bliksem houdt op
> verlegen te zijn.
>
> De aarde is in
> het nieuw
> en wacht op
> haar ontmoeting met de hemel,
> wil kijken
>
> Niet klaar,
> zoals elke
> bruid
> en Meera zegt tegen Hari
> "Waarom komt u niet?"'
>
> (Futehally 1994: 89-90)

KRISHNA EN VERERING

Eenmaal ervaren, al is het letterlijk maar één keer, is het onmogelijk om de kracht en kwaliteit van de liefde van God te vergeten, hoe lang ook men daarna weer moet wachten *(kader rechtsboven)*.

De devotie van Mira voor Krishna, zo gaat het verhaal, begon al toen ze nog jong was. Een rondtrekkende heilige man kwam langs en toonde haar een kleine afbeelding van Krishna. Nadat hij was vertrokken, verlangde ze er zo sterk naar dat ze niets meer kon eten of drinken. De heilige man zag dit in een droom en keerde terug en schonk Mira de afbeelding: toen ze deze in haar hand nam, raakte ze in extase. De afbeelding droeg ze altijd bij zich. Na haar huwelijk was ze zo terughoudend dat haar man haar van overspel verdacht: hij stormde op een nacht haar kamer binnen in de verwachting haar met een minnaar te betrappen, maar zij lag, geheel los van de wereld, in verering geknield voor de afbeelding.

Toen de wereld *(kader rechtsonder)* haar steeds meer ging tegenstaan, koos Mira definitief voor Krishna en verloor zich voor eeuwig in hem. Zij werd verjaagd uit haar land, dat vervolgens zware tijden tegemoet ging. Er werd een delegatie gestuurd naar de tempel van Dwaraka, waar Krishna tijdens zijn laatste jaren op aarde had geresideerd en waar Mira nu leefde, verzonken in verering en liefde. De gezanten smeekten haar om terug te komen, maar ze weigerde. Uit wanhoop over haar antwoord riepen de afgevaardigden dat ze niet meer zouden eten – desnoods tot de dood erop volgde – tot zij van gedachten zou veranderen.

Mira besefte heel goed dat zij verantwoordelijk zou zijn voor hun dood, maar ze kon haar Heer niet verlaten. Ze wendde zich in de tempel in een wanhopig pleidooi tot hem. Daarbij zong ze het lied *Hari, te hariya jan ro bhir*, 'Heer, u verlicht de lasten van hen die u vereren', het lied dat Mahatma Gandhi *(blz. 138)* altijd inspireerde wanneer hij het moeilijk had. Mira wierp zich op de afbeelding van Krishna – en de afbeelding ging open en nam haar in zich op. Bij het betreden van de tempel vonden de brahmanen alleen nog de sari van Mira om de afbeelding gewikkeld. Dit is een indrukwekkend poëtisch voorbeeld van werkelijke bhakti.

'Wat is datgene
wat men een ontmoeting
noemt?

De nacht gaat wachtend
voorbij, de dag wordt wachtend
doorgebracht.

Als hij in
mijn tuin kijkt, slaap ik
voor de waarheid van dingen.

Zegt Meera:
Is er een ziel elders
die een glimp geeft
van zichzelf, innerlijke
vlammen laat dansen?'

(Futehally 1994: 111)

'Waar is mijn thuishaven
anders dan bij hem?

Wat zwemt
in mijn hart
dan zijn naam?

Mijn boot
als hij breekt,
wie roep ik anders
dan hem, keer
op keer, steeds weer?

Laat me schuilen,
zegt Meera,
in deze plooien.
Het getij van de wereld
nadert.'

(Futehally 1994: 113)

Mirabai
Het reciteren van verzen (*bhajans*) tot God is een belangrijk onderdeel van de verering, vooral bij rondtrekkende zwervers die afhankelijk zijn van aalmoezen, zoals in deze sculptuur van Mirabai.

Seks en tantra

De schering van het weefgetouw

DE GESCHIEDENIS VAN KRISHNA EN RADHA, vooral zoals die wordt verteld door Jayadeva *(blz. 96)*, roept vragen op: hoe zit het met dharma, de manier om passend te handelen, waar Krishna bij Arjuna *(blz. 93)* zo op had gehamerd? Hoe valt dharma in overeenstemming te brengen met het promiscue liefdesleven van Krishna, of zijn keuze voor een getrouwde vrouw? Daar zijn veel antwoorden op gegeven – bijvoorbeeld door het verhaal te beschouwen als een allegorie: het wezen van God is liefde en de mens kan daarin deelnemen; het verhaal is geen richtlijn voor hoe men zich moet gedragen: Krishna's liefde voor *alle* gopi's staat voor de liefde van God voor alle schepselen; zijn liefde voor een getrouwde vrouw toont aan hoe de liefde voor God alle andere overwegingen overstijgt.

Deze verklaringen zijn vergelijkbaar met de manier waarop joden en christenen het bijbelboek *Hooglied* als een allegorie zagen voor de liefde van God voor het volk van het Verbond, of voor de liefde van Christus voor zijn Kerk. Maar in de Indiase verklaringen wordt het belang van passionele hartstocht en seksuele activiteit niet onder het kleed geveegd, want in de realiteit van dergelijke gevoelens en handelingen kan de mens iets van God bespeuren. God wordt direct, maar niet rechtstreeks gekend, want de 'glimp' van God wordt opgevangen via de versmelting van de lichamelijke liefde. Om die reden worden goden en godinnen op Indiase tempels zo vaak afgebeeld terwijl ze seks bedrijven *(maithuna)*. In de *Brihadaranyaka Upanishad* wordt de seksuele daad als metafoor gebruikt voor de samenkomst met God *(kader links)*, maar uit dezelfde upanishad blijkt duidelijk dat seksuele vereniging in relatie met God veel meer is dan alleen een metafoor: in 6.4.20 staat dat een paar in de seksuele daad van het voortbrengen van een zoon gelijk wordt aan het kosmische proces van leven: de man is adem en hemel, de vrouw geluid/taal en aarde. In 6.4.3 is de vrouw tijdens seks het altaar en de plaats waar geofferd wordt, waar mens en God samenkomen.

Het vermogen van seks om mens en God bij elkaar te brengen vindt in de tantra zijn ultieme uitdrukking. Tantra (Sanskriet: 'uitbreiding' of 'de schering van het weefgetouw') komt in alle Indiase godsdiensten in zoveel vormen, praktijken en teksten (tantra's of agama's genoemd, vanaf 600 nChr.) voor, dat tantra bijna als een aparte religie kan worden beschouwd.

In de meeste vormen van tantra wordt uitgegaan van de bipolariteit vrouwelijk/mannelijk en van onderricht *(sadhana)* om de goddelijke vrouwelijke energie (shakti, vaak in de vorm van de godin Kundalini) vrij te maken om de bipolaire tegenstellingen op te heffen op een manier die tot verlossing *(moksha)* leidt. Tantrische sadhana bestaat uit initiatie *(diksha)*, verering *(puja)* en yoga, waarbij het lichaam van enorm belang is. Het lichaam houdt de ziel gevangen, maar kan ook de poort tot vrijheid en perfectie zijn.

> 'Zoals een man in de omhelzing van de vrouw van wie hij houdt geen weet meer heeft van buiten of binnen, zo weet iemand niets van buiten of binnen in de omhelzing van het intelligente Zelf [atman *die Brahman is*].'
>
> (Brihadaranyaka Up. 4.3.21)

Dat is zo omdat het menselijk lichaam een minuscule of samengeperste versie van de gehele kosmos bevat en opgebouwd is uit energiecentra (*chakra's*) die door middel van kanalen (*nadi*) met elkaar zijn verbonden. Deze anatomie wordt zichtbaar gemaakt door de yogi, die de energieën binnenin tot leven brengt. Uit de vereniging van de vrouwelijke shakti (goddelijke energie en macht) en de mannelijke Heer ontstaat de kosmos: in de vereniging van de mannelijke vereerder met de goddelijke vrouwelijke energie wordt als het ware het scheppingsproces in het lichaam herhaald.

Op die manier brengt tantra de vereerder in contact met de macht van het goddelijke, begrepen als de oerenergie (of 'bron') waaruit (of 'van wie') alle leven en manifestaties afkomstig zijn. Tantrische rituelen reinigen het lichaam door het symbolisch te vernietigen en te herscheppen als het lichaam van God/Godin via *mantra* (zie ook *blz. 129*) en visualisering. De kracht van God/Godin wordt in die toestand ontvangen en geabsorbeerd en de hoogste vorm van *puja* wordt mogelijk, omdat er niet langer onderscheid bestaat tussen vereerder en God.

Tantrische sekten verschillen echter in de manieren waarop sadhana wordt beoefend. Het belangrijkste onderscheid is dat tussen de rechterhand (*dakshinacara*), die dichter bij de normen van de Indiase praktijk blijft, en de linkerhand (*vamacara*), waarbij men de kracht van God/Godin zoekt op plaatsen en door middel van praktijken die Indiërs die dharma gehoorzamen verafschuwen. De kapalika's ('schedeldragers') bijvoorbeeld houden zich op in crematieterreinen: ze bedekken zich met de as van de doden en gebruiken schedels als drinknap; ze mediteren zittend op de lichamen van de doden en eten lijkenvlees. Bij deze vorm van tantra worden de weerzinwekkendste en laagste vormen van leven gezocht om daarin God/Godin te vinden. Bij deze vorm van tantra horen ook 'de vijf M's' (*panca-makara*): vijf rituelen die elk met de letter M beginnen:

❖ *madya*: bedwelmende drank;
❖ *mamsa*: vlees;
❖ *matsya*: vis;
❖ *mudra*: graan;
❖ *maithuna*: seksuele gemeenschap met prostituees en menstruerende of dode vrouwen.

Bij al deze rituelen gaat het om het overwinnen van afkeer en het verwerven van beheersing. Het ophouden van de ejaculatie (bewaren van sperma) wordt verondersteld tot grote kracht te leiden. In één tantra (*Jnanasiddhi*) wordt het zó geformuleerd: 'Met de daden die voor sommigen tot wedergeboorte in de hel voor duizend jaar leiden, bereikt de yogi eeuwige redding.'

Tantra is een benadering van God/Godin waarbij de goddelijke kracht in allerlei situaties in het lichaam wordt gebracht, maar alleen door in al die situaties de beheersing erover te behouden. Seksualiteit wordt op die manier een vorm van ascetisme. Om die reden wordt Shiva, de God die vaak in verband wordt gebracht met de vrouwelijke shakti, vaak 'de erotische asceticus' (O'Flaherty 1981) genoemd. Maar meer nog dan alleen een tantrisch symbool is Shiva in India het onderwerp van algemene devotie.

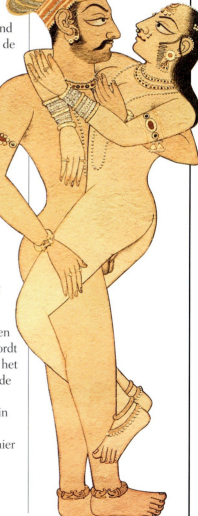

Shiva en Shakti
Bij tantra belichaamt de immense kracht van seksuele vereniging de creatieve kracht die het universum heeft doen ontstaan – het is de 'imitatie van God en Godin', in het bijzonder van Shiva en Shakti, maar om deze kracht te genereren is totale beheersing nodig, vooral om de ejaculatie tegen te houden.

Shiva

De Vele en de Ene

Dansende Shiva
Shiva houdt als Nataraja, Heer van de dans, het universum in stand en vernietigt het: de trommel in zijn ene hand activeert de schepping van het universum, de vlam in de andere vernietigt het.

'U hebt de vele vormen
van verering geschapen
En, door de vruchtbaarheid
van de menselijke verbeelding,
De vele vormen van religie
– hoe tegenstrijdig ook –
En de vele goden ervan.
U hebt zich in talloze vormen
uitgebreid,
U bij wie niemand dichtbij
of dichterbij kan komen,
U met wie niemand kan
worden vergeleken:
Naar u smacht ik in
mijn verlangen.'

(Tiruviruttam 96)

N<small>AMMALVAR</small> *(blz. 98)* zag God als Narayana, God is zoals Hij is, buiten bereik van menselijke woorden of verbeelding. Hoe kan God dan worden vereerd of direct ervaren? Volgens Nammalvar alleen doordat Narayana in vele vormen toegankelijk wordt, samengevat in de drie-eenheid Narayana, Vishnu en Antaryamin *(blz. 90)* en via Vishnu ook door andere goden en godinnen die uit Narayana, de bron van alle verschijning, voortkomen.

'Narayana, de oorsprong van alle goden,
openbaarde zichzelf in de vorm van
de vele verschillende goden.'

(Tiruvaymoli 5.2.8)

Hieruit volgt dat alle goden en godinnen in feite één zijn, zodat Narayana evengoed de traditionelere drie-eenheid *(trimurti; blz. 90)* van Brahma, Vishnu en Shiva, 'de vorm van de Heer verspreid over alle werelden', kan zijn als alle andere goden *(kader links)*. In India is dat de manier geworden waarop men kan begrijpen hoe de vele goden en godinnen zich verhouden tot de Ene die God moet zijn, de absolute en onvoorwaardelijke bron van alle dingen, de zelf ongeproduceerde Producent van alles wat er bestaat.

Oppervlakkig bezien is dit polytheïsme (het erkennen van vele goden/godinnen) dus de manier waarop in India het monotheïsme wordt beleefd *(kader rechts)*. Natuurlijk werd dit niet altijd in praktijk gebracht en er zijn conflicten geweest, maar door dit fundamentele inzicht in God kon elke specifieke vorm van God andere vormen van God opnemen in een soort van versmelting van verbeeldingen. Deze visie heeft ook de 'migratie' van de vormen van God mogelijk gemaakt, zoals beschreven op blz. 58-59.

Dat betekent dat sommige verschijningsvormen van God in betekenis kunnen afnemen (sommige goden die in de veda's prominent aanwezig zijn, worden later minder belangrijk), terwijl andere goden veel meer aandacht kregen en geloofsopvattingen, legenden en geloofspraktijken aantrokken die oorspronkelijk waren verbonden met andere goden. Theoretisch is het daarom mogelijk een korte geschiedenis van ieder van de belangrijke Indiase goden of godinnen te schrijven, hoewel dat praktisch heel moeilijk is omdat de vroegste verhalen en deelverhalen vaak zijn geabsorbeerd door de god die later de belangrijkste werd, zodat een en ander niet meer volledig kan worden ontrafeld. Dat geldt bovenal voor de god Shiva.

In de Veda's speelt Shiva nauwelijks een rol, alleen als een woord om Rudra te beschrijven in de betekenis van 'de vriendelijke' (later, wanneer Shiva belangrijker is geworden, wordt Rudra een benaming voor Shiva). Rudra is de kracht van vernietiging, het vuur dat brandt, het water dat verdrinkt, de wind die verwoest, degene die doodt. Maar die vormen van vernietiging hebben ook een positieve kant: Rudra is daarnaast ook degene die offers ontvangt en de mens en zijn kudden voorspoed brengt. Hij heeft honderd hoofden en duizend ogen zodat niets aan zijn aandacht ontsnapt en daardoor is hij degene die straft en 'hun die kwaad doen de pijn van de hel brengt'. Maar, even belangrijk, 'de God die doodt' *(Atharva Veda 1.19.3)* is ook degene die kracht geeft aan hen die het verdienen.

Deze bijzondere dualiteit ging over op Shiva, waarbij Shiva echter meer is dan een simpele ontwikkeling van Rudra uit de veda's. Shiva is al terug te vinden op de rolzegels uit de Indusvallei, ten minste als de interpretatie juist is *(blz. 60-61)*. Shiva heeft in elk geval vele andere vormen van God aangenomen, het tweeledige aspect van Rudra vergemakkelijkte dat proces.

Alain Daniélou heeft zijn leven lang de Indiase godsdiensten bestudeerd. Hij beschrijft de relatie tussen de Vele en de Ene als volgt:

'In de polytheïstische religie [van India] kiest elke gelovige een godheid (ishtadevata), de andere goden vereert hij meestal niet op de manier waarop hij zijn eigen god vereert, die hem het meest nabij staat. Niettemin erkent hij andere goden. De hindoe, of hij nu de Indringende (Vishnu), de Vernietigende (Shiva), de Energie (Shakti) of de Zon (Surya) vereert, is altijd bereid de aanwezigheid van deze godheden te erkennen als manifestaties van afzonderlijke krachten die ontspringen aan dezelfde onkenbare 'Enormheid'. Hij weet dat het ultieme Wezen of niet-Wezen buiten zijn bevattingsvermogen ligt, voorbij het menselijk bestaan en eigenlijk op geen enkele manier kan worden vereerd of aanbeden. Omdat hij beseft dat andere goden andere aspecten zijn van de ene die hijzelf vereert, is hij gewoonlijk tolerant en bereid om elke vorm van kennis of geloof te aanvaarden als in principe evenzeer geldig. Vervolging en bekering van andere religieuze groepen, hoe vreemd hun geloofsopvattingen hem ook mogen lijken, zijn nooit verdedigbaar vanuit het gezichtspunt van de hindoe.'

(Daniélou 1964: 9)

Drievoudige natuur
De drie lijnen op het voorhoofd van Shiva symboliseren zijn drievoudige natuur: mannelijk, vrouwelijk en androgyn; schepper, instandhouder, en vernietiger.

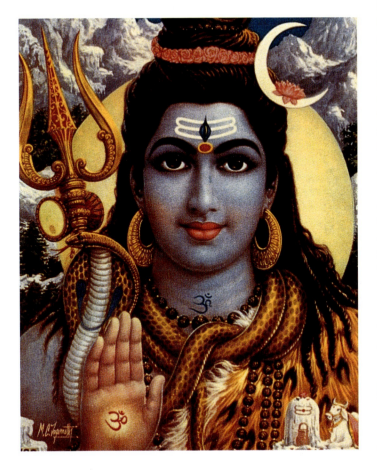

INDIA

Shiva

Heer en oorsprong van alle dingen

Shiva
De drie gezichten van Shiva symboliseren de manieren waarop hij aanwezig is; hier afgebeeld op een beschilderd houten paneel uit Dandan-Oilig, Khotan.

SHIVA IS VOOR VELE MILJOENEN INDIËRS de vorm van God die zij vereren en degene tot wie zij zich wenden in hun leven. Een van de oorzaken daarvan is dat Shiva andere goden heeft geabsorbeerd en men vele godinnen als zijn partner is gaan zien. Dat proces werd nog bevorderd omdat hij de dubbelzinnige aard van Rudra bezit, hetgeen tot gevolg had dat allerlei conflictueuze denkbeelden en botsende verbeeldingen probleemloos in Shiva konden opgaan.

De contradicties tussen de vele manifestaties van Shiva *(kader onder)* zijn de uitdrukking van het Indiase besef dat alle verschijning beladen is met *maya* (blz. 85, 87) en dat de realiteit alleen via af en toe een glimp en nooit als een geheel kan worden ervaren. Shiva wordt daarom vaak, het meest in beeldhouwwerken, afgebeeld met drie gezichten, symbolisch voor twee tegenstellingen die samen worden gehouden door een verzoenende derde – ze staan dan voor Shiva als schepper, vernietiger en handhaver; mannelijk, vrouwelijk en androgyn (ardhanavishvara; de drie horizontale lijnen die shaiva's op hun voorhoofd schilderen als representatie van Shiva's drievoudige natuur). Shiva wordt ook wel met vijf gezichten afgebeeld, die de vijf zintuigen beheersen of die de vier windstreken en de hemel observeren.

Zo wordt Shiva de Ene die alle meervouden bevat waaruit de totale ervaring van het leven bestaat, de Ene die ze schept, ze instandhoudt en ze vernietigt – waarmee hij de drie functies in zich verenigt die door anderen aan drie goden (blz. 90) worden toegekend. Deze zienswijze van Shiva als de Ene die de bron en oorsprong van alle dingen is, inclusief de andere vormen

---

DE VELE GEZICHTEN VAN SHIVA

De God Shiva kan vele vormen aannemen.

- **DE ASCEET**: zijn zelfbeheersing roept warmte en kracht op *(tapas)* die anders verloren zouden gaan; niettemin is hij ook de erotische, vurige minnaar.
- **DE MINNAAR**: het model van echtelijke liefde met zijn partners Parvati en Amba. Zijn kwaadaardige minnaressen Kali, Candika en Durga geven hem de kracht om te vernietigen.
- **DE ALMACHTIGE HEER**: de bron van schepping; maar zonder de vrouwelijke energie van Shakti (blz. 116) is hij machteloos: hij wordt vaak dood aan haar voeten liggend afgebeeld.
- **DE JAGER**: hij doodt en vilt zijn prooi en danst gekleed in de nog bloederige huid; toch is hij ook de aan de wereld ontsnappende asceet die Kama, de God van verlangen en erotische liefde, verteert met één brandende blik van zijn derde oog.
- **DE VERZAKER VAN DE WERELD**: als de wereldverzakende *samnyasin* (het vierde stadium van een leven volgens dharma) verschijnt hij ingesmeerd met witte as en een schedel in zijn hand als teken van acceptatie van de dood (en met een halsketting van schedels); hij vlucht niet voor natuurlijke vijanden zodat een slang zich rondom zijn lichaam wikkelt; hij is ook Pashupati, Heer van de dieren; maar aan het einde van dit tijdperk zal hij het universum tot vernietiging dansen.

van God, resulteerde in de *Shetashvetara Upanishad* (kader rechts). Shiva is de zelf ongeproduceerde Producent van alles, die niettemin ook aanwezig is in het universum, niet in het minst als de Ene die, door zijn dans van de vijf houdingen *(pancakritya)*, het wiel van schepping en vernietiging draaiende houdt. Daarom is Shiva ook Nataraja, de Heer van de dans, bijvoorbeeld in de tandava-dans op de crematieplaatsen en de dans van de goden op de berg Kailasa.

Zijn dans verbeeldt de goddelijke *lila*: vreugde/sport/spel. Hij hult zich in de *maya* (blz. 85, 87) van schepping om anderen tot zijn dans uit te nodigen zodat hij hen, verenigd met zichzelf, kan verlossen van wedergeboorte. Hij danst in het centrum van het universum, in Chidambaram in Zuid-India in een tempel waar de Nayanars (blz. 110-111) kwamen en die nog steeds 'het huis van de dansende Sivan' is (de titel van een studie van Paul Younger, 1995).

Shiva komt nog dichter bij aarde in Varanasi (Banaras), ooit Kashi geheten, Stad van licht. Hier wordt Shiva verenigd met zijn geliefde Ganga (de Gangarivier, de stromende vorm van Shakti, vrouwelijke energie): hij ving haar op toen zij op aarde viel en temde haar wilde turbulentie door haar door zijn haarlokken te zeven en haar daarna over de aarde te laten stromen met de kracht die leven schenkt. In Kashi, door Shiva tijdens het begin van de schepping gekozen als zijn woonplaats, ontmoeten Ganga en Shiva elkaar en de vereerders ontmoeten hen – in de hoop in hun omhelzing te sterven. Shiva neemt degenen die in Kashi sterven de last van karma (vroegere daden) af, die anders tot wedergeboorte zouden leiden; hij fluistert hun de mantra van taraka (veerboot) in het oor en draagt hen over de stroom. Geloof leidt hier direct tot vrijheid.

> 'Hij die Eén is, zonder kleur, maar door het veelvoudige gebruik van zijn kracht vele kleuren uitdeelt vanuit zijn geheime bedoeling en in wie het begin en het einde van het universum zijn geconcentreerd, moge hij ons helder inzicht geven.
>
> Voorwaar dat is Agni, dat is Aditya, dat is Vayu en dat is de maan. Voorwaar dat is de zuivere. Dat is Brahma. Dat zijn de wateren. Dat is Prajapati.
>
> U bent vrouw. U bent man. U bent de jongen en ook het meisje. U strompelt, als oude man, met een wandelstok. Geboren wordend, kijkt u in elke richting.'
>
> (Shetashvetara Up. 4.1-3)

> 'Hier in Kashi is het geschenk eenvoudig:
> Geef het lichaam aan het vuur.
> Ook de yogi die zijn geest beheerst
> en die van leven tot leven zwerft,
> Zal hier in Kashi
> het doel bereiken,
> Gewoon door te sterven.'
>
> (Kashi Khanda 60.55 e.v.)

Indra's hemel
De Gangarivier bij Varanasi: zij die baden in de Ganga of iets van zichzelf (haren, bot enzovoort) op de linkeroever achterlaten, zullen Indra's hemel binnengaan.

INDIA

De zonen van Shiva

Ganesha en Kumara

DE CULTUS VAN SHIVA werd ook verrijkt met die van andere goden/godinnen door hen met hem te verbinden als zijn nageslacht (of in het geval van godinnen als zijn partner). Twee van die zonen worden door heel India algemeen vereerd: Ganapati (beter bekend als Ganesha) en Kumara (ook bekend als Skanda).

Ganesha is de God met de olifantenkop die wijsheid en geluk brengt. Er bestaan talrijke legenden over hoe hij zijn hoofd verloor en er een olifantenkop voor in de plaats kreeg: hij raakte zijn hoofd kwijt door de jaloezie van goden of van demonen of door een blik van Shani (de planeet Saturnus) of door een klap van Shiva zelf; het eerste voorwerp dat als vervanging kon worden gebruikt was een olifantenkop. In de *Shiva Purana* is een populaire variant te vinden: nadat Ganapati/Ganesha was geboren als zoon van Parvati en Shiva (*blz. 116-117*) stelde hij zich zo beschermend op tegenover zijn moeder dat hij zelfs probeerde te verhinderen dat Shiva haar benaderde; Shiva stuurde zijn bedienden om hem manieren te leren en in de strijd die volgde, verloor Ganesha zijn hoofd. Toen Parvati's verdriet tot Shiva doordrong, verving hij het afgehouwen hoofd door het eerste hoofd dat hij zag, dat van een olifant.

Deze combinatie symboliseert een fundamentele waarheid in de Indiase religie, namelijk dat de mens een gecomprimeerde vorm van de energieën van de gehele kosmos bevat (*tantra; blz. 102-103*): de onbetekenend kleine mens (het lichaam) wordt door God in de vorm van Ganesha verbonden met de immens grote kosmos (de olifantenkop). Het woord 'olifant', *gaja*, zou een samentrekking zijn van *ga*, 'doel' en *ja*, 'bron' of 'oorsprong', zodat Ganesha ook Brahman (*blz. 84-85*) is. In de *Ganapati Upanishad 2*, een van de vele teksten die in navolging van de upanishads zijn geschreven (een andere is de Ganesha Gita, waarin Ganesha de Krishna van de Bhagavad Gita vervangt), staat: 'U bent de zichtbare vorm van Dat' (ook de Mahavakya's; *blz. 85*). De cultus van de God met de olifantenkop is mogelijk al heel oud, vooral in dorpen, maar pas sinds de tijd van de epossen is de cultus wijdverbreid geraakt. Er zijn weliswaar slechts weinig tempels uitsluitend aan Ganesha gewijd, maar zijn beeltenis is in de vorm van beeldhouwwerken of schilderingen overal te zien in huizen, winkels en onder bomen, want hij staat ook bekend als degene die obstakels verwijdert, de belichaming van succes, een goed leven, vrede en wijsheid. Hij wordt bij alle ondernemingen aangeroepen, bij ceremonieën (echter niet bij crematies), in geschreven composities en voorafgaand aan de verering van andere goden. Hoewel de ganapatya's hem

Olifantenkop
Ganesha is een van de populairste en meeste vereerde van de Indiase goden omdat hij succes, vrede en wijsheid zou brengen aan hen die hem vereren.

tot het onderwerp van hun verering hebben gemaakt, is hij niet verbonden aan een sekte maar staat hij open voor iedereen die zijn hulp inroept.

Kumara, de andere zoon van Shiva, is de altijd kuise jongeling die wonderbaarlijk zonder tussenkomst van een vrouw werd geboren. Toen de goden werden belaagd door hun vijand Taraka, leidde Indra een afvaardiging naar Brahma, de Schepper, om zijn hulp in te roepen. Die vertelde hun dat alleen een zoon van Shiva sterk genoeg zou zijn om deze machtige vijand te verslaan. Het bleek moeilijk om Shiva uit zijn meditatie te wekken (blz. 117), maar toen hij eenmaal wakker was, kon niets, zelfs niet de vurige Agni, de hitte van zijn sperma verdragen totdat Ganga (de rivier) het naar een bos voerde dat bekendstaat als 'het bos van de pijlen', waar Skanda, 'hij die springt', spontaan uit het sperma van Shiva werd geboren. Hij kreeg ook de naam Kumara omdat hij eeuwig kuis en jong blijft.

Hij werd gezoogd door de zes Pleiaden (Krittikas) en ontwikkelde daartoe zes gezichten, een van zijn vele namen luidt daarom Karttikeya. De zes gezichten van Karttikeya worden verbonden met de zes kanalen (chakras) waardoor de energie van de kosmos en de kracht van God/Godin tot leven worden gewekt in het menselijke lichaam (blz. 103). Als Kumara, de kuise jongeling, is hij belangrijk in yoga, want door zich te concentreren op Kumara leert de yogi zijn seksuele activiteit, bewust of onbewust, te beheersen. Yogi's die deze beheersing hebben verworven kunnen, zelfs in hun slaap, hun seksuele energie gebruiken om tot God te komen en ze worden zo tot levende beelden van Shiva.

Shiva heeft ook veel dienaren waarmee allerlei lokale cultussen in die van Shiva werden geïntegreerd vanuit het idee dat God zich in vele vormen manifesteert. Vooral de goden en godinnen die dorpen beschermen, *grama-devata* en *grama-kali*, zijn belangrijk. Dorpsgoden zijn niet verbonden met de grootschalige kwesties van het heelal, maar met meer lokale gebeurtenissen – overgangsriten van geboorte tot dood en rampen die het leven bedreigen of vernietigen – ziekte, honger en overstroming. In het verleden werden vaak dierenoffers aan hen gebracht en omdat zij zich bezighouden met de bron en de instandhouding van het leven, gaat het hierbij vaker om godinnen dan goden.

Dorpsheiligdommen zijn meestal eenvoudig en functioneren bijna losstaand van de tempels en de officiële brahmaanse religie. Niettemin is bij sommige dorpscultussen een bewuste poging gedaan ze te integreren in het bredere verband van de Indiase kijk op God. Zo begonnen volgens Sachinanand (*Cultural Change in Tribal Bihar*, 1964) de Oraons in Centraal-India zich vanaf de jaren zestig van de twintigste eeuw met hun rituelen te richten tot Devi en namen ze Kabir (blz. 120-121) aan als beschermer. Jatru Bhagat deed een poging om de dorpelingen te verenigen en aan te trekken tot een gemeenschappelijke devotie: omdat het woord 'trekken' (*tano*) zo vaak voorkomt in hun bhakti-gezangen staan ze bekend als tana-bhagats.

De dorpsreligie is in het algemeen geen coherent onderdeel van de Indiase devotie, en ook niet georganiseerd. Het gaat voornamelijk om dagelijkse gebeurtenissen die van direct belang zijn en de geesten van de voorouders. Daardoor was het niet moeilijk om alle dorpsgoden als dienaren met Shiva te verbinden. Voor een shaiva is echter de verering van Shiva het belangrijkst.

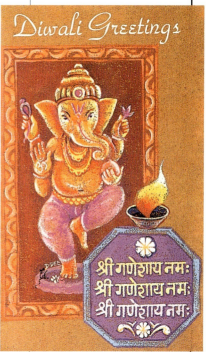

Groeten van Ganesha
Een Diwali-wenskaart met Ganesha, de god met de olifantenkop. In heel India vindt men afbeeldingen van Ganesha, vaak met de hand geschilderd, in winkels, woonhuizen en kantoorpanden.

Verering van Shiva

Nalvar en nayanars

Tussen de zesde en achtste eeuw nChr. was er een groep dichters in Zuid-India die langs tempels en heiligdommen gewijd aan Shiva trokken en anderen aanspoorden mee te zingen met hun Tamil-gezangen van lof en liefde.

De drie belangrijkste dichters waren Campantar, Appar en Cuntarar: zij worden geëerd als *muvar mutalikal*, 'de eerste drie heiligen'. Later kwam er nog een vierde bij, Manikkavacakar (ca. negende eeuw) en sprak men van nalvar, 'de vier'. Zij inspireerden weer andere dichters en 63 van hen (inclusief de vier) staan bekend als nayanars ('leiders', 'gidsen').

De 796 verzen van 'de eerste drie heiligen' zijn bijeengebracht in de eerste zeven boeken van *Tevaram*, een werk dat ook *Tirumurai*, 'heilige traditie', wordt genoemd en dat Tamils als een geopenbaard geschrift beschouwen, het equivalent van de veda's (*blz. 60*). Deze verzen vormen het fundament en de expressie van bhakti-devotie voor Shiva en worden door alle bewegingen die samen de shaiva's vormen zeer gewaardeerd – ze zijn vergelijkbaar met de verzen van de alvars (*blz. 98-99*) over Krishna en Vishnu die zo belangrijk zijn voor de vaishnava's.

Shiva en Ganga
Ganga (rivier) kwam voort uit de voeten van Shiva en stroomde vervolgens door zijn haren om India leven te geven. Er is ook een Ganga hoog in de lucht (de Melkweg) en in de onderwereld (Patalaganga).

'De eerste drie heiligen' bezochten in totaal 274 tempels, waaruit blijkt hoe belangrijk men de rituelen beschouwde als een manier om Shiva te vereren – pas later verwierpen sommige bhakti-dichters het ritueel ten gunste van een directe en persoonlijke verering van God (*blz. 113*). 'De eerste drie heiligen' zagen de rituelen van tempel en tantra als praktische manieren om God te eren. In beeldende vorm wordt Appar vaak afgebeeld met de schoffel waarmee hij het onkruid wiedde rondom de tempel, een symbool van zijn verlangen om een pad naar God aan te leggen.

> *'Handen, samen in verering,*
> *strooien geurige bloemen*
> *op de Heer die de slang*
> *met de kap om zijn middel bindt!*
> *Handen, samen in verering!*
>
> *Wat is het nut van het lichaam*
> *dat nooit rondom de tempel*
> *van Shiva liep,*
> *hem bloemen aanbiedend in rituele verering?*
> *Wat is het nut van dat lichaam?'*
>
> (Peterson 1991: 256)

Zoals de vedische verzen en veel van de latere lofdichten in het Sanskriet (*stotra's*) deel uitmaakten van het offerritueel, zo vormden de Tamil-gezangen een onderdeel van het aanbieden van *puja* (verering; blz. 94-95): de gezangen werden de godheid aangeboden net als bloemenkransen.

*'Bloemen vormen ornamenten,
net als goud;
maar als onze Heer die tevreden in Arur verblijft
een ornament voor zichzelf wenst,
eenvoudig hart, laten wij hem dan eren
met het ornament van een Tamil-gezang!'*

(Peterson 1991: 256)

In deze verzen worden de verschijning en de daden van Shiva bezongen en worden zijn namen en attributen gereciteerd, net zoals de dichter Kalidasa twee eeuwen eerder had gedaan. Maar nu waren de mythen en beelden zowel met de plaatselijke heiligdommen als de individuele vereerders verbonden om Shiva op die manier dichterbij te brengen. Een mooi voorbeeld van die overgang van de algemene attributen van Shiva (androgyn, aan elkaar geklitte haarstrengen, rijdend op een stier) naar de lokale persoon en plaats is het volgende Campantar-vers.

*'Ze prijzen hem, noemen hem de Heer die half vrouw is,
Heer met het samengeklitte haar, de god die rijdt op een stier.
Hij is de dief die mijn hart stal.
Hij is de Heer die in Piramapuram woont,
Beroemd als het heiligdom dat ooit dreef
op de kosmische vloed van de donkere oceaan.'*

(Peterson 1991: 247)

Zoals afbeeldingen in tempels de vereerder helpen God direct te zien, ook al is het in de vorm van een afbeelding, zo zijn de gezangen bedoeld om de vereerder te helpen Shiva direct te zien door middel van woorden en muziek. Hun functie is om de emoties direct te raken, buiten het intellect om (*zie ook blz. 40*), al is het maar voor even. Een bekende Indiase zegswijze luidt: 'Geen enkel woord kan die mensen ontroeren die niet wegsmelten bij het horen van deze verzen.'

Uiteindelijk ontstond er zo een nieuwe vorm van bhakti-poëzie die bewust niet langer met tempel en ritueel was verbonden.

Shiva is niet een onbereikbare, ververwijderde koning:

*'Hij kwam naar ons toe,
zingend in diverse ritmen,
en overweldigde ons.
Hij schoot de pijlen van
zijn ogen op ons af;
handig verleidde hij ons met
opzwepende toespraken,
maakte ons ziek van liefde.
De schedeldragende god
[kader blz. 106] heeft zijn
snelle stier bestegen;
gekleed in een huid, zijn
lichaam bedekt met witte as,
een heilig koord siert zijn gestalte;
kom, aanschouw de meester
hoe hij rijdt waar iedereen
hem kan zien.
De Heer van Amattur is
voorwaar een knappe kerel!'*

(Peterson 1991: 210)

De liefde is van weerszijden gepassioneerd:

*'Mijn hart smelt van liefde
voor de knappe god
die de rivier [Ganga] in
zijn haren draagt ...
zoeter dan zoet fruit, dan
vers afgesneden suikerriet,
lieflijke vrouwen met geurende
bloemen in hun haar,
zoeter dan de heerschappij
over uitgestrekte landen
is Itaimarutu's Heer
voor hen die hem bereiken.'*

(Peterson 1991: 210)

Darshana

Het benaderen van de beeltenis van de God wordt darshana ('zien') genoemd. De vereerder komt door de afbeelding in de reële aanwezigheid van God, maar de afbeelding zelf wordt niet als God ervaren.

Verering van Shiva

Kannappar

MANIKKAVACAKAR WERD AAN 'de eerste drie heiligen' toegevoegd als de vierde grote dichter van bhakti-verering voor Shiva. Manikkavacakar kende een nog grotere liefde dan die van hemzelf. Met het Tamil-spreekwoord: 'Ware liefde is de liefde van Kannappar' in gedachten schreef Manikkavacakar:

> 'Er was geen liefde in mij als die van Kannappar.
> En toen hij, mijn Heer, dat zag, nam hij mij,
> armzalige worm, uit genade tot zich.
> Hij sprak het woord en vroeg mij te komen.
> Getooid straalt hij met hemelse genade;
> Hij is gekleed in een gewaad van witte as en goudstof.
> Voor hem, gemaakt van grenzenloze genade,
> Ga dan, ga en adem zijn lof, o zoemende bij.'
>
> (Periya Purinam)

Wie was Kannappar, de man wiens liefde spreekwoordelijk werd en zelfs de liefde van de grootste heiligen overtrof? Hij was een jager uit een lage kaste die zich daardoor niet aan de regels van rituele zuiverheid kon houden als hij aan Shiva wilde offeren. In plaats daarvan bracht hij wilde bloemen en restjes (ritueel verboden) vlees mee – alles wat hij maar kon vinden. Op een dag was de brahmaan die dienst deed in de tempel geschokt door de besmeurde beeltenis van Shiva, vanuit zijn standpunt onteerd door de onreine dingen die Kannappar had meegebracht. Hij begon het beeld schoon te maken en voerde daarbij een orthodox ritueel uit. Dezelfde nacht verscheen Shiva aan de brahmaan in een droom en sprak:

> 'Dat wat u verontrustte, is voor mij van onschatbare waarde. De man die deze dingen deed, is een wilde jager uit de rimboe. Hij kent de veda's of de shaiva-teksten niet. Hij weet niets van de rituelen van verering. Maar denk niet aan hem; denk aan de geest en de intentie van wat hij doet. Zijn ruige, onhandige lichaam is vervuld van liefde voor mij, zijn enige kennis is kennis van mij. Het voedsel dat hij mij offert, zo onrein voor u, is pure liefde. Hij houdt met heel zijn hart van mij. Morgen zal ik u het bewijs van zijn liefde geven; kom en zie.'

> 'Als negen honden jagend
> op een haas,
> schreeuwen de lusten
> van het lichaam:
> Laat los!
> Laat los!
> Laat los! Laat los!
> schreeuwen de lusten
> van de geest.
> Zal mijn hart u bereiken,
> O Heer van de samenvloeiende rivieren,
> voordat de loopse teven
> komen en toeslaan?'
>
> (Ramanujan 1973: 69)

De vacana-dichters verwierpen het idee dat offers, rituelen en zelfs inspanning de mens dichterbij Shiva kunnen brengen:

> 'Het offerlam dat naar het feest werd gebracht
> at de groene bladeren van de decoraties.
>
> Onwetend van de slacht
> Wilde het enkel zijn buik vullen:
> Die dag geboren om die dag te sterven.
>
> Maar vertel mij:
> Overleefden de slachters,
> O Heer van de samenvloeiende rivieren?'
>
> (Ramanujan 1973: 76)

De brahmaan ging de volgende dag naar de tempel en zag Kannappar aankomen. Op dat moment liet Shiva bloed druppelen uit het rechteroog van zijn beeltenis. Kannappar pakte zonder aarzelen een pijl, stak er zijn eigen rechteroog mee uit en legde het op de beeltenis; het bloeden hield meteen op. Was dat voldoende om zijn devotie te bewijzen? Shiva liet daarna tranen van bloed stromen uit het linkeroog van de beeltenis; Kannappar maakte zich op om hetzelfde te doen. Dit keer hield Shiva hem tegen, want de brahmaan begreep nu wat ware toewijding is.

Kannappar werd een van de Nayanars (blz. 110-111), maar hij toont ook hoe voor sommige Shiva-vereerders het belang van het tempelritueel afnam ten gunste van volledige overgave en liefde. Deze ontwikkeling werd op briljante wijze onder woorden gebracht door de *vacana*-dichters uit de 10e-12e eeuw, die hun werken schreven in het kannada, een Dravidische taal. *Vacana* betekent 'een gezegde', 'iets gezegd'; de gedichten zijn vrije, maar strikt beheerste composities *(kader links)*. Tussen de ruim 300 *vacana*-dichters springen er vier uit: Allama, Basavanna, Dasimayya en Mahadeviyakka. Basavanna vereerde Shiva in Kappadisangama, waar drie rivieren samenvloeien: hun samenkomst was voor Basavanna een symbool voor de manier waarop Shiva stroomt in hen die toegewijd zijn aan 'de Heer van de samenvloeiende rivieren' en één met hen wordt *(kader links)*.

De *vacana*-dichters zeggen niet dat de eenwording met God een eenvoudige zaak is. De poëzie van afwezigheid is bij hen verder aangescherpt en representeert op die manier de kennelijke hardvochtigheid van God.

> 'Zonlicht maakte zichtbaar
> de totale lengte van de hemel,
> bewegingen van de wind.
> bladeren, bloemen, alle zes kleuren
> aan bomen, struiken,
> klimplanten:
> dat alles omvat
> de verering van de dag.
>
> Het licht van de maan, sterren
> en het vuur,
> bliksem en alle dingen
> die de naam licht dragen
> zijn de verering van de nacht.
>
> Dag en nacht u vererend
> vergeet ik mijzelf,
> O Heer wit als jasmijn.'
>
> (Ramanujan 1973: 130)

> 'Hij vermaalt u tot u fijn en klein bent.
> Hij vijlt u af tot uw kleuren verschijnen.
> Als uw korrel klein wordt
> bij het malen,
> als u kleuren vertoont
> bij het afvijlen,
> dan zal onze Heer van de
> samenvloeiende rivieren
> u liefhebben
> en voor u zorgen.'
>
> (Ramanujan 1973: 86)

De ervaring van afwezigheid en hardvochtigheid blijft niet duren. Shiva strekt op alle manieren zijn hand uit naar hen die hem zoeken. Mahadeviyakka vereerde Shiva in de tempel van Udutadi, waar hij bekendstond als Heer wit als jasmijn *(kader rechtsboven)*.

De *vacana*-dichters waren niet de enigen die de vereniging met Shiva veel belangrijker vonden dan de correcte uitvoering van oeroude rituelen in de tempel. Zij vormden de kern van de beweging van de virashaiva's: de 'helden van Shiva'. Ze werden ook wel lingayats genoemd, want de linga was voor hen het belangrijkste voertuig voor de aanwezigheid van Shiva.

Eenvoudige gaven
De offers van een hindoe aan God kunnen heel eenvoudig zijn, zoals hier aan de Gangarivier, ze hoeven niet in een tempel te worden gebracht.

INDIA

Verering van Shiva

De linga en de lingayats

> Mahadeviyakka was een vrouwelijke volgeling van Shiva:
>
> *'Net als andere bhakta's worstelde ze met wat zij was als lichaam, als vrouw, als sociaal wezen getiranniseerd door sociale patronen, als mens beperkt in plaats en tijd. Zij verbrak die ketenen in haar zoektocht naar extase.*
>
> *Als een zijderups die haar huis met liefde spint uit haar merg, stervend in de draden van haar lichaam, strak omwikkeld, rond en rond, zo brand ik*
>
> *Verlangend naar waar het hart naar verlangt.*
>
> *Breek, o Heer, door de hebzucht van mijn hart en toon mij uw uitweg, o Heer wit als jasmijn.'*
>
> (Ramanujan 1973: 116)

Verering van de linga
Een gelovige vrouw giet melk over een linga in een tempel gewijd aan Shiva.

Toen het universum tegen het einde van een tijdperk liep, raakten Brahma en Vishnu in een dispuut over wie de schepper ervan en wie de grootste god was. Opeens verscheen er een oogverblindende lichtstraal. De twee goden spraken af dat hij die als eerste de boven- of onderkant van de straal vond door de ander als de opperste god zou worden erkend.

Vishnu nam de gedaante van een everzwijn aan (een van zijn klassieke incarnatievormen, *avatara*; blz. 91) om diep in de aarde te kunnen graven, terwijl Brahma de gedaante van een wilde gans aannam en hoog de lucht in vloog. Hoe langer ze zochten, hoe verder de lichtstraal zich bleek uit te strekken en beiden gaven toe dat ze niet zo groot waren als ze dachten. Op dat moment werd onthuld dat het licht Shiva was in de vorm van de kosmische linga: hij stapte uit het licht en openbaarde zich als Maheshvara ('opperste god') met vijf gezichten *(blz. 106)* en tien armen; Brahma en Vishnu bogen onmiddellijk voor Shiva en erkenden zijn superioriteit.

Dit verhaal is te vinden in de *Shiva Purana 2.1.6-9* en het illustreert hoe de shaiva's Shiva tot de opperste van de goden maakten. Maar het verkondigt ook de vorm waarin Shiva zich bij voorkeur manifesteert, namelijk als de *jyotir-linga*, de zuil van oneindig licht. De linga is in het algemeen de penis, het mannelijke voortplantingsorgaan, die in tempels meestal samen met de yoni, de vrouwelijke tegenhanger, wordt aangetroffen. Samen vormen ze de fundamentele kracht die alle dingen schept.

Het woord *linga* betekent 'symbool'; de linga is daarom het symbool bij uitstek van Shiva en het representeert hem niet als icoon of beeltenis – het is met andere woorden een *niet-iconisch* symbool. Iconische symbolen beelden goden of godinnen af in een bepaald aspect van hun wezen of hun kracht. De linga wordt in veel tempels vereerd en werd het belangrijkste symbool voor een sekte van gelovigen die bekendstaat als de lingayats of virashaiva's ('helden van Shiva'). De lingayats werden geïnspireerd en geleid door Basavanna *(blz. 113)*. Op de 'plaats van de samenvloeiende rivieren' begon hij Shiva in de tempel te vereren tot Shiva hem in een droom het bevel gaf te vertrekken om een verre koning te gaan dienen. Basavanna protesteerde tegen de hardvochtigheid van Shiva om hem te verbannen uit zijn geliefde tempel – 'de aarde wegtrekken onder een man die uit de hemel valt en de keel van de gelovige doorsnijden'. De volgende nacht riep Shiva Basavanna in een andere droom op om de volgende dag naar de heilige stier in de tempel te gaan: daar verscheen Shiva uit de bek van de stier met een linga die hij aan Basavanna gaf. Met de linga in handen wist Basavanna dat Shiva overal bij hem zou zijn en vanaf die dag was hij niet langer afhankelijk van rituelen en tempels.

Toen het nieuws over Basavanna's hartstochtelijke devotie voor Shiva zich verspreidde, vormde zich een gemeenschap van volgelingen rondom hem, die werden aangeduid als de nieuwe virashaiva's – ook wel lingayats genoemd omdat zij als enige rituele symbool een linga rondom hun hals dragen: een ander symbool of herinnering aan God is niet nodig. Het verlies ervan staat gelijk aan spirituele dood, een verwijzing dat het lichaam de ware tempel is.

In de nieuwe gemeenschap werd iedereen beschouwd als voor Shiva gelijkwaardig: kasten en andere rituelen dan de eigen ritus werden afgeschaft. Kindhuwelijken werden verboden en men keurde het hertrouwen van weduwen goed. Man en vrouw werden als gelijken beschouwd en vrouwen werden tijdens hun menstruatie niet langer beschouwd als onrein. Omdat degene die Shiva op deze manier vereert zich bij hem voegt op het moment van de dood, houden virashaiva's zich ook niet aan de crematierituelen en het overdragen van de doden aan hun voorouders. In plaats daarvan begraven zij hun doden.

Ook Mahadeviyakka volgde Shiva op deze manier. Zij liet alle maatschappelijke conventies achter zich *(kader links)* en verheugde zich in de verbinding van Shiva met Shakti, vrouwelijke energie in de vorm van Godin *(kader rechts)*. In haar veelbewogen korte leven keerde zij zich af van de wereld en alles wat daarmee samenhing om één te worden met God.

Symbolen van Shiva
Linga en yoni staan voor de creatieve kracht van Shiva en Shakti als de bron van leven; hier bij een 15e-eeuws tempelcomplex op Java.

> *'Waar heb ik dit valse beeld*
> *van een stervende wereld voor nodig?*
> *Ondersteek van illusie,*
> *Bordeel van haastige passie,*
> *Deze rommelige*
> *en lekkende kelder!'*
>
> (Ramanujan 1973: 133)

Voor miljoenen Indiërs is Shakti in de vorm van Mahadevi, de grote godin, een voornaam onderwerp van devotie.

> *'Lokken van glanzend rood haar*
> *een kroon van diamanten*
> *kleine, prachtige tanden*
> *en ogen in een lachend gezicht*
> *dat veertien werelden verlicht –*
> *ik zag zijn glorie*
> *En ziende onderdruk ik vandaag*
> *de honger in mijn ogen …*
> *ik zag de Grote*
> *die de liefde bedrijft*
> *met Shakti,*
> *oorsprong van de wereld,*
> *ik zag hem en*
> *ook mijn leven begon.'*
>
> (Ramanujan 1973: 120)

Godin en Shakti

Goddelijke vrouwelijke energie

DE LINGA EN DE YONI zijn de mannelijke en vrouwelijke kant van de schepping en oorsprong van het leven. Ze zijn daarom de belangrijkste symbolen voor God/Godin begrepen als de 'Ene zonder tweede' van wie alle schepping afkomstig is. De Ene, de bron van alles wat is, kan met diverse namen worden aangeduid (Brahman, Brahma, Narayana, Vishnu, Shiva enzovoort), maar de essentie ligt ver voorbij namen en woorden. Niettemin kan de mens de Ene voorbij woorden alleen benaderen door middel van manieren waarop de Ene toegankelijk wordt voor menselijke gevoelens en gedachten. Gezien de wederzijdse afhankelijkheid van het mannelijke en het vrouwelijke element voor het ontstaan van nieuw leven kan de Ene in benaderbare vorm vrouwelijk of mannelijk zijn (of een samensmelting van beide, bijvoorbeeld in de androgyne vorm van Shiva; *blz. 105*). De absolute Bron van alles wat is, in welk vorm ook benaderd, geeft vorm aan de vele manifestaties van God/Godin.

De vrouwelijke bron van energie wordt algemeen aangeduid als Shakti; degenen die Shakti vereren als Godin worden shakta's genoemd. Shakti openbaart zich in de natuur (*prakriti, blz. 76*), in de rusteloze kracht van natuurlijke fenomenen om te scheppen, in stand te houden en te vernietigen (de drie functies die verbonden worden met de trimurti en afzonderlijk met diverse goden; *blz. 90, 106*). Shakti is de kracht waarvan wordt gebruikgemaakt door goden als Brahma, Vishnu en Shiva om iets te scheppen of te verwezenlijken. Daarnaast kan Shakti ook zelf in verering worden benaderd in de vorm van Bhagavati (oppergodin) of Mahadevi (grote godin).

Shakti/Mahadevi wordt vervolgens manifest in de vorm van talrijke godinnen die bepaalde aspecten van de kracht van het universum belichamen – krachten die uitdrukking geven aan het dualistische aspect van natuurkrachten: namelijk scheppen en vernietigen. Deze schijnbaar tegengestelden vormen in feite twee kanten van eenzelfde realiteit en kunnen zonder elkaar niet bestaan. Beide komen vanuit en komen weer samen in Mahadevi en Shakti.

Twee belangrijke voorbeelden van creatieve en goedaardige manifestaties in de vorm van Godin zijn:

* Lakshmi: zij is de kracht van Vishnu en de brengster van geluk en staat daarom bekend als Sri (*shri, 'voorspoedig'; zie bijschrift links*).
* Parvati: zij is de dochter van de berg Himalaya, uit wie voeding en kracht stromen. Ze werd de echtgenote van Shiva toen hij rouwde om de dood van zijn geofferde vrouw Sati, van wie Parvati een reïncarnatie is. Volgens *Matsya Purana 154* trok Shiva zich terug op de berg Kailasa om te mediteren en de demon Taraka maakte daarvan gebruik om in Shiva's afwezigheid de wereld te terroriseren. Brahma stuurde daarop de god van de liefde, Kama, om

Lakshmi
Lakshmi vergezelt Vishnu in al zijn incarnaties (avatars) en brengt geluk aan hen die haar vereren – daartoe behoort volgens de vaishnava's ook Shiva, want hij boog voor haar en erkende haar macht. Zij wordt door heel India vereerd, niet zozeer in tempels als wel in de huiselijke omgeving.

Shiva te doen ontbranden in liefde voor Parvati opdat zij een zoon zou baren die de demon kon verslaan. Maar Shiva, die in een ascetische fase *(tapas)* de wereld de rug had toegekeerd, vernietigde Kama met een dodende blik uit zijn derde oog en bekeek minachtend de donkere huidskleur van Parvati. Zij bekeerde zich echter tot het ascetisme om Shiva's liefde te winnen en slaagde daar ook in. Hun zoon Kumara (ook Skanda of Karttikeya genoemd; *blz. 109*) vernietigde vervolgens Taraka; later kregen zij nog een zoon, de god Ganesha met zijn olifantenkop *(blz. 108)*.

Hier tegenover staan de woeste en vernietigende vormen van Godin, de belichamingen van het feit dat negatieve zaken als dood, angst en pijn evenzeer deel uitmaken van de natuur: Godin kan men dus ook daar vinden. Van deze vormen wordt vooral de afschrikwekkende Kali zeer vereerd. Kali is verbonden met Kala, de tijd, en symboliseert zijn almachtige, verslindende natuur. Zij wordt afgebeeld met een angstaanjagend uiterlijk, naakt of in een tijgervel gehuld, uitgemergeld, met vlijmscherpe tanden, een verwarde bos haar en woest rollende ogen. Ze draagt een halsketting van mensenhoofden en soms een gordel van afgehakte armen; zij schaterlacht en krijst van woede, ze danst wild en woest met een zwaard en een strop of een schedel op een staf op de crematieplaatsen.

In het grijze verleden werden er mensen aan Kali geofferd (bijvoorbeeld *Kalikapurana 71*), maar later beperkte men zich tot geiten, die worden geofferd in de belangrijkste tempel van haar cultus, Kalighata in Calcutta. De volgelingen van Kali werden Thugs genoemd. Voordat ze gingen moorden en stelen, brachten zij eer aan Kali.

In een bekend verhaal wordt verteld hoe de goden er niet in slaagden een leger demonen te verslaan en Kali smeekten dat voor hen te doen. In de versie die is vastgelegd in de *Devimahatmya* werd zij woedend en liet Camunda uit haar voorhoofd ontspringen om de demonen tussen haar kaken te vermalen en de dappere demonen Canda en Munda te onthoofden: deze hoofden bracht zij als geschenk aan Mahadevi. Kali versloeg ook Raktabija – die als onoverwinnelijk werd beschouwd, want bij elke verwonding sprongen er exacte kopieën van hemzelf te voorschijn uit elke druppel bloed die vloeide; Kali echter verslond elke kopie direct na het ontstaan ervan.

Kali wordt vereerd als de Ene die het meest gruwelijke dat tijd en natuur kunnen voortbrengen, belichaamt en heeft verslagen. Zij die Kali vereren, delen in haar overwinning op al het duistere en angstaanjagende, dat zij zowel in verhalen als in afbeeldingen belichaamt. Dit alles geldt ook voor Durga.

De angstaanjagende Kali
Kali is het demonisch aspect van Shakti: zij wordt vaak weergegeven met een zwarte huid en vier armen – twee dragen een verminkt, bloedend hoofd terwijl de andere twee een dolk en zwaard vasthouden. Om haar nek hangt een ketting van schedels, terwijl het bloed van de slachtoffers die ze heeft verslonden uit haar mond druipt. Ze wordt ook wel afgebeeld met haar hoofd in haar handen terwijl ze haar eigen bloed drinkt dat uit de doorgesneden hals spuit.

INDIA

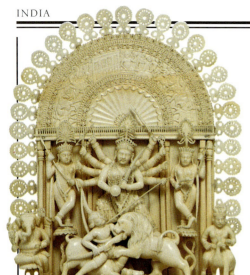

De machtige Durga
De naam Durga betekent 'zij die moeilijk te vinden is', of 'zij die met tegenstand afrekent'. Zij reed op een leeuw om Mahisha te verslaan. Haar basismantra (blz. 129) is DUM.

Godin en God

De vereniging van cultussen

VAN ALLE DEMONEN was Mahisha (de buffeldemon), ook wel Mahishasura genoemd (*asura's* zijn de tegenstanders van goden/godinnen), de gevaarlijkste. Hij werd als onoverwinnelijk beschouwd omdat Brahma hem had beloofd dat hij nooit door een mens of een god gedood zou worden. Nadat Mahisha de wereld had onderworpen, besloot hij om ook de hemel te veroveren en stuurde Indra een uitdaging. Indra trok ten strijde, maar werd verslagen en zocht eerst bescherming bij Brahma, vervolgens bij Shiva en ten slotte bij Vishnu – allemaal tevergeefs vanwege de belofte die Brahma had gedaan.

Geschrokken en boos brachten de goden de sterkst mogelijke energie en krachten bijeen en zo ontstond Shakti in de vorm van Mahadevi, die voor deze crisis de vorm van Durga aannam, de strijdvaardigste vorm van Godin. Elke god gaf haar zijn speciale wapen en moedigden haar vurig aan.

Toen Mahisha die kreten hoorde, stuurde hij verkenners om uit te vinden wat er aan de hand was; zijn dienaren kwamen terug met berichten over de strijdvaardigste en mooiste vrouw die ze ooit hadden gezien. Mahisha stuurde hen er opnieuw op uit, ditmaal om haar ten huwelijk te vragen. Durga echter, die de boodschappers in verwarring bracht met haar verleidelijke schoonheid, doodde hen allen. Mahisha nam toen een menselijke gedaante aan en vroeg haar persoonlijk ten huwelijk, maar Durga zei tegen hem dat zij altijd de rechtvaardigen zou verdedigen en dat hij terug moest naar de hel of tegen haar in het strijdperk treden. Vertrouwend op de belofte van Brahma viel Mahisha haar aan in de gedaante van diverse wilde dieren, maar tevergeefs: hij werd gedood door een godin en niet door een god, zodat de belofte van Brahma niet verbroken werd.

In deze geschiedenis is de godin superieur aan de god. Dat is evenwel niet de enige manier waarop Indiërs de relatie tussen die twee beschouwen. In andere verhalen wordt de godin onderworpen door de god: ze is woest en wild tot ze de partner van een god wordt, dan verandert ze in het toonbeeld van de onderworpen en ijverige Indiase vrouw. Zelfs Parvati (*blz. 116-117*) is strijdvaardig tot het moment dat Shiva haar tot echtgenote neemt. Met dergelijke 'huwelijken van God/Godin' werden cultussen verenigd die ooit zelfstandig werden beoefend. Vishnu kreeg Shri ('de voorspoedige') als partner, ook al stond haar cultus oorspronkelijk los van die van hemzelf. Nadat hun cultussen eenmaal waren samengesmolten, werd Shri onafscheidelijk van Vishnu, die op zijn lichaam het merkteken van Shri (*shrivatsa*) draagt; Shri werd gelijkgesteld aan Radha (*blz. 96-97*). De shrivaishnava's werden talrijk in Zuid-India en hechtten zoveel waarde aan de hymnen en tradities van de alvars, dat ze bekend raakten als 'de mensen van de twee geschriften', de vedanta en de hymnen van de alvars.

GODIN EN GOD

Tegenover de onderworpenheid van Godin staat dat God voor zijn macht volledig afhankelijk is van Godin: Godin blijft de bron van Shakti en zonder Shakti zijn de goden machteloos. Mahadevi, ook bekend als de moeder van de wereld *(jagad-ambika)*, zit in afbeeldingen als Bhuvaneshvari, heerser van het universum, op een troon: de vier zuilen waar de troon op rust bestaan uit de lichamen van Brahma, Vishnu, Rudra en Ishana (de laatste twee zijn vormen van Shiva) en de troonzitting is het lichaam van weer een andere vorm van Shiva, namelijk Sadashiva. Deze troon staat bekend als *panca-pretasana*: de 'zetel van de vijf lichamen'.

De twee uitersten in de verhouding tussen God en Godin worden verbonden in het tantrisme *(blz. 102-103)*, waarin de vereniging van vrouwelijk en mannelijk immers essentieel is. In het tantrisme is Kali de vrouw van Shiva als zijn Shakti en zij dansen samen woest op de crematieplaatsen in een dans die de kosmos dreigt te vernietigen, totdat Shiva Kali weet te onderwerpen. Maar Kali danst ook op het fallische lichaam van Shiva om uitdrukking te geven aan de vereniging van passief bewustzijn *(purusha)* en dynamische energie *(prakriti)*, die samen het universum vormen.

Het shakta-tantrisme kent vele vormen. Een daarvan, shrividya (voorspoedbrengende wijsheid), is wijdverbreid in heel India. In deze cultus heet de godin Lalita, of Shri. Maar anders dan de Shri van de shrivaishnava's wordt zij niet 'voorspoedbrengend' *(shri)* als gevolg van haar vereniging met Vishnu of een andere god. Ze is niet afhankelijk van Shiva, ook al is ze aan hem gekoppeld. Ze bezit de macht om de geschapen orde naar eigen inzicht te veranderen en haar vereerders wenden zich tot haar opdat ze die macht voor specifieke doelen aanwendt.

Lalita is dus een belangrijke stap in de richting van de visie dat Godin ver boven alle goden (en andere manifestaties van Godin) staat; in die visie werd ze uiteindelijk gelijkgesteld aan Brahman *(blz. 85)*, de zelf ongeproduceerde Producent van alles wat is. Dit is vooral te vinden in de *Devi Gita*, een tekst die werd geschreven als tegenhanger van de Bhagavad Gita *(blz. 92-93)*. De *Deva Gita* bestaat uit 507 verzen die als hoofdstuk 31-40 zijn te vinden in Boek 7 van de *Devi-Bhagavata Purana* en ontstond medio elfde eeuw. Er zijn veel navolgingen van de Bhagavad Gita geschreven, maar de *Deva Gita* blijft een uitzonderlijk werk omdat hierin Mahadevi Bhuvaneshavari gelijkgesteld wordt aan Brahman in termen van advaita (kader rechtsboven).

Brahman is als Mahadevi in essentie Godin en daarom legt de *Deva Gita* zo sterk de nadruk op bhakti. Alleen door devotie kan men tot het inzicht komen dat het wezen van Godin tevens het eigen wezen is.

> 'In mij is deze hele wereld in alle richtingen geweven ...
>
> Ik ben de Heer en de Kosmische Ziel [de identiteit van Brahman en Atman; blz. 86]; ook ben ik het Kosmische Lichaam.
>
> Ik ben Brahma, Vishnu en Rudra en ook Gauri, Brahmi en Vaishnavi ...
>
> Er is helemaal niets, bewegend of niet-bewegend, dat mij niet bevat; Want als dat zo was, zou het een non-entiteit zijn, de zoon van een onvruchtbare vrouw.
>
> Zoals een touw op een slang of een krans kan lijken,
>
> Zo kan ik in de vorm van de Heer en anderen verschijnen.'
>
> (Brown 1998: 118)

Durga in gevecht
Durga in gevecht met de bijna onoverwinnelijke buffeldemon Mahishasura.

Kabir

God overal vinden

DE GEPASSIONEERDE VERERING van God in bhakti (*blz.* 93, 95), bracht in India een gemeenschap van mensen voort die sants worden genoemd. Sants zijn heilige en uiterst godsdienstige personen die zich vanaf de 15e en 16e eeuw in scholen begonnen te organiseren. Zij benadrukten dat God ver voorbij menselijke woorden en beschrijvingen ligt (verg. nirguna Brahman; *blz.* 86) en ze geloofden dat God op directe wijze kan worden vereerd: tussenschakels in de vorm van een avatar (incarnatie) van God, rituelen, pelgrimages en offers waren allemaal niet nodig.

> 'Pelgrimstochten en offers vormen een giftige woekerplant die zich over de gehele wereld heeft verspreid – Kabir heeft die plant met wortel en al uitgetrokken opdat de mens het gif niet zal drinken.'
>
> (Vaudeville 1997: 206)

Ook ascetisme en een celibatair leven kunnen een hinderpaal vormen voor het in liefde opgaan in God (dit is ook een discussiepunt tussen chassidim en mitnaggedim; *blz.* 223). Het pad naar God ligt voor iedereen open en dus kunnen ook personen uit lage kasten en zelfs vrouwen sant worden. De sant Namdev stelde dat constante aandacht voor God voldoende is (*bijschrift linksboven*). Er zijn vele grote sants geweest, bijvoorbeeld Namdev en Ravi Das, maar de bekendste van hen is Kabir (15e eeuw), een wever uit Noord-India uit een lage kaste. Kabir was moslim van geboorte (al zijn er ook latere bronnen die stellen dat hij de zoon van een brahmaanse weduwe was die door moslims is geadopteerd) en hij zag God overal, evenzeer onder hindoes als onder moslims: 'Banaras is naar het oosten, Mekka naar het westen; maar ga naar uw eigen hart en u zult daar zowel Rama als Allah vinden.' Kabir noemde God meestal Hari, de Heer.

> 'Toen ik was, was Hari er niet,
> nu is Hari en ben ik er niet meer:
> alle duisternis is verdwenen
> toen ik de lamp in mijn hart vond.'
>
> (Vaudeville 1997: 178)

Maar de Heer draagt vele namen voor hen die God liefhebben – Ram, Allah, Karim, Rahim (de Barmhartige). Het gaat erom de aanwezigheid van God in elk moment van het leven te voelen.

Constante aandacht
'Zoals de ijsvogel loert op de vis,
zoals de goudsmid aandachtig naar het goud kijkt tijdens het graveren,
Zoals de losbandige man begerig lonkt naar de vrouw van een ander,
Zoals de gokker tijdens het werpen gespannen de dobbelstenen volgt,
Zo zie ik, waar ik ook kijk, alleen u, o Ram!
Voor eeuwig mediteert Nam aan de voeten van God.'

'Een heilige behoudt zijn heiligheid temidden van goddeloze menigten,
Zoals de malaya-boom zijn koelte bewaart
In de omhelzing van een giftige slang.

Paarden, olifanten in grote aantallen,
Koninklijke baldakijnen en wapperende banieren:
Liever een bedelaar dan dergelijke overvloed,
Wanneer de bedelaar onophoudelijk Hari aanroept!'

(Vaudeville 1997: 173)

> 'Hari verblijft in het oosten, zo zegt men,
> en Allah woont in het westen [in Mekka],
> Zoek hem in uw hart, in het diepste van uw hart:
> Daar woont Hij, Rahim-Ram.
> Alle mannen en vrouwen ooit geboren
> Zijn niets dan vormen van Uzelf:
> Kabir is het kind van Allah-Ram:
> Hij is mijn goeroe en mijn pir.'

Een *pir* is een spirituele leidsman in de islam, het equivalent van de goeroe in het hindoeïsme. Kabir besefte heel goed dat God zijn enige leidsman en goeroe was – God duikt in de diepte van de ziel van hen die in liefde naar Hem verlangen en staat beslist niet aan de poort om de religieuze geloofsbrieven te controleren voordat degenen die in vertrouwen komen worden binnengelaten *(kader rechts)*.

In India is een *sati* een weduwe die zichzelf uit verering voor de waarheid in de vorm van plicht, of dharma, opoffert door zich levend op de brandstapel van haar overleden echtgenoot te werpen. Volgens Kabir zijn de ware *sati's* degenen die alles in het leven opgeven en zich op God werpen om een waterdruppel te worden in de enorme oceaan van God. Dat is een veelgebruikt symbolisch beeld in India – en daarbuiten ook (bijvoorbeeld Eckhart; blz. 274) – om aan te geven wat een samensmelting met God voor de ziel betekent. Maar Kabir kende God goed genoeg om te weten dat ook het tegendeel waar is: 'Iedereen weet dat de druppel opgaat in de oceaan, slechts weinigen realiseren zich dat de oceaan ook in de druppel opgaat.' Kabir was zo de dichter van de volledige overgave aan God; hij vond God in de substantie en gebeurtenissen van de wereld *(kader links)*. Kabir stierf zoals hij had geleefd: gehecht aan God alleen en niet aan de een of andere religie.

> 'Door "U, U" te herhalen werd ik wie U bent:
> In mijzelf is geen "ik" meer over.
> Ik offer mijzelf in uw naam,
> Waar ik ook kijk, daar bent U.'

De hindoes en moslims onder de volgelingen van Kabir begonnen ruzie te maken bij zijn stoffelijk overschot: moest hij als moslim begraven of als Hindoe verbrand worden? In de strijd werd de lijkwade van zijn lichaam getrokken, daaronder bleken alleen bloemen te liggen. De helft daarvan werd begraven, de andere helft gecremeerd.

> 'Zelfs als u een pandit bent,
> die alle geschriften kent
> en alle wetenschappen en talen;
> En als u alle verhandelingen kent
> en bezweringen en kruidenbalsems
> Ook dan moet u sterven ...
>
> En als u een yogi bent, een yati,
> een tapi of een samnyasi,
> Die eindeloos pelgrimages maakt –
> Met geschoren hoofd of
> uitgetrokken haren, een zwijgend
> persoon of een persoon met
> verwarde haren,
> Ook dan moet u sterven.
>
> Kabir zegt, ik heb nagedacht en
> gepeinsd, de hele wereld
> beschouwd:
> Niemand is ooit ontsnapt –
> Daarom zoek ik mijn toevlucht bij U:
> Bevrijd mij van de cyclus van
> geboorte en dood!'

(Vaudeville 1997: 241)

De oceaan en de golf
'Fluister de naam van Hari en uw zonden zullen verdwijnen. U bent ik en ik ben U, zonder verschillen, zoals het goud en de armband, de oceaan en de golf' (Adi Granth).

Sikhs

Goeroe Nanak

Goeroe Nanak
Het leven van goeroe Nanak wordt naverteld in religieus eerbiedige verhalen, Janam-Sakhi's. *Hij wordt afgebeeld met de kleding van een heilige man in een landelijke omgeving om de nadruk te leggen op de vele jaren die hij als rondtrekkend asceet doorbracht.*

Omdat Kabir God overtuigend in de diepte van zijn eigen leven vond, stond hij kritisch tegenover uiterlijk ritueel en rivaliserende godsdiensten.

'Mijn God is als suiker uitgestrooid over zand: een olifant stampt eroverheen en kan er geen korrel van oppakken. Kabir zegt: de goeroe gaf mij raad: word een mier en eet de suiker!'

Deze visie op God leidde tot een onzekere religieuze toekomst voor hem. Zijn volgelingen organiseerden zich in een groep (de Kabir Panth) met als doel het zoeken van God in het eigen hart in plaats van in instituties, maar de beweging bleef vooreerst klein. Toch had Kabir een belangrijke religieuze invloed, want hij bleek een belangrijke inspiratiebron te zijn voor een jongeling uit de Punjab met de naam Nanak (1469-1539), later goeroe Nanak, de eerste mannelijke goeroe van wat later de sikh-religie zou worden. Hoe *direct* de invloed van Kabir op Nanak was, is onbekend. Er zijn verhalen over ontmoetingen tussen de twee mannen, maar deze zijn waarschijnlijk verzonnen om het aanzien van Nanak te vergroten, want in die verhalen erkent Kabir Nanak als een grotere figuur dan hijzelf is.

Maar ongeacht de vraag of er sprake was van invloed of niet, het is duidelijk dat de twee veel gemeen hadden. In de allereerste plaats deelden ze een overweldigend gevoel van God als de bron en het fundament van alle verschijning in dit en elk ander universum, zoals duidelijk blijkt uit de Mul-mantra *(kader onderaan).*

Net als Kabir en anderen in de traditie van de sants *(blz. 120)* geloofde Nanak dat het mogelijk is God direct te kennen. Natuurlijk is God ver buiten bereik van de menselijke gedachten en woorden als de Ene die de schepping met een enkel woord deed ontstaan, de Ene die beslist wat blijft

DE MUL-MANTRA
De compositie die de basismantra werd van de Adi Granth

De Mul-mantra was een van de eerste composities van goeroe Nanak. De mantra staat aan het begin van de *Adi Granth* ('Het eerste boek' of 'Het Oerboek', ook bekend als *Goeroe Granth Sahib, blz. 126*), het werk waarin de vijfde goeroe, Arjan, de door God geïnspireerde woorden samenbracht en waarin 226 *shabads* (liederen) van Kabir zijn te vinden. De Mul-mantra is onvertaalbaar, maar betekent ruwweg: 'Er is één wezen en zijn naam luidt waarheid, bron en schepper, zonder angst, zonder vijandigheid, tijdloos in vorm, ongeboren, in zichzelf bestaand, de genade van de goeroe.'

of moet verdwijnen *(AG blz. 413)*. God kan worden beschouwd als de tuinman die de planten verzorgt *(AG blz. 765)*, maar God moet niet met de tuin verward worden: 'Hij is geheel anders en hij staat buiten de tijd: zijn licht schijnt in de schepping en dat licht is iedereen en alles' *(AG blz. 579)*.

> 'U alleen bent de schepper,
> Alles wat bestaat komt van u,
> Zonder u zou niets kunnen bestaan:
> Altijd scheppend, ziet en weet u alle dingen.
> Zo zegt Nanak de slaaf. Door de goeroe wordt u geopenbaard.'
>
> (Avondgebed, Rahiras)

Ondanks deze absolute transcendentie wil God gekend worden en wordt gekend. Het woord van God schept alle dingen en daarom vertelt de schepping over het wezen (of de naam; *blz. 124*) van God: 'Alles wat hij schept drukt zijn naam uit. Er is niets in welk deel van de schepping dan ook dat niet zelfexpressie is' *(AG blz. 4)*. Dat betekent dat God overal kan worden ontmoet en gezien.

> 'U bent de oceaan, allesomvattend, alwetend en ziend.
> Hoe kan ik, een vis in de oceaan, ooit uw grens waarnemen?
> Overal waar ik kijk, daar bent u.
> Als ik u verlaat, krijg ik geen adem en sterf.'
>
> (AG blz. 25)

Goeroe Nanak had deze waarheid uit directe ervaring leren kennen. In 1499 nam hij bij Sultanpur een bad in de Bein-rivier en verdween voor drie dagen onder water. Toen hij weer opdook, bracht hij nog een dag in stilzwijgende meditatie door en sprak toen: 'Er is geen hindoeïsme, er is geen islam,' waarmee hij waarschijnlijk niet bedoelde dat er slechts één universele godsdienst is, maar dat niemand volledig naar zijn geloof leeft. Een in een latere tijd geschreven biografie van Nanak vertelt hoe hij een directe opdracht van God kreeg *(kader rechtsboven)*.

Goeroe Nanak gaf al zijn bezittingen weg en trok 24 jaar lang door India en daarbuiten om de wereld op Gods waarheid te wijzen. Op deze eenvoudige manier begon de sikh-religie met de verwerping van zaken als kaste en offers en nam het verhaal van God een nieuwe wending.

> 'Naar de wil van het Eerste Wezen kwam de vereerder tot de Goddelijke Aanwezigheid. Toen werd hem een kop amrit [de drank van onsterfelijkheid die onmisbaar is bij sikh-rituelen] gegeven met het gebod: "Nanak, dit is de kop van naamverering. Drink: ik ben met u en ik zegen en verhef u. Wie zich u herinnert, zal in mijn gunst staan. Ga heen, verheug u in mijn naam en leer ook anderen dat te doen ... Ik heb u de gift van mijn naam gegeven. Laat dat uw roeping zijn." Nanak groette en stond op.'
>
> (Bhai Vir Singh 1948: 16)

Sikh-praktijk

In tegenstelling tot Kabir organiseerde goeroe Nanak zijn volgelingen. Toen hij zich uiteindelijk in Kartapur vestigde, hielden hij en zijn volgelingen zich aan een dagelijks ritueel van baden, het zingen van liederen en gezamenlijke maaltijden.

Sikhs

De Naam van God

Ik Onkar
Dit is een samenvatting van het geloof van de sikhs, namelijk dat God de Ene is, de ultieme bron van alles. Dit staat tegenover (maar is uiteindelijk niet in conflict met) de algemene Indiase opvatting dat God zich in allerlei vormen manifesteert, bijvoorbeeld in de trimurti (blz. 90).

Voor de sikhs is Ik Onkar of Ikk Oan Kar, links afgebeeld, het hoogste symbool voor God. Het is de eerste regel van de Mul-mantra *(blz. 122)* en bestaat uit:

- het cijfer 1;
- het teken voor *oan* ('dat wat waarlijk is', aum in Sanskriet; *blz. 128*);
- het woord *kar*, 'lettergreep'.

De regel betekent letterlijk 'de lettergreep oan [is] één' en benadrukt de absolute en compromisloze eenheid van God en verwijst naar (en *is* indien uitgesproken) de realiteit van God.

De volgende regel van de Mul-mantra is Sat Nam, 'ware naam'. Voor sikhs en Indiërs in het algemeen is de klank en het uitspreken van de naam van God een belangrijke stap naar bewustwording van God; de dynamische natuur van God wordt onthuld door de heilige klanken van mantra's *(blz. 129)*. Voor sikhs is het zich concentreren op en mediteren over Nam, de naam *(Nam simaran)*, van essentieel belang. Het sikh-geloof wordt daarom soms nam-yoga genoemd, want in de naam zien sikhs de zelfopenbaring van God.

> *'Mediteer over de naam van God en bereik via deze naam een toestand van opperste gelukzaligheid.'*
>
> (AG blz. 26)

Dat wat waarlijk echt is, heeft vele namen gekregen (God, Rama, Allah, Vishnu, Shiva) en elke naam geeft op bepaalde manieren uitdrukking aan wat God is, maar Nam, de essentie (essentiële natuur en wezen) van God ligt ver voorbij die benaderende namen en woorden *(kader linksonder)*.

Nam simram houdt meer in dan alleen het reciteren van de naam van God. Goeroe Nanak zei: 'Iedereen kan de naam van God uitspreken, maar spreken is niet hetzelfde als beseffen. Pas wanneer God naar binnengaat, door de genade van de goeroe, kan men de vruchten plukken ... Waarom schreeuwt u de naam van God luidkeels als zij die God hebben bereikt Hem in hun hart verbergen?'

Goeroe Gobind Singh gaf dezelfde waarschuwing: het gaat niet om het reciteren van de woorden, maar om het besef van de kracht die erin schuilt: 'U roept vijf keer luidkeels naar God, maar 's winters doet de wolf dat ook. Als u God zou kunnen bereiken door steeds maar "U, U" te herhalen, welnu! de vogels roepen dat immers aan een stuk door!'

Nam, de naam, is het ontmoetingspunt van de mens met de Ene die ver voorbij kennis is, maar die diep in de eigen natuur kan

> *'Hoe kan Nam worden gekend? Nam is in ons, maar hoe kan Nam worden bereikt? Nam is overal werkzaam en doordringt de gehele ruimte. De perfecte goeroe [Granth Sahib] doet u ontwaken voor het visioen van Nam. Door de genade van God kan die verlichting worden bereikt.'*
>
> (AG blz. 1242)

worden gevonden. Om de verbinding met God te leggen is noch een bemiddelaar (bijvoorbeeld een *avatara* of incarnatie), noch een uiterlijk ritueel nodig – ook al gebruiken sikhs vaak een *mala*, die vergelijkbaar is met de christelijke rozenkrans. Muziek en dans worden met wantrouwen bekeken; die roepen dan wel toestanden van trance en vreugde op *(blz. 40-41)*, maar kunnen ook van God afleiden.

> *'De geest moet zichzelf in een toestand van devotie dansen zodat de geest, via de woorden van de goeroe, de naam ontmoet. Zij die roepen en schreeuwen en het lichaam rondtollen, verzamelen slechts illusies en inwendige pijn.'*
>
> (MajhM. 3)

Het zichzelf offeren aan God is het enige ritueel of offer dat nodig is. 'Het rusteloze zoeken van de geest stopt en men leeft in een eeuwige toestand van opkomende gelukzaligheid.' Goeroe Amar Das zei het zo: 'Wanneer je de negen deuren [van de zintuigen] sluit en de interacties met de wereld stoppen, kom je binnen de tiende deur tot rust, het echte huis. Hier hoor je eindeloos de woorden van de goeroe, ook al worden ze niet uitgesproken.' Dit is absoluut geen verwerping van de wereld, maar een erkenning dat God overal wordt herkend, hetgeen leidt tot een leven van verantwoordelijkheid en vreugde.

De samenkomst van het individuele zelf met God is als de samenkomst van geliefden. De ziel moet zich daarom ontdoen van leugens en bedrog. Een sikh schreef: 'De bruid die bij God in bed wil liggen, moet zich kleden in de totale naaktheid van de ziel' *(Gopal Singh, blz. 34)*. De goeroes spreken vaak vanuit het gezichtspunt van de vrouw, de bruid, die op haar minnaar wacht.

Delhi Bank
De Reserve Bank of India. Goeroe Ram Das antwoordde op de vraag van een man wat hij moest doen om te worden gered: 'Open een bank in Delhi en bid voor uw klanten.'

> *'Mijn geest en lichaam smachten,*
> *maar mijn geliefde is ver weg in vreemde landen.*
> *De geliefde komt niet naar huis, ik zucht tot ik sterf*
> *en de bliksem vervult mij van angst.*
> *Ik lig alleen op bed, gekweld;*
> *moeder, pijn is als dood voor me.*
> *Hoe kan er zonder de Goddelijke slaap of honger zijn?*
> *Welke kleding kan de huid kalmeren?*
> *Nanak zegt dat de bruid pas echt getrouwd is*
> *wanneer zij wordt omhelsd door haar geliefde.'*
>
> (Barah Maha 3)

De pijn van afwezigheid vergroot het verlangen naar God (ook *viraha* bhakti; *blz. 95*), maar uiteindelijk ontvangt God altijd degenen die in vertrouwen tot Hem komen. Goeroe Amar Das zei: 'De wereld staat in brand; red hem, o God, door welke deur de mensen ook naar u toekomen.'

Sikhs

Goeroe Granth Sahib

In 1603 besefte goeroe Arjan, de vijfde goeroe van de sikhs, dat de sikh-gemeenschap ('panth') zich snel verspreidde en daarom besloot hij dat de openbaringen die God via goeroe Nanak en zijn opvolgers had gegeven, verzameld moesten worden.

De verzamelde liederen en gedichten werden over 31 hoofdstukken verdeeld, gesorteerd op hun muzikale ritmes en binnen elk hoofdstuk op de chronologie van de goeroes. De verzameling werd Granth ('boek') genoemd, maar omdat het de zelfopenbaring van God via zijn nieuwe goeroe bevat, kreeg het boek bekendheid als de goeroe zelf en kwam in aanmerking voor respect (*sahib*), vandaar de volledige naam Goeroe Granth Sahib. Het wordt ook het Eerste Boek of Oerboek genoemd, Adi Granth. Toen de tiende goeroe, Gobind Singh, stierf (oktober 1708), liet hij de aanwijzing achter dat er na hem geen menselijke opvolgers als goeroe meer zouden komen en dat het boek voortaan de enig levende goeroe zou zijn. Daarom bidden de sikhs elke dag: 'Erken goeroe Granth als het zichtbare lichaam van alle goeroes.'

Toen het bijeenbrengen van de teksten was voltooid, werden grote festiviteiten georganiseerd, in die tijd te vergelijken met die bij een vorstelijke bruiloft. Op 16 augustus 1604 werd goeroe Granth met veel ceremonieel in het binnenste heiligdom van de tempel in Amritsar – later de Gouden Tempel genoemd – geïnstalleerd. De eerbied voor goeroe Granth is ook nu nog aanwezig. Elke sikh-gemeenschap heeft een plaats waar men samenkomt die 'de poort naar de goeroe' wordt genoemd, Goeroe-dwara ('deur'), vaker gespeld als Goerdwara. Hier bevindt zich de Goeroe Granth Sahib. Er zijn geen beelden of schilderingen die God voorstellen en meestal zijn er ook geen stoelen. De bezoekers gaan nederig op de vloer zitten voor de goeroe, die altijd op een hoog platform is neergelegd en met dezelfde eerbied wordt behandeld die hindoes in hun eigen tempels aan de afbeelding van God bewijzen. Sikhs buigen zich met bedekt hoofd en blote voeten voor het boek ter aarde. Elke dag wordt bij zonsopgang een ceremonie uitgevoerd die *prakash karna* heet, de 'manifestatie van het licht'. Het boek is van rijkversierde omslagen voorzien en wordt beschermd door een baldakijn; er wordt met een soort waaier (*chauri*) over gezwaaid als teken van respect en om vliegende insecten op een afstand te houden. Vervolgens wordt de Ardas ('smeekbede') gereciteerd, onderbroken door de uitroep 'Vahigoeroe' en eindigend met de woorden: 'Aan de lovenswaardige Heer Goeroe behoort de khalsa, aan de

---

'Zonder het woord is men ertoe veroordeeld om over een niet in kaart gebrachte oceaan te zwerven. Alle dingen van deze wereld trekken ons naar de diepte. Denk na, pas uw inzicht toe op het woord en u zult veilig naar God varen.'

(Kaur Singh 1995: 19)

Gods woord
Veel sikhs bewaren het levende woord ook thuis, in een aparte kamer, en behandelen het met de grootste eerbied. Ze raadplegen het voor advies want het is God die hier direct tot de gelovige spreekt.

lovenswaardige Heer Goeroe behoort overwinning.' Het woord 'Vahigoeroe' betekent 'de goeroe zij geloofd', maar het is ook een naam van God geworden. Vervolgens wordt de Goeroe Granth Sahib op een willekeurige plaats opengeslagen en leest iemand de passage bovenaan de linkerbladzijde hardop voor. Deze passage staat bekend als *vak* of *hukam*, 'het woord' of 'de orde van de dag': deze ceremonie heet *vak lao*, 'het woord nemen'. Aan het einde van de dag vindt er een ritueel plaats met de naam Sukhasan, 'comfortabel zitten' – en na weer een voorlezing en gebeden wordt het boek voorzichtig gesloten.

Via de Goeroe Granth Sahib is God als woord aanwezig in de gemeenschap en in de wereld *(kader links)*. Ook al mag er dan geen behoefte zijn aan bemiddelaars of incarnaties, de Goeroe Granth Sahib is toch niet minder dan een directe equivalent *(bijschrift links)*.

Tussen de twee wereldoorlogen gingen grote aantallen 'onaanraakbare' hindoes in de Punjab over tot de sikh-religie (en soms tot het christendom) om te ontsnappen aan hun deplorabel bestaan. Er was echter een probleem: goeroe Nanak had dan wel kasten verworpen, maar de sikhs bleven het moeilijk vinden om ze op te geven, vooral in het geval van huwelijken. Het probleem was dat in de Goerdwara het delen van voedsel *(prasad; blz. 94)* een fundamentele plicht is, maar moest men zich daar ook in het centrum van de sikh-religie in Amritsar aan houden bij mensen die onaanraakbaar waren? Men besloot de levende goeroe te raadplegen via *vak lao* en het boek werd opengeslagen op de rechtsboven weergegeven passage. Dus hoe men ook mocht denken over de onaanraakbaren, het was duidelijk dat de Goeroe Granth Sahib hen had aanvaard!

> 'De ware goeroe schenkt ook genade aan de onwaardige als die zichzelf aanbiedt. Boven alle dingen staat de dienstbaarheid aan de ware goeroe door de goddelijke naam te onthouden. God biedt genade en eenwording.
> Wij behoren allen, als zondaren, tot de onwaardigen, maar de ware goeroe heeft ons in gelukzaligheid verenigd.'
>
> (AG 638.3)

De Gouden Tempel
De Gouden Tempel in Amritsar werd in 1601 gebouwd en werd Harimandir Sahib ('geëerde tempel van God') of Darbar Sahib ('geëerd koninklijk hof') genoemd. De tempel werd van 'goud' toen er begin negentiende eeuw verguld koperen platen op werden aangebracht.

Geluid en klank

De expressie van God

OM of AUM
Dit eeuwige hindoeïstische symbool dat voor en na het gebed wordt gezegd of gezongen bestaat uit drie onderdelen die verwijzen naar de trimurti (blz. 90); de stilte aan het einde is een vierde deel dat verwijst naar het bereiken van God/Brahman. Dit symbool staat geschilderd op de hand van Shiva (blz. 105).

Voor de sikhs zijn geluid en woord (*shabad*) nauw met elkaar verbonden. Zonder tot woorden gevormd geluid zouden mensen niet met elkaar of met God kunnen communiceren. God wordt via het woord gekend: 'God heeft geen vorm, geen kleur, geen materiële identiteit, maar wordt geopenbaard via het ware woord' (*AG 597*).

Maar als *shabad* ('het woord') uitdrukking geeft aan het innerlijke wezen van God, volgt daaruit dat achter of vooraf aan shabad het ongesproken of 'niet-klinkende' geluid ligt (*anahad shabad*), de essentie van God. Het herhalen van de naam (*Nam; blz. 124*) van God zorgt ervoor dat alleen dát en niets anders in het eigen wezen wordt gevoeld waardoor een compleet opgaan in God wordt bereikt: 'shabad zorgt ervoor dat Nam in het hart wordt gesloten' (*AG 1242*).

Het begrijpen van geluid, woord en naam staat in het Indiase geloof bekend als shabda. Al in de veda's wordt geluid vereerd als het wezen en de uitdrukking van God. Vac ('spraak') is de godin die geluid belichaamt en spraak schept. Waarschijnlijk was zij een godin van het oervolk die in het arische (*blz. 60*) geloof werd opgenomen om de nadruk te leggen op het correct reciteren van de vedische gezangen en hymnen.

Ook de mens beschikt over de creatieve kracht van Vac: wanneer mensen woorden maken, scheppen zij een waarheid en werkelijkheid die daarvóór nog niet bestond. Vac moet daarom worden vereerd als degene die de mens in staat stelt die kracht te gebruiken voor goede dingen en niet voor slechte.

KLANK EN BETEKENIS

Vac zet betekenisloos geluid op diverse manieren om in klanken die betekenis dragen.

- **SPHOTA**: het fundamentele vermogen van geluid om betekenis uit te dragen (als een zweer die openbarst); dat vermogen verbindt shabda met het wezen van God of Brahman als de bron van alle orde en betekenis: 'Het eeuwige woord dat *sphota* wordt genoemd is ongedeeld en de oorzaak van de wereld – en is in werkelijkheid Brahman' (*Sarvadarshana-samgraha 13.6*).
- **NADA**: het constant, ongedeelde 'klinken van geluid' met het potentieel tot betekenis, maar voorlopig alleen nog de expressie van het wezen van God/Brahman, alleen waarneembaar voor hen die getraind (vooral door yoga) en erop afgestemd zijn – bijvoorbeeld de rishi's die intuïtief de veda's aanvoelen (*blz. 60*).
- **ANAHATA**: geluid als potentiële betekenis, maar nog niet geuit, bijvoorbeeld een gedachte.
- **AHATA**: concrete klanken van alle mogelijke soorten, of de mens ze nu kan horen en begrijpen of niet – bijvoorbeeld de geluiden in het nachtelijke oerwoud waar zoogdieren, vogels en insecten deelnemen aan de kosmische creativiteit van God.

'Toen de mens, door namen te geven,
De eerste geluiden van Vac voortbracht,
Werden dingen die op zichzelf goed waren, die puur waren,
Diepverborgen geheimen, door liefde aan het licht gebracht.
Toen de mens taal schiep met wijsheid,
Alsof hij meel zeefde door een zeef,
Erkende iedereen dit bewijs van vriendschap,
En in hun spraak hielden zij contact met elkaar.
Velen die zien, zien Vac niet,
Velen die horen, horen haar niet.
Maar aan een ander onthult zij haar schoonheid
Als een stralende bruid die zich aan haar man geeft ...
Zij die noch naar voren noch naar achteren bewegen
Zijn geen brahmanen, brengen geen plengoffers,
Ze zijn slechte handwerkers die Vac misbruiken,
Onwetend spinnen zij een onbruikbare draad voor zichzelf.'

(RV 10.71)

'Een naam kan als equivalent worden beschouwd van wat benoemd is ...
Zowel naam als vorm zijn de schaduwen van de Heer, die, Goed begrepen, onbeschrijflijk en ongecreëerd is ...
De vorm is minder belangrijk dan de naam, want zonder de naam kan men geen kennis van de vorm verwerven, maar mediteer over de naam zonder de vorm te zien en de ziel wordt vervuld van eerbied. De naam is een tolk tussen de materiële en immateriële vorm van de godheid en is een gids en een tolk voor beide.'

(Tulsi Das in Growse 1937: 17)

Het herhalen van de naam van God is belangrijk omdat shabda God is, zowel in essentie als manifestatie: het voortbrengen (herhalen) van de naam van God is hetzelfde als tot God komen (*kader rechts*). Dit tot God komen via geluid vindt plaats via een mantra ('gedachte-instrument'). Mantra's zijn (sinds de veda's of al eerder) een vers, lettergreep of een serie lettergrepen die ritueel worden gebruikt om uitdrukking te geven aan het wezen van God. Er zijn drie soorten:

❖ mantra's met betekenis, bijvoorbeeld *Namah Shivaya*, 'Shiva zij geloofd', of de Gayatri-mantra, die dagelijks door de tweemaal geborenen wordt herhaald: *Om, bhur, bhuva, sva, tat savitur varenyam bhargo devasya dhimahi dhiyo yo nah pracodayat*; 'Om, aarde, ruimte, lucht; wij mediteren over het briljante licht van Savitri, vereerde God; dat hij onze geest moge verlichten';
❖ mantra's zonder betekenis, bijvoorbeeld de uiterst belangrijke OM of AUM, *pranava*, 'weerkaatsing', genoemd (*bijschrift links*);
❖ *bija* of 'zaadmantra's', waarin de goddelijke essentie in de eenvoudigste vorm te vinden is: zo is *krim* de essentie van Krishna; Om is de *bija* van alle mantra's.

Omdat het herhalen van een mantra, stil in gedachten of hardop, rechtstreeks tot God leidt, kan men deze alleen leren van een goeroe. Bij de juiste manier van concentreren neemt het bewustzijn van de vereerder de vorm van de godheid zelf aan. Een tekst van de shaiva's van Kashmir luidt: 'Zij die de grote Brahman bereiken zijn ondergedompeld in het geluid van God (*shabdabrahman*), de niet-verklankte klank [*nada*], vibrerend zonder contact, dat gehoord kan worden met het oor dat gescherpt is met hulp van een goeroe, het ongebroken geluid dat voortraast als een rivier' (Vijnanabhairava 38).

Trommel van Shiva
De dubbelzijdige trom in de ene hand van Shiva (blz. 104) geeft het ritme van het leven aan en wekt nieuwe scheppingen tot leven. De trom staat tegenover het vernietigende vuur dat Shiva in zijn andere hand houdt.

Mandala en yantra

De essentie van God

God wordt manifest in en door klank, maar ook in ruimte, waar de ontmoeting met God via *mandala* (Sanskriet voor 'cirkel') en *yantra* ('instrument om iets te ondersteunen') plaatsvindt. Het zijn symbolische representaties of afbeeldingen van de gehele kosmos.

Mandala's zijn diagrammen die op muren, rollen of gewijde aarde worden geschilderd. De mandala heeft altijd een cirkelvorm als verwijzing naar de manier waarop God alles omringt en omvat. De buitenste cirkel is vaak een ring van vuurvlammen die naar Gods beschermende kracht verwijst: bij yogi's die hun binnenkomst in de mandala visualiseren, worden hun onreinheden symbolisch verbrand. Een tweede cirkel bestaat uit een ring van wapens (bijvoorbeeld *varja's*, 'donderslagen'), die de onverwoestbaarheid van de vereniging met God symboliseren.

Voor boeddhisten geven mandala's uitdrukking aan de onverwoestbare kracht van verlichting. Zij kennen, vooral in mandala's voor wrekende godheden (*blz. 72-73*), nog een derde cirkel van acht begraafplaatsen waar de acht oppervlakkige en misleidende manifestaties van bewustzijn sterven en als laatste een ring van lotusbladeren die staan voor de zuiverheid van het land dat zij vervolgens betreden.

Nadat de yogi in zijn visualisatie die grenzen heeft overschreden, staat hij voor een 'zuiver paleis' (*vimana*) dat met zijn vier muren (versierd met symbolen van voorspoed) en vier open poorten (*dvara*) voor de vier windstreken staat en in zichzelf de totale externe wereld omsluit. Het centrum van het paleis is het centrum van de wereld, de *axis mundi*. Door zichzelf in de mandala te visualiseren en zich te identificeren met de centrale godheid bereikt de yogi God/Godin, of Verlichting zoals bij de boeddhisten.

Mandala's spelen vooral in tantra (*blz. 102-103*) een belangrijke rol en worden beschreven in tantrische teksten. In bijvoorbeeld de *Lakshmi Tantra* (37.3-19) wordt de mandala van negen lotussen beschreven. Die bestaat uit een serie vierkanten met negen lotussen in het centrale vierkant waarin zich diverse goden bevinden, in het bijzonder Narayana (*blz. 98*), terwijl Lakshmi (*blz. 116*) in de centrale lotus zit, omringd door de manifestaties van God (de *vyuha's* van Vishnu; *blz. 90*) en andere godheden op de bloembladeren. Op de overige lotussen zijn andere manifestaties van Shakti (*blz. 116-117*) geplaatst.

Zo krijgen we een volledig beeld van de kosmos en de energieën die hem deden ontstaan en instandhouden. De vereerder die de mandala betreedt, gaat op in die energieën en wordt één met hun manifestaties in de vorm van God/Godin. Bij de verering (*puja; blz. 94*) is de mandala de heilige plaats waar een bepaalde vorm van God/Godin wordt opgeroepen door middel van een

Chandra
Chandra, de maan, is het offeren van soma *(blz. 62-63), het voedsel van de zon en het doel waarnaar de gehele schepping op weg is. De zon en maan vormen samen het complete kosmische offer, het pad van uitwisseling tussen leven en dood (blz. 62), dat door de mandala wordt opengelegd.*

mantra. De mandala krijgt leven door er mantra's aan toe te voegen (*nyasa*), waarna de mandala, net als mantra, als de godheid zelf wordt beschouwd: ze is dus méér dan alleen maar een representatie. *Nyasa* is ook het ritueel plaatsen van mantra's op heilige tekens op het lichaam als een symbool van de intentie om het wereldse lichaam te vernietigen en te vervangen door het lichaam van de godheid, vaak – vooral in tantra – in verband gebracht met Shakti (*blz. 116-117*). Dit is onderdeel van een ritueel dat *bhutasuddhi* wordt genoemd, een inleidend ritueel bij vrijwel alle vormen van tantrische *puja* (verering).

Bhutasuddhi ('zuivering van de elementen') is het zich ritueel ontdoen van de vijf hoofdelementen van het lichaam om het voor te bereiden op de bewustwording van God/Godin. Door visualisatie en mantra worden deze elementen systematisch opgeheven. Elk element is verbonden met een bepaald deel van het lichaam (al verschilt de indeling per tekst): 'aarde' van de voeten tot de knieën, 'water' van de knieën tot de navel, 'vuur' van de navel tot de hartstreek, 'lucht' van het hart tot tussen de ogen en 'ruimte' van tussen de ogen verder omhoog. Dus beginnend bij de voeten en omhoog werkend laten zij die samenkomst zoeken (*sadhaka's*) het grove lichaam oplossen en vervangen het door Shakti, verwezenlijkt in de vorm van de zaadmantra (*bija*), (*blz. 129*). In het volgende stadium van *puja* schilderen zij het goddelijke mantralichaam van de godheid door *nyasa* op hun eigen lichaam. Hun lichaam wordt het lichaam van de godheid en de godheid vaart in hen, waarna pas ware verering mogelijk wordt, want alleen God kan God vereren op hetzelfde niveau van wederzijds delen van extatische gevoelens. *Sadhaka's* dringen door tot het innerlijke wezen van God en dat brengt pure vreugde met zich mee.

Yantra's zijn geometrische patronen waarin de kosmos is afgebeeld, zodat de vereerder vanaf de buitenste grenzen van de wereld kan doordringen tot het wezen van God/Godin in het centrum. Anders dan mandala's kunnen ze driedimensionaal zijn en gemaakt van steen of metaal. Vaak is er een zaadmantra aangebracht om ze de kracht van een godheid te verlenen: ze vormen het brandpunt van meditatie omdat ze de echte aanwezigheid van God belichamen.

Er bestaan yantra's voor diverse doeleinden, bijvoorbeeld bescherming, het vervullen van wensen, controle verkrijgen over een ander of het doden van een vijand. De shriyantra omvat ze allemaal en is vooral belangrijk voor de shrividya (*blz. 119*), maar ook voor veel anderen. Ze bestaat uit negen elkaar kruisende driehoeken, vijf 'vrouwelijke' driehoeken (die staan voor Shakti) die omlaag wijzen en vier 'mannelijke' driehoeken (die staan voor Shiva) die omhoog wijzen – soms is dit omgekeerd. De driehoeken representeren de wederzijdse penetratie van Shiva en Shakti, de dualiteit van mannelijke en vrouwelijke aspecten van de gehele kosmos waar alles wat is uit voortkomt. De driehoeken worden omringd door vijf cirkels, waarvan de binnenste versierd is met acht bloemblaadjes van de lotus, de volgende met zestien. Rondom deze cirkels liggen drie rechthoeken met vier poorten. Een stip (*bindu*) in het midden staat voor de bron van manifestatie, namelijk Godin als Brahman. Mandala's zijn het visuele equivalent van mantra's, die ook aan de basis liggen van de aanwezigheid van God/Godin in een andere vorm: die van de tempel.

Beschilderde yogi
Yoga (Sanskriet yuj, 'juk', 'samen') is het zich concentreren van een persoon om een toestand te bereiken waarin bewustzijn, geest en lichaam veel meer kunnen dan normaal. De yogi volgt een van de vele paden die leiden tot 'het opgeven van alle voorwaarden van bestaan'. In Patanjali's 'koninklijke yoga' (Yogadarshanam 1.24) is God die voorwaarde van vrijheid.

Tempels van India

Gods aanwezigheid op aarde

Hemel en aarde verbinden
Deze tempel in Mataram in Indonesië met de shikhara (zie tekst) verbindt de hemel met de aarde. Tempels kunnen aan een bepaalde god zijn gewijd, maar een hindoe mag zonder disloyaal te zijn een tempel bezoeken die aan een andere god is gewijd dan die van zijn eigen devotie. Geoffrey Moorhouse (1994) beschreef de tempels van Zuid-India: 'Elke hindoe die naar Madurai komt, erkent de almacht van Shiva. Ieder heeft daarnaast vaak nog een persoonlijke god – de goedaardige Ganesha [blz. 108], de verschrikkelijke, bloeddorstige Kali [blz. 117], Hanuman de aapgod [blz. 80-81], Garuda de hemelse vogel [blz. 316] ... die hij dagelijks aanbidt, regelmatig om gunsten vraagt en altijd en overal aanroept. Maar elke ware pelgrimage naar de tempel van Sri Meenakshi betekent vóór alles een nederig buigen voor de linga [blz. 114-115] ... van de Heer Shiva.'

Net als mandala's zijn tempels een voertuig voor de aanwezigheid van God/Godin op aarde – veel tempels hebben daarom een plattegrond die gebaseerd is op een mandala. Algemeen voorkomend en al heel oud is de *Vastu purusha*-mandala, een vierkant waarin Purusha, de onbewogen Beweger, is afgebeeld *(blz. 76)*. Het vierkant is verdeeld in kleinere vierkanten, waarbij het middelste vierkant de woning is van Brahma, de Schepper. De vierkanten eromheen zijn voor de hoofdgoden, terwijl de buitenste 32 vierkanten bestemd zijn voor de 32 andere belangrijke godheden *(blz. 63)*. De godheden in de vier kardinale punten en op de hoeken bewaken de heilige ruimte tegen profanatie, zij sturen de kracht van het goddelijke naar de 'vier hoeken van de aarde' en inviteren de gelovigen om naderbij te komen van waar dan ook. Om die reden vormde deze mandala ook het schema voor de plattegrond van sommige steden, bijvoorbeeld Jaipur.

Andere mandala's die, vooral in Zuid-India, worden gebruikt zijn de *Padmagarbha*-mandala, met eveneens Brahma in het centrum, omringd door godheden, vervolgens door mensen en ten slotte door asura's *(blz. 118)* en de *Sthandila*-mandala, die bestaat uit 60 vierkanten en ruimte biedt voor nog meer goden en zo Gods koninkrijk op aarde nog meer op de hemel doet lijken.

De architectuur en plattegrond van tempels zijn zorgvuldig vastgelegd in gezaghebbende teksten *(vastu-shastras)*: er ontstonden weliswaar diverse stijlen, bijvoorbeeld de *Nagara*-stijl in het noorden en de *Dravida*-stijl in het zuiden, maar allemaal hebben ze bepaalde basiskenmerken gemeenschappelijk. In het centrum bevindt zich de 'baarmoeder' of baarmoederkamer *(garbha-griha)* waar het beeld van de belangrijkste god (of in het geval van Shiva de niet-iconische linga; *blz. 114-115*) is geplaatst. De ruimte is donker en mysterieus – het centrum van de wereld, de *axis mundi*, want ook al zijn God/Godin ook in andere tempels aanwezig, er is telkens maar één God om wie de wereld draait en van afhankelijk is.

Meteen boven de *garbha-griha* bevindt zich de *shikhara*, de toren of pilaar die de berg Meru symboliseert: de brug tussen hemel en aarde. Via de *shikhara* worden de aanwezigheid en kracht van God geleid naar het beeld of afbeelding in het centrale heiligdom (zoals ook een bliksemafleider werkt).

Direct rondom de *garbha-griha* liggen diverse zalen of galerijen *(mandapa)*; dit zijn de plaatsen waar de gelovigen op allerlei manieren de godheid vereren – met dans, reciteren van teksten, zingen van liederen en hymnen. Daaromheen ligt een buitenmuur of hek en bij grote tempels een serie passages waarlangs de gelovigen in processies rondom de tempel kunnen lopen ter ere van de godheid. De buitenmuur vormt de markering van een gebied waar het gewone leven zijn gang gaat – maar nog in nabijheid van God. Vanuit de *garbha-griha* vloeit de kracht van God naar buiten, gevisualiseerd door middel van soms een gigantische overvloed aan ornamenten en beelden op vrijwel alle oppervlakken. Deze dienen om de kracht van goden en godinnen uit te zenden naar de wereld en in het leven van de gelovigen. Naast de godheden en de kentekens van hun specifieke macht zijn overal op de tempel andere gelukbrengende symbolen aangebracht om de vereerders te schenken wat zij nodig hebben – bijvoorbeeld zonen, goede oogsten of regen. De gelovigen bezoeken de tempel niet omdat er nu eenmaal op bepaalde tijdstippen ceremoniële diensten worden gehouden, maar omdat zij God/Godin zelf willen zien.

Het woord voor het 'zien' van de godheid is *darshana*, een sleutelwoord in de verering, want alle Indiase tempels tonen God/Godin in een zichtbare en zelfs tastbare vorm. De rituelen in een tempel bestaan daarom uit ceremoniën waarin de godheid welkom wordt geheten, of waarmee de godheid elke dag wordt gewekt uit zijn slaap en 's avonds weer te ruste wordt gelegd. Daarnaast zijn er talloze individuele vormen van verering (*puja*; blz. 94) die voortkomen uit gewoonte en traditie, maar die niet voorgeschreven zijn in een soort verplichte liturgie. Niettemin zijn er momenten van samenkomst bij festiviteiten die bij de specifieke tempel behoren. Men zegt wel dat er in India een belangrijk godsdienstig feest is voor elke dag van het jaar: dat is nog een ernstige onderschatting. Festiviteiten hoeven niet noodzakelijk met tempels verbonden te zijn, maar vaak is dat wel het geval. Tijdens de feesten kunnen de verschillen tussen de dorpsreligie en brahmaanse religie vervagen, want de feesten zijn er voor iedereen die wil meevieren.

De cultus en festiviteiten van Jagannatha (bij Puri in Orissa) bijvoorbeeld zijn in heel India en ook daarbuiten bekend, want al in de negentiende eeuw werd geschreven over het reusachtige beeld van Krishna, Jagannatha, dat in een processie op een rijkversierde kar werd meegezeuld, waarbij soms fanatieke gelovigen, zo dacht men, zich voor de wielen wierpen om te sterven in religieuze extase. Jagannatha ('Heer van het universum') is nu de plaatselijke naam van Vishnu/Krishna, hoewel de verering van Vishnu pas relatief laat in dat deel van Orissa begon – rond de zevende eeuw. In de tempel staan drie beelden van hout in een abstracte, geometrische stijl, karakteristiek voor tribale kunst. Daarmee is dit een voorbeeld van een lokale cultus die niet verdween maar werd geassimileerd in de nieuwe religie.

De huidige tempel trekt pelgrims aan uit heel India. Tijdens de feesten worden de beelden in een processie op enorme wagens (tot 20 meter hoog) gezet die door 4000 of meer mannen worden voortgetrokken. Soms gebeuren er ongelukken en valt er iemand onder de wielen, maar het is onwaarschijnlijk dat het daarbij gaat om rituele zelfdoding. Niettemin laten het enthousiasme en de omvang van de menigte zien hoe belangrijk de zichtbare aanwezigheid van God op aarde is. God 'zien' (dat wil zeggen vereren) is veel mensen wel een reis waard en die reis is vaak een pelgrimage.

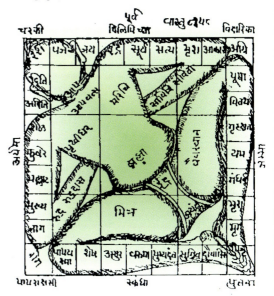

Vastu purusha
Klostermaier (1990) schreef over deze mandala: 'In India geldt "de mens is de maat van alle dingen": de figuur van een mens omsloten door een vierkant is het grondpatroon waarop alle tempelarchitectuur is gebaseerd ... Het centrale vierkant (gelijk aan 3 x 3 kleine vierkanten) wordt ingenomen door Brahma, die de wereld vorm gaf.'

Pelgrimage

Zoektocht naar de oversteekplaats

Baden in de Gangarivier
De Gangarivier (blz. 110) is het belangrijkste pelgrimsdoel: het water zuivert de familie van een levende persoon voor zeven generaties terug en reinigt de as van de doden zodat hun zielen worden opgenomen in de hemel.

IN INDIA WORDT HET ZOEKEN NAAR GOD/GODIN letterlijk een zoektocht wanneer men een pelgrimage onderneemt. De pelgrimsdoelen staan bekend als *tirtha*, 'vore' ('vorenploegers' bij de jaina's; *blz. 71*), de plaats waar de weg naar het doel openligt. De pelgrimage wordt daarom *tirtha-yatra* genoemd: 'op weg gaan naar de vore in de rivier'.

Omdat goden zich in India manifesteren op bijna oneindig veel manieren zijn er talrijke plaatsen (ook personen) die dienen als 'manier om over te steken naar God'. Daarom zijn er zoveel pelgrimsoorden. Soms gaat het daarbij ook letterlijk om een bepaalde rivier of een plaats langs die rivier.

Langs de Ganga liggen bijvoorbeeld vele heilige plaatsen: drie daarvan (*tristhali*) brengen de pelgrim dichter bij God dan welke andere plek op aarde ook: Prayaga (door de moslims tot Allahabad omgedoopt), waar de rivier de Yamuna in de Ganga uitmondt; Gaya (ook bij de boeddhisten heilig onder de naam Bodhgaya, de plaats waar Boeddha verlichting bereikte) en Kashi/Varanasi (*blz. 107*). De *tristhali* zijn echter lang niet de enige pelgrimsoorden. Op vier plaatsen – Hardwar, Nasik, Prayaga/Allahabad en Ujjain – viel volgens de mythen het voedsel van de onsterflijkheid tijdens een conflict in de hemel per ongeluk op de aarde. Elke drie jaar wordt in roulatie in een van deze plaatsen een *kumbhamela* gehouden die vele miljoenen pelgrims trekt: in Prayaga/Allahabad waren er in 1989 naar schatting 12 miljoen en in 2001 een duizelingwekkende 70 miljoen.

Niet alle pelgrimages vinden op een dergelijk grote schaal plaats; soms gaat het ook om een bezoek aan een heilige persoon die op een bepaalde plek aanwezig is. God/Godin kan overal manifest worden en daarom wordt het Indiase subcontinent in de *Mahabharata* (*blz. 92*) in zijn geheel als een pelgrimsoord beschouwd. De analyse van S.M. Bhardwaj van de plaatsnamen die in het hoofdstuk Tirtha-yatra van de *Mahabharata* worden genoemd, wijst erop dat het epos is opgezet als een cirkelvormige reis die de pelgrims met de klok mee door heel India voert.

De verdienste van pelgrimage wordt helder uiteengezet in de *Aitareya Brahmana* (7.15), waarin de pelgrim wordt vergeleken met een bloem die bij het groeien boven het stof en de modder van de aarde uitsteekt: 'Alle zonden vallen onderweg af, weggespoeld door de inspanning van het reizen.' Dat reizen kan plaatsvinden zonder dat de pelgrim ook maar één stap verzet. Omdat God/Godin overal kan worden ontmoet, kan de vereniging ook plaatsvinden in het inwendige leven van de ziel bij personen die de zeven heilige steden (Ayodhya, geboorteplaats van Rama, Mathura, Gaya, Kashi, Kanci, Ujjain en Dvaraka) en de godheid die zij daar ontmoeten, visualiseren.

Een ding is duidelijk: 'het zoeken van de vore' is het zoeken naar de beste manier om de vereniging met God/Godin te bereiken. Het gevoel dat die vereniging teweegbrengt, wordt *rasa* ('bekoring', 'hartstocht') genoemd: de ervaring van spirituele extase bij het opgaan in het goddelijke. *Rasa* kan worden ontleed in acht verschillende emoties (inclusief woede), zodat de emotionele ervaring van 'het voelen van God' duidelijk afgebakend is. Alle emotionele ervaring kan daarom worden omgezet tot God of Godin, vooral als die voortkomt uit toneel, muziek, dans, beeldhouw- en schilderkunst. Zoals M.L. Varadpande (1985) het formuleerde: '*Rasa* is de esthetische ervaring die in gelukzaligheid culmineert.' Abhinavagupta (ca. elfde eeuw) bepleitte een belangrijke manier om dat te bereiken: wie zich overgeeft aan een van die esthetische manieren (zie boven) om uitdrukking te geven aan het wezen van God/Godin, gaat zelf op in de personages en dus in de emoties die worden uitgedrukt. Op die manier spelen bezoekers van een concert of toneelvoorstelling als het ware in zichzelf de vereniging na. Een dans of toneelstuk over de liefde van de gopi's voor Krishna (*blz. 95*) biedt daardoor de mogelijkheid om een van hen te worden en de liefde van Krishna te ervaren. Daarom kunnen we van Krishna zeggen: *raso vai sah*, 'hij is waarlijk *rasa*'. Mensen vangen via hun emoties de eerste glimp van God op.

Rasa leidt tot de toestand van *samadhi* ('samenstellen', 'vereniging'). *Samadhi* is een toestand waarin het normale bewustzijn wordt geabsorbeerd en waarin elk onderscheid tussen subject en object is verdwenen. Als het 'object' (dat wil zeggen het doel van de oefeningen die tot *samadhi* leiden) God/Godin is, leidt dat tot een toestand van vereniging of absorptie. *Samadhi* is daarom het resultaat van meditatie of andere spirituele oefeningen en niet de activiteit van het mediteren zelf. *Samadhi* komt voor in alle Indiase religies (inclusief het boeddhisme, al wordt het daar niet in relatie met God ervaren), maar speelt vooral in yoga een belangrijke rol. In de literatuur over yoga staan de diverse niveaus van *samadhi* beschreven, samen met de procedures om ze te bereiken. Het doel is bevrijding (*kaivalya*) van wedergeboorte. In de *Yoga Sutra* (1.41) wordt *samadhi* omschreven als een volmaakt zuivere edelsteen, doorschijnend en transparant. In yoga kan *samadhi* worden bereikt in relatie tot drie doelen van meditatie: God/Godin, het Zelf (*atman*; maar omdat *atman* Brahman is, *zie blz. 86*, is dat een andere weg naar hetzelfde doel) en *prakriti* (*blz. 76*), waarmee purusha wordt waargenomen.

Ayodhya
Ayodhya ('Onoverwinnelijk') wordt beschouwd als de geboorteplaats van Rama (blz. 78) en is een van de zeven heilige steden die ook heilig zijn voor de jaina's en de boeddhisten. Nadat de moslims Uttar Pradesh hadden veroverd, werd er een moskee gebouwd op de plek van de tempel van Rama. De verwoesting van deze moskee in 1992 leidde tot ernstige ongeregeldheden.

Kennis en liefde

Onderwijzen door voorbeelden

> 'Niemand werd ooit gelukkig van
> liefhebben.
> De mot hield van het vuur
> en verbrandde.
> Niemand werd ooit gelukkig van
> liefhebben.
> De bij hield van de lotus,
> de bloembladen werden zijn
> gevangenis.
> Niemand werd ooit gelukkig van
> liefhebben ...
>
> Wij, die van de honingzoete man
> hielden,
> werden met stomheid geslagen toen
> hij wegging.
> Niemand werd ooit gelukkig van
> liefhebben.
> O Surdas, zonder onze Heer lijden
> we,
> onze tranen stromen eeuwig.
> Niemand werd ooit gelukkig van
> liefhebben.'
>
> (Surdas 1982: 35)

> 'Ik zag mijn dood met mijn eigen
> ogen –
> Het was heerlijk glorieus:
> Het gehele universum beefde van
> vreugde ...
> Dood en geboorte zijn niet meer,
> En ik ben vrij van de
> onbeduidendheid van "mij" en
> "mijn".
> God heeft mij tot zich genomen
> om te leven,
> En in zijn wereld ga ik verder met
> hem.'
>
> (Minstrelen van God)

DE DEVOTIE VOOR VISHNU/KRISHNA verdiepte en ontwikkelde zich in de loop van de eeuwen op dezelfde manier als die voor Shiva (blz. 110-115). Nimbarka (data onbekend), stichter van de sanaka's, was een van de filosofen die toegewijd waren aan Vishnu/Krishna. Hij pleitte voor een dualisme binnen een niet-dualistisch begrip van Brahman als God (*dvaitadvaita* of *bhedabheda*). Het universum is niet identiek aan God, want in dat geval zou God immers ook alle onvolmaaktheden daarvan bezitten; het maakt deel uit van God zoals de golf deel uitmaakt van de oceaan zonder er identiek aan te zijn; *jnana* (kennis; blz. 92) geeft de golf de mogelijkheid zich bewust te worden van zijn relatie tot de oceaan (niet identiek, maar deel uitmakend van dezelfde essentie); en bhakti voelt die relatie en schept er vreugde in. Een andere filosoof, Vallabha (1479-1531), stichter van de rudra's, schreef de Shuddhadvaita Vedanta (puur niet-dualistische vedanta) als verzoening tussen Shankara en Ramanuja (blz. 86-89). Vallabha zag de goedheid en puurheid van zowel de wereld als het Zelf als onderdeel van alles wat waarlijk ís, de creatie geproduceerd door God uit pure vreugde (*lila*). Die wordt in zichzelf niet aangetast door de misperceptie van *maya* (blz. 87), al kan *maya* wel gemakkelijk de menselijke perceptie vervormen door onwetendheid. Maar de gelukzalige relatie tussen het Zelf en God, of tussen *atman* en Brahman kan per definitie niet worden vervormd door *maya*. Het ultieme besef daarvan is bhakti: het ware pad naar *moksha* (bevrijding). Surdas (geboren rond 1478), een van de aan Vishnu/Krishna toegewijde groep dichters, werd een volgeling van Vallabha. Hij was een briljant musicus en zanger van hymnen (*kirtan*) en creëerde in zijn gedichten dramatische effecten door het gebruik van plotselinge en treffende accenten: het gedicht (*zie kader*) linksboven is een voorbeeld van *viraha*-bhakti (blz. 96).

Tukaram (ca. 1607-1649) was een andere zanger en danser van *kirtans*. Deze kunstenaar ging zo totaal op in liefde voor Krishna dat zijn gedichten opwelden in eindeloze regels (*abhanga*) vol met loftuitingen, maar ook met praktische adviezen – al was zijn eigen basisregel heel eenvoudig: 'Zit stil en herhaal de naam [van God; blz. 128] en u zult, ik beloof het u, tot God komen.' In een bepaald gedicht voorzag hij zijn eigen dood (*kader linksonder*).

Twee leermeesters inspireerden hun aanhangers zodanig dat er sterke bewegingen (*sampradaya's*) ontstonden om hun leer te bewaren en voort te zetten: Caitanya (1485-1533), stichter van de Caitanya of Gaudiya Sampradaya, was van origine een eminent geleerde, maar toen hij op 22-jarige leeftijd een pelgrimage naar Gaya ondernam, kreeg hij een sterke impuls van religieuze liefde en werd ingewijd in de verering van Krishna. Na zijn terugkeer stond hij voor zijn leerlingen en vertelde hun dat hij hen niet langer kon lesgeven omdat hij alleen nog maar de jonge Krishna spelend op zijn fluit voor zich zag; vervolgens begon hij aan een hymne (*kirtan*) waarin hij de naam van God prees, een hymne die zijn volgelingen nog steeds zingen. De rest van zijn leven bracht hij afwisselend in drie gemoedstoestanden door: *samadhi* (*blz. 135*); dansen in trance (in de wereld, maar niet in staat tot spreken); en wel in staat tot spreken maar niets anders dan de lof van God zingend. Hij ging op pelgrimage naar Puri (*blz. 133*) waar hij bleef wonen en waar hij uiteindelijk stierf: hij ging de tempel binnen en werd nooit meer gezien. Zijn volgelingen zagen hem als een avatar (incarnatie; *blz. 91*) van de gezamenlijke figuur van Krishna en Radha, zodat hij later met blonde haren (als Radha) en niet donker (als Krishna) werd afgebeeld.

Ramakrishna (1836-1886), geboren als Gadadhar Chattopadhyaya, liep eens door een veld met een zak rijst op zijn schouders. Hij was ongeveer zeven jaar oud. Opeens zag hij een vlucht witte kraanvogels tegen donkere wolken overvliegen en werd zo overweldigd door de schoonheid van dit tafereel dat hij bewusteloos neerviel. Vanaf dat moment zocht hij de ultieme en oneindige schoonheid in God. Hij vereerde Kali (*blz. 117*) in een tempel vlakbij Calcutta en maakte langdurige perioden van *samadhi* door. Hij werd door zijn familie met een vijfjarig bruidje in het huwelijk verbonden (in de hoop hem weer terug te brengen op aarde), maar al bij hun eerste ontmoeting zag hij in haar de vorm van Mahadevi, de Grote Moeder (*blz. 118-119*), aan wie hij volledig toegewijd was. In momenten van volledige versmelting met God kreeg hij visioenen van leermeesters uit andere godsdiensten – Boeddha, Jezus, Mohammed – en probeerde hun leer te integreren in zijn eigen religieuze beleving. Hij concludeerde vervolgens dat alle religies in de kern hetzelfde zijn. Dit idee werd verder ontwikkeld door zijn bekendste leerling, Vivekananda (1863-1902), die betrokken was bij de oprichting van de Ramakrishna-missie en die het evangelie van Ramakrishna aan de wereld bekendmaakte.

Hare Krishna
De extatische en zelfs wilde dansen van Caitanya werden later gezien als zijn deelname aan het goddelijke *lila*, of spel, de bron van creativiteit zelf. Zijn nadruk op het reciteren van de naam van Krishna en op dansen in vreugde werd buiten India bekend door de Hare Krishna-beweging (International Society for Krishna Consciousness).

Van Tagore tot Gandhi

Nieuw leven geblazen in oude tradities

DE EUROPESE KOLONISATIE bracht grote gevolgen mee voor India. De Europeanen zetten vraagtekens bij het kastenstelsel en praktijken als de zelfverbranding van weduwen (*sati*). Sommige Indiërs drongen aan op hervormingen binnen de Indiase samenleving en dat betekende hervorming van de Indiase religie, omdat die twee een en hetzelfde zijn.

Ram Mohan Roy (1772-1833) was een nationalist die meende dat er in India alleen vooruitgang mogelijk was als er een einde zou komen aan alle bijgeloof. Daarom stichtte hij in 1828 de Brahmo Sabha ter bevordering van de verering van de ene God, die waar en vormloos was (dus verwant aan Brahman), zonder het gebruik van afbeeldingen. Na enkele reorganisaties ontstond later de hervormingsbeweging Brahmo Samaj, in 1843 samengebracht door Debendranath Tagore. Diens zoon Rabindranath (1861-1941) gaf met zijn geschriften brede bekendheid aan deze Indiase versie van liefde die tot de eenheid van alle dingen leidt, met andere woorden: tot God. In 1913 ontving hij de Nobelprijs voor zijn *Gitanjali*, een bundel gedichten die, net als een groot deel van zijn omvangrijke oeuvre, losjes op de Indiase traditie zijn gebaseerd (*kader rechts*).

Ook anderen deden pogingen de traditie te herformuleren vanuit de kennis die de wetenschap vanaf de negentiende eeuw leverde. Sri Aurobindo (1872-1950) was een van hen die zich keerden tegen de advaita-filosofie (*blz. 86-87*) dat verschijningen bedrieglijk zijn omdat de mens er via *maya* (*blz. 87*) mispercepties op projecteert: 'Individuele verlossing kan geen echte betekenis hebben als het bestaan in de kosmos slechts een illusie is.' Hij meende daarom dat het Absolute zich in een serie gradaties van werkelijkheid manifesteert op een manier die coherent is met de evolutie en dat het doel van yoga niet het streven naar een ontsnapping aan de werkelijkheid/illusie is om Brahman te bereiken, maar om de eigen unieke plaats te vinden in deze compleet geïntegreerde werkelijkheid: dat is waar Brahman al is. Sri Aurobindo noemde zijn systeem *purna-yoga*, integrale yoga. Deze pogingen tot herformulering van de traditie waren zeer belangrijk in een periode waarin Indiërs fundamentele principes zochten waarop zij trots konden zijn en waarop zij hun verlangen en streven naar onafhankelijkheid konden baseren.

Eén man was er die geloofde dat men de bestaande tradities, hoezeer ze ook waren hervormd, een geheel nieuw leven moest inblazen. Die man was Mahatma ('grote ziel') Gandhi (1869-1948). Gandhi kende de wereld buiten India goed, hij had in Londen rechten gestudeerd en was in Zuid-

Satyagraha
Gandhi's onwankelbare geloof in satyagraha ontstond nog voordat er een naam voor was bedacht. Hij herinnerde zich hoe hij de naam vond: 'Het lukte me maar niet een goede naam te bedenken en daarom schreef ik een kleine prijsvraag uit in de Indian Opinion ... *Maganlal Gandhi kwam toen met het woord 'sadagraha" (sat = waarheid, agraga = standvastigheid) en won daarmee de prijs. Ik veranderde het woord voor de duidelijkheid in "satyagraha", dat in het Gujarati sindsdien een aanduiding voor de strijd is geworden.'*
(Gandhi 1929: 153-154)

Afrika advocaat geweest. Hij was sterk beïnvloed door de Bhagavad Gita (blz. 92-93), maar ook door teksten als de Bergrede uit het christelijke Nieuwe Testament, *Het godsrijk is in je* van Tolstoj, *Civil Disobedience* van Thoreau en *Unto This Last* van Ruskin. Van een jaina, Shrimad Rajachandra (1867-1901), leerde hij de waarde van *ahimsa*, niet-geweld, en van een bevriende christen, C.F. Andrewes, dat 'iemand de andere wang toekeren', geen teken is van zwakte, maar van kracht.

Hoe groot die invloeden ook waren, voor Gandhi lag de waarde ervan in de relatie met de traditionele Indiase geloofsopvattingen en -praktijken – zo blies Gandhi de *brahmacharya* (de erkende periode van celibaat in India) weer nieuw leven in om *tapas* (de kracht van asceten, inclusief Shiva; blz. 78, 117) te genereren. Hij verbond dat met de kracht van geweldloos verzet en *satya-graha* ('waarheidvolharding'; *zie bijschrift links*). Gandhi legde de nadruk op symbolen voor de innerlijke kracht van India, want daartegen zouden de wapens van de Britten niets kunnen uitrichten: de verering van de koe, het oeroude symbool van de overweldigende vruchtbaarheid van de aarde, was sterker dan het vertrouwen op een legertank. Hoewel men vaak spreekt over 'heilige koeien', worden ze in India niet gelijkgesteld aan God/Godin. In de veda's (blz. 60) worden Aditi en Vac (blz. 128-129) met koeien vergeleken omdat ze zelf zo genereus zijn (*RV* 8.89.11; 8.90.15). Voor Gandhi was de koe een uniek Indiaas fenomeen om niet te vergeten dat we onszelf niet kunnen redden, maar dat we de genade van Moeder Aarde nodig hebben om van de ene dag in de andere te leven (*bijschrift rechts*). De koe is de altijd aanwezige herinnering dat alle dingen het woord zijn zoals gesproken door Brahman/God: 'Uit God', zo zegt de Munaka-Upanishad, 'worden alle dingen geboren, de hemelen, de mensen, het vee, de vogels, de lucht die wij in- en uitademen, rijst, gerst, bescheidenheid, geloof, waarheid en kuisheid en alle wetten die ons Zelf besturen' (2.1.7).

Voor Gandhi ging waarheid boven alles:

> *'Mijn ervaringen hebben mij ervan overtuigd dat er geen andere God is dan Waarheid.'*

Waarheid is echter geen abstractie: ze is vastgelegd in de onwrikbare garantie van God, in wie alleen geen verandering of variatie bestaat. God kan onder talrijke namen bekendstaan, maar het zijn *namen* van God. Toen Gandhi werd vermoord door een fanatieke hindoe die vond dat hij te veel concessies deed aan het nieuwe Pakistan, stierf hij terwijl hij de naam van God mompelde: 'Ram, Ram.'

> *'Als ik vertrek van hier, laat dit mijn afscheidswoord zijn: dat wat ik heb gezien is onovertroffen. Ik heb de verborgen honing geproefd van deze lotus die zich uitbreidt op deze oceaan van licht en dus ben ik gezegend – laat dit mijn afscheidswoord zijn. In deze speelplaats van oneindige vormen heb ik gespeeld en hier heb ik hem gezien, die zonder vorm is. Mijn gehele lichaam en mijn ledematen beven onder de aanraking van hem die voorbij aanraking is; als hier het einde komt, laat het komen – laat dit mijn afscheidswoord zijn.'*
>
> (Gitanjali)

Heilige koeien

De koe wordt in India zo hoog geschat omdat ze de bron is van zoveel essentiële levensbenodigdheden, de pancagavya, 'de vijf producten': melk, wrongel, geklaarde boter, urine en mest. Koeien werden geassocieerd met ritueel omdat een koe het allerkostbaarste geschenk was dat men de brahmanen, de experts met betrekking tot rituelen en offers, kon schenken.

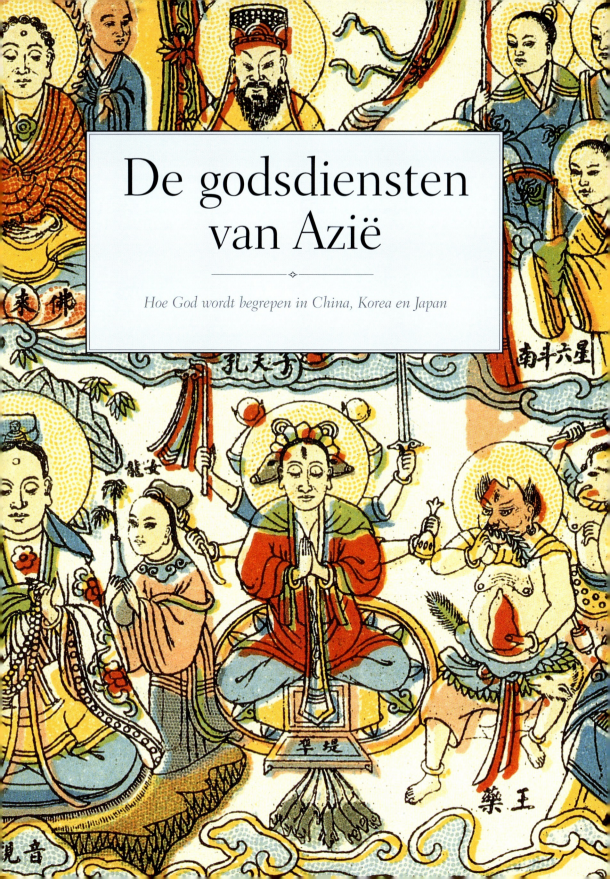

De godsdiensten van Azië

Hoe God wordt begrepen in China, Korea en Japan

DE GODSDIENSTEN VAN AZIË

DE GODSDIENSTEN VAN China, Korea en Japan zijn nauw met elkaar verweven: de godsdiensten van China werden vaak (in aangepaste vorm) ook die van Korea en Japan.

Niettemin kennen deze twee landen inheemse religies die dateren van voor de importen uit China.

De Chinese godsdienst bestaat uit een complex van verschillende religies en filosofieën. Drie daarvan staan bekend als San-jiao, de drie 'Wegen', die elk weer uit talloze aftakkingen bestaan. Een van de San-jiao is de 'weg' van Confucius (*blz. 148*). In het confucianisme ligt de nadruk niet op God en openbaring; het is meer een humanistische leer waarin men openstaat voor een bemiddelaar of morele ordening die Tian, Hemel, wordt genoemd (*blz. 146*). Het erkennen van Tian als bron van en garantie voor orde zorgt voor stabiliteit in de menselijke samenleving. Heersers konden verkondigen dat zij een mandaat van de hemel hadden gekregen.

De tweede 'weg' is het taoïsme. Tao betekent 'de weg'. De Tao is de 'zelf ongeproduceerde Producent van alles wat is', de bron van en garantie voor alles wat er bestaat. De 'weg' van Tao volgen houdt in meegaan met de stroom. In het religieuze taoïsme, Tao-jiao genoemd, is de zoektocht naar onsterfelijkheid belangrijk; het volkse taoïsme biedt daarnaast via allerlei bovennatuurlijke wezens hulp en steun in het dagelijkse leven.

De derde 'weg' is het boeddhisme, dat rond het begin van de christelijke jaartelling in China werd geïntroduceerd en tijdens de Tang-dynastie (618-907) een hoogtepunt bereikte. De boeddhistische leer bood de Chinezen een analyse van de vergankelijkheid en het lijden van het leven en daarnaast de mogelijkheid tot verlossing – maar ook de mogelijkheid dat de voorouders moesten lijden in de hel. Er ontstonden diverse scholen van verering en meditatie, waarvan het Pure Land en Chan/Zen de bekendste zijn. Volgens de aanhangers

van het Pure Land kunnen alle wezens, hoe verdorven en slecht ook, het westelijke paradijs bereiken door simpelweg te vertrouwen op de hulp van Amitabha/Amida, de Boeddha die over dat paradijs heerst *(blz. 158)*.

Er bestaat ook nog een vierde 'weg' in de vorm van het volksgeloof met spectaculaire festiviteiten, geesten, magie en zorg voor de doden en voorouders. Chinezen hebben niet het gevoel dat ze voor één godsdienst moeten kiezen: zij kiezen wat hun het beste uitkomt.

AZIË TIJDBALK

Bergen
Bergen belichamen in China het basisprincipe van vruchtbaarheid dat de wereld vernieuwt en instandhoudt.

*Chinese dynastieën zijn **vet** gedrukt*

Periode	Gebeurtenissen	Jaren
Xia	orakelbeenderen	2205–1600
Shang	Zhou Xin verslagen	1600–1122
Zhou	koning Wu · Laozi? · koning-Li-inscripties · Confucius · Zhuangzi · Mozi · strijdende staten · Xunzi	1122–255
Han	confucianisme geïntroduceerd in Korea en Japan · boeddhisme bereikt China	206vChr–220nChr
Wei-jin	boeddhisme sterk in Korea	220–420
Zuidelijk en noordelijk	Wang Wei · keizerlijk huis in Japan gesticht · koninkrijk Paekche · boeddhisme bereikt Japan	386–581
Sui-Tang	uitvinding van de blokdruk · Horyu-ji · Nara-periode in Japan (710-794) · Yomei · Shotoku · Taika-hervorming · Temmu · Taiho-codex · Kojiki en Nihongi · Heian-periode in Japan (794-1191) · Koryo-dynastie in Korea (935-1329)	581–907
Sung	revival confucianisme	960–1279
Yuan	ambtenarenexamens gebaseerd op Confucius	1260–1368
Ming	christelijke missionarissen in Japan en China · Xavier en Ricci · Yi-dynastie in Korea (1392-1910) · Urabe Kanetome	1368–1644
Qing	Kokugaku (Nationale school) · Motoori Norinaga · Hirata Atsutane · Taiping-rebellie · Meiji-periode in Japan (1868-1912) · Yasukuni-schrijn	1644–1911
	Republiek China (1911) · Volksrepubliek China (1949)	1911–HEDEN

Orakelbeenderen

Shang Di en Tian

Waarzeggerij
Detailopname van een bot met brandmerken die Shang-heersers met een gloeiende ijzeren pook aanbrachten om antwoord te krijgen op vragen gesteld aan vooroudergoden in Anyang, Henan, China. Soms werd ook de uitkomst van de profetie vastgelegd.

Het verhaal van God in China werd voor het eerst (voorzover wij weten) in de schouderbladen van ossen en op de rugschilden van schildpadden ingekrast. Bedoeld worden de beroemde orakelbeenderen, die vanaf eind 19e eeuw werden gevonden bij Anyang, de hoofdstad van de Shang-dynastie (ca. 1766-1122 vChr.). De beenderen werden gebruikt voor profetie: ze werden in het vuur geworpen en de barstjes die zo ontstonden, gaven antwoorden op vragen.

Die antwoorden werden in pictogrammen op de beenderen vastgelegd, er zijn nu ongeveer vierduizend pictogrammen bekend. De helft daarvan kon in verband worden gebracht met de latere ontwikkeling van de Chinese karakters, onder andere het pictogram voor *di*, heer, en *shang di*, hoge heer (*ti* en *shang ti* in oudere transcripties). Het pictogram *di* staat mogelijk voor een altaartafel voor de geesten of voor een bundel hout voor het rituele vuur, waarmee een verbinding tussen levenden en doden wordt gelegd; mogelijk is het een verwijzing naar de voornaamste voorouder van het koninklijk huis. Anderen denken dat het pictogram afgeleid is van een bloem, bron van groei en vruchtbaarheid. Beide interpretaties kunnen op waarheid berusten want *di* was nauw verbonden met verering en offers die door de heerser werden gebracht, terwijl *di* ook werd gerelateerd aan de beheersing van stormen en andere natuurfenomenen.

Uit die vroege tijden kennen we Shang Di ook uit twee geschreven werken, *Het Boek der Geschiedenis* (Shijing) en *Het Boek der Oden* (Shujing). Uit beide teksten komt Shang Di naar voren als een bron van goedheid en zegening, maar niet als de schepper van de kosmos. Hij werkt via lagere entiteiten (zie ook de Raad van El; blz. 178, 183) die zijn werk voor hem doen door alle natuurlijke fenomenen en zaken van de heerser op aarde te regelen.

Onder die entiteiten bevonden zich de geesten van voormalige heersers die, na hun overlijden, naar Shang Di waren gegaan en hem raad gaven bij het regelen van alle aardse zaken. Op aarde kon men daarom alleen de levende heerser Shang Di benaderen met offers, verering en waarzeggerij. Het was dus van het grootste belang dat de heerser om de vrede en het welzijn voor zijn natie te garanderen de relatie met Shang Di instandhield met de correcte rituelen en het juiste respect voor de voorouders, die optraden als adviseurs van Shang Di. Derhalve konden alleen heersers die in de gunst stonden bij Shang Di het volk welvaart brengen.

En als die gunst werd ingetrokken? Dan konden er natuurrampen als overstromingen en hongersnood optreden, of vijanden konden het land binnenvallen. Zo waren de Shang ook de Xia opgevolgd: 'de weg van de hemel bestaat uit het zegenen van de goede en het in ellende storten van de slechte mensen, daarom kwamen er vreselijke rampen over de Xia opdat hun schuld voor het volk duidelijk zou worden. Daarom durfde ik, een klein kind, geen genade te betonen' (*Historie:* 'De aankondiging van Tang'). Zo interpreteerden ook de Zhou hun eigen succes bij het afzetten van de Shang in 1122: Wu, de heerser van de Zhou, beschuldigde de Shang-heerser ervan Shang Di niet op de juiste manier te dienen, zodat hijzelf, Wu dus, de Shang moest verslaan om 'Shang Di te helpen en vrede in de vier windstreken te brengen' (*Historie:* 'De grote verklaring').

Men zou nu verwachten dat de God van de veroveraars Shang Di, de hoge heer van de verslagen Shang, zou vervangen. Op het eerste gezicht leek dat ook te gebeuren, want de Zhou vereerden Tian/T'ien en Tian was zeker belangrijker dan Shang Di tijdens de zeer lange regeerperiode van de Zhou-dynastie (1122-255 vChr.). Tian, vaak vertaald als Hemel of gewoon als God, werd van groot belang in het Chinese denken en geloof.

Het is echter te simpel om te stellen dat Tian het territorium van Shang Di was binnengevallen en had overgenomen, want deze twee *waren al verwant* en bleven dat ook: Zhou was een staat binnen het domein van de Shang en Tian was ook al op de orakelbeenderen aanwezig – al is de betekenis van zijn pictogram onzeker. Het staat misschien voor een groot man (dat wil zeggen een hoge god) die voor de Zhou de grootste man werd, oftewel hun belangrijkste voorouderlijke heerser. Tian zou in dat geval oorspronkelijk verbonden zijn met de verering van koninklijke voorouders. Mogelijk wordt Tian ook gerepresenteerd door een pictogram van een altaar waarop een mensenoffer wordt gebracht, waarmee Tian de god van de Hemel zou zijn aan wie offers moesten worden gebracht. Of – opnieuw een verbinding met Hemel – Tian is de bestemming waar de heilige rook en as van brandoffers naar toe gaan.

Tian was in al die hoedanigheden reeds bekend tijdens de heerschappij van de Shang. Hoewel Tian een meer prominente rol ging spelen onder de Zhou bleef men Shang Di en Tian door de gehele Chinese geschiedenis heen samen vereren (al kreeg Tian later nog extra betekenissen) en er is tussen hen sprake van een duidelijk zichtbare continuïteit in geloofspraktijken en -opvattingen.

Vroeg schrift
De pictogrammen die voor de vroegste inscripties werden gebruikt lijken op het eerste gezicht niet veel op de karakters van het latere Chinese schrift: het standaardschrift dat in de derde eeuw vChr. werd vastgelegd. Uit zorgvuldige onderzoek is aan het licht gekomen dat er toch verbanden aanwezig zijn

Tian

Het hemelse mandaat

IN DE PERIODE VAN de Zhou (1122-255 vChr.) werd Tian de hoogste realiteit die de wereld bestuurde en de heersers beoordeelde. Het is niet duidelijk of Tian toen werd gezien als een bewuste entiteit of als een onpersoonlijk proces in de natuur. Er zijn aanwijzingen dat beide opvattingen opgeld deden en dat afhankelijk van de omstandigheden voor de ene of de andere interpretatie werd gekozen – zo maakten later beide betekenissen deel uit van de lange geschiedenis van het Chinese denken en geloof, met grote consequenties voor beide.

Onder de Zhou domineerde de persoonlijke interpretatie van Tian als God, maar de uitleg die daaraan werd gegeven verschilde. Tian werd zeker als almachtig beschouwd, als degene die vrede en gerechtigheid kon brengen, degene die ook kon straffen door rampen te sturen. Tian steunde de heersers zolang die de orde en gerechtigheid handhaafden, maar als zij het lieten afweten, trok Tian al zijn steun in. Dit principe met betrekking tot het verlenen of intrekken van steun stond bekend als Tian Ming, het hemelse mandaat (*kader links*).

Het betekende dat de heerser de vitale schakel vormde tussen het volk en Tian. Onder de Zhou mocht alleen de heerser Tian benaderen via ritueel en offer. Wie niet tot het koninklijke huis behoorde, bad zelfs niet tot Tian. Langzamerhand werd de heerser steeds meer vereenzelvigd met Tian: hij werd Tian-zi, de Zoon des Hemels genoemd en gezien als de representant van Tian op aarde. Deze relatie van harmonie en wederzijdse afhankelijkheid vinden we terug in een inscriptie uit de tijd van koning Li, ca. 850 vChr.

> *'Toen de Shang het hemelse mandaat verloren, ontvingen wij, de Zhou, het. Maar ik durf niet met absolute zekerheid te beweren dat ons patrimonium altijd aan de zijde van de welvaart blijft ... Het hemelse mandaat is niet gemakkelijk te handhaven omdat het moeilijk te ontraadselen valt. Zij die het hemelse mandaat verloren, overkwam dat doordat zij zich niet hielden aan de gouden standaard van de voorouders. Op dit moment is het voor mij, een klein kind, niet mogelijk de koning te corrigeren. Ik zou hem willen leiden door te bewerkstelligen dat de jonge koning wordt geholpen door de schittering van de voorouders.'*
>
> (Het Boek der Geschiedenis)

'De koning sprak: ik ben slechts een klein kind, maar zonder ophouden, dag en nacht, handel ik in harmonie met de koningen voor mij om waardig te zijn voor de majestueuze Tian. Ik maak een offer van deze voedselschaal ... om die machtige voorbeelden, mijn voorouders, te onderhouden. Dat het deze voorbeeldige mannen uit het verleden moge behagen, die nu dienaren zijn aan het hof van Di en die het schitterende hemelse mandaat uitvoeren.'

Daarom moest de heerser nauwgezet alle rituelen gericht aan Tian en de voorouders voltrekken, niet alleen in zijn eigen belang, maar ook om de welvaart van zijn volk te garanderen. Daarnaast betekende het dat het paleis en de ceremoniële plaatsen steeds meer een magnetische werking op het volk gingen uitoefenen, vooral bij de begrafenisrituelen voor een overleden heerser, want door zijn dood versterkte de heerser de banden met Tian. Over de gehele wereld zorgde het besef van het essentiële belang van gezamenlijk ritueel in relatie tot God (hier dus Tian) dat mensen naar centrale punten trokken, waardoor steden ontstonden die vaak werden opgezet volgens de eisen die rituelen en ceremonieën stelden *(blz. 169)*.

De eerbied voor Tian nam nog sterk toe tijdens de Han-dynastie, een periode waarin veel werd gefilosofeerd over de oorsprong en het wezen van de kosmos. Tian, aarde en mens vormen een eenheid in drieën (drie-eenheid; *blz. 97, 246*): ze zijn wederzijds afhankelijk en gaan interacties met elkaar aan, zodat Tian geen onafhankelijke Schepper is die losstaat van de schepping. Het fundament van het leven bestaat uit het handhaven van de harmonie van deze triade: 'Wat men ook doet, overtreed niet de manier van Tian, schend niet de principes van de aarde, kom niet aan de wetten die de mens beheersen' *(De lente en herfst van Lu)*. Tian is weliswaar geen onafhankelijke Schepper, maar wel de producent van alle mensen, die dus allemaal op dezelfde manier met Tian verwant zijn. Op die basis beschouwd is de eerbied van kinderen voor ouders *(xiao, 'respect voor de ouders')* iets volstrekt natuurlijks.

De band tussen Tian en de heerser viel goed te begrijpen als het koninkrijk welvarend was of als de heerser slecht was en er rampen optraden. Maar hoe zat het wanneer er een catastrofe toesloeg tijdens het bewind van een heerser die duidelijk zijn best deed om rechtvaardig te regeren in overeenstemming met het hemelse mandaat? *(kader rechts.)* Als de menselijke koning sterk en welvarend was, kon ook Tian als wijs en rechtvaardig worden beschouwd. Maar als het slechte mensen voor de wind begon te gaan en er niet langer rechtvaardigheid heerste, was Tian niet meer dan de oude luchtgod, onbetrouwbaar en stekeblind. Als Tian geen consequente resultaten produceerde in de loop van de geschiedenis, wat was dan zijn nut voor de mens? Deze vraag werd steeds vaker gesteld.

Dit gedicht uit het *Boek der Oden* (194/1) behandelt de vraag wat er gebeurt als een rechtvaardige heerser wordt getroffen door rampen die hij niet kan beïnvloeden.

'Stralende Tian zo machtig, breidt zijn genade niet uit,
Slaat met ellende en honger, onthoofdt de staten.
Stralende Tian stijgt overweldigend, niet-denkend, niet-plannend,
Laat de schuldigen maar lopen: zij hebben voor hun misdaden geboet –
En de onschuldigen moeten zich bij hen voegen, allemaal tegelijk verdrinkend als één.'

De Tempel van de Hemel, Beijing
Hier ontvingen de Chinese keizers het hemelse mandaat en brachten er jaarlijks offers.

DE GODSDIENSTEN VAN AZIË

Confucius

De dienaar van de hemel

> 'Zilu vroeg hoe hij de geesten en goden moest dienen. De meester zei: "U bent nog niet in staat de mens te dienen, hoe zou u dan de geesten kunnen dienen?" Zilu zei: "Mag ik u iets vragen over de dood?" De meester antwoordde: "U kent het leven nog niet, hoe zou u de dood kunnen kennen?"'
>
> (Gesprekken 11.12)

Confucius over zichzelf
'Op mijn vijftiende begon ik te leren, op mijn dertigste stand te houden, op mijn veertigste hield ik op met twijfelen, op mijn vijftigste kende ik de wil van de hemel, op mijn zestigste begreep ik wat ik hoorde, op mijn zeventigste deed ik wat ik wilde en overtrad geen regel.'
(Gesprekken 2.4)

OP DE 27E DAG VAN de achtste maand van de Chinese kalender wordt de geboortedag van Confucius (geb. 552 vChr.?) op Taiwan gevierd met een vrije dag voor leraren en leerlingen (niet op het vasteland van China). Dat is een erkenning van de bijdrage die leraren aan de samenleving leveren en een herinnering aan de inzet van Confucius voor het instellen van een onderwijssysteem in China. Confucius is de gelatiniseerde vorm van Kongfuzi, 'Meester Kong'. Zijn leer is samengebracht in de *Gesprekken (Lunyu)*, een werk dat jaren na zijn dood werd samengesteld. Dit boek vormde, samen met de klassieke teksten die met Confucius in verband worden gebracht, meer dan tweeduizend jaar lang het fundament van de Chinese maatschappij.

Op het eerste gezicht lijkt Confucius niet veel te hebben bijgedragen aan het Chinese verhaal van God. Zijn uitspraken over godsdienstige zaken zijn behoedzaam geformuleerd *(kader links)*. Hij hechtte grote waarde aan offers, maar was sceptisch over personen die meenden de betekenis ervan te kennen: 'Iemand vroeg Confucius de betekenis te verklaren van het offeren aan de voorouders van de dynastie. De meester antwoordde: "Hoe zou ik dat kunnen weten? Wie dat weet, beheerst de wereld alsof die in de palm van zijn hand ligt." En hij legde zijn vinger in zijn hand' *(Gesprekken 3.11)*.

Confucius hield zich afzijdig van dat soort vragen omdat hij zichzelf beschouwde als een praktisch man, die tijdens zijn leven (zonder succes) op zoek was naar een staat of koninkrijk waar men zijn ideeën in praktijk wilde brengen. Hij had niet de ambitie om te worden wat de Britse dichter Hilaire Belloc (1870-1953) in een andere traditie 'een afstandelijke en ineffectieve kamergeleerde' noemde. Confucius leefde in een tijd van politieke verwarring en conflicten: het rijk van de Zhou begon te desintegreren en er werden steeds meer vragen over Tian gesteld *(blz. 147)*. Confucius weigerde zo'n vraag abstract te beredeneren maar gaf concrete antwoorden over hoe een situatie van vrede, harmonie en rechtvaardigheid (de wil van Tian) in de praktijk kon worden bereikt.

Confucius legde in zijn antwoorden de nadruk op *li*. Dit woord wordt meestal vertaald als 'ritueel' en het ideogram voor *li* bestaat uit een teken dat aangeeft dat

148

de term een religieuze connotatie heeft: een kom die wordt gebruikt bij het offeren aan de voorouders. *Li* is dus geworteld in religieus ritueel, maar zou later een veel bredere betekenis krijgen. In het maatschappelijk leven omvat *li* het geheel aan 'gewoonten' en 'manieren': het bestaat uit die handelingen die een ordelijk levenspatroon scheppen en harmonie brengen tussen de vele onderdelen van het leven in een familie, samenleving en de werelden van de geesten en de natuur. *Li* zorgt ervoor dat het mandaat van Tian (het hemelse mandaat) in praktijk wordt gebracht. Daarom beschouwde Confucius offeren als een noodzakelijke en goede zaak. Toen hem een vraag werd gesteld over de betekenis van *xiao*, de band tussen ouders en kinderen, zei hij: 'Als uw ouders in leven zijn, dient u hen volgens het ritueel. Als ze sterven, begraaft u hen volgens het ritueel en brengt u offers volgens het ritueel' (*Gesprekken* 2.5). Dat kan niet alleen een zaak van uiterlijke vorm zijn: 'Offeren betekent aanwezigheid. Men moet de goden offeren alsof ze aanwezig zijn. De meester zei: "Als ik niet met heel mijn hart offer, kan ik net zo goed niet offeren"' (*Gesprekken* 3.12). Het wekt dan ook geen verwondering dat de vroege confucianisten een massa rituelen kenden:

Verjaardagsviering
Confucianen eren Confucius op zijn verjaardag traditioneel met kleurrijke ceremonieën. Zij hebben geleerd: 'Mensen hebben een missie in de wereld [die] alleen vervuld kan worden als mannen en vrouwen hun best doen om hun ethische en morele plichten te vervullen.'
(Yao 2000: 46)

> 'gekleed in veelkleurige gewaden, spelend op citers of trommels, reciterend, dansend, excentrieke rituele opvoeringen: een leven als een voorstelling van de Peking-opera. Deze ingewikkelde choreografieën werden uitgevoerd, terwijl de omgeving erop neerkeek omdat ze hopeloos achterhaald zouden zijn – maar voor de eerste confucianisten was hun voorstelling een onderdeel van het eeuwige patroon; niet zij, maar de tijd was achterhaald.'
>
> (Eno 1990: 1)

Tian was dus zeer belangrijk voor Confucius (*Gesprekken* 2.4), want Tian vormt het ware fundament waarop een goed leven, een leven van *ren* (menselijkheid) met onwankelbaar vertrouwen kan worden gebouwd. Toen Confucius werd aangevallen door Huan Tui, stelde hij: 'Tian gaf mij morele kracht. Wat heb ik te vrezen van Huan Tui?' Volgens Confucius respecteert de ideale mens (*junzi*) Tian altijd (kader rechts). Maar wat nu eigenlijk de bedoeling was van Tian bleef een open vraag. Confucius zegt daarover weinig: 'Zigong zei: "De mening van onze meester over cultuur is duidelijk, maar het is niet mogelijk achter zijn kijk op het wezen der dingen en de bedoeling van Tian te komen"' (*Gesprekken* 5.13). Zijn opvolgers hielden zich meer bezig met deze belangrijke vraag.

'De junzi vreest drie dingen: de wil van Tian, grote mannen en de woorden van de wijzen. De tegenovergestelde [van de junzi] vreest de wil van Tian niet, want die kent hij niet. Hij minacht de groten en bespot de woorden van de wijzen.'

(Gesprekken 16.8)

Natuur en God

De leer van Xun Kuang en Mozi

DE ONWILLIGHEID VAN Confucius om te speculeren over de vraag of Tian als God of als natuur moet worden begrepen, liet beide mogelijkheden open voor zijn opvolgers. De ene opvatting, Tian als natuur, werd verdedigd in een werk met de titel *Xunzi*, toegeschreven aan Xun Kuang (Xunzi betekent 'Meester Xun'). Hij leefde in een periode waarin de Zhou-dynastie begon uiteen te vallen onder invloed van elkaar bestrijdende staten (derde eeuw vChr.). Hij had grote bewondering voor Confucius, maar bekritiseerde zijn volgelingen, die Ru werden genoemd, vanwege hun obsessieve aandacht voor ritueel. Hij was van mening dat de mens van nature slecht is of in elk geval geneigd is zijn eigenbelang voorop te stellen en dat goedheid verworven moet worden – of ingeprent. Confucius had volgens hem gelijk toen die stelde dat de mens goed gedrag kan leren door onderwijs, voorbeeld en beheersing; voor hem bestond li *(blz. 148-149)* daarom uit gedragsregels waarmee metaal tot een scherp mes kan worden geslepen en hout in diverse vormen kan worden gebogen *(kader links)*.

Xun Kuang was een fanatieke bestrijder van het volksgeloof in geesten en wilde niets weten van bovennatuurlijke oorzaken van gebeurtenissen. In *Xunzi* nam hij daarom een hoofdstuk (17) op waarin hij de opvatting verwierp dat Tian een persoonlijke entiteit is die het menselijk gedrag beloont of straft. Tian is het onpersoonlijke proces van de natuur, ver buiten bereik van het menselijk begrip, maar dat vormt nog geen reden om Tian in een enigmatische persoon te veranderen. Hij beschouwde rituelen als belangrijk voor de samenleving, al vond hij dat gebeden en offers geen zin hadden: 'Wanneer mensen om regen bidden en het regent, hoe komt dat? Ik zou zeggen, geen idee! Wanneer mensen niet om regen bidden, regent het ook' *(De Bary, 1966)*.

Aan de andere zijde van het spectrum stond Mozi. Hij leefde in de vijfde eeuw vChr., niet lang na Confucius, dus ook in een periode van conflicten en geweld. Maar anders dan Xun Kuang geloofde hij dat de mens van nature in staat is tot goedheid – en tot wederzijdse liefde (*ai*). Hij meende dat de mensen ooit in egoïstische conflicten met elkaar waren verwikkeld, maar dat dat nog steeds het geval zou zijn als ze niet hadden besloten om hun leven te beteren. Dat was niet iets onvermijdelijks: er was een daad van wilskracht voor nodig om een meer harmonieuze leefwijze tot stand te brengen. Bij het zoeken naar een betere manier van leven rijst echter de vraag hoe men 'beter' en 'slechter' kan meten. Daarbij kunnen menselijke opvattingen geen rol spelen, want in dat geval zouden personen die stellen dat gedrag niets anders is dan de uitdrukking van een natuurlijke gesteldheid gelijk hebben en zou er geen reden zijn (voor veel mensen tenminste) om daarin verandering te brengen.

> *'Er is geen timmermansgereedschap nodig om een rechte houten plank recht te maken. Krom hout moet worden gestoomd en gebogen met timmermansgereedschap, alleen zo wordt het recht ... Omdat de mens van nature slecht is, moet hij worden onderworpen aan het bewind van wijzen en koningen en de hervormende invloed van de regels van decorum en gerechtigheid ondergaan: alleen dán zal iedereen zich ordelijk gedragen en handelen in overeenstemming met wat juist is.'*
>
> (De Bary 1966: 107)

Mozi vond dat Tian voorziet in die absolute definitie en bron van goedheid. Zoals timmermanswerktuigen als passer en winkelhaak meten wat rond of vierkant is, zo meet de wil van Tian wat goed en slecht is *(Mozi 26)*. Waarom is goedheid beter dan het kwade? Omdat we op die manier voor alle mensen bereiken wat we als nuttig en aangenaam ervaren. Tian brengt die goedheid in de wereld, voornamelijk via degenen die de goedheid van Tian zoeken door communicatiemiddelen als gebeden en offers. Leven wordt imitatie van God *(blz. 211)* in daden van onzelfzuchtige liefde *(kader rechts)*. Confucius had zijn volgelingen geleerd dat de mens kan worden onderwezen of gedwongen tot een verstandige leefwijze, ook al liet hij daarbij de mogelijkheid open van radicaal verschillende interpretaties van de menselijke natuur en van Tian. Maar doordat die verschillen essentieel waren, kwam de vraag op of men God en natuur niet beter op een andere manier kon benaderen: die 'manier' was Tao.

'Mozi zei: voorkeur moet worden vervangen door universaliteit. Maar hoe kan voorkeur worden vervangen door universaliteit? ... Wanneer de mens de familie van anderen zou beschouwen als zijn eigen familie, wie zou dan zijn familie grootbrengen vanuit het oogmerk anderen te bestrijden? Dat zou immers neerkomen op het bestrijden van de eigen familie ...

Wanneer wij onderzoek doen naar de oorzaken van dergelijke voordelen, door wie of wat zijn ze dan voortgebracht? Ontstaan ze door het haten van anderen en pogingen hun kwaad te doen? Zeker niet! Ze komen voort uit liefde voor anderen en pogingen goed te doen. Wanneer wij de mensen die liefde geven en goed doen classificeren en beschrijven, komt hun motivatie dan voort uit willekeur of uit universaliteit? Het antwoord op deze vraag is toch zeker universaliteit, want het is deze universaliteit in hun omgang met anderen die leidt tot alles wat goed is in deze wereld. Daarom zei Mozi dat universaliteit goed is.'

(Watson 1968: 40)

Berg en rivier
Shan-shui, 'berg en rivier', zijn twee van de acht elementen van het universum:
'De wijze vindt vreugde op het water, de goede vindt vreugde in de bergen.'
(Gesprekken 6.23)

Tao-te Tjing

De basis van het taoïsme

> 'Je kijkt ernaar, maar het valt niet te zien; zijn naam is vormloos.
>
> Je luistert ernaar, maar het valt niet te horen; zijn naam is geluidloos.
>
> Je grijpt het, maar het valt niet vast te houden; zijn naam is lichaamloos.
>
> Deze drie ontglippen elk onderzoek,
>
> En dus vermengen ze zich en worden zo de Allerhoogste.'
>
> (Tao-te Tjing 14)

VOLGENS DE TRADITIE ontmoette Confucius ooit een wijze man voor wie hij veel respect had – zo veel zelfs dat hij hem vragen over *li* stelde. Die man was Laozi, die volgens andere legenden naar India reisde om daar de leermeester van Boeddha (*blz. 69*) te worden. Hij werd bij de grens tegengehouden door een grenswacht, die hem vroeg of hij iets waardevols had aan te geven. Mijn wijsheid, antwoordde Laozi, waarop de grenswacht hem vertelde dat hij eerst zijn wijsheid moest opschrijven voordat hij de grens over mocht. Aldus schreef Laozi de *Tao-te Tjing*, bestaande uit 81 korte hoofdstukken van elk rond vijfduizend Chinese karakters. Vervolgens besteeg hij een stier (een beeld dat in heel Oost-Azië wordt teruggevonden; zie links) en verdween naar het westen. Het is onwaarschijnlijk dat dit soort verhalen enige historische waarheid bevat, maar de *Tao-te Tjing* bevat zeker diepe wijsheden. Het werk vormt samen met *Zhuangzi* (vierde eeuw vChr.) de basis voor het taoïsme. Tao is de weg, de bron en het doel van alle leven: duidelijk voor iedereen maar kan toch niet worden gezien of in woorden gevangen (*kader links*). Het is zinloos om te vragen wat dat 'het' is, omdat een antwoord op die vraag in principe fout moet zijn.

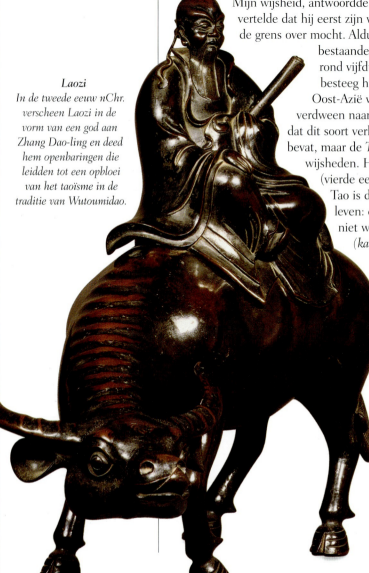

Laozi
In de tweede eeuw nChr. verscheen Laozi in de vorm van een god aan Zhang Dao-ling en deed hem openbaringen die leidden tot een opbloei van het taoïsme in de traditie van Wutoumidao.

> 'Het Tao dat kan worden beschreven is niet het eeuwige Tao. De naam die kan worden genoemd is niet de eeuwige naam. Naamloos is het de oorsprong van hemel en aarde; in staat genoemd te worden is het de moeder van alle dingen.'

Deze openingswoorden van de *Tao-te Tjing* vormen een onuitputtelijke bron voor het

Chinese denken en leven. Op het eerste gezicht lijken deze woorden nogal duister, want hoe kan men inspiratie putten uit iets waarover men niet kan spreken? 'Waarover men niet kan spreken,' zei Wittgenstein, 'daarover moet men zwijgen.' Maar omdat Tao de bron is, de zelf ongeproduceerde Producent van alles wat is – de reden waarom er überhaupt iets bestaat – is het niet geheel onwaarneembaar. Door *te*, de potentie in alle dingen om iets te worden in plaats van niets, worden alle verschijningen werkelijkheid, zodat de Maker in de resultaten ervan kan worden waargenomen. Alles wat bestaat is een consequentie van Tao, we kunnen bijna spreken van oerenergie, van deeltjes en atomen die in een nieuwe verschijningsvormen worden geconfigureerd – planten en planeten, sterren en zonnen. Het Tao, de Bron, kan niet als een object tussen andere objecten in het universum worden gezien, het bewerkstelligt de mogelijkheid van alle natuur en van alle individuele verschijningen: dat is Tao als het noembaar is geworden.

> *'Altijd niet-bestaand,*
> *Dat we zijn diepste geheim mogen begrijpen;*
> *Altijd bestaand,*
> *Dat we zijn uiterlijke manifestaties mogen waarnemen:*
> *Deze twee zijn hetzelfde;*
> *Alleen als ze zichzelf manifesteren ontvangen ze andere namen.'*
>
> (Tao-te Tjing 1)

Is Tao God? Wie deze vraag stelt, begaat de fout te denken dat Tao kan worden gevangen in het net van menselijke taal. Alles wat we van Tao kunnen weten zijn de gevolgen van Tao in het scheppen en instandhouden van alles wat *is*.

'Tao schiep Een; Een schiep Twee; Twee schiep Drie; Drie schiep de enorme veelvoud van dingen. Alle dingen dragen yin op hun rug en houden yang in een omhelzing vast: ze ontlenen hun harmonie aan de doordringing met deze krachten.'

(Tao-te Tjing 42)

De uiterlijke verschijning van dingen, hoe mooi soms ook, is niet meer dan het oppervlak van de waarheid: *ernaar kijken* is als voor een deuropening staan en het houtwerk en de constructie bewonderen zonder ooit door de deuropening het leven in te stappen. De bedoeling van het taoïsme is mensen te helpen de weg te vinden, zodat ze zich realiseren dat ze zelf deel uitmaken van het zich ontvouwende wezen van Tao.

Vóór alle dingen is Tao. Om zichzelf te produceren wordt het geconcentreerde energie, *qi*, en wordt de 'Hoogste' genoemd, de initiërende entiteit (later werd het in dit stadium *taiji* genoemd, de 'Hoogste Ultieme'). Hieruit komen twee tegengestelde energieën voort, yin en yang, de begrenzingen waarbinnen meervoudige en uiteenlopende verschijning mogelijk wordt. Yin en yang *(bijschrift rechts)* worden zichtbaar in de contrasten binnen het universum – vrouwelijk en mannelijk, zwaar en licht, koud en warm. Alle harmonie tussen twee elementen wordt bereikt door strijd en conflict: de zomer wordt aangevallen en overwonnen door de winter, daarna wordt de winter weer overwonnen door de zomer. Alle leven is onderworpen aan het dualisme van yin en yang en wijsheid ligt niet in pogingen die dualiteiten te overwinnen, maar in het erin meegaan, zodat elke actie ook 'niet-actie' kan worden genoemd: dat is *wu-wei*, ongeforceerd handelen in overeenstemming met het zich ontvouwen van Tao.

Dat klinkt naar de 'onpersoonlijke natuur' van *Xunzi* (blz. 150). Maar de Twee schiepen de Drie *(kader rechts)* en met de Drie legde het taoïsme de weg open om God in de wereld te zien.

Yin en yang
Yin (vrouwelijk) en yang (mannelijk) zijn de tegengestelde en vaak met elkaar strijdige energieën van het universum. Dit bekende symbool representeert hun interactie.

Drie uit Een

De goden van het taoïsme

Volgens Laozi werd Drie geschapen door Twee en de Drie schiepen de veelvoud van alles wat er bestaat. Daarom zijn de Drie van doorslaggevend belang bij het tot werkelijkheid maken van de manifeste wereld: de Drie zijn de Ene (het Tao) aan het werk. De vraag is nu: wie zijn de Drie?

In het taoïsme zijn daarop diverse antwoorden gegeven. In het Shangqing-taoïsme zijn de Drie de drie niveaus die de verschijning instandhouden: hemel, aarde en mensheid. Vaker zijn de Drie aparte persoonlijkheden die de mens een manier bieden om te communiceren met het Tao. Tao blijft de zelf ongeproduceerde Producent van al het bestaande, de Onbewogen Beweger. Maar zoals de filosoof A.N. Whitehead in 1936 schreef over de vergelijkbare stelling van Aristoteles over God als de Onbewogen Beweger: dit produceert nog geen God om te vereren en tot wie men kan bidden. Daarom worden de Drie vaker gezien als Sanqing, de 'Drie Zuivere Personen' (kader onderaan), die heersen over het leven, dat geconcentreerd is in *qi* (adem). Taote Tianzun, een van de Drie, werd verbonden met Laozi.

Laozi werd al vroeg als de incarnatie van Tao beschouwd, al zeker vanaf *Laozi ming*, de Laozi-inscripties van september 165 nChr. Hierin is zijn wereldlijke carrière als adviseur van de Zhou-heersers vastgelegd en wordt hij vervolgens beschreven als het centrum van het universum die geplaatst is aan het begin van de tijd, aanbeden door keizer Huan na een droom. De schrijver, Bian Shou, beschouwt Laozi als een heremiet wiens perfectie eerbied en vervolgens verering opriep, vervolgens beschrijft hij de kracht van Laozi, die de zon, sterren en andere hemellichamen op hun plaats houdt.

Deze 'promotie' van sterfelijke personen tot de rang van goden of Onsterfelijken wordt euhemerisme genoemd, naar de Griekse filosoof Euhemerus (ca. 320 vChr.), die stelde dat de Griekse goden oorspronkelijk mensen waren die na een heroïsch leven te hebben geleid door verering in

---

DE DRIE ZUIVERE PERSONEN

Deze Sanqing zijn:

- **YUANSHI TIANZUN**: de Hemeling van het Eerste Begin, het eerste gevolg van yin en yang, degene die het universum beveelt en regeert – of althans dat deed tot hij, volgens *Feng-shen Yan-yi* (blz. 156), wanhopig werd van het menselijke kwaad en zich terugtrok ten gunste van de jadekeizer.
- **LINGBAO TIANZUN**: de Hemeling van de Spirituele Schat, die tussen hemel en aarde bemiddelt en ervoor zorgt dat yin en yang (blz. 153) de regels handhaven.
- **TAOTE TIANZUN**: de Tao-met-Te (blz. 153) Hemeling, die het tao in de wereld manifest maakt en vaak wordt gelijkgesteld aan Laozi.

de loop van de tijd goden waren geworden. In het taoïsme leidde dit proces tot figuren die de mens konden helpen de doelen van het taoïsme te bereiken, bijvoorbeeld onsterfelijkheid. Het karakter voor *xian*, onsterfelijk, bestaat uit het pictogram voor 'een mens' en 'een berg'. Voor het bereiken van onsterfelijkheid is inzicht in en beheersing van *qi*, adem en ademhaling, van vitaal belang, want zo komt men in lijn met het zich ontvouwende Tao en daarmee uiteindelijk samen met Tao.

Een andere vorm van het karakter lijkt veel op een dansende persoon met wapperende mouwen, wijzend op hen die op weg gaan en de grenzen van het menselijke leven overschrijden. Het maken van reizen naar het domein van de Onsterfelijken, mogelijk gebaseerd op het sjamanisme (*blz. 160*), werd belangrijk omdat dit net als ademhalen mogelijk was voor iedereen.

Op die basis worden hemelse figuren als de Ba Xian, de 'Acht Onsterfelijken', niet beschouwd als goden die neerkijken op de mens, maar als personen die met succes de weg van Tao hebben gevolgd en die anderen in dezelfde richting kunnen helpen. Filosofisch georiënteerde taoïsten stellen dat de goden van het taoïstische pantheon mentale constructies zijn die daarbuiten niet werkelijk bestaan, maar in het taoïstische volksgeloof worden de goden als werkelijkheid en als belangrijk gezien omdat ze tonen wat er mogelijk is voor de mens die nog op aarde leeft. Er zijn vijf niveaus die bereikt kunnen worden:

- kui-shen: geesten die nog steeds een rustplaats zoeken;
- ren-shen: zij die de zwakheden van het menselijke leven hebben overwonnen;
- di-shen: zij die onsterfelijkheid op deze aarde hebben bereikt;
- shen-xian: zij die het land van de Onsterfelijken hebben bereikt;
- tian-xian: zij die onsterfelijkheid in de hemel hebben bereikt.

Een tian-xian kan als God worden benaderd, en alle goden of andere belangrijke figuren uit de Chinese traditie kunnen buiten het taoïsme binnen dit systeem worden gebracht. Zo was het taoïsme perfect verenigbaar met andere Chinese geloofsopvattingen.

Ook nadat het boeddhisme in China was geïntroduceerd, bedachten de taoïsten mogelijkheden om beide tradities met elkaar te verbinden. Bovendien wisten ze populaire opvattingen over God te bevestigen zonder dat daarbij tegenstrijdigheden optraden.

De hemelen van de Sanqing
De Sanqing zijn verbonden met de drie hemelen van pure jade, zuiverheid en hoogste zuiverheid. De offers die hun worden gebracht worden jiao *genoemd.*

De installatie van de goden

Feng-shen Yan-yi

Tegen het einde van de Ming-dynastie, eind zestiende eeuw, ontstond een lang epos met de naam *Feng-shen Yan-yi*, 'De Installatie van de Goden'. Het werk toont hoe de zoektocht naar onsterfelijkheid of naar persoonlijke groei onderdeel is van de totale geschiedenis van strijd (de eeuwige worsteling van yin en yang; *blz. 153*) in het kosmische proces. Het boek is een van de zeldzame pogingen om alle goden in een systematisch geordende mythologie onder te brengen.

Het begint met de legendarische koningen die over de landen regeerden die later samen China zouden gaan vormen; vervolgens komt een lange beschrijving van de campagnes van keizer Wu, de heerser van de Zhou (*blz. 145*), die resulteerden in de val van Zhou Xin, de laatste heerser van de Shang-dynastie. Aan het einde van deze oorlogen ontving de eerste minister van Wu, Jiang Zi-ya, van Yuanshi tianzun (de eerste van de Drie Zuivere Personen; *blz. 154*) het mandaat om de geesten van de gesneuvelde helden op diverse posten in de hemelse hiërarchie te benoemen.

Yuanshi tianzun
Yuanshi tianzun leeft in de Hemel van Pure Jade. Hij schiep hemel en aarde en bracht regel en structuur in alle chaotische wanorde. Hij is zonder begin en leert de mens zijn weg te vinden door de weg van Tao.

Veel van de goden die werden benoemd, waren al ver voor de tijd van de Shang bekend, maar ze werden nu geïntegreerd in een meer georganiseerde mythologie. Jiang Zi-ya, die algemeen wordt vereerd als de aanvoerder van de hemelse legerscharen en als beschermheer van winkels en woonhuizen, zou oorspronkelijk een taoïstische heremiet zijn geweest die in de bergen onsterfelijkheid zocht. Hij kreeg opdracht de orde in de wereld te herstellen door Wen Wang, de eerste Zhou-heerser, bij te staan en daarom werd hij de belangrijkste adviseur (met de titel Tai-gong) van eerst Wen Wang en later van diens zegevierende zoon Wu. Bij de installatie van de goden hoopte hij zelf de jadekeizer te worden, de belangrijkste god. Maar toen hij die positie kreeg aangeboden, aarzelde hij uit conventionele bescheidenheid en zei: '*Deng lai*' ('Wacht even'). Onmiddellijk verscheen Zhang Deng-lai en sprak: 'Hier ben ik' en dankte Jiang Zi-ya omdat hij hem jadekeizer had gemaakt. Jiang kon zijn woorden niet meer ongedaan maken, maar hij vervloekte het nageslacht van Zhang Deng-lai en dat echoot nog door tot in het heden.

Ook al betreft het een aardig verhaal, de jadekeizer bestond al lang voor de val van de Shang-dynastie. Hij is Yu Huang Shang-Di, de jadekeizer, de hoogst heer, ook bekend als Tian Gong of Tian Wang, de 'Hemelse Heer'. Hij is een belangrijke vorm van God in China, de heerser over de hemelse domeinen, de parallel van de menselijke keizer die over de aarde regeert. De verering van Ya Huang verspreidde zich in de elfde eeuw over geheel China nadat een Sung-keizer een impopulair verdrag rechtvaardigde door te verkondigen dat hij in een droom hiertoe een rechtstreeks bevel van Yu Huang had gekregen.

Goden van *Feng-shen Yan-yi*

Feng-shen Yan-yi brengt vele goden met belangrijke cultussen bijeen, onder anderen de Drie Heersers.

- **TAI SUI**: de heerser over de tijd en het jaar. Hij werd gebaard door Yin Jiao als een vormloze vleesklomp en door zijn vader over de stadsmuur weggegooid als oud vuil. Maar het vlees barstte open en hij werd herkend als een van de Onsterfelijken *(blz. 155)*. Hij wordt vereerd als de Heer van de Tijd in de hoop dat hij het verstrijken van de tijd in de richting van een ramp afwendt, maar zijn verering vindt onregelmatig plaats om te voorkomen dat hij de tijd in een andere, ongewenste richting duwt.
- **ER LANG SHEN**: de als 'Tweede geborene' is de neef van de jadekeizer en de sluwste van de goden. Hij leidt de legers van de goden als alle anderen hebben gefaald; alleen hij is Aap te slim af – al slaagde Guan Yin *(blz. 158)* erin een ring om het hoofd van Aap te leggen die begon te knellen zodra die streken wilde uithalen. Het verhaal van Aap, Sun Hou-zi, is te vinden in de schitterende 16e-eeuwse literaire satire *Xiyou ji, De Reis naar het Westen*.
- **LI NA-ZHA**: de Derde Prins, Li Na-zha (Na-zha Tai-zi), strijdt tegen demonen en boze geesten. Hij kan hen uitdrijven, maar meestal is hij meer ambigu en neemt hun vernietigingskracht over (vandaar dat er soms aan zelfverminking bij zijn verering wordt gedaan).

Yu Huang wordt algemeen vereerd en staat boven de andere goden, en ook ver boven de menselijke gedachte en verbeelding, zodat er zelden afbeeldingen van hem worden gemaakt. In plaats daarvan wordt zijn naam en titel op een plaquette geschreven en op het altaar geplaatst – in de provincie Fukien gelooft men dat hij huist in de as van de brandende wierook en is zelfs een plaquette niet toegestaan. Hij zou de ultieme rechter van het menselijk gedrag zijn en moet in verering uiterst omzichtig worden benaderd om hem niet boos te maken.

Naast de Drie Heersers *(kader boven)* worden in *Feng-shen Yan-yi* nog vele andere goden bij elkaar gebracht in een logisch verhaal. Niet alle goden konden echter in het systeem worden opgenomen omdat er nog zoveel meer goden van groot belang zijn, niet alleen in het verleden maar ook vandaag nog in het leven van het Chinese volk.

Offerplaats
De grote stèle op de top van de Taishan, waar de keizers feng- en shan-offers brachten aan de hemel en aarde. De inscriptie is afkomstig van de Tang-keizer Xuan Zong en dateert van het feng-offer van 726.

Boeddha's en bodhisattva's

Helpers

DE CHINEZEN ZIJN genereus in hun verbeelding van God in twee opzichten: ze erkennen talloze goden en ze zijn gastvrij. Zij geloven dat hun vele goden en godinnen onderdeel zijn van de werelden waar de mens in leeft, dus als er met nieuwe religies ook nieuwe goden worden geïntroduceerd, neemt men deze gemakkelijk op in het bestaande pantheon. Nieuwe godsdiensten als het christendom en boeddhisme kregen in diverse perioden met ernstige vervolgingen te maken, maar dat was meer om politieke dan godsdienstige redenen.

Die generositeit tegenover de goden van vreemdelingen lijkt misschien onwaarschijnlijk in het geval van het boeddhisme, omdat God geen prominent aspect is van de boeddhistische leer. Maar de boeddhisten brachten een hele reeks figuren met zich mee waarin de Chinezen hun eigen bevolking van de hemelse werelden herkenden. De boeddhistische hemel is gevuld met talloze boeddha's en bodhisattva's *(blz. 71)* die men ging vereren en aanbidden in de hoop dat ze verlossing konden brengen.

Een van de meer belangrijke onder de vele boeddha's is Amitabha ('Licht zonder Grens'), die in China bekend werd als O-mi-tuo Fu, van het Sanskriet-woord Amita (Amida in Japan); hij wordt ook wel Amitayus genoemd ('Leven zonder Grens'). Voor de aanhangers van de 'Zuivere Land'-traditie is hij de verlosser: wie Amitabha vereert en op hem vertrouwt, wordt wedergeboren in het Zuivere Land *(blz. 74-75)*.

Van de bodhisattva's wordt Avalokiteshvara, een van de twee helpers van Amitabha, veel vereerd. Avalokiteshvara mediteert het mededogen van Amitabha de wereld in en wordt gezien als de incarnatie van dat mededogen en als degene die andere bodhisattva's inspireert hetzelfde werk van genade te verrichten. Hij heeft de gelofte afgelegd bodhisattva te blijven totdat alle bewuste wezens uit hun lijden zijn verlost.

Na de aankomst van Avalokiteshvara in China werd 'hij' een 'zij', want de eigenschappen mededogen en genade werden in China meer met vrouwen dan met mannen geassocieerd. Hij werd de vrouwelijke Guan Yin Pu-sa of Guan Shi-yin, 'Zij die de kreten van de wereld hoort' (van een ander woord uit het Sanskriet, *Avalokitashvara*).

Veel van deze boeddhistische figuren boden wegen tot verlossing. Dat geldt zeker voor Mi-lo Fu, de bodhisattva die in het Sanskriet Maitreya heet, 'Hij die wacht om in de toekomst als de volgende Boeddha te verschijnen'. Volgens de Chinezen werd hij door Wu-sheng lao-mu, de Eeuwige en

Het Chinese pantheon
Het Chinese pantheon is even hiërarchisch geordend als de Chinese maatschappij, wat betekent dat ook het Chinese imperiale systeem een weerspiegeling is van het godenpantheon. Helemaal bovenaan zit de jadekeizer op zijn troon (blz. 156).

Vereerde Moeder, naar de aarde gezonden om degenen die verdwaald zijn te redden. Die 'redding' werd soms nagespeeld door geheime genootschappen die een revolutionaire strijd voerden tegen misdadige en corrupte overheden. Mi-lo Fu is ook de verlosser van de armen en onderdrukten.

Het boeddhisme bracht dus talrijke nieuwe figuren naar China die probleemloos werden geïntegreerd in de rangen van de bestaande goden. Via hun geloof in goden en godinnen zijn de Chinezen verbonden met een reusachtig soort 'goddelijk internet', waardoor ze uitdrukking kunnen geven aan hun hoop en vrees, dingen kunnen kopen (met symbolisch geld) die ze nodig hebben voor een succesvol leven en informatie en advies kunnen ontvangen. Het gaat niet zozeer om de ontologische status van deze wezens, dus niet om de vraag of ze nu wel of niet bestaan. De onwil van Confucius om bij dergelijke vraagstukken betrokken te raken, heeft wat dat betreft een heel ontspannen nalatenschap opgeleverd: het gaat erom wat dit 'internet' de Chinezen opleverde in hun dagelijks leven, niet in het minst in perioden waarin zij van buitenaf werden bedreigd of overvallen.

Avalokiteshvara
Avalokiteshvara is een van de populairste hemelse figuren en is op veel Chinese altaren te vinden, zowel in de huiselijke omgeving als in tempels. Zij beschermt kinderen, reizigers en alle mensen die op het land werken. Ze zorgt ook voor de geesten van de voorouders en taoïsten roepen haar aan tijdens bepaalde doodsrituelen om hun geest te beschermen voor de tien rechtbanken in de onderwereld. Deze godin staat ook dieren bij, zodat er hoogst zelden vlees aan haar wordt geofferd: meestal schenkt men theeblaadjes, fruit of papiergeld en na de geboorte van een zoon een paar miniatuurschoentjes.

CHINESE GODEN

In China kunnen goden en godinnen worden benaderd voor hulp en steun bij elk aspect van het dagelijkse leven.

- **GEBOORTE**: Jin-hua Fu-ren (een van de velen) brengt vruchtbaarheid en zorgt voor zieke kinderen.
- **EXAMENS AFLEGGEN**: Wen Zhang Di-jun helpt studenten te slagen voor examens en incarneert ongeveer eenmaal per honderd jaar in de vorm van een belangrijke geleerde.
- **HUWELIJK**: Yua Lao Xing-jun arrangeert huwelijken.
- **SUCCESVOL ZAKENDOEN**: Cai Shen is een collectieve benaming voor de goden die voorspoed brengen of hongersnood voorkómen; een vrolijke tweeling, Ho He Er Xian, overwint de obstakels van de bureaucratie; er zijn beschermgoden voor alle mogelijke vormen van handel. Van het allergrootste belang is Guan-di: terwijl Kongfuzi (Confucius; blz. 148) werd vereerd als degene die helpt bij intellectuele affaires, werd Guan-di vereerd als de god die helpt bij praktische zaken, in het bijzonder oorlog.
- **LANDBOUW EN KLIMAAT**: Tu-di Gong en Di-mu Niang-niang staan samen bekend als Tu-di: ze beheersen de natuurkrachten. Feng Shen is de god van de wind, Lei Gong is de god van de donder, Yu Shen is de god van de regen.
- **GEZONDHEID**: er zijn genoeg goden om een compleet departement van gezondheid in te richten. In de bijbehorende bureaucratie zijn de directeuren de uitvinders van de Chinese geneeskunst, Fu Xi (die ook de acht trigrammen bedacht die in werken als de *I Tjing* worden gebruikt om het onbekende te voorspellen), Shen Nung (de uitvinder van de landbouw en die de mens de geneeskrachtige werking van kruiden bijbracht) en Huang Di, een pionier in de zoektocht naar onsterfelijkheid.
- **DOOD**: omdat de zorg voor de voorouders van fundamenteel belang is, houden talrijke goden zich hiermee bezig. Dong-yue Da-Di heerst over de onderwereld.

Korea

Mudangs en sjamanen

AAN HET EINDE VAN de eerste eeuw (ca. 100 nChr.) schreef de historicus Sima Tan dat de Chinezen zes verschillende wegen hadden ontwikkeld om tot een goede regering en een stabiele maatschappij te komen. Hij citeerde een commentaar op de *I Tjing* ('Het Boek der Veranderingen'; *blz. 168*) om dat te verduidelijken: 'Er is één bewegende kracht, maar daar komen honderd gedachten en systemen uit voort: het doel is bij allemaal hetzelfde, maar de manieren verschillen' (De Bary, 1966: 189-190).

De zes wegen waarover hij het had, waren het taoïsme en diverse vormen van confucianisme, waarbij Sima Tan zelf de voorkeur gaf aan het taoïsme: 'Taoïsten leren de mens spiritueel en in harmonie met het ongeziene te leven: in hun leer wordt alles behandeld wat nodig is.' De zes wegen kregen een sterk 'spirituele' extra lading met de komst van het boeddhisme; bovendien vertoonden ze op het niveau van volksreligie (tegenover de politieke theorie) nog veel meer diversiteit. Een belangrijk gevolg hiervan was dat Chinezen in het algemeen nooit het gevoel hadden dat men werd gedwongen om te kiezen voor een bepaalde religie of filosofie *(kader links)*. Dit vermogen tot tolerantie en ook om alles op te nemen wat nuttig leek bij nieuwe godsdiensten of filosofieën was van immens belang toen de Chinese beschaving tot Korea en Japan doordrong. De Chinezen brachten niet alleen hun politieke systeem en sociale praktijken mee, maar ook veel van hun uitvindingen, zoals het schrift.

Bestaande geloofsopvattingen en -praktijken werden niet bestreden maar geïntegreerd, zodat ook Korea en Japan het creatieve en vreedzame samengaan kennen dat zo kenmerkend is voor China. Vaak ontstonden er serieuze conflicten wanneer de inheemse religie weer de kop opstak, maar het onderliggende thema was toch altijd het vinden van nieuwe manieren van coëxistentie. Godsdiensten als het christendom en de islam, die niet veel zien in coëxistentie met andere religies, kregen wel aanhangers, maar ze wisten geen substantiële invloed te verkrijgen. In het geval van het christendom leidde de nadruk op het eigen gelijk soms tot vervolging.

In Korea was het 'sjamanisme' een veelvoorkomende (maar niet de enige) vorm van inheemse religie. Met de term 'sjamaan' worden allerlei getrainde, getalenteerde of paranormaal begaafde mensen aangeduid. Het woord werd aanvankelijk gebruikt in verband met de sjamanistische Tungu in Siberië, maar het wordt nu veel algemener toegepast bij personen die in trance of extase *(blz. 40-41)* raken, vaak met behulp van technieken waarmee de zintuigen extra worden gestimuleerd of juist niet (bijvoorbeeld met hallucinogene stoffen, een volkomen donkere grot of dansen op een repeterend trommelritme). De sjamaan kan visioenen krijgen en in een zoogdier of vogel veranderen. Hij kan een reis maken naar de geestenwereld

> *'De Chinees die diepere vragen stelt dan hoe hij zich als goede en loyale zoon moet gedragen en die een mystieke filosofie of een religie nodig heeft, kiest voor het taoïsme of [vaak "en"] boeddhisme. Dat betekent nog niet dat hij daardoor ophoudt "confuciaan" te zijn ... Dat mag verbazingwekkend lijken als men denkt dat dit vergelijkbaar is met tegelijk christen en moslim te zijn, maar het is meer zoiets als tegelijk christen en gentleman te zijn.'*
>
> (Graham 1959: 365)

en daar geesten of oorzaken van ziekte en kwaad belichamen en ze op die manier overwinnen. De sjamaan wil de geesten in zijn eigen lichaam opnemen zodat hij ze onder zijn controle kan brengen. Sjamanen worden in hun trance beschermd door geesten en kunnen daarom dingen doen die de toeschouwers met verwondering en ontzag vervullen: zij kunnen over scherpe messen lopen, op gloeiende kolen dansen, of zichzelf vleeswonden toebrengen zonder te bloeden.

In Korea zijn sjamanen, die *paksu* (mannen) en *mudang* (vrouwen) worden genoemd, van groot belang voor het welzijn van de samenleving. Zelfs tegenwoordig, nu de traditionele opvattingen niet langer geïsoleerd zijn van de veranderende wereld, leven er in Zuid-Korea nog zeker 10.000 sjamanen. Soms zijn sjamanistische vermogens erfelijk (*sesupmu*) en leren de sjamanen het vak van hun voorouders; anderen worden sjamaan omdat er een geest in hen vaart (*sinnaerim*). Zij moeten een zware ceremonie ondergaan die *naerim-gut* wordt genoemd, waarbij de geest die bezit van hen heeft genomen een naam krijgt en de reden waarom de geest is gekomen wordt vastgesteld, waarna de geest wordt uitgedreven. Wanneer de kandidaten besluiten door te gaan als sjamaan, leren ze van een instructeur hoe ze de geesten onder controle van hun wil kunnen brengen, zodat die controle ten bate van anderen kan worden toegepast, vaak in rituele ceremoniëen, *kut* genoemd – niet alleen de benaming voor religieuze riten, maar ook voor 'alle muziek, dans en voorstellingen die in die riten zijn geïntegreerd' en die de basis vormden voor het theater (Huhm, 1983). *Kut* dient drie belangrijke doelen: het brengen van geluk, het kalmeren en leiden van de zielen der doden en het genezen van ziekten. Daarbij roepen de *mudangs* de relevante goden en geesten aan, vaak door het zingen van liederen (*muga*) en door voor hen te dansen.

In de eeuwen waarin boeddhisme en confucianisme dominant waren in de Koreaanse samenleving werden de *mudangs* wel beïnvloed, maar ze verdwenen nooit helemaal. Datzelfde geldt voor de *kami* in Japan.

Lopen over vuur
Sjamanen demonstreren de kracht van de geesten die ze belichamen op vele manieren, bijvoorbeeld door over gloeiende kolen te lopen. In Korea dansen ze ook blootsvoets op scherpe messen (chaktu) die worden gebruikt bij het maaien van graan of gras.

Koreaanse goden

Mudangs benaderen de goden via rituelen ten bate van de gehele samenleving. De belangrijkste goden zijn:

- **PUJONGNIM**: deze god heeft de macht om alle onreinheid weg te nemen.
- **SANSIN OF SAN-MANURA**: een god die in de bergen woont en tussen hemel en aarde bemiddelt.
- **PYOLSANG KORI EN KUNUNG KORI**: strijders en koningen die na hun dood zijn vergoddelijkt.

Aan de oorspronkelijke goden van Korea werden met de introductie van het Chinese boeddhisme andere goden toegevoegd (de Chonwang chung t'aryong zijn bijvoorbeeld de hemelse koningen van het boeddhisme die dharma bewaken); een van hen, Chesok kori, de god die barende vrouwen beschermt, is de boeddhistische adaptatie van de Indiase hindoegod Indra.

Korea en Japan

De samenkomst van wegen

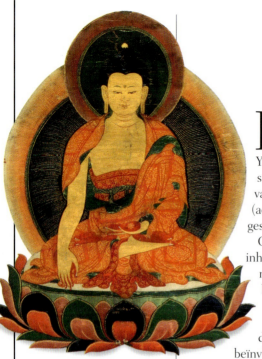

De Boeddha
Deel van een tempelgordijn met de Boeddha vóór zijn verlichting. Hij zit op een meditatietroon in de vorm van een lotusbloem, zijn handpalmen en voetzolen zijn met henna roodgeverfd, een traditioneel teken van schoonheid.

IN KOREA BELEEFDE het uit China geïmporteerde boeddhisme in de tijd van de Koryo-dynastie (935-1392) haar grootste bloeitijd. Toen de Yi-dynastie (1392-1910) met Yi Sungye aan de macht kwam, kreeg het boeddhisme de schuld voor de ondergang van de Koryo-dynastie en bleven er van de vele sekten nog maar twee over – sun (ch'an/zen) en kuo (actief in de wereld) Het confuciaanse gedachtegoed werd wel gestimuleerd.

Ondanks de lange periode van Chinese dominantie bleef het inheemse geloof in de *mudangs* springlevend. Sommige historici namen aan dat boeddhistische ideeën en verhalen hebben bijgedragen tot moderne vormen van *muga* (rituele liederen), maar recent onderzoek heeft hiervoor geen bewijs aangedragen. 'De enige conclusie die we kunnen trekken is dat er nauwelijks bewijzen bestaan voor een Chinese beïnvloeding van de *muga*. Dat wil niet zeggen dat de *muga* geen boeddhistische elementen bevatten – dat is zeker het geval – maar het is moeilijk te bewijzen dat de oorsprong van de verhalende *muga* in de boeddhistische literatuur ligt en dat de moderne *muga* in rechte lijn teruggaan op de oudere vorm van boeddhistische verhalen' (Malraven, 1994).

De taaiheid van oude inheemse geloofsopvattingen onder de invasie van nieuwe godsdiensten die politiek en cultureel dominant werden, is in Korea even zichtbaar als in India (bijvoorbeeld de relatie tussen Tamil-religie en het Arisch-brahmaanse geloof; *blz. 58-59*), maar de wijze waarop verzet, coëxistentie en assimilatie plaatsvonden verschilt per land. Hetzelfde geldt voor Japan. De inheemse Japanse godsdienst heet kami-no-michi, 'de weg van de kami' ('spirituele krachten'; *blz. 164-167*), in het Chinees shen-tao (vandaar de naam shinto). Deze oeroude religie bestond al in Japan vóór de komst van boeddhisme, confucianisme en taoïsme uit Korea en China. Ze werd wel door de nieuwe godsdiensten beïnvloed, maar verdween niet. Integendeel: de shinto-religie werd in diverse perioden het middel voor Japanners om uitdrukking te geven aan hun trots op hun nationale tradities en unieke identiteit.

In de zesde eeuw stichtte de machtige familie of clan Yamoto een dynastie van heersers en keizers die in een ongebroken lijn tot op heden op de troon zit (ook als was de echte macht soms in handen van anderen, bijvoorbeeld van de shoguns). Een van hun eerste daden was het sluiten van een verbond met de koning van Paekche (Zuidwest-Korea), die in 552 het verdrag bezegelde met het schenken van 'een beeld van de boeddha Shakyamuni ["de wijze van de Shakya-clan"] in verguld brons met diverse banieren en baldakijns en rollen met heilige teksten'.

> 'Harmonie is prijzenswaardig, het vermijden van lichtzinnige tegenstand moet geëerd worden ... Als zowel de hoger boven ons geplaatsten als de lagere harmonieus met elkaar omgaan en als er eenheid is bij het bespreken van zaken en de juiste kijk op de dingen spontaan wordt aanvaard: wat kan men dan niet bereiken!'
>
> (Tsunoda 1964: 48)

De invloed van het boeddhisme en het Chinese denken nam langzaam toe en uiteindelijk werd het boeddhisme formeel erkend door Shotoku (prins-regent 593-622) met zijn constitutie van 17 artikelen (604) en de bouw van de Horyuji, een complex van heiligdommen en tempels met enkele van de oudste houten gebouwen ter wereld *(bijschrift rechtsonder)*. Het eerste van de 17 artikelen zet de toon voor het Japanse beleid ten aanzien van godsdiensten en filosofieën *(kader linksonder)*. De openingszin is afgeleid uit *De Gesprekken* (1.12) van Confucius, die ook verder veel invloed heeft gehad op de Japanse samenleving *(kader rechts)*. In nog sterkere mate dan in China was de correcte ordening van het ritueel in Japan, van het hoogste tot het laagste niveau, het middel waarmee zinvolle maatschappelijke coherentie werd bewerkstelligd. Individuele geloofsopvattingen konden sterk verschillen, maar iedereen werd wel geacht de shinto-rituelen te kennen en zich eraan te houden.

De zoektocht naar harmonie, belichaamd door het ritueel, resulteerde in een meer formele ordening van 'de weg van de kami'. In *Nihongi 21* lezen we dat keizer Yomei (586-587) 'in de leer van het boeddhisme geloofde en *shin-do* vereerde', de vroegste vermelding van die term. Het boeddhisme werd aanvankelijk *butsu-do* genoemd, 'de weg van de Boeddha', maar later sprak men van *bukkyo* – *kyo* betekent 'leer', hetgeen duidt op een geloofsleer die afkomstig is van een leermeester, net als *kirsitukyo* ('Christus-leer') – terwijl shinto niet van menselijke oorsprong is, maar de eeuwige waarheid omvat.

Deze formele ordening van shinto werd gestimuleerd met de Taika-hervorming (645-646), toen aan het Grote Heiligdom van Ise uitgestrekte landerijen werden geschonken. Er werden grote feesten georganiseerd en men deed pogingen (in werken die verloren zijn gegaan) de vele mythen en legenden bijeen te brengen in een samenhangende geschiedenis over de oorsprong van de schepping en van Japan. Deze traditie werd versterkt met de Taiho-codex (701-702), waarin de vele shinto-heiligdommen *(jinja)* als belangrijke plaatsen in de Japanse samenleving werden erkend.

Er zijn nu ongeveer 80.000 shinto-heiligdommen in Japan: deze zijn wel beïnvloed door Chinese en boeddhistische architectuur, maar functioneren heel anders dan boeddhistische tempels *(tera)*. Elk heiligdom is opgetrokken voor een bepaalde kami. Er zijn zoveel kami dat elk heiligdom weer anders is opgezet en geheel onafhankelijk functioneert. Wel delen ze gewoonlijk dezelfde mythologie, die teruggaat tot in de grijze oudheid.

> Meester You zei: 'Bij het beoefenen van het ritueel is harmonie het belangrijkst. Daardoor was de weg van de vroegere koningen schitterend; harmonie inspireerde elke beweging, groot of klein, die zij maakten. Toch wisten ze ook wanneer het genoeg was: harmonie moet niet om zichzelf worden gezocht, ze is altijd ondergeschikt aan het ritueel want anders leidt ze tot niets.'

Horyuji
De kondo of grote hal van het oude tempelcomplex staat vlakbij het middelpunt. De hal werd in 607 nChr. voltooid, brandde in 670 af en werd kort daarop herbouwd.

Japan

De krachten van de kami

> 'In het algemeen verwijst het woord kami in de eerste plaats naar de verschillende kami van hemel en aarde die in de klassieke geschriften worden genoemd en naar de geesten [mitama] in hun heiligdommen. Natuurlijk verwijst het ook naar mensen en zelfs naar vogels en andere dieren en naar gras en bomen, zeeën en bergen – en naar alle andere dingen met superieure en buitengewone krachten die eerbied oproepen. Het gaat hierbij niet alleen om superioriteit in edele goedheid, maar ook om zaken van bijzonder grote slechtheid en vreemdheid, kortom: alles wat in de hoogste mate verbazing oproept ...
>
> Tot de kami behoort natuurlijk ook de dynastie van de verheven keizers, die 'verre kami' worden genoemd omdat zij zo ver van de gewone mensen afstaan en verering verdienen. Dan zijn er de menselijke kami, zowel die van lang geleden als die van vandaag: in alle provincies, in elk dorp en huis zijn menselijke kami aanwezig, ieder in overeenstemming met zijn of haar plaats ... Zo bestaat er een enorme verscheidenheid aan kami, sommige nobel, andere laag, sommige sterk, andere zwak, sommige goed, andere slecht, ieder in overeenstemming met de eigen geest en houding.'
>
> (Havens 1999: 234 e.v.)

Toen Temmu in 672 als keizer de troon besteeg, liet hij zich leiden door de boeddhistische tekst *De soetra van de soevereine koningen van de gouden lichtstraal* (*Konko myo saisho o gyo*). Zijn successen leidden in Japan tot een grote uitbreiding van het boeddhisme – hij decreteerde bijvoorbeeld dat er in elk huis een huisaltaar voor de Boeddha aanwezig moest zijn.

Hij vergat ook het fundamentele principe van harmonie (*blz. 162*) niet en daarom gaf hij opdracht voor het samenstellen van een werk over de oorsprong en geschiedenis van Japan en de keizerlijke familie. Naar zijn mening bevatten de genealogieën, mythen, legenden en liederen, die traditioneel mondeling binnen families werden doorgegeven, veel fouten. In een decreet uit 681 stelde hij dat een correct verslag van deze zaken 'het fundament van de staat, het grote fundament van de keizerlijke invloed' behelst.

Dit resulteerde in het jaar 712 in de Kojiki, 'Verslagen van de oude zaken'. Dit werk werd aangevuld met de Nihongi, 'Kronieken van Japan', voltooid in 720. Op het gebied van oude mythologie worden in beide werken dezelfde zaken behandeld, maar niet precies op dezelfde manier. Beide werken beginnen met de scheiding van hemel en aarde (niet met de schepping ervan). Vervolgens verhalen ze van de generaties van de kami, inclusief Izanagi-no-mikoto, de 'Man-die-uitnodigt' en Izanami-no-mikoto, de 'Vrouw-die-uitnodigt'. In een reeks ingewikkelde mythen wordt verteld hoe ze de eilanden van Japan hebben geschapen en hoe uit hen de zonnegodin Amaterasu werd geboren.

Amaterasu wordt als voorouder van de keizerlijke familie vereerd in het centrale shinto-heiligdom van Ise. Oorspronkelijk was de verering in het binnenste heiligdom strikt voorbehouden aan de keizerlijke familie, maar met de bouw van meer heiligdommen is Ise een plaats geworden waar iedereen Amaterasu kan vereren, haar hulp kan inroepen en haar kan vragen om levenbrengende kracht van vernieuwing. Niettemin nam de invloed van het boeddhisme sterk toe tijdens de Nara-periode (710-794), onder andere gesteund door Shomu (701-756). Toch werden er ook pogingen gedaan om een bepaald evenwicht te bewaren tussen boeddhisme en shinto, dus toen Shomu opdracht gaf voor een enorm bronzen boeddhabeeld als wachter van de natie en er onoverkomelijke problemen optraden bij het gieten van het beeld, werden er gebeden gericht tot kami Hachiman, die als antwoord in de vorm van een priesteres naar Nara kwam. Hij beloofde: 'Ik zal de kami van hemel en aarde leiden en zal de grote Boeddha tot voltooiing brengen' (*Shoku Nihongi* 1.12.27).

Hachiman ('Acht Banieren') werd een belangrijk symbool van de manier waarop de werelden van boeddhisme en shintoïsme verbonden zijn. Van oorsprong schijnt Hachiman de beschermkami van de heersers van het oude Japan te zijn geweest, die men associeerde met de verovering van Korea en dus met militaire glorie. Hij bleef verbonden met de militaire *(bushi)* klasse, maar werd door heel Japan populair in alle lagen van de bevolking, vooral in tijden van oorlog en militaire expedities. Om een verbinding met het boeddhisme te leggen, werd hij ook gezien als Hachiman Daibosatsu, de grote bodhisattva en de geïncarneerde vorm van Amida *(blz. 158)*.

Dit met elkaar verbinden van boeddha's/bodhisattva's met kami werd formeel *honji-suijaku* genoemd, letterlijk 'oorspronkelijke essentie, neergedaalde manifestatie': de oorspronkelijke essentie van de boeddha's/bodhisattva's kreeg een benaderbare manifestatie in de kami en raakten zo aan elkaar verwant. Deze praktijk werd bestreden door personen die vonden dat shinto op deze manier omlaag werd gehaald, met name Urabe Kanetome (1435-1511) en later de Kokugaku, de Nationale School, met leidende figuren als Motoori Norinaga (1730-1801) en Hirata Atsutane (1776-1843). Zij stelden zich tot taak de kami zodanig opnieuw te definiëren dat ze niet langer ondergeschikt waren aan figuren van Chinese of Indiase origine, maar een onafhankelijke zuiver Japanse status hadden. Die definitie werd bereikt door Motoori Norinaga. Motoori zag de kami in zijn systeem *(kader links)* als de bron van alle emoties en gevoelens van grote kracht – die ontstaan wanneer mensen op diepzinnige wijze de wereld ervaren.

Volgens Motoori waren de kami heilige krachten die door de Japanners werden vereerd, maar ze konden niet zo maar worden gelijkgesteld aan (of worden vertaald met) 'God'. Hirata Atsutane *(zie boven)* deed wel enkele pogingen in die richting: hij zei dat een bepaalde kami (Ame-no-minaka-nushi-o-kami) voor hemel en aarde bestond en dus de schepper van beide kon zijn. De kami worden meestal toch gezien als de veroorzakers van menselijke emoties en niet als manifestaties van God, die

Amaterasu

Amaterasu-o-Mikami ('Hemels Stralende Kami') is de belangrijkste en verenigende kami, *die met de zon en de keizerlijke familie wordt geassocieerd. Volgens de Kojiki en Nihongi was zij de dochter van Izanagi en Izanami en heerste als vorstin over 'de hoge hemelse vlakte', de verblijfplaats van de hemelse kami. Zij stuurde haar kleinzoon Ninigi naar de aarde om de eilanden van Japan te regeren. De aardse* kami *werden onderworpen aan de hemelse* kami *en hierbij werd de keizerlijke familie in het leven geroepen.*

ze heeft geschapen. Daarom ook zijn er veel te veel kami om systematisch in kaart te kunnen worden gebracht. Volgens de traditionele zegswijze *yaoyorozu no kami*, 'enorme myriaden van kami', is het universum vol met kami. Ze worden meestal in twee groepen verdeeld – hemelse kami (*amatsukami*) en aardse kami (*kunitsukami*), waarvan de belangrijkste worden beschreven in *Kojikii* en *Nihongi* (blz. 164).

De kami zijn geen goden die altijd hebben bestaan en die de wereld hebben geschapen en daar dus bovenuit stijgen; er is ook niet een kami die aan de basis van de schepping en dus boven de andere kami staat. Kami worden geboren en sterven. Ze zijn de krachten waardoor dingen tot leven worden gewekt en groeien; ze handhaven de harmonie in de kosmos en in het menselijk leven.

Er bestaan echter wel verschillen in rang tussen de kami in termen van wat ze bijdragen aan het menselijk welzijn en geluk. Amaterasu-o-Mikami (*blz. 164-165*) wordt meestal beschouwd als de allerhoogste, hoewel haar positie niet absoluut of exclusief is, want zij betuigt zelf respect aan andere kami en gewone mensen vereren ook andere kami naast haar.

Amaterasu is van het hoogste belang voor de Japanse keizer: zij is een voorouder van hem en hij voegt zich bij haar in het *daijosai*-ritueel van hemelvaart. Hield dit op toen aan het einde van de Tweede Wereldoorlog de keizer formeel ontkende goddelijk te zijn? Niet in de ogen van de meeste Japanners, want de kami zijn niet God: in christelijke bijbels werd 'God' vertaald met Tenshu, Heer van de Hemel, al wordt in sommige 19e-eeuwse vertalingen wel het woord kami gebruikt. De keizer ontkende dus alleen maar te zijn wat hij nooit geweest was.

Shime nawa
Aan de hoofdpoort van het shintoïstische heiligdom Heian Jingu is een touw gespannen. Dit is de 'shime nawa' en de strookjes papier 'gohei': ze geven heilige plekken aan waarin de kami, shintogeesten, wonen.

Het woord *kami* kreeg buiten Japan bekendheid door de term *kamikaze* ('hemelse wind'), de naam voor de Japanse zelfmoordpiloten uit de Tweede Wereldoorlog (*bijschrift rechts*). Na hun dood zouden de geesten van de *kamikaze*piloten terugkeren naar het Yasukuni-heiligdom. Dit heiligdom was in 1879 opgericht als de Tokyo Shokon Jinja (heiligdom). Oorspronkelijk keerden de geesten van iedereen die in de strijd viel naar Yasukuni terug, want iedereen die zijn leven gaf voor de keizer werd gezien als een ware shinto-adept. Sinds 1945 heeft men dat beperkt tot personen die zelf hebben aangegeven shinto-aanhanger te zijn, iets wat bij sommige Japanners heeft geleid tot protesten tegen het houden van officiële staatsceremoniën in het heiligdom, omdat andere gelovigen (vooral boeddhisten en christenen) zich zouden verzetten tegen de bekering *post mortem* van hun voorouders; in andere landen (bijvoorbeeld Korea) wordt geprotesteerd tegen de verering van oorlogsmisdadigers in het heiligdom.

Dit conflict maakt duidelijk hoe ver kami verwijderd zijn van de manieren waarop God buiten Japan wordt begrepen. Niettemin worden ze in de talrijke heiligdommen vereerd op manieren die op de aanbidding van God lijken. De kami van de heiligdommen zijn vaak de bekende kami uit de shinto-mythologie, maar er zijn ook voorouders van keizers en leden van beroemde clans bij, kami van voedsel en productie, kami van de aarde en ambachten en historische figuren die een belangrijke bijdrage aan de samenleving op hun naam hebben staan. De kracht van een kami in een bepaald heiligdom kan worden gesplitst en naar een ander heiligdom worden doorgestuurd zonder dat de desbetreffende kami daarbij verzwakt raakt: zo worden 'dependances' gesticht.

De verering van kami bestaat uit reinigingsrituelen, het offeren van voedsel (*shinsen*), het reciteren van gebeden (*norito*) en dans en muziek – die laatste vooral tijdens de vele festivals (*matsuri*, 'zorgen voor' of 'vermaken van' de kami). Niet alle kami worden in een heiligdom vereerd. Hun aanwezigheid wordt overal gevoeld. Als men bijvoorbeeld een huis gaat bouwen, wordt ter plaatse een ceremonie gehouden die *jichin-sai* wordt genoemd om de kami van de omgeving gunstig te stemmen door het offeren van rijst, sake, lappen stof of geld. In huis is er een *kamidana*, de kami-plank, in wezen een klein heiligdom waar de kami vereerd worden en offers ontvangen, vooral de kami die gunstig gestemd moeten worden. Kami met vernietigende krachten (*magatsuhi-no-kami*) vormen een bron van onreinheid en tegenslag, maar uiteindelijk zijn ook zij manifestaties van de primaire levenskracht die eerbied en verering noodzakelijk maakt.

De kami zijn dus heilige krachten die bedreigend kunnen zijn, maar meestal geluk brengen. Er is een sterke relatie tussen de kami en het menselijke leven, waarbij de mens en de natuur als kinderen van de kami worden gezien, bloedverwanten in de relatie van *oya-ko* ('ouder-kind'). Door verering van de kami komt de mens in contact met een levenskracht die oneindig groot en goed is, zowel met betrekking tot het leven in deze wereld als de bescherming van de voorouders. In hun heiligdommen bieden de Japanners ruimte aan alles wat boven het dagelijks leven uitstijgt, maar dat tevens beïnvloedt: in dat opzicht lijken zij op de Chinezen, die eveneens met eerbiedig enthousiasme overal tempels en heiligdommen bouwen.

Kamikazepiloten

Het woord kamikaze *betekent 'goddelijke wind' en verwijst naar de stormwinden die de Mongoolse invasies van 1274 en 1281 deden mislukken. De naam werd aangenomen door Japanse piloten die zich in de Tweede Wereldoorlog vrijwillig meldden om zich als 'vliegende bommen' op vijandelijke doelen omlaag te storten zonder hoop op terugkeer. Ze werden voor het eerst in oktober 1944 in de Golf van Leyte ingezet en later bij Okinawa. Ze droegen een witte sjaal en een witte doek afkomstig van de hachimaki, de stof waarvan de kimono's van de samurai werden geweven. De Japanners geloofden dat de zielen van de soldaten die in gehoorzaamheid aan de keizer sneuvelden naar Japan terugkeren, naar het Yasukuni-heiligdom ('land van vrede') in Tokyo (vandaar de ironische groet van soldaten voor de strijd: 'Tot in Yasukuni'), waar zij worden herdacht en geëerd.*

DE GODSDIENSTEN VAN AZIË

Het Altaar van de Aarde
Het Altaar van de Aarde, ooit fangzetan genoemd, altaar van 'het plein, de waterige plaats', werd pas rond 1530 gebouwd vanwege onenigheid over het ritueel. Het werd ten noorden van Beijing gebouwd, symmetrisch liggend ten opzichte van het Altaar van de Hemel ten zuiden van de stad. Hier vereerden de keizers de goden en geesten van de aarde op midzomernacht; hier waren de yin-getallen 'zes' en 'acht' en hun veelvouden belangrijk.

Tempels en rituelen

Het eren van de goden

S HAO YONG was een Chinese wiskundige en filosoof die in 1077 stierf. Bijna vierhonderd jaar later (in 1455) ploegden twee boeren op een veld vlakbij zijn geboortestad Lo-yang en vonden een grote steen met inscriptie. De ene boer claimde de steen omdat hij hem had gevonden, de andere boer zei dat de steen hem toebehoorde omdat die in zijn akker was gevonden. Ze gingen met hun twistappel naar de plaatselijke magistraat (You Ting Shi), die de inscriptie las. Die luidde als volgt:

'In het jaar van Jing Dai (het blauwe varken, 1455), tijdens de Ming-dynastie, zal de magistraat You Ting Shi mijn huis herbouwen en een tempel te mijner ere oprichten.'

De magistraat was stomverbaasd over de accuraatheid van de voorspelling en liet daarom een tempel ter ere van Shao Yong oprichten.

Het eren in zichtbare en ruimtelijke termen van personen die dat verdienen, is een typisch Chinese gewoonte. Daarom vinden we in China niet alleen altaren en tempels op plaatsen van groot belang, maar ook langs zijwegen en in de nederigste onderkomens. Het eren van Shao Yong was bijzonder passend, want deze geleerde had een nieuwe orde en precisie aangebracht in de I Tjing (het beroemde 'Boek der veranderingen', dat wordt gebruikt voor het analyseren van het heden en het voorspellen van de toekomst). Hij had ook een ruimtelijke kaart gemaakt van de 64 hexagrammen waaruit het boek bestaat. Voor de Chinezen is een goede indeling van de ruimte niet alleen een kwestie van planning van stad en land, maar ook van sensibiliteit, van respect voor het karakter van een plaats en daar niet tegenin gaan. Die sensibiliteit is vooral bekend door de praktijk van *feng shui* ('wind en water') of geomantiek , waarbij de woningen van zowel doden als levenden op locaties worden gebouwd waar gunstig circulerende stromen van vitale kracht *(qi; blz. 153-155)* geconcentreerd zijn. De *feng shui*-principes speelden een belangrijke rol bij de correcte vaststelling van de plattegrond en architectuur van tempels en mogelijk zelfs bij de stedenbouw in het algemeen (Meyer, 1991).

Tot de beste voorbeelden hiervan behoren het Altaar van de Hemel en het Altaar van de Aarde in Beijing. Het Altaar van de Hemel is gelokaliseerd ten zuiden van de binnenstad, iets ten oosten van de noord-zuidas. In de loop van de tijd is er rondom een indrukwekkend gebouwencomplex ontstaan, waarvan het Altaar van de Hemel het middelpunt is gebleven. Het altaar heeft geen dak en bestaat uit drie verdiepingen met ronde muren van steen, waarvan de afmetingen werden bepaald door de belangrijkste *yang*-getallen 'drie', 'vijf' en 'negen'. Hier brachten de keizers eenmaal per jaar vlak voor zonsopgang op midwinterdag uit naam van het gehele keizerrijk een offer aan Shang Di. Het Altaar van de Aarde werd ten noorden van Beijing opgericht om alle geesten van de aarde te eren *(bijschrift links)*.

Omdat er in China zoveel verschillende geloofsopvattingen en goden naast elkaar voorkomen, bestaat er geen algemene opzet of stijl voor tempels. Niettemin komen bepaalde kenmerken steeds terug *(kader onderaan)*. Ook al is een tempel boeddhistisch, taoïstisch of aan een plaatselijk populaire godheid gewijd, in China hoeft men niet te kiezen voor één specifieke cultus.

CHINESE TEMPELS

Vanwege de zeer uiteenlopende geloofsopvattingen zijn er in China tempels in allerlei stijlen en afmetingen:

- **BOUWSTIJL**: tempels werden van lokaal verkrijgbare bouwmaterialen en tot op zekere hoogte in lokale stijl gebouwd, waarbij bepaalde traditionele motieven steeds terugkeren. De dakranden krullen vaak omhoog en zijn versierd met vogels en andere fabeldieren als bescherming tegen het kwade.
- **BEHEERDERS**: bij grote tempels horen beheerders (aan boeddhistische tempels zijn soms monniken verbonden).
- **INGANG**: bij de toegang tot de tempel staan wachters, soms in de vorm van een schildering op de deurposten. De poort geeft toegang tot een binnenplaats waar een altaar staat waarop symbolische gaven aan de goden (papiergeld of andere dingen) worden verbrand, vaak ten gunste van de zielen van de voorouders.
- **AFMETINGEN**: tempels kunnen bestaan uit één enkele kamer of uit enorme gebouwencomplexen.
- **TALRIJKE GODENBEELDEN**: in de tempel staan meestal beelden en symbolen van talrijke goden of van God die in talrijke beelden en symbolen wordt uitgedrukt; de vereerders hebben meestal hun eigen god tot wie zij zich richten, maar zullen altijd ook de andere goden eren met een buiging.
- **PLATTEGROND**: rondom staan kapellen voor specifieke goden, in het midden bevindt zich de grote hal. Hier staan talrijke beelden, waarvan er een, of een groep, op de belangrijkste plaats staat. De ceremoniën zijn in principe gericht op persoonlijke verering, geloften en offers; maar bij grote feesten zijn de ceremoniën meer geordend en vinden openbaar plaats.

Bergen

Verbindingen tussen hemel en aarde

DE DRIEVOUDIGE EENHEID tussen hemel, mens en aarde (blz. 154) betekent in principe dat, hoe belangrijk tempels ook zijn, men de waarheid van de werkelijkheid – inclusief die van God voor wie in zulke termen denkt – overal kan vinden. Daarom zijn met name bergen en wateren plaatsen waar openbaring mogelijk is. In de *Li Ji* ('Verslag van de Rituelen') staat geschreven dat 'bergen, bossen, rivieren en dalen omringd zijn door wolken en vervuld zijn van stormen en regen en dat de mens er mysterieuze dingen ziet', waaruit wordt geconcludeerd dat daar goden moeten wonen. Die goden kunnen een persoonlijke band hebben met een bepaalde berg. Zo was Dongyue Da Di (de grote god van de Oostelijke Top) de god die mensen na hun dood beoordeelt en werd hij vereerd als degene die samenlevingen tegen wanorde beschermt en de vrede waarborgt. Na het neerslaan van de Taiping-rebellie (1850-1864) werd een keizerlijk decreet uitgevaardigd waarin offers en erenamen werden aanbevolen voor de goden van bergen en rivieren door heel China, want het was vooral 'door de zegen en hulp van de goden van bergen en rivieren dat de campagne tegen de rebellen succesvol was geweest'.

Vaak echter is die bovennatuurlijke realiteit niet meer dan de tamelijk abstracte geest van een bepaalde berg, Shan Shen, die we niet in al te persoonlijke termen moeten zien. Die meer onpersoonlijke opvatting van een geest die plaatsen zoals bergen doordringt, past uitstekend in het taoïstische streven om op te gaan in Tao dat alles doordringt *(kader links)*.

Wang Wei, die in de vijfde eeuw nChr. in China een belangrijke bijdrage leverde aan het combineren van poëzie en schilderkunst, putte zijn inspiratie uit bergen en rivieren *(kader links)*. Van de vele bergen in China spelen de Lun-lun, de Bergen van de Onsterfelijken in het Westen een uiterst belangrijke rol in de Chinese geschiedenis van God/Godin, want dit is het domein van Jin-mu, de Gouden Moeder, beter bekend als Xi Wang-mu, de Koningin-moeder van het Westen, die volgens sommigen de echtgenote van de jadekeizer is *(blz. 156)* en volgens anderen een onafhankelijke godin.

Deze koningin-moeder heerst over de vele duizenden die onsterfelijkheid hebben bereikt en stuurt hen erop uit om anderen te helpen die ook te bereiken; zij laat de perziken van onsterfelijkheid groeien die eenmaal in de drieduizend jaar rijp worden – de perziken die werden gestolen door Aap *(blz. 157)*. Als degene die onsterfelijkheid brengt, wordt ze vaak afgebeeld met een perzik in de hand; zij is een van de meest vereerde goden in zowel het taoïsme als het volksgeloof.

'Golven breken op rotsen en bergen,
vlakbij of ver,
aan voet of top,
de vorm blijft stromen.
De Lu-bergen hebben geen gezicht
Om te herkennen,
Als wij eenmaal
Verdronken zijn in hun diepte.'
(Su Tongpo)

'Sinds ik op middelbare leeftijd ben
heb ik mij geheel aan Tao gewijd.
Sinds kort woon ik in de bergen
van Zhong-nan.
Vaak wandel ik met een hart vol
vreugde alleen van hier naar hier.
Het is heerlijk om mezelf te kennen
zoals ik ben.
Wanneer de stromen mijn reis
beëindigen ga ik zitten en vang
het moment van opkomende mist.'
(Wang Wei)

De zoektocht naar onsterfelijkheid vormt een rode draad door de Chinese religie die talrijke vormen aanneemt. De Ba Xian, de Acht Onsterfelijken, zijn hiervan een populair voorbeeld, want hoewel er talrijke legenden om hen heen zijn geweven, zijn ze in elk geval voor een deel gerelateerd aan historische personages. Naar voren geschoven op een euhemeristische manier *(blz. 154)* tonen zij aan hoe men de 'acht levensvoorwaarden' (jeugd, ouderdom, armoede, rijkdom, hoge status, lage of geen status, vrouwelijk, mannelijk) allemaal kan overstijgen en dat onsterfelijkheid dus voor iedereen is weggelegd, ongeacht zijn of haar persoonlijke omstandigheden.

Goden en godinnen in hun talrijke manifestaties kunnen helpen bij het streven naar onsterfelijkheid, maar uiteindelijk maken ook zij deel uit van de drievoudige eenheid van hemel, mens en aarde. Bergen zijn een zichtbare uiting van die eenheid, ze reiken van de aarde naar de hemel en vormen de meest natuurlijke plaats om de essentiële betekenis van het leven te vinden.

'Onlangs werd ik me bewust van de betekenis van stille vrede.
Dag na dag bleef ik uit de buurt van menigten.
Ik maakte mijn huis schoon voor het bezoek van een monnik
Die uit de verre bergen kwam.
Hij daalde af van de in wolken gehulde toppen
Om me op te zoeken onder mijn rieten dak.

Zittend op het gras deelden we de hars van de pijnboom;
Wierook brandend lazen we de woorden van Tao.
Toen de dag voorbij was, staken we onze lampen aan.
De tempelklokken bevestigden het vallen van de avond.
Een moment lang was ik mij bewust van de stille vrede
die vreugde schept,
En ik voelde dat mijn leven zich bewoog in oneindige ruimte.'
(Wang Wei)

Tussen hemel en aarde
'Dit hoofdstuk is nu afgesloten: geen woord meer totdat we elkaar weer ontmoeten en de stemmen naar het raam stijgen en wegvliegen ... Even verbaasd als je het leven inkwam, ga je weer, opgetild, verborgen in de wolken, van het ene onbekende naar het andere: je valt, keert om en verschijnt weer in de bergen.'
(Whyte, 1990)

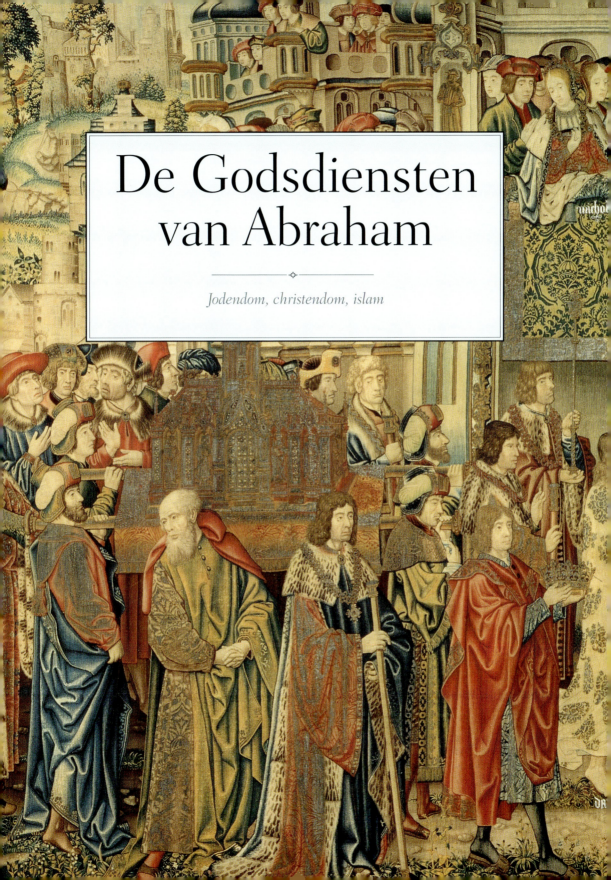

De Godsdiensten van Abraham

Jodendom, christendom, islam

JODENDOM

In het bijbelboek Genesis 12 vers 1 staan twee Hebreeuwse woorden die een beslissend moment markeren in de zoektocht van de mens naar God – en die van God naar de mens. Het is het bevel voor Abram (later Abraham en in het Arabisch Ibrahim): *lech lecha*, 'sta op en ga'. Abram moet naar een nieuw land gaan, waar hij een groot volk zal stichten dat tot heil van de andere volken zal zijn. Door zijn gehoorzaamheid en geloof werd Abraham de aartsvader van allen die God willen dienen; niet alleen joden, maar ook christenen die geloven dat zij mede-erfgenaam zijn van de joden ('Gij bemerkt dus, dat zij die uit het geloof zijn, kinderen van Abraham zijn'; Galaten 3:7) en moslims, die geloven dat ook zij leven volgens de godsdienst van Ibrahim (Koran 2:130-136).

De joden werden geroepen, God sloot met hen een verbond en hun reacties hierop en opvattingen hierover staan opgetekend in de bijbel: een verzameling teksten die een periode van circa 1000 jaar bestrijkt. Doordat geen overeenstemming kon worden bereikt over de praktische consequenties van het verbond ontstonden er echter verschillende scholen van jodendom, waaronder het christendom.

Nadat de Romeinen tweemaal een opstand (66-70 en 132-135 nChr.) hadden neergeslagen en de tempel hadden verwoest, begon de verspreiding van de joden over de wereld *(diaspora)*. Hierbij ontstonden twee joodse hoofdgemeenschappen: de 'asjkenaziem' (in Europa en nu ook in de Verenigde Staten) en de 'sefardiem' in Spanje en andere landen rondom de Middellandse Zee.

Na de val van Jeruzalem herstelden de rabbijnen (leraren) het judaïsme, gebaseerd op familieverbanden, de synagogen en een aantal strakke leefregels. Hun interpretaties zijn verzameld in de Misjna en de Talmoed, die later werden samengevat in codices, met als belangrijkste die van

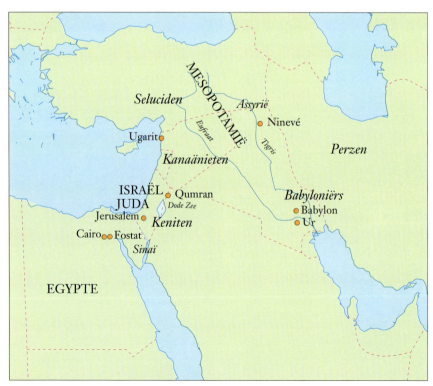

Maimonides *(blz. 218-222)* en die van Josef Karo (1488-1575): de *Sjoelchan Aroech*. In de Kabbala *(blz. 216-217)* en het chassidisme *(blz. 222-223)* verdiepten joden zich meer in de liefde van en voor God. In de negentiende eeuw ijverde de zionistische beweging voor terugkeer van de joden naar Jeruzalem. Niet alle joden zijn het hiermee eens omdat zij geloven dat alleen de Messias Jeruzalem kan herstellen. Ondanks de verschillende stromingen – orthodox, conservatief, rechtzinnig en liberaal – blijft de fundamentele roeping van de joden Gods volk te zijn, met de taak een heilig leven te leiden in een onreine en vaak wrede wereld.

JODENDOM TIJDBALK

De Klaagmuur
Het onderste deel van de Klaagmuur bevat stenen van een muur van de oude tempel en is een heilige plaats voor gebed.

Abraham · Exodus · Mozes · Vestiging in Kanaän	2000–1000
David · Verovering van Jeruzalem · Salomo · Bouw van de tempel · Twee koninkrijken: Israël en Juda · Achab en Elia · Amos · Micha · Hosea · Jesaja	1000–750
Val van het noordelijk koninkrijk · Nahum · Habakkuk · Jeremia · Val van Jeruzalem · Babylonische ballingschap · Ezechiël · Zarathustra · Cyrus · Ezra en Nehemia	750–500
Ontwikkeling van de tempel en priesterklasse	500–250
Wijsheidsliteratuur · Antiochius Epifanes · Opstand der Makkabeeën · Hasmonese onafhankelijkheid · Hakmim · Pompeius en Rome · Herodes · Ontwikkeling van Qumran	250–0
HaTefillah · Eerste joodse opstand · Stichting van het rabbijnse jodendom · Tweede joodse opstand · Akiba · Synagogen, liturgie en Pijjoetiem · Misjna	0–250
Babylonische Talmoed	250–500
Masoreten	500–750
Maimonides	750–1000
Mozes van Léon en Zohar · Kabbala	1250–1500
Isaäc van Luria · Spinoza – Israël ben Eliëzer (de Besjt) · Chassidiem · Mozes Mendelssohn · Solomon Maimon	1500–1750
Buber · Heschel · Opkomst nationaal-socialisme · Shoah (Holocaust)	1750–HEDEN

De bijbel en God

Fundamenten van geloof en begrip

Het begin van het joodse verhaal van God is gekoppeld aan het begin van het joodse volk zelf. 'Een zwervende Arameër was mijn vader' (Deuteronomium 26:5), zo zeggen de joden wanneer zij de eerste vruchten van de nieuwe oogst offeren aan God. De bijbel vertelt het verhaal van herders die geloofden dat God hen had geroepen tot een specifieke taak in de wereld.

De kortste samenvatting van het bijbelse verhaal is: 'God is de Ene die alle dingen heeft geschapen.' De bijbel begint met: 'In den beginne schiep God ...' (Genesis 1:1). In Genesis wordt beschreven hoe de volmaaktheid van de schepping werd verstoord doordat de mensen besloten kennis te vergaren en hun eigen beslissingen te nemen. De eerste hoofdstukken vormen samen een relaas van verbroken relaties – tussen man en vrouw, mens en God, de mens en de natuurlijke orde, stad en land, godvrezende en goddeloze mensen; en tussen verschillende volken, uitmondend in de spraakverwarring na de torenbouw van Babel (Genesis 11:1-9).

Vervolgens wordt in de bijbel verteld hoe God herstel en vernieuwing brengt. Dit proces verloopt via een reeks overeenkomsten, verbonden genoemd, aanvankelijk gesloten met individuen zoals Noach en Abraham en vervolgens door Mozes als intermediair met het gehele volk dat afstamt van Abraham, Isaäk en Jacob. De bestaansreden van het volk Israël ligt in hun instrument-zijn van Gods helende kracht in de wereld, niet alleen ten bate van hen zelf, maar ook opdat alle volken zullen zien wie en wat God is (bijv. Habakuk 2:14 en Zacharia 8:20-23).

Tien Geboden
De ontvangst van de 'Tien Woorden' (Aseret ha-Dibrot) wordt verteld in Exodus 34:27 e.v. Ze vormen de kern van het Oude Verbond. Er zijn twee versies: een in Exodus 20:2-14 en een in Deuteronomium 5:6-18.

God neemt het initiatief door de Israëlieten te roepen tot deze taak en hen er vervolgens bij te helpen. Wanneer ze in slavernij leven in Egypte zorgt God voor een spectaculaire uittocht, de Exodus, en leidt hen vervolgens door de woestijn naar het beloofde land Kanaän, waar zij eerst de plaatselijke bewoners moeten verjagen. In de woestijn geeft God hun via Mozes zijn wetten, de *tora*, de basisvoorwaarden van het nieuwe en blijvende verbond (*tora* betekent 'aanwijzing': de term staat voor de eerste vijf bijbelboeken en eigenlijk voor de gehele Schrift, maar kan ook alleen slaan op de wetten). Fundamenteel in dit verbond is de erkenning dat God de énige God is, in frappante tegenstelling tot de vele goden en godinnen in de wereld om hen heen. De diepste belijdenis van de joodse religie staat in het bijbelboek

Deuteronomium 6:4: 'Hoor [Hebreeuws: *sjema'* vandaar de naam Sjema voor de geloofsbelijdenis die begint met dit vers], Israël, de Heer uw God is Een.'

Het volk zondigt echter voortdurend tegen de verbondsvoorwaarden. Men blijft door middel van geschenken, offers, eredienst en overeenkomsten investeren in de plaatselijke goden. Wanneer het volk vanwege dreigingen van buurlanden en de steeds binnenvallende Filistijnen om een koning roept, wordt dit beschouwd als een gebrek aan vertrouwen in Gods almacht. Toch stelt God David aan als hun koning en sluit, nadat deze Jeruzalem heeft ingenomen, een nieuw verbond met hem en zijn nakomelingen als *mashiach* ('messias' of 'de gezalfde'). Koning Salomo, de zoon van David, bouwt de Eerste Tempel, maar na zijn dood wordt het koninkrijk in tweeën gesplitst en blijkt het experiment een mislukking te zijn geworden.

Uit protest tegen het voortdurend zondigen van het volk tegen Gods voorschriften staan talrijke profeten op, die direct uit Gods naam spreken met de woorden: 'Zo zegt de Heer ...' De profeten zijn niet gekant tegen het verbond en al zijn voorschriften, ook al verwijzen ze er zelden naar: zij sporen het volk aan tot een rechtvaardig leven zoals God het wil. Hun oproepen tot bekering zijn tevergeefs. God schakelt eerst de Assyriërs in, die in de achtste eeuw vChr. het noordelijke koninkrijk verwoesten en in de zesde eeuw vChr. de Babyloniërs, die Jeruzalem en Salomo's tempel platbranden en daarna het volk in gevangenschap wegvoeren. Na de Babylonische ballingschap keert het volk terug, wordt de tempel herbouwd en krijgen de priesters de zeggenschap over geloof en maatschappij. God heeft Israël de Tora gegeven en om in vrede en welvaart te leven moet het volk zich onderwerpen aan de wetten daarvan. Daarom is het van essentieel belang dat duidelijk wordt gemaakt wat de Tora betekent in het dagelijks leven van het joodse volk.

Na de bijbelse periode lijkt er een tijd van welvaart te volgen. Onder het bewind van de Hasmoneeën, ook bekend als de Makkabeeën (142-63 vChr.), is er sprake van een onafhankelijke joodse staat en – onder Romeinse overheersing – brengt de dynastie van Herodes Jeruzalem tot bloei. Twee latere pogingen om zich te bevrijden van het Romeinse juk, in 70 en 135 nChr, lopen beide catastrofaal af: de opstanden worden bloedig onderdrukt, Jeruzalem wordt ingenomen en ook de Tweede Tempel wordt verwoest.

In deze geschiedenis wordt God afgeschilderd in levendige en dramatisch effectieve kleuren. We moeten wel bedenken dat het hier gaat om een gesimplificeerd beeld van de pogingen van een geloofsgemeenschap om zichzelf te leren begrijpen en vat te krijgen op de juiste omgang met God, de Ene met wie zij een hechte relatie hebben. De bijbel is een bloemlezing van geschriften uit een periode van meer dan 1000 jaar. Het boek behelst meer dan dat eenvoudige beeld, ook processen van verandering en correctie komen aan de orde, waarheden worden ontdekt die leiden tot een nieuwe opvatting over de naam en de natuur van God. De specifiek joodse opvatting van God is diep verankerd in de geschiedenis van het volk: een niet bepaald gemakkelijk verhaal, maar onlosmakelijk verbonden met de joodse visie op God.

Titelblad van Genesis
Het woord in het midden is beresjiet, 'in den beginne'. Het is het eerste woord van het boek Genesis (en van de bijbel) en daarom de joodse naam van het boek (zie voor de associatie van dit woord met Wijsheid blz. 204-205).

RECHTS:

Hazor
Steden als Hazor herinneren aan de beschaving van de Kanaänieten. De Israëlieten leerden veel van hen, onder meer een alfabet om hun verhalen op schrift te stellen.

Marduk
Een van de duizenden Babylonische goden onder Nebukadnezar I (koning van 1125-1104 vChr.) was Marduk, of Sjarilani, de koning der goden, die Jahweh bedreigde tijdens de ballingschap.

God en Heer

De enige God die er is

Het commando dat Israël tot leven wekt, is de Sjema: *Sjema Israël Adonai Elohenoe Adonai Echad* (Deuteronomium 6:4). Letterlijk betekent dit: 'Hoor, Israël, mijn Heer onze God, mijn Heer de Ene.' Deze bijzondere woorden vormen de sleutel tot de joodse begrip van God. Adonai betekent 'mijn Heer', maar in het Hebreeuws staan hier de vier letters JHWH (bekend als het Griekse 'vierletterwoord', tetragrammaton). JHWH is de naam die God aan Mozes had onthuld (blz. 180), maar omdat, net als God zelf, ook de naam van God heilig was, mocht deze door niemand worden uitgesproken, behalve door de hogepriester op Grote Verzoendag. Veel joden zeggen liever ha-Sjem, 'de Naam', of vertalen hem als 'de Eeuwige'. En steeds als de letters JHWH voorkomen in de Schrift worden de klinkers van 'Adonai' eraan toegevoegd, om de lezer eraan te herinneren de naam niet uit te spreken maar in plaats daarvan Adonai te zeggen. Daarom is in Nederlandse vertalingen van wat christenen het Oude Testament noemen de naam van God vertaald met 'Heer'. In oudere vertalingen werd wel geprobeerd om de naam te transcriberen door de klinkers van Adonai op te nemen in de letters JHWH, zodat de onmogelijke vorm 'Jehova' ontstond. In theologische kringen is het gebruikelijk geworden om de naam van God aan te duiden als Jahweh. Zo wordt al iets duidelijk over de openbaring van God: Gods heiligheid geldt ook voor Zijn naam, die met de nodige eerbied moet worden bejegend.

Het woord *elohenoe* is het woord *elohiem*, 'God', met een achtervoegsel dat 'ons' betekent, dus 'onze God'. Het oorsprongscommando kan dus worden vertaald als: 'Jahweh is onze God, Jahweh is Een,' of: 'Jahweh onze God, Jahweh is Een,' of: 'Jahweh is onze God, Jahweh alleen.' Ook al is de betekenis onduidelijk, het zegt veel over de oorsprong van het joodse begrip van God. El was de naam van de belangrijkste god in de oude wereld van het Midden-Oosten waar ook de nomadenstam leefde waar Israël uit zou voortkomen. In vroege Kanaänitische mythen staat El nog boven de goden: hij is de 'vader der goden', de 'voorzitter van de raad der goden'. El is zo ver boven de wereld verheven dat hij lagergeplaatste goden in dienst heeft die hem vertegenwoordigen. Daarom vinden we in de bijbel namen als El Bethel (God van Bethel), of El Olam (God die standhoudt), El Roi (God die ziet), El Eljon (de hoogste God) en El Berith (God van het Verbond). De mindere goden die het werk doen van El zijn de Elohiem: *elohiem* wordt in de bijbel vaak vertaald als god, maar het is in feite een meervoudsvorm die gewoon 'goden' betekent: bijvoorbeeld in Genesis 31:30, Richteren 17:5, Daniël 11:8 en zelfs nog vaker wanneer over de zogenaamde goden (*elohiem*) van andere volken wordt gezegd dat ze

> *Wel heb Ik gezegd:*
> *gij zijt goden [elohiem],*
> *ja allen zonen des Allerhoogsten*
> *[Eljon]; nochtans zult gij*
> *sterven als mensen, zoals de*
> *machtigste vorsten zult*
> *ook gij vallen.'*
>
> (Psalm 82:6 e.v.)

helemaal geen echte goden zijn. In Psalm 96:5 worden ze met een woordgrapje bespot als *eliliem*, 'non-wezens', 'niet-goden'. In Psalm 82 verschijnt God als procureur-generaal voor een rechtbank en klaagt de goden, de *elohiem*, aan en bespot hen: als jullie de goden zijn, zoals jullie beweren, bescherm dan de zwakken en de wezen, verschaf de ellendigen en behoeftigen rechtvaardigheid, red de armen en red hen uit de hand van de goddelozen. Maar dat kunnen ze niet: ze bezitten geen enkele macht en daarom veroordeelt God hen *(kader linksboven)*.

Overal in de bijbel doet zich hetzelfde beeld voor: een beeld van conflict, van competitie tussen de God van Israël en de zogenaamde goden van de andere volken. In de Kanaänitische mythen wordt El bijvoorbeeld op zijn eigen terrein aangevallen door een luidruchtiger god, Baäl-hadad, de god van de storm. De invasie van het territorium van de ene god door de andere verwijst waarschijnlijk naar concrete wereldlijke gebeurtenissen, zoals oorlogen tussen stammen of volken. Dit feit was van ultiem belang voor de Israëlieten, want toen zij het land van de Kanaänieten binnenvielen, moest hun eigen God, dus Jahweh, het niet alleen opnemen tegen de Kanaänitische hoofdgod, El, maar ook tegen lagere, plaatselijk vereerde vruchtbaarheidsgoden, de Baäls. Als er maar één god is (*echad*, 'Een') moeten alle andere goden worden verworpen als valse troonpretendenten. Dit is het conflict dat in de bijbel wordt beschreven en dit is des te opmerkelijker omdat er een tijd was geweest dat de voorouders van het volk Israël meer goden (*elohiem*)

Paasfeest
Het Paasfeest is een belangrijk ritueel in het joodse gezin. Ongegist brood (matzes) symboliseert het absolute vertrouwen in God, omdat er niets, ook geen zuurdesem, van het afgelopen jaar in mag worden verwerkt.

dienden. Nadat men het Beloofde Land was binnengetrokken, riep Jozua het volk bijeen om het oude verbond met God te vernieuwen. Hij sprak hen als volgt toe: 'Zo zegt de Heer, de God van Israël: aan de overzijde der rivier hebben oudtijds uw vaderen gewoond, Terach, de vader van Abraham en de vader van Nachor, en zij hebben andere goden gediend (*elohiem achejeriem*)' (Jozua 24:2). Hoe hebben de Israëlieten de stap gezet van het dienen van vele goden naar die ene God en de belijdenis dat Jahweh die ene God is?

Volgens het bijbelboek Exodus 6:3 maakte God zijn naam Jahweh als eerste bekend aan Mozes *(kader links)*, wat in

> *'God [Elohiem] sprak tot Mozes en*
> *zei tot hem: "Ik ben de Heer*
> *[JHWH]. Ik ben aan Abraham,*
> *Isaäk en Jakob verschenen als God*
> *de Almachtige [El Sjaddai], maar*
> *met mijn naam Jahweh ben Ik*
> *hun niet bekend geweest."'*
>
> (Exodus 6:1)

tegenspraak lijkt te zijn met het boek Genesis, waarin de naam Jahweh vanaf het begin wordt gebruikt. In Genesis 4:26 staat beschreven dat men 'toen' (na de moord door Kaïn op zijn broer Abel) begon met het aanroepen van de naam van Jahweh. Latere joodse exegeten erkenden de tegenstelling en kwamen op het idee dat het woord 'begon' in feite een ander Hebreeuws woord was, dat stond voor 'rebelleren'. Met andere woorden: het vers in Genesis zou betekenen dat de mensen, na de misdaad van Kaïn, de naam Jahweh verkeerd en ijdel begonnen te gebruiken en dat de naam daardoor geleidelijk aan in onbruik raakte.

Deze tegenstelling was ook de eerste aanwijzing die de Franse bijbelgeleerde Astruc in de achttiende eeuw tot het inzicht bracht dat de Pentateuch (de eerste vijf bijbelboeken) bestaat uit een compilatie van verschillende werken die worden gekenmerkt door een verschillende opvatting over de natuur en het karakter van God. Een als J bekende bron gebruikt de naam J/YHWH vanaf het begin; bron E gebruikt de term Elohiem tot de openbaring aan Mozes.

Het karakter (en zelfs het bestaan) van deze bronnen is later in twijfel getrokken, maar uit de Pentateuch zelf blijkt dat geput wordt uit bestaande tradities en bronnen, zodat historici de vraag proberen te beantwoorden hoe Jahweh de God van Israël werd. Bij gebrek aan bewijsmateriaal is hierover geen zekerheid te verkrijgen. Jau/Jah is in het Midden-Oosten bekend als de naam van een god, dus misschien was Jah de god van een van de nomadenstammen. Een andere mogelijkheid is dat de 'kinderen Israëls' ('Bene Israël') oorspronkelijk verwante clans waren. Deze volgden ieder hun eigen weg, maar stonden elkaar bij in tijden van crisis. Tijdens een hongersnood trok een aantal van hen naar Egypte, waar ze als slaven moesten werken. Een van hen, Mozes, werd uit Egypte verbannen en vond zijn toevlucht bij de stam der Kenieten. Hij huwde met de dochter van Jetro, een priester van die stam. Daarna ontmoette Mozes God als Jahweh in een dramatische episode waaruit Gods heiligheid duidelijk bleek; als een historische macht (hij die het opnam tegen de farao van Egypte) die het volk Israël leidde naar het Beloofde Land; en ook als een God met wie Mozes (en later ook anderen in de bijbel) kon communiceren (Exodus 3-4). God is altijd al God geweest, maar kreeg nu pas naamsbekendheid als Jahweh: in de naam en de kracht van deze God die hem zijn naam en natuur heeft onthuld, bevrijdde Mozes het volk Israël in de Exodus (de uittocht uit Egypte).

Deze Exodus werd het meest indrukwekkende voorbeeld van Gods almacht. Elk jaar herdenken de joden met Pesach (het Paasfeest) hoe God de woningen van de Egyptenaren bezocht, maar die van de Israëlieten voorbijging *(kader rechts)*. Nadat het volk in Kanaän was teruggekeerd, verbonden zij zich daar met andere verwante stammen en in Jozua 24 staat beschreven hoe de gehele groep, de Bene Jakob/Israël ('kinderen' van Jakob/Israël) Jahweh aannam als God. Het is Jahweh – en niet alle 'andere goden' – die aan het begin van hun geschiedenis stond door Abraham vanachter de rivier de Eufraat (uit het Ur der Chaldeeën) weg te roepen en hem en zijn nageslacht Kanaän als een nieuw land te geven. De Israëlieten namen sommige aspecten over van de Kanaänitische opvatting van El als de hoogste God. Uiteindelijk was het echter volmaakt duidelijk: nadat zij Jahweh als hun God hadden aangenomen, moesten alle andere goden worden verdreven, net als de oorspronkelijke bewoners moesten worden verslagen voordat Israël het land in bezit kon nemen. Die veroveringsstrijd werd een dramatische episode in het joodse verhaal van God.

Pesach (Paasfeest) is een van de belangrijkste joodse feesten. Aan het begin van de viering, het moment dat het ongezuurde brood wordt onthuld, reciteren de deelnemers de volgende woorden uit een oude tekst, de *Pesach Haggada*:

'Wij waren slaven van farao in Egypte en de Eeuwige [Jahweh] onze Elohiem voerde ons uit met een machtige hand en een uitgestrekte arm. En als de Heilige, gezegend zij Zijn Naam, onze voorvaderen niet had bevrijd uit Egypte zouden wij en onze kinderen nu nog slaven zijn van de farao's van Egypte. Wij allen zijn wijs, wij allen zijn mensen met ervaring, wij allen kennen de Tora: toch is het een verplichting om over de uittocht uit Egypte te vertellen, en allen die waarde hechten aan de uittocht uit Egypte, zij zijn geprezen!'

Ingrediënten van de paasmaaltijd
Bittere kruiden (symbool van de bittere ellende van de slavernij), een ei (het offerfeest) en een lamsschenkel (het geslachte offerlam), samen met ongegist brood.

De nederlaag van de goden

Jahweh als de Enige

> *Toen 'riepen [de profeten van Baäl] van de morgen tot de middag de naam van Baäl aan en zeiden: Baäl, antwoord ons! Maar er kwam geen geluid en niemand gaf antwoord. Daarbij hinkten zij om het altaar dat zij hadden opgericht. Toen het middag was geworden begon Elia hen te bespotten en zeide: Roept luider, want hij is immers een god. Hij is zeker in gepeins, of hij heeft zich afgezonderd, of hij is op reis, of misschien slaapt hij en moet wakker worden. Toen riepen zij luider en maakten zich naar hun gewoonte insnijdingen met zwaarden en speren, totdat zij dropen van bloed. En zodra de middag voorbij was, tot tegen het brengen van het avondoffer, geraakten zij in geestvervoering, maar er kwam geen geluid, en niemand gaf antwoord, of sloeg er acht op.'*
>
> (1 Koningen 18:26-29)

Het conflict van Jahweh met andere goden is samengevat in een gebeurtenis die plaatsvond honderd jaar nadat David Jeruzalem had ingenomen (ca. 1000 vChr.) en Salomo de Eerste Tempel had gebouwd als een centrum voor alle twaalf stammen om hun trouw aan Jahweh te betonen (blz. 190-191). Koning Achab regeerde over het noordelijke koninkrijk Israël. Wat godsdienst betrof hield Achab een slag om de arm. Zeker, hij en zijn volk moesten alleen Jahweh dienen, maar stel nu eens dat de plaatselijke goden, de Baäls (ba'alim), niet echt waren verdreven. Misschien hadden ze nog steeds een bepaalde macht, bijvoorbeeld over de oogst en de vruchtbaarheid. Het zekere voor het onzekere nemend ging Achab ook 'de Baäl dienen en boog zich voor hem neer. Vervolgens richtte hij voor Baäl een altaar op in het huis dat hij te Samaria voor hem had gebouwd' (1 Koningen 16:31 e.v.).

Koning Achab werd hier onmiddellijk op aangesproken door de zegsman van Jahweh, de profeet Elia: zij kwamen overeen dat er een wedstrijd zou worden gehouden tussen Baäl en Jahweh. De profeet Elia en de profeten van de Baäl kwamen bijeen op de berg Karmel. Beide partijen bouwden een altaar, waarna ze beurtelings gingen bidden om vuur zodat iedereen zou kunnen zien welke god de macht had om vuur te zenden (*kader links*). Elia trof zijn voorbereidingen en bad tot God:

> *'Heer, God van Abraham, Isaäk en Israël, heden moge bekend worden, dat Gij God zijt in Israël en dat ik uw knecht ben, en op uw bevel al deze dingen doe. Antwoord mij, Heer, antwoord mij, opdat dit volk wete, dat Gij, Heer, God zijt en dat Gij hun hart weer terugneigt. Toen schoot het vuur des Heren neer en verteerde het brandoffer, het hout, de stenen en de aarde, en lekte het water in de groeve op. Toen het gehele volk dat zag, wierpen zij zich op hun aangezicht en zeiden: De Heer, die is God! De Heer, die is God!'*
>
> (1 Koningen 18:36-39)

> *'Toen Eljon de volkeren hun erfenis toedeelde, toen Hij de mensenkinderen van elkaar scheidde, heeft Hij de grenzen der volken vastgesteld naar het aantal van de goden: Jahweh's deel was zijn eigen volk, Jakob was het Hem toegemeten erfdeel.'*

Hier is in klein bestek het conflict uitgebeeld dat zich in de gehele bijbel afspeelt tussen Jahweh en alle andere zogenaamde goden. Voortdurend moeten profeten van Jahweh het volk terugroepen van de dienst aan andere goden, wat zij vergelijken met echtbreuk of zelfs prostitutie (zie bijv. Hosea 2:4-15). De oorlog op aarde, de verovering van het Beloofde Land, wordt weerspiegeld in een oorlog in de hemel, waar Jahweh het territorium van El, de hoogste God, binnendringt en zijn functies overneemt, totdat ze ten slotte zoveel op elkaar lijken dat El een naam wordt voor Jahweh: de Ene die God is. Dit betrof een essentiële verandering, omdat Jahweh aanvankelijk slechts een van de vele goden was die ressorteerden onder El, met ieder een afgebakend domein, precies zoals beschreven staat in Deuteronomium 32:8 (in de oorspronkelijke tekst). De hoogste god verdeelt de volken van de aarde onder de lagergeplaatste goden *(elohiem)* en geeft ieder van hen een volk *(kader linksonder)*.

De schrijvers van de latere en officiële (Masoretische) tekst waren zo geschokt door deze duidelijke erkenning van andere goden dat zij de woorden veranderden in: '... volgens het aantal van de kinderen Israëls'. Maar de originele tekst is dus onmiskenbaar een weergave van de vroegste opvatting over God en de goden. In Psalm 82 *(blz. 180)*, waarin Jahweh de andere goden veroordeelt, komt de oorspronkelijke verhouding van Jahweh en El duidelijk naar voren. In vers 1 staat trouwens nog iets eigenaardigs. Letterlijk staat er: 'Elohiem staat in de vergadering van El, Hij houdt gericht te midden der Elohiem' (Psalm 82:1). Deze psalm staat echter in een deel van het Boek Psalmen waarin de naam Jahweh uit eerbied is vervangen door Elohiem *(blz. 178)*. Dus de originele tekst luidde: 'Jahweh staat in de raad van El, om de *elohiem* [de andere goden] aan te klagen.'

De bijbel in zijn geheel toont aan hoe Jahweh niet alleen de domeinen van El en de andere goden aanviel, maar deze volledig overnam: Jahweh wordt alles wat goden kunnen zijn. Het afbeelden van goden in gesneden of getekende vorm wordt herhaaldelijk en fel veroordeeld als afgodendienst, het aanbidden van dode en machteloze afgoden die niets met God te maken hebben (zie bijvoorbeeld Psalm 115:3-8 en Jesaja 46:1 e.v.).

Nu is de betekenis van de Sjema *(blz. 178)* volmaakt duidelijk: 'Jahweh onze Elohiem is Jahweh alleen'. De levende God verrijst in al zijn macht na de dood van de andere goden. Het betreft hier een enorme omwenteling in de menselijke perceptie die niet zonder slag of stoot verliep, maar uiteindelijk was het duidelijk dat alle aanbidding van de mensen God rechtens toekwam.

De profeet Elia
Illustratie uit een 13e-eeuws manuscript over het leven van de profeet Elia, met onder andere de vergeefse poging van koning Ahazia om hem het zwijgen op te leggen: de eerste troep soldaten werd levend verbrand, de tweede werd gespaard nadat ze om genade hadden gevraagd.
(2 Koningen 1)

De toorn van God

Een verterend vuur

> 'Maar uit de steden van déze volken die de Heer, uw God, u ten erfdeel zal geven, zult gij niets wat adem heeft, in leven laten, maar gij zult ze volledig met de ban slaan, de Hettieten, de Amorieten, de Kanaänieten, de Perizzieten, de Chiwwieten en de Jebusieten, zoals de Heer, uw God u geboden heeft, opdat zij u niet leren te doen naar al de gruwelen die zij voor hun goden doen, zodat gij tegen de Heer, uw God, zoudt zondigen.'
>
> (Deuteronomium 20:16-17)

De strijd in de hemel wordt weerspiegeld door de strijd op aarde. Voordat zij het Beloofde Land binnentrekken, gebiedt God het volk om alle levende wezens te doden (*kader linksboven*). In de paragrafen in Jozua (5:13-12:24) over de verovering van het land Kanaän treedt God op als een niets en niemand ontziende rover. De toorn van God wordt in de bijbel breed uitgemeten. De Hebreeuwse synoniemen voor boosheid en woede zijn meestal nogal plastisch (fel blazend, brandend, uitbarstend, overstromend) en dergelijke woorden worden veel vaker voor God gebruikt dan voor mensen.

Gods toorn neemt verschillende vormen aan: de profeet Jesaja lijkt aanhoudend te zoeken naar steeds krachtiger metaforen om die te beschrijven:

> 'Zie, de naam des Heren komt van verre – zijn toorn brandt en een zware rook stijgt op, zijn lippen zijn vol gramschap, zijn tong is als een verterend vuur, zijn adem is als een overstromende beek, die tot de hals reikt – om volken te schudden in de zeef van verderf, terwijl een bit dat doet dwalen, tussen de kaken der natiën ligt.'
>
> (Jesaja 32:27 e.v.)

Het dienen van andere goden is hét teken van het verbreken van het verbond en dat is het wat Gods gramschap opwekt; een telkens terugkerend thema, bijvoorbeeld in Deuteronomium 29:27 en ook bij de profeet Hosea (5:10-15), die dit verraad vergelijkt met overspel en prostitutie. Met hetzelfde beeld begint de profeet Ezechiël een passage over de woede van God: 'Daarom, hoor, hoor het woord des Heren' (16:35 e.v.). De toorn van God zal zijn hoogtepunt bereiken op de Dag des Heren.

> 'Te dien dage zal het geschieden, luidt het woord van de Here God, dat Ik op de middag de zon zal doen schuilgaan en bij klaarlichte dag het land in het donker zal zetten. Dan zal Ik uw feesten in rouw doen verkeren, en al uw liederen in klaagzang. Dan zal Ik rouwgewaad brengen op alle heupen en kaalheid op elk hoofd. En Ik zal het maken als de rouw over een enig geborene en het einde ervan als een bittere dag.'
>
> (Amos 8:9 e.v.)

Deze toorn is veel meer dan lichte irritatie: hij brengt dood en verderf. Toen Korach, Datan en Abiram tegen Mozes in opstand kwamen, ontbrandde Gods toorn op vreselijke wijze: het drietal werd verzwolgen door de aarde en toen sommigen protesteerden tegen deze strenge straf werden ze getroffen door een plaag (Numeri 16). Gods toorn brengt vernietiging over de mensen, zoals in de opeenvolgende rampen van Jesaja 9:8-21 (zie ook Ezechiël 5:13-17), met het refrein: 'Ondanks dit alles keert zijn toorn zich niet af en blijft zijn straffende hand uitgestrekt.' Hij brengt ellende over mensen, zoals ook blijkt uit sommige psalmen (zie bijvoorbeeld Psalm 88:16, 90:7-10 en 102:9-12).

Wat maakt God zo boos? Soms lijkt er geen enkele reden te zijn voor zijn woede. Nadat David Saul had begraven, staat er dat God zich 'ontfermde over het land' (2 Samuel 21:14); in 24:1 staat echter: 'de toorn des Heren ontbrandde weer tegen Israël', hoewel er in de tussentijd niets is voorgevallen. Meestal gaat het om slecht en zondig gedrag, zoals dat met de Filistijnen in Ezechiël 25:15-17:

DE TOORN VAN GOD

> 'Zo zegt de Heer: Omdat de Filistijnen wraakzuchtig hebben gehandeld door met bitter leedvermaak wraak te nemen en in eeuwigdurende vijandschap te verdelgen, daarom, zo zegt de Heer der Heerscharen; zie, Ik strek mijn hand uit tegen de Filistijnen, Ik zal die Kerieten uitroeien en zelfs het overblijfsel aan het strand der zee te gronde richten; Ik zal geduchte wraak aan hen oefenen met grimmige straffen. En zij zullen weten dat Ik de Heer ben, wanneer Ik mijn wraak over hen breng.'

Wanneer het echter gaat om gerechtigheid is de toorn van God vaker tegen Israël zelf gericht: zij zijn immers geroepen om heilig te leven en Gods werk in de wereld uit te dragen, zij hebben het verbond ontvangen met de belofte van God als hun eeuwige toevlucht. De profeten (woordvoerders van God) dreigen herhaaldelijk met het oordeel van God *(kader linksonder)*. Toch ligt in het algemeen de nadruk meer op het geduld van God, zijn bereidheid om menselijke koppigheid door de vingers te zien. Het is weliswaar een feit dat de toorn van God onmiddellijk kan toeslaan: 'Terwijl het vlees nog tussen hun tanden was, vóórdat het gekauwd was, ontbrandde de toorn des Heren tegen het volk en de Heer sloeg het volk met een zeer zware slag' (Numeri 11:33). Nog veel vaker wordt echter van God gezegd dat hij niet snel boos wordt, zoals in Psalm 103: 'Barmhartig en genadig is de Heer, lankmoedig en rijk aan goedertierenheid; niet altoos blijft hij twisten, niet eeuwig zal hij toornen' (Psalm 103:8 e.v.; zie ook Exodus 34:6 en Jesaja 48).

Dit betekent dat God altijd open staat voor gebed en voorspraak voor de zondaars, zoals Abraham pleit voor Sodom (Genesis 18:16-33) of Mozes voor het ontrouwe volk (Exodus 32:11, 31 e.v.; Numeri 11:1 e.v.; 14:11 e.v.); de profeet Amos voor Israël (Amos 7:2,5) en de profeet Jeremia voor Juda (Jeremia 14:7 e.v.; 18:2); of Job voor zijn vrienden (Job 42:7 e.v.). In de bijbel wordt realistisch gesproken over de verdiende straf voor zonde en rebellie. Daartegenover wordt echter een heel andere karaktereigenschap van God geplaatst: die van trouwe volharding.

Strijd van Jozua tegen de Amalekieten
'En wanneer Mozes zijn hand ophief, had Israël de overhand, maar wanneer hij zijn hand liet zakken, had Amalek de overhand'; toen Mozes vermoeid raakte, ondersteunden Aäron en Hur hem en hielden zijn hand omhoog. Exodus 17:8-16

De liefde van God

Moeder en kind

HET IS GEMAKKELIJK om uit de bijbel een beeld van God te destilleren als van een maffiabaas, letterlijk een 'godfather': hij heeft zijn eigen familie die hij beschermt, met name als het om huwelijken gaat; hij heeft zijn eigen territorium dat hij beschermt; hij verwacht een bepaalde, zeer specifieke gedragscode; hij verklaart zo nodig rivalen de oorlog en rekent bruut en definitief af met overtreders. Net als in *The Godfather* van Mario Puzo doet God Israël 'voorstellen die ze niet kúnnen weigeren'.

Het verbond houdt ook verplichtingen in voor zowel het volk als God. Toen de Israëlieten mochten ervaren dat Hij zijn verplichtingen nakwam, begonnen ze God te beschrijven als absoluut betrouwbaar. Deze betrouwbaarheid wordt samengevat in het woord *chèsed*. Dit is in feite een juridische term die staat voor de eigenschap van volledige betrouwbaarheid die een wettelijke overeenkomst mogelijk maakt. Toen koning Salomo de Eerste Tempel inwijdde *(kader rechts)* begon hij zijn gebed: 'O Heer, God van Israël, er is in de hemel boven en op de aarde beneden geen God als Gij, die vasthoudt aan het verbond en *chèsed* jegens uw knechten welke met hun gehele hart voor uw aangezicht wandelen; die jegens uw knecht, mijn vader David, gehouden hebt wat Gij tot hem gesproken hadt' (1 Koningen 8:22 e.v.; verbond en *chèsed* zijn dus nauw aan elkaar verwant, ook in Deuteronomium 7:2,9 en 12:2; Kronieken 6:14; Nehemia 1:5 en 9:32; Daniël 9:4 en Psalm 50:5, 36 en 89:29, 34). In het woord *chèsed* ligt een betekenis besloten van macht en daadkracht, want aan een machteloze verbondspartner heeft men niet veel. Daarom komt *chèsed* ook vaak voor in de betekenis van kracht, zoals in Psalm 144 *(kader rechts)*. Voor het volk Israël gaat *chèsed* echter nog veel verder dan de juridische verplichtingen van een machtige partner: zij ervaren een persoonlijk in hen geïnteresseerde God die alle beloften van het verbond wil vervullen en die het welzijn van alle mensen, rijk of arm, op het oog heeft. Nadat Mozes de Tafelen der Wet uit steen heeft gehouwen, komen de woorden waarmee het verbond wordt bevestigd tot leven.

> 'Barmhartige en genadige God, lankmoedig, groot van goedertierenheid en trouw, die goedertierenheid [*chèsed*] en trouw, die goedertierenheid bestendigt aan duizenden, die ongerechtigheid, overtreding en zonde vergeeft.'
>
> (Exodus 34:6 e.v.)

> Het is de blijvende, onverwoestbare solidariteit van *chèsed*, die ten grondslag ligt aan de grote metaforen van verbintenis in de ervaring van Israël met God: van man en vrouw, herder en kudde, moeder en kind.
>
> 'Heer, mijn hart is niet hovaardig, mijn ogen zijn niet trots; ik wandel niet in grootse dingen, noch in dingen die te wonderbaar voor mij zijn. Immers, ik heb mijn ziel tot rust en stilte gebracht als een gespeend kind bij zijn moeder; als een gespeend kind is mijn ziel in mij. Israël hope op de Heer van nu aan en voor immer.'
>
> (Psalm 131)

Gods liefde als Moeder
'Zoals een moeder haar kind troost, zo zal ik u troosten, gij zult getroost zijn in Jeruzalem.'
(Jesaja 66:9)

De tekst vervolgt weliswaar met de opmerking dat de zondaren nog steeds onder het oordeel vallen. De trouwe betrokkenheid van Jahweh, samengevat in *chèsed*, is echter de basis waarop de Israëlieten kunnen terugvallen en waardoor ze weten dat altijd vergeving mogelijk is zolang ze maar berouwvol naar God terugkeren.

> 'Vrees niet, want gij zult niet beschaamd staan, word niet schaamrood, want gij zult niet te schande worden; ja, gij zult de schande van uw jeugd vergeten en aan de smaad van uw weduwschap niet meer denken. Want uw man is uw Maker, Heer der heerscharen is zijn naam; en uw losser is de Heilige Israëls, God der ganse aarde zal Hij genoemd worden. Want als een verlaten en diep bedroefde vrouw heeft u de Heer geroepen, als een vrouw uit de jeugdtijd, nadat zij versmaad werd – zegt uw God. Een kort ogenblik heb Ik u verlaten, maar met groot erbarmen [chèsed] zal Ik u tot Mij nemen; in een uitstorting van toorn heb Ik mijn aangezicht een ogenblik voor u verborgen, maar met eeuwige goedertierenheid [chèsed] ontferm Ik Mij over u, zegt uw Losser, de Heer.'
>
> (Jesaja 54:4-8)

De Israëlieten hebben waarschijnlijk gevreesd, of ook gehoopt dat hun God een onderwereldvorst was die gewelddadig met al hun rivalen zou afrekenen. Maar zij leerden God kennen als iemand die veel eist, maar daarvoor ook veel liefde teruggeeft *(kader links)*. Liefde wordt steeds meer de belangrijkste eigenschap van God. De profeet Jeremia gebruikt zelfs woorden van lichamelijke hartstocht om dat verlangen uit te drukken:

> 'Zo zegt de Heer: Het volk van hen die aan zwaard zijn ontkomen vond genade in de woestijn, Israël, op weg naar zijn rust. Van verre is de Heer mij verschenen: Ja, Ik heb u liefgehad met eeuwige liefde, daarom heb Ik u getrokken in goedertierenheid [chèsed]. Weder opbouwen zal Ik u, zodat gij gebouwd wordt, jonkvrouw Israëls.'
>
> (Jeremia 31:2-4)

> 'Geprezen zij de Heer mijn rots, die mijn handen oefent ten strijde, mijn vingers tot de krijg. Mijn chèsed en mijn vesting, mijn burcht en mijn bevrijder, mijn schild en bij wie ik schuil, die volken aan mij onderwerpt.'
>
> (Ps. 144, vs. 1-2, vgl. Ps. 62:12 e.v: 'God heeft eenmaal gesproken, ik heb dit tweemaal gehoord: de sterkte is van God. Ook de chèsed, Heer, is van U.')

Het gebed van Salomo
Koning Salomo bidt dat als het volk zondigt en in gevangenschap wordt weggevoerd, zij hun gebeden zullen richten naar Jeruzalem en vergeving zullen krijgen, 'want Gij hebt hen U ten erfdeel afgezonderd uit alle volken der aarde'.
(1 Koningen 8:53)

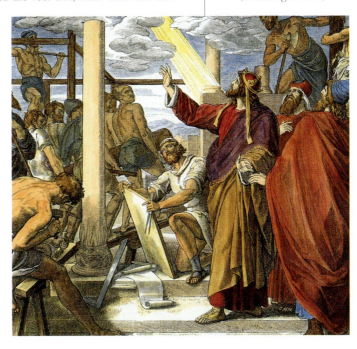

De heiligheid van God

Verborgen voor alles wat onrein is

Toen David eindelijk de Filistijnen had verslagen (*blz. 177*) trok hij met een leger van 30.000 uitverkoren mannen erop uit om de Ark des Verbonds terug te halen die de Filistijnen in een eerdere fase van de oorlog hadden buitgemaakt. In de Ark bevond zich het verbond (Exodus 25): het concrete bewijs van Jahweh's aanwezigheid in Israël en was daarom het heiligste dat er op de wereld bestond. De ossen die de kar trokken waarop de Ark stond, gleden uit en Uzza stak zijn hand uit om de Ark tegen te houden. Onmiddellijk ontbrandde 'de toorn des Heren tegen Uzza en God sloeg hem daar om deze onbedachtzaamheid; hij stierf daar bij de ark Gods' (2 Samuel 6:6 e.v.). Zonder erbij na te denken iets heiligs aanraken, is dus letterlijk spelen met de dood.

Heiligheid is een eigenschap die alleen bij God hoort en daarom extreem gevaarlijk kan zijn. Het woord voor 'heilig' is *kadoosj* – in het Hebreeuws en aanverwante talen betekent dit zoiets als 'apart', 'afgescheiden zijn'. God is totaal anders dan alles wat op aarde aan bederf of vergankelijkheid onderhevig is: God is de bron van alle leven en macht en daarom verbrandt alles wat onrein of triviaal is in Gods heilige nabijheid. De zonen van Aäron, Nadab en Abihu, brachten een 'vreemd [dat wil zeggen onheilig] vuur voor het aangezicht des Heren, hetgeen Hij hun niet geboden had' (Leviticus 10:1 e.v.). Mozes' commentaar hierop was: 'Dit is het wat de Heer gesproken

Op heilige grond

'Mozes nu was gewoon de kudde van zijn schoonvader Jetro, de priester van Midian, te hoeden. Eens, toen hij de kudde naar de overkant van de woestijn had geleid, kwam hij bij de berg Gods, Horeb. Daar verscheen hem de Engel des Heren als een vuurvlam midden uit een braamstruik.

Hij keek toe, en zie, de braamstruik stond in brand, maar werd niet verteerd' (Exodus 1 e.v.). Toen deed hij zijn sandalen uit, want hij besefte dat hij op heilige aarde stond.

DE HEILIGHEID VAN GOD

heeft: aan degenen die Mij het naaste staan, zal ik Mij de Heilige betonen en ten aanschouwe van het gehele volk zal ik mij verheerlijken.'

God heeft in de bijbel vele eigenschappen (wijs, machtig, genadig, liefdevol enzovoort) maar heiligheid is de enig mogelijke omschrijving van Gods eigen natuur: *dat wat God in essentie is*. Daarom wordt God meestal 'de Heilige van Israël' genoemd. Het is daarom niet vreemd dat het onmogelijk is om God te zien zonder te sterven. Zelfs Mozes mocht alleen een glimp opvangen van Gods achterzijde (Exodus 33:17-23; vgl. Richteren 13:19-23).

Heiligheid hoort exclusief bij de natuur van God: dingen en mensen kunnen alleen heilig worden als ze met God in verband worden gebracht. Daarom waren het altaar en de bijbehorende rituele gebruiksvoorwerpen heilig (Exodus 29:37 en 30:28 e.v.), evenals de priesters en hun kleding (Exodus 28:4 en 29:1); ook de toonbroden waren heilige voorwerpen (1 Samuel 21:6). Plaatsen werden heilig door hun associatie met God: toen Mozes God aanschouwde in de brandende braamstruik *(zie afbeelding links)* sprak God tot hem: 'Kom niet dichterbij, doe uw schoenen van uw voeten, want de plaats waarop gij staat, is heilige grond' (Exodus 3:5). Zelfs de gehele berg Sinaï krijgt op Gods bevel een uitzonderingspositie: 'Zet de berg af en heilig hem' (Exodus 19:23).

Uit de heiligheid van God volgt onvermijdelijk de heiligheid van het volk Israël, omdat zij van alle volken het dichtst bij God staan om met Hem te kunnen samenleven in een verbond van geloof en vertrouwen (*chèsed*; blz. 186). Nadat de berg Sinaï vanwege zijn heiligheid als verboden gebied was aangewezen, sprak Jahweh tot Mozes:

> *'Nu dan, indien gij aandachtig naar Mij luistert en mijn verbond bewaart, zult gij uit alle volken Mij ten eigendom zijn, want de ganse aarde behoort Mij. En gij zult Mij een koninkrijk van priesters zijn en een heilig volk.'*
>
> (Exodus 19:5; vgl. 26:19)

> *'Zo zegt de Heer: Ik gedenk de genegenheid van uw jeugd, de liefde van uw bruidstijd, toen gij Mij gevolgd waart in de woestijn, in onbezaaid land; Israël was de Heer geheiligd, de eersteling zijner opbrengst; allen die daarvan wilden eten, zouden schuld op zich laden, onheil zou over hen komen, luidt het woord des Heren.'*
>
> (Jeremia 2:1-3)

> *'De Heer sprak tot Mozes: Spreek tot de ganse vergadering der Israëlieten en zeg tot hen: Heilig zult gij zijn, want Ik, de Heer, uw God, ben heilig.'*
>
> (Leviticus 19:2)

Israël is als het offer van de eerstelingen aan God en elk ander volk dat hen aanvalt, loopt het risico van een confrontatie met Gods heiligheid *(kader rechtsboven)*. Het is de fundamentele roeping van de Israëlieten, hun bestaansreden als joden, om zichzelf aan te bieden aan God in die heilige staat *(kader rechtsonder)*. Dat wil zeggen: een unieke leefwijze. Heiligheid is een enorm creatieve kracht, maar voor wie er fout mee omgaat, kan ze dodelijk destructief zijn. Vergelijk het met een kerncentrale: mits verstandig gebruikt, levert ze genoeg energie op voor een geheel land, maar wanneer men er achteloos of onnadenkend mee omspringt, kunnen de gevolgen desastreus zijn.

Hoe kunnen mensen dan leven met de heiligheid van God? Net als bij een kerncentrale kan men dat alleen door de juiste procedures te volgen aan de hand van goed opgeleide functionarissen die precies weten wat zij doen. In Israël heeft zich daardoor een speciale priesterklasse ontwikkeld.

Tempel, heiligheid en priesters

De majesteit en het Anderszijn van God

Tweede Tempel van Herodes
In de in grootse stijl door Herodes de Grote (37-4 vChr.) herbouwde Tweede Tempel werden bezoekers beschermd tegen het onbedachtzaam naderen van Gods aanwezigheid door middel van scheidsmuren en binnenplaatsen die men alleen na zorgvuldige voorbereiding en rituele reiniging mocht passeren.

> *'Sta op, Heer, naar uw rustplaats, Gij en de ark uwer sterkte. (...) Want de Heer heeft Sion verkoren, Hij heeft het Zich ter woning begeerd: Dit is mijn rustplaats voor immer, hier zal Ik wonen, want haar heb ik begeerd.'*
>
> (Psalm 132:8,13)

In het jaar dat koning Uzzia stierf (achtste eeuw vChr.) kreeg de profeet Jesaja in de tempel een visioen van God: 'zittend op een hoge en verheven troon en zijn zomen vilden de tempel' (Jesaja 6:1). Ook Amos (9:1) en Micha ben Imla (1 Koningen 22:19) hadden zoiets ervaren, maar alleen Jesaja heeft zijn reactie opgetekend. Hij zei: 'Wee mij, ik ga ten onder, want ik ben een man, onrein van lippen, en woon te midden van een volk, dat onrein van lippen is, – en mijn ogen hebben de Koning, de Heer der heerscharen, gezien' (Jesaja 6:5). De heiligheid van God verbrandt alles wat onzuiver is en Jesaja moest worden gezuiverd door een gloeiende kool aan zijn lippen te brengen.

De heiligheid van God waarschuwt de gelovigen om niet achteloos en onvoorbereid in Zijn nabijheid te komen. Het brengen van een offer vormt de formeel goedgekeurde weg tot God, dat zorgvuldig, volgens bepaalde regels dient plaats te vinden. Vaak bracht de offerprocedure moeilijkheden met zich mee omdat elke gemeenschap en soms zelfs elke familie haar eigen altaar en ritueel had. Nadat koning David van Jeruzalem de nieuwe hoofdstad van Israël had gemaakt met als doel de verschillende stammen steviger aan elkaar en aan Jahweh als hun God te verbinden, was de logisch hierop volgende stap dat zijn zoon Salomo de tempel bouwde als middelpunt van de gezamenlijke eredienst aan God. Jeruzalem en de berg Zion groeiden in de joodse gedachtewereld uit tot het ultieme centrum, niet alleen van hun eigen godsdienst maar van de hele wereld. De priesters bemiddelden hierbij tussen hemel en aarde *(kader onderaan)*.

De Eerste Tempel bood onderdak aan de Ark des Verbonds, het symbool van Gods aanwezigheid in Israël. Psalm 132 is geschreven op de terugkeer van de Ark naar Jeruzalem *(kader links)*. Toen de

---

Priesters

De ontwikkeling van de priesterklasse als perfecte 'heiligheidfunctionarissen' duurde eeuwen.

De priesters ontwikkelden zich tot de bewakers van Gods heiligheid, die toezicht hielden op alle rituele offers die in de tempel werden gebracht. Zij moesten ervoor zorgen dat de bezoekers zich reinigden volgens de voorschriften en dat de offerprocedures correct werden uitgevoerd. Terugblikkend op de woestijnperiode wordt in het bijbelboek Leviticus beschreven hoe het gehele kamp van de Israëlieten en hun heiligdom zodanig waren ingericht dat het heilige gevrijwaard bleef voor aanraking met alles wat onrein was. De voorschriften in Leviticus lopen vooruit op de manier waarop dit later was geregeld in de tempel te Jeruzalem.

Eerste Tempel (die van Salomo) in de zesde eeuw vChr. werd verwoest door de Babyloniërs *(blz. 194)* raakte de Ark hoogstwaarschijnlijk niet zoek, maar werd vernietigd. Na de herbouw *(kader links)* bleef het Heilige der Heilige, de centrale ruimte in het hart van de tempel, vrijwel leeg. Hier mocht niemand binnentreden behalve de hogepriester, eenmaal per jaar op Grote Verzoendag.

Gods aanwezigheid bleef niet beperkt tot de tempel. Het volk had Gods aanwezigheid ervaren bij de uittocht uit Egypte en hun omzwervingen in de woestijn. Vóór de bouw van de Eerste Tempel had men God aanbeden in vele heiligdommen en er waren mensen die hevig protesteerden tegen de bouw van een tempel in Jeruzalem omdat God nooit eerder een vaste woning nodig had gehad.

Ook na de bouw van de Eerste Tempel kwamen lang niet alle gelovige Israëlieten naar Jeruzalem om daar God te aanbidden. In het noordelijke koninkrijk erkende men de dynastie van David niet en had men een eigen tempel gebouwd in de hoofdstad Samaria. In het zuidelijke koninkrijk werd de tempel te Jeruzalem echter steeds meer het brandpunt in de relatie tussen de mensen en God. Daar deed koning Josia van Juda, korte tijd voor de Babylonische ballingschap, een poging om alle andere heiligdommen af te schaffen en Jeruzalem te verheffen tot het algemene centrum van de eredienst aan Jahweh. De tempel met zijn rijke versieringen in steen en kostbare houtsoorten drukt uit dat de heiligheid van God niet lichtzinnig mag worden opgevat. Als tegenprestatie kunnen alle mensen (dus niet alleen Jesaja in zijn visioen) getuigen zijn van Gods overweldigende Majesteit die zich in deze plaats op aarde manifesteert *(kader rechts)*.

> 'Groot is de Heer en hoog te loven
> in de stad van onze God zijn
> heilige berg.
>
> Schoon door zijn verhevenheid,
> een vreugde voor de ganse aarde is
> de berg Sion, ver in het noorden
> de stad van de grote Koning.
>
> God doet in haar paleizen Zich
> kennen als een burcht.'
>
> (Psalm 48:1-3)

De terugkeer van de Ark
Tijdens de oorlog met de Filistijnen hadden deze de Ark buitgemaakt (1 Samuel 5). De festiviteiten na de herovering ervan worden beschreven in 2 Samuel 6 (nog vóór de bouw van de Eerste Tempel).

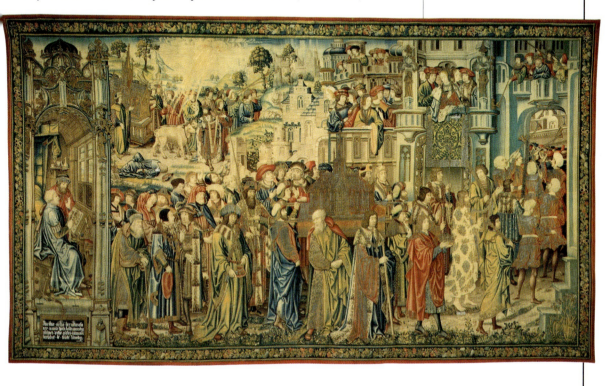

Offers en psalmen

Lofprijzing en protest

Grote Verzoendag
De grote letters op de boekrol in dit gebrandschilderde raam in een synagoge staan voor Jom Kippoer, de Dag van de Verzoening, de heiligste dag van het joodse religieuze jaar. Eens werd Jom Kippoer in de Tempel gevierd, tegenwoordig in synagogen en in de huiselijke omgeving.

In de tempel werd het verhaal van God steeds opnieuw verteld. Landbouwrituelen en cultusfeesten werden gekoppeld aan grote gebeurtenissen als de uittocht en de tocht door de woestijn; verder vierden de Israëlieten Pesach (het Paasfeest; blz.181) en Soekot (het Tenten- of Tabernakelfeest). Andere offerfeesten, bovenal Grote Verzoendag, waren pogingen om de schade te herstellen wanneer men in het algemeen had gezondigd tegen de voorwaarden van het verbond of wanneer men individueel God ontrouw was geworden. Dag na dag en jaar na jaar werd het volk Israël door deze plechtigheden herinnerd aan de grote daden die God had gedaan en nog steeds doet.

De offervoorschriften staan vermeld in Leviticus 1-7 (zie ook Leviticus 14:10-22, 22:17-30 en 27; Numeri 18-19), maar er wordt niets gezegd over de betekenis van de offers voor de mensen die ze brengen. In het Boek Psalmen staan veel liederen die oorspronkelijk waarschijnlijk hoorden bij cultusfeesten of andere rituelen, met name in de tempel. Hier wordt wel ingegaan op hun betekenis, maar er staat nergens welke psalm hoorde bij welk feest. Psalm 45 lijkt bijvoorbeeld te zijn geschreven voor het huwelijk van een koning en Psalm 110 voor een kroning. De psalmen hebben echter veel meer betekenis dan alleen liederen voor de eredienst te zijn. Meer dan enig andere verzameling teksten uit de bijbel illustreren ze de bedoeling van God met zijn volk.

Evenals in de boeken van de profeten wordt in sommige psalmen scherpe kritiek geuit op de waarde van offers wanneer die worden gezien als een substituut voor het leven naar Gods wens. Jesaja hekelde personen die – in Gods woorden – 'mijn voorhoven plat treden', en huichelachtige offers brengen: '... gruwelijk reukwerk is het Mij; nieuwe maan en sabbat, het bijeenroepen der samenkomsten – ik verdraag het niet' (Jesaja 1:12-14). God eist van mensen iets anders:

> 'Wast u, reinigt u, doet uw boze daden uit mijn ogen weg;
> houdt op kwaad te doen; leert goed te doen, tracht naar recht,
> houdt de geweldenaar in toom, doet recht aan de wees,
> verdedigt de rechtszaak der weduwe.'

(Jesaja 1:16 e.v.)

De profeet Micha ziet dezelfde tegenstelling:

'Zal de Heer welgevallen hebben aan duizenden rammen, aan tienduizenden oliebeken? Zal ik mijn eerstgeborene geven voor mijn overtreding, de vrucht van mijn schoot voor de zonde mijner ziel? Hij heeft u bekend gemaakt, o mens, wat goed is en wat de Heer van u vraagt: niet anders dan recht te doen en getrouwheid lief te hebben, en ootmoedig te wandelen met uw God?'

(Micha 6:7 e.v.)

In Psalm 51:15-17 wordt dezelfde overtuiging uitgedrukt:

'Heer, open mijn lippen, opdat mijn mond uw lof verkondige. Want Gij hebt geen behagen in slachtoffers, dat ik die brengen zou; aan brandoffers hebt Gij geen welgevallen.'

Veel psalmen geven direct en in fraaie bewoordingen uiting aan de voortdurende, zware worsteling van het volk Israël om de betekenis van God in hun leven te integreren, zowel in persoonlijk als nationaal opzicht. De psalmdichters loven en prijzen de Heer, maar zij discussiëren ook wanneer ze proberen te begrijpen waarom God zo vaak afwezig lijkt te zijn ('Voorwaar, Gij zijt een God die Zich verborgen houdt,' Jesaja 45:15; *zie kader rechtsboven*).

Er is in het Boek Psalmen sprake van blijdschap over de nederlaag en vernietiging van vijanden, zoals het verdrinken van het Egyptische leger bij de uittocht (Exodus 15:1; Psalm 78, 135, 136). Maar er is ook sprake van diep inzicht, dat duidelijk voortkomt uit de ervaring dat God zijn hand uitstrekt in mededogen en vernieuwing over alle volken en de gehele schepping (bijv. Psalm 8, 29, 67, 104, 113, 148).

Gods wegen kunnen ondoorgrondelijk zijn en vaak lijkt het alsof God afwezig is. Toch zijn in het Boek Psalmen ook alle grote metaforen van liefde en verbondenheid te vinden, die onmiskenbaar voortspruiten uit betrouwbare ervaringen: 'herder' (Psalm 23), 'moeder' (Psalm 131), 'schuilplaats' (91) en 'gids' (Psalm 31). Veel psalmen vormen als het ware een zachte donzen matras vol bevestiging en troost. Maar zoals Thomas More al schreef: 'Wij komen niet in de hemel op een donzen matras.' In andere psalmen wordt meer het slapen in het vrije veld van de dakloze mens beschreven, maar ook daar '[zal] uw hand mij geleiden, uw rechterhand mij vastgrijpen' *(kader rechts)*.

---

*'Hoe lang Heer?
Zult Gij mij blijven vergeten?
Hoelang zult Gij uw aangezicht
voor mij verbergen?
Hoelang zal ik plannen koesteren
in mijn ziel, kommer hebben in
mijn hart, dag aan dag?
Hoe lang zal mijn vijand zich
boven mij verheffen?'*

(Psalm 13: 1 e.v.; zie ook Psalm 4, 6, 12, 22, 35, 38-44, 55, 60, 69, 74, 77, 79, 83, 88, 102, 109, 137, 140-143)

---

*'Waarheen zou ik gaan voor uw
Geest, waarheen vluchten voor uw
aangezicht?

Steeg ik ten hemel –
Gij zijt daar,
of maakte ik het dodenrijk
tot mijn sponde –
Gij zijt er; nam ik vleugelen
van de dageraad,
ging ik wonen aan het
uiterste der zee,
ook daar zou uw hand
mij geleiden,
uw rechterhand mij vastgrijpen.
Zei ik: duisternis moge mij
overvallen,
dan is de nacht een licht
om mij heen;
zelfs de duisternis verbergt
niets voor U,
maar de nacht is licht als de dag,
de duisternis is als het licht.'*

(Psalm 139:7-12)

DE GODSDIENSTEN VAN ABRAHAM: JODENDOM

De Babylonische ballingschap

Lijden en hernieuwing

HET VERTROUWEN DAT in Psalm 139 (kader blz. 193) tot uitdrukking komt wortelt diep, maar werd in de zesde eeuw vChr. zwaar geschokt. Babylonië was een machtige staat geworden en daardoor onvermijdelijk in conflict gekomen met Egypte. Beide grootmachten probeerden de controle over de Middellandse-Zeekust te verwerven. Het zuidelijke joodse koninkrijk Juda zat hiertussen en steunde Egypte, de verliezende partij. Na twee eerdere pogingen die werden weerstaan, verwoestten de Babyloniërs in 587 vChr. Jeruzalem en de Eerste Tempel en deporteerden een groot deel van het joodse volk.

Het was een catastrofe. Jeremia had gelijk gekregen: hij had immers de Israëlieten ervoor gewaarschuwd dat het onheil zou brengen wanneer ze een menselijke bondgenoot zoals Egypte zochten in plaats van hun toevlucht te zoeken bij God. Had Jahweh Israël verlaten?

'Zal de Heer dan voor altoos verstoten, en niet meer goedgunstig zijn? Neemt zijn goedertierenheid voor immer een einde, houdt de belofte op van geslacht tot geslacht?'

(Psalm 77:8-9)

In het denken van die tijd (*blz. 180 en kader links*) waren samen met het volk ook hun goden verslagen. Daarom leek het verstandig om nu dan maar een verbond te sluiten met de goden van Babylon. In deze periode van totale verslagenheid en wanhoop kwamen de meest buitengewone getuigenissen van het Israëlische geloof tot stand. De hoofdstukken Jesaja 40-55 handelen over de ballingschap en bevestigen in krachtige poëtische beelden de status van Jahweh als de enige god van Israël. Hij bespot de zogenaamde goden van de Babyloniërs terwijl ze in processie worden rondgedragen:

'Bel is ineengezonken, Nebo is terneer gebogen, hun beelden zijn toegevallen aan het gedierte en aan het vee; zij, die door u omdragen werden, zijn opgeladen, een last voor vermoeide dieren. Tezamen zijn zij terneer gebogen, ineengezonken, zij hebben de last niet kunnen redden en zelf hebben zij in gevangenschap moeten gaan.'

(Jesaja 46:1 e.v.)

Shamas
Shamas (de naam betekent Zon) was een Soemerische God (Oetoe) die door de Assyriërs was overgenomen na hun overwinning op de Soemeriërs, daarna door de Bayloniërs nadat die op hun beurt Assyrië hadden overwonnen. Bij Jahweh was van dit proces geen sprake.

De profeet herinnert de joodse ballingen vervolgens aan de standvastigheid en trouw die God in hun geschiedenis heeft getoond: de beloften aan hun voorvaderen, tijdens de uittocht, de inname van het Beloofde Land en het verbond met het Huis van David. Zij herkennen de onwankelbare macht van God in de schepping van de wereld en zijn heerschappij over alle volken (Jesaja 40:12-31). Daarom verzekert de profeet het volk dat God de ellende van de ballingschap zal gebruiken om zijn macht als Verlosser te tonen door hen spoedig naar Jeruzalem terug te laten keren, waardoor alle andere volken zullen worden geconfronteerd met deze demonstratie van Gods macht over de wereldgeschiedenis (Jesaja 40:1 e.v.). Het volk lijdt op dit moment, maar ze worden aangespoord dit lijden te verdragen opdat anderen vrede en harmonie zullen ontvangen (Jesaja 42:1-4, 49:1-6, 50:4-9 en 52:13-53:1).

Op basis van zijn kennis van Gods grote daden in het verleden komt de profeet zelfs tot de speculatie over de Perzische koning Cyrus (die het Babylonische rijk veroverde) als een herder in dienst van God, ja zelfs als de Messias (Jesaja 44:28-45:7).

Het Babylonische imperium
Hammoerabi (1792-1750 vChr.) legde de fundamenten voor het machtige Babylonische rijk en schreef een beroemd wetboek dat parallellen vertoont met de latere bijbelse wetten. Dit reliëf stelt Hammoerabi voor die de wet ontvangt van Shamas, de zonnegod.

Ezechiël, een andere profeet tijdens de Babylonische ballingschap, was er eveneens vast van overtuigd dat de ballingschap een noodzakelijke en verdiende straf was, maar dat God de tempel in nog grotere glorie zou herstellen. De joodse ballingen gaven hun ouders de schuld van alle ellende in het spreekwoord: 'De vaderen hebben onrijpe druiven gegeten en de tanden der kinderen zijn sleets geworden' (Jeremia 31:29; Ezechiël 18:1). De profeet Ezechiël blijft erop hameren dat zijzelf en niet hun ouders schuldig zijn en schildert in detail de zonden die deze straf over het volk hebben gebracht:

'Ja, zij [Jeruzalem] pleegde nog meer ontucht, gedachtig aan de dagen van haar jeugd, toen zij ontucht pleegde in het land Egypte. Zij hunkerde naar haar minnaars die zinnelijk waren als ezels en onstuimig in hun drift als paarden. Ja, gij heb naar de ontucht van uw jeugd gezocht, toen de Egyptenaren uw boezem streelden ter wille van uw jonge borsten.'

(Ezechiël 23:19-21)

Ezechiël is ervan overtuigd dat God het volk zal verlossen en weer zal oprichten *(kader rechts)*. Maar de Israëlieten moeten zich voortaan wel aan de verbondsvoorwaarden houden zodat ze niet opnieuw zo gestraft zullen worden. Dus moet God een manier vinden om hun duidelijk te maken wat hij van hen verlangt. De laatste hoofdstukken van het bijbelboek Ezechiël (40-48) zijn de weergave van een profetisch visioen van de herbouwde tempel in Jeruzalem, waarin de priesters een prominente rol zullen spelen. Zo begint een nieuwe fase in het joodse verhaal van God.

'Een nieuw hart zal Ik u geven en een nieuwe geest in uw binnenste; het hart van steen zal Ik uit uw lichaam verwijderen en Ik zal u een hart van vlees geven. Mijn Geest zal Ik in uw binnenste geven en maken, dat gij naar mijn inzettingen wandelt en naarstig mijn verordeningen onderhoudt. Gij zult wonen in het land dat Ik uw vaderen heb gegeven; gij zult Mij tot een volk zijn en Ik zal u tot een God zijn.'

(Ezechiël 36:26-28)

DE GODSDIENSTEN VAN ABRAHAM: JODENDOM

Zarathustra

Profeet uit het oude Perzië

Zoroastrische godheid
Symbolische voorstelling op de muur van een tempelruïne bij Persepolis (Iran), de voormalige hoofdstad van Perzië. Het stelt Ahura Mazda voor als de beschermer van ieder die vertrouwen in hem stelt; hij is daarom ook de beschermende geest, Fravashi. De zonnecirkel in het midden is Ahura Mazda als Schepper van het Licht.

Tijdens de Babylonische ballingschap leerden de joden nog andere goden kennen dan alleen Bel en Nebo. Sommige Israëlieten kwamen in aanraking met de religie van de Perzische profeet Zoroaster (of ook wel Zarathustra). De tijd waarin hij leefde is onzeker: schattingen variëren van de twaalfde tot de zesde eeuw vChr. Van zijn woorden is weinig overgeleverd: alleen de zeventien zogenoemde Gatha's (liederen) bestaan nog. De leer van Zoroaster vertoont overeenkomsten met de vroege Indiase religies. Zijn eigen ervaring van God startte met een visioen waarin God hem de persoonlijke opdracht gaf om Hem bekend te maken in de wereld. Zoroaster gaf God de naam Ahura Mazda, die 'Wijze God' of 'God Wijsheid' betekent. God is de bron van kosmische orde en harmonie. In een van zijn lofliederen vraagt Zoroaster wie al het goede in het universum heeft geschapen *(kader links)*. Zijn antwoord luidt: 'de Vader van de Orde', oftewel God.

Wie heeft dan het kwaad en de wanorde in het universum geschapen? Zoroaster leefde in een tijd van oorlogen en zag in de genadeloze wreedheid om hem heen daarvan een afspiegeling van de oorlog op kosmische schaal. Hij geloofde dat er naast Ahura Mazda een destructieve schepper van het kwaad bestond, die hij Angra Mainyu noemde (Ahriman in andere Perzische cultussen). Deze Angra Mainyu is de bron van al het kwade: besmetting, ellende, lijden en dood – en ook van alles wat dingen aantast die van zichzelf goed zijn zoals schimmel of roestvorming. Er is een voortdurende strijd gaande tussen Ahura Mazda en Angra Mainyu en beide hebben een leger tot hun beschikking. De strijders van Ahura Mazda zijn de *Amesa Spenta's*, die van Angra Mainyu zijn de *daeva's* (de deva's van in de Indiase religie, waar ze aan de kant van het Goede staan) en ook de *khrafstra's*, schepsels zoals slangen, ratten, vliegen en leeuwen, die rondgaan 'als een brullende leeuw, zoekende wie hij zal verslinden' (1 Petrus 5:8).

De wereld is dus een eeuwig strijdtoneel tussen goed en kwaad: een voorbeeld van wat 'dualisme' wordt genoemd. Omdat het kwaad zich alleen in de wereld manifesteert in de vorm van materie is de mens de arena waar dit conflict zich afspeelt. De mens staat voorop in de strijd tegen het kwaad, wat betekent dat het zoroastrisme een religie is met een echte moraal, al was het alleen omdat het menselijk lot uiteindelijk wordt bepaald door de verhouding tussen goed en kwaad. De mens wordt in zijn strijd bijgestaan door de Amesa Spenta's, die bemiddelen tussen mens en God.

Het zoroastrisme werd na veel verandering en strijd de officiële religie van de Perzen. Mogelijk heeft het ook het joodse verhaal van

> 'Wie stelde de omloopbanen van zon en sterren vast? Wie bepaalde de schijngestalten van de maan? Wie is het fundament van de aarde en de stut van het firmament? Wie is de oerbron van alle wateren? Wie de kiemkracht van het plantenrijk dat de aarde tooit? Wie spande vurige paarden voor wind en wolken? Wie is het die vanuit zijn volmaakte inspiratie licht en duisternis schiep? Wie organiseerde de afwisseling van slapen en waken? Door wie zijn de morgen, de middag en de avond ontstaan?'
>
> (Jasna 44:3-6)

God beïnvloed. De Israëlieten in ballingschap waren blij met de verovering van het Babylonische rijk door de Perzische koning Cyrus *(blz. 195)* en het is goed mogelijk dat ze een aantal Perzische ideeën hebben overgenomen, zoals dat van Satan *(bijschrift rechts)* of de Amesa Spenta's, de goede geesten die misschien een nieuwe impuls gaven aan de engelen en aartsengelen die immers ook bemiddelen tussen hemel en aarde en Gods bijstand overbrengen aan de mensen in hun aardse strijd om het bestaan.

Bovenal werd hier het morele karakter van God, dat zo sterk wordt benadrukt, zowel in de Tora als door de profeten, nog eens bevestigd. God als moreel principe is volgens Zoroaster absoluut en onveranderlijk. In Israël leidde dit morele beginsel tot de combinatie van goedheid en wijsheid *(blz. 204)*: God draait de gevestigde waarden en verwachtingspatronen van mensen vaak om en zet de wereld op zijn kop. Volgelingen van Zoroaster zien God als de Ene die zich actief mengt in de strijd tegen het kwade. In bijbelse liederen zoals de lofzang van Hanna bij de geboorte van Samuël (of de lofzang van Maria in Lucas 1:46-55) weerklinkt een vergelijkbare opvatting.

> 'De boog der helden is verbroken, maar de wankelenden zijn met kracht omgord. Wie verzadigd waren, verhuren zich om brood, maar wie hongerig waren, mogen rusten. (…) De Heer maakt arm en maakt rijk; Hij vernedert, ook verhoogt Hij. Hij heft de geringe op uit het stof, Hij heft de arme omhoog uit het slijk, om hem te doen zitten bij edelen, en hem een erezetel te doen verwerven. (…) Wie met de Heer twisten, worden gebroken; over hen dondert Hij in de hemel.'
>
> (1 Samuël 2:40-10)

Satan
De overwinning op Satan door de aartsengel Michaël in een scène uit Paradise Lost *van Milton, volgens het bijbelboek Openbaring 112:7-9. Satan, oorspronkelijk iemand die mensen op de proef stelde, werd pas na de ballingschap Gods opponent en uiteindelijk de Duivel. Deze ontwikkeling kan zijn voortgekomen uit de contacten tussen de joden in Babylon en het dualisme van de volgelingen van Zoroaster.*

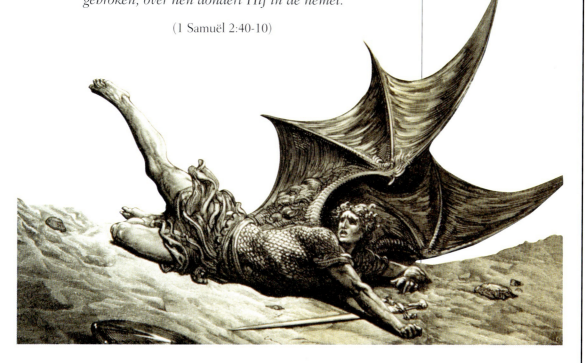

Na de ballingschap

De vernieuwing van het Oude Verbond

Priesters
Na de ballingschap werd de rol van de priester als uitlegger van de religieuze wetten steeds belangrijker. Schriftgeleerden werden ingezet om hun beslissingen te documenteren. Een vroeg voorbeeld hiervan is te vinden in het bijbelboek Zacharia 7:2.

In Psalm 125:1 staat: 'Wie op de Heer vertrouwen, zijn als de berg Sion, die niet wankelt, maar voor altoos blijft'. In de zesde eeuw vChr. schudde Sion echter wel degelijk op zijn grondvesten toen Jeruzalem in handen viel van de Babyloniërs. Hoe kon het joodse volk de dienst aan Jahweh onderhouden in een vreemd land; of in de woorden van de psalmist: 'aan Babylons stromen' (Psalm 137)? In het gebed bij de inwijding van de Eerste Tempel was dit al voorzien (1 Koningen 8:46-51; blz. 186/187). De vraag wat 'geloof in gevangenschap' kon betekenen, werd actueel. Het bleek nu een voordeel te zijn dat het volk gewend was om God te aanbidden op de plaats waar men woonde. De campagne van koning Josia om de eredienst volledig te concentreren in Jeruzalem vond veertig jaar voor de ballingschap plaats zodat voor de meeste joden het geloof in Jahweh nog niet gebonden was aan de tempel te Jeruzalem. Tijdens de ballingschap werden huisdiensten steeds belangrijker en de nadruk kwam daarbij te liggen op de symbolen van het verbond, zoals de besnijdenis, de viering van Pesach (het Paasfeest) en het houden van de sabbat (Ezechiël 20:12, 20; vgl. Exodus 31:13, 17). Ook het naleven van de spijs- en reinheidswetten was een manier om de godsdienst te ervaren. In 539 vChr. viel de Perzische koning Cyrus Babylon binnen en greep de macht. Het daaropvolgende jaar gaf hij bevel dat de tempel van de joden moest worden herbouwd en de gestolen inboedel teruggegeven, want het paste in zijn strategie om het vertrouwen van de onderworpen volken te winnen. Een aantal joden keerde terug naar Jeruzalem. Dit was niet bepaald de triomfantelijke intocht die de profeet Ezechiël had voorzien (blz. 195). Er volgden enkele pogingen om het geloof van Israël te herstellen in de staat van voor de catastrofe. Onmiddellijk na de terugkeer verkondigden de profeten Haggaï en Zacharia dat er weer een afstammeling van David tot koning moest worden gekroond en verwelkomd als Gods messias ('gezalfde'). Maar ook zij waren van mening dat de hogepriester nu naast de koning op dezelfde troon moest zitten (Zacharia 5:11-14). Voor lange tijd gaf men de hoop op die in vroeger tijden was verbonden aan de koningen. De komst van de Ware Messias werd in de toekomst geprojecteerd: die zou komen op Gods tijd. In plaats van de koning als Messias nam nu de hogepriester (eveneens een 'messias' omdat hij ook een 'gezalfde' was!), naast de herbouwde tempel, de belangrijkste plaats in het land in. De essentiële vraag was hoe men een nieuwe catastrofe kon voorkomen. Wanneer de profeten het bij het rechte eind hadden *(blz. 195)*, was de enige mogelijkheid om een dergelijke ramp in de toekomst te voorkomen het leiden van een in alle opzichten voorbeeldig leven.

Opeens werd het van primair belang dat iedereen de voorwaarden en wetten van het verbond, zoals vastgelegd in de Tora *(blz. 200)*, kende en toepaste. De tempelpriesters speelden een vitale rol bij het interpreteren en toepassen van Gods woord op de veranderende levensomstandigheden – zelfs in die mate dat de profeten, die zo lang als spreekbuis van God hadden gefungeerd, verdacht raakten en snel uit de gevestigde religie verdwenen. Over profeten hadden de priesters immers geen controle omdat ze door God zelf worden geïnspireerd; ze zouden, net als dat in het verleden meermalen was gebeurd, de tempel en bijbehorende cultus weer kunnen bekritiseren *(blz. 190)* met de zware formule: 'Zo spreekt de Heer...' De overtuiging groeide dat de Heilige Geest die de profeten had geïnspireerd, door God was teruggetrokken als onderdeel van de straf van de ballingschap.

Hoe belangrijk de tempelpriesters ook werden als uitleggers van de Tora, niet alle joden woonden in of dichtbij Jeruzalem. De ballingschap had bewezen dat God kon worden gediend zonder de tempel, zelfs in Babylon; veel joden hadden er zelfs voor gekozen om daar te blijven wonen nadat zij hun vrijheid hadden teruggekregen. Uiteindelijk waren er in bijna alle landen rondom de Middellandse Zee omvangrijke joodse gemeenschappen te vinden, in wat de Diaspora wordt genoemd (Grieks voor 'verspreiding'). Joden in de Diaspora onderhielden hun band met Jeruzalem door middel van pelgrimstochten, jaarlijkse bijdragen aan de tempel en door de hartstochtelijke trouw aan God, die zo vaak in de psalmen tot uitdrukking komt.

Niemand wist hoe zo'n verspreid levend volk binnen de overeengekomen grenzen van het verbond kon worden gehouden. Ezra en Nehemia, twee joodse leiders van na de ballingschap, hadden de inwoners van Jeruzalem zo ver gekregen dat zij zich opnieuw en voluit verbonden aan de Tora (Nehemia 8:1-6). Jahweh had echter álle mensen gevraagd het offer te brengen van een leven in heiligheid *(blz. 189)*, niet alleen degenen die in of dichtbij Jeruzalem woonden. Hoe kon iedereen in staat worden gesteld om op die geheiligde manier te leven? Dit probleem werkte als katalysator in het proces van het ontstaan van de Heilige Schrift en de ontwikkeling van de synagogen.

OORSPRONG VAN DE HEILIGE SCHRIFT

De samenstelling van een schriftelijke geschiedenis van het volk Israël en hun relatie met God kreeg hoge prioriteit tijdens de onzekere periode van na de Babylonische ballingschap.

Tijdens hun verblijf in Babylon ontwikkelden de joden een nieuwe opvatting omtrent wat het betekende om tot het volk Israël te behoren – er vond een verschuiving plaats van een identiteit die was gekoppeld aan een land en nationale instituten naar een relatie die gebaseerd was op een trouwbelofte aan God, die zich had geopenbaard in een lange godsdienstige en culturele traditie. Een belangrijk gevolg van de ballingschap was de grote behoefte van het volk om de uitingen van hun traditie te verzamelen in wat later uitgroeide tot de Heilige Schrift, waarin Gods verhaal als de geschiedenis van het volk een hoofdrol speelde. Voor het eerst wordt het mogelijk om te denken in termen als 'jodendom' en 'het volk van het Boek'.

De Heilige Schrift

Het Woord van God in Gods eigen woorden

ONGEVEER EEN EEUW na het einde van de ballingschap probeerden de joodse leiders Ezra en Nehemia het volk in Jeruzalem opnieuw zijn trouw aan Jahweh te laten betuigen. Bij een belangrijke openbare gelegenheid bracht Ezra het wetboek naar buiten voor de verzamelde menigte. Hij opende het voor hun ogen en zegende de Heer. Iedereen antwoordde daarop: 'Amen, Amen' (Nehemia 8:6). Vervolgens werd het boek voorgelezen en uitgelegd aan alle aanwezigen. Deze formele instemming met de Tora *(bijschrift links)* betekende een nieuw uitgangspunt in de acceptatie van God als gids voor het gehele leven. De Tora werd het levende woord van God, uitgesproken voor het volk. De Tora werd beschouwd als het eeuwige onveranderlijke woord van God, maar in de loop van eeuwen werden eraan toegevoegd de teksten van de profeten *(Nebi'iem)* en de andere geschriften *(Chetoeviem)* die samen de *kabbala* ('overlevering') worden genoemd. Deze drie afdelingen vormen samen de Heilige Schrift. De joodse bijbel wordt, naar de beginletters van Tora, Nebi'iem en Chetoeviem, ook wel Tenach genoemd.

De samenstelling van de geschriften, die uiteindelijk de Heilige Schrift vormden, was van groot belang voor het joodse verhaal van God. Het hield in dat God niet alleen tot Mozes had gesproken en de profeten en andere schrijvers uit vroeger tijd had geïnspireerd, maar dat Hij nog steeds spreekt via de woorden van de Tenach. Toen de synagoge was ontstaan als bedehuis voor de joden in de diaspora *(blz. 199)* werd er iedere sabbat voorgelezen uit de Schrift: altijd in het Hebreeuws, de heilige taal waarin God zijn woord had geopenbaard. Omdat steeds minder mensen Hebreeuws kenden of begrepen, ontstond de gewoonte dat de tekst werd uitgelegd in de taal van de aanwezigen. Deze Targoems *(targoemiem,* 'uitleggingen') waren vaak vrij vertaald omdat het eigenlijke woord van God al eerder was voorgelezen. Zo onthulden de Targoems in de synagoge niet alleen het woord van God, maar ook de betekenis van de tekst, zodat de bezoekers het konden begrijpen en in praktijk brengen.

De studie en interpretatie van de Tora werd de meest gewaardeerde en gerespecteerde activiteit die voor joden mogelijk was. In de tweede eeuw nChr. ontstond eens een dispuut tussen rabbijnen (onderwijzers) over de vraag wat belangrijker was in Gods ogen: het

---

De Tora
Het woord tora betekent eigenlijk leidraad of instructie, maar verwijst specifiek naar de Pentateuch, de eerste vijf boeken van de bijbel, de boeken die worden toegeschreven aan Mozes (de Tora), en naar de leidraad en wetten die die boeken behelzen (tora). De Tora bevat dus de tora en uiteindelijk werd de term uitgebreid tot het geheel van wat uiteindelijk (ongeveer derde eeuw nChr.) werd geaccepteerd als de Heilige Schrift.

bestuderen van de Tora of het praktiseren ervan. Rabbijn Akiba won deze discussie met het argument dat het bestuderen het belangrijkst was, omdat studie leidt tot in praktijk brengen. Uit deze studie ontwikkelden zich de Halacha en de Haggada (*kader onderaan*), commentaren over de juiste betekenis van de wetten en de toepassing ervan in het dagelijks leven.

Het resultaat van deze zoektocht naar de betekenis en toepassing van de oorspronkelijke geschreven wetten (*Tora sje bi ketab*, 'geschreven Tora') werd uiteindelijk verzameld, eerst in de Misjna en vervolgens in de Talmoeds, waarvan de Babylonische Talmoed nog steeds veel gezag heeft. Het idee ontstond dat deze mondeling doorgegeven wet (*Tora sje be 'Al peh*, 'Tora volgens de mond') ook door God op de berg Sinaï aan Mozes was geopenbaard om mondeling te worden doorgegeven en op een later tijdstip algemeen te worden bekendgemaakt. Dit interpretatieproces duurt voort tot op de dag van vandaag, met gezaghebbende rabbijnen die zich uitspreken over vragen als: 'Is het geoorloofd om op de sabbat de lift te nemen als iemand anders op de knop drukt?' (*kader onderaan*). Over rabbijn Mosje Feinstein (1895-1986) werd gezegd dat er twee dingen nodig waren om rabbijn te worden: een inwijdingscertificaat en het telefoonnummer van rabbijn Mosje.

De wetten vormen echter niet de gehele geschiedenis. De Tora bevat meer dan alleen maar wetten: er staan verhalen in, levenslessen, troostwoorden en voorschriften, bekend als de Haggada ('verhaal'; *zie kader onderaan*). Deze was ook ontwikkeld met als doel God dichter bij de mensen te brengen en daarom zijn ze ook opgenomen in de Talmoed. Door de beide Tora's (Torot), de geschreven en de gesproken versie, is God een constante en levende realiteit in het joodse leven. Zowel in goede tijden als in tijden van verschrikking is God via deze heilige teksten een voortdurende en uitnodigende aanwezigheid.

De Talmoed
De Talmoed bevat in het midden van elke bladzijde de Misjna en de Gemara ('aanvulling', 'commentaar') en is na de Tenach ('schrift') de fundamentele autoriteit in het joodse leven.

HALACHA EN HAGGADA

Traditionele overleveringen die de mensen helpen om te spreken en te 'wandelen' (leven) zoals de Tora voorschrijft.

Halacha komt van het werkwoord halak, 'wandelen'. De Halacha laat zien hoe de aan Mozes geopenbaarde wet moet worden toegepast en hoe mensen dus door het leven moeten 'wandelen' met God volgens de regels van het Verbond. Haggada komt van een woord voor 'vertelling' of 'verklaring' en slaat op de verhalen die de betekenis van de Tora verduidelijken. De oorspronkelijke wetten zijn vaak zeer kort en in algemene termen geformuleerd, waardoor voortdurend vragen werden opgeworpen over hun toepassing onder veranderde of nieuwe omstandigheden. Bij voorbeeld: het is verboden om te werken op sabbat – maar wat geldt nu precies als werk? Naarmate het aantal vragen en toepassingen toenam, ontstond de zegswijze dat de hoeveelheid voorschriften over de sabbat lijkt op een berg die aan een klein draadje hangt.

DE GODSDIENSTEN VAN ABRAHAM: JODENDOM

Verandering en stabiliteit

Ontwikkeling van nieuwe opvattingen over God

De profeet Elia
Elia vertrouwt op God en raven brengen hem voedsel. Hij is een typische overgangsfiguur tussen profeten die in trance gaan en als raadsman koningen dienen en profeten die uitsluitend optreden als woordvoerders van Jahweh, ook al brengt dat hen in conflict met koningen en anderen
(1 Koningen 17:1-7)

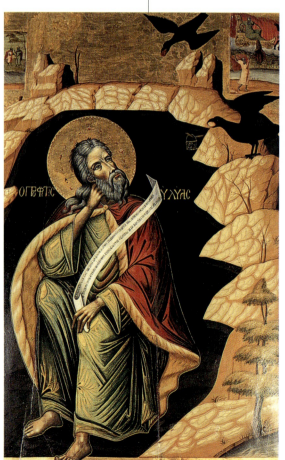

DE SAMENSTELLING VAN de geschriften die uiteindelijk de Tenach (de Schrift) zouden vormen, heeft minstens duizend jaar geduurd. Toen ze eenmaal waren samengevoegd tot de canon (overeengekomen lijst) van de Heilige Schrift, ontstond al snel de tendens om alle delen van de Schrift evenveel gewicht toe te kennen als zijnde het Woord van God, zonder verder nog stil te staan bij het historische proces van die duizendjarige ontwikkeling. Men geloofde dat de Tora via Mozes rechtstreeks van God kwam en dat ook de geschriften van de profeten waren ontstaan op initiatief van God, maar met hulp van en in samenwerking met mensen. Alle delen zijn gezaghebbend, hetgeen betekent dat bij de joodse zoektocht naar God in zijn Woord het ene fragment kan helpen bij de interpretatie van het andere.

Hierdoor kan het feit op de achtergrond raken dat in deze geschriften een buitengewoon proces naar voren komt van verandering, correctie en ontwikkeling in de inzichten aangaande God. Dit is bijvoorbeeld overduidelijk in de wijze waarop Jahweh de rol en functies had overgenomen van El en uiteindelijk zelf de Ene die El is, was geworden *(blz. 178, 183)*. Het kwam ook tot uiting in het besef, hier en daar met tegenzin geaccepteerd, dat God geen stammengod was die altijd aan de kant van Israël meevocht en zijn vijanden versloeg *(blz. 186)*.

In zekere zin is er een samenhang tussen deze twee veranderingen: als Jahweh inderdaad de Ene God is, dan is hij dus ook de God van alle volken en niet alleen van Israël. Daarom is het mogelijk dat God naties als Assyrië en Babylonië gebruikt om zijn eigen verbondsvolk te straffen. In het bijbelboek Amos (achtste eeuw vChr.) straft God inderdaad andere volken voor hun overtredingen, maar handelt evenzo met de joodse koninkrijken Israël en Juda.

Nog verstrekkender was het inzicht dat God niet alleen de rechter van alle volken is, maar ook hun verlosser. De profeet Nahum (zevende eeuw vChr.) had geroepen om wraak tegen Assyrië, de vijand die het noordelijke koninkrijk had verwoest en Juda in het zuiden bedreigde. Na de ballingschap werd het boek Jona geschreven om te laten zien hoe God wraakgedachten veroordeelt: Ninevé, de hoofdstad van Assyrië, wordt gered –

'en ook vele dieren' (de slotwoorden van het boek die de nieuwe voorstelling van God een nog grotere reikwijdte gaven).

Dit constant veranderende godsbeeld is in de gehele Heilige Schrift terug te vinden. Profeten waren bijvoorbeeld ook elders in het antieke Nabije Oosten aanwezig. Gewoonlijk waren zij verbonden aan cultische centra, waar ze als een soort orakel in trance vragen beantwoordden en voorspellingen deden. Dat was ook de functie van de profeten in Israël en of iemand een ware of een valse profeet was, hing ervan af of zijn antwoorden klopten en of zijn voorspellingen uitkwamen.

> 'Wanneer gij nu bij uzelf mocht zeggen: Hoe onderkennen wij het woord dat de Heer niet gesproken heeft? – als een profeet spreekt in de naam des Heren en zijn woord wordt niet vervuld en komt niet uit, dan is dit een woord, dat de Heer niet gesproken heeft.'
>
> (Deuteronomium 18:21)

In dat geval weet men pas wie een ware profeet is wanneer zijn voorspellingen wel of niet zijn uitgekomen, dus als het al te laat is! Zo werd de doorslaggevende eigenschap of de woorden van een profeet getrouw waren aan Jahweh *(kader rechtsboven)*. Deze schijnbaar kleine verschuiving maakte de profeten van Israël tot onafhankelijke vertegenwoordigers van God, in scherp contrast tot de profeten in de landen om hen heen.

Dit proces van overnemen en aanpassen van wat Israël aantrof bij zijn buren, vond steeds opnieuw plaats. Koningen werden bijvoorbeeld in die tijd óf beschouwd als goden – zoals in Egypte – óf als vertegenwoordigers van God op aarde – zoals in Mesopotamië. De koning van Israël kon echter onmogelijk God vertegenwoordigen bij rituele gelegenheden, laat staan zelf een god zijn, omdat God al bekend was als heilig en oneindig ver van de aarde verwijderd. Daardoor fungeerde in Israël de koning als vertegenwoordiger van het volk bij God en werd hij het medium voor gebeden en zegenspreuken. Hieruit evolueerde het idee van de Messias *(bijschrift rechts)*.

Historici en archeologen hebben aangetoond hoeveel Israël gemeen had met zijn buren. Vervolgens dringt de vraag zich op: waarom leek Israël niet nog veel meer op hen? Wat gaf de Israëlieten de impuls om religies en rituelen om hen heen over te nemen en daar vervolgens steeds iets totaal anders van te maken? Simpel: dat was God – of althans wat zij hadden leren kennen als God, terwijl ze met Hem samenleefden in tijden van voorspoed, maar ook in tijden van rampspoed en lijden. De Israëlieten koesterden hun traditie omdat die hun de waarheid leerde. Daarom schrapten ze ook geen vroegere opvattingen uit hun overlevering als ze later tot een dieper inzicht kwamen, zelfs niet wanneer vroegere versies henzelf of hun helden (bijv. David) in een minder gunstig of zelfs kwaad daglicht stelden. God bleef altijd consistent te midden van alle verandering. Hij werd daardoor gezien als de bron van alle wijsheid en de garantie voor de waarheid.

> 'Wanneer onder u een profeet optreedt of iemand die dromen heeft, en hij u een teken of een wonder aankondigt, en het teken of wonder komt, waarover hij u gesproken heeft met de woorden: laten wij andere goden achternalopen, die gij niet gekend hebt, en laten wij hen dienen – dan zult gij naar de woorden van die profeet of van die dromer niet luisteren; want de Heer uw God, stelt u op de proef om te weten of gij de Heer uw God liefhebt met uw ganse hart en met uw ganse ziel.'
>
> (Deuteronomium 13:1-3)

Koning David
Toen David Jeruzalem had veroverd op de Jebusieten nam hij hun ideeën en rituelen met betrekking tot het koningschap over. Vertegenwoordiger van God zijn was principieel onmogelijk, maar de koning (de 'gezalfde', of Messias) kon wel fungeren als intermediair tussen het volk en God. Uit deze aanpassing ontstond later het idee van de Messias.

Wijsheid

Gods partner in de schepping

De natuurlijke orde
De joden waren diep onder de indruk van de wijze waarop de natuurlijke orde zoveel verschillende doelen dient, consistent is: betrouwbaar, niettegenstaande de mogelijkheid van natuurrampen en catastrofes. Zij geloofden dat deze betrouwbaarheid geen zaak is van toeval, maar zo bedoeld door God – de Ene, hun Rots, Vesting en Sterkte.

DE BIJBEL WIJST met nadruk God aan als de Schepper in minstens vier verschillende scheppingsverhalen. Het begint met de woorden *beresjiet bara Elohiem*: 'In den beginne schiep God ...' (Genesis 1:1). Er is echter iets bijzonders met deze woorden, in die zin dat het woord *resjiet* de vorm heeft van een Hebreeuwse genitief. Eigenlijk staat er dus: 'In het begin van ...' In het begin van wat? Dat staat niet in de tekst en daarom hebben vroege joodse bijbeluitleggers deze woorden anders opgevat en vertaald als: 'door middel van wijsheid schiep God'. Deze interpretatie lijkt vergezocht, maar het wijst op een spectaculaire ontwikkeling in de bijbelse opvatting van God: de associatie van wijsheid met God.

Een belangrijk woord voor wijsheid, *chokma*, heeft te maken met menselijk kunnen en ambachtelijke vaardigheid, van het maken van gordijnen (Exodus 36:8) tot het regeren van een koning (1 Koningen 3:12, 28). De Chakamiem zijn de wijzen, degenen die opgeleid zijn en over de benodigde vaardigheden beschikken, vaak ook leraren in het algemeen. Kohelet, de spreker in het boek Prediker, wordt beschreven als wijs en daarom 'heeft hij het volk in kennis onderwezen; en hij overwoog en onderzocht, hij stelde vele spreuken op. Prediker zocht welgevallige woorden te vinden, een oprecht geschrift, betrouwbare woorden' (Prediker 12:9 e.v.). Wijsheid houdt echter meer in dan een aangeleerde vaardigheid. Een ander woord voor wijsheid is *bina* (van het voorzetsel *been*, 'tussen'), zodat het iets betekent als 'onderscheid', 'inzicht', 'begrip'. Het wordt vaak gebruikt in combinatie met *chokma*, zoals in Spreuken 7:4: 'Zeg tot de wijsheid: Gij zijt mijn zuster, en noem het verstand (uw) vertrouweling.' Wijsheid werd ook gepersonifieerd als de ideale vrouw en de moeder die haar kinderen (op)voedt *(kader onderaan)*. Hierdoor kon men de gepersonifieerde Wijsheid plaatsen naast God als een noodzakelijk

WIJSHEID ALS MOEDER

De personificatie van Wijsheid in de bijbel maakte haar tot helpster van God bij het scheppingsproces.

Het lijkt misschien vreemd om van wijsheid te spreken als een familielid, maar omdat de twee Hebreeuwse woorden voor wijsheid (bina en chokma) vrouwelijk zijn, konden de joden haar personifiëren en beschrijven als een vrouw, vaak een moeder, die zorgt voor de kinderen en hen op de goede weg leidt. Het bijbelboek Spreuken begint met een lofzang op Wijsheid en haar doel. Beschreven wordt hoe zij de dwazen terugroept van de weg van de zelfvernietiging: 'De Wijsheid roept luide op de straat, op de pleinen verheft zij haar stem... Mijn zoon, indien gij mijn woorden aanneemt en mijn geboden bij u bewaart, zodat uw oor de wijsheid opmerkt, en gij uw hart neigt tot de verstandigheid, ja, indien gij tot het inzicht roept en tot de verstandigheid uw stem verheft; indien gij haar zoekt als zilver en naar haar speurt als naar verborgen schatten, dan zult gij de vreze des Heren verstaan en de kennis Gods vinden.' (Spreuken 1:20 en 2:1-5).

scheppingsinstrument. En zo komen we bij de relatie met Genesis 1:1, omdat Spreuken 8:22-31, waar de rol van Wijsheid in het scheppingsproces wordt beschreven, als volgt begint: 'De Heer heeft mij tot aanzien geroepen als het begin [*resjiet*] van zijn wegen, voor zijn werken van oudsher.' Toen God alle dingen maakte, 'toen was ik een favoriet bij Hem, ik was een en al verrukking dag aan dag, te allen tijde mij verheugend voor zijn aangezicht, mij verheugend in de wereld van zijn aardrijk, en mijn vreugde was met de mensenkinderen' (Spreuken 30 e.v.). *Resjiet* werd opgevat als een naam voor Wijsheid en zo werd vers 1 van Genesis ten slotte: 'Door de Wijsheid schiep God ...'

Zo werd Wijsheid (Grieks: *Sofia*) een onafhankelijke figuur die God bijstond. In Prediker 24:2 neemt Wijsheid zelfs deel aan de vergadering van God, zoals Jahweh ooit eerder deelnam aan de godenvergadering van El (*blz. 187, 183*). Vervolgens wordt ze ingebed in de schepping en met name in de nakomelingen van Jakob. Wijsheid wordt daarmee gelijkgesteld aan de Tora (24.23). In het boek Wijsheid bidt Salomo om wijsheid en deze wordt als volgt beschreven:

'In haar immers is een geest, die verstandig is, heilig, enig, veelzijdig, subtiel, beweeglijk, doordringend, smetteloos, helder, onkwetsbaar, bedacht op het goede, scherpzinnig, onweerstaanbaar, weldadig, menslievend ... Want de wijsheid is beweeglijker dan alle beweging; zij doordringt en doortrekt alles door de kracht van haar zuiverheid. Want zij is de ademtocht van Gods kracht en de pure afstraling van de heerlijkheid van de Almachtige: daarom wordt zij niet aangetast door iets dat bezoedeld is. Want zij is de afglans van het eeuwig licht, de onbeslagen spiegel van Gods werkzaamheid en het beeld van zijn goedheid.'

(Wijsheid van Salomo 7:22-26)

De associatie van Wijsheid met God had verstrekkende gevolgen. Samen met de ideeën van het Griekse rationalisme ligt ze ten grondslag aan de ontwikkeling van wetenschap en cultuur in het Westen. De overtuiging dat alle dingen in wijsheid waren geschapen, dat alle dingen dus van nature goed waren, bracht het geloof in de consistentie van het universum in het hart van de westerse wereld. Logica en betrouwbaarheid waren er vanaf het begin in aanwezig. Het leven is geen verhaal zonder betekenis. De schepping is een wonder en de mens wordt in de gelegenheid gesteld om haar te doorgronden. Geen wonder dat Salomo bidt: 'Zend haar uit de heilige hemelen en laat haar neerdalen van de troon van uw heerlijkheid om bij mij te zijn en met mij te werken, zodat ik weet wat U welgevallig is' (Wijsheid van Salomo 9:10).

Van genen naar Genesis
Het ontwerp van het menselijk genoom hangt af van consistentie in hetgeen wordt ontworpen: het is niet vandaag dít en morgen weer iets anders. Deze consistentie grijpt terug op het idee van de Schepping, wat betekent dat er iets is, en niet niets. 'Niets' is niet waarvan God dingen schept; het is de afwezigheid van iets en alles. Zo kwamen de joden tot het inzicht dat de vraag: 'Waarom is er iets, en niet niets?' van zo'n fundamenteel belang is (blz. 366).

De Schepping

Het contrast met de Griekse mythen

'IN DEN BEGINNE schiep God ...': vijf woorden (drie in het Hebreeuws) die de overtuiging tot uitdrukking brengen dat God de gehele schepping tot leven heeft gewekt en er toch apart van blijft staan. Het lijkt misschien voor de hand liggend, maar in feite verschilt dit verhaal fundamenteel van de meer gangbare scheppingsmythen, waarin goden en godinnen verrijzen uit een eerdere staat, bijvoorbeeld uit de chaos, een ei of een oerboom. Volgens de *Theogonie* ('Geboorte der Goden') van de Griek Hesiodus (achtste eeuw vChr.) en andere Griekse overleveringen was er in het begin alleen Chaos, waaruit Ge of Gaia ontstond, de 'rondborstige aarde', het fundament van de Olympus, de oermoeder van alle latere godinnen en goden. Gaia baarde Uranus (de hemel), die de nacht voortbracht die groter werd dan Gaia en haar volledig bedekte. Uit die vereniging kwamen de eerste goden voort: de Titanen, onder wie Oceanos, de gevreesde Hyperion, de tweelingen Rea en Kronos en de cyclopen. Gaia gaf Kronos het bevel Uranus te vernietigen en gaf hem een sikkel, waarmee hij Uranus castreerde. De bloeddruppels die op Gaia vielen, veranderden in de wraakzuchtige Furiën en Uranus' geslachtsorganen vielen in zee, waar ze een dikke schuimlaag vormden waaruit de mooiste van alle vrouwen werd geboren: Aphrodite, wier zoon Eros was, de god van het verlangen. Ondertussen bracht Nacht de Dood, de Slaap, Dromen en andere werken der duisternis voort, zoals Bedrog, Ouderdom en Twist. Kronos verkrachtte vervolgens zijn zuster Rea en zij werden de vader en moeder van de godendynastie die later de Olympus zou bewonen. Een van hen was de grote Zeus, die Kronos versloeg en daardoor heerser werd over de Olympus. Zeus huwde met zijn zuster Hera en verwekte bij haar Hefaistos (god van het vuur en de metaalbewerking) en Ares (god van de oorlog). Kinderen van Zeus bij andere vrouwen waren Athene (die volgens sommige lezingen in volle wapenrusting uit zijn hoofd te voorschijn sprong), Hermes (de boodschapper der goden) en Apollo, de god van licht, muziek en jeugd.

De mythologische verhalen gaan verder over de schepping van de mensen, waarbij goden en godinnen zich van hen onderscheiden, maar zich wel degelijk met hun zaken bemoeien. Dergelijke mythen vormen een functioneel medium voor het verkrijgen van inzicht in het universum. De kracht van de mythen ligt hierin dat ze algemene en gemakkelijk te begrijpen symbolische beelden opleveren die mensen gemeenschappelijk hebben, niet in het minst omdat de mythische voorstellingen in verhaalvorm kunnen worden gegoten. Mythen zijn niet 'waar' en juist daarom kunnen ze de waarheid onthullen. De kracht van de Griekse mythologie is zo groot dat tot voor kort vrijwel alle kunstenaars, toneelschrijvers en musici in de westerse cultuur ervan

Aphrodite

Aphrodite (aphros, 'schuim'), door de Romeinen Venus genoemd, was de godin van de liefde en vruchtbaarheid. Haar cultus stamde waarschijnlijk af van die van andere, met haar vergelijkbare godinnen in Het Nabije Oosten, met name Astarte of Ishtar. Enkele andere belangrijke goden waren Hera (van de huiselijke haard), Dionysos (de wijngod, die de impulsieve, ongebreidelde donkere kant van de menselijke natuur belichaamt), de tweelingen Artemis (godin van de jacht) en Apollo (god van het licht), Hades (god van de onderwereld) en Poseidon (god van de zee).

gebruikmaakten om de betekenis van God en de natuur te verkennen. Pas in de twintigste eeuw begon men het woord 'mythe' op te vatten als iets dat stond voor 'vals', 'onbetrouwbaar'. Door die verdraaiing van de oorspronkelijke betekenis deden de mensen met hun eigen verbeeldingskracht hetzelfde als Kronos had gedaan.

Maar hoe sterk een mythe ook is als middel om in de verbeelding werelden te verkennen die anders ontoegankelijk zouden blijven, de joodse opvatting van God en de schepping is totaal anders. Hier is geen sprake van theogonie, geen geboorte van God of Goden. God verrijst niet uit een of ander oeruniversum of oerchaos, maar is de bron en oorsprong van alles wat er bestaat. In de bijbel worden verschillende scheppingsverhalen beschreven, waaruit blijkt dat de joden op de hoogte waren van het bestaan van andere scheppingsmythen en er elementen van overnamen. Die aanpassingen dienden echter om een compleet ander verhaal te vertellen, dat gaat over het absolute verschil tussen God en alles wat is gecreëerd. Zo bevatten sommige psalmen (bijvoorbeeld Psalm 75:12-17 en 89:9-13) en Job (hoofdstuk 41) elementen van de mythe van de schepping die voortkomt uit de chaos, maar in het bijbelse verhaal is het God die het opneemt tegen de chaos om een leven 'in orde' te creëren. In Genesis (1:1 tot 2:25) zijn twee verschillende verhalen gecombineerd: in het ene ligt de nadruk op de orde van de schepping en in het andere op de schepping van de mens, maar in beide thema's stijgt God uit boven al het geschapene en blijft ervan onafhankelijk: God word niet geboren en sterft niet; hij kent geen seksuele verlangens en verwekt geen halfgoden; hij wil helemaal niets te maken hebben met 'andere goden'. Dit verklaart voor een deel de felheid waarmee in de bijbel andere goden vaak worden gehekeld en bespot. Er ís geen andere god dan God (blz. 178, 183): dat is principieel onmogelijk, want anders zou 'God' minder zijn dan de absoluut soevereine Heer, de Ene uit wie alles voortkomt, de zelf ongeproduceerde Producent, de Ene die eeuwig blijft en standhoudt, ook al zullen hemel en aarde verloren gaan. Geen wonder dat de psalmdichter uitriep: 'Hoe talrijk zijn uw werken, o Heer, Gij hebt ze alle met wijsheid gemaakt; de aarde is vol van uw schepselen' (Psalm 104:24). Haast vanzelf dringt zich de vraag op: waarom is er dan zoveel lijden, wanorde en onrechtvaardigheid in de wereld? Dat vroeg men zich inderdaad aanhoudend af gedurende de gehele bijbelse periode.

De zee
De zee werd algemeen beschouwd als een angstaanjagend, maar verleidelijk fenomeen dat rijke schatten in zich verborgen hield, maar ook wild en destructief kon zijn. Poseidon stond bekend om zijn angstaanjagende driftbuien. Jahweh bedwingt echter het geweld en de gevaren van de zee.

Het Lijden

Waarom?

IN GENESIS 1:31 staat geschreven: 'En God zag alles wat Hij gemaakt had, en zie, het was zeer goed.' Hoe kan het dan dat er zoveel is dat wij mensen niet als goed ervaren? Waarom moeten sommige mensen lijden en anderen niet? En waarom is het zelfs vaak zo dat goede mensen lijden terwijl slechte individuen gedijen als een 'weelderige woekerplant' (Psalm 37:35)? Het oude en gangbare antwoord was dat goede mensen niet lijden. Uit het feit dat mensen lijden, blijkt dat ze niet goed zijn, omdat alleen zondaars worden gestraft.

> 'Zegt van de rechtvaardige, dat het hem zal wél gaan, want hij zal de vrucht zijner daden eten. Wee de goddeloze, het zal hem slecht gaan, want het werk zijner handen zal hem worden vergolden.'
>
> (Jesaja 3:10 e.v.)

Helaas is er een belangrijke tegenwerping in te brengen tegen dit idee van oorzaak en gevolg *(kader links)*: het klopt namelijk niet. Ook de meest oppervlakkige beschouwing van het leven maakt duidelijk dat zondaars niet altijd worden gestraft en dat het criminele personen vaak voor de wind gaat.

> 'De regen, het regent elke dag
> op zowel goede als slechte lui,
> maar meestal op de goede, want
> de slechte stalen hun paraplu.'
>
> (Anoniem)

Waarom is het lijden in de wereld zo onrechtvaardig verdeeld? De profeet Jeremia wierp die vraag op (evenals Abraham in Genesis 18:22-23) met een haast wanhopige woede (vooral hoofdstuk 12). En ook Job vroeg zich dat af. Het boek Job is een weergave van een gesprek tussen de zwaar lijdende Job en zijn drie vrienden, Elifas, Bildat en Sofar (en een vierde spreker, Elihoe) die in klassieke zin proberen zijn lijden te verklaren ('lijden als straf voor zonde'). Een essentieel kenmerk van Job, dat in de proloog wordt aangeduid, is zijn absolute onschuld: 'vroom en oprecht, godvrezend en wijkende van het kwaad'. Zelfs in de vreselijkste bezoekingen

---

> De oorzaak-en-gevolg-verklaring van het lijden vinden we door de gehele bijbel heen terug. Dit heeft te maken met het idee van het verbond, waarmee het volk Israël uitdrukking gaf aan zijn relatie met God. Een verbond is gegrondvest op beloften en sancties en de uitkomst hangt af van de mate waarin de partijen zich houden aan de voorwaarden.
>
> Dat geloof wordt het meest diepgaand uitgewerkt in het bijbelboek Deuteronomium en vervolgens toegepast op de vroege geschiedenis van Israël door de manier waarop de historische boeken zijn geredigeerd. Deze bijzondere opvatting over God komt ook naar voren in Psalm 37:
>
> 'Wees niet afgunstig op bedrijvers van ongerechtigheid, benijd niet wie onrecht plegen; want zij verdorren snel als het gras, en verwelken als het groene kruid. Vertrouw op de Heer en doe het goede, woon in het land en betracht de getrouwheid; verlustig u in de Heer dan zal hij u geven de wensen van uw hart.'

HET LIJDEN

vervalt hij niet tot opstandigheid jegens of twijfel aan God. Dat moet wel zo zijn, want anders zou het voor zijn vrienden veel te gemakkelijk zijn om te zeggen – zoals ze in feite doen – dat niemand zonder zonde is en iedereen wel ergens voor gestraft moet worden. Job word echter expliciet omschreven als volmaakt onschuldig, zodat die klassieke oplossing hier niet geldt. Aan het eind van het verhaal antwoordt God Job rechtstreeks uit een stormwind. Of eigenlijk is het geen antwoord: God laat weten dat het lijden moet worden geplaatst binnen de context van de schepping, waar het een rol speelt in het ultieme plan van God. Dat was ook de opvatting die in Israël langzamerhand postvatte over het eigen lijden. Door middel van godsvertrouwen en aanvaarding van het lijden kan een veel groter heil worden bewerkstelligd, niet alleen voor Israël, maar voor de gehele wereld *(kader rechts)*. Dit vertrouwen, zelfs gedurende het zwaarste lijden, staalde het karakter van Israël, zoals ijzer in vuur wordt gehard.

> 'Zie, mijn knecht, die Ik ondersteun; mijn uitverkorene, in wie Ik een welbehagen heb. Ik heb mijn Geest op hem gelegd: hij zal de volken het recht openbaren. Hij zal niet schreeuwen noch zijn stem verheffen, noch die op de straat doen horen. Hij zal niet kwijnen en niet geknakt worden, tot hij op aarde het recht zal hebben gebracht; en op zijn wetsonderricht zullen de kustlanden wachten.'
>
> (Jesaja 42:1-4)

> *'Al zou de vijgenboom niet bloeien, en er geen opbrengst aan de wijnstokken zijn, de vrucht van de olijfboom teleurstellen; al zouden de akkers geen spijs opleveren, de schapen uit de kooi verdreven zijn en er geen runderen in de stallingen zijn, nochtans zal ik juichen in de Heer, jubelen in de God van mijn heil. De Heer der Heerscharen is mijn kracht: Hij maakt mijn voeten als die der hinden, Hij doet mij treden op mijn hoogten.'*
>
> (Habakuk 3:17-19)

Martelaren van de Makkabeeën

Toen de Seleuciden-keizer Antiochus Epifanes probeerde Hellenistische (Griekse) godsdienstpraktijken in Israël te introduceren, kwamen veel joden in verzet. Toen zij eens op de sabbat door het leger van de Seleuciden werden aangevallen, weigerden ze zich te verdedigen en werden tot de laatste man afgeslacht.

Dit totale vertrouwen op God werd bereikt zonder dat men geloofde in een leven bij God na de dood. In de gehele bijbel, met zijn uitzonderlijke directheid jegens God, komt dat idee niet voor (Job 19:25 e.v. is een scène die zich in een gerechtshof afspeelt, niet in het hiernamaals). Aan het einde van de bijbelse tijd begon dit evenwel een mogelijkheid te worden. De martelaren van de opstand der Makkabeeën (tweede eeuw vChr.) maakten het onderwerp actueel omdat het hier ging om personen die God trouw bleven en weigerden af te zien van de Tora en toch werden afgeslacht. Langzaam groeide het inzicht dat God, die zij zo diep hadden leren kennen, zijn getrouwen niet zou verlaten maar hen veilig stelt zelfs door de dood heen. Hoe dat zou gebeuren was een kwestie van speculatie, maar dát het zou gebeuren was een vaststaand feit.

De rabbijnen

Herstel van geloof en praktijk

Joodse munten
Deze twee munten dateren van de tijd van de tweede joodse opstand tegen de Romeinen onder leiding van Bar Kochba (132-135 nChr.). Bar Kochba begon met de herbouw van de tempel; op de bovenste munt staan een loelab en een etrog afgebeeld, voorwerpen die in de tempel werden gebruikt bij het Soekkot-feest. De onderste (een tetradrachme of sjekel), met de inscriptie Simon, toont de Tempel met de Ark.

In het jaar 63 vChr. veroverde de Romeinse generaal Pompeius Jeruzalem en sloeg daarbij het verzet in de tempelregio neer. Binnen in de tempel raakte hij onder de indruk van alle rijke versieringen in het interieur. Toen hij ten slotte vol verwachting het Heilige der Heilige binnentrad, trof hij dit tot zijn teleurstelling geheel leeg aan. Pompeius werd hier geconfronteerd met een op het eerste gezicht abstracte opvatting van God die de godheid plaatste ver boven welke menselijke voorstelling dan ook. Vanaf dat moment werd het jodendom een sterk missionaire godsdienst in het Romeinse rijk, die vooral jonge mensen aansprak vanwege de moreel hoogstaande levensopvattingen en het unieke godsbeeld dat mijlenver verwijderd was van de Griekse en Romeinse mythologische goden en godinnen (blz. 206). In dezelfde tijd kwam Palestina onder Romeins bestuur. Na een eeuw van onafhankelijkheid moest Israël leren leven onder vreemde overheersers. Sommigen collaboreerden, anderen kwamen in verzet en vroegen God om hulp door een Messias te sturen. Twee grote opstanden, in 70 en 135 nChr., werden in bloed gesmoord, waarbij ook de Tweede Tempel werd verwoest en de bodem waarop hij had gestaan omgeploegd met zout.

Al voor de eerste opstand hadden met name de Sadduceeërs zich neergelegd bij de aanwezigheid van Romeinse buitenlanders, in het geloof dat de Tempel nog steeds Gods uitverkoren locatie bleef. Anderen waren fel gekant tegen de vreemde invloeden in hun heilige tempel en vertrokken als religieuze ballingen naar verschillende plaatsen, waar men alternatieve tempels bouwde of gemeenschappen stichtte in afgelegen gebieden waar men ongestoord een heilig leven kon leiden, precies zoals God wilde. Zo'n geloofsgemeenschap was gevestigd in Qumran, waar teruggevonden boekrollen getuigen van de conservatieve opvatting over God. Men geloofde dat hun Leraar in Gerechtigheid door God was gezonden om een nieuw verbond te sluiten en dat zij door God waren uitverkoren om deel uit te maken van deze nieuwe gemeenschap, niet door hun geboorterecht als jood (zoals onder het Oude Verbond), maar door hun persoonlijke keuze. Om het leiden van zo'n heilig leven te kunnen volhouden was directe hulp van God nodig en men geloofde dat de Heilige Geest was teruggekeerd om hen daarbij te helpen. Ze verwachtten een grote oorlog tussen de zonen van het licht en de zonen van de duisternis. De 'bannelingen uit de woestijn' zouden optrekken naar Jeruzalem om in de Tempel de ware eredienst te herstellen, geheel conform de wil van God.

Tussen deze beide uitersten bevond zich nog een kleine groep schriftgeleerden die zich concentreerde op de Tora en zich afvroeg hoe deze voorschriften en wetten werkzaam konden zijn in het leven van alle mensen. Door middel van diepgaande studie en discussies brachten zij hun interpretaties van de Tora onder de mensen en toonden aan hoe de gelovigen hun verbondstrouw in praktijk konden brengen: hun bevindingen werden op schrift gesteld en verzameld in de Misjna en de Talmoeds *(blz. 201)*.

Deze schriftgeleerden waren de voorlopers van de rabbijnen (leraren), die we onder die naam tegenkomen vanaf de tweede eeuw vChr. De historicus Flavius Josephus noemde hen Farizeeërs; de rabbijnen gebruikten die naam echter nooit: zij noemden hun voorgangers *hachamiem*, 'de Wijzen' *(blz. 204)*. In feite waren de rabbijnen even fel gekant tegen de personen die zij Farizeeërs ('separatisten') noemden als later Jezus, en om dezelfde reden: zij hadden het zicht op God verloren door zich blind te staren op details van de wet. De Hachamiem daarentegen probeerden alle mensen te helpen bij het leiden van een heilig leven voor God *(kader rechts)*.

Ook na de verwoesting van Jeruzalem en de Tempel lieten de rabbijnen zien hoe Israël trouw kon blijven aan God. Het hoogste gebod van het rabbijnse jodendom bleef de Sjema *(blz. 178)*. Aan het einde van de tweede opstand tegen de Romeinen werd Akiba, de leidende rabbijn van die tijd, gearresteerd en ter dood gebracht door beulen die met ijzeren haken zijn lichaam aan stukken scheurden. Hij hield zijn ogen gericht op de hemel en leek gelukkig te zijn ondanks de gruwelijke marteling. De Romeinse commandant verbaasde zich hierover en vroeg hem of hij soms magie gebruikte. Het antwoord van Akiba was: 'Nee, maar mijn leven lang heb ik met diep verdriet de woorden gebeden: "Gij zult de Heer uw God liefhebben met geheel uw hart en met geheel uw ziel en met geheel uw kracht." Ik had immers God lief met heel mijn hart en al mijn kracht, maar ik wist niet hoe ik God moest liefhebben met mijn ziel. Nu is het tijd voor het bidden van de Sjema, terwijl mijn ziel wordt opgeëist en ik twijfel niet terwijl ik bid: zou ik dan niet lachen van vreugde?' Hij stierf met het laatste woord van de Sjema, *echad* ('één'), op zijn lippen.

> De navolging van God gaat terug tot het scheppingsverhaal in Genesis waarin staat dat de mensen zijn geschapen naar Gods beeld en 'in zijn wegen moeten wandelen' (Deuteronomium 10:12). R. Hana bar Hinena (derde eeuw nChr.) vroeg zich af:
>
> *'Hoe kan iemand wandelen in Gods wegen? Bedoeld wordt dat men moet wandelen volgens de attributen van God. Zoals de Heer de naakten kleedde, zo moet gij de naakten kleden (Genesis 3:21). Zoals de Heer de zieken bezoekt, zo moet gij de zieken bezoeken (Genesis 18:1). Zoals de Heer de rouwenden troost, moet gij de rouwenden troosten (Leviticus 16:1). Zoals de Heer de doden begraaft, zo moet gij de doden begraven.'*
>
> (Deuteronomium 34:6)

Romeinse triomf
Ondanks de beide opstanden en de verwoesting van de Tempel leefden er joden vreedzaam in alle delen van het Romeinse rijk, met name in de stad Rome zelf.

De synagoge

Joodse gemeenschappen

De Ark
De Heilige Ark was oorspronkelijk een kist die werd meegedragen tijdens de joodse zwerftochten door de woestijn. Onder bepaalde omstandigheden is dat nog steeds het geval, bijvoorbeeld in Israël bij militairen te velde. Tegenwoordig is de Heilige Ark meestal een grote houten kast, vaak rijk bewerkt en versierd ter ere van het heilige Woord van God. Soms hangt ervoor een fraai geweven gordijn, de parokhet, dat herinnert aan het voorhangsel in de oude Tempel te Jeruzalem.

Een van de belangrijke verdiensten van de rabbijnen was dat zij het idee van de synagoge als het centrum van het joodse religieuze leven verder ontwikkelden. Het woord 'synagoge' stamt van een Grieks woord dat 'plaats van samenkomst' betekent; in het Hebreeuws *bet kenesset*. De synagoge speelt een cruciale rol in het joodse verhaal van God. Zij geeft vorm – letterlijk in steen, glas en hout – aan de overtuiging dat geloven in en leven met God geen zaak is van individuele voorkeur of keuze, maar van de gehele gemeenschap, waar ook ter wereld, net zoals ze deel uitmaakt van elk gezin. Zoals een Jiddisch spreekwoord zegt:

> *'Als er slechts twee joden op de wereld waren overgebleven, zou de een de ander aansporen om de synagoge te bezoeken en de ander zou zich er naartoe haasten.'*

De synagoge is in eerste instantie bedoeld als een speciale ruimte waar joden bijeen kunnen komen om God te eren en feesten te vieren, maar daarnaast is ze ook een school (soms gevestigd in een apart gebouw, de Bet haMidrasj), een bibliotheek en een plaats waar vreemdelingen en reizigers onderdak kunnen krijgen. Wanneer ergens tien volwassen joden aanwezig zijn kan een gemeente worden gevormd, een *minjan* ('een getal'), hier het vereiste aantal van tien.

Er bestaan geen bijzondere bouwvoorschriften voor synagogen waardoor ze meestal gelijkenis vertonen met de architectuur van dat moment. Ze variëren van eenvoudige houten bouwsels in Polen tot gebouwen die in typisch lokale stijl zijn opgetrokken zoals in China en India. Synagogen wijzen in de lengte altijd in de richting van Jeruzalem, zodat de gelovigen het zicht hebben op de plaats waar God het Heilige der Heilige heeft gesitueerd (blz. 191): het contactpunt tussen hemel en aarde. Er moeten ramen zijn om de aanwezigen eraan te herinneren dat ze altijd aandacht moeten hebben voor zowel de hemel als de aarde, die immers ook van God is. Vaak heeft een synagoge twaalf ramen, als symbool van de twaalf stammen van Israël.

Het middelpunt van elke synagoge is de Heilige Ark, de *Aron Kodesj*, waarin de boekrollen van de Tora worden bewaard. Ook staat er in de meeste synagogen een *bima*, een tafel op een platform voor de cantor en de persoon die uit de Tora voorleest. Nadat de Tweede Tempel in 135 nChr. was verwoest, nam de synagoge veel van zijn functies over, in het bijzonder die met betrekking tot de religieuze feesten. Zo werden de oude momenten van de tempeloffers de nieuwe tijdstippen van de erediensten in de synagoge. De joden mochten echter, als teken van rouw om de verloren gegane tempel, niets daarvan kopiëren. Om die reden heeft de *menora*, de zevenarmige kandelaar uit de Tempel in Jeruzalem, in de synagoge soms zes soms acht armen. Een ander karakteristiek element is de 'davidster' (de *magen*, een zespuntige ster die prijkte op het wapenschild van koning David) in het midden van elke menora *(blz. 218).*

De sterkste verbinding tussen de Tempel en de synagoge is het verlangen van de bezoekers om in aanbidding, vreugde, boetedoening en lofprijzing de heiligheid van God te mogen benaderen. Om die reden zijn alle voorwerpen in de synagoge gekenmerkt door verschillende graden van heiligheid: de boekrollen van de Tora zijn het meest heilig. Zo mag bijvoorbeeld het hout van een Heilige Ark die wegens ouderdom in onbruik is geraakt, niet worden hergebruikt voor de tafel waarop de boekrol van de Tora ligt. Daarentegen kan het hout van diezelfde tafel wel worden 'gepromoveerd' en mag men het gebruiken bij de vervaardiging van een nieuwe Ark.

De synagoge brengt de joden bijeen opdat zij kunnen beantwoorden aan hun roeping: het heilige volk van God te zijn. Een reiziger door Oost-Europa schreef eens, vlak voordat de nazi's waren begonnen met hun poging om de joden uit te roeien: 'Het is een groot mysterie! Dit is werkelijk onbegrijpelijk. Ik arriveerde in een stad en ze was geheel leeg. Ik ging de synagoge binnen en die was vol.' En wat deden de mensen in dat gebouw? Zij hielden zich bezig met de eredienst voor God: de *liturgie*.

De Menora
Als een teken van rouw om de verwoeste Tempel heeft deze menora acht armen en een davidster (de originele Menora was zevenarmig).

Moderne synagoge
De architectuur van synagogen verschilt sterk per land. Hier zien we de imposante Beth Yitschak-synagoge in Jeruzalem.

Liturgie

De openbare eredienst

HET JOODSE VERHAAL van God wordt voortdurend verteld door middel van de gebeden en eredienst van de liturgie. Het woord 'liturgie' komt van het Griekse *leitourgia*, dat oorspronkelijk 'elke openbare dienst' betekende, maar die zich ontwikkelde tot de openbare eredienst aan God.

Voor joden is dit een punt van essentieel belang. Zowel thuis als in de synagoge kan men door middel van de liturgie God benaderen en vereren als degene die zijn gaven schenkt aan de wereld, die zonden vergeeft, mensen weer in genade aanneemt die van hem zijn afgedwaald maar berouwvol terugkeren en die in heden en verleden 'grote werken' doet en heeft gedaan (*gevoerot*). Het joodse liturgisch jaar volgt de daden van God in het verleden en bidt om de voortzetting ervan in het heden. Centraal in de liturgie staat daarom het reciteren van Gods grote daden, met name uit de Tora. Ook de gebeden en zegenspreuken voor alle gelegenheden zijn uit de Tora afgeleid.

God is de Ene die constant en eeuwig bemoeienis heeft met de wereld: met alle mensen en in het bijzonder met het joodse volk dat immers geroepen is tot een heilig leven voor God. In de oude tempeldienst werden hiervoor symbolisch offers gebruikt, tegenwoordig nemen gebeden de plaats in van offers. Centraal staat het Grote Gebed: *HaTefilla*, 'Het Gebed'. Dit gebed wordt ook wel *Amid* genoemd, 'Het Staande Gebed' (van *amad*, 'hij stond'). In tegenstelling tot moslims *(blz. 348)* knielen joden zelden en werpen zich niet ter aarde om te bidden (behalve op nieuwjaarsdag en Grote Verzoendag): men gehoorzaamt het bijbelse voorschrift dat de gemeente moet staan voor God.

HaTefila, 'Het Gebed', stamt gedeeltelijk uit de eerste eeuw nChr. en wordt ook wel *Sjemone Esreh*, 'Achttien', genoemd omdat het oorspronkelijk bestond uit achttien lofprijzingen – tegenwoordig negentien. *HaTefilla* is per seizoen en per dag verschillend, maar de structuur ervan is steeds dezelfde. Het gebed begint met het vers van Psalm 51: 'Heer, open mijn lippen en laat mijn mond uw lof verkondigen', en vervolgt dan onmiddellijk met die lofzang in de eerste drie lofprijzingen (*sjeva*). Deze begint met de zin die zo karakteristiek is voor de joodse geloofsbeleving: *Baroek Atta Adonai*, 'Gezegend zijt Gij, Heer…' Gezegd wordt dat de joden een lofprijzing kennen voor elke mogelijke gebeurtenis in het leven, ook voor de ogenschijnlijk rampzalige.

De zegen over de voorouders begint als volgt: 'Gezegend zijt gij, Heer onze God en God van onze vaderen, God van Abraham, God van Isaäk en God van Jakob, Grote, machtige en ontzagwekkende God, die grote weldaden verricht en het al tot zijn bezit vormt, die de weldaden der vaderen

---

De schepping spreekt door middel van de dichter ter ere van God:

'De Ene God op aarde, de Heilige in de hemel, de Machtige in de hoge: de zee zingt zijn lied, een lofzang welt op uit de diepten, het licht aanbidt Hem, de dagen spreken tot Hem en de nachten zingen, het vuur verkondigt Zijn naam, de bomen verheugen zich, de dieren leren de kracht van zijn ontzagwekkende daden.'

(Yosje ben Yosje; vierde/vijfde eeuw nChr.; bedoeld voor de dienst op Grote Verzoendag ter inleiding op de lofzang)

gedenkt en de zonen van hun zonen een verlosser brengt, ter wille van zijn Naam, in liefde. Koning, helper, bevrijder en schild. Gezegend gij, Heer, Abrahams schild.' Daarnaast bevestigt het *HaTefilla* het door God gegeven vermogen van de mens tot kennis en inzicht: 'Gij begenadigt de mens met weten en leert de sterveling inzicht. Begenadig ons van Uwentwege met weten, inzicht en verstand.' Dit inzicht leidt als vanzelf tot de erkenning van zonde en de noodzaak van vergeving: 'Vergeef ons, Vader, want wij schoten tekort.'

Het gebed drukt de afhankelijkheid van God uit voor bescherming en genezing, het vraagt om de voortdurende gaven van God in de vorm van regen, voedsel en ondersteuning. Daarna wordt gebeden om het herstel van Gods volk: 'Blaas de grote *sjofar* (de hoorn die met het nieuwjaarsfeest wordt gebruikt) voor onze vrijheid en steek op het teken voor de inzameling van onze ballingen en zamel ons tezamen in uit de vier hoeken der aarde.' Er is een gebed om gerechtigheid en de omverwerping van de goddelozen en om mededogen met de goeden. Er is een gebed voor de wederopbouw van Jeruzalem en herstel van het Huis van David, gevolgd door een algemeen gebed dat God zal luisteren en antwoorden. Het gebed eindigt met een dankzegging: 'En alle levenden zullen U danken en uw Naam in waarheid loven. God, onze redder en onze hulp. Gezegend gij, Heer, de Goede is uw Naam en het is heerlijk U te danken.'

In de gebeden en de liturgie komt de joodse opvatting over de natuur van God het duidelijkst naar voren. God hoort gebeden en geeft antwoord, maar het doel van bidden is niet om zelf voordeel te behalen: het dient om te danken voor alles wat God heeft gegeven, gratis en met gulle hand, in het heden en verleden, en om Gods naam te prijzen. Deze gevoelens werden uitgedrukt in soms zeer emotioneel geformuleerde gedichten, *pijjoetiem* genaamd (enkelvoud: *pijjoe*). Deze kwamen tot stand tussen de eerste en de achttiende eeuw nChr. en waren oorspronkelijk bedoeld om ter afwisseling delen van de liturgie te vervangen. Uiteindelijk werden ze in de liturgie zelf opgenomen (*kader links*).

De Klaagmuur

De Westelijke Muur (HaKotel haMaaravi) bevat onderaan nog stenen van de buitenste muur van de Herodiaanse Tweede Tempel (blz. 190). Men gelooft dat gebeden die worden uitgesproken bij de Klaagmuur, vlakbij de plaats van het voormalige Heilige der Heilige, extra kracht hebben. Soms worden ze op een stukje papier geschreven dat in de gleuven tussen de stenen wordt verstopt.

Kabbala

Het contact tussen God en de wereld

IN DE JOODSE religie wordt de nadruk gelegd op de heiligheid van God: de absolute scheiding tussen God en alles wat onderhevig is aan verval of bederf *(blz. 188 e.v.)*. God is absoluut transcendent, ofwel absoluut anders dan al het geschapene.

Daarnaast schrijft de bijbel God echter rechtstreekse bemoeienis met de wereld toe en veel joden ervaren direct contact met God tijdens het gebed en de eredienst. Hoe is dat mogelijk? Hoe maakt de Schepper, zo eindeloos ver weg en zo verschillend van zijn schepping, er dan toch contact mee?

Een traditionele school van schriftgeleerden hield zich bezig met deze vraag. Het joodse woord voor traditie is *kabbala (blz. 200)* en deze term kwam in gebruik voor deze specifieke traditie. Centraal in de Kabbala staat de *Zohar* (*Het Boek van de Stralenkrans*; van het woord 'glans' in Daniël 12:3): een aantal teksten verzameld door Mozes de Léon in de dertiende eeuw, maar die vermoedelijk al eerder is ontstaan. In de Kabbala wordt geprobeerd de vraag over de aard van Gods contact met de wereld te beantwoorden door bij voorbaat te accepteren dat Gods eigen natuur en wezen uniek zijn: de essentie van God stijgt zo ver uit boven het menselijk bevattingsvermogen dat er niets over kan worden gezegd: in wetenschappelijke taal is dit het onkenbare wezen van God, de *aseïteit* (het 'volledig in zichzelf bestaan') van God, van het Latijnse *a se*, 'in zichzelf'. Dit onkenbare wezen wordt in de kabbala *En Sof* ('het oneindige') genoemd: de God die zich onttrekt aan het menselijke bevattingsvermogen. Volgens de Kabbala komen er uit die onkenbare bron tien manifestaties voort, zoals verschillende rivieren

JHWH
De vier letters (tetragammaton; blz. 178) van de naam van God zijn de grote letters op elke arm. De goddelijke emanaties worden uitgezonden door de woorden Keter, Chochma *en* Bina *(geheel bovenaan).*

DE SEFIROT

Tien manifestaties kwamen voort uit En Sof: de namen verschillen wel eens en worden als volgt ingedeeld.

- ✡ **KETER**: de eerste die uit En Sof emaneert is *Keter* (Kroon), de bereidheid van God om het effect van En Sof, de onkenbare wezen, uit te breiden.
- ✡ **CHOCHMA EN BINA**: de volgende zijn *Chochma* en *Bina*, Wijsheid en Inzicht, de scheppingsdrang, niet als een abstractum, maar specifiek en gedetailleerd. Zelfs deze staan nog te dicht bij het goddelijke wezen om door mensen te kunnen worden benaderd, laat staan bevat.
- ✡ **CHÈSED, GEVOERA EN DIEN**: uit de emanaties *Chochma* en *Bina* komen eerst *Chèsed* (Liefde), dan *Gevoera* (Macht) en *Dien* (Streng Gericht) voort.
- ✡ **TFERET, NETSACH EN CHOD**: uit *Chèsed, Gevoera* en *Dien* komen Tiferet, Netsach en Chod (Schoonheid, Overwinning en Heerlijkheid voort). Juist die aspecten geven velen het eerste bewustzijn van het bestaan van God.
- ✡ **JESOD EN MALKOET**: deze emanaties gaan eerst over in *Jesod*, het Fundament van de Schepping, en culmineren in *Malkoet*, de Koninklijke Heerlijkheid waarmee God de wereld bestuurt.

ontspringen uit een onbekende en onkenbare bron. In zekere zin bestaan alle rivieren uit hetzelfde water als de bron, maar het water in de rivier is, hoewel daaruit afkomstig, niet identiek aan de bron zelf; noch is de natuur van de bron af te leiden uit het water van de rivier. Het water komt voort uit de bron en in die zin bereikt de bron de zee, maar toch blijft ze zelf op grote afstand en volledig anders. Deze emanaties worden de *sefirot* genoemd *(kader linksonder)*: de tien manifestaties van macht, overeenkomend met de tien woorden in Genesis waardoor alle dingen zijn geschapen.

De kabbalistische opvattingen werden uitgewerkt in een uitgebreide symbolische overzichtskaart van de relatie van de gehele schepping met God – een soort vroege vorm van 'science fiction', behalve dat de fictie hier voor waarheid wordt aangenomen. Deze kaart is zo ingewikkeld dat het veel studie vergt om er iets van te begrijpen. De bijbel wordt gezien als bron van geheime codes voor verborgen betekenissen. Toch is het doel van de Kabbala niet alleen om een intellectueel vraagstuk op te lossen: hoe kan er contact zijn tussen God en mensen als God totaal anders en absoluut transcendent is? De Kabbala wil de mensen helpen in hun strijd tegen het kwaad en hun iets bieden waardoor ze dichter bij God kunnen leven. Omdat volgens de kabbalisten dit specifieke contact via de Sefirot verloopt, staan alle krachten van de Sefirot ter beschikking van mensen met voldoende inzicht en vertrouwen.

Het leven van de mens moet vervolgens in het teken staan van deelname aan de heiliging van de wereld, zodat de mens als individu en in het algemeen opnieuw waardig wordt om Gods immanentie te ontvangen. Het Hebreeuwse woord *beraka* ('zegening') wordt beschouwd als een synoniem van *bejraka*, een waterbekken of vat: door zich tot een waardig vat te maken wordt men gevuld met de zegen van God.

Deze zienswijze werd verder uitgewerkt door Isaac Luria (1534-1572). Omdat God overal en alles is, geloofde hij dat God een samentrekking *(tsimtsoem)* had moeten uitvoeren om ruimte te maken voor de schepping. De verbinding wordt gelegd door de Sefirot, maar de 'vaten' waarin de immanentie van het licht werd uitgestort, konden het gewicht van die majesteit niet dragen. Of misschien verzetten ze zich wel tegen deze last. Hoe dan ook, ze vielen uiteen en raakten aangetast.

Tegen de achtergrond van deze catastrofe staat het Helende Werk *(tikkoen)*, de bijzondere verantwoordelijkheid van Adam. Toen Adams werk mislukte, koos God het joodse volk uit om deze taak op zich te nemen, ten bate van de gehele wereld. Daarom is de joodse geschiedenis getekend door lijden. Ieders leven op zichzelf vormt een bijdrage en door volgens de wet te leven zet men het Helende Werk onverminderd voort.

Door middel van de Sefirot blijven de gelovigen dicht bij God en bevorderen zij de spoedige komst van de Messias.

Sefirot
Titelblad van een Latijnse vertaling van een Spaanse kabbalist, Josef Gikatilla. De Sefirot staan in een natuurlijke verbinding met elkaar, zoals de takken van een boom die in de aarde geworteld is. Omdat de Kabbala werd beschouwd als de weg naar het licht werd ze ook buiten het jodendom bestudeerd, bijvoorbeeld door christelijke filosofen.

Maimonides

Harmonie tussen geloof en verstand

Rond het jaar 1203 was er eens een oude man die uitgeput tegen een muur leunde in Fostat, een stadje dichtbij Cairo. Een wetenschapper, Samuel ibn Tibbon, die een van de boeken van deze man vertaalde, had hem schriftelijk verzocht om een onderhoud en het antwoord dat hij had ontvangen luidde: 'God weet dat ik om u deze brief te kunnen schrijven ben gevlucht naar een geheime plek, waar niemand mij ooit zou zoeken; dat ik soms steun zoek tegen de muur en soms even moet gaan liggen vanwege mijn grote zwakheid, omdat ik nu oud en moe ben.'

Wie was deze man en wat had hem zo uitgeput? Zijn naam was Mozes ben Maimon, ook wel Rambam genoemd, of Maimonides in het Latijn (1135-1204). Hij was geboren in Spanje, maar met zijn familie naar het buitenland gevlucht toen een moslimdynastie, de Almohaden, alle niet-moslims begon te vervolgen. Na jarenlange omzwervingen vestigde hij zich met zijn gezin in Fostat, Egypte.

Wat hem zo had uitgeput, was een leven van hard werken. Hij was arts (lijfarts van de sultan), maar ook een filosoof met een grondige kennis van de joodse leer en wetten. Hij zou een beslissende bijdrage leveren aan het joodse verhaal van God. Het fundament van het joodse leven wordt gevormd door de richtlijn van God zoals die te vinden is in de Tora, Misjna en de (Babylonische) Talmoed *(blz. 201)*. Maimonides werkte zijn leven lang aan het schrijven van een commentaar op de Misjna en het verzamelen van alle verspreide wetten in één groot werk: de *Misjnè Tora* (de 'Tweede Tora').

Als filosoof was hij erop gebrand aan te tonen dat het joodse geloof gegrond was op rationele principes, daarom schreef hij ook de *Gids der verdoolden*, waarin hij, uitgaande van de bijbel, beargumenteerde dat 'het basisprincipe van alle principes en het fundament van alle wetenschap het besef is dat er een Eerste Wezen is dat al het bestaande heeft geschapen' *(Fundamentele principes 2)*. 'Door die Ene die absoluut bestaat, wordt al het andere, afhankelijk van dat Wezen, mogelijk. Dat Ene Wezen is God, de levensadem van het universum' *(He ha'Olamiem)*.

Het verschil tussen God en de mens kan als volgt worden geformuleerd: ons bestaan is contingent (wij zijn hier nu wel, maar we hadden er net zo goed niet kunnen zijn) en we bestaan uit verschillende soorten materie (zoals atomen, haren, botten en huid). God daarentegen bestaat noodzakelijkerwijs, want het is niet mogelijk dat God niet zou hebben bestaan en God bestaat niet uit iets: de essentie van God is zijn bestaan.

Daarom is het absurd om te veronderstellen dat wij zouden kunnen weten wat God in wezen is of waaruit hij bestaat: 'Gods bestaan is absoluut en hij is niet samengesteld uit iets. Daarom kunnen wij alleen maar weten dát God bestaat, niet waaruit hij in wezen bestaat' *(Gids 1.59)*. Dat betekent

---

RECHTS:

De Menora

De Menora (zie ook blz. 213) wordt het eerst beschreven in Exodus 25:31-38 en 37:17-24. Op de triomfboog van keizer Titus (Rome, eerste eeuw nChr.), opgericht nadat hij de eerste joodse opstand had onderdrukt, is de originele zevenarmige menora afgebeeld. Deze werd pas een belangrijk joods symbool met de opkomst van het zionisme, eind negentiende/begin twintigste eeuw.

DE GODSDIENSTEN VAN ABRAHAM: JODENDOM

> ### STILTE VOOR GOD
>
> *'Dit idee komt het duidelijkst tot uiting in het Boek der Psalmen: "U komt de stilheid toe, een lofzang" [65:2]. Dit is een rake opmerking over het onderwerp, want wat we ook zeggen met de bedoeling om God te loven, het bevat altijd iets dat niet op God van toepassing is – en dus doet het God altijd tekort. Het is daarom veel beter om stil te zijn, en eenvoudig voor God te staan met de intentie van uw geest, zoals de psalmdichter weer zegt: "spreekt in uw hart op uw leger, en zwijgt" [Psalm 4:5].'*
>
> (Gids 1:59)

dus in elk geval dat we niet kunnen zeggen hoe God *is*. Het komt feitelijk hierop neer: 'Wij kunnen niet zeggen dat God rond is of groot of wijs of sterk. Wij kunnen niet eens zeggen dat God bestaat boven zijn essentie, wat die ook mag zijn: Gods wezen is simpelweg en absoluut het feit dat hij bestaat.'

In theologische taal betekent dit dat we aan God geen attributen kunnen toekennen. Dat lijkt in te druisen tegen de bijbel waarin heel vaak eigenschappen van God worden genoemd: God staat en wandelt en is wijs en sterk. Maimonides beantwoordt deze paradox dat de bijbel is geschreven in beeldrijke taal zodat de gelovigen er iets van kunnen bevatten en op die manier dichter bij God komen. Hij citeert vaak een verklaring van de rabbijnen dat 'de Tora spreekt in de taal van gewone mensen' (*Berakoth 31b*). Verstandige mensen begrijpen heel goed dat deze taal duidt op een veel diepere waarheid: de woorden 'God staat' betekenen bijvoorbeeld dat God constant en onveranderlijk is.

Wanneer we attributen toekennen aan God beschrijven we eigenlijk de uitwerkingen van God in de wereld, omdat God alleen op die manier kenbaar is. Die uitwerkingen betekenen echter niet dat God hieraan identiek is, of dat de kenbaarheid van het wezen van God (de volledig essentiële natuur van God) erdoor wordt bevorderd. Wij weten dat vuur dingen kan verbranden of zwart blakeren, maar het vuur zelf is niet identiek aan die uitwerkingen en we kunnen ook niet door deze effecten te bestuderen vaststellen wat de essentie van vuur is. Precies zo stelt het menselijk verstand 'iemand in staat om bijvoorbeeld te weven, te bouwen, te studeren, de geometrie te beoefenen of een land te besturen', maar het verstand bewerkstelligt deze uitwerkingen, zonder dat de essentie van het verstand in een ervan besloten ligt en ook de verschillende activiteiten zelf maken hierover in het geheel niets duidelijk.

Met andere woorden: de menselijke rede niet kan bevatten *wat* God is. 'Menselijke kennis is beperkt: zolang de ziel woont in het lichaam kan zij niet weten wat er achter de materie schuilgaat' (*Responsum* aan Hasdai

> ### GODS LIEFDE
>
> *Maimonides was een groot filosoof en arts met een grondige kennis van de joodse leer en wetten. Hij geloofde dat wijze mensen leefden om hun liefde voor God te verdiepen.*
>
> Voor Maimonides was het doel van het joodse leven en geloof – en de juiste weg voor ieder weldenkend mens – om zo dicht mogelijk tot God te naderen: via de Tora en de eredienst, gebed en lofprijzing. 'Zij die God dienen uit liefde houden zich bezig met studie van de Tora, houden zich aan de wet en wandelen in de wegen van de wijsheid. Ze worden niet gedreven door enig motief van buitenaf, ze blijven onberoerd door angst of rampen en het verlangen naar materiële welvaart. Zij doen recht omdat het recht is en uiteindelijk vinden ze het geluk in hun levenswijze.' (*Fundamentele principes 10*)

Maimonides en Aristoteles
Deze vroege illustratie toont Maimonides in gesprek met Aristoteles en andere filosofen. Het werk van Aristoteles was door islamitische filosofen vertaald en bewerkt (blz. 352-359) in het Arabisch en Perzisch. De vertalingen in het Latijn werden vaak gemaakt in Spanje waar deze teksten werden gelezen door joden, moslims en christenen.

haLevi). Hieruit volgt dat 'de negatieve attributen van God de ware attributen zijn' (Gids 1.59). Wij kunnen wel zeggen wat God *niet* is, maar we kunnen nooit zeggen *hoe* God is, omdat we God daarmee tot een object zouden maken zoals alle andere objecten door het simpele feit dat men ze kan vergelijken: God zou wijs zijn *zoals* wij, zij het wel wijzer; sterk zoals wij, zij het wel sterker.

Dit klinkt allemaal nogal abstract, maar het verandert de gehele manier waarop de mens leeft met God. Het betekent dat de majesteit en de transcendentie van God voor eeuwig buiten de reikwijdte van menselijke begrippen en ideeën liggen. Het betekent ook dat in het gebed God nooit mag worden vastgelegd door uitspraken te doen over God, door bijvoorbeeld een woord als 'almachtig' te gebruiken, omdat zo'n term God comprimeert binnen het kader van menselijke ideeën en beschrijvingen. Bidden is zichzelf voor de majesteit van God stellen, in verwondering, liefde en lofprijzing (*kader linksboven*).

De grote bijdrage van Maimonides ligt in de intellectueel beredeneerde manier waarop hij heeft aangetoond dat geloof niet tegenover het verstand staat, maar ermee in harmonie is en erdoor wordt gesteund. De invloed van zijn ideeën was groot, op zowel joden als christenen. Vanuit joodse kringen kreeg hij soms de kritiek dat het jodendom een leefwijze en geen filosofie is, meer een zaak van geloofspraktijk en liturgie dan van geloofsleer en dogmatiek. Toch bleef Maimonides' gedachtegoed overeind omdat hij heeft laten zien dat geloof een rationele basis heeft en dat het de wijzen zijn, en niet de dwazen, die in hun leven proberen de liefde voor God tot verdieping te brengen (*kader rechts*).

WAT IS DE LIEFDE VOOR GOD?

'Het is de Eeuwige liefhebben met een liefde die boven alles uitstijgt, zo sterk dat de ziel bestaat uit deze liefde en voortdurend in vervoering is, zoals een verliefde man wiens geest geen moment vrij is van zijn passie voor een bepaalde vrouw: de gedachte aan haar vult zijn hart altijd, als hij zit of opstaat, eet of drinkt. Nog sterker moet de liefde voor God zijn in het hart van hen die verlangen naar God. Zij moeten voortdurend vol zijn van deze liefde, naar Gods bevel: "Gij zult de Heer uw God liefhebben met geheel uw hart en geheel uw ziel" (Deuteronomium 6:4). Dit drukt Salomo uit in de versregel "want ik bezwijm van liefde" (Hooglied 2:5). Het gehele Hooglied is een allegorie van deze liefde.'

(Fundamentele principes 10)

De Chassidiem

Hartstochtelijke liefde voor God

Mozes Mendelssohn
Volgens Mendelssohn was er maar één God, maar bestonden er veel manieren om Hem te dienen. Hij was van mening dat de verschillende godsdiensten elkaar moesten respecteren.

MAIMONIDES *(blz. 218-221)* had laten zien dat het verstand de verbinding vormt tussen de mens en God. Velen traden in zijn voetsporen. Bijvoorbeeld Spinoza (1632-1677) en Solomon Maimon (1753-1800) van wie de scherpzinnige opmerking stamt: 'God weet wat God is' en van wie Kant zei dat niemand zijn ideeën beter begreep dan Maimon. Beiden werden veroordeeld en in de ban gedaan om hun ideeën, die de grenzen van de openbaring tartten. Anderen bleven dichter bij de traditie.

❖ Mozes Mendelssohn (1729-1786) benadrukte dat er maar één God kan zijn, hoewel er verschillende wijzen bestaan om God te dienen en dat alle godsdiensten elkaar daarom zouden moeten respecteren (hij stond model voor Nathan in Lessings beroemde toneelstuk *Nathan der Weise*).

❖ Martin Buber (1878-1965) was beïnvloed door de existentialisten die hadden geschreven over de verschillende manieren waarop mensen met elkaar omgaan: hetzij onpersoonlijk, in een 'ik-het'-relatie, hetzij met persoonlijk engagement, zoals liefde, in een 'ik-jij'-relatie. Buber vond dat de menselijke verhouding tot God van het laatste soort moet zijn.

❖ Abraham Heschel (1907-1972) betoogde dat God een speciale bedoeling heeft met de joden in het langdurige verzoeningsdrama: de wetten van de Halacha *(blz. 201)* zijn de muzieknoten die samen een machtige symfonie vormen.

Maimonides had de nadruk gelegd op de liefde van God als het hoogste goed en dat bracht in de achttiende eeuw een nieuwe ontwikkeling in het joodse verhaal van God teweeg. Dat was de stroming van de *chassidiem*, met als grondlegger Israël ben Eliëzer (1700-1760), bekend als de Baäl Sjem Tov (de 'Meester van de Goede Naam') of, afgekort, Besjt. Het woord *chassied* komt van dezelfde stam als *chèsed (blz. 186)* en in de bijbel betekent het zoiets als 'iemand die zich wijdt aan God'. De Chassidiem vormden scholen van volgelingen rondom geïnspireerde leiders, de *tsaddikiem* (enkelvoud: *tsaddiek*, 'de rechtvaardige'), die voorbeelden wilden zijn van wat echte overgave aan God betekent. Zij wilden God 'aanhangen' (Deuteronomium 11:22) in een staat van totale, vaak extatische vereniging, in het Hebreeuws *devekoet* ('aanhangen'): dit omvatte liefde voor God omwille van God zelf, niet om als tegenprestatie een beloning te ontvangen. De Besjt vroeg zich eens af of hij ooit waardig zou zijn om met God te leven in het hiernamaals. Hij kwam tot de volgende conclusie: 'Als ik God op dit moment liefheb, wat zou ik dan nog meer kunnen wensen?'

De Besjt en zijn volgelingen waren sterk beïnvloed door de Kabbala *(blz. 216)*: het geloof dat God in contact staat met de

---

De Chassidiem over het laatste oordeel

Voordat hij stierf, zei rabbi Zoesja:
'In de komende wereld zal mij niet gevraagd worden: waarom was je niet Mozes? Ze zullen me vragen: waarom was je niet Zoesja?'

Rabbi Sjneur Zalman onderbrak eens zijn gebed en zei:
'Ik wil Uw paradijs niet, ik wil Uw komende wereld niet, ik wil U, alleen U en U alleen.'

Rabbi Elimelech zei:
'Als mij bij het laatste oordeel wordt gevraagd of ik goed heb geleefd, gebeden en gestudeerd, zal ik moeten zeggen: nee. Het vonnis zal luiden: Je hebt de waarheid verteld. Omwille van de waarheid: treed binnen in de toekomstige wereld.'

wereld door de Sefirot (emanaties). In ieder mens is een goddelijke vonk aanwezig, als een soort voorpost van God. Het doel van ieders leven is om die vonk aan te wakkeren tot een vuur. Tsaddikiem vertellen de mensen niet *hoe* zij dat moeten doen, maar brengen hen tot het inzicht dat men dit kan en moet doen, ieder op zijn of haar eigen manier. Rabbi Mordechai van Neskizh zei eens dat mensen om verschillende redenen naar een tsaddiek gaan: sommigen willen leren hoe ze moeten bidden, anderen hoe ze de Tora moeten bestuderen, weer anderen willen een trede hoger klimmen op de spirituele ladder. Al die redenen zijn fout, want dat zijn allemaal wegen tot God die gemakkelijk te leren zijn. Wanneer mensen ze eenmaal onder de knie hebben, denken ze dat ze er zijn en verder niets meer nodig hebben. Maar de enige ware reden om aan te kloppen bij een tsaddiek is om God te zoeken – en aan die zoektocht komt in dit leven geen einde. Een tsaddiek kan de gelovigen wel de weg tot God wijzen, maar niet zelf voor hen op zoek gaan. Daarom gaven de tsaddikiem vaak in hun eigen leven het goede voorbeeld en vertelden educatieve verhalen – soms tamelijk subversieve – waarmee ze bepaalde vooroordelen jegens God, die een direct contact in de weg staan, uit de weg ruimden.

Tot die vooroordelen die de weg naar God versperren, behoort zeker ook de orthodoxie, waarbij men de zuivere geest is kwijtgeraakt en het geloof alleen nog maar een zaak is van wetten en voorschriften. Het is daarom niet verwonderlijk dat de orthodoxe joden (*mitnaggediem*, 'tegenstanders' genoemd) fel tegen de Chassidiem gekant zijn. De Chassidiem blijven echter volhouden dat het doel van de godsdienstige praktijk is om een staat van eenheid met God te bereiken die het gehele leven doordringt, hetgeen altijd een overweldigende vreugde, ja zelfs extase bewerkstelligt *(blz. 41)*. Van de tsaddikiem wordt vaak geschreven dat ze onder het bidden letterlijk een bovenaards licht uitstralen.

Muziek, zang en dans speelden bij het gebed een grote rol, waardoor elke band met de alledaagse wereld werd verbroken. Het doel van degene die biddend danst is *bittoel haJesj*, 'uitbanning van dat wat is', oftewel het elimineren van het in de wereld verankerde 'zelf', zodat alleen God overblijft. Dit is mogelijk omdat de goddelijke natuur in principe al aanwezig is in de mens: door de uitbanning van alle ballast eromheen blijft de ene over met de Ene – en dan vormen die twee een eenheid.

Andere praktijken (bijv. de eindeloze herhaling van de Sjema, of het zingen van *devekoet niggoen*, de bij de Sjema behorende melodie) dienden allemaal hetzelfde doel: de verbinding met wereldse afleidingen, zowel innerlijke als uiterlijke, te verbreken om zo te komen tot een vreugdevolle vereniging met God.

Rabbi Levi Jitzak van Berditsjev placht een lied te zingen dat zo begon: 'Waarheen ik ook ga, ik vind U; wat ik ook denk, ik vind U, U, alleen U, steeds weer U…; de lucht is U, aarde is U, U bent onder, U bent boven, altijd U – U, U, U.'

Martin Buber
Buber was sterk beïnvloed door de Chassidiem (hij heeft veel chassidische verhalen vertaald) en geloofde dat de bijbel het verslag is van de dialoog van Israël met God, de Eeuwige U. In deze persoonlijke omgang met God sloot Buber aanhangers van andere godsdiensten niet uit: hij noemde Jezus 'mijn broer'.

De holocaust

De uitroeiing van de joden in Europa

HET CONFLICT TUSSEN de Chassidiem en de Mitnaggediem (*blz. 223*) is slechts een toegespitst voorbeeld van een veel verdergaande controverse in het joodse verhaal van God. De profeet Micha had gezegd: 'Hij heeft u bekendgemaakt, o mens, wat goed is en wat de Heer van u vraagt: niet anders dan recht te doen en getrouwheid lief te hebben, en ootmoedig te wandelen met uw God' (Micha 6:8).

Wat betekent dat in de praktijk? Voor de orthodoxe joden vormen de 613 geboden in de Tora een gedetailleerde beschrijving van de wijze waarop die vraag van God in praktijk moet worden beantwoord: door de eeuwen heen hebben rabbijnen het volk Israël geleerd hoe die oorspronkelijke geboden moeten worden toepast onder veranderende omstandigheden, zodat joden altijd kunnen weten 'wat er van hen wordt verwacht'. Door de Tora in hun leven toe te passen weten zij hoe zij moeten 'wandelen' (de tweede betekenis van Halacha (*blz. 201*) om heilig te kunnen leven voor God (Leviticus 19:2). Veel andere joden zien de wetten van de Tora alleen als uitgangspunt en proberen niet om de wetten naar de veranderende omstandigheden te brengen, maar andersom, zodat de dienst aan God deel kan uitmaken van het hier en nu. Tussen deze twee uitersten is geen verzoening mogelijk: de orthodoxe joden vinden dat wanneer men de Tora, zoals die in de Hallacha is uitgewerkt, verlaat, men ook God in de steek laat, die hun deze weg om Hem te dienen heeft toevertrouwd. Liberale joden zijn echter van mening dat de nadruk op elk klein detail van de wet het leven voor de joden van nu onmogelijk maakt. Deze verschillende manieren om God te erkennen bestaan naast elkaar, overal waar joden zich hebben gevestigd.

Vervolging
Geconfronteerd met de politiek van de nazi's om Europa 'Judenrein' te maken, waarbij miljoenen mannen, vrouwen en kinderen werden vermoord, rees de vraag waarom God de gebeden om hulp niet beantwoordde.

In Europa werden de joden door de geschiedenis heen voortdurend bedreigd en uiteindelijk, tussen 1933 en 1945 vrijwel volledig uitgeroeid door de nazi's. De *shoah* ('catastrofe') of *hoerban* ('vernietiging'), ook wel holocaust genoemd, heeft enorme vraagtekens gezet bij het joodse verhaal van God. Voor het volk Israël was het niet iets nieuws dat ze werden 'veracht en door mensen verlaten' en een volk waren 'van smarten en vertrouwd met ellende' (Jesaja 53:3). Maar waar was God bij deze vastbeslotenheid om de joden van de aardbodem weg te vagen (de nazi-politiek van *Judenrein* of de zogenaamde *Endlösung*) en waar was hij in de getto's en vernietigingskampen waar de consequenties van die politiek werden uitgevoerd? Waarom greep God niet in?

Er zijn veel pogingen gedaan om het verhaal van God te vertellen, ook ná Auschwitz. Sommigen gingen terug naar de bronnen van joodse geschiedenis. Men zag bijvoorbeeld in deze derde ramp (de andere twee waren de beide verwoestingen van de Tempel; *blz. 194, 210*) Hitler, net als de Perzische koning Cyrus in de oudheid, als een door God gebruikt instrument om een nog veel glorieuzer herstel te bewerkstelligen dan de terugkeer na de Babylonische ballingschap (*blz. 198*): namelijk de stichting van de staat Israël.

Anderen redeneerden dat God 'machteloos wordt zodat de geschiedenis haar loop kan nemen'. Israël is nu inderdaad de Lijdende Knecht (Jesaja 53) geworden: door dat lijden te accepteren doen de joden een moreel appel op de wereld om zich af te keren van het kwade en berouw te tonen. Nog weer anderen bestudeerden het verhaal van de Exodus en de zwerftochten door de woestijn en zagen hoe God zich op twee manieren manifesteerde: bij de uittocht als verlossende aanwezigheid en daarna in de woestijn als een (strenge) wetgevende aanwezigheid. In de vernietigingskampen was God niet aanwezig als verlossende, maar als wetgevende aanwezigheid. Voor Berkowits werd dit het 614e gebod: 'Gij zult overleven' (*kader rechts*).

Maar voor joden als bijvoorbeeld R.J. Rubenstein viel dit allemaal in het niet bij de omvang van de ramp en Gods onvermogen om in te grijpen. Zijn conclusie was dat de joodse God van de traditie en de geschiedenis dood is. Ooit hadden mensen geloofd dat God zou ingrijpen als ze maar op de juiste wijze of met voldoende overgave tot Hem baden. 'Die God,' zei Rubenstein, 'is dood.' Maar God als het middelpunt van de vernieuwde joodse samenleving is daardoor des te belangrijker.

> 'Hun is geboden te overleven als joden, opdat het joodse volk niet ondergaat. Hun is geboden de slachtoffers van Auschwitz te gedenken, opdat hun nagedachtenis niet ondergaat. Hun is verboden te wanhopen aan de mens en deze wereld, opdat zij meewerken aan de bevrijding van de wereld van de machten van Auschwitz. Tot slot is het hun verboden te wanhopen aan de God van Israël, opdat het jodendom niet ondergaat.'
>
> ('Geloof na de holocaust')

Door God gegeven identiteit
De nazi's probeerden hun slachtoffers te ontmenselijken door hun hun kleren, haren en zelfs hun naam af te nemen – zoals de Japanners met hun gevangenen deden door hen *maruta* (houtblokken) te noemen. De Japanners noch de nazi's konden echter de unieke identiteit uitwissen die God zelf had uitgereikt.

> 'De essentie van het jodendom ligt in de wijze waarop wij de beslissende tijden en crises gezamenlijk beleven door de traditie van onze gemeenschap. De noodzaak daarvan is niet verminderd, ook al is God dood. We geloven niet langer in de God die de macht heeft om tragische onontkoombaarheden van het menselijk bestaan tegen te houden; de noodzaak om dat bestaan in religieus opzicht met anderen te delen, blijft bestaan.'

Het zal duidelijk zijn dat het verhaal van God 'na Auschwitz' niet kan doorgaan alsof er niets is gebeurd. Evenmin kan de geschiedenis van de mens worden verteld als een proces van vooruitgang, want de realiteit van vandaag de dag is anders. In het joodse verhaal van God is de godservaring niet aangetast, hoewel de overtuiging veld wint dat elk zoeken naar verklaringen tevergeefs is. Orthodoxe joden blijven een heilig leven leiden voor God ten bate van de gehele wereld en Chassidiem blijven dansen en zingen om Gods aanwezigheid te eren, zelfs in het concentratiekamp. In 1944 werd een veertienjarige jongen, Mosje, naar Mauthausen gedeporteerd. Hij was een leerling van Ben-Zion Halberstam, de grote chassidische rabbi van Bobov. Op een dag in december werd er een gevangene vermist. De andere gevangenen kregen bevel zich naakt op te stellen op de appelplaats: 'Een uur ging voorbij. Er begon zich een wit laagje rijp op de naakte lichamen te vormen, het ademhalen ging steeds moeizamer en de mensen vielen om in de sneeuw. Het aantal doden in de sneeuw groeide. De jonge Mosje probeerde zijn handen en voeten te bewegen, maar zijn lichaam gehoorzaamde niet meer aan zijn wil. Hij voelde dat ook hij langzaam begon te bevriezen en de met sneeuw bedekte aarde begon een steeds grotere aantrekkingskracht te krijgen. Plotseling ervoer hij de steun van de rabbi van Bobov en diens troostende stem klonk in zijn oren: "Val niet, mijn jonge vriend, struikel niet! Je moet overleven! Een Chassied moet zingen, een Chassied moet dansen: het is het geheim van onze overleving!" Het lied van de rabbi weerklonk in zijn hoofd, maar zijn bevroren lippen konden geen geluid produceren. Toen begonnen zijn kleurloze lippen te bewegen. Eén toon vond zijn weg naar buiten. Die werd gevolgd door een andere en nog een, losse noten aaneengeregen in de *niggoen* ('melodie') van de rabbi. Als brandende kolen schroeide het lied zijn lippen en zette zijn lichaam in vuur en vlam. Eén voet begon te bewegen, bevrijdde zich van de ketenen van de vorst. Het ijs brak en zijn ene voet begon te dansen. Ook zijn andere voet rukte zich los uit de greep van het ijs. De sneeuw kleurde rood, de afdrukken van de voetzolen bleven achter in de bevroren sneeuw. Botten, spieren en pezen begonnen te dansen op de *niggoen* van de rabbi. Mosjes hart warmde op, hete tranen stroomden over zijn gezicht terwijl hij met lichaam en ziel het lied van Bobov zong. Het strafappel was afgelopen. De lijken werden opgeruimd. Maar Mosjes rode voetstappen brandden in de witte sneeuw met de gloed van het lied van Bobow' (Eliach: p. 219 e.v.).

Mosje overleefde de holocaust en werd rabbijn in New York. Dit is niet een antwoord. Het is het besef, in elke generatie hernieuwd, dat ook dit deel van het joodse verhaal van God voor veel joden voor altijd waar blijft.

> *'Maar nu, zo zegt de Heer, uw Schepper, o Jakob, en uw Formeerder, o Israël: Vrees niet, want Ik heb u verlost, Ik heb u bij uw naam geroepen, gij zijn Mijn. Wanneer gij door het water trekt, ben Ik met u; gaat gij door rivieren, zij zullen u niet wegspoelen; als gij door vuur gaat, zult gij niet verteren en zal de vlam u niet verbranden. Want Ik, de Heer, ben uw God, de Heilige Israëls, uw Verlosser.'*
>
> (Jesaja 43:1-3)

RECHTS:

Buchenwald
'Dit is de ingang.
De woorden,
van ijzer in het hek:
JEDEM DAS SEINE.
Ieder krijgt wat hij verdient.

Het kale vale puin van de plek.
De trieste vochtige steen.
De regen.
De leegte.
Het menselijk tekort.
JEDEM DAS SEINE
JEDEM DAS SEINE
Ieder krijgt wat hij verdient...
En het zou weer kunnen gebeuren
En ze kunnen weer aan de galgen hangen
En ze kunnen schreeuwen in doodsangst zonder licht
En ze kunnen de slagen tellen die hun huid openrijten
En ze kunnen smeulen onder sigarettenpeuken
En ze kunnen lijden en de slagen verdragen
En ze kunnen verhongeren en leven voor de dood
En ze kunnen leven voor de hoop alleen
En het kan weer gebeuren
Ieder krijgt wat hij verdient...

Dit gebeurde dichtbij het hart van een wereldcultuur. Dit viel onder de hogere dingen.
Dit was een filosofische conclusie.
Iedereen krijgt wat hij verdient.
Het kale vale puin van deze plaats.
De grijze, vochtige stenen.
De regen.
De leegte.
Het menselijk tekort.'
(Bold: blz. 33-36)

DE HOLOCAUST

Christendom

Aan de basis van het christendom liggen het leven, de activiteiten, dood, opstanding en hemelvaart van Jezus. De wortels van het christendom liggen echter dieper terug in de joodse geschiedenis, omdat de christenen zichzelf zien als het volk van het Nieuwe Verbond (of Testament) ten opzichte van het Oude.

Het begon allemaal in een kleine sektarische beweging, vol vertrouwen in haar ervaring met Gods Heilige Geest en zich beroepend op de opstanding van Christus. Te beginnen met keizer Constantijn de Grote (274-337 nChr.) werd het christendom de officiële religie van het Romeinse rijk, waardoor er veel Romeinse invloeden aanwijsbaar zijn. In de vroegste Kerk sprak men van het Lichaam van Christus als metafoor voor één lichaam met verschillende ledematen onder één hoofd; vervolgens werd plaatsgemaakt voor een metafoor die aan het Romeinse leger was ontleend: een streng hiërarchisch opgebouwde structuur, met in het rooms-katholicisme de paus als hoofd van de Kerk. In sommige latere vormen van christendom werd ernaar gestreefd het democratische voorbeeld van de vroegste Kerk te behouden.

Onder de christenen heeft altijd onderlinge verdeeldheid bestaan over geloof en praktijk. Op de concilies in de eerste eeuwen werden dogma's vastgesteld. Maar in de loop van de eeuwen traden grote kerkscheuringen (schisma's) op, met name die tussen de westerse en de oosterse (of orthodoxe) christenen. Het Oosters-orthodoxe christendom bestaat vandaag de dag hoofdzakelijk uit de Griekse en Russische Kerken. Het westerse christendom scheurde door de Reformatie *(blz. 290-291)* in tweeën en de protestantse kerken zijn daarna verder verdeeld geraakt in bijvoorbeeld de lutheranen,

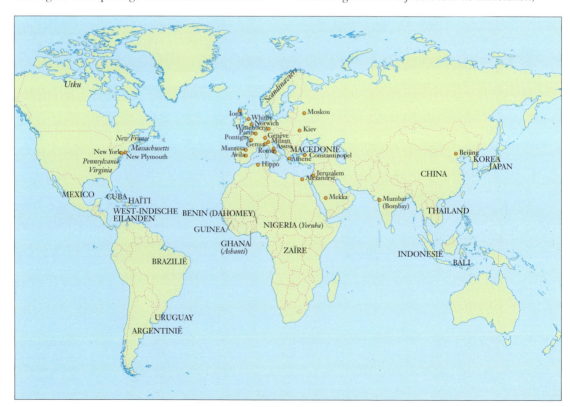

baptisten en methodisten. Kloosterorden en religieuze gemeenschappen concentreerden zich op God in het gebed. Voor de eredienst werden kerken en kathedralen gebouwd, die zich ontwikkelden tot brandpunten van architectuur, muziek en kunst. De zoektocht naar heiligheid en heilige zaken in het algemeen leidde tot bedevaarten naar heiligdommen en reliekschrijnen overal in Europa. De studie van de overleveringen uit de Oudheid leidde tot de stichting van scholen en universiteiten.

Uit de christelijke solidariteit met de minder bedeelde en hulpeloze medemens kwamen onderwijs en gezondheidszorg voort, waarbij gehoor werd gegeven aan het enige criterium dat geldig zou zijn bij het Laatste Oordeel: 'Ik zeg u, in zoverre gij dit aan één van deze mijn minste broeders hebt gedaan, hebt gij het Mij gedaan.' (Mattheüs 25:40)

CHRISTENDOM TIJDBALK

Kruisiging
De kruisiging van Jezus is meer dan een historische gebeurtenis: als symbool van de verzoening met God staat ze centraal in het leven van iedere christen; ook nu nog zoals op dit schilderij uitgebeeld (blz. 284).

400–0	Plato • Euhemerus • Aristoteles • Augustus en Vergilius
0–250	Jezus • Paulus • Voltooiing NT • Irenaeus • Athenagoras • Clemens van Alexandrië • Plotinus
250–500	Antonius en de Woestijnvaders • Arius • Athanasius • Sabellius • Concilie van Nicea • Kerkvaders uit Cappadocië: Gregorius en Basilius • Begin Hesychastisch Gebed • Augustinus • Concilie van Chalcedon • Eerste kerk van San Clemente • Ps.-Dionysius
500–750	Kathedraal van St. Denis • Benedictus • Stichting van Iona: Keltische christendom • Romanos en Kontakia • Johannes Climacus
750–1000	Iconoclastische controversen • Tweede Concilie van Nicea • Vladimir van Kiev
1000–1250	Concilie van Constantinopel: Oost/West-schisma • Suger • Bernard van Clairvaux • Dominicus • Franciscus
1250–1500	Aquino • Dante • Eckhart • Giotto • Engelse mystici • Gregorius Palamas • Hesychastische controverse • Wycliffe • Botticelli en Grünewald • Erasmus • Luther en Calvijn
1500–1750	Cranach • Theresia en Johannes van het Kruis • Ignatius en de jezuïeten • Metafysici • Puriteinen • Ricci en Valignano • Edict van Nantes • Calderon • Bradford en de Pilgrimfathers • Pascal • John Bunyan • Penn en de Quakers • Bach • Händel
1750–HEDEN	John en Charles Wesley • Rituelencontroverse • Seraphim van Sarov • Wilberforce en afschaffing van slavernij • Hegel • Wordsworth • Strauss • Kierkegaard • Dostojevski • Bonhoeffer • Procestheologie • Taizé • Bevrijdingstheologie • Eliot, Auden en Thomas • Martin Luther King

Achtergronden

De Griekse en Romeinse wereld

De School van Athene
School van Athene, *fresco van Rafaël in het Vaticaan (1509-1511). Plato, omhoog wijzend naar het Idee van het Goede, staat naast Aristoteles, die omlaag wijst naar de aarde als aanduiding van de verschijnselen van de natuur. Naast Aristoteles onder anderen Ptolemeus en Euclides. Veel van de antieke Griekse wetenschap en filosofie werd bewaard en doorgegeven door moslimgeleerden.*

Wanneer men colleges volgde aan een universiteit in het Athene van de vierde eeuw vChr. was de kans groot dat men onder een ingangspoort door liep waarboven deze spreuk was aangebracht: 'Laat niemand hier binnengaan die geen kennis heeft van wiskunde.' Door die poort kwam men in de Academie van Plato, bij wiens werk de gehele westerse filosofie slechts een voetnoot is *(blz. 317)*. Plato heeft, samen met zijn beroemdste leerling Aristoteles, een enorme invloed uitgeoefend op de drie godsdiensten van Abraham – jodendom, christendom en islam – ook al is niet bekend of Plato en Aristoteles zelf geloofden in God.

Plato geloofde in elk geval dat de ware filosoof inzicht kan verwerven in de 'Vorm van het Goede' als het hoogste studieobject. De *vorm* of *idee* van het Goede staat ver boven alle specifieke manifestaties van het Goede of het

Ware, omdat alles wat specifiek is komt en gaat en in onze ervaring is verstrengeld met veel lelijks, slechts en onwaars. Alle aardse manifestaties die wij kunnen waarnemen zijn a priori niet eeuwig of volmaakt en daarom slechts zwakke afschaduwingen van het perfect Goede, Echte en Ware.

Niettemin kunnen we schoonheid ervaren, ook te midden van alle lelijkheid in een chaotische wereld. Plato's grote leermeester Socrates was een fysiek onaantrekkelijke man, maar in hem gingen geestelijke schoonheid en diepe waarheid schuil. Het doel van het leven, ten minste voor de ware filosoof, is om te uit te stijgen boven al het lelijke en onwaarachtige tot 'de oceaan van de schoonheid'.

Zou zo'n idealistisch idee van het Goede reëel zijn? Plato geloofde er stellig in omdat het idee door alles heen standhoudt, ondanks het feit dat de toevallige manifestaties waarin wij het 'idee' waarnemen – 'in de orde van de wereld om ons heen en van de sterren boven ons' – veranderen of zelfs geheel verdwijnen. Het menselijk bestaan is hiervan een goed voorbeeld: het lichaam wordt geboren en keert terug tot stof in de dood; het verandert voortdurend en is nooit volmaakt. Toch bevindt zich in het binnenste van de mens een onveranderlijke kern die hem zijn ware identiteit en blijvende vorm geeft: dat is de menselijke ziel.

Bovenaardse waarheid, de permanente en onveranderlijke basis die achter alle dingen ligt en hun bestaansgrond vormt, trof Plato vooral aan in de wiskunde: de ene appel komt en de andere gaat, maar een appel plus nog een appel maakt altijd twee appels.

Zo bestaat volgens Plato ook het Idee van het Goede: onafhankelijk van de menselijke perceptie van de manifestaties ervan, verstrengeld als die zijn met het corrupte en het chaotische universum. Het ware object van kennis is niet het voorbijgaande object dat wij waarnemen, maar het op zichzelf bestaande 'idee' van wat het *is*, dat ons in staat stelt het 'idee' te identificeren als bijvoorbeeld een geit of een schaap. Wanneer wij niet een bepaald idee hadden van wat een schaap is, konden we er nooit voorbeelden van aanwijzen. Zo is het Idee van het Goede de bestaansgrond van het universum, maar blijft er volledig van gescheiden: de zon zorgt ervoor dat het gras groeit, maar is niet de schepper ervan.

Plato geloofde in een coördinerende en uitvoerende instantie, de 'demiurg', die in de vorm van voorbijgaande manifestaties zielen tot leven wekt die uitingen zijn van het Idee van het Goede. De demiurg is een soort spelleider die de beperkte vermogens van minderbegaafde spelers (bijvoorbeeld mensen) bestuurt om het spel tot een bevredigende uitkomst te leiden. Kan die demiurg ook God zijn? Plato bekritiseerde de conventionele oude goden van de Grieken: het pantheon van de Olympus over wie zoveel amusante maar soms ook schandalige verhalen werden verteld (blz. 206). Als God de demiurg is die het Idee van het Goede in de wereld bewerkstelligt, moet het wel een God zijn die zich afzijdig houdt van een wereld waarin de corruptie van het Goede maar al te evident zichtbaar is.

Aristoteles' geloof dat de waarheid ligt in het juiste inzicht in de natuur (*kader rechts*) voert onvermijdelijk terug naar de bron van de natuur, het Begin of *arche* van alle dingen (blz. 246). Hierin liggen de volmaakte kennis en het perfecte inzicht waaróm alle dingen zijn zoals ze zijn en waaróm ze

Aristoteles
Een van Plato's leerlingen was Aristoteles, die ondanks de grote bewondering voor zijn leermeester een andere weg insloeg. Aristoteles was het niet met Plato eens dat het volmaakt Goede en Ware zich bevindt buiten de wereld waarin wij leven. Volgens hem liggen het begin en het einde van de Waarheid in een juist inzicht in de natuur.

San Clemente
De basiliek van San Clemente bestaat uit verschillende lagen: de basis wordt gevormd door een tempel van Mithras, wiens altaar hier te zien is. Daar bovenop werd in de vierde eeuw de eerste christelijke kerk gebouwd en op de ruïnes daarvan werd in 1108 weer een nieuwe kerk opgetrokken, die in de achttiende eeuw werd herbouwd. Alle niveaus zijn voor bezoekers toegankelijk.

> 'Als God altijd in die perfecte staat is waarin wijzelf soms verkeren, wekt dit onze verwondering, en als hij in een nog betere staat verkeert, wekt dat onze verwondering des te meer. God is altijd in een betere staat. En het leven behoort ook aan God; want het actuele denken is het leven, en dat is God; en Gods essentiële toestand is het leven op zijn best en eeuwigdurend. Daarom kunnen we zeggen dat God een eeuwig levend wezen is, zodat leven en voortgang altijd en eeuwig toebehoren aan God, want dát is God.'
>
> (Metafysica 12; 1072b 12-29)

bestaan. Elk ding heeft zijn eigen karakteristieke vorm – niet het Idee van het Goede, zoals dat van Plato, dat zich buiten de waarneembare wereld bevindt, maar in de unieke vorm die elk object maakt tot wat het is. De vorm of ziel van een mes is bijvoorbeeld dat het is gemaakt van metaal en dat het een scherpe kant heeft waarmee het kan snijden. De vorm of ziel van de mens is dat hij een intelligent brein bezit en dat kan gebruiken om God te zoeken.

Aristoteles trok hieruit de conclusie dat mensen een onstilbaar diep verlangen hebben naar kennis en begrip van de eeuwige waarheid. In hun zoektocht naar de waarheid nemen mensen deel aan God, die immers het volmaakte intellect, *nous* in het Grieks, omvat. Zoeken naar God is daarom hetzelfde als zoeken naar kennis (waarheid).

Volgens Aristoteles streven alle dingen in de schepping ernaar om in een proces van voortdurende verandering een doel te bereiken dat samenvalt met hun eigen natuur. Het doel van de mens is om door middel van zijn kennis van de natuur door te dringen tot de bron en oorsprong van alle natuurlijke fenomenen – naar die pure activiteit en dat pure schepsel die de bron vormen van alle andere activiteiten en alle andere schepsels. Alle dingen in het universum hebben iets beperkts, alleen al omdat ze contingent zijn: ze bestaan, maar ze hadden ook níét kunnen bestaan. Aristoteles geloofde dat de menselijke ziel het toeval overstijgt en zelfs de dood overwint, doordat ze deel heeft aan dat volmaakte intellect *(nous)* en zuivere waarheid die God is. Dat deelhebben manifesteert zich in het denken over die waarheid, de eeuwige status van God, omdat *nous*, het zuivere intellect, *altijd* nadenkt over wat de volmaakte waarheid is *(kader links)*.

Begrijpelijke waarheid of *nous* is de eeuwige bron van alles wat er bestaat. Werelden komen en gaan, maar deze waarheid is voor altijd en eeuwig. In deze zin beschouwde Aristoteles God als de 'onbewogen Beweger' uit Wie (of Wat) alle dingen hun wezen afleiden en naar Wie (of Wat) alle mensen – als ze tenminste wijs zijn! – streven omdat zij zich immers door middel van hun intelligente brein kunnen verheffen boven de wereld van chaotische toevalligheden naar de oerbron van het bestaan. De Rede, Logos, is het hoogste kenmerk van wat door God in ons is gezaaid – de Stoïcijnen zouden later spreken van 'het zaad van de Rede' *(spermatikos logos)* – dat, als wij het maar voeden, ons via een natuurlijke weg naar ons doel zal leiden.

In de uiteenzettingen over God door Plato en Aristoteles wordt het godsbegrip niet verder uitgewerkt en het begrip 'God' wordt dan ook vaak opgevat als een soort stenogram voor het Goede en Ware. Maar in de eeuwen na hen probeerden vele andere filosofen een bevestiging te vinden van menselijke opvattingen over God met betrekking tot eredienst en gebed. De neoplatonisten, met name

ACHTERGRONDEN

HET ROMEINSE RIJK

De religieuze en filosofische wereld van het vroege Romeinse rijk was zeer gevarieerd.

✝ **FILOSOFIE**: van de verschillende filosofische scholen noemen we Sceptici, Epicuriërs, Stoïcijnen en Cynici. De Cynici (van het Griekse *kunikos*, 'hondachtig') werden zo genoemd omdat ze, net als honden, zich niet stoorden aan maatschappelijke conventies: ze wasten zich niet, kleedden zich in lompen, leefden zonder bezittingen, zagen geen verschil tussen mijn en dijn, openbaar en privédomein, rauw en gekookt voedsel.

✝ **RELIGIE**: hiertoe behoorden de mysteriegodsdiensten die beweerden het geheim te bezitten van de verlossing: vaak was hierbij sprake van een actief handelende 'verlosser', bijvoorbeeld Isis, Osiris of Mithras, die de dood overwonnen door te sterven en daarna weer op te staan.

✝ **KEIZERVERERING**: in het Romeinse rijk manifesteerde de trouw aan de keizer zich in toenemende mate door hem te beschouwen als de belichaming van alle goden die tot dan toe het succes van Rome hadden bevestigd. De dichter Vergilius (zie ook blz. 271) verwelkomde (de eerste) keizer Augustus dan ook als het begin van een glorieus Nieuw Tijdperk.

Plotinus (205-270 nChr.), brachten een soort fusie tussen Aristoteles en Plato tot stand, waarbij ze de nadruk legden op het streven naar waarheid en het ontsnappen aan het kwaad en onwetendheid, daarbij aannemend dat de volmaakte waarheid, de bron van alles wat er bestaat en het ultieme doel van de menselijke zoektocht, niet kan worden gecorrumpeerd door de smetten van deze wereld. Zij vormden zich een beeld van de Ene die absoluut transcendent is en losstaat van de wereld. Uit de Ene emaneert een hiërarchie, een keten van emanaties waaruit uiteindelijk de geschapen wereld ontstaat. Het doel van het leven is vervolgens om deze keten, of ladder, van perfectie terug te volgen totdat de mens weer uitkomt bij de Ene. De beroemde woordspeling van Plotinus hierover luidt: 'de terugkeer van het allene naar het Al-Ene'.

Veel aspecten van dit algemene inzicht zijn terug te vinden in andere gedachtesystemen. De gnostiek (van het Griekse woord *gnosis*, 'kennis') is een overkoepelende term voor een aantal gedachtesystemen die onderlinge overeenkomsten vertonen. Sommige zijn filosofisch, andere meer mythologisch van aard en in weer andere wordt gesteld dat ze geopenbaard zijn door een bijbelse figuur of door Jezus zelf. Gnostische bewegingen vanaf de eerste eeuw nChr. volgden een bepaalde leer die voor hen de sleutel vormde tot het eeuwige heil. Een sleuteltekst of leraar 'opent' voor hen de kennis of wijsheid (waarbij Sofia, Wijsheid, vaak een hoofdrol speelt; blz. 204-205), die de oprechte mens in staat stelt uit te stijgen boven deze wereld en terug te keren naar God. Net als bij de neoplatonisten bemoeide het hoogste goddelijke Wezen zich niet met de schepping of het reilen en zeilen van de wereld: dat was het werk van een lagergeplaatste demiurg, die machtig genoeg was om te scheppen, maar niet wijs genoeg om de beperkingen van zijn eigen activiteiten te zien – vandaar de onvolmaaktheid van de wereld en het menselijk leven.

In deze wereld van diverse naast elkaar bestaande religies in het vroege Romeinse rijk begon een man brieven te schrijven over een zeer bijzondere ontwikkeling in dit gevarieerde religieuze spectrum.

Augustus
De Romeinen geloofden dat de hulp van de goden onontbeerlijk was. Julius Caesar werd al wel geassocieerd met de goden, maar pas nadat Augustus (27 vChr.-14 nChr.) het keizerrijk had gegrondvest verwierven de keizers de status van echte goden. In een beroemde pastorale (herdersdicht) beschrijft Vergilius het onstilbare verlangen van de mens naar God.

DE GODSDIENSTEN VAN ABRAHAM: CHRISTENDOM

Paulus

Goed nieuws voor de wereld

> *'Laat die gezindheid bij u zijn, welke ook in Christus Jezus was, die, in de gestalte Gods zijnde, het Gode gelijk zijn niet als een roof heeft geacht, maar Zichzelf ontledigd heeft, en de gestalte van een dienstknecht heeft aangenomen, en aan de mensen gelijk geworden is. En in zijn uiterlijk als een mens bevonden, heeft Hij zich vernederd en is gehoorzaam geworden tot de dood, ja, tot de dood des kruises. Daarom heeft God Hem ook uitermate verhoogd en Hem de naam boven alle naam geschonken, opdat in de naam van Jezus zich alle knie zou buigen van hen, die in de hemel en die op de aarde en die onder de aarde zijn, en alle tong zou belijden: Jezus Christus is Heer, tot ere van God, de Vader!'*
>
> (Filippenzen 2:5 e.v.)

De bekering van Saulus
Saulus was als jood bekend met de Merkaba-mystiek waarin sprake was van visionaire ervaringen. Hijzelf geloofde rotsvast dat hij op de weg naar Damascus een visioen had gehad waarin Jezus hem direct had toegesproken.

IN DE PERIODE vlak voor of tijdens het bewind van de Romeinse keizer Nero (54-68 nChr.) schreef een man uit de gevangenis een brief aan zijn vrienden in Filippi, een Romeinse kolonie in Macedonië *(kader links)*. Die wonderlijke tekst was geschreven door Paulus, een geletterde jood, die tot het geloof was gekomen dat een man met de naam Jezus de beloofde Messias, of – in het Grieks – Christus was. Dat geloof vormde ook de reden voor zijn gevangenschap. Toen Paulus de bewuste brief schreef, was het pas twintig of dertig jaar geleden dat Jezus als een crimineel ter dood was gebracht; omdat het erop lijkt dat Paulus hier een bestaande hymne citeert. Enkele jaren na zijn gruwelijke kruisdood werd Jezus dus al zo sterk in verband gebracht met God dat de mensen meenden dat hem dezelfde lof en aanbidding toekwamen als God zelf.

Het verbazingwekkende feit doet zich voor dat men de dagelijkse naam Jezus bleef gebruiken, ook al geloofde men dat Jezus de Verlosser (Christus) én God was. Vanaf het begin van het christelijke verhaal beschouwde men Jezus niet als een mythologische figuur in een of ander gnostisch systeem *(blz. 233)* en ook niet als een gestorven en weer opgestane god uit een mysteriegodsdienst *(blz. 233)*, maar als een gewone man die had geleefd en gepredikt in Galilea, was gestorven buiten de muren van Jeruzalem en die later de naam Jezus bleef houden. Vanaf het begin was het voor een aantal mensen duidelijk dat deze gewone man God in hun midden had gebracht en wonderen had gedaan zoals zij geloofden dat alleen God kon doen, in het bijzonder genezing van alle lichamelijke en geestelijke ziekten. Nu presenteerde Paulus de veelbelovende stelling dat iedereen die was gedoopt, één werd met Christus en daardoor met hem de dood had overwonnen.

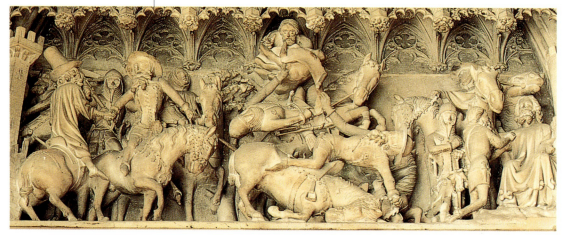

Waar Christus is, verenigd met God, daar zijn zij ook doordat ze in hem zijn opgenomen, zoals een weeskind wordt geadopteerd en weer bij een gezin mag horen *(kader rechts)*. Dit beeld van incorporatie is terug te vinden in de volgende brieven van Paulus: de Brief aan de Romeinen (16:7), de Eerste Brief aan de Corinthiërs (12:13, 15:22), de Tweede Brief aan de Corinthiërs (5:17) en de Brief aan de Filippenzen (3:8 e.v.). Het eenwordingsproces tussen Christus en de gelovigen komt even sterk naar voren in het evangelie van Johannes, maar dat is geschreven op een later tijdstip. In Romeinen 8 gaat Paulus nog verder: Jezus is de Zoon van God die naar de aarde was gestuurd om af te rekenen met de vernietigende macht van zonde en dood. Paulus herhaalt voortdurend dat de dood van Jezus aan het kruis het beslissende keerpunt was dat de wereld en alle mensen verzoend terugvoerde in een herstelde relatie met God. Wat Paulus en andere nieuwtestamentische schrijvers in hun persoonlijk leven hadden ervaren, was dat door het Kruis genezing en vergeving van zonden universeel waren geworden: iets dat gold voor de gehele wereld. Dat konden ze in vol vertrouwen uitspreken omdat ze hadden ervaren dat voor Jezus de dood niet het einde van alles was geweest: men was er vast van overtuigd dat Jezus op een bepaalde manier voortleefde na zijn dood. En zo werd deze gewone man, die te midden van hen had geleefd en was gestorven, de Ene die God naar de wereld en de wereld naar God had teruggebracht via een geheel nieuwe weg van verzoening en vriendschap.

> 'Zo is er dan nu geen veroordeling voor hen, die in Christus Jezus zijn. Want de wet van de Geest des levens heeft u in Christus Jezus vrijgemaakt, van de wet der zonde en des doods. Want wat de wet niet vermocht, omdat zij zwak was door het vlees – God heeft door zijn eigen Zoon te zenden in een vlees, aan dat der zonde gelijk …'
>
> (Romeinen 8:1-3)

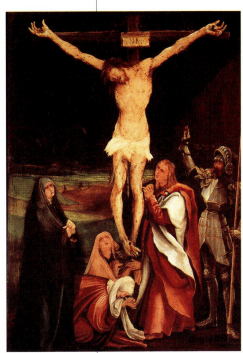

> '*Hetgeen was van den beginne, hetgeen wij gehoord hebben, hetgeen wij gezien hebben met onze (eigen) ogen, hetgeen wij aanschouwd hebben en onze handen getast hebben van het Woord des levens – het leven toch is geopenbaard en wij hebben gezien en getuigen en verkondigen u het eeuwig leven, dat bij de Vader was en aan ons geopenbaard is – hetgeen wij gezien en gehoord hebben, verkondigen wij ook u, opdat ook gij met ons gemeenschap zoudt hebben. En ónze gemeenschap is met de Vader en met zijn Zoon Jezus Christus.*'
>
> (1 Johannes 1:1-3)

Het Kruis
De kruisiging werd, zoals Paulus het onder woorden brengt, 'voor joden een aanstoot, voor heidenen een dwaasheid' (1 Corinthiërs 1:23), omdat het de doodstraf was voor een zware crimineel. Matthias Grünewald (1475-1530) verbeeldt de gruwelijke pijn van de kruisdood in dit schilderij uit 1501.

Deze inzichten zijn niet pas later ontwikkeld door theologen als Euhemerus *(blz. 154 e.v.)*, die van een eenvoudige joodse rabbi een God wilden maken. De meest verstrekkende beweringen over Jezus zijn namelijk tegelijk de meest vroege in het Nieuwe Testament. Daarom is niet verwonderlijk dat men zich begon af te vragen: wie was die Jezus en waarom stierf hij? Voor het beantwoorden van die vragen werden de evangeliën geschreven.

Jezus

Zoon van mensen, Zoon van God

Ook andere nieuwtestamentische schrijvers identificeerden Jezus zo sterk met God dat zij begrepen dat in en door Jezus God op beslissende wijze had ingegrepen in de menselijke geschiedenis.

> 'In den beginne was het Woord en het Woord was bij God en het Woord was God [...] en het woord is vlees geworden en het heeft onder ons gewoond en wij hebben zijn heerlijkheid aanschouwd, een heerlijkheid als van de eniggeborene des Vaders, vol van genade en waarheid.'
>
> (Johannes 1:1,14)

Op dezelfde manier God in Christus herkennend, schreef Paulus: 'Hij is het beeld van de onzichtbare God, de eerstgeborene der ganse schepping, want in Hem zijn alle dingen geschapen, die in de hemelen en die op de aarde zijn, de zichtbare en onzichtbare, hetzij tronen, hetzij heerschappijen, hetzij overheden, hetzij machten; alle dingen zijn door Hem geschapen en alle dingen hebben hun bestaan in Hem [...] Want het heeft de ganse volheid behaagd in Hem woning te maken, en door Hem, vrede gemaakt hebbende door het bloed zijns kruises, alle dingen weer met Zich te verzoenen' (Colossenzen 1:15-20). Deze en soortgelijke teksten *(kader rechts)* waren geschreven over een man die als een misdadiger aan een kruis was gestorven. Waarom toch?

Om die vraag te beantwoorden werden de evangeliën geschreven – ze zijn van jongere datum dan de Brieven van Paulus maar grijpen, voor een deel althans, terug op oudere overleveringen. De evangeliën zijn geen biografieën in de moderne zin van het woord. Hier en daar lijken ze qua stijl wel iets op sommige 'levensbeschrijvingen' *(bioi)* uit de antieke Griekse wereld. Het betreft verhalen over de laatste dagen van Jezus en over zijn dood (passieverhalen), voorafgegaan door beknopt weergegeven episoden over zijn leer en daden.

Drie van de evangeliën (dat van Mattheüs, Marcus en Lucas: de zogenaamde synoptische evangeliën) lijken veel op elkaar; het vierde (dat van Johannes) grijpt terug op andere overleveringen, maar het volgt hetzelfde patroon. De evangelieschrijvers gebruikten soms hetzelfde materiaal om aan te tonen waarom Jezus zo belangrijk is en waarom de wonderbaarlijke dingen die over hem werden verteld op waarheid berustten: ze worden gelegitimeerd door wat hij leerde, door wie hij was en zelfs door de manier waarop hij stierf.

Leven en werk van Jezus werden bepaald door zijn overtuiging dat

---

RECHTS:

Christus en de melaatse
'De genezing van de melaatse' (Mattheüs 8:1-4); Siciliaans mozaïek uit de twaalfde/dertiende eeuw. De angst voor melaatsheid (of lepra) is ook een thema in het leven van St. Franciscus (blz. 264).

> 'Gezegend zij de God en Vader van onze Heer Jezus Christus, die ons met allerlei geestelijke zegen in de hemelse gewesten gezegend heeft in Christus, Hij heeft ons immers in Hem uitverkoren vóór de grondlegging der wereld, opdat wij onberispelijk zouden zijn voor zijn aangezicht. In liefde heeft Hij ons tevoren ertoe bestemd als zonen van Hem te worden aangenomen door Jezus Christus, naar het welbehagen van zijn wil, tot lof van de heerlijkheid zijner genade waarmee Hij ons begenadigd heeft in zijn Geliefde.'
>
> (Efeziërs 1:3-6)

> 'Nadat God eertijds vele malen en op vele wijzen tot de vaderen gesproken had in de profeten, heeft Hij nu in het laatst der dagen tot ons gesproken in de Zoon, die Hij gesteld heeft tot erfgenaam van alle dingen, door wie Hij ook de wereld geschapen heeft. Deze, de afstraling zijner heerlijkheid en de afdruk van zijn wezen, die alle dingen draagt door het woord zijner kracht [...]'
>
> (Hebreeën 1:1-3)

DE GODSDIENSTEN VAN ABRAHAM: CHRISTENDOM

Jezus en Kajafas
Byzantijnse boekillustratie: Jezus staat voor de hogepriester, de hoogste joodse autoriteit in zijn tijd. Dit was geen rechtszaak, maar een ondervraging om erachter te komen of hij die autoriteit aanvaardde, of dat hij van plan was de Tempel te blijven 'aanvallen'.

God, die hij aansprak als Vader (*Abba* in het Aramees: geen informeel woord zoals pappa, maar een liefderijke term vol respect), in de wereld aanwezig en werkzaam was door hém. Deze overtuiging werd op de proef gesteld in de 'verzoekingen' (Mattheüs 4:1-11; Lucas 4:1-13) en bevestigd in zijn doop door Johannes (Mattheüs 3:13-17; Marcus 1:9, 11; Lucas 3:21 e.v.; Johannes 1:32-34). Hij predikte voortdurend dat de kracht van God (het Koninkrijk van God of de Hemel) een realiteit is, ook in het hier en nu. Hij voorzag daarnaast de vervulling ervan in de toekomst, dus predikte hij over het Koninkrijk in termen van het heden en van de toekomst.

Het Koninkrijk zoals Jezus dat leerde, vraagt een volledige omkering van gangbare verhoudingen en verwelkomt alle mensen als kind van God, vooral de armen en behoeftigen. Gevraagd naar het belangrijkste gebod in de Tora *(blz. 200)* antwoordde Jezus: 'Gij zult de Heer, uw God, liefhebben met geheel uw hart en met geheel uw ziel en met geheel uw verstand en uw naaste als uzelf' (Mattheüs 22:34-38; Marcus 12:28-31; Lucas 10:25-28). Op de vraag 'en wie ís mijn naaste?' gaf Jezus een wijsgerig antwoord met eruit voortvloeiende consequenties voor degene die deze vraag had gesteld (Lucas 10:29-37).

De betekenis van het Koninkrijk werd niet alleen verkondigd, maar ook in praktijk gebracht, bijvoorbeeld door de genezing van zieken en vergeving van hen die vervreemd waren geraakt van God en van elkaar. Voor de personen die hiervan getuige waren, was het zonneklaar dat de kracht (in het Grieks *dunamis*, zoals in dynamisch of dynamiet) van God werkzaam was in de wereld. Maar hoe was dat mogelijk, omdat Jezus toch een gewoon mens was als zijzelf *(kader rechtsboven)*. Het antwoord op die vraag (de drie Griekse woorden *pothen touto tauta*, letterlijk 'vanwaar aan deze man deze dingen?') is het uitgangspunt geworden van het christendom. Jezus had gezegd dat de 'woorden en werken van kracht' niet van hemzelf kwamen, maar van God. Hij noemde zichzelf heel eenvoudig Mensenzoon *(kader onderaan)*. Hier was sprake van een totaal andere en nieuwe leer. Maar bevatte het ook waarheid? Volgens het bijbelboek Deuteronomium (17:8-13) konden geschillen alleen worden beslecht door de hoogste autoriteit: tijdens Jezus' leven was dat de hogepriester te Jeruzalem. Daarom moest Jezus wel terugkeren naar

DE MENSENZOON

Wat bedoelde Jezus toen hij zichzelf zo noemde?

Deze benaming was geen titel. Jezus wilde er alleen mee zeggen dat hij in alle opzichten menselijk was. In de toenmalige bijbel (het 'Oude Testament') heeft het woord twee betekenissen: in de Psalmen en het boek Job betekent het 'een mens', iemand die sterfelijk is. Maar in Daniël 7 slaat de term 'mensenzoon' op de gelovige die na de vervolging door God is gerehabiliteerd, over de dood heen. Door zichzelf Mensenzoon te noemen bedoelde Jezus dat hij met al zijn machtige woorden en daden geen bijzondere creatie van God was, maar gewoon sterfelijk mens, die echter na zijn dood door God zou worden gerechtvaardigd.

Jeruzalem: in alle evangeliën staat hier het sterkst mogelijke Griekse woord (*dei*, 'het is noodzakelijk') geschreven voor Jezus' overtuiging dat de Mensenzoon moest lijden. Mattheüs (16:21) voegt er nog aan toe dat hij naar Jeruzalem 'moet' (*dei*) gaan om deze dingen te laten geschieden. In Jeruzalem aangekomen werd Jezus over verschillende belangrijke theologische vraagstukken aan de tand gevoeld, totdat hij uiteindelijk voor de hogepriester werd gebracht – niet voor een officiële rechtszaak, maar meer een soort gerechtelijk vooronderzoek. Het betrof een ernstige zaak, want in het bijbelboek Deuteronomium (17:12 e.v.) staat dat ieder die het oordeel van de hoogste autoriteit c.q. de hogepriester niet aanvaardde, ter dood moest worden gebracht. Op de beschuldiging van laster over de Tempel (Mattheüs 26:61; Marcus 14:58) zweeg Jezus. Men daagde hem uit, maar weer zweeg Jezus in alle talen (Mattheüs 26:67; Marcus 14:65; Lucas 22:63-65) en om die reden werd hij aan de Romeinen uitgeleverd om te worden terechtgesteld.

De kruisiging bewees Jezus' uitspraak dat hij de Mensenzoon was, die moest sterven als alle andere mensen. Maar hoe zat het dan met die andere bijbelse betekenis van het woord in het bijbelboek Daniël: de Mensenzoon (*kader links*) die de dood overwon? Aan het kruis leek dat onmogelijk omdat hij schreeuwde: 'Mijn God, mijn God, waarom hebt gij mij verlaten?' (Mattheüs 27:46; Marcus 15:34).

En toch, op de ochtend van de derde dag na zijn kruisdood, raakten zijn volgelingen – de vrouwen als eersten – ervan overtuigd dat hij nog leefde. De verhalen die zij daarna vertelden over hun ontmoetingen met hem tonen duidelijk de chaos en totale verwarring die bij hen waren opgeroepen. Zij wisten immers dat hij was gestorven en toch wisten ze met dezelfde zekerheid dat hij werkelijk leefde. Dat leek zo absurd en onwaarschijnlijk dat zij hem in eerste instantie niet herkenden, of hun ogen niet konden geloven. De man die naar de vissende discipelen toe kwam terwijl ze hun netten uitwierpen op het meer van Tiberias (Johannes 21), of een eindje met hen meewandelde (Lucas 24), was onmiskenbaar Jezus. Toch was de vorm waarin hij aan hen verscheen niet precies die van een gewoon menselijk lichaam: het was de eerste blik op een nieuw domein van leven na de dood, waar Jezus hen en anderen een voorbeeld van gaf. Daarom beschreef Paulus christenen als mensen die reeds gestorven zijn: 'Want gij zijt gestorven en uw leven is verborgen met Christus in God' (Colossenzen 3:3). Christenen zijn mensen die nu al leven aan gene zijde van de dood en daarom moeten zij volgens Christus een leven leiden met een soort onbekommerde generositeit ten opzichte van hun medemensen: 'Maakt u dan niet bezorgd tegen de dag van morgen' (Mattheüs 6:34). Via het symbolische rituele van de doop worden zij ingelijfd bij het opgestane lichaam van Christus en via de eucharistie/het avondmaal (het gebod van Christus bij zijn laatste avondmaal aan de discipelen om het brood als zijn lichaam en de wijn als zijn bloed – het symbool van het Nieuwe Verbond – op te vatten) staan zij in verbinding met Christus, wiens leven hierdoor ook dat van hen wordt.

> 'Zij zeiden: "Waar heeft Hij deze dingen vandaan en wat is dat voor een wijsheid, die Hem gegeven is? En zulke krachten als door zijn handen geschieden? Is dit niet de timmerman, de zoon van Maria, en de broeder van Jakobus, en Jozef en Judas en Simon? En behoren zijn zusters hier niet bij ons?"'
>
> (Marcus 6:2 e.v.)

Jezus veroordeeld
Om zijn stilzwijgende weigering het gezag van de Tempel te aanvaarden moest Jezus volgens Deuteronomium ter dood worden gebracht. Er was geen verdere bewijslast nodig (Marcus 14:63) nadat Jezus de Hogepriester had toegevoegd dat hij 'de Messias, de zoon van de Gezegende' was. Hij bedoelde het echter anders dan de Hogepriester dacht: alleen in de betekenis van Mensenzoon (Mattheüs 26:64; Marcus 14:62).

Het Nieuwe Testament

Een Verbond met alle volken

PAULUS IS ONVERMOEIBAAR bezig geweest om zijn visie van Gods werkzaamheid door Christus in de omringende landstreken bekendheid te geven. Toen hij eens in Athene predikte, vroegen enkele Epicuristen en Stoïcijnse filosofen *(blz. 233 en bijschrift links)* hem: 'Zouden wij dan ook mogen vernemen wat dat voor een nieuwe leer is, waarvan gij spreekt?' (Handelingen 17:19). Voor deze filosofen bevatte de boodschap misschien een niet eerder gehoorde klank – de nieuwtestamentische schrijvers drukten hun ideeën zelden uit in filosofische termen maar ze was niet nieuw voor het joodse volk. De God van het Nieuwe Testament is fundamenteel dezelfde als die van het Oude Verbond. Daarom werden de joden geacht een heilig leven te leiden voor God *(blz. 188-189)*, met de wet van de Tora als hun gids en toeverlaat. De nieuwtestamentische schrijvers geloofden dat God dit verbond nu had uitgebreid en dat op basis van alleen het geloof ook niet-joden (heidenen) er voortaan deel van konden uitmaken: de oproep om een heilig leven te leiden bleef gehandhaafd, maar de wet speelde niet langer een hoofdrol.

Het beeld van God in het Nieuwe Testament lijkt daarom veel op dat in de joodse Heilige Schrift (het Oude Testament). God is trouw, wijs en waarachtig; God is genadig en rechtvaardig. Zelfs wanneer hij vertoornd is, blijft hij de God van vrede, hoop, troost en liefde. Bovenal wil God de wereld genezing en verzoening brengen. Ook in het Nieuwe Testament wordt nooit in twijfel getrokken dat er slechts één waarachtige God is *(blz. 178-179)*. Andere zogenaamde goden zijn dwaze en gevaarlijke verzinsels: voedsel gebruiken dat is geofferd aan afgoden staat gelijk aan het innemen van vergif. En toch wordt Jezus aan hem gerelateerd zonder iets af te doen aan die absolute almacht en het volstrekt unieke karakter van God. Bijzonder opvallend is de manier waarop de nieuwtestamentische schrijvers de joodse bijbel toepasten op Jezus, door hem te zien als de vervulling van Gods bedoelingen vanaf het begin van de schepping en ook als de vervulling van bepaalde bijbelteksten, soms zonder enige referentie aan de oorspronkelijke bedoeling ervan. Zo citeert bijvoorbeeld Mattheüs (1:23) een tekst die eigenlijk sloeg op de geboorte van een koningskind en in het Hebreeuws geen enkele connotatie had met een maagdelijke conceptie; in Mattheüs 2:15 wordt een passage geciteerd uit het bijbelboek Hosea die oorspronkelijk verwees naar de uittocht uit Egypte. Maar het punt is niet of de nieuwtestamentische schrijvers hun eigen verklaring gaven voor sommige oude teksten, maar meer dat zij op deze manier konden benadrukken hoe Jezus in zijn leven, dood en opstanding de continuïteit en vervulling belichaamde van Gods plan in de bijbelse periode *(kader rechts)*.

Paulus in Athene
Glas-in-loodraam met een afbeelding van Paulus die predikt in Athene (Handelingen 17:22-34). *'Hij sprak: Mannen van Athene, ik zie voor mijn ogen dat u in elk opzicht buitengewoon religieus bent. Want toen ik door de stad liep en goed naar uw tempels en beelden keek, zag ik een altaar met de inscriptie: "Voor een onbekende god". Wat gij dan, zonder het te kennen, vereert, dat verkondig ik u.'*

Maar hoe kon Jezus tegelijkertijd zo nauw verbonden met God en toch zo ondubbelzinnig menselijk zijn? In het door Jezus zelf gebruikte beeld van hun relatie als die van Vader en Zoon kwam het dynamische karakter ervan tot uiting. Het Nieuwe Testament borduurt voort op het bijbelse beeld van Gods aanwezigheid in de mens als Heilige Geest. Het woord 'geest' betekende oorspronkelijk 'adem' en werd de standaarduitdrukking voor de wijze waarop God de Heilige Geest 'uitademt' en op die manier mensen, bijvoorbeeld de profeten, inspireert (het Latijnse *inspiro* betekent 'ik blaas/adem in'). Terwijl de joden geloofden dat God zijn Heilige Geest had teruggetrokken als onderdeel van de straf van de ballingsschap, geloofden de christenen dat de Heilige Geest aanwezig was in het leven van Jezus en hun eigen leven inspireerde en beïnvloedde door de gaven van liefde, vreugde, vrede, geduld, vriendelijkheid, goedheid, trouw, zachtmoedigheid en zelfbeheersing (Galaten 5:22). Bij dit alles bleven er twee uiterst belangrijke vragen over.

❖ Hoe kunnen de goddelijke en de menselijke natuur gecombineerd zijn in de ene persoon van Jezus? Dit is de belangrijkste vraag van de christologie.

❖ Hoe kan God absoluut en uniek de Ene zijn en toch bestaan uit Vader, Zoon en Heilige Geest? Dit is het vraagstuk van de Triniteit of Drie-eenheid, of beter: van wat er over de innerlijke natuur van God kan worden gezegd dat tevens recht doet aan Jezus en de Heilige Geest zoals die zich in het Nieuwe Testament manifesteren.

Dit zijn de grote vragen voor de toekomst. Van meet af aan was het veel meer de persoon van Christus zelf dan zijn leer, waardoor het christendom zo'n totaal nieuwe weg insloeg in het verhaal van God. Sterker nog: het blijft de reden waarom christenen God kunnen benaderen in en door de opgestane en ten hemel gevaren Christus, zoals het volgende gebed duidelijk maakt:

> *'Jezus, laat al wat u bent, in mij overvloeien. Laat uw lichaam en bloed mij verenigen met u, laat uw lijden en dood mijn kracht en leven zijn. Jezus, met u aan mijn zijde is er genoeg gegeven. Moge ik mijn toevlaat zoeken in de schaduw van uw kruis. Laat mij niet weglopen van de liefde die u mij aanbiedt, maar bewaar mij voor de machten van het kwaad. Laat uw licht en liefde over mij schijnen in het uur van mijn dood. Blijf mij roepen tot uw dag komt, dat ik u met uw heiligen, voor altijd uw lof mag zingen.'*

'Als in geen andere figuur in de joodse mythologie of geschiedenis vonden zijn volgelingen in Jezus de volmaakte vereniging van alle ideale eigenschappen van een collectief lichaam van personen in de juiste verhouding met God; en wanneer Paulus spreekt van de Kerk als het lichaam van Christus (of als "een lichaam", want belichaamd door Christus, blz. 235) is dat ten dele omdat hij in Christus alles zag wat het volk van God bedoeld was te zijn.'
(Moule 1977: 131)

Tijdens het Laatste Avondmaal met zijn leerlingen beloofde Jezus dat hij ook na zijn dood nog bij hen zou zijn, 'zelfs tot aan het einde van de wereld'. Deze belofte wordt elke keer vervuld, overal waar zijn volgelingen zich met hem verenigen in zijn lichaam en zijn vlees en bloed ontvangen als teken van een volledig Nieuw Verbond met God.

De persoon van Christus

Wat is de relatie van Jezus met God?

Incarnatie
De incarnatie (Latijn: in carne, 'in het vlees/lichaam') betekent dat Jezus is geboren op een bepaald moment in de geschiedenis in een bepaalde familie, maar de effecten van zijn leven, dood en opstanding zijn geldig voor alle mensen van alle tijden. Het verhaal van Jezus kan prima worden aangepast aan plaatselijke omstandigheden, zoals op dit Chinese schilderij. De waarheid van het verhaal behoudt altijd haar universele karakter.

ONGEVEER IN HET jaar 318 nChr. riep Alexander, bisschop van Alexandrië, zijn geestelijken bijeen en onderrichte hen over God, of preciezer gezegd, over de Eenheid in de Drie-eenheid waarin alle drie goddelijke Personen evenzeer God zijn. Een ouderling onder zijn toehoorders was het zo hartgrondig met hem oneens dat hij opsprong en riep:

> *'Als we zeggen dat Jezus de Zoon van de Vader is, zeggen we dus dat hij op een bepaald tijdstip tot leven is gewekt [verwekt], waaruit volgt dat er een tijd was dat hij niet bestond [en dus niet gelijk is aan God].'*
>
> (Socrates, 1891: 1:5)

Die ouderling was Arius, de grondlegger van het Arianisme. Zijn opvatting dat de Zoon niet eeuwig één was geweest met God kan worden samengevat in de Griekse zin: *en pote hote ouk en*, 'er was een tijd dat hij niet was'.

Dit lijkt een staaltje haarkloverij uit een ver verleden, maar in feite begon hiermee een groot conflict waarvan de gevolgen het christelijke godsbeeld tot nu toe hebben bepaald. Vanaf het begin moesten de christenen een verklaring geven voor het feit dat Jezus duidelijk een gewoon mens was geweest en toch door zijn eigen persoon de kracht en werking in de wereld had gebracht van God, die hij *Abba*, Vader, noemde. Hij stond dus los van God en bracht toch God in en door hemzelf tot leven. Hoe kon de natuur van God verenigd zijn met de menselijke natuur in de persoon van Jezus Christus en wel op zo'n manier dat enerzijds God niet werd bezoedeld of ingeperkt (zoals een geest die in een fles wordt gestopt) en anderzijds het menszijn van Jezus niet werd overweldigd (zoals water stroomt over uitgedroogd land)?

Alle verschillende opvattingen *(kader rechts)* over de betekenis van Jezus hadden gemeenschappelijk dat het absoluut onmogelijk is om God te verbinden aan het menselijk leven en lichaam. In de moderne visie gaat men er eerder van uit dat God waarschijnlijk niet bestaat en dat de stelling dat Jezus op unieke wijze aan God gerelateerd was, moet zijn ontstaan uit de adoratie van zijn vroege aanhangers die hem na zijn dood de hoogst mogelijke eer wilden bewijzen, als een soort postuum toegekende eremedaille.

Het zoeken naar de beste (of minst inadequate) formulering van de relatie van God tot Jezus gaat door tot op de dag van heden. De uitdaging ligt hierin dat alle opvattingen die in het kader onderaan worden vermeld, juist zijn. Ze zijn echter slechts juist tot op zekere hoogte, dat wordt uitgedrukt door het herhaalde 'en toch...' Jezus vertoonde veel kenmerken waardoor ook mensen aan God gerelateerd konden zijn en toch was hij cruciaal anders. Het woord 'cruciaal' dient hier letterlijk te worden opgevat. Het komt van het Latijnse woord *crux*, 'kruis': Jezus was gestorven aan een kruis en toch leefde hij. Door die fenomenale gebeurtenis was voor anderen de weg van de dood naar het leven geopend: 'En indien de Geest van Hem, die Jezus uit de doden heeft opgewekt, in u woont, dan zal Hij, die Christus Jezus uit de doden opgewekt heeft, ook uw sterfelijke lichamen levend maken door zijn Geest, die in u woont' (Romeinen 8:11). Dat kon niet worden gedaan door een menselijke persoon, hoe begenadigd ook. Dat kon alleen God zelf doen en niet op afstand, zoals een voetbaltrainer die vanaf de bank zijn spelers regisseert door te roepen en gebaren te maken. Het kon alleen worden gedaan (en na de opstanding twijfelde niemand van de christenen daar nog aan) door een God die zelf actief optrad in het spel en zijn invloed daadwerkelijk liet gelden. Dit nu leek volstrekt onmogelijk, want hoe kon God ooit betrokken raken bij het leven en de dood van mensen zonder daardoor zelf minder God te worden? Dat was de sleutelvraag die Arius naar voren bracht.

Het Kruis
Dit Afrikaanse crucifix uit Zaïre drukt de pijn en het lijden van de kruisiging even beeldend uit als de schilder Grünewald (blz. 235); echter in een Afrikaanse en geen middeleeuws Europese symbolische beeldentaal.

Wie was Jezus?

Vanaf de vroegste perioden van het christendom zijn er vele antwoorden gegeven op de vraag hoe God één had kunnen worden met een gewoon mens in de persoon van Christus. Sommige antwoorden vinden we al in het Nieuwe Testament zelf. Misschien was Jezus:

✝ **EEN PROFEET**: in bepaalde opzichten sprak en handelde Jezus als een profeet, zoals tijdens het Laatste Avondmaal. Hij zei toen over het brood en de wijn: 'Dit ben ik en dit is het teken van het Nieuwe Verbond.' En toch was hij veel meer dan een profeet en geen profeet had ooit eerder beloofd ook na zijn dood bij zijn volgelingen te zullen zijn.

✝ **DE WIJSHEID (LOGOS) VAN GOD**: Jezus werd in elk geval beschreven als verbonden met God op dezelfde manier als de bijbel Wijsheid relateert aan God (*blz. 204-205*), vooral bij het scheppingsproces. En toch ging de menselijke natuur van Jezus veel verder dan de betekenis van Wijsheid zoals die tot dan toe was opgevat.

✝ **EEN 'NEW AGE'-FILOSOOF**: hij mag dan misschien lijken op een soort filosoof die het aanbreken van het 'New Age'-tijdperk aankondigt. En toch waren zijn woorden en daden van een totaal andere orde.

✝ **EEN MESSIAS** (*blz. 203*): veel van zijn woorden en daden suggereerden dat hij de Messias was. En toch vertoonde hij niet alle kenmerken van een messias. Bovendien leed en stierf een messias niet zoals hij had gedaan.

✝ **EEN ENGEL**: hij leek op de engelen die komen van God. En toch was hij een nog veel sterkere boodschapper (*Hebreeën 1; blz. 236*): 'zelfs de engelen begeren [in deze dingen] een blik te slaan' (*1 Petrus 1:12*).

✝ **EEN GNOSTISCHE BEMIDDELAAR** (*blz. 233*): de gnostici zagen hem als een leraar die het geheim van God onthulde. En toch had hij door zijn aardse leven in Palestina Gods aanwezigheid op aarde tot een realiteit gemaakt die de gnostici nooit voor mogelijk hadden gehouden.

✝ **EEN BEGENADIGD LERAAR EN HEELMEESTER**: mogelijk werd hij door God gesteund en als zijn Zoon geadopteerd; vandaar de woorden: 'Gij zijt mijn Zoon, mijn Geliefde, in u heb ik mijn welbehagen' (*Marcus 1:11*). Het is duidelijk dat Jezus een speciale band had met God. En toch is er geen bewijs dat hij een relatie met God aanging die nog niet eerder had bestaan.

Jezus en God

Eén met de Vader

De Verloren Zoon
In Lucas 15:11-32 wordt een van de beroemdste verhalen van Jezus naverteld, dat de kern van het christelijke godsbeeld bevat: de onvoorwaardelijke liefde van God voor eenieder die heeft gezondigd maar berouw heeft en smeekt om te mogen terugkomen: een ultieme vorm van liefde, belichaamd in Christus. Dit beeld van de Franse beeldhouwer Auguste Rodin (1840-1917) toont de Verloren Zoon op het moment dat hij tot inkeer komt en beseft dat zijn vader hem met open armen zal ontvangen (kader rechts).

TIJDENS HET BEWIND van de Romeinse keizer Trajanus (98-117 nChr.) stuurde Plinius, een van zijn gouverneurs, de keizer een brief met de vraag wat hij moest doen met een sektarische groep afvalligen die zich christenen noemden. Sommigen van hen waren, indien daartoe gedwongen, wel bereid de keizer te aanbidden en Christus af te zweren, maar anderen hielden koppig vast aan hun overtuiging: moest hij die laten terechtstellen? Hun enige misdaad was, volgens Plinius, dat ze 'gewoon waren op een bepaalde dag 's morgens vroeg voor zonsopgang bij elkaar te komen en lofliederen te zingen voor Christus, die zij als een waarachtige God beschouwden' (Brief 96). Alle uitspraken waarin Christus werd gekarakteriseerd als lagergeplaatst dan God, bijvoorbeeld die van Arius *(blz. 242)*, deden in hun ogen geen recht aan de feiten. Bij de vroegste christenen kon er maar één ding over Jezus worden gezegd, namelijk dat hij 'God uit God, licht uit licht, waarachtig God uit waarachtig God' was. Dit is de zogenaamde belijdenis van Nicea (hoewel de uiteindelijke formulering hiervan dateert van een later gehouden concilie).

De ideeën van Arius en anderen die hadden geprobeerd *(blz. 234)* Jezus met God in verband te brengen, leken geen recht te doen aan de persoon en de gebeurtenissen die de ware oorsprong van de Kerk vormden. Het was niet voldoende om te zeggen dat Jezus God was in een aantal dingen die hij had gedaan en gezegd, of dat hij in zijn eigen natuur tot God werd – in het Grieks van die tijd verwoord als *homoi-ousios* (van een gelijksoortige natuur of substantie). Jezus had gedaan wat alléén God kan doen: hij had mensen van het kwade naar het goede geleid (van zonde naar verlossing) en door de dood heen naar een nieuw en eeuwig leven. Dat kon Jezus onmogelijk hebben gedaan, zo was men van mening, zonder van dezelfde natuur of substantie (*homoi-ousios*) te zijn als God: de belijdenis van Nicea vervolgt daarom ook met: '[...] geboren, niet gemaakt, één in wezen (*homo-ousios*) met de Vader, door wie alle dingen gemaakt zijn'. De beide Griekse woorden *homoi-ousios* en *homo-ousios*, die maar één letter verschillen, verwijzen naar de storm die er woedde rondom Arius. Het lijkt absurd dat men toentertijd hierover struikelde – zodat, zoals de historicus Gibbon (1737-1794) later spottend zou zeggen, 'goddelozen van alle tijden zich later vrolijk zouden maken over de fanatieke strijd die was opgewekt door het verschil in betekenis van twee woorden die maar één klinkertje verschilden'.

In feite draait de gehele ontwikkeling van het christelijke godsbeeld echter om deze kwestie. Jezus leefde en handelde niet min of meer als God door zijn betrokkenheid bij het menselijk lijden: het feit dát hij betrokken was bij dat lijden moest wel betekenen dat het God zelf moest zijn die werkte in conjunctie met de menselijke natuur van Jezus. Jezus wérd niet God, maar de Ene die op unieke wijze was geïntegreerd in de menselijke natuur van Jezus was altijd al God geweest en bestond ook vóór zijn manifestatie, of incarnatie, in de persoon van Christus.

Alleen wanneer dat het geval was, kon Jezus mensen redden zoáls hij deed. In de woorden van Athanasius (ca. 296-373), de belangrijkste tegenstander van Arius, werd God mens opdat de mens God kon worden: een drenkeling kan niet worden gered door aanmoedigingen vanaf de kant, maar alleen door iemand die zijn noodsituatie begrijpt, die daarin meegaat en die voor hem doet wat hij zelf niet kan. Daarom vervolgt het credo: 'Voor ons en voor onze verlossing daalde hij af uit de hemel; door de kracht van de Heilige Geest werd hij geboren uit de Maagd Maria, en werd hij mens.' Alle mensen die begrijpen waar het om gaat en beseffen wat Jezus voor hen heeft gedaan, knielen uit dankbaarheid voor hem neer (*zie ook het vroege loflied; blz. 234*), zoals de Wijzen uit het Oosten in aanbidding en liefde waren neergeknield in de stal te Bethlehem.

Via de grote thema's van verlossing en verzoening waren de vroege christenen tot het inzicht gekomen dat Jezus op een unieke manier én God én mens was. Bij de vele speculaties over waardoor mensen kunnen worden geïnspireerd of bezeten door God, had men aan déze mogelijkheid nog nooit gedacht, laat staan haar onder woorden gebracht. De christenen namen de zware taak op zich om ook aan anderen uit te leggen hoe deze unieke vereniging van het menselijke en het goddelijke in één persoon had kunnen plaatsvinden.

Tot op zekere hoogte is dat tegenwoordig minder moeilijk dan toen. Wij weten nu beter dat informatie functioneert als een regulerende en beslissende factor in alle menselijke gedrag, inclusief taal en activiteiten. In alle duidelijkheid: men kan stellen dat God in het geloof van Jezus een onvergankelijke bron van informatie vormde, die functioneerde zonder daarbij afbreuk te doen aan de zuiver menselijke natuur van Jezus. In zijn Brief aan de Hebreeën (4:15) zegt Paulus het eenvoudiger, namelijk dat Jezus in verzoeking is gebracht op dezelfde manier als mensen in verzoeking worden gebracht, maar met het fundamentele verschil dat hij niet zondigde. Dat levert een fraaie paradox op: God is tegelijkertijd aanwezig én afwezig, zowel *in* de persoon van Jezus als *buiten* hem; hij wordt door hem aangesproken als Vader en steunt hem als de Heilige Geest. Hoe is het mogelijk dat God leefde, leed en stierf in een klein hoekje van Palestina: Hij, de onvoorstelbaar grote Heerser over de kosmos? Uit het antwoord op deze vraag ontstond geleidelijk aan het inzicht in God als Drie-eenheid.

> 'Toen kwam hij tot zichzelf en zei: Hoeveel dagloners van mijn vader hebben brood in overvloed en ik kom hier om van de honger. Ik zal opstaan en naar mijn vader gaan en tot hem zeggen: "Vader, ik heb gezondigd tegen de hemel en voor u, ik ben niet meer waard uw zoon te heten; stel mij gelijk met uw dagloners." En hij stond op en keerde naar zijn vader terug. En toen hij nog veraf was, zag zijn vader hem en werd met ontferming bewogen. En hij liep hem tegemoet, viel hem om de hals en kuste hem. En de zoon zei tot hem: "Vader, ik heb gezondigd tegen de hemel en voor u, ik ben niet meer waard uw zoon te heten." Maar de vader zei tot zijn slaven: "Breng vlug het beste kleed hier en trek het hem aan [...] en haal het gemeste kalf en slacht het, en laten wij een feestmaal hebben, want mijn zoon hier was dood en is weer levend geworden, hij was verloren en is gevonden." En zij begonnen feest te vieren.'
>
> (Lucas 15:11-32)

Drie in Een

De Heilige Drie-eenheid

> **De Heilige Drie-eenheid**
> *God ligt ver buiten het bereik van de menselijke taal. Niettemin heeft de manier waarop hij zich laat kennen als schepper, verzoener en onderhouder geleid tot alle conventionele afbeeldingen van God in bijbelse termen als Vader, Verlosser en Heilige Geest (de Duif). De drievoudige natuur van God is de zogenaamde Immanente Triniteit en de wijze waarop deze kenbaar wordt in het proces van zelfopenbaring noemt men de Economische (van het Griekse woord oikonomia) Triniteit.*

DIT VROEGCHRISTELIJKE GODSBEELD ontwikkelde zich onder de druk die werd uitgeoefend door twee paradoxale tegenstellingen. Aan de ene kant kende men de evidente en absolute waarheid dat God Eén moest zijn om waarachtig God te kunnen zijn. God kan niet worden vergeleken met een raad van goden zoals die resideert op de berg Olympus *(blz. 206)*. Dit fundamentele uitgangspunt van de Sjema *(blz. 178)*, een erfenis van het jodendom, werd al snel uitgebreid door toenemende contacten met de Griekse filosofie. Vanuit dat perspectief moet God de ene bron en oorsprong zijn van alle dingen, de enig almachtig Heer van de schepping: God is de Monarch (Grieks: monos = 'enig', 'alleen'; arche = 'bron', 'oorsprong', 'heerser').

Aan de andere kant kende men de even onwankelbare zekerheid dat God op unieke wijze aanwezig was in Christus, wiens leven op aarde was

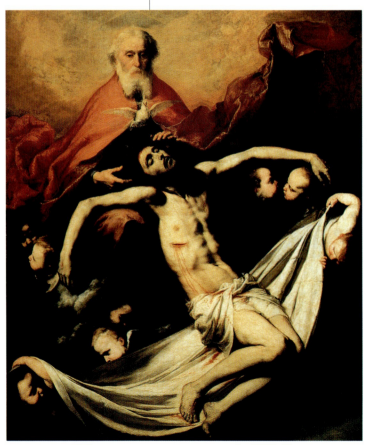

geïnitieerd en vervolgens gereguleerd door de Heilige Geest. Hoe kan God Monarch zijn en blijven, daarnaast aanwezig zijn in Christus en ook nog de Ene zijn die de mensen – inclusief Christus als gewoon mens – in de wereld instandhoudt? De vraag drong zich op: hoe zijn deze 'manieren' van God-zijn aan elkaar gerelateerd? Onmiddellijk aansluitend op de nieuwtestamentische periode werden bepaalde dogma's op schrift gesteld *(kader rechts)*, maar al snel werd één woord in die vraag het antwoord erop: Christus en de Heilige geest zijn *manieren* waarop God werkt in de wereld. Een ander woord voor 'manier' is het Latijnse *modus* en vandaar deze beschrijving van de manier waarop God werkt: 'modalistisch monarchisme'. Sabellius gaf hiervoor het beeld van de zon: de drievoudige wijze waarop God handelt, is vergelijkbaar met de zon die een apart object is en daarnaast zowel warmte als licht uitstraalt. Toch was dit antwoord ontoereikend, want wat mensen in de geschiedenis van God hadden ervaren en over hem hadden opgetekend, waren niet de effecten van een God die zelf 'buiten beeld' blijft, maar een God die daadwerkelijk aanwezig is en actief de hoofdrol speelt. Hoe kon men die twee waarheden verenigen? Niet door God in drie verschillende individuen op te splitsen. Wanneer men van Jezus zei (zoals in het Nieuwe Testament) dat hij de eniggeboren Zoon van de Vader was, impliceerde dit in het geheel niet zoiets als zijn fysieke verwekking door God:

> *'Laat niemand lachen bij de gedachte van God die een Zoon heeft! Het gaat hier niet om een mythe van de dichters die goden verzinnen die niet beter zijn dan mensen. Zulke ideeën hebben wij niet over God de Vader en de Zoon. De Zoon van God is de Logos [blz. 232] van God in geest en kracht.'*
>
> (Athenagoras, 10:1)

Maar als hier geen fysieke verwekking wordt bedoeld, wat betekent het dan wel? Dit was een metaforische manier om aan te duiden dat in de natuur van God een eeuwige dynamiek van relatie heerst: het universum bestaat uit netwerken van relaties omdat die het wezen weerspiegelen van de Schepper, die relaties legt die het menselijke verstand te boven gaan. Relaties kunnen van verschillende aard zijn: bijvoorbeeld tiranniek of gewelddadig. Dat de aard van de relatie van God met de wereld liefdevol is, kan men aflezen aan de uitingen van Gods bemoeienis met de wereld: zijn scheppende, verzoenende en continuerende daadkracht. Gods manifestatie als liefde is een relatie van minstens twee elementen: die van minnaar en die van geliefde; in feite van drie elementen, want liefde bestaat evenzeer op zichzelf alsook in haar uitwerkingen (in de bijbel de Heilige Geest) op de minnaar en de geliefde, terwijl ook Gods eigenliefde een rol speelt (dit moet wel een aspect van Gods liefde zijn, omdat er immers vóór de schepping niets bestaat buiten God). Samenvattend: deze elementen zijn tegelijkertijd aanwezig en de Drie in Eén maken tezamen het wezen van God uit *(bijschrift links)*.

Na drie eeuwen eindigde de woordenstrijd over de definitie van de Drievoudige natuur van God en de twee naturen in Christus met een akkoord over de formulering tijdens het Concilie van Chalcedon (451 nChr.). Of bijna akkoord, want voor sommige christenen (voornamelijk in het westen) stond het vast dat de Vader de bron is uit wie eerst de Zoon en vervolgens de Heilige Geest voortkomen (in een eeuwige, niet-tijdelijke relatie). Vandaar de formulering van de Geloofsbelijdenis van Nicea over de Heilige Geest: '[...] De Heer, de Gever van leven, die voortkomt uit de Vader *en de Zoon*' (Latijn: *filioque*). Anderen (voornamelijk in het oosten) waren van mening dat zowel de Zoon als de Geest voortkomen uit de Vader: zij wezen dat ene woordje *filioque* dan ook af, en doen dat nog steeds. Het lijkt een onbelangrijk punt, dat echter wel een Kerkscheuring veroorzaakte.

Tijdens de tweede eeuw nChr. vatte Irenaeus, bisschop van Lyon, het toenmalige christelijke godsbeeld als volgt samen.

'Dit is de regel van ons geloof: God de Vader, niet gemaakt, niet materieel, onzichtbaar, één God, de Schepper van alle dingen: dit is het eerste punt van ons geloof. Het tweede is dit: het Woord van God, Zoon van God, Christus Jezus onze Heer [...] door wie alle dingen gemaakt zijn; die ook, aan het einde der tijden, om alle dingen te voltooien en één te maken, mens werd onder de mensen, zichtbaar en tastbaar, teneinde een eind te maken aan de dood en het leven te verkondigen, en een volmaakte verzoening tussen God en mensen te bewerkstelligen. Het derde punt is dit: de Heilige Geest, door wie de profeten profeteerden en onze voorvaderen leerden over God, en de rechtvaardigen werden geleid op de rechte weg, die aan het einde van dat tijdperk werd uitgestort over alle mensen om hun relatie met God nieuw leven in te blazen.'

(Aanschouwelijk Onderwijs over de Apostolische Prediking 6)

Het Oost/West-debat

Dezelfde waarheid in verschillende bewoordingen

IN DE COMMUNICATIE over God in Christus en God als Drie-eenheid raakten de christenen uit de oostelijke (Grieks sprekende) en westelijke (Latijns sprekende) delen van het Romeinse Rijk in een fanatieke discussie verwikkeld. Uiteindelijk leidde deze tot een schisma (scheiding) tussen de oosterse Kerk (de Grieks-orthodoxe en later ook Slavisch-orthodoxe kerken) en westerse Kerk (in eerste instantie onder het hoofdgezag van de paus in Rome: vandaar de naam rooms-katholiek). De definitieve scheuring voltrok zich in 1054, toen de paus van Rome de patriarch van Constantinopel excommuniceerde.

> *'Wat een stampij en kabaal in concilies over* ousia *en* hupostasis *en in de Scholen* (de scholastiek zoals die werd geassocieerd met Thomas van Aquino; blz. 266-269) *over essenties en kwintessenties, over substanties en ruimte. Welk een verwarring [...] over woorden van zo weinig betekenis en van zo'n vage strekking!'*
>
> (Sterne 1948: 77)

De eerdere disputen over de persoon van Christus en de Drie-eenheid waren voor een deel ontstaan als gevolg van misverstanden over de vertaling van bepaalde kernbegrippen. Zo sprak men in het oosten van drie onderliggende 'hypostases' (Grieks: *hupostasis*, 'dat wat onder staat') in één Wezen (*ousia*). Het Latijnse equivalent van *hupostasis* is *substantia*, in de betekenis van ons woord 'substantie' of 'substantieel'. In Latijns-westerse oren klonk het alsof in het oosten de Drie-eenheid werd geacht te bestaan uit drie verschillende substantiële realiteiten of, met andere woorden, uit drie verschillende goden. Uiteindelijk zag men in dat het hier ging om verschillende woorden voor dezelfde waarheid, maar ondertussen had het conflict al te diep gesneden, hoe ongrijpbaar en zweverig deze kwestie ook mag lijken voor een buitenstaander. Gibbon had al de draak gestoken met het geruzie over het verschil van één enkele letter (*blz. 244 e.v.*); zijn tijdgenoot Laurence Sterne (1713-1768) liet zich even vernietigend uit over deze woordenstrijd.

Deze zaak bewijst dat woorden er wel degelijk toe doen, zelfs als er sprake is van dingen waarover in principe niets kan worden gezegd omdat God immers buiten bereik van woorden en beschrijvingen staat, zoals Clemens van Alexandrië (150-215 nChr.), die een rol speelde in het brandpunt van deze discussie, duidelijk had gemaakt.

> *'De apostel Johannes heeft geschreven: "Niemand heeft ooit God gezien; de eniggeboren Zoon, die aan de boezem des Vaders is, die heeft Hem doen kennen" (1 Johannes 1:18). Hij gebruikte het woord "boezem" van God als verwijzing naar zijn onzichtbaarheid en onuitspreekbaarheid; om dezelfde reden hebben sommige theologen hier het woord "diepte" gebruikt om aan te geven dat God ontoegankelijk en onbegrijpelijk is, maar alle dingen omvat en ontvouwt. Niet voor niets is dit het moeilijkste punt in de discussie over God: de eerste oorzaak van*

alles is iets dat het menselijk begrip ver te boven gaat. Want hoe kunnen wij spreken over iets dat geslacht noch onderscheid, soort noch individualiteit heeft? Iets dat noch een toevallige verschijningsvorm, noch het onderwerp van enig toevallige verschijningsvorm is? Noch kan iemand correct over God spreken als "een geheel", want een geheel is een kwestie van omvang en Hij is "Vader van het gehele universum". Noch kan men over God spreken als iets dat bestaat uit onderdelen, want wat "Eén" is, is ondeelbaar en derhalve ook oneindig. Oneindig in de zin van: zonder dimensies of grenzen zijn en derhalve zonder enige vorm of naam. Wanneer we God een naam proberen te geven kunnen we dat doen in de strikte betekenis van het woord: of we Hem nu "Eén" noemen of "Het Goede", "Geest", "Absoluut Wezen", "Vader", "God", "Schepper" of "Heer". Nooit zullen we de originele naam van God vinden en in deze impasse behelpen wij onszelf met bepaalde passende namen, zodat de menselijke geest die namen kan gebruiken als richtsnoer en niet meer afdwaalt in andere richtingen. Want elk afzonderlijk beschouwd drukt geen van die namen uit wat God *ís*, maar als collectief verwijzen ze naar de eeuwige kracht van de Almachtige.'

(Wiles en Santer 1977: 6 e.v.)

Het is veel gemakkelijker om te spreken over wat God níet is, dan wat God wél is: een besef dat in alle religies heeft geleid tot verschillende versies van de *via negativa* (kader rechts en ook blz. 220 e.v.). Maar zodra de dwaalwegen eenmaal zijn afgesloten is het veel beter om er verder het zwijgen toe te doen en God te gaan zoeken: Hij die ons uitnodigt in een verbond van volmaakte liefde.

Deze benadering van God noemt men de 'apofatische' weg (van het Griekse woord *apophatikos*, 'ontkenning'). Hierbij gaat het erom God te benaderen voorbij de woorden over God; de menukaart zogezegd opzij te leggen en te beginnen aan de 'echte' maaltijd. God is alleen kenbaar via ontkenning van bestaande concepten en ideeën over God. De weg tot God loopt niet via het kennen, maar via het ontkennen en afzien van alle wereldse zaken, totdat men alleen overblijft met God. Dit is de weg die met name in het Oosters-orthodoxe christendom wordt benadrukt.

'Het visioen van God bestaat hieruit dat Hij niet kan worden gezien, omdat wat wij zoeken alle kennis te boven gaat en geheel gehuld is in een wolk van onbegrijpelijkheid. Daarom zegt St. Johannes, die ook deze glanzende nevel binnenging, dat niemand God ooit heeft gezien. Hiermee bedoelt hij dat de kennis van de goddelijke natuur onbereikbaar is, niet alleen voor mensen maar voor elk geschapen intellect.'

(Gregorius van Nyssa 376d)

God en het gebed
De menselijke verbeeldingskracht, in het bijzonder in kunstuitingen, kan er niet omheen zich God voor te stellen als een menselijk wezen, hoewel van een hogere orde (zie ook de analogie op blz. 268). Bidden daarentegen leidt in de tegengestelde richting, naar een zich voortdurend verdiepende heilige stilte in aanwezigheid van God.

DE GODSDIENSTEN VAN ABRAHAM: CHRISTENDOM

Duisternis en licht

God achter de woorden

In het Oosters-orthodoxe christendom wist men dat de essentie van God volledig buiten het menselijke bevattingsvermogen valt. Toch vult de gewaarwording van God de mens met een diep emotioneel geladen verlangen, waardoor 'het ware gezicht op God hieruit bestaat dat iemand die naar Hem opkijkt zich niet meer van dat beeld kan losrukken' (Gregorius van Nyssa, *Leven van Mozes*, blz. 233).

Deze beide thema's – de onkenbaarheid van God en het verlangen naar God dat al in dit leven door het gebed wordt vervuld – werden gecombineerd in twee immens invloedrijke boeken van een schrijver die Ps.-Dionysius wordt genoemd (vijfde eeuw nChr.). Sommigen nemen aan dat hiermee Dyonisius de Areopagiet wordt bedoeld: een bekeerling van Paulus (Handelingen 17:34). Voor Ps.-Dionysius werd de apofatische weg (*blz. 249*) bevestigd door het neoplatonisme (*blz. 233*), waarin God ook ver boven het menselijke kennisbereik wordt geplaatst. Er was echter een essentieel verschil: het neoplatonisme hield God afzijdig van verstrengeling met de wereld door de voorstelling van een reeks emanaties. Ps.-Dionysius was ervan overtuigd dat de Ene die was betrokken bij de schepping en de menswording niet het beginstation was van een reeks emanaties, maar de werkelijke realiteit van God. Het is dus mogelijk God op een *directe* manier te kennen, maar alleen *via* de dingen die wij bespeuren en aanvoelen; blz. 20).

Ps.-Dionysius beschreef hoe het leven kan worden opgetild naar God door middel van eredienst en contemplatie, totdat het wordt 'vergoddelijkt' en vervolgens met God verenigd. Hij noemde dit *theosis* (Grieks: *theos*, 'god') en *henosis* (Grieks: *hen*, 'een').

Voor Ps.-Dionysius stond het vast dat God, ondanks zijn ultieme onkenbaarheid, toch voldoende manifest is in schepping en openbaring dat alle wezens van daaruit in staat zijn zich te verenigen met de niet-manifeste bron. In *De Goddelijke namen* beschrijft hij wat wél kan worden gezegd over

---

Volgens Ps.-Dionysius betekent het zoeken van God:

'alles achterlaten wat u weet en begrijpt en uzelf geheel openstellen voor kennis en begrip, alles wat niet is en alles wat is, en vervolgens, met uw bevattingsvermogen opzijgezet, met al uw kracht opwaarts te streven naar vereniging met Hem die boven alle bestaan en kennis woont. Door een onverdeelde en absolute verzaking van uzelf en alles, alles afgeworpen en bevrijd, zult u omhoog worden gedragen in het licht van de goddelijke duisternis die al het zijnde te boven gaat.'

(Mystieke Theologie 997b)

Het Hesychastisch Gebed

Dit eenvoudige gebed luidde oorspronkelijk: 'Heer Jezus Christus, Zoon van God, wees mij genadig.' Het 'nederige zondaar' is later toegevoegd om het gemengde gevoel van verdriet en vreugdevolle liefde nog meer te verdiepen.

De oorsprong van de woorden van dit gebed is duidelijk en ze werden in de vijfde eeuw voor het eerst formeel samengebracht door Diadochos van Photiki. In de dertiende eeuw schreef Nicephorus de Hesychast over de fysieke voorbereiding met betrekking tot dit gebed: het hoofd gebogen, de ademhaling steeds dieper en trager, via het ritme van de woorden uitmondend in een intens gevoel van vreugdevolle melancholie.

God (de zogenaamde 'katafatische' theologie; in tegenstelling tot de 'apofatische') als uitgangspunt voor het opgaan (Grieks: *anagoge*) in God *(kader linksboven)*. Deze ideeën werden nog verder uitgewerkt door Gregorius Palamas (gestorven 1359), die geloofde dat, niettegenstaande de onkenbaarheid van Gods wezen, datgene wat voor de mens wél gekend kan zijn uitermate reëel en belangrijk is. Palamas maakte onderscheid tussen het wezen en de 'energieën' (Grieks: *energeia*, 'uitwerkingen') van God. De *energeia* zijn zelf ongeschapen, ze vormen dus een deel van God en omdat ze alle dingen doordringen, kan God via die geschapen dingen worden gekend – hoewel niet onmiddellijk. Om God op deze wijze te ervaren moet de mens zichzelf eerst van alle andere dingen leegmaken en God in zichzelf vinden. Om dit te bewerkstelligen adviseerde Gregorius het bidden van het Jezus-gebed: 'Heer Jezus Christus, Zoon van God, wees mij, nederige zondaar, genadig.' Hierdoor ontstaat een rustgevende (Grieks: *hesuchia*) concentratie op God en daarom wordt dit ook het 'Hesychastisch Gebed' genoemd *(kader links onderaan)*. In deze gemoedstoestand ervaart men vaak een innerlijk gevoel van warmte, dat gepaard kan gaan met waarneming van het heilige licht dat God uitstraalt.

Op dit punt werden de hesychasten fel aangevallen, met name door Barlaäm van Calabrië (1290-1348). Deze hield vol dat God geen licht is en dat God door niemand kan worden ervaren in dit leven: beweringen van het tegendeel zouden berusten op verkeerde interpretaties van menselijke ervaringen, ontstaan door de techniek van het Hesychastisch Gebed. Gregorius' verdediging noemde hij verwarrend omdat ze de eenvoud van God aantastte. De hesychasten hielden echter vol dat hun ervaringen van God echt, want door God zelf gegeven zijn, als een voorsmaak van de uiteindelijke openbaring. Terwijl men hierover bleef door debatteren, werd het hesychasme een onverbrekelijk onderdeel van de Oosters-orthodoxe zoektocht naar God. Het is diep geworteld in *De Philokalia*, een achttiende-eeuwse verzameling teksten over het geestelijk leven, geschreven vanaf de vijfde eeuw. Het doel hiervan is eenwording met God, zoals Diadochos samenvatte: 'Alleen God is van nature goed; maar met Gods hulp kunnen ook mensen goed worden door middel van aandacht voor hun leefwijze. Zij transformeren zichzelf door hun ziel met alle aandacht te richten op de ware vreugde en met God te verenigen, gehoorzamend aan het innerlijke verlangen van de in hen opgewekte kracht. Want er staat geschreven: 'Wees goed en genadig, net zoals uw vader in de hemel' (Lucas 6:36; Matteüs 5:48).'

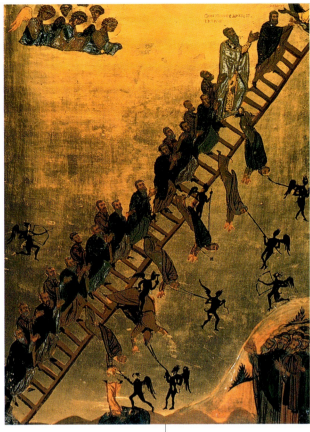

Ladder naar God
Het neoplatoonse idee van 'opklimmen' naar God was een veelvoorkomend beeld in de latere ontwikkeling van de christelijke spiritualiteit, waarin dit 'opstijgen' of 'ladder' naar God vaak wordt beschreven. Johannes (zevende eeuw) werd Climacus (Grieks: klimax, 'ladder') nadat hij de ladder met dertig treden had beschreven – de dertig levensjaren van Christus – die leiden naar God: de 'Ladder van Perfectie', de Scala Perfectionis van Walter Hilton (gestorven 1396; blz. 274). Hierin worden de stadia beschreven door welke het verloren gegane beeld (blz. 252) van God in de mensen kan worden hersteld.

De 'negatieve weg'

De Griekse Vaders

In de vierde eeuw schreef Gregorius, bisschop van Nyssa, dat de gehele stad luid gonsde als een bijenzwerm door alle mogelijke theologische disputen *(kader links)*. Waarom was theologie opeens zo interessant? Omdat het visioen van God de hoogste bestemming is waarop de mens kan hopen en niet zomaar een banaal onderwerp. Gregorius van Nyssa *(blz. 249)* twijfelde er niet aan dat de mens van nature bij God behoort en hij gebruikte het verhaal uit Genesis van Adam en Eva als voorbeeld van het leven in harmonie met God.

> *'Het is een stad waar men onophoudelijk ernstige theologische disputen voert! [...] Wanneer u iemand vraagt om een zilverstuk te wisselen vertelt hij u over de verschillen tussen de Zoon en de Vader, wanneer u vraagt om een brood krijgt u als antwoord dat de Zoon ondergeschikt is aan de Vader en wanneer u vraagt of uw bad al klaar is, deelt men u mee dat de Zoon gemaakt is uit niets.'*
>
> (Over de Goddelijkheid van de Zoon 4)

'Door haar gelijkenis aan God is de menselijke natuur geschapen als een levend beeld van God [Genesis 1:26] en heeft zij deel aan de Godheid, zowel in rangorde als in naam, bekleed met waardigheid, rustend in de gezegende staat van de onsterfelijkheid, dragende de kroon van gerechtigheid, en zo een volmaakt evenbeeld van de pracht van de Godheid in alle glorie die de majesteit toekomt.'

(De Hominis Opificio 4:136)

Gregorius begreep ook dat daarin de uiteindelijke bestemming van de mens ligt: wanneer het 'verloren paradijs hervonden is en de levensboom weer ontspruit, en de genade van het beeld en de glorie van de almacht zijn hersteld'.

In de tussentijd getuigt het van wijsheid om God te zoeken in steeds diepere overgave en liefde, ook al geschiedt dat via de apofatische weg *(blz. 249)*: hoe dichter wij tot God naderen, hoe dieper wij beseffen dat God onze kennis en begrip ver te boven gaat *(kader rechts)*. Kunnen mensen God benaderen? Nee, dat kunnen zij niet, althans niet op eigen kracht, want dat

Antonius en God

Antonius, een van de Woestijnvaders, beklemtoonde het belang van innerlijke rust, gehoorzaamheid en liefde.

✝ **OVER INNERLIJKE VREDE**: 'Net zoals vissen doodgaan wanneer ze te lang uit het water zijn, zo verliezen monniken die te lang buiten hun cel of tussen de mensen van de wereld verkeren, de diepe innerlijke vrede. Daarom moeten wij, zoals een vis naar de zee, ons terughaasten naar onze cel om te voorkomen dat we bij al het getalm daarbuiten onze innerlijke waakzaamheid verliezen.'

✝ **OVER LIEFDE**: 'Ik vrees God niet meer, maar ik heb hem lief. Want er is in de liefde geen vrees' (1 Johannes 4:18).

✝ Over gehoorzaamheid: 'Gehoorzaamheid en onthouding geeft mensen macht over wilde dieren.'

is alleen mogelijk 'door de werking van de Geest' (in de woorden van Gregorius). Mensen kunnen alleen proberen zo ontvankelijk mogelijk te zijn voor de werking van de Geest en op zijn minst hun blik in de juiste richting te wenden wanneer dat geschenk wordt uitgereikt. Daarom geloofde Basilius, de oudere broer van Gregorius, dat de weg naar God duidelijker wordt omlijnd wanneer mensen de radicale keuze voor God maken die Jezus van hen had gevraagd. Geef alles op voor de liefde van God: verlaat vader, moeder, zusters, broers en laat de doden de doden begraven. Sommige christenen vatten deze opdracht zo letterlijk op dat zij de beschaafde wereld verlieten en zich terugtrokken in de woestijn om een zuiver aan God gewijd leven te leiden. Het gevolg was dat er verhalen de ronde begonnen te doen over de heroïsche gevechten van de zogenaamde Woestijnvaders tegen de verleidingen en de duivel.

Athanasius, de grote opponent van Arius (*blz. 242*), schreef een invloedrijke biografie over een van deze heilige mannen, Antonius, die ten grondslag ligt aan het latere christelijke kloosterwezen (*kader linksonder*). In de legende vroeg een oude man aan God om hem de Vaders te laten zien en hij zag hen allemaal behalve Vader Antonius. Hij vroeg: 'Waar is Vader Antonius?' Het antwoord was dat overal waar God was, ook Antonius te vinden zou zijn (*Ward 1983: 3 e.v.*).

Basilius nam het idee van de radicale keuze voor God aan en schreef Twee regels voor een monastieke orde, in de stellige overtuiging dat het voor de meeste mensen beter is om in een gemeenschap te leven dan als kluizenaars in volstrekte eenzaamheid. Evenals zijn broer Gregorius meende hij dat niemand het wezen van God kan kennen, maar dat de mens zich daardoor niet hoeft te laten weerhouden om, volgens bepaalde regels, een geheel aan God gewijd leven te leiden.

'Ik weet dat God bestaat, maar zijn wezen gaat mijn bevattingsvermogen te boven. Hoe kan ik dan gered worden? Door het geloof. Het geloof is genoeg voor de zekerheid dat God is, niet wat hij is – en dat hij beloont wie hem zoekt (Hebreeën 11:6). Kennis van het goddelijke wezen bestaat dus in de perceptie van zijn onbegrijpelijkheid. Wat wij aanbidden is niet iets waarvan wij het wezen kennen, maar waarvan wij alleen weten dat het bestaat [...]. Derhalve geloven wij in hem van wiens bestaan wij weten en aanbidden hem in wie wij geloven.'

(Wiles en Santer 1977: 11 e.v.)

'Naarmate de ziel vordert en via steeds groter en volmaakter concentratie tot inzicht komt over wat kennis van de waarheid inhoudt, komt zij dichter bij het ultieme visioen en zal het besef groeien dat de natuur van God niet zichtbaar is. Daarom negeert ze alle oppervlakkige fenomenen; niet alleen die welke met de zintuigen waarneembaar zijn, maar ook die welke de geest zich kan voorstellen. Daardoor dringt de ziel, door de werking van de Geest, steeds dieper door in het onzichtbaar onbevattelijke en daar ziet zij God.'

(Het leven van Mozes)

De Cappadociërs
Achttiende-eeuwse Russische icoon die de Oosterse Vaders, ook wel Cappadocische Vaders genoemd, weergeeft.

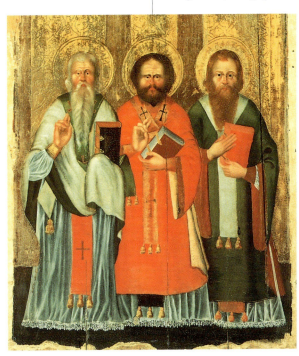

DE GODSDIENSTEN VAN ABRAHAM: CHRISTENDOM

Het Keltische christendom

God in en door de natuur

ZOALS DE ONTWIKKELING van het godsbeeld en het gebed van de christenen in het oosten zich voltrok buiten de invloedssfeer van Rome, zo gold dat ook voor ten minste een deel van het Keltische christendom tot het jaar 664, toen de synode van Whitby het gezag van Rome bevestigde door een vaste datum voor het paasfeest in te voeren tegen de plaatselijke gewoonten in.

De term 'Keltisch' verwijst niet naar een sekte maar naar volksstammen die een verwante taal spraken, hoewel ze qua cultuur verschilden. Hun woongebied strekte zich uit van Midden-Europa tot Ierland en Schotland. Veel Keltische stammen sloten zich aan bij het Romeinse rijk en het daarmee samengaande westerse christendom. Buiten de oude rijksgrenzen, hielden de Kelten vast aan hun eigen religie en gebruiken (en ook aan hun eigen datum voor het paasfeest).

Sinds de negentiende eeuw staat het begrip 'Keltisch christendom' ook voor een bepaalde traditie van gebed en spiritualiteit waarin nadruk wordt gelegd op de ontmoeting met God in en door de natuur. Deze trend kwam mede tot stand door de activiteiten van Alexander Carmichail, die in de negentiende eeuw op schrift stelde wat hij in Schotland had verzameld aan gegevens over de Keltische cultuur en religie. In 1900 publiceerde hij het eerste deel van wat na zijn dood zou uitgroeien tot een zesdelig werk onder de titel *Carmina Gaedelica* ('Keltische Liederen'). Uit deze teksten spreekt een sterk besef van spirituele aanwezigheid in alle dingen en te allen tijde, zoals dat ook naar voren komt in de oudste overgeleverde Keltische literatuur.

Loflied
'Almachtige Schepper, U bent het die het land en de zee hebt gemaakt. [...] De wereld kan het niet bevatten in een lied, al zouden het gras en de bomen zingen van uw wonderen, o waarachtige Heer! [...]
Hij die het wonder van de wereld schiep, zal ons beschermen en heeft ons beschermd. Het kost ons geen enkele moeite om de Drie-eenheid te loven.'
(Welsh gedicht uit de negende eeuw)

'Ik ben de wind die ademt over de zee. Ik ben de golf van de oceaan. Ik ben het gemurmel van de branding [...] Ik ben de stralen van de zon. Ik ben de zalm in het water. Ik ben een meer op de vlakte. Ik ben een woord van kennis [...] Ik ben de God die het vuur in het hoofd heeft geschapen.'

(Mackey 1995: 78)

Uiteindelijk betreft het de aanwezigheid van God zelf, hoewel het vaak ook kan gaan om de aanwezigheid van zijn bemiddelaars. Hiervan getuigt het volgende ochtendgebed bij het aansteken van het vuur.

'Ik steek deze ochtend mijn vuur aan
In de aanwezigheid van de heilige hemelse engelen,
In aanwezigheid van Ariël de schoonste,
In aanwezigheid van Uriël de bekoorlijke,
Zonder wrok, zonder jaloezie, zonder nijd,
Zonder angst, zonder vrees voor iemand onder de zon,
Maar met Gods Heilige Zoon die mij beschermt.

God, ontsteek in mijn hart
Een liefdesvuur voor mijn naaste,
Mijn vijand en mijn vriend, voor mijn verwanten,
Voor de held, de schurk en de lijdende,
O Zoon van de allerschoonste Maagd Maria,
Van het minste onder dat wat leeft,
Tot de Naam die boven alles staat.'

(Carmina Gaedelica I: 82)

Keltische christenen zien God in de gehele natuurlijke orde als een schitterende en permanente aanwezigheid. Alle dingen zijn afkomstig van God, hun schepper en ze worden het venster waardoor de schoonheid en majesteit van God zichtbaar worden. In deze geest schreef Thomas Jones (1756-1820) over een zanglijster:

'Kleine vogel, uitstekend onderricht,
jij verrijkt en verwondert ons,
wij verwonderen ons reeds lang over je lied,
je kunstzinnigheid en je stem.
In jou zie ik, naar ik geloof,
het onmiskenbare en schitterende werk van God.
Mogen hem lof en eer worden gebracht,
die ons zijn kunnen zo eenvoudig toont.
Hoeveel grootse wonderen (duidelijke bewijzen van zijn liefde)
bevat deze wereld wel niet?
Hoeveel aspecten, hoeveel spiegels van zijn schoonste werk
presenteren zich niet honderdmaal aan onze ogen?
Want het boek van zijn kunnen is een welsprekend licht
van overvloedig volgeschreven bladzijden,
en dag aan dag krijgen we het ene hoofdstuk na het andere
onder ogen die ons over hem onderrichten.'

(Parry 1962: 332 e.v.)

Zanglijster
De dichter Thomas Jones uit Wales beschreef de schoonheid van het lied van de zanglijster in een gedicht als een aspect van 'het schitterende werk van God'.

Er zijn in de wereld ook afschrikwekkende gevaren: sommige van natuurlijke origine, andere zijn door de mens zelf gecreëerd. De Keltische christenen zien God als een schild en beschermer, bijvoorbeeld in de zogenaamde Lorica-gebeden oftewel 'borstschilden'. Een beroemd voorbeeld van zo'n beschermend 'schild' wordt toegeschreven aan St. Patrick, hoewel het pas na zijn dood is opgeschreven *(kader links)*.

De strijd tegen het kwaad was inspannend en gevaarlijk. Zo stonden monniken bijvoorbeeld in ijskoude rivieren te bidden en bouwden in onherbergzame oorden hutten van opgestapelde keien. In deze strijd met de elementen vormde Gods aanwezigheid een machtige steun die de mensen op alle levensterreinen beschermde. 's Morgens bij het opstaan bad men:

> *'Grote God, help mijn ziel*
> *Met de hulp van uw eigen genade;*
> *Ook al kleed ik mijn lichaam met wol,*
> *Verberg mijn ziel onder de schaduw van uw vleugels.*
>
> *Help me om elke zonde te mijden*
> *En de bron van elke zonde te verzaken.*
> *En zoals de mist optrekt van de heuvels,*
> *Zo moge de nevel van het kwaad optrekken van mijn ziel, o God.'*
> (Carmina Gaedelica III: 231)

En 's avonds bad men:

> *'In uw naam Jezus, gekruisigde Heer,*
> *Leg ik mij ter ruste neer.*
> *Houd Gij over mijn slaap de wacht,*
> *Houd Gij mij in uw hand;*
> *Houd Gij over mijn slaap de wacht,*
> *Houd Gij mij in uw hand.'*
> (Carmina Gaedelica III: 327)

Het antwoord van de Keltische christenen aan God was een leven waarin Hij in het middelpunt stond:

> *'Ik buig mijn knieën*
> *Voor het oog van de Vader die mij heeft gemaakt,*
> *Voor het oog van de Zoon die mij heeft verlost,*
> *Voor het oog van de Geest die mij heeft geheiligd*
> *In liefde en verlangen.'*
> (Carmina Gaedelica I: 34)

Deze liefde en dit verlangen komen welsprekend tot uiting in het werk van Augustinus.

'Als mijn schild deze dag
roep ik een sterke macht op:
de Heilige Drie-eenheid!
Die zijn drievuldigheid
bekrachtigt
en zijn eenheid bevestigt
in de schepping van alles
door liefde...

Als mijn schild deze dag:
de macht van de hemel,
de helderheid van de zon,
het glanzende wit de maan,
de glorie van het vuur,
de snelheid van de bliksem,
de onstuimigheid van de wind,
de diepte van de oceaan,
de vastheid van de aarde,
de onwrikbaarheid van de bergen...'

(Mackey 1995: 46 e.v.)

Rechts:

Iona is een eilandje voor de westkust van Schotland dat werd geschonken aan St. Columba (521-597). Het door hem gestichte klooster werd een belangrijke uitvalsbasis voor missionarissen. In 1938 werd hier de Iona Community gevestigd, waarvan de leden in de moderne wereld gestalte proberen te geven aan hun idee van de persoonlijke relatie met God.

Augustinus

Een altijd zoekende ziel

Augustinus in zijn cel
Augustinus aan het werk in de geschilderde visie van Sandro Botticelli (1445-1510). Augustinus schreef honderden brieven en preken (waarvan sommige pas in de twintigste eeuw werden teruggevonden; Brown 2000: 442-445) en een aantal grote werken zoals Belijdenissen, Over de Drie-eenheid *en* De stad van God.

AUGUSTINUS LEGDE HET fundament van het christelijke godsbeeld. Geboren in 354 nChr. in Thagaste (Noord-Afrika), genoot hij een degelijke Romeinse opleiding, was bekend met het neoplatonisme *(blz. 233)* en maakte zich een tijdlang sterk voor het manicheïsme. In de dualistische *(blz. 196)* leer van Mani (216-276 nChr.) probeert het Goede zichzelf te bevrijden van de materiële boeien van deze wereld. Het ging hierbij om een kosmische strijd waarin de Electi ('fronttroepen'), bijgestaan door Auditores ('helpers', de hoogste rang die Augustinus in deze sekte bereikte), probeerden de vonken licht in zichzelf te bevrijden en te doen terugkeren naar de Bron. In het jaar 383 vertrok Augustinus als onderwijzer naar Rome en vandaar ging hij (in 384) naar Milaan als leraar in de welsprekendheid. Ondanks zijn grote ontwikkeling en kennis bleef hij levenslang een rusteloze zoeker naar een eeuwige waarheid die dieper ging dan de opvattingen en filosofie van zijn tijd. De mens heeft een aangeboren een rusteloosheid in zijn hart, het *cor inquietum*, waardoor hij altijd op zoek is naar de waarheid in het leven, de liefde, de wetenschap en de kunst: 'Ons verlangen ziet in de verte het land dat we zoeken, het werpt hoop uit als een anker dat ons naar die kust toe trekt' *(Uitleg van de Psalmen 64:3).*

Op een avond hoorde hij uit een naburig huis een kinderstem die zingend de woorden *'tolle lege, tolle lege'* herhaalde: 'neem en lees', of, in een andere betekenis van het werkwoord *lego*: 'neem en kies' (het kind zeurde misschien om een verhaaltje of een spelletje). Augustinus voelde zich aangesproken, hij opende lukraak het exemplaar van Paulus' Brieven dat naast hem lag en las deze passage: 'Laten wij dan, als bij lichte dag, eerbaar wandelen, niet in brasserijen en drinkgelagen, niet in wellust en losbandigheid, niet in twist en nijd! Maar doet de Heer Jezus Christus aan en wijdt geen zorg aan het vlees, zodat begeerten worden opgewekt' *(Romeinen 13:13 e.v.).* Later schreef hij over deze gebeurtenis: '[...] terstond toen ik deze woorden ten einde had gelezen, stroomde als het ware het licht van de gemoedsrust mijn hart binnen en alle duisternis van twijfel verdween totaal' (*Belijdenissen* 8:12).

Augustinus werd christen door zich te laten dopen en later werd hij tot priester gewijd. Hij keerde als bisschop van Hippo terug naar Noord-Afrika. Daar werd hij geconfronteerd met een afscheidingsbeweging, de donatisten, die meenden dat gelovigen die onder druk van vervolging afvallig waren geworden, niet meer in de Kerk konden worden toegelaten. Door deze strijd groeide bij Augustinus het besef dat het goede en het kwade naast elkaar bestaan (vgl. de gelijkenis van het koren en het onkruid in Mattheüs 13:24-30): het *uiteindelijke* oordeel is niet aan de mensen maar aan God alleen. In zijn *Belijdenissen* beschreef Augustinus hoe God hem naar de waarheid had toegetrokken: niet wegens zijn eigen inspanningen of verdiensten, maar volledig op initiatief van God. Uitgaande van deze onverdiende, liefdevolle relatie tussen God en hemzelf legde Augustinus de nadruk op de absolute soevereiniteit van God ten opzichte van de schepping. Strikt genomen verdienen alle mensen het oordeel en het is alleen dankzij Gods beslissing (zijn genade) dat zij worden gered. Augustinus begreep ook dat zijn zoektocht naar God buiten zichzelf in de werken van de schepping een goede start was geweest, maar dat hij uiteindelijk letterlijk tot inkeer had moeten komen om zijn ware zelf in de natuur van God te vinden *(kader rechts)*.

Augustinus besefte dat 'wat God is' het menselijke bevattingsvermogen ver te boven gaat: 'Omdat het God is over wie wij spreken, begrijpt u het niet – als u het wel begreep, zou het God niet zijn' (*Preken* 117:5). Maar de mens, geschapen om God te weerspiegelen, begrijpt zichzelf al evenmin: 'Onze geest kan niet worden begrepen, ook niet door zichzelf, want we zijn geschapen naar Gods beeld [Genesis 1:26]' (*Preken* 398:2). De menselijke zoektocht naar God lijkt dus tot mislukken gedoemd. Maar God heeft zelf het initiatief genomen om ons te zoeken en te vinden.

> 'Te laat heb ik U lief gekregen, o Schoonheid, zo oud en toch zo nieuw, te laat heb ik U lief gekregen! En zie, U was in mijn binnenste en ik was buiten en daar zocht ik U, en ik, wanstaltig gevormd, stortte mij op alle schone dingen die U hebt gemaakt. U was met mij, maar ik was niet bij U. Die dingen hielden mij ver van U, die niet zouden bestaan indien ze niet waren in U. [...] [Door deze dingen] raakte U mij aan en ik brandde van verlangen naar uw vrede.'
>
> (*Belijdenissen* 10:27)

> 'Hij die ons leven zelf is, is hierheen afgedaald en heeft onze dood weggenomen en hem gedood uit de overvloed zijns levens en met een stem des donders riep Hij ons toe, dat wij van hier zouden terugkeren tot Hem in dat heiligdom waaruit Hij gekomen is tot ons, eerst in de maagdelijke schoot, waar de menselijke natuur zich met hem verbond, het sterfelijke vlees, opdat het niet immer sterfelijk zou zijn [...] Want hij talmde niet, maar liep, roepend door woorden, daden, dood, leven, hemelvaart, roepend dat wij terug zouden keren tot Hem. En hij verdween van voor onze ogen opdat wij terug zouden keren tot het hart en Hem zouden vinden. Want Hij is heengegaan en zie, hier is Hij. Hij wilde niet lang bij ons zijn, maar Hij heeft ons niet verlaten.'
>
> (*Belijdenissen* 4:12)

> '*Beschouw het eens van deze kant. Alleen naar het goede gaat uw liefde uit. De aarde met haar hoge bergen, glooiende heuvels en uitgestrekte vlakten is goed. Het mooie en vruchtbare land is goed; het degelijk gebouwde huis met al zijn ruimte en licht is goed. Het lichaam van alle levende wezens is goed; de milde, frisse lucht is goed; smakelijk en gezond voedsel is goed. Gezondheid op zichzelf: vrijheid van pijn en uitputting, is goed. Het menselijk gezicht met zijn symmetrische gelaatstrekken, uitdrukking van blijdschap en blozende kleur, is goed. Het hart van een vriend die goed gezelschap is en trouw in zijn liefde, is goed. Een rechtvaardige man is goed. Welvaart, omdat het ons tot veel zaken in staat stelt, is goed. De hemel met de zon, maan en sterren is goed. Alle engelen in hun heilige gehoorzaamheid zijn goed. Een leerzame tekst die wijze raad geeft, is goed; een gedicht met een muzikaal woordritme en een diepe betekenis is goed.*
>
> *Maar genoeg nu! Dit is goed en dat is goed: laat "dit" en "dat" weg en beschouw alleen, als u dat kunt, het goede zonder meer: dan zult u God zien! [...] Hij is het goede in alles wat goed is. [...] Zo moet onze liefde stijgen tot God als het Goede zelf, niet omdat we dit of dat goede ding liefhebben. De ziel moet zoeken naar dat Goede waarover zij niet kan oordelen alsof zij erboven stond, maar waaraan zij zich in liefde vastklampt. En wat is dat Goede anders dan God? – niet de goede ziel, de goede engel of de goede hemel, maar de goede Goede.*'
>
> (Over de Drie-eenheid 8:3)

Het is dat *cor inquietum* (het 'rusteloze hart' van ons wezen) dat ons voortdrijft om de waarheid te zoeken en in die waarheid God te vinden: 'Gij hebt ons geschapen tot u en ons hart is onrustig, totdat het rust vindt in U' (*Belijdenissen* 1:1). Al het andere is maar tijdelijk – 'de tijd wentelt door ons bewustzijn zonder iets te verrichten' (*Belijdenissen* 4:8). In een periode van diep verdriet om de plotselinge dood van een goede vriend beseft Augustinus dat alleen God blijvend is: 'Vandaar die rouw wanneer iemand sterft en die smartelijke duisternis, [...] vandaar het bloedende hart [...] en vandaar uit het verloren leven der doden de dood der levenden. [...] Want waarheen de ziel van de mens zich ook wendt, ze hecht zich aan smarten, behalve in U, ook al hecht zij zich aan schone dingen buiten U en buiten zichzelf, [...] maar doordat ze [de dingen] verdwijnen en andere hen opvolgen, vormen ze tezamen het geheel, waarvan ze de delen zijn. [...] "Maar verdwijn ik soms ergens heen?" zegt het woord Gods. Vestig daar uw woonstede, berg daar al wat gij hebt, mijn ziel, die eindelijk vermoeid is van het bedrog. Vertrouw aan de waarheid toe, al wat u hebt van de waarheid en u zult niets verliezen, en wat in u aan de ontbinding was prijsgegeven zal weer opbloeien en al uw ziekten zullen worden genezen en alles wat in u uiteenviel zal weer gestalte krijgen en worden vernieuwd en met u verbonden worden en het zal daar zijn waarheen het zelf neerdaalde, en het zal standhouden met u en blijven bij de eeuwig standhoudende en blijvende God' (*Belijdenissen* 4:9 e.v.).

Deze zekerheid van God betekent dat alle goede dingen van de schepping hun goede karakter behouden, maar ze zijn niet het *ultiem* goede: dat kan alleen God zelf zijn, in wie de realiteit van goedheid is gedefinieerd *(kader links)*. Augustinus leed ook onder de wanorde in de schepping en de afwezigheid van het goede, het 'defect', zoals hij het noemde in zijn eigen karakter. Veel van die wanorde ontstaat doordat de mensen zich door egoïsme (eigenliefde) te veel laten afleiden van Gods erbarmende liefde die de drijfveer van de schepping is. Het patroon van die liefde en vriendschap is manifest in de wereld.

> '*Ook de vriendschap van mensen die door een dierbare band verbonden zijn, is kostbaar, omdat ze verschillende zielen tot een eenheid smeedt. Deze en dergelijke dingen brengen zonde in de wereld wanneer men in een ongebreidelde zelfzucht de betere en hoogste dingen in de steek laat, namelijk U, Heer onze God en uw waarheid en uw wet.*'
>
> (Belijdenissen 2:5)

Deze herontdekking van een niet-egoïstische en onbaatzuchtige liefde, die zich zo duidelijk in Christus heeft gemanifesteerd, is het begin – en het einde – van onze verlossing. Hierin vangen wij inderdaad een glimp op van de natuur van God. Door de openbaring van God als liefde was het voor Augustinus duidelijk dat God een Drie-eenheid is, want liefde kán niets anders zijn: 'Liefde is de daad van een minnaar, zijnde de liefde gegeven aan een geliefde persoon. Het is een Drie-eenheid: de minnaar, de geliefde en liefde zelf' (*Over de Drie-eenheid 8:14*). De mens (geschapen naar Gods beeld) weerspiegelt die Drie-eenheid in zichzelf: in zijn geheugen, begrip en liefde. Hij wordt die drievoudige natuur wanneer hij zijn geheugen, begrip en liefde gebruikt om zichzelf met God te verenigen. Het is dus de liefde die het beste in de mensen opwekt, want in de liefde worden zij één met het wezen van God, die liefde is.

> 'Het streven naar God is het verlangen naar geluk; het bereiken van God ís het geluk. Wij proberen God te bereiken door hem lief te hebben, we benaderen hem, niet door geheel in hem op te gaan, maar vertoeven in zijn nabijheid en ervaren een heerlijk en werkelijk contact met hem door innerlijke verlichting en vol te zijn van zijn waarheid en heiligheid. Hij is het licht zelf; die ons verlichting schenkt. [...] Dit is de enig mogelijke vervolmaking om de zuiverheid van de ultieme waarheid te kunnen bereiken.'
>
> (Over de Gebruiken van de Kerk 1:2,25)

Zintuiglijke waarneming
Augustinus ondervroeg de gehele schepping: 'Wie en wat is deze God?' Hij vroeg het de aarde, de zee, de dieren, de lucht, de hemelen en 'alle dingen die voor de poorten van de zintuigen staan'. En telkens kreeg hij het antwoord: 'Ik ben niet God.' 'Spreek dan tot mij over mijn god en zeg mij iets over Hem.' En zij riepen met luide stem: 'Hij heeft ons gemaakt.'
(Belijdenissen 10:6)

Benedictus en Dominicus

Een ordelijk leven van gebed en prediking

> De Regel van Augustinus heeft tot op huidige dag veel religieuze orden geïnspireerd. Hij beoogt mensen ordelijk te laten samenleven in een gemeenschappelijk ervaren liefde voor God. Besloten wordt met het gebed:
>
> *'Moge de Heer u geven dat u al deze dingen opvolgt in liefde, als minnaars van geestelijke schoonheid; moge u branden van de zoete geur van Christus in uw juiste levenswijze, niet als slaven onder de wet, maar als mensen die door genade zijn vrijgemaakt.'*

Dienen van de Heer
Benedictus stichtte een school voor de dienst aan de Heer in Monte Cassino. Zijn Regel is het belangrijkste document in de geschiedenis van het westerse kloosterwezen en aantoonbaar de meest significante tekst uit de vroege Middeleeuwen.
(McGinn, 1998: 27)

NOG TIJDENS HET leven van Augustinus werd Rome in het jaar 410 nChr. veroverd door de West-Goten onder Alarik. Hoewel Alarik een christen was (een volgeling van Arius, blz. 242), werd door veel mensen de val van Rome ervaren als het einde van de wereld. Hoe had het zo ver kunnen komen? Was het, omdat de christenen de oude heidense goden hadden afgezworen, of omdat de christelijke God te zwak was (zie ook blz. 180)?

Augustinus beantwoordde die vragen in zijn boek *De stad van God*. Hij toonde aan hoe Rome ook al rampspoed had gekend toen de heidense goden nog volop aanzien genoten en hij gebruikte zijn eigen ervaringen met de donatisten *(blz. 259)* om duidelijk te maken dat God 'twee steden' samen groot laat worden: 'de aardse stad, gekenmerkt door eigenliefde, en de hemelse stad, gekenmerkt door de liefde voor God, tot verachting van het eigen ik'. Pas bij het Laatste Oordeel zal duidelijk worden wie behoort tot de stad van God, en wie niet...

'Wij zullen rusten en zien; we zullen zien en wij zullen liefhebben; wij zullen liefhebben en lofprijzen. Zie wat het einde zal zijn zonder einde! Want wat is ons einde anders dan om aan te komen in het Koninkrijk dat geen einde kent?'

Augustinus bereidde met zijn geschriften de westerse christenheid voor op de tijd na de val van Rome door de nadruk te leggen op de absolute soevereiniteit van God, onaantastbaar voor 'de veranderingen en omstandigheden van deze vluchtige wereld' – en ook met de Regel die hij in het jaar 397 schreef om de groei van religieuze gemeenschappen te stimuleren *(kader linksboven)*.

Tussen de vijfde en zevende eeuw verschenen er minstens dertig van zulke Regels, waaronder vertalingen van die van Pachomius en Basilius *(blz. 253)*. Verreweg de meest invloedrijke hiervan was de Regel van Benedictus (480-550) die werd nagevolgd door veel orden (bijv. benedictijnen, kartuizers, cisterciënzers). Benedictus wordt vaak beschouwd als de grondlegger van het westerse christelijke kloosterwezen (hoewel Augustinus hierbij een even belangrijke rol heeft gespeeld). Hij gaf als jonge man zijn studie op en koos voor een leven voor God afgezonderd in een grot bij Subiaco, iets ten zuiden van Rome. Benedictus trok veel volgelingen aan, maar nadat men had geprobeerd hem te vergiftigen, verhuisde hij met een klein aantal trouwe monniken naar Monte Cassino, waar hij aan het einde van zijn leven zijn beroemde Regel ('Een kleine regel voor beginners') schreef.

Dit was een richtlijn voor personen die God wilden zoeken in een gemeenschap van gelijkgezinden en hun leven wilden wijden aan lofprijzing van God. Elke activiteit moet worden gericht op God door middel van gebed, studie en werk – niet naar eigen goeddunken ingevuld, maar in een geordend leven, onder een abt die 'de plaatsvervanger van Christus is' (*Regel* 63), aan wie de kloosterlingen dus, zoals duidelijk blijkt uit het voorwoord (*kader rechts*) gehoorzaamheid verschuldigd zijn.

De Regel van Augustinus heeft ook veel invloed gehad op Dominicus (1170-1221), een Spanjaard, die mede door zijn slechte ervaringen met rijke kerkbestuurders tot de overtuiging kwam dat het evangelie van Christus moest worden gepredikt door mensen die arm waren als Christus zelf. Zijn tijdgenoot Jordanus van Saksen schreef over hem: 'God gaf hem een speciale genade om te huilen voor zondaren, bedroefden en vervolgden; hij verzamelde al hun ellende in het heiligdom van zijn mededogen' (*Verslag van het begin van de orde van predikers* 12).

Samen met zijn volgelingen baseerde Dominicus zich op de Regel van Augustinus, met als doel 'nederige dienaren van het woord' te worden; ze werden bekend als de Orde van de Predikers. Het Woord (*Logos*; blz. 236) dat had geklonken in de schepping en in de Schrift, spreekt nog steeds door de woorden van hen die prediken in de geest van de vroege apostelen. Zo wordt het Woord een directe ontmoeting met God, hetgeen blijkt uit de volgende beschrijving van Dominicus in gebed: 'Het was alsof hij in gesprek was met een vriend; soms leek het of hij zijn geduld verloor, dan weer leek hij rustig te luisteren, vervolgens zag men hem argumenteren en twisten, lachen en huilen, allemaal tegelijk, waarna hij zijn ogen neersloeg en weer gekalmeerd verder sprak terwijl hij zichzelf op de borst sloeg. [...] Deze man van God had een profetische manier om direct over te kunnen stappen van studie naar gebed en van meditatie naar contemplatie. [...] Vaak [in gebed met anderen] leek hij plotseling boven zichzelf uit te stijgen en in gesprek met engelen en God' (Koudelka 1997: 89 e.v.).

Regels en kloosterorden waren bedoeld om mensen te helpen zich geheel te wijden aan God, met geloften van gehoorzaamheid, armoede en celibaat. In de dertiende eeuw was er een man die deze keuze wel zeer radicaal heeft gemaakt.

Subiaco
Dit klooster in Subiaco (ten zuiden van Rome) is gebouwd in de berg met de grot waarin Benedictus eens als ascetische kluizenaar leefde. De grot is nu een heiligdom en bedevaartsoord.

> 'Onze geest en ons lichaam moeten bereid zijn te vechten onder een heilige gehoorzaamheid aan het gebod des Heren; en laten wij God bidden dat het hem welgevallig moge zijn daar waar onze natuur machteloos is, ons met zijn genade te hulp te komen. En als we willen ontkomen aan de pijnen van de hel en het eeuwige leven bereiken, laat ons, nu het nog kan, in dit lichaam en dit leven doen wat ons mag baten voor ons eeuwig heil.'

Franciscus

Leven in navolging van Christus

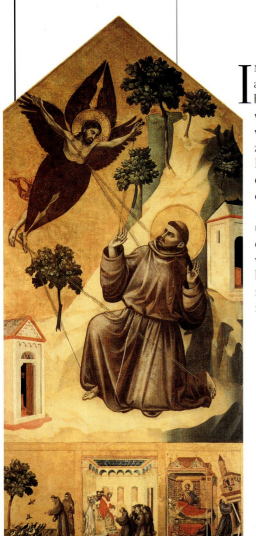

Stigmata
Giotto (1267-1337; zie ook blz. 24) schilderde Franciscus die de stigmata (de wonden van Christus op zijn eigen lichaam) ontvangt. Anderen hebben eveneens de pijn van de kruiswonden ervaren zonder dat de stigmata daarbij zichtbaar werden.

In 1206 werd een jonge man door zijn vader voor de lokale autoriteiten gevoerd onder de beschuldiging dat hij geld over de balk had gesmeten. Hij had inderdaad goederen op de markt verkocht en de opbrengst ervan weggegeven. De zoon verdedigde zichzelf niet, maar kleedde zich spiernaakt uit en gaf zijn kleren aan zijn vader. Deze jongeman heette Francesco Bernadone (1181-1226), nu beter bekend als St. Franciscus, over wie de Franse schrijver Renan opmerkte dat hij 'na Jezus de enige volmaakte christen is geweest'.

Franciscus was de zoon van een welgestelde stoffenkoopman uit Assisi, wiens leven een drastische wending nam na een ontmoeting met enkele melaatsen (leprapatiënten) in de buurt van Assisi. In het kort voor zijn dood geschreven *Testament* beschreef Franciscus hoe de geteisterde lichamen van deze mensen hem hadden tegengestaan en hoe hij toen een innerlijke drang had ervaren om deze ene man te omhelzen.

> 'Zo heeft de Heer mij, broeder Franciscus, toegestaan het leven der boete te beginnen, want daar ik in zonden leefde, scheen het mij ondraaglijk bitter om melaatsen te zien. De Heer zelf heeft mij tot hen gevoerd en ik heb hun barmhartigheid bewezen. En toen ik hen weer verliet, veranderde dat wat mij eerst bitter scheen in zoetheid voor mijn ziel en lichaam; daarna wachtte ik korte tijd en verliet de wereld.'
>
> (Armstrong en Brady 1982: 154)

Het leven van Franciscus word naverteld in verschillende biografieën ('Levens'), waarin soms nogal verschillende accenten worden geplaatst, al naargelang de prioriteiten van de desbetreffende religieuze orde. Maar ondanks detailverschillen staat in alle vroege Levens de ontmoeting met de melaatse man centraal. In hem herkende Franciscus Christus, wiens woorden over daden van barmhartigheid hij goed kende: 'In zoverre gij dit aan één van mijn minste broeders hebt gedaan, hebt gij het Mij gedaan' (Mattheüs 25:40).

De navolging van Jezus was voor Franciscus geen vage aspiratie. Steeds weer wendde hij zich tot God in volledige afhankelijkheid en vertrouwen. Het was hem niet direct duidelijk hoe hij zijn toekomstig leven zou moeten inrichten. Hij restaureerde onder andere vervallen kerken, tot hij op een dag in een van die kerken, de Santa Maria degli Angeli, in 1208 een preek hoorde over de instructies die Jezus zijn discipelen meegaf toen hij hen de wereld in stuurde: 'Voorziet u niet van goud of zilver of koper in uw gordel, van geen reiszak voor onderweg, geen twee hemden, geen sandalen, geen staf' (Mattheüs 10:9 e.v.). Onmiddellijk besloot Franciscus ook zo'n leven te gaan leiden. Hij verzamelde volgelingen om zich heen die franciscanen werden genoemd: eerst alleen mannen, later ook vrouwen, onder wie Clara (stichteres van de clarissenorde).

God is voor Franciscus de gulle schepper: de gehele schepping, tot in de allerkleinste onderdelen, is zijn geschenk. Wanneer hij een kever over de weg zag kruipen, bracht hij het diertje in veiligheid voor het geval er een rijtuig aan zou komen. In het jaar voor zijn dood (1225) schreef hij *Het Zonnelied*, een loflied op Gods goedheid, die op elk moment in deze wereld als een geschenk kan worden ervaren. Voor wie leeft in totale armoede is alles een geschenk, net zoals dat voor vogels en dieren het geval is. In *Het Zonnelied* wordt de gehele schepping opgeroepen Gods lof te zingen, te beginnen met broeder zon *(kader rechtsboven)*. Vervolgens wordt God gedankt voor zuster maan en de sterren, voor broeder wind en weer, voor zuster water en broeder vuur ('die zo robuust en vrolijk is, zo dapper in de duisternis'), voor onze zuster moeder aarde en voor onze zuster dood. Franciscus liet zijn gedicht ook op muziek zetten, want voor hem waren muzikale klanken en melodieën de meest vreugdevolle vorm van lofprijzing: 'Want wat zijn Gods dienaren anders dan zijn minstrelen, wier taak het is mensen kracht te geven en hen te verheffen tot de vreugden van de geest?'

Omdat God de oorsprong is van de schepping leefde Franciscus in vrede en harmonie met alle schepselen. Er zijn veel legenden over hoe hij samen met dieren, vogels en vissen God dankte voor al het geschapene. Door zijn volkomen vertrouwen in God kende hij geen angst omdat de bijbel immers zegt: 'De volmaakte liefde drijft de vrees uit' (1 Johannes 4:18). Toen zijn habijt eens vlam vatte en een van zijn broeders snel het vuur wilde doven, zei Franciscus hem het vuur geen kwaad te doen. Zelfs de gevaarlijke wolf Grecchio las hij de les en droeg hem op te vertrouwen op het eten dat de mensen hem zouden geven in plaats van hen agressief aan te vallen, waarna de mensen de wolf inderdaad gingen voeren.

In 1223 had Franciscus een levende kerststal samengesteld *(bijschrift rechts)* en stond voor de kribbe verzonken in diep gepeins over de nederigheid en armoede van de Ene van wie alle schatten van de schepping afkomstig zijn. Hij was in zijn navolging van Christus God zo dicht genaderd dat in de jaren daarop de wonden van Christus' lijden aan het kruis *(stigmata)* op zijn eigen lichaam verschenen. Hij had niets meegenomen op zijn reis door het leven (Mattheüs 10:9) en had de hele wereld ontvangen.

> '[...] Geloofd zijt Gij Heer, om uw gehele schepping, allereerst om broeder zon. Hij die zo heerlijk is in zijn pracht, verdrijft stralend de nacht en geeft ons dag aan dag zijn licht als afglans van uw heilig aangezicht.'

Het feest van Christus' geboorte
Kerstmis 1223 richtte Franciscus een symbolische kerststal in met levende dieren en mensen: een gebruik dat later overal ter wereld is overgenomen. In de legende zongen ook de bossen Gods lof en de bergen antwoordden met liederen.

Thomas van Aquino

De engelachtige geleerde

Geleerde en heilige
Thomas van Aquino doceerde in Parijs tot hij in 1260 terugkeerde naar Italië. Na een tweede periode in Parijs (1269-1272) ging hij opnieuw naar zijn vaderland terug en stierf 1274 in de omgeving van Napels. Kort voor zijn dood had Thomas een dermate intens en vurig schitterend visioen dat hij zei dat zijn geschriften in vergelijking daarmee niet meer waren dan stro.

ROND HET JAAR dat Franciscus stierf, werd Thomas van Aquino geboren (ca. 1225). Op de nog jonge universiteiten bestudeerde men de ideeën van Aristoteles *(blz. 231)*, die via de islamitische filosofen hun weg naar het westen hadden gevonden *(blz. 340 e.v.)*. Thomas werd diepgaand door deze ontwikkeling beïnvloed. In 1242 trad hij in bij de dominicanen en in 1246 vertrok hij naar Parijs, waar hij een student werd van Albert, later bekend als de Grote (Albertus Magnus).

Hij vond God belangrijker dan zijn eigen geschriften *(bijschrift links)*, wat niet wegneemt dat deze een enorme invloed op het christendom zouden hebben, met name zijn *Summae* of *Summas* (*Contra Gentes* en *Theologiae*). Theologen vóór hem, zoals Augustinus *(blz. 258-261)*, hadden met de Heilige Schrift en de openbaring als uitgangspunten geschreven over de natuur van God. Thomas redeneerde andersom en probeerde uit het scheppende, verzoenende en onderhoudende werk van God zijn natuur af te leiden.

Ook Thomas besefte heel goed dat God het menselijke bevattingsvermogen, zeker ons formuleringsvermogen, ver te boven gaat. Toch kan de mens, behalve door passieve aanbidding en liefde, ook iets over God te weten komen door te observeren hoe de wereld in elkaar zit. Verder zullen de werken van de schepping iets onthullen over de natuur en de bedoeling van hun schepper, zoals de werken van een kunstenaar iets zeggen over het karakter en de bedoelingen van hemzelf als persoon.

Om iets over God te weten te komen moeten we daarom beginnen met de dingen om ons heen. Na een grondige studie van de dingen trekken we met onze ratio en intellect de conclusie dat er nog een bovennatuurlijke 'reden' moet zijn voor hun wezen zoals het is, ook al kunnen we die voor een deel afleiden uit de natuurwetten. Dit soort argumentatie is gangbaar in de natuurkunde van onze tijd en wordt de 'deductieve methode' genoemd. Neutronen kunnen we bijvoorbeeld niet zien, maar we leiden hun bestaan af uit de observatie van hun werking en uit de noodzaak van hun bestaan als verklaring voor de werkzame eigenschappen (of bewijs) van dat wat wél waarneembaar is.

Op dezelfde manier redenerend geloofde Thomas van Aquino dat de mens via de ratio tot de conclusie kan komen dat God bestaat. In zijn *Quinque Viae* ('Vijf Wegen') beschreef hij hoe die conclusie totstandkomt *(kader rechts)*. Kort samengevat lijken de argumenten in de *Quinque Viae* niet helemaal steekhoudend, maar toch worden ze tot op de huidige dag gebruikt. In elk geval verduidelijken ze hoe Thomas ratio en geloof aan elkaar koppelde. Waarom zouden we echter die moeite nemen? Veel mensen kunnen (in ieder geval ogenschijnlijk) heel goed leven zonder in God te geloven. Thomas was echter van mening dat mensen een aangeboren verlangen naar God hebben dat zich manifesteert in het aangeboren verlangen naar waarheid. Wie blijft zoeken naar de waarheid komt tot de conclusie dat God bestaat, maar hij zal nooit kunnen vaststellen wat God precies ís. In feite zullen wij in dit leven God nooit 'kennen': dat komt pas in het ultieme visioen van God, het 'Zalige Visioen' van Dante. In de Schrift lezen wij hoe Gods liefde de mens schept en verlost. Zoals dus het werk van een kunstenaar zijn karakter en bedoelingen weerspiegelt – de redenering van Thomas – zo onthult de liefde die God openbaart in zijn omgang met de wereld zijn natuur als volmaakte en absolute liefde.

Hieruit kan worden afgeleid dat God niet een kaal getal is, de uitkomst van een of andere abstracte rekensom. De natuur van God is in zichzelf de volmaakte realiteit van de liefde en daarom is God drie goddelijke personen in één Wezen, want zonder meervoud kan liefde niet bestaan en zonder volmaakte eenheid zou liefde niet compleet en allesomvattend zijn.

In filosofische terminologie betekent dit dat er een 'zelf ongeproduceerde producent' (of 'veroorzaker') moet zijn waaruit de expressie van die goddelijke natuur voortkomt en waarin deze uitwerking altijd aanwezig is. In gewone taal noemt men de goddelijke personen de Vader, de Zoon en de Heilige Geest. Van de zelf onveroorzaakte 'veroorzaker' van alles wat er bestaat, het Woord, wordt altijd gesproken als het middel bij uitstek tot zelfexpressie en in die zelfexpressie ervaart de mens de uitwerking van de liefde. Het gaat niet om drie 'delen' God, nog minder om drie verschillende Goden: de Ene die God is, bestaat uit dit dynamische, drievoudig met elkaar verbonden wezen van de liefde.

Thomas vergelijkt de natuur van God als Drie-eenheid (drie goddelijke personen in Eén Wezen) met de wijze waarop de menselijke geest zichzelf kent als zijnde deze unieke persoon en geen ander; de menselijke geest produceert (zonder iets van zichzelf te verliezen) gedachten en dat zijn twee

'QUINQUE VIAE'

De Vijf Wegen waarlangs de rede tot de conclusie moet komen dat God bestaat:

† **EERSTE WEG**: het feit dat alles in beweging is naar dát wat alles in beweging zet, maar zelf niet beweegt.

† **TWEEDE WEG**: vanuit de observatie dat alles is veroorzaakt moet men wel tot de conclusie komen dat wanneer men de keten van oorzaak en gevolg volgt tot het begin, men bij de oorsprong van alle oorzaken komt, die zelf niet is veroorzaakt.

† **DERDE WEG**: het feit dat we leven in een wereld van contingente mogelijkheden (alles wat er is, had er ook níét kunnen zijn) bewijst dat er voor het bestaan op zichzelf een noodzakelijke 'reden' moet zijn voor het contingente bestaan: dit betekent dat God de reden is dát er iets is, in plaats van niets.

† **VIERDE WEG**: uit het feit dat we dingen vergelijken (groter, verstandiger, kleiner) kunnen we afleiden dat er een absoluut perfecte standaard bestaat waartegen die vergelijkingen worden afgezet. Zo'n standaard moet wel bestaan omdat absoluut perfect betekent: de ultiem volmaakte manier.

† **VIJFDE WEG**: alles wat bestaat is gericht op zijn eigen doel: zaadjes veranderen in plantjes en pijlen raken, mits goed gericht, hun doel omdat ze ontworpen zijn om hun doel (in het Grieks *telos*; vandaar dat deze redenering het 'teleologische bewijs' wordt genoemd) te raken. Uit het bestaan van een doelbewust 'ontwerp' kunnen we vervolgens afleiden dat er ook een Ontwerper moet bestaan.

verschillende dingen en vormen toch één realiteit. Deze realiteit, de geest met zijn gedachten, bestaat uit woorden (die op hun beurt niets afdoen aan de gedachten, noch aan de geest) – en weer staat op dat moment het woord los van de geest en de gedachten, terwijl ze toch samen één realiteit scheppen en zijn. Zo ook is het uitgesproken woord niet iets anders dan de geest en de gedachten, noch staan de gedachten los van het uitgesproken woord: ze zijn allemaal één en tegelijkertijd drie, omdat gedachten en woorden voortkomen uit de geest als hun oorsprong en bron. Deze analogie verwijst alleen naar de ultieme waarheid dat God Liefde is – en dat Gods liefde identiek is aan het bestaan van God: dus wat zich voltrekt (voortkomt uit) in God als liefde, is zelf ook God.

Met dit concept van de innerlijke natuur van God als Drie-eenheid en als noodzakelijkerwijze één in wil en liefde kon Thomas de vraag beantwoorden van islamitische filosofen waarom een volmaakt en zelfvoorzienend Wezen ooit een universum buiten zichzelf zou scheppen. Daarvoor is geen *reden*, want die reden zou dan de oorzaak zijn geweest van de scheppingsdaad en dus zou de *eerste* oorzaak de tweede worden. Ibn Sina heeft gezegd dat de schepping, die strikt genomen onnodig was, uit d*jud (blz.* 355) moet voortkomen; voor Thomas werd dat uitgedrukt in het Latijnse woord *liberalitas* (onbegrensde vrijgevigheid), maar omdat de natuur van God een Drie-eenheid van liefde is, moet het pure liefde zijn die de schepping heeft bewerkstelligd. God heeft niet geschapen om 'er iets aan te hebben', maar om de overvloed van zijn liefde te delen.

Uiteraard kan de mens het wezen van God niet beschrijven, omdat hij de oorsprong alleen kent door zijn uitwerkingen. Door deductie kunnen we wel tot de conclusie komen dat het begrip God ook in werkelijkheid moet bestaan, maar we kunnen niet beschrijven hoe God eruitziet. We kunnen alleen zeggen wat God *niet* is door middel van twee wegen: de *via negativa* (de 'weg van ontkenning') en de *via remotionis* (het God 'afleiden' uit wat Hij niet kan zijn: God is bijvoorbeeld niet vierkant of rond, of groter dan een boom).

Aan de andere kant weten we niet alleen iets over Hem door openbaring, aanbidding en liefde, maar ook door absolute vormen van waarheid, schoonheid en goedheid. God lijkt op een kunstenaar, maar is veel meer dan een kunstenaar; God lijkt op een aardse minnaar, maar geeft veel meer dan aardse liefde. God vertoont overeenkomsten met menselijke eigenschappen, maar dan in hun volmaakte, meest eminente vorm: deze weg, de *via eminentiae*, biedt ook een manier om iets over God te weten te komen. Deze analogie brengt ons op het fundamentele verschil tussen God en alles wat geschapen is. In ons universum is er een verschil tussen essentie (dat wat iets *is*) en existentie (het bestaan). Wat het betekent om een leeuw te zijn (de essentie) wordt bepaald door alles wat een leeuw onderscheidt van bijvoorbeeld een lam of een ander wezen. Maar niets in de essentie van een leeuw vereist dat die leeuw ook bestaat in de realiteit. Of een individuele leeuw bestaat of niet, heeft niets te maken met zijn essentie (wat hem maakt tot wat hij is en onderscheidt van al het andere). In het geval van God vereist de essentie van God (dat wat God *is*) echter dat God bestaat: God kan niet

De engelachtige geleerde Thomas van Aquino stond al tijdens zijn leven bekend als *Doctor Angelicus* en Dante noemde hem il maestro che color che sanno, *'de meester van degenen die weten'*. Dante beschrijft hem in zijn *'Paradijs' uit de* Goddelijke Komedie *als iemand die de waarheid bezingt als brenger van het licht naar de diepste duisternis.*

zijn wat Hij wordt verondersteld te zijn wanneer hij niet zou bestaan. Met andere woorden: de essentie van God ligt in zijn bestaan.

Hieruit volgt weer dat alle schepselen hun essentie (dat wat ze 'zijn') op een contingente manier combineren met hun existentie (hun 'bestaan'). Ook al kennen we hun essentie, ze kunnen ook, zoals uitgestorven dodo's bijvoorbeeld, *niet* bestaan. Uit alles wat we weten over essentie en existentie in het universum kunnen we in analogie concluderen dat in God essentie en existentie op een *niet*-contingente manier gecombineerd moeten zijn. Het kan niet zo zijn dat God misschien niet bestaat, omdat zijn essentie (dat wat hem God maakt) dan met zichzelf in tegenspraak zou zijn.

Deze conclusie is helder. Maar zoals eerder gezegd: God is geen uitkomst van een rekensom. Hij kan ook worden ervaren en gekend door aanbidding, gebed en liefde. Volgens Thomas van Aquino ligt daarin de echte en hoogste zin van het menselijk leven. Het uiteindelijke doel *(telos)* van de mens is om aansluiting te vinden bij de dynamische en onvergankelijke natuur van God die liefde is, en in die liefde voor altijd te verblijven.

Er is een verhaal over de laatste dagen van Thomas van Aquino in Napels. Op een dag lag hij in gebed geknield voor een crucifix, toen plotseling Christus hem vanaf het kruis toesprak en zei dat hij alles wat hij maar wilde mocht kiezen als beloning voor zijn werk: de schepper die zijn schepping aanbiedt aan zijn kind. Thomas zweeg lange tijd. Toen hief hij langzaam zijn hoofd op en zei: 'Ik wil alleen U.' Dit verhaal mag misschien apocrief zijn, het zegt wel de gehele waarheid over Thomas van Aquino.

Triomf
De ideeën van Thomas van Aquino werden aangevochten door geleerden die zich verzetten tegen de toepassing van de filosofie van Aristoteles in de theologie. Hij werd in 1277 dan ook bijna veroordeeld wegens ketterij, maar in 1879 verklaarde paus Leo XIII zijn werk tot het fundament van christelijke filosofie voor alle rooms-katholieke theologiestudenten.

Dante

De poëzie van God

In het jaar dat Thomas van Aquino stierf (1274) ontmoette een negenjarige jongen een meisje dat een jaar jonger was dan hij en werd op het eerste gezicht verliefd op haar. De jongen heette Dante Alighieri en het meisje Beatrice. Dante schreef twintig jaar later over die eerste ontmoeting in *Vita Nuovo*: 'Zij was heel eenvoudig gekleed in een japon van een voorname dofrode kleur, die haar omsloot en tooide zoals passend was bij haar prille jeugd.' En in zijn hart riep hij in bijbelse woorden uit: 'Op dit ogenblik is uw zaligheid verschenen,' en: 'Daar verschijnt een God die sterker is dan ik en die mij zal overheersen.'

Er was geen sprake van een kortstondige bevlieging of vluchtige vriendschap. Integendeel: hier ging het om de overweldigende ervaring dat er schoonheid bestaat die perfect en daardoor onvergetelijk is. Bijna iedereen kent wel deze ervaring. De Engelse dichter Wordsworth zag als kind eens een meisje worstelen met de harde tegenwind en vergat haar zijn hele leven niet (kader linksonderaan). Sommige mensen kennen de ervaring, maar hechten er verder geen betekenis aan: 'de plotselinge opheldering – we hadden de ervaring, maar we misten de betekenis ervan' (Eliot 1993: 28). Wie oprecht de betekenis wil vinden, zal direct uitkomen bij God als de bron van al het Goede en Schone. Zo verging het ook Dante. Negen jaar lang had hij geen contact met Beatrice en toen trouwde zij met iemand anders. Maar dat ene beslissende moment, die komeetachtige inslag van absolute schoonheid dwars door de zintuiglijke waarneming heen – dát moment bleef Dante zijn gehele leven bij. Het eerst vond het zijn neerslag in Vita Nuova en inspireerde Dante uiteindelijk tot de grootste dichterlijke evocatie van het christelijke Visioen van God, de *Goddelijke Komedie* (kader links).

In een brief aan zijn opdrachtgever benadrukte Dante dat hij een echte reis beschreef, anders dan John Bunyan, die in de ondertitel van zijn Pilgrims Progress aangaf dat het ging om een droom (Delivered Under the Similitude of a Dream). Bunyan verwees in de namen van zijn personages ('Heer Wereldwijs') en plaatsen ('Twijfelkasteel') naar de problemen en aanmoedigingen die pelgrims op hun reis ervaren. Dante stelt echter dat hij een echte reis beschrijft, een reis die iedereen moet ondernemen. Er bevinden zich dan ook inderdaad echte mensen in de Hel en op de Louteringsberg, al staat Dante wel toe dat zijn tekst wordt gelezen op dezelfde vier manieren waarop men ook de bijbel destijds las: letterlijk, allegorisch (waarbij de tekst verwijst naar een andere waarheid), moreel-educatief (waarbij de tekst de lezer aanspoort tot een andere levenswijze) en anagogisch (van het

Dante verklaart zijn werk
Op dit schilderij van Michelino licht Dante zijn reis uit de Goddelijke Komedie *toe. Hij startte in het 'duistere woud' van menselijke onwetendheid en dwalingen waarin hij verstrikt was geraakt, daalde toen af via de 24 cirkels van de hel naar de terrassen van de Louteringsberg en klom vervolgens vandaar omhoog naar de hemel, waar hij een visioen van God beleefde.*

'Er zijn in ons menselijk bestaan tijdstippen waarop met duidelijk superieure voortreffelijkheid een nieuwe deugd wordt geïntroduceerd.'

(Proloog 2:208-210)

Griekse woord anagoge, 'leiden naar' – waarbij de lezer via de tekst tot contemplatie wordt gebracht).

Hoe vindt Dante de weg uit 'het duistere woud' terug? Zijn eerste gids is de Romeinse dichter Vergilius (70-19 vChr.), die staat voor alles wat de mens uit zichzelf kan bereiken op het gebied van wijsheid, kunst en poëzie. Desondanks houden de hoofdzonden (kader rechts) de mensen in de Hel. In The Sea and the Mirror van W.H. Auden kiest Antonio ervoor om buiten de kring van verzoende zielen te blijven (kader rechtsboven). Ook Dante beklemtoont de vrijheid die de mens heeft om zijn eigen lot te kiezen. Aan het eind danst Antonio 'voor de dood alleen', evenals de personen in Dantes Hel. Op de Louteringsberg bevindt men zich nog steeds in het domein van de zonde, maar hier betreft het zonden waarvan men kan worden gelouterd. Via de Louteringsberg brengt Vergilius Dante tot aan de rand van het Paradijs, verder kan hij hem niet leiden. Als gids wordt hij afgelost door Beatrice, die in haar pure schoonheid voor Dante de eerste manifestatie van de genade van God was. Zo vertegenwoordigt Beatrice de andere bemiddelaars die God in ons midden brengen: de Kerk, de Maagd Maria en Christus zelf. Het paradijs is het onverdeelde licht van God dat de mensen op aarde kunnen waarnemen, ware het niet dat zij er te vaak de luiken van hun ziel voor sluiten.

> *'De glorie van Hem die alles beweegt, doordringt het gehele universum, hoewel zij op de ene plaats meer schittert dan op de andere.'*
>
> (Paradijs 1:1-3)

In dit licht, dat zich manifesteert in de liefde, kan de mens de volmaakte en eeuwige vreugde vinden. Wat hij als voorgevoelens ervaart in momenten van liefde, schoonheid, waarheid en goedheid verandert in een volmaakte en blijvende gemoedstoestand zodra hij in het paradijs verenigd zal zijn met God. Dante besefte dat dit ultieme visioen niet onder woorden te brengen is. Toch laat hij aan het eind van de *Goddelijke Komedie* een glimp zien van alle bewijzen van liefde die in het wezen van God verzameld zijn. 'In de diepte

> *'My will is all my own:*
> *Your need to love shall never know*
> *Me: I am I, Antonio,*
> *By choice myself alone'*
>
> (Auden, blz.412)

De kringen van de hel
In de Goddelijke Komedie leidt Vergilius Dante rond in verschillende kringen (niveaus) van de hel. De zielen zijn daar gevangen vanwege wat wel onjuist 'doodzonden' worden genoemd, terwijl het in feite, zoals Dante wel begreep, gaat om 'hoofdzonden'. Dit betreft gedragingen die op zichzelf goed (of in elk geval niet fout) zijn zoals honger en verlangen, maar die pas slecht worden wanneer ze de mens geheel in hun greep krijgen, zoals wellust en gulzigheid. De hoofdzonden houden de mens weg van de liefde tot God en hun naaste doordat ze voor de zondaar een obsessie zijn geworden.

Het Zalige Visioen
Door Beatrice ervaart Dante uiteindelijk het onverdeelde Licht van God, het zogenoemde 'Zalige Visioen'. Thomas van Aquino schreef hierover: 'De volmaakte en uiteindelijke verrukking kan niets anders zijn dan een visioen van wat God in essentie is.'
(Summa Theologicae 2.3.8)

'O hoe schieten woorden tekort
en hoe zwak zijn ze
om de voorstelling
die ik in mijn hoofd heb
tot uitdrukking te brengen!

O eeuwig Licht,
dat slechts berust in uzelf,
slechts uzelf kent,
en aldus, gekend en kennend,
uzelf bemint en toelacht!'

(Paradijs 33:121-126)

ervan zag ik hoe alles wat in het universum als het ware in losse bladzijden uiteenvalt, door de Liefde in één boekdeel wordt gebonden' (Paradijs 33:85-87). Het wezen van God is constante, oneindige liefde en kan onmogelijk worden beschreven (kader linksonderaan). Dante realiseerde zich dat ook hij in die liefde gevangen zat: 'Op dat moment werd mijn verbeeldingskracht, die zo hoog was gestegen, met lamheid geslagen. Maar intussen werd mijn vurige drang naar inzicht, als een wiel dat met gelijkmatige snelheid wordt rondgedraaid, reeds voortgestuwd door de Liefde, die de drijfkracht is van de zon en de andere sterren' (Paradijs 33:142-145).

Dante herinnert ons er weer eens aan dat het verhaal van God op zijn minst net zo vaak wordt verteld in poëzie als in proza. Zo transformeerden de zogenaamde 'Metafysical Poets' uit de zeventiende eeuw (Traherne, Herbert), die 'onder extreem hoge temperatuur hun ideeën omsmolten tot poëzie' (Eliot 1993: 50), waarbij de ideeën meestal van christelijke aard waren, het verhaal van God met hun paradoxen en kunstig taalgebruik tot een drama van menselijke verlossing en het verlangen van de ziel naar God. Traherne schreef over de bijbel:

'Dat! Dat! Daar is me verteld
Dat ik zoon van God was gemaakt, zijn beeld. O goddelijkheid!
En dat het zuiverste goud,
Met alle andere hier vergankelijke vreugden,
Niets anders is dan kleingoed, vergeleken met de verrukking
Die hemels, Godgelijk en eeuwigdurend is;

> *Dat wij op aarde koningen zijn;*
> *En, hoewel bekleed met menselijke huid,*
> *Daaronder cherubijnen zijn en engelenvleugels dragen;*
> *Gevoelens, gedachten en verlangens van binnen,*
> *Kunnen langs de kusten van hemel en aarde zweven;*
> *En zullen verzadigd zijn van hemelse vreugde.'*

De poëzie van God nam vooral in de twintigste eeuw een hoge vlucht. Met de dichters Auden en Eliot veranderde het karakter van de christelijke poëzie, doordat zij (net als Dante) worstelden om geschikte woorden te vinden voor de waarheid van God die op de proef wordt gesteld (net als bij Dante) door de gruwelen van het menselijke kwaad, op een schaal die zelfs Dantes schildering van de Hel nog ver te boven ging. Auden roept de openingswoorden van de *Goddelijke Komedie* op wanneer hij schrijft: 'Alleen, alleen door een verschrikkelijk woud van kwaad.' De dichter Auden realiseerde zich in 1939 al dat in het christelijke denken Gods verlossing betekent dat we over de vraag naar het waarom van het kwaad heen getild worden en aanvaarden dat we de verantwoordelijkheid hebben om ons ertegen te verzetten (kader rechtsboven).

Ook T.S. Eliot bleef zijn hele leven teruggrijpen op Dante. Hij schreef in 1923 een essay over hem en maakte in zijn Four Quartets niet alleen toespelingen op de *Goddelijke Komedie*, maar nam in een deel van Litte Gidding ook Dante's terza rima (een bepaald rijmschema) over. Hij schildert bovendien dezelfde reis als Dante, maar transponeerde diens beeldtaal naar de werkelijkheid van de twintigste eeuw: iedereen verlaat de 'hints of love' om een duister woud binnen te gaan. Mensen die echter bereid zijn zich in te schepen op de zee van de beproeving kunnen verdergaan op hun zoektocht en voor hen klinken de gebeden van de Heilige Maagd, voor wie een kapelletje hoog op een rotsklip staat.

> *'Who then devised the torment? Love.*
> *Love is the unfamiliar Name*
> *behind the hands that wove*
> *The intolerable shirt of flame*
> *Which human power cannot remove,*
> *We only live, only suspire,*
> *Consumed by either fire or fire'*
>
> (Little Gidding IV)

Evenals bij Dante schieten woorden tekort om dit visioen te beschrijven – zozeer zelfs dat het woord 'God' in de Four Quartets nauwelijks voorkomt, en dan alleen nog in een nauwkeurig omschreven context. Toch kunnen we ook uit de Four Quartets een glimp opvangen van dezelfde waarheid over God (kader rechts).

> *'I sit in one of the dives*
> *On Fifty-Second Street*
> *Uncertain and afraid*
> *As the clever hopes expire*
> *Of a low dishonest decade:*
> *Waves of anger and fear*
> *Circulate over the bright*
> *And darkened lands of the earth,*
> *Obsessing our private lives;*
> *The unmentionable odour of death*
> *Offends the September night.*
> *Accurate scholarship can*
> *Unearth the whole offence*
> *From Luther until now*
> *That has driven a culture mad,*
> *Find what occurred at Linz,*
> *What huge imago made*
> *A psychopatic god:*
> *I and the public know*
> *What all schoolchildren learn,*
> *Those to whom evil is done*
> *Do evil in return...*
>
> *Defenceless under the night*
> *Our world in stupor lies;*
> *Yet, dotted everywhere,*
> *Ironic points of light*
> *Flash out wherever the Just*
> *Exchange their messages:*
> *May I, composed like them*
> *Of Eros and of dust,*
> *Beleaguered by the same*
> *Negation and despair,*
> *Show an affirming flame'*
>
> (Auden, blz. 245-247)

> *'Quick now, here, now, always –*
> *A condition of complete simplicity*
> *(Costing not less than everything)*
> *And all shall be well and*
> *All manner of things shall be well*
> *When the tongues of flame*
> *are in-folded*
> *Into the crowned knot of fire*
> *And the fire and the rose are one'*
>
> (Little Gidding, slot)

De Weg van het Niet-Weten

Eckhart en de Engelse mystici

Toen Ps.-Dionysius *(blz. 250)* in de negende eeuw door Erigena was vertaald in het Latijn werd de apofatische weg *(blz. 249)* in het westerse christendom even belangrijk als in het oosterse. Voor de Duitse Meester Eckhart (gestorven 1327) gaat God zoveel verder dan onze gedachten en taal dat zelfs de goddelijke namen van de Drie-eenheid (Vader, Zoon en Heilige Geest) niet meer dan menselijke woorden zijn voor Gods zelfopenbaring: ze bieden een manier om God te benaderen, maar de essentie van God ligt oneindig ver achter deze namen *(zie ook Immanente en Economische Triniteit; blz. 246)*. In de woorden van Eckhart:

'De eeuwige wijsheid is geboren uit de macht van de Vader, want de Zoon is wijsheid en de Heilige Geest is goedheid en beiden zijn liefde – één in natuur en apart in persoon... De ziel wordt verenigd met de Heilige Drie-eenheid maar ze wordt misschien nog meer gezegend door nog dieper door te dringen, in de Godheid zelf, waarvan de Drie-eenheid een openbaring is. In deze Godheid op zichzelf is geen activiteit meer en daarom bevindt de ziel zich in haar meest volmaakte staat wanneer ze in de woestijn van de Godheid is geworpen, waar geen activiteit en vormen meer zijn, zodat ze verzinkt en opgaat in deze woestijn, waar haar identiteit verdwijnt en niets meer te maken heeft met alles wat ze voordien was. Dan is ze dood voor het zelf en levend voor God.'

(Blakney 1941: 200 e.v.)

Voor Eckhart is eenwording met God de enige bestemming en het doel van het menselijk bestaan (kader links). De zoektocht naar eenwording met God was even belangrijk voor de Engelse mystici uit de veertiende eeuw, met name Walter Hilton (ca. 1342-1396), Richard Rolle (ca. 1300-1349), Juliana van Norwich (ca. 1342-na 1416) en de schrijver van The Cloud of Unknowing. Hun invloed breidde zich uit doordat mensen in groten getale naar hen toe kwamen voor goede raad, later ook door hun geschriften. Voor ieder van hen was het duidelijk dat de ziel door het avontuur van het gebed God kan leren kennen en 'iets kan waarnemen van de natuur van Jezus en ten slotte de eigenschappen van de Gezegende Triniteit ervaren'. Zij stonden allen in verbinding met het noordoosten van Engeland: de East Midlands en East Anglia. Mogelijk waren zij ook beïnvloed door de franciscanen en de mystici uit het Rijnland zoals Eckhart, maar zij baseerden zich duidelijk veel meer

---

'Er is nooit zo'n vereniging geweest [als tussen de ziel en God], want de ziel staat dichter bij God dan bij het lichaam dat ons menselijk maakt. Ze heeft een intiemere relatie met hem dan een druppel water in een vat wijn, want daarbij zou het nog steeds gaan om water en wijn; maar hier is de een veranderd in de ander [theosis, blz. 250], zodanig dat geen sterveling ooit nog een verschil tussen hen kan waarnemen.'

(Blakney 1941: 29)

op de bijbel, in het bijzonder op het oudtestamentische boek der Psalmen en het Nieuwe Testament. De bijbel als rijke bron van inspiratie maakte dat ze zich met klem begonnen af te vragen wat God in hun leven betekende. Ze vonden hun antwoord in het 'afpellen': de reductie van wat God van de mens vraagt tot een apostolisch minimum ('apostolisch' omdat zij geloofden dat de door de apostelen geïntroduceerde manier van bidden de enig juiste was). Zij leefden allen in strikt volgehouden armoede en met name Hilton vroeg van zichzelf en van degenen die bij hem om raad kwamen, een steeds diepgaander bekering van de oude leefstijl: 'Een mens moet in waarachtigheid op Christus gericht zijn, zonder in zijn diepste binnenste te worden afgeleid door alle zichtbare dingen, voordat hij de zoetheid van de goddelijke liefde kan ervaren.' Deze visie kan lijden met zich meebrengen, zoals voor Juliana van Norwich: in haar Showings ('Visioenen van Christus') werd haar eigen lijden een deelname aan het lijden van Christus. Voor Rolle en Hilton was het lijden een zuiverend proces dat een soort apofatisch gebed mogelijk maakte. Individuele gevoelens waren niet van belang. De 'scherpe pijl van hunkerende liefde' van de mens voor het goddelijke, beschreven in The Cloud of Unknowing, werd gezien als een daad van goddelijke genade, een uit liefde door God zelf geïnitieerde daad: 'Het ontsteken van liefde, dat is het werk van de enige God.' De genade van God is altijd de 'grootste aanstichter of veroorzaker [...] en u slechts degene die gehoor geeft en lijdt'. Ook al is zonde de oorzaak van lijden, uiteindelijk 'zal alles goed zijn en zal alles goed zijn, en zullen alle manieren van zijn van de dingen goed zijn' (Juliana van Norwich: Showings 13/27).

God is liefde en de bron van liefde. Daarom sprak Juliana van Norwich over God als Moeder: God met wie wij in ons leven toch bekend kunnen raken door de uitwerkingen, niet alleen van een Vader maar ook van een Moeder. 'Onze Vader wil, onze Moeder werkt, onze goede Heer de Heilige Geest bevestigt. En daarom is het ons deel om God onze Vader, in wie ons bestaan is, lief te hebben, hem ootmoedig te danken en te prijzen voor onze schepping, met alle kracht te bidden tot onze Moeder om genade en erbarmen, en onze Heer de Heilige Geest om hulp en genade' (Colledge 1978: 296).

Meester Eckhart en de Engelse mystici combineerden in hun godsbeeld twee waarheden: God staat ver boven intellectuele kennis en toch is God gekend: in en als een liefdevolle relatie (kader rechtsboven). Dit betekent – zoals ook Augustinus (blz. 259) had ervaren – dat zij die God liefhebben niet langer leven in de geschapen wereld en God daarbuiten zoeken, maar, daartoe aangespoord door de openbaring van God in de schepping, beginnen te leven in God, en dan is het de schepping die buiten staat. Hierdoor kwam de liefde van God in toenemende mate tot uiting in menselijke scheppingen; niet in het minst door de beeldende kunst, architectuur en muziek.

> 'God kan niet worden begrepen door het intellect van mensen of van engelen, want beide zijn geschapen wezens. God is echter alleen onbegrijpelijk voor ons intellect, nooit voor onze liefde.'
>
> (The Cloud of Unknowing 4)

Eckhart

Als dominicaner monnik schreef Eckhart preken en hij is mogelijk ook een student geweest van Albertus Magnus in Parijs (evenals Thomas van Aquino). Hij werd in 1328 veroordeeld voor de publicatie van 28 onorthodoxe stellingen, die hij volgens de bronnen voor zijn dood heeft herroepen. Zijn doel was om door alle woorden en voorstellingen heen te breken om op die manier de eenvoudige basis en bron te vinden van alles wat er bestaat.

Architectuur

De huizen van God

De kathedraal van St.-Denis
Met de bouw van deze kathedraal legde Suger de grondslag voor de gotische stijl. De enorme neerwaartse druk van het gebouw werd vanuit de steunpilaren in het interieur evenredig verdeeld over de luchtbogen aan de buitenzijde. Sierlijke ribgewelven vervingen de wat plompe tongewelven van de oudere kerken. In de hogere muren konden daardoor magnifieke glas-in-loodramen worden geplaatst.

> 'Verrukt als ik ben over de schoonheid van het huis van God, [...] lijkt het alsof ik me in een onbekend gebied van het universum bevind, dat noch helemaal uit grove aardse klei, noch helemaal uit ranke hemelse puurheid bestaat; en waar ik, door Gods genade, via geestelijke elevatie (anagoge) van deze lagere wereld kan worden vervoerd naar die hogere.'
>
> (Over het Beheer 32)

IN HET JAAR 1091 deed een tienjarige jongen zijn intrede in het benedictijner klooster van St.-Denis bij Parijs. Toen hij later was opgeklommen tot abt begon hij in 1122 aan de verbouwing van de abdijkerk, die tot zijn dood in 1151 zou duren. Zijn naam was Suger en de verbouwde kerk werd later het prototype van wat wij nu kennen als gotische architectuur.

De oorspronkelijke abdij was in 507 door de Frankische koning Clovis gesticht en gewijd aan St. Denis, een christenmartelaar uit de derde eeuw die volgens de legende na zijn onthoofding nog drie kilometer doorliep tot hij neerviel op de plaats waar later de kerk werd gebouwd. Deze heilige Denis bleek echter dezelfde te zijn als de door Paulus bekeerde Dionysius (Handelingen 17:34), aan wie bijzonder invloedrijke geschriften over de vereniging van de mens met God (blz. 250) worden toegeschreven. In deze Denis (Ps.-Dionysius) vond Suger zijn leidsman en inspiratiebron bij het schrijven van zijn bekendste werken: Over de inwijding van de kerk en Over het beheer van zaken.

Suger nam van Ps.-Dionysius over dat er talloze manifestaties van God in de openbaring en de schepping te vinden zijn op grond waarvan mensen God kunnen benaderen. Volgens Ps.-Dionysius 'moet ieder weldenkend mens begrijpen dat de verschijningsvormen van schoonheid in de wereld wegwijzers zijn naar de realiteit van de onzichtbare Schoonheid' (Over de hemelse hiërarchie 1). Suger gaf deze overtuiging concreet gestalte in zijn visie op bouwtrant en decoratie (kader linksonder).

Om schoonheid te kunnen herkennen is licht nodig. 'God is licht' (1 Johannes 1:5) en in de woorden van de geloofsbelijdenis van Nicea is Jezus 'God uit God, licht uit licht'. Daarom wilde Suger dat zijn bouwmeesters en architecten zoveel mogelijk licht in de kerk zouden toelaten (bijschrift links). Suger verwijderde zelfs het koorhek met het kruisbeeld, de standaardafscheiding tussen het 'koor' en het 'schip' van de kerk, zodat alle gelovigen dichterbij konden komen voor de lofzangen tot God en het offer van Christus in de eucharistie: 'De heilige schepen moeten worden verfraaid door ze van buiten te versieren en vooral daar waar het Heilige Offer wordt gevierd moet alles van binnen puur zijn en alles van buiten indrukwekkend' (Over het beheer 32). Sugers opvatting dat een kerk door middel van haar pracht en praal via Christus naar God kon leiden, heeft veel invloed gehad, maar was zeker niet onomstreden. Bernard van Clairvaux (1090-1153) bijvoorbeeld was toegetreden tot de nieuwe orde van de cisterciënzers omdat zij de armoede van Christus wilden navolgen in hun eigen leven. Vandaar dat hij fel gekant was tegen de nieuwe architectuur.

'Ik zeg niets over de verbazingwekkende hoogte van uw kerken, [...] de kostbare decoraties en opvallende beelden en schilderingen, die hen die zouden willen bidden afleiden en uit hun concentratie halen. [...] Wel zeg ik tegen mijn monnikenbroeders, arm als u bent - wanneer u althans arm bent - wat moet al dat goud in uw kerken?

[...] O ijdelheid der ijdelheden! [...] De kerk heeft schitterende muren, terwijl haar armen bedelaars zijn; haar stenen zijn verguld, terwijl haar kinderen naakt zijn; voor de ogen van de rijken is er genoeg om zich aan te verlustigen, maar de behoeftigen vinden er niets dat hen kan helpen.'

(Brief aan Willem van St.-Thierry)

Deze vraag wordt telkens weer gesteld: hoe kan God in en door de kerk het beste worden geëerd? Cisterciënzer kerken bereiken hun eigen schoonheidsideaal in hun tot het uiterste doorgevoerde eenvoud. Luther en Calvijn (blz. 290) waren de leiders van het reformatorische protest tegen wat zij beschouwden als pogingen tot personifiëring van God en de heiligen door middel van beelden en schilderijen, vergelijkbaar met de argwaan van de iconoclasten in het oosterse christendom (blz. 287), dat het hier ging om een vorm van afgoderij.

De kerkinterieurs variëren overal. In kerken waar men bijvoorbeeld de opvatting aanhangt dat de priester in de eucharistie het offer van Christus telkens opnieuw brengt, zal het middenschip gericht zijn op een hoogaltaar, op afstand van de gemeente; in kerken waar men in de eredienst het Laatste Avondmaal gedenkt, is het altaar naar het midden van de gemeente verplaatst. Het blijft een feit dat de architectuur rondom de symbolen van het christelijk geloof voor veel mensen even inspirerend kunnen zijn als voor de Duitse dichter Rainer Maria Rilke (1875-1926), toen hij voor het eerst een Russisch-orthodoxe kerk betrad.

'Voor hem waren de eenvoudige mensen die op de knieën voor hun Maria-iconen lagen te bidden niet verstrikt in bijgeloof: hun vroomheid in deze donker goudglanzende omgeving was de uiting van een creatief proces dat hijzelf herkende in de kunst, waarin God steeds opnieuw manifest werd: "Uit elk gebaar van de mensen stroomt de warmte van zijn groei naar buiten als een eeuwige zegening"'.

(Prater 1994: 53)

Het binnengaan van een kerk betekende in Sugers ogen een stap zetten in de richting van God. Vandaar zijn inscriptie voor het portaal:

'[...] indrukwekkend helder, moet het werk zielen verlichten, opdat zij door het licht gaan naar het Ware Licht, door Christus, de ware deur [Johannes 10:7,9]. De aardgebonden ziel stijgt door de materie heen op naar de waarheid, En van een dood ding, terneergedrukt, Wordt zij opgeheven naar nieuw leven.'

De abdij van Pontigny
In de twaalfde eeuw gebouwd in de strenge cisterciënzer stijl die een expressie is van Bernards overtuiging dat ook de kloostergebouwen de pure eenvoud van het kloosterleven moeten weerspiegelen. Abdijkerken hebben meestal geen klokkentoren omdat monniken niet zozeer andere gelovigen uitnodigen, als wel God willen zoeken in afzondering van de wereld.

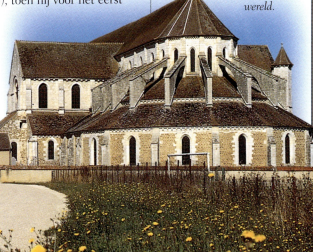

Liturgie en theater

In aanwezigheid van God

KATHEDRALEN EN KERKEN werden niet alleen gebouwd voor de glorie van God, ze waren ook de locatie van de uitvoering van de liturgie. In het algemeen staat het woord liturgie voor de eredienst aan God *(blz. 214)*, maar in het christendom refereert de term specifiek aan het gebod van Jezus bij het Laatste Avondmaal: 'Doet dit tot mijn gedachtenis'. De liturgische procedure waarin hieraan vorm is gegeven, staat bekend onder verschillende benamingen: de avondmaalsviering, de eucharistie en de mis. Deze termen geven de verschillende opvattingen weer over wat Jezus nu precies bedoelde. Gehoorzaamheid aan het gebod 'Doet dit' blijft echter de kern van de verbondenheid van alle christenen met God en met elkaar (kader links).

In de uitvoeringspraktijk van de liturgie worden bepaalde gebeurtenissen (en personen) uit het verleden naar het heden verplaatst, waardoor ze tot actuele gebeurtenissen worden getransformeerd. R.L. Grimes formuleert het aldus: 'Liturgieën bewerkstelligen twee dingen. Ze representeren én actualiseren bepaalde gebeurtenissen. Een gebeurtenis is letterlijk onherhaalbaar. [...] Door middel van onze rituele handelingen voorkomen wij dat gebeurtenissen als voornoemde slechts dingen uit het verleden blijven. Zonder rituelen hebben zulke gebeurtenissen geen actuele presentie.' (Grimes 1982: 44 e.v.).

Kerken en kathedralen werden ook podia voor toneelspelen waarin God direct naar de menselijke ervaring werd toegebracht. Vroege voorbeelden hiervan zijn de middeleeuwse 'mirakelspelen' (gedramatiseerde versies van het leven, de wonderen of het martelaarschap van een heilige), 'mysteriespelen' (cycli van spelen waarin de geschiedenis van de mensheid wordt naverteld vanaf de Schepping tot het Laatste Oordeel) en 'moraliteiten' (gedramatiseerde allegorieën; vroege voorbeelden zijn The Castle of Perseverance en Den Spyeghel der Salicheyt van Elckerlijc, beter bekend als Elckerlyc).

Hoewel deze toneelspelen zich baseerden op de Heilige Schrift, begaven ze zich ver buiten de vastliggende tekst en introduceerden personages met wie het publiek zich kon identificeren. Om die reden werden ze door de reformatorische Kerk dan ook afgewezen, behalve wanneer er sprake was van strikt bijbels georiënteerde spelen. Een gevolg hiervan was dat de ontwikkeling van een theater los van de kerk erdoor werd versneld. Toch bleven religieuze onderwerpen belangrijk (bijvoorbeeld Faust, de zoeker naar het goddelijke). De jezuïeten *(blz. 294-295)* ontwikkelden een specifiek christelijk theater,

---

Doet dit tot mijn gedachtenis

'Was er ooit een ander gebod dat zó werd gehoorzaamd? Eeuw na eeuw, zich langzaam uitbreidend over alle continenten en landen en onder alle rassen op aarde, is het uitgevoerd, onder alle mogelijke omstandigheden, van de vroegste jeugd en nog eerder tot op de hoogste ouderdom en daarna, van de toppen van de aardse roem tot de schuilplaatsen van vluchtelingen in de grotten en holen der aarde. Geen beter ritueel is er gevonden voor koningen bij hun kroning; voor misdadigers op weg naar het schavot; voor zegevierende legers of een bruidspaar in een dorpskerkje; voor de proclamatie van een dogma of dankzegging voor een goede graanoogst; voor de wijsheid van het parlement van een machtige natie of een doodzieke oude vrouw die bang is om te sterven; voor het examen van een schooljongen of Columbus die uitvaart om Amerika te ontdekken. [...] Er zouden nog vele pagina's te vullen zijn met de redenen waarom dit gebod werd nageleefd. En het allermooiste is dat week na week, maand na maand, op honderdduizend achtereenvolgende zondagen, priesters dit goddelijke ritueel trouw hebben uitgevoerd, in alle christelijke parochies en gemeenten overal ter wereld, ter wille van het plebs sancta Dei, het heilige gewone volk van God.'

(Dix 1943: 744)

voor een deel als reactie op protestantse producties, maar meer nog als een natuurlijke ontwikkeling van de jezuïtische nadruk in de gebeden op de uitbeelding van plaatsen en situaties. In een latere fase werd er ook muziek aan toegevoegd (bijvoorbeeld de koorzangen van Orlando di Lasso in Samson), hetgeen de ontwikkeling van opera en oratorium heeft gestimuleerd en bevorderd. Direct voortvloeiend uit de middeleeuwse moraliteit ontstond in Spanje de auto sacramental door Calderon (1600-1681), die leidde tot grote veranderingen in de uiterlijke vorm. Hij schreef meer dan 70 auto's, waarin de betekenis van het geloof wordt uitgelegd, maar die ook vroomheid uitstralen. In The Allegorical Drama of Calderon (1943) noemde A.A. Parker hem 'de toneelschrijver van de scholastiek [middeleeuwse filosofische theologie] in het algemeen, zoals Dante [blz. 270] in het bijzonder de dichter van het thomisme [Van Aquino; blz. 266] was'.

Middeleeuws mysteriespel
Speciale geluidseffecten werden toegepast om de mysteriespelen zo realistisch mogelijk te maken. Donderbussen, voor een kwart met kiezelstenen gevuld, werden omgegooid, tromgeroffel en hoorngeschal ondersteunden het spel op het toneel.

De Kruisiging in cinemascope
Omringd door Romeinse soldaten draagt Jezus zijn kruis in een spektakelscène uit de film Golgotha.

Het theatrale aspect is steeds meer uit liturgie en ritueel verdwenen, omdat de band met de religie altijd afhankelijk is geweest van de persoonlijke visie van de auteur. Corneille en Racine zouden hun werken niet hebben kunnen schrijven zonder een christelijke achtergrond. De Franse dichter Charles Péguy (1873-1914) schreef: 'Bij Racine ontdekken we onze wonden, bij Corneille ontdekken we onszelf'; en in The Christian Theatre (1960) beschouwt R. Speaight Polyeucte van Corneille als 'een van die zeldzame meesterwerken van het christelijke theater [...] die op eenzame hoogte staan'.

In de twintigste eeuw zijn opvallende pogingen gedaan door schrijvers van christelijke signatuur om iets te doen met het christelijk geloof op het toneel, met name T.S. Eliot en Charles Williams. Op televisie en in de film is het verband tussen menselijke ervaringen en God een steeds zeldzamer wordend verschijnsel. De 'optie voor opties' (blz. 316) houdt in dat de publiciteitsmagnaten die de media controleren God niet langer zien als een ten aanzien van de mens serieus te nemen optie.

Muziek

Lofprijzing of voorstelling?

In Paulus' Brief aan de Efeziërs (5:19) worden de christenen aangespoord om met elkaar te communiceren in 'psalmen, lofzangen en geestelijke liederen'. In het vroege christendom werd veel overgenomen van de joodse synagoge- en tempelpraktijk (blz. 214 e.v.), bijvoorbeeld het zingen van psalmen op één toon dat wij gregoriaans noemen.

Er werden ook nieuwe lofliederen geschreven en op muziek gezet, waarvan een aantal nog altijd wordt gezongen, zowel Griekse (zie blz. 288 over oosters-orthodoxe muziek) als Latijnse hymnen – bijvoorbeeld Phos hilaron, 'O zalig licht, Drievuldigheid, die één in hart en wezen zijt', of, waarschijnlijk van de hand van Ambrosius (340-397) Rerum Deus tenax vigor, 'God die het al geschapen heeft, het al regeert, met licht omgeeft'. Ambrosius begeleidde Augustinus (blz. 258) bij diens bekering en Augustinus kwam tot het inzicht dat muziek moest worden beschouwd als een geschenk van God: 'Deze manier van zingen ontvangt u van God; zoek niet naar woorden. U kunt de gevoelens die God welgevallig zijn niet onder woorden brengen: prijs hem daarom jubelend. [...] Wat is dit gejubel, dit juichende gezang? Het is de melodie die wil zeggen dat ons hart barst van gevoelens die door het gesproken woord niet kunnen worden uitgedrukt. En wie behoort deze jubelzang vooral toe? Zeker aan God, die onuitsprekelijk is. En wil onuitsprekelijk niet zeggen: dat wat niet kan worden uitgesproken? Wanneer de juiste woorden niet komen en u toch niet mag zwijgen, wat kunt u dan anders doen dan de melodie te laten opklinken? [...] Wat anders te doen dan "in jubelzang uit te barsten"?' (Preek over Psalm 32, 1:7-8).

Thomas Browne schreef in de zestiende eeuw over de harmonie van muziek met de schepping (kader links), maar al veel eerder was de polyfonie uitgevonden (verschillende stemmen die dezelfde tekst zingen op verschillende noten die onderling harmoniëren), die het concept van 'symfonie' (Grieks: sun, 'met' en phone, 'stem') in Gods schepping bevestigde. Luther was een groot voorstander van het gebruik van muziek in de eredienst, waardoor componisten aan het werk werden gezet, bijvoorbeeld Johann Sebastian Bach (1685-

---

De harmonie van de schepping stond ook wel bekend als 'de muziek der sferen', waarover Thomas Browne (1605-1682) schreef:

'Overal waar harmonie, orde en evenredigheid heersen, is muziek; en tot op heden kunnen wij volhouden dat het de muziek der sferen betreft; [...] want zelfs de volks- en cafémuziek, waar de een vrolijk van wordt en de ander zich boos om maakt, raakt in mij een diepliggende snaar van vroomheid die mij aanzet tot contemplatie over de Eerste Componist, want er zit meer goddelijkheid in muziek dan het oor kan horen.'

(Religio Medici, blz. 111)

Händels Messiah
Luther vond dat het verhaal van God uitstekend kon worden verteld in muziek, wat culmineerde in de grote oratoria van Bach en Händel. Hieronder de partituur van de Messiah in het handschrift van de componist zelf.

1750) die in de kantlijn van een van zijn partituren schreef: 'Het doel van de basso continuo is niets anders dan God te eren.' Luther (kader rechts) vond dat de gemeente God niet in het Latijn, maar in haar eigen landstaal moest aanspreken. Hij stimuleerde het zingen van 'koralen', protestantse gezangen, en schreef zelf zowel de tekst als de melodie van Ein fester Burg ist unser Gott ('Een vaste burcht is onze God'). Ook in de rooms-katholieke Kerk onderkende men dat muziek een bijdrage kon leveren aan de verkondiging van Gods woord en het zingen van Gods lof. Het Concilie van Trente verkondigde plechtig: 'Wat de missen betreft die met zang en orgelspel worden gevierd: laat daarin niets werelds toe, alleen hymnen en lofzangen. Het zangprogramma moet niet worden opgezet om het oor te strelen, maar zó dat allen de woorden goed kunnen verstaan, zodat in het hart van de luisteraars het verlangen naar hemelse harmonieën ontstaat, wanneer zij de vreugde overpeinzen van hen die gezegend zijn' (Hayburn 1979: 25-31).

Was hierbij nu sprake van zuivere lofprijzing, of ging het om een theatrale voorstelling? Lang voordat de muziek allerlei nieuwe wegen insloeg, sprak de hervormer John Wycliffe (1330-1384): 'In een koor van veertig of vijftig man bevinden zich altijd wel drie of vier hovaardige en liederlijke schavuiten die een vroom toneelstukje opvoeren, met zoveel uiterlijk vertoon dat niemand de woorden verstaat en alle anderen met stomheid geslagen zijn.'

Om muziek voor iedereen toegankelijk te maken zocht men naar muzikale vormen die voor de gehele gemeente geschikt waren. Berijmde versies van de psalmen ontstonden en veel nieuwe gezangen werden gecomponeerd. In het geval van John en Charles Wesley (Charles alleen al schreef meer dan 5000 gezangen; blz. 296) waren die zeker niet bedoeld om het oor te strelen: ze moesten fungeren als uitdragers van de bijbelse en christelijke boodschap. Toen John Wesley A Collection of Hymns for the Use of the People Called Methodists (1780) samenstelde, schreef hij aan een vriend: 'Deze gezangen zijn niet zomaar bij elkaar gezet, maar zorgvuldig in hoofdstukken ingedeeld, in overeenstemming met de ervaringen van echte christenen' (Manning 1942: 11).

In 1940 werd in Frankrijk de Taizé-gemeenschap opgericht die ernaar streefde om de kloof tussen protestanten en rooms-katholieken te overbruggen. Taizé biedt ook een voorbeeld hoe muziek werkelijk oecumenisch kan zijn: het gaat om muziek die bedoeld is voor een publiek binnen de symfonie zoals de Natuur van God kan worden gekenschetst.

'Wat mag dat grote iets wel zijn? God, zo u wilt. Wat stelt het voor? Ik zou zeggen,' sprak Enderby bedachtzaam, 'zoiets als een grote symfonie, met een partituur zonder eind en een oneindig aantal instrumenten, maar samengebracht in één groot geheel. Deze grote symfonie speelt zichzelf, voor altijd en eeuwig. Wie luistert ernaar? Ze luistert naar zichzelf en ze geniet voor altijd en eeuwig van zichzelf. Ze maalt er niet om of u haar hoort of niet.'

(Burgess 1978: 31)

'Blijf mij nabij'
Het christelijke gezang Blijf mij nabij *wordt ook gezongen bij wereldse gelegenheden zoals voetbalwedstrijden. In muziek en lofliederen worden menselijke emoties opgewekt en in contact gebracht met God. Voorbeelden hiervan in de tegenwoordige tijd zijn de opleving van het gregoriaans en de oprichting van charismatische gospelkoren.*

Ten tijde van de Reformatie begreep onder anderen Luther hoeveel macht muziek bezit.

'Na het woord van God verdient muziek de hoogste lof. Muziek intensiveert de menselijke emoties [...] die de mens in het gareel houden of nog vaker overspoelen. [...] Of u nu bedroefden wilt troosten, lichtzinnigen wilt beteugelen, wanhopigen wilt bemoedigen, trotse zielen deemoed wilt leren, of mensen vol haat vrede wilt geven, welk middel zou dan effectiever zijn dan muziek?'

(Blume 1975: 10)

DE GODSDIENSTEN VAN ABRAHAM: CHRISTENDOM

RECHTS:

Jeruzalem van William Blake
Blake zei van zichzelf: 'Inspiratie en visioenen waren vroeger, zijn tegenwoordig en zullen, naar ik hoop, voor altijd mijn natuurlijke element zijn, mijn eeuwig tehuis.'

Kunst en gevoel
Door de gevoelens uit te beelden die gepaard gaan met bepaalde gebeurtenissen roepen kunstwerken diezelfde gevoelens op bij de toeschouwers; zoals hier bij deze Kruisafneming door Michelangelo (1475-1564).

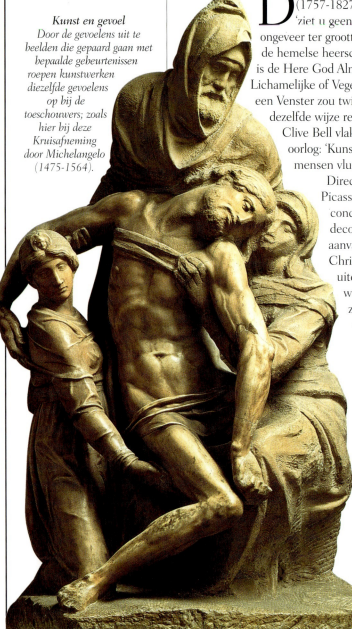

Beeldende kunst

Onderricht en visioenen

DE DICHTER EN beeldend kunstenaar William Blake (1757-1827) schreef eens: '"Wat nu", zal men vragen, "ziet u geen vurige, ronde schijf als de Zon opgaat, ongeveer ter grootte van een muntstuk?" "O nee, nee: ik zie de hemelse heerscharen, luid roepend: 'Heilig, Heilig, Heilig is de Here God Almachtig!'" "Ik twijfel net zomin aan mijn Lichamelijke of Vegetatieve Oog als dat ik bij een Aanblik door een Venster zou twijfelen. Ik kijk erdoor en niet ermee."' Op dezelfde wijze redenerend concludeerde de kunstcriticus Clive Bell vlak voor het begin van de Eerste Wereldoorlog: 'Kunst en religie zijn twee wegen waarlangs mensen vluchten naar de extase.'

Direct na de Tweede Wereldoorlog kwam Pablo Picasso (1881-1973) tot een geheel andere conclusie: 'Schilderen doe je niet voor de decoratie van interieurs; nee, het is een aanvals- en verdedigingswapen tegen de vijand.' Christelijke kunst ontstaat tussen deze beide uitersten: kunst verheft mensen door iets weer te geven van de glorie van God, maar ze dient ook vele doelen ter bevestiging van Gods koninkrijk op aarde. Voorbeelden:

- ❖ **ONDERRICHT**: wandschilderingen en glas-in-loodramen dienden voor het onderricht van gelovigen toen er nog geen boeken waren en nog maar weinig mensen konden lezen.
- ❖ **OVERTUIGING**: het leven van Christus en vooral zijn kruisdood worden zodanig afgebeeld dat het mensen zal aanspreken en zij hun leefwijze zodanig veranderen dat het meer gaat lijken op dat van hem.
- ❖ **PROPAGANDA**: behalve om te overtuigen kan kunst ook worden toegepast om mensen te bekeren door het in beeld brengen van de beloften van het paradijs, of hun angst aan te jagen door middel van realistische voorstellingen van de hel en satanisch grijnzende duivels.

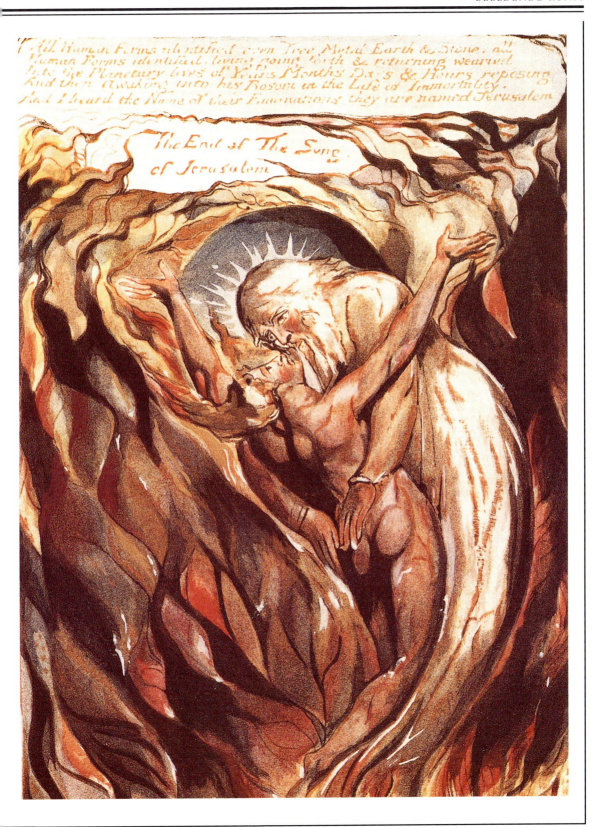

DE GODSDIENSTEN VAN ABRAHAM: CHRISTENDOM

- Protest: kunst kan een profetische woede tegen het kwaad, vooral de corruptie in de Kerk, tot uitdrukking brengen.
- Participatie: kunst kan mensen via de afgebeelde scène of persoon leiden naar de achterliggende werkelijkheid: een indrukwekkend voorbeeld hiervan vormen de kruiswegstaties: afbeeldingen van veertien episoden (waarvan sommige legendarisch) uit het lijdensverhaal van Christus, culminerend in zijn dood; het doel is om gelovigen die deze staties volgen persoonlijk te betrekken bij het lijden van Christus en hen te herinneren aan de hoge prijs die Christus voor hun verlossing heeft betaald.
- Gebed: kunst slaat een brug tussen de mensen en God, zodat zij via het werk van mensenhanden worden geleid tot die Ene naar wie het verwijst – en van wie het afkomstig is (bijvoorbeeld de rol van iconen; blz. 286 e.v.): kunst schept op die manier een venster waar men doorheen kan kijken, zoals de priesterdichter George Herbert (1593-1633) schreef:

  'Kijkt een man naar glas,
  Zijn oog kan eraan blijven plakken;
  Of zo hij wil, kan hij erdoor gaan
  En dan de hemel zien.'

- Interpretatie: kunst vertaalt de woorden van de Schrift vaak in visueel toegankelijke beelden.
- Decoratie: kunst verfraait gebouwen en voorwerpen die men met God associeert: dit heeft geleid tot het recht van patronaat, met enorme sociaal-economische gevolgen en de inschakeling van vele ambachten en vormen van kunstnijverheid.
- Analogie: in de filosofie verkent men door middel van analogieën de grenzen van de taal, waarbij men probeert te zeggen dat God 'ongeveer zo' is, maar niet precies (blz. 268); in de kunst speelt hetzelfde principe een rol. Op het schilderij Christ Nailed van Mark Cazalet hangt Jezus aan een hek met een schrootsmelterij op de achtergrond, waarmee de kunstenaar suggereert dat uit het lijden nieuw leven ontstaat. Analogie is vooral in de christelijke kunst belangrijk geworden sinds de filmmakers steeds realistischer te werk gingen in hun uitbeelding van Jezus en van God. Van een hoorbare maar niet zichtbare God is de cinema geëvolueerd via Pasolini's Matteo en de musical Jesus Christ Superstar tot de film Jesus of Montreal – een evolutie van zuivere symboliek naar alledaags realisme.

Christelijke kunst kan dus een directe uiting van lofprijzing en aanbidding zijn, maar kan ook een doel dienen dat minder rechtstreeks naar God verwijst. Wat alle beeldende kunst gemeenschappelijk heeft, is dat ze menselijke emoties en gevoelens op directe wijze aanspreekt. Dat betekent dat alle kunst tot manipulatie in staat is, hetgeen kan uitmonden in het soms groteske en vaak grimmige gezicht van kunst als ideologisch propagandamiddel. Christelijke kunst is geen propaganda, maar 'het onzichtbare zichtbaar gemaakt'; de titel van een hoofdstuk in het boek Art and the Beauty of God (1993) van Richard Harries, een titel die ook in het gedicht van Francis Thompson naar voren komt (kader rechtsboven).

'O world invisible, we view thee,
O world intangible, we touch thee,
O world unknowable, we know thee,
Inapprehensible, we clutch thee...

Not where the wheeling systems darken,
And our benumbed conceiving soars!
The drift of pinions, would we hearken,
Beats at our own clay-shuttered doors.

The angels keep their ancient places;
Turn but a stone and start a wing!
'Tis ye, 'tis your estranged faces
That miss the many splendoured things'

(Thompson 1921: 132 e.v.)

Links:

'Jezus wordt vastgespijkerd'
Een van de veertien kruiswegstaties van Mark Cazalet uit 1999. Het schilderij drukt hetzelfde gevoel uit als de Chinese kerstscène en het Afrikaanse crucifix op blz. 242-243.

Iconen

Verering en aanbidding

Madonna met kind
Deze Byzantijns-Servische icoon dateert van 1350. Men geloofde dat sommige iconen niet door mensenhanden waren geschilderd; en indien er al een mensenhand aan te pas was gekomen, dan toch slechts als werktuig van de Heilige Geest.

> *Op het portret blijven de gelaatstrekken van de keizer onveranderd, zodat iedereen hem in de afbeelding herkent [...] Het portret zou kunnen zeggen: "De keizer en ik zijn één" [...] Dus wie de icoon van de keizer vereert, vereert daarmee de keizer zelf.'*
>
> (Belting 1994: 153)

De kwestie van de aanbidding van beelden en geschilderde voorstellingen is in de christelijke geschiedenis vaak aan de orde geweest. Het vormde zelfs het breekpunt in de kerkscheuring tussen het oosterse en westerse christendom. In eerste instantie lijkt het of het schisma *(blz. 248)* bovenal is veroorzaakt door zaken van gezag en doctrine, maar ook het gebruik van afbeeldingen was een belangrijk geschilpunt. Bij de afkondiging van het schisma (Constantinopel 1054) uitte de pauselijke legaat ernstige kritiek op de Grieken, omdat zij Jezus aan het kruis afbeeldden en daarmee impliceerden dat Jezus dood en niet verrezen was. Toentertijd was de aanwezigheid van iconen in alle kerken zeer gebruikelijk. Ze speelden een rol in de liturgie en bij persoonlijke gebeden, maar het gebruik ervan werd pas na veel strijd populair. Fundamentele bezwaren waren dat van God geen afbeelding mocht worden gemaakt en dat eerbetoon daaraan afgoderij zou inhouden: de zonde die in de bijbel juist zo heftig wordt veroordeeld (blz. 183).

In de vroegste christelijke kunst werden Jezus en episoden uit zijn leven niet afgebeeld. Men gebruikte bepaalde tekens en symbolen zoals een vis, omdat de Griekse letters ICHTUS ('vis') de initialen vormen van Jezus Christus Zoon van God de Verlosser (Ièsous Christos Theou Huios Sotèr). Toen later het christendom de officiële religie van het Romeinse rijk werd, namen de christenen het gebruik van afbeeldingen over:
* om de doden te gedenken: uit het oude Romeinse gebruik om de doden te eren met een portret op hun graf ontwikkelde zich rond de derde eeuw de verering van heiligen met behulp van iconen;
* om de macht en het gezag van de keizer onder het volk te vestigen: sinds Diocletianus (245-313) werden portretten van de keizer naar afgelegen provincies van het rijk gestuurd om daar, als bewijs van trouw, ritueel te worden vereerd.

Hierop baseerde Athanasius (blz. 253) een redenering (kader links) die, zoals Basilius (blz. 253) aantoonde, ook op God kon worden toegepast zonder dat God daardoor werd opgedeeld:

> *'Evenmin als iemand die naar het keizerlijk portret op het marktplein kijkt en de keizer eer bewijst, daaruit afleidt dat er twee keizers bestaan – het portret en de echte keizer – is dat ook hier het geval. Wanneer het portret en de keizer één kunnen zijn (want het portret*

vermeerdert de keizer niet), geldt hetzelfde voor de goddelijke Logos en God.'

(Belting 1994: 152 e.v.)

Volgens deze redenering kan men alles wat op een icoon staat afgebeeld tegemoet treden alsof het concreet aanwezig is. Hoe luider de theologen riepen dat het wezen van God niet kenbaar is, hoe meer het nut van iconen in de godsdienstbeoefening toenam, zoals Ps.-Dionysius (blz. 250) wel inzag: 'Het is nu eenmaal voor ons mensen totaal onmogelijk ons zó te verheffen dat wij de hemelse hiërarchieën kunnen navolgen of overdenken, zonder hulp van materiële middelen die ons de weg kunnen wijzen, zoals onze natuur vraagt' (Belting 1994: 494). Hier werd tegen ingebracht dat van God geen afbeelding kan worden gemaakt terwijl dat bij een keizer wel mogelijk is. Een icoon demonstreert de eenwording van God met het voorwerp, zonder dat het wezen van God erdoor wordt opgedeeld of aangetast.

Omdat iconen aan God toebehoren en daardoor heilig zijn (zie ook blz. 188 e.v.), nam men aan dat ze veel macht bezaten. Van sommige iconen geloofde men zelfs dat ze door een wonder waren ontstaan: deze stonden bekend als acheiropoieteis, 'niet door mensenhanden gemaakt' (bijschrift links). Iconen worden vereerd omdat God via hen de mensen verlost (het betoog van de Synode van 869). Ze mochten dus worden vereerd, maar op welke manier? Die vraag bleek een ware splijtzwam te zijn. De verdenking van afgoderij bleef bestaan en tijdens twee perioden in de geschiedenis van de oosters-orthodoxe Kerk (de Iconoclastische Geschillen van 726-782 en 813-843) werden alle iconen verboden en vernietigd; dit waren tevens perioden waarin de islam, met zijn stringente verzet tegen afgoderij, de grenzen van het Oost-Romeinse rijk bedreigde.

Uiteindelijk maakte men onderscheid tussen vereren en aanbidden: respect voor en verering van goddelijke en geestelijke realiteiten door middel van iconen is iets anders dan het aanbidden van iconen alsof het om de realiteiten zélf zou gaan; een onderscheid dat bijvoorbeeld in de Indiase religies van fundamenteel belang is. Het verschil werd helder geformuleerd op het Tweede Concilie van Nicea in 787 (kader rechts). Op grond van dit besluit werden iconen geaccepteerd als zijnde 'vensters naar de eeuwigheid', die op aarde uitzicht gaven op God en het goddelijke.

Omtrent 'voorstellingen van Jezus Christus, onze Heer, God en verlosser, en van Maria, onze onbevlekte Vrouwe, heilige Moeder Gods, en van de engelen en alle heiligen' werd door het Tweede Concilie van Nicea het volgende besloten:

'Hoe vaker men deze ziet afgebeeld, des te beter zal men zich het voorbeeld voor ogen houden en ernaar verlangen en de voorstellingen hulde willen bewijzen en met respect vereren. Dat is niet hetzelfde als de volledige aanbidding die ons geloof kent en die uitsluitend wordt betoond aan de goddelijke natuur, maar vergelijkbaar met de verering van het teken van het levengevende kruis, van de heilige evangeliën en andere heilige liturgische voorwerpen.'

Icoon van Christus
Op deze rijk gekleurde icoon staat Christus afgebeeld als een wijze man en leraar; Macedonië 1393/1394.

Van Griekenland naar Rusland

Incarnatie, vrijheid en schoonheid

In het oosters-orthodoxe christendom stimuleren iconen de eredienst en spelen daarom een belangrijke rol in de liturgie *(blz. 278)*. Ook de muziek is belangrijk en al in de zesde eeuw ontwikkelden Griekse musici als Anastasios, Kyriakos en vooral Romanos (in zijn hoedanigheid als eminent musicus bekend als Melodos) het zingen van kontakia (van het Griekse woord kontos, een staf waar stroken met tekst omheen werden gewikkeld): gedichten waarin elk couplet eindigt met hetzelfde refrein. De gedichten zijn dramatiseringen van bijbelverhalen ten behoeve van een dieper begrip van God *(kader links)*. De Griekse liturgie verspreidde zich al snel door het gehele oosters-orthodoxe christendom. Gezanten die in de tiende eeuw door Wladimir van Kiev werden uitgezonden om in heel Europa de religies te beoordelen, gaven lage cijfers aan het jodendom en de islam, maar ook aan het westerse christendom. Toen zij arriveerden in Constantinopel, de hoofdstad van het Oost-Romeinse (Byzantijnse) rijk, werden ze totaal overweldigd door de liturgie in de kathedraal Hagia Sophia (Heilige Wijsheid).

Wladimir riep het Grieks-orthodoxe christendom in 988 uit tot staatsgodsdienst en de invloed daarvan bleef nog aanhouden nadat Moskou in de veertiende eeuw de hoofdstad van het rijk was geworden. Het schilderen en vereren van iconen bleef een weg naar God, net als het gebed van de hesychasten (blz. 250). Daarnaast ontstonden er ook specifiek Russische wegen naar God, bijvoorbeeld de wijze waarop startsi (meervoud van staretz, 'oude man') zich manifesteerden als levende symbolen van God in de wijze waarop zij hun leven in dienst van God stelden.

Al deze ideeën kwamen bijeen in een man die in 1849 naar het Semjonovskiplein in Moskou werd gebracht om te worden terechtgesteld door de kogel. Hij en nog zestien andere zogenaamde revolutionairen mochten eerst nog een kruisbeeld kussen, waarna drie van hen werden geblinddoekt en aan een paal vastgebonden. Zij hoorden het commando: 'Richten!' waarna er een eeuwigdurende minuut voorbijging. Toen kregen deze ter dood veroordeelden te horen dat de tsaar hen had begenadigd, waarna ze op transport werden gezet naar het grimmige Siberië. Een van deze drie mannen was de Russische romanschrijver Dostojevski (1821-1881). Tot in zijn diepste wezen raakte hij door die schokkende ervaring overtuigd van de absolute autoriteit van Christus' gebod om te vergeven en lief te hebben – en tevens van het bestaan van demonen in de duistere krochten van de menselijke ziel. En welke rol speelt God hierbij? In zijn *Aantekeningen uit het ondergrondse* (1864) beeldt hij het

---

Schrijvend over de geboorte van Christus benadrukt de Griekse dichter Romanos de paradox van de Menswording.

*'Vandaag is geboren uit de Maagd hij die boven alle leven staat, en de aarde geeft een grot aan hem wie niemand kan benaderen.
Engelen en herders zeggen dank, en wijzen reizen met een ster.
Want ons is geboren
een klein kind,
God van alle tijden.*

*Bethlehem heeft Eden geopend, kom, laten we gaan kijken; we hebben genoten van het mysterie, kom, laten wij ontvangen de blijdschap van het Paradijs in de grot.
Laten wij ons dus haasten naar de plek waar is geboren
een klein kind,
God van alle tijden.*

*De koningen van het Oosten zoeken uw gezicht, en de rijken van uw volk smeken u te mogen zien; want het is aan uw volk dat u waarlijk bent geopenbaard als
een klein kind,
God van alle tijden.'*

menselijk leven af als het najagen van eigenbelang: een deel gaat prat op de rede en voert argumenten aan om anderen voor eigen profijt te kunnen gebruiken, terwijl het andere deel alle argumenten opzijzet en anderen gewoon als vijanden behandelt. Volgens Dostojevski hadden de censoren zijn derde optie verboden: de kracht van het christelijk geloof (kader rechts). Hij liet echter de weggecensureerde passage niet terugbrengen in het boek toen dat enige tijd later wel was toegestaan. Zijn verwarring bleef onverminderd groot: waar is God in de duisternis? Die klassieke vraag wordt ook gesteld in Schuld en boete (1866), De idioot (1868), De demonen (1871) en op meesterlijke wijze in De gebroeders Karamazov (1880). Daarin plaatst Dostojevski de losbandige vader Karamazov tegenover de deugdzame staretz Zosima, in wie de goedheid die hij vertegenwoordigt zoveel vreugde en geluk te voorschijn roept:

> 'Die zwijnen van censoren! Waar ik de spot mee dreef en soms vloekte ter wille van de vorm, dat vinden ze wel goed; waar ik de noodzaak van het geloof en Christus aantoonde, dat verbieden ze!'

> 'Mensen zijn voor het geluk geboren. [...] Alle rechtvaardigen, alle heiligen, alle martelaren waren gelukkige mensen.'

In deze visie is de hel het onvermogen tot liefhebben, waardoor mensen niet meer elkanders lasten dragen, maar geïsoleerde individuen worden. God is daarentegen het vermogen tot ware goedheid en een van de gebroeders, Aljosja, benadert dat ideaal. Zullen mensen in het algemeen echter ooit het risico van God te ervaren durven aan te gaan? Volgens Dostojevski is de menselijke vrijheid een zo ontzagwekkend iets dat de meeste mensen hier maar liever van afzien. Over dit thema handelt De legende van de grootinquisiteur, die volgt op de vraag van zijn oudere broer Ivan aan Aljosja of hij, wanneer hij het afschuwelijke lijden van ook maar één enkel kind zou voorzien, een wereld zou scheppen. Aljosja beaamt dat hij dat niet zou doen, maar wijst erop dat Ivan Christus buiten beschouwing heeft gelaten. Vervolgens vertelt hij het verhaal van de grootinquisiteur, om aan te tonen hoe de rooms-katholieke Kerk Christus voor haar eigen doelen heeft gebruikt: hoe het mirakel, het mysterie en het gezag door de Kerk zijn gebruikt om mensen te ontdoen van de last van de vrije wil en hun vrije keuze. Christus weigerde mensen van hun vrijheid te beroven en liet hun de mogelijkheid om te zoeken naar de overwinning van de schoonheid, die sommigen inderdaad bereiken: 'Het probleem is echter dat het gebied van de schoonheid zowel mysterieus als verschrikkelijk is. God en de duivel strijden er met elkaar en het mensenhart vormt het slagveld.'

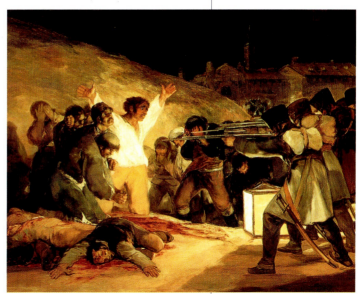

'Het vuurpeloton'
Een executie zoals Dostojevski had meegemaakt is in 1814 geschilderd door Goya (1746-1828). Toen de opstand van de Madrilenen tegen de Fransen in 1808 was neergeslagen, werden hun leiders geëxecuteerd. Goya deelde met Dostojevski een realistische passie tegen het kwaad en de wreedheid in de mens, waarbij de rede machteloos staat: 'de Droom van de Rede creëert monsters'.

Luther en Calvijn

De Reformatie

IN 1517 zou Maarten Luther (1483-1546), augustijner monnik *(blz. 262)* en hoogleraar in de theologie, 95 stellingen op een kerkdeur in Wittenberg hebben gespijkerd, met kritiek op het gebruik van aflaten (zie verder). In werkelijkheid heeft hij ze misschien alleen uitgedeeld om er met anderen over te discussiëren. Hij had al eerder 97 stellingen verspreid met zijn standpunt dat mensen niet worden verlost door hun verdiensten en ook niet omdat ze van de Kerk absolutie hebben gekregen voor hun zonden, maar uitsluitend omdat het Gods wil is hen te verlossen.

Hiermee keerde Luther zich tegen de wijze waarop de middeleeuwse christelijke Kerk zich het idee van 'verlossing' had toegeëigend, vooral ten eigen bate. In het kerkelijke systeem worden mensen in staat van zonde geboren, want de erfzonde van Adam wordt doorgegeven aan al zijn nakomelingen. De doop wast de gevolgen van de erfzonde wel weg, maar hoe zit het met zonden die ná de doop worden begaan? Door het biechten van zonden kreeg men vergeving en door boetedoening vereffende men zijn schuld. Mocht er na het overlijden van een persoon nog een schuld openstaan, dan werd die vereffend door een periode van lijden in het Vagevuur (zie ook Dante; blz. 271), of door middel van aflaten.

Het aflaatsysteem was gevestigd op het geloof dat Christus, de Maagd Maria en alle heiligen een enorme voorraad goede werken hadden aangelegd waarover de Kerk vrijelijk kon beschikken om straffen mee 'te voldoen', zowel van levende personen als van de zielen van de doden in het Vagevuur. Ook al was de zonde vergeven, de schuld moest nog wel worden geboet. Door haar toewijding aan de Maagd Maria en de heiligen was de Kerk ontaard in 'een cultus van de levenden ten dienste van de doden'. De laatste druppel was voor Luther dat er op grote schaal aflaten werden verkocht met de belofte:

'Als het geld in 't kistje klinkt, het zieltje in de hemel springt.'

Zijn protest reikte evenwel veel verder, want samen met de kwestie van de aflaten kwamen de vraagstukken over de natuur en het karakter van

Triptiek van Cranach
Dit drieluik van de Duitse schilder Lucas Cranach (1515-1586) toont de grote hervormers aan het werk, sprekend over de onverdiende goedheid van God, zich daarbij baserend op de kruisdood van Christus. In de woorden van Augustinus (blz. 258-261): 'Genade wordt niet geschonken als beloning voor goede werken, maar om ons in staat te stellen tot deze werken; niet omdat wij ons aan de wet hebben gehouden, maar om ons daartoe in staat te stellen.'
(Over de Geest en de Brief 17)

God en de verlossing aan de orde. Beïnvloed door het neoplatonisme (blz. 250) was men God gaan beschouwen als het einddoel van een geestelijke zoektocht die de mens op eigen kracht kan uitvoeren, al raakt hij door de zonde soms de juiste weg kwijt. De genade (gratia) van God komt tot de mens via Christus en de sacramenten, in het bijzonder via doop, boetedoening en de herhaalde bevestiging van het offer van Christus in de eucharistie. Door genade kunnen mensen zo leven en handelen dat zij verdienste verwerven. In deze opvatting is geloof een essentiële factor, maar op zichzelf niet voldoende: ze moet vervolmaakt worden door de liefde, vandaar de formulering van Thomas van Aquino (blz. 266): fides caritate formata ('geloof gevormd door liefde'). Geloof is het basismateriaal waarop de liefde inwerkt, zodat er een volmaakte expressievorm ontstaat, ongeveer zoals klei het basismateriaal is waaraan een pottenbakker de vorm van een pot geeft (bijschrift rechts).

Hoe kan de mens weten of hij in dit leven genoeg goede werken heeft gedaan om verlossing te verdienen? Luther vond het antwoord - en God vond hem – door terug te keren naar de Schrift. Luther aanvaardde dat we niets weten 'van Gods onnavolgbare en ondoorgrondelijke wil' en dat 'het doel van volmaakte kennis [van God] een gevaarlijke onderneming is waarbij we struikelen, vallen en onze nek breken... Wij kijken met de blinde ogen van een mol naar de Goddelijke majesteit' (Tafelgesprekken, 118).

In dat geval kunnen we nergens anders op bouwen dan op wat God heeft geopenbaard: dus alleen de Schrift (sola scriptura). Dat was Luthers ultieme beweegreden om het Nieuwe Testament in het Duits te vertalen, zodat iedereen via het woord van God direct toegang tot Hem kon krijgen. De Schrift openbaart dat God in actie is gekomen om ons te redden, niet als reactie op goede werken maar uitsluitend omdat het Gods wil is: dus alleen uit genade (sola gratia), waarop mensen reageren door geloof alleen (sola fides). Geloof is echter geen zaak van instemming waarop liefde kan voortbouwen, maar geloof is totaal en absoluut vertrouwen, waaruit liefde opwelt als uit een bron (Quellen der Liebe).

Luther schreef traktaten als de situatie erom vroeg en drukpersen zorgden voor ruime verspreiding van zijn teksten. Een Fransman, Johannes Calvijn (1509-1564), ordende de geloofsideeën van de Reformatie, met name in de opeenvolgende uitgaven van zijn Christianae Religionis Institutio. Calvijn erkende Gods soevereiniteit over alle leven en de suprematie van de Schrift als het enig valide voorschrift van geloof en liturgie, een autoriteit die wordt bevestigd door de innerlijke werking van de Heilige Geest. De werking van God is zichtbaar in de schepping, maar het is onmogelijk dat wat God heeft geopenbaard te begrijpen zonder de 'bril' die de Schrift verschaft. Alles ligt geheel in Gods hand, wat de volgelingen van Calvijn ertoe bracht strenge doctrines te ontwikkelen over predestinatie, over uitverkorenen die worden verlost en anderen die voor eeuwig worden verdoemd. Voor Calvijn zelf leidt verlossing, evenals voor Luther, tot eenwording met Christus door de Heilige Geest, zodat de mens vrede vindt in God en in Hem een 'nieuw' leven kan beginnen.

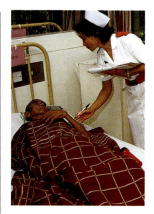

Goede werken
Hoewel – volgens Thomas van Aquino – de erfzonde van Adam door de doop wordt weggewassen, moeten de mensen wel zelf meewerken om aan hun leven zodanig vorm te geven dat zij deze verlossing ook verdienen. Dit betekent dat niemand er vóór het Laatste Oordeel zeker van kan zijn of hij voldoende zijn best heeft gedaan: over verlossing bestaat in dit leven geen absolute zekerheid.

In een van zijn preken blikte Luther terug op zijn jonge jaren.

'Meer dan twintig jaar lang heb ik in mijn kloostercel [...] God gezocht met hard werken en zware zelfkastijding, vasten, contemplatie, zingen en bidden. Zo heb ik mijn tijd schandelijk verspild en de Heer niet gevonden. Hoe harder ik zocht en hoe dichter ik bij hem meende te komen, des te verder raakte ik van hem af. Nee, God laat zich zo niet vinden. Hij moet ons eerst komen opzoeken. Wij mogen hem niet achternazitten en inhalen. Dat is niet zijn wil.'

(Twintigste Zondag na Trinitatis)

Teresia en Johannes

De wonden van de liefde

Luther en Calvijn waren niet de enigen die de Kerk wilden hervormen. Ook anderen erkenden de noodzaak tot verandering, maar hoopten dat die onder leiding van Rome zou kunnen plaatsvinden. Neem bijvoorbeeld Erasmus (ca. 1466-1536): hij wist de vele fouten van de Kerk precies aan te wijzen, maar hij hoopte dat ze zichzelf zou hervormen. Het Concilie van Trente (dat tussen 1545 en 1563 driemaal bijeenkwam) deed verscheidene aanzetten in die richting, maar de aflaten, het vagevuur en de heiligenverering bleven bestaan; en daarmee het gehele systeem waartegen Luther zich zo sterk verzette, omdat God hierbij leek te worden gedegradeerd tot een soort manager van een supermarkt voor verlossing (*blz. 290*).

Voor anderen opende de bevestiging van het pauselijk gezag de weg naar een nieuw, geheel op God gecentreerd leven. Nieuwe religieuze orden ontstonden (blz. 294 e.v.) en andere werden hervormd, waaronder de karmelietenorde in Spanje.

In 1535 trad Teresia (1515-1582) toe tot het karmelietenklooster van de Menswording in Avila. Na een aantal jaren onder een lichte kloosterdiscipline te hebben gestaan, koos zij voor een strenger gereguleerd leven, daartoe geïnspireerd door haar visioenen van God (zie ook blz. 41). In 1562 stichtte Teresia het vrouwenklooster van St. Jozef in Avila, het eerste onder de karmelietenreformatie. Zij schreef daarnaast diverse boeken voor haar kloosterzusters, waarvan *Het boek van mijn leven*, *De weg der volmaaktheid* en *Het kasteel der ziel* de belangrijkste zijn.

Teresia's hervormingen riepen veel weerstanden op, maar zij kreeg steun van een pater die we kennen als Johannes van het Kruis. Hij was in 1563 ingetreden, maar stond op het punt wegens het lichte regiem de karmelietenorde weer te verlaten toen Teresia hem vroeg te blijven om haar hervormingen te ondersteunen. Dat deed hij, wat voor zijn tegenstanders de aanleiding vormde om hem eerst gevangen te zetten en daarna te verbannen. Zijn lijden en zijn liefde voor God veranderden zijn leven, waarna hij zijn prachtige boeken en gedichten schreef over Gods werkzaamheid in de ziel.

De geschriften van Johannes van het Kruis vertellen hoe hij tot de levende God kwam. Het zijn uitvoerige commentaren op drie van zijn eigen gedichten. In het *Geestelijk Hooglied* wordt de liefde van het oudtestamentische Hooglied verklaard in zijn gelijknamige gedicht:

> *'Toen uw blik op mij rustte,*
> *Drukten uw ogen in mijn hart uw gratie;*
> *Haar was 't die Ge in mij kuste,*

'Alles wat Teresia tot een groot mystica maakte, met een gepassioneerde liefde voor God, is ook voor elk van ons bereikbaar als wij maar dezelfde weg zouden bewandelen van trouw bidden, nederige volharding en het onzelfzuchtig vervullen van Gods wil, niet van onze eigen wil en onophoudelijk ernaar streven anderen lief te hebben zoals Jezus ons liefheeft. De Teresia van de visioenen en de extase [zie blz. 41] staat op een voetstuk buiten ons bereik; een object van bewondering en een bron van geluk, maar geen uitdaging aan ons. De ware Teresia spreekt ons rechtstreeks aan: echte eenwording is bereikbaar "met de hulp van onze Heer, als we ons daar werkelijk voor inzetten, door onze eigen wil ondergeschikt te maken aan Gods wil, welke die ook is... O, hoe heerlijk is die eenwording! Gelukkig de ziel die haar heeft bereikt!" en: "Smeek onze Heer om de volmaakte liefde voor uw naaste en laat de rest aan hem over".'

(Burrows 1998: 9)

> *Zij, voor uw hoge statie,*
> *Gaf aan mijn ogen 't recht tot adoratie...*
> *Daar sinds zij mij betrachten,*
> *Uw ogen mij schoonheid brachten!'*
>
> (Flower, blz. 16)

De bestijging van de berg Karmel en De donkere nacht van de ziel becommentariëren het gedicht dat 'zich verheugt over de hoge staat van volmaaktheid, de eenwording met God, die is bereikt langs de weg van de geestelijke zelfverloochening' (kader rechts). De levende vlam verklaart het gedicht dat begint met:

> *'O levende vlam van de liefde,*
> *gij, die zo teder verwondde*
> *mijn ziel in haar diepste kern!*
> *Nu gij mij niet langer pijnigt*
> *Voltooi uw werk zo gij wilt,*
> *Breek het web van dit zoete treffen.'*
>
> (Flower, blz. 18)

> *'Gij ziet voor U mijn hart:*
> *ik leg het in uw handpalm.*
> *Mijn lichaam, mijn leven, mijn ziel, mijn binnenste en mijn genegenheid.*
> *Zoete Bruidegom en Verlosser, ik bied mij geheel aan U aan!'*
>
> (Gedicht van de Heilige Teresia)

De verwonding is echt. Om God zó te kunnen liefhebben moet alles worden opgegeven wat minder is dan God, inclusief de eigen ideeën over Hem: dit is de donkere nacht van de ziel. Het gaat hierbij niet om een depressieve gemoedstoestand, maar het besef dat zelfs God lijkt te zijn verdwenen. De bedoeling hiervan is echter om ons nog dieper te laten gaan, dwars door de duisternis naar het licht: 'Als de levende God, en niet ons beeld van God, de lege geest van de mens moet vullen, zal wellicht zelfs dat beeld – dat dichter bij God staat dan wat ook – moeten worden ontmanteld. [...] Toen Johannes later in de gevangenis tijd had om deze ervaring op te schrijven, zag hij haar als "de liefhebbende moeder van de genade Gods, die hem eerst vernietigde om hem dan opnieuw te maken".' (Matthew 1995: 83)

> *'O lampen vol van vuur,*
> *in jullie schitterend schijnsel*
> *geven de diepe groeven van de zinnen,*
> *die donker waren en blind,*
> *met ongekende schoonheid*
> *warmte en licht ineen aan de Beminde'*
>
> (Flower, blz. 18)

Voor zowel Teresia als Johannes was God niet een willekeurig soort waarheid die wij wel of niet in overweging kunnen nemen, maar de Waarheid waarmee elke dag en voor eeuwig geleefd moet worden.

Johannes en Teresia
Johannes en Teresia ontvangen hun opdracht van Christus en antwoorden beiden: 'Ik zal de zegeningen van de Heer voor eeuwig prijzen.'

Ignatius

Het jezuïtische visioen

IN MAART 1522 knielde een jonge hoveling en soldaat neer voor de Zwarte Madonna van Montserrat, en legde daar zijn dolk en zwaard af. Hij had zijn muilezel en elegante kledij al eerder weggegeven omdat hij aan een heel andere veldtocht begon. Deze jongeman heette Ignatius. Terwijl Teresia en Johannes de bestaande religieuze orden wilden hervormen, stichtte hij een orde van een totaal nieuw type. Hij was in 1491 geboren als Inigo Lopez de Onaz van Loyola (Ignatius is de Latijnse vorm van Inigo), werd eerst militair, legde een grote belangstelling voor vrouwen aan de dag en vocht talloze duels uit. Eens raakte hij daarbij ernstig gewond en een lange herstelperiode was het gevolg. Omdat hij verder niets interessants te lezen had, las hij een boek over het leven van Christus en enkele heiligenlevens, die hem boeiden op een manier die voor hem geheel nieuw was. Soldatenmoed en romantiek waren niets vergeleken bij zijn ontroering over de geschiedenis van Franciscus (blz. 264) en Dominicus (blz. 262). Dit nieuwe gevoel zou het begin worden van het Ignatiaanse gebed: de gewaarwording van Gods werking in de menselijke ziel.

Nadat Ignatius voldoende was hersteld, vertrok hij naar Montserrat om zichzelf aan God te wijden en vandaar reisde hij door naar de stad Monresa, waar hij een tijdlang als bedelaar in grote armoede rondzwierf. Hoewel dit leven hem zo tegenstond dat hij zelfs dacht aan zelfdoding, leerde hij zo de diepere betekenissen kennen van de Drie-eenheid, de schepping en de menswording van Christus. In een grot dichtbij de rivier de Cardoner kreeg hij een visioen waarin dit alles werd bevestigd op een manier die zijn leven richting zou geven. Vanaf die tijd zocht en vond hij in zijn gebeden God in alle dingen en zag hij Christus als de goede Heer en Koning die de mensen oproept samen met hem het Koninkrijk Gods te vergroten.

Ignatius begon met het op schrift stellen van wat hij van het visioen in Manresa had geleerd en zo ontstond uiteindelijk zijn boek Geestelijke oefeningen. Deze tekst bevat allerlei gebedsoefeningen, thematisch gerangschikt en diverse keren per dag te gebruiken, gedurende dertig dagen. Ze helpen de diepte van het geloof of van de twijfel van de beoefenaar te peilen, met Christus op reis te gaan en inzicht te verwerven in wat die reis in de praktijk kan betekenen voor het leven, de waarden en de roeping van de desbetreffende persoon. De oefeningen kunnen in een klooster of een retraitecentrum worden uitgevoerd als onderdeel van de dagelijkse routine, maar ze kunnen ook los daarvan worden gedaan. Men staat hierbij onder leiding van een leermeester die bepaalt welke oefeningen men moet doen en

Ignatius van Loyola
Ignatius werd in 1491 geboren als Inigo Lopez de Onaz van Loyola. Later veranderde hij zijn naam in de Latijnse vorm Ignatius.

die de leerling helpt bij het leren ervaren wat God van hem verlangt.

Geestelijke oefeningen is gebaseerd op de zekerheid dat alle mensen God kunnen leren kennen en door Hem worden gekend. Het ultieme doel is 'God te prijzen, te eren en te dienen' door het leven te veranderen en egocentrische banden door te snijden. Welke beslissingen er ook zullen volgen, ieder die de oefeningen doet, leert begrijpen dat er in het leven 'twee waardestelsels, twee wijsheden' (zie ook Augustinus; blz. 262) werkzaam zijn en dat het volgen van de Christus zoals die zich in de evangeliën manifesteert een riskante zaak kan zijn. Het besef dat het risico de moeite waard is, ontstaat en groeit meestal in de tweede en derde week van het oefenproces. Dit proces verloopt verschillend per individu, want God werkt niet volgens een vast patroon: 'God handelt volgens zijn soevereine vrijheid en zijn handelen kan niet worden ingeroosterd' (Ivens 1998; 69). Vast staat echter dat God in de persoon werkt in diens innerlijke leefwereld. Ignatius volgde dat inzicht voor de rest van zijn leven. Hij ging op bedevaart naar het Heilige Land, studeerde daarna in Parijs en woonde ten slotte in Rome. Hij had een kleine groep volgelingen om zich heen verzameld en samen vormden zij de Sociëteit van Jezus, die in 1540 door de paus werd erkend als zelfstandige orde.

Jezuïeten zijn sterk gebonden aan hun gehoorzaamheid aan de paus en aan het dogma dat zij overal het christelijke geloof moeten verkondigen. Vaak waren jezuïeten de eerste missionarissen in Noord- en Zuid-Amerika, India, China en Japan. Centraal in hun religieuze visioen staat Gods liefde voor de wereld. Vandaar dat het de jezuïtische roeping bij uitstek is om altijd in via, 'onderweg', te zijn, overal waar Gods glorie kan worden verkondigd. Karl Rahner, een 20e-eeuwse jezuïet, beschreef de Ignatius-ervaring als volgt:

Karl Rahner
Rahner (1904-1984) was een jezuïet die de filosofische grondslagen van de christelijke theologie bestudeerde. Een belangrijk uitgangspunt hierbij is de vraag hoe mensen de wereld, elkaar en zichzelf kennen en ervaren. Mensen komen niet tot God door de puzzels van de christelijke leer op te lossen, maar door hun kennis over zichzelf en de wereld voortdurend te vergroten, totdat ze ontdekken dat ze zichzelf en hun ervaringskennis hebben overstegen, eerst wat de zin en daarna wat de bron betreft. Vervolgens moeten zij zichzelf vergeten en God leren kennen in geloof, hoop en liefde: dat is de bedoeling van geestelijk leven.

'God "wordt vlees" in zijn schepsel en toch wankelt zijn schepsel niet als het dichter bij God komt, maar het voelt, voor het eerst, zijn werkelijke waarde: dit is de ervaring, maar niet de totale ervaring. Onbegrijpelijk als het mag lijken, Gods afdaling in de eindigheid vindt plaats via dit schepsel dat zijn aanwezigheid heeft ervaren. De naamloze, onbegrijpelijke, onveranderlijke, onberekenbare God verdwijnt niet uit het zicht van degene die bidt en handelt; God wordt niet als de zon die alles zichtbaar maakt en zelf niet te zien is. [...] Het schepsel dat uit alle schepselen is uitgekozen doordat Gods liefde hem ten deel valt, schijnt in dit nimmer aflatende licht de ene beminde en uitverkorene, lijkt het enige dat mag bestaan tussen de vele onvervulde mogelijkheden: [...] [Het] is beminnelijk, mooi en van ultieme eeuwigheidswaarde, omdat God zelf het onvoorstelbare wonder van zijn liefde in vervulling kan en zal brengen door zich aan dit schepsel te geven.'

(Rahner en Imhof 1979: 18)

John Wesley

De drang om te bekeren

NIET ALLEEN IGNATIUS inspireerde missionarissen en zendelingen. Ook met de gebroeders John (1703-1791) en Charles Wesley (1707-1788) was dat het geval. De bekering waartoe zij anderen overhaalden, hadden zij zelf in 1738 meegemaakt. Op 21 mei 1738 lag Charles Wesley in Londen ziek thuis, ziek en wanhopig over het wrede lot van de negerslaven in Georgia, Verenigde Staten. 'Plotseling,' zei hij later, 'had ik vrede met God.' Drie dagen later 'werd mijn broer John in triomf thuisgebracht en verklaarde: "Ik geloof ook."'

John Wesley was die enerverende dag begonnen met het lezen van de volgende bijbeltekst: 'Met kostbare en zeer grote beloften begiftigd, opdat gij daardoor deel zoudt hebben aan de goddelijke natuur' (2 Petrus 1:4). Even later las hij: 'Gij zijt niet verre van het Koninkrijk Gods' (Marcus 12:34). 's Middags bezocht hij de St. Paul's kathedraal waar hij een koor psalm 130 hoorde zingen: 'Uit de diepten roep ik tot U, o God. Heer, hoor naar mijn stem.' Later diezelfde dag kwam het beroemde moment waarop hij God op een nieuwe manier leerde kennen.

'Die avond ging ik met grote tegenzin naar een sociëteit in Aldersgate Street, waar iemand Paulus' Brief aan de Romeinen in de vertaling van Luther [blz. 290 e.v.] voorlas. Om ongeveer kwart voor negen waren wij aangekomen bij de beschrijving van de verandering in het hart die God door het geloof in Christus teweegbrengt en ineens voelde ik mijn eigen hart op een vreemde manier warm worden. Het drong tot mij door dat ook ik voor mijn verlossing op Christus vertrouwde en mij werd de verzekering gegeven dat Hij mijn zonden had weggenomen, zelfs die van mij, en mij had gered van de wet van zonde en dood.'

John Wesley was de stichter van het methodisme, een beweging die later een grote Kerk zou worden (kader links). Hij was tot priester gewijd in de anglicaanse Kerk en eerst zeker niet van plan zich af te scheiden en een aparte beweging op te zetten. Men beschuldigde hem van te veel enthousiasme toen hij, net als de hernhutters, zei dat alle christenen het geloof dat ze met hun mond belijden in hun hart zouden moeten voelen. Wesleys verweer was: 'Kunt u hier dan niet mee instemmen? Is het niet de taal van uw hart? O, wanneer zult u begrijpen dat het slechts onze zorg is, onze onophoudelijke inzet, om de gehele wereld tot de godsdienst te bekeren die men kan voelen: een sterke, innerlijke, vitale religie'

Wesley en enkele anderen kregen de naam 'methodist' toen zij in Oxford studeerden, 'waarbij óf gerefereerd werd aan een groep artsen uit de oudheid (zo genoemd omdat vrijwel alle ziekten volgens hen konden worden genezen met een dieet en lichaamsoefeningen), óf omdat zij zich hielden aan strengere studie- en gedragsregels dan onder studenten van hun leeftijd en stand gebruikelijk was'.

(Het karakter van een Methodist, 1747)

John Wesley
Wesley begon met 'veldprediking' omdat hij geloofde dat de bestaande kerken tekortschoten en niet het ware geloof, 'de liefde voor God en het hele mensdom' verkondigden: 'Wij geloven dat deze liefde het medicijn voor het leven is, het nimmer falende geneesmiddel voor alle stoornissen van een verstoorde wereld.' (Wesley 1806: 3)

(Earnest appeal to men of reason and religion). Hij verbreidde zijn boodschap tot in alle uithoeken van het land, waarvoor hij 12.000 km per jaar te paard aflegde en tot zijn 87e levensjaar bleef prediken (kader rechts). Dit brandende verlangen om de waarheid over God, die zich enkel en alleen in Christus heeft geopenbaard, uit te dragen, heeft missionarissen en zendelingen over de gehele wereld doen uitzwermen in hun vurige bekeringsdrang. De Amerikaanse romanschrijfster Pearl Buck groeide op in China, waar haar vader een zendeling was van de methodisten. In een biografische levensschets schreef zij later dat haar vader blind was geweest voor veel goeds in China, maar ook gedreven door een vurige begeerte om anderen te helpen de waarheid van God te ervaren. Zij noemde dit zijn haast maniakale bekeringsdrang. Dit godsbeeld omvat noodzakelijk het gehele leven. God is niet een hypothese die moet worden bevestigd of verworpen: God is een enorme kracht die een fundamentele verandering in mensen bewerkstelligt, die op hun beurt weer anderen willen bekeren.

In die geest nam John Wesley op 24 februari 1791 de pen ter hand en schreef zijn laatste brief, een kleine week voor zijn dood. Hij schreef aan William Wilberforce, die al met zijn campagne voor de afschaffing van de slavernij was begonnen, een campagne waaraan Wesley in 1774 enthousiast zijn steun had betuigd met een van zijn indrukwekkendste traktaten: Thoughts upon Slavery. In zijn brief aan Wilberforce schreef hij:

> *Geachte heer,*
> *Tenzij de Goddelijke Macht u heeft opgetild naar het niveau van Athanasius [blz. 245], contra mundum, zie ik niet hoe u uw glorieuze werk tegen dat verfoeilijke kwaad kunt blijven doen, dat schandaal voor de godsdienst, voor Engeland en voor de menselijke natuur. Tenzij God u hiervoor heeft bestemd, zult u door de tegenwerking van mensen en duivels uitgeput raken; maar als God met u is, wie zal u dan weerstaan? Zijn ze met elkaar sterker dan God? O, word niet moe het goede te doen. Ga door, met kracht van God en in zijn naam, totdat zelfs de Amerikaanse slavernij, die de kwalijkste onder de zon is, zal verdwijnen. [...] Dat Hij die u vanaf uw jeugd heeft geleid u hierbij kracht mag blijven geven, is de bede van...*
> *Uw toegenegen dienaar, John Wesley*

Wilberforce maakte de afschaffing in Engeland van de slavenhandel in 1807 en van de slavernij in 1833 nog mee. De slaven werden in Amerika bevrijd door de Proclamatie van 1863. Helaas moet worden opgemerkt dat er tegenwoordig meer mensen in slavernij leven dan op het hoogtepunt van de slavenhandel: het verzet hiertegen moet deel blijven uitmaken van het christelijke verhaal van God.

Een vrouw vroeg eens aan John Wesley: 'Stel nu eens, meneer Wesley, dat u wist dat u morgen om middernacht zou sterven, hoe zou u dan uw resterende tijd dan doorbrengen?' Hij antwoordde: 'Wel mevrouw, precies zoals ik nu ook van plan ben. Ik zou vanavond preken in Gloucester en morgenochtend om vijf uur nogmaals. Daarna zou ik naar Tewkesbury rijden om er 's middags te preken en 's avonds met de sociëteit bijeen te komen. Dan zou ik naar mijn vriend Martin gaan om met de familie te praten en te bidden, zoals de gewoonte is, mij om tien uur in mijn kamer terugtrekken, mijn geest bevelen in de hand van de hemelse Vader, gaan slapen en de volgende dag in glorie ontwaken.'

Methodistenbijeenkomst
Een priester houdt een preek voor een groep methodisten tijdens een openluchtdienst in Eastham, Massachusetts, 1852. In zulke bijeenkomsten speelde het zingen van gezangen een grote rol (blz. 281).

Amerika

Oud- en Nieuw-Engeland

Een quakerkolonie
Dit gemeenschapshuis van de 'Friends' werd in 1808 door quakers gebouwd in Mullica Hill, New Jersey.

Met hun ontdekking van 'nieuwe werelden' verspreidden de Europeanen tevens het christelijke geloof over tal van vreemde landen en continenten. Bekeringsdrang was echter niet de enige reden waarom Europese christenen eropuit trokken om zich in de nieuwe landstreken te vestigen. Ook handelsdoelen waren belangrijk en daarnaast vluchtten veel mensen voor vervolging en godsdiensttwisten in eigen land. Het gevolg was dat bijvoorbeeld in de nederzettingen in Noord-Amerika zich de diverse vormen van geloof in God uit de landen van herkomst weerspiegelden (kader onderaan).

Christenen kenden onderling enorme verschillen met betrekking tot hun godsbeeld. Om een voorbeeld te geven: de puriteinse beweging ontstond rond 1560 in Engeland als 'een vuriger soort protestantisme'. Als protestanten omhelsden de puriteinen het principe van Gods genade, waarop de mens uitsluitend door zijn geloof recht heeft (blz. 291). Voor zowel Luther als Calvijn (blz. 290 e.v.) volgde nu de logische vraag waarom het lijkt alsof God bij sommigen wél en bij anderen niet komt; omdat in de Geneefse Catechismus immers geformuleerd staat: 'Zijn niet allen

---

NOORD-AMERIKAANSE NEDERZETTINGEN

Van het zuiden naar het noorden omhoog langs de oostkust van de Verenigde Staten weerspiegelden deze nederzettingen de manier waarop God 'thuis' (in Europa) werd vereerd.

- **ENGELSE KOLONIE, VIRGINIA**: hier probeerde men het anglicaanse episcopalisme (Grieks: episkopoi, 'bisschoppen') te vertalen naar de Amerikaanse situatie 'volgens de beginselverklaring van de Church of England', waarin 'elke vorm van atheïsme, heiligschennis, papisme of afscheiding wordt gestraft ter ere van God' (Bemiss 1957: 57).
- **QUAKERNEDERZETTINGEN, NEW JERSEY EN PENNSYLVANIA**: William Penn (1644-1718) streefde naar gemeenschappen waarin de quakerprincipes van geweldloosheid en het innerlijke licht van het vrije geweten werden beschermd door de wet: hij ontving vergunning voor de staat Pennsylvania in 1681, bevestigd in 1682.
- **PURITEINSE NEDERZETTINGEN, MASSACHUSETTS**: in 1620 werd de kolonie Plymouth door William Bradford gesticht en genoemd naar de Engelse havenstad waaruit ze waren weggezeild. Later werden zij 'pilgrims' genoemd en vanaf 1630 baanden de Pilgrim Fathers het pad voor grotere nederzettingen, aangedreven door het visioen van een nieuw Israël, een heilig gemenebest onder leiding van God. John Winthrop (1588-1649), hun eerste burgemeester, schreef: 'Wij moeten ons realiseren dat we zullen zijn als een stad op een heuvel, met de ogen van de hele wereld op ons gericht' (Miller en Johnson 1963: 199).
- **ROOMS-KATHOLIEKE NEDERZETTING, NIEUW-FRANKRIJK (CANADA)**: Oorspronkelijk (na de afkondiging van het Edict van Nantes in 1583, waarbij de hugenoten in Frankrijk uitgebreide rechten kregen) was het de bedoeling dat Nieuw-Frankrijk een 'gemengde' kolonie zou worden van zowel rooms-katholieken als protestanten. Maar na de herroeping van het Edict reorganiseerde kardinaal Richelieu vanuit het Franse moederland het bestuur van Quebec, waarbij alle rechten van de protestanten werden ingetrokken om de rooms-katholieken te laten domineren.

voorbeschikt voor het eeuwige leven?' Op die vraag kwam het sterke antwoord, waarin zowel de stem van Paulus (blz. 235) als die van Augustinus (blz. 259) doorklonk: 'Sommigen zijn vaten met toorn die voorbestemd zijn om te worden vernietigd, terwijl anderen vaten met barmhartigheid zijn, voorbestemd voor de glorie.' Een andere vraag en antwoord staan in Certaine questions and answeres touching the doctrine of Predestination, een catechismus die in één band is uitgegeven samen met de Geneefse bijbel van 1560, ook wel Breeches Bible genoemd, naar het Engelse woord breeches ('broek') uit Genesis 3:7 ('schort' in de Nederlandse bijbelvertaling).

Vraag: Hoe is het met de rechtvaardigheid Gods gesteld wanneer sommige mensen zijn voorbestemd voor de verdoemenis?

Antwoord: Zeer goed, want alle mensen dragen de zonde in zich en verdienen niets beters. Daarom is de barmhartigheid Gods wonderbaarlijk: dat hij in zijn goedheid sommigen van dat zondige ras redt en hen voert naar kennis van de waarheid.'

Op het vasteland van Europa woedde de theologische strijd voort over de vragen of God slechts enkelen of allen verlost; en ook of de mens zekerheid kan verkrijgen over de vraag of hij verlost dan wel verdoemd is.

In het Engelse protestantisme probeerde men vanaf Tyndale in 1520, via Cranmer, Latimer en Riley tot koningin Elizabeth I en nog ver daarna een middenweg te vinden tussen de beide uiterste antwoorden op deze vragen. Men had al eerder het rooms-katholieke gezag van de paus (de bisschop van Rome) over de Engelse Kerk verworpen omdat hij zich had aangesloten bij de continentale invasiedreigementen door Spanje en Frankrijk. Nu verzette men zich tegen de onbarmhartige zekerheid dat sommige mensen bij voorbaat (predestinatie = voorbeschikking) verdoemd zijn en ook de opvatting dat God de zonden die mensen begaan na bekering en doop niet vergeeft, werd verworpen.

Deze middenweg tussen wanhoop aan verlossing enerzijds en negeren van Gods genade anderzijds werd in 1662 (kader linksboven) helder geformuleerd in de catechismus van het Book of Common

Pilgrim Fathers
De Pilgrim Fathers (kader links) bouwden hun eerste gemeenschapshuis in New Plymouth. Hun aankomst in Amerika beschreef William Bradford (1590-1657), de eerste burgemeester van Plymouth, als volgt: 'Aldus aangekomen in een goede haven en veilig aan land gebracht, vielen de mensen op hun knieën en loofden de hemelse God, die hen over de uitgestrekte en woedende oceaan had gevoerd en hen had bevrijd van alle gevaren en ellende van de zeereis, om weer met hun voeten op de stevige grond te mogen staan, hun natuurlijke element.'
(Miller en Johnson 1963: 100)

Prayer. Uit deze visie volgt dat alle mensen geroepen zijn tot een leven in genade en dat ook mogen leiden als zodanig. In Engeland ontwikkelde zich vervolgens een vorm van spiritualiteit waarbij alle mensen baat hadden, niet alleen enkele uitverkorenen. In de zeventiende eeuw verwoordde Benjamin Whichcote dit in enkele krachtige zinnen die in het kader linksonder staan weergegeven.

De puriteinen hadden veel opvattingen met andere Engelse protestanten gemeen, waaronder de rechtvaardiging door het geloof alleen. Zij waren het echter oneens met de Engelse middenweg die door het episcopaat en de liturgie van het Book of Common Prayer tot uitdrukking kwam en waarbij de discipline en het onderricht van het volk plaatsvonden door rechtbanken en boeteprediker, in plaats van deze verantwoordelijkheid in handen te leggen van de gemeente zelf.

Het puriteinse streven naar een radicaler georiënteerd protestantisme varieerde van mensen die via het parlement de wet trachtten te veranderen tot mensen die ijverig pamfletten schreven ter afschaffing van het episcopaat en het Book of Common Prayer, waarin volgens hen veel te veel 'zinloze herhalingen' stonden. Nog radicaler waren de tegenstanders van de institutie dat de Engelse koning tevens het hoofd moest zijn van de anglicaanse Kerk.

Over de vraag hoe het leven naar Gods woord er precies uit moest zien, waren de puriteinen het onderling niet geheel eens. Men had wel een gemeenschappelijke afschuw van onmatig drankgebruik en opvallende kleding; het puriteinse gezin moest een centrum zijn van gebed en onderricht; de voorkeur werd gegeven aan 'zware' preken; sport en spel op zondag waren verboden en bij de puriteinen vond men het van groot belang dat ook het huispersoneel werd geschoold in christelijke plichten en leerstellingen. De theologisch en moreel meest radicale figuren onder de puriteinen beseften dat het Engeland van toen hun wensen niet zou inwilligen en dat ze moesten zien te ontkomen aan wetten die tot hun veroordeling en gevangenisstraf zouden kunnen leiden. Zij vertrokken naar de Nieuwe Wereld om daar een geheel nieuw leven te beginnen.

Zo zijn er nog wel meer voorbeelden te noemen van religieuze conflicten in Europa waarvoor de eerste emigranten op de vlucht sloegen. De achtergronden van deze strijd over God hadden grote invloed op de ontwerpers van een specifiek Amerikaanse grondwet, zeker na de overwinning in de onafhankelijkheidsoorlog tegen Engeland van 1776-1783.

De voorstanders van een regering die een evenwichtige balans zou zoeken tussen onafhankelijke staten en een centraal federaal gezag kenden de achtergronden van godsdienstoorlogen en waren zich bewust van het onrustige politieke klimaat aan de vooravond van de Franse Revolutie. In 1814 schreef John Adams (1735-1826), president van de Verenigde Staten van 1797 tot 1801, een artikel over religieuze hartstocht (kader rechts). Veertig jaar eerder had hij in zijn dagboek geschreven waarom hij geen aandrang voelde om predikant te worden: 'De starre dwang van de kerkenraden en de combinatie van duivelse slechtheid en overdreven

---

'Weet dan dit, dat gij niet in staat zijt uit uzelf [goede] dingen te doen, noch te wandelen in de geboden Gods en hem te dienen, zonder zijn speciale genade: waarom gij te allen tijde moet leren vragen met toegewijde gebeden.'

(Book of Common Prayer, 1662)

'Wij zijn door God geroepen en uitgenodigd. Er is geen mens op aarde die de bijbel ter hand heeft genomen of ervan heeft gehoord, die eraan behoeft te twijfelen dat hij door God geroepen is. Wat we in de bijbel lezen, daar kunnen we op bouwen, zo zeker alsof God ons een engel uit de hemel had gezonden. Op deze heerlijke dag zijn we Gods genodigden; en de goddelijke geest is werkzaam in ieder van ons en we mogen allen vertrouwen op de hulp van de goddelijke genade.'

(Porter 1958: 428)

calvinistische vroomheid maakten me doodsbang, telkens wanneer ik er maar aan dacht om predikant te worden' (Lasley, blz. 38).

Gezien de talrijke religieuze tegenstellingen onder de bevolking was het noodzakelijk om, zoals Thomas Jefferson het noemde: 'een scheidsmuur tussen Kerk en Staat' op te trekken. 'Aangezien ik met u van mening ben dat godsdienst een privé-zaak is tussen de mens en zijn God, dat hij aan niemand anders rekenschap verschuldigd is voor zijn geloof en zijn geloofspraktijk, dat de wetgevende macht van de overheid zich alleen over het gedrag uitstrekt en niet over opinies, denk ik met grote eerbied aan het besluit van het gehele Amerikaanse volk, dat er "geen wetgeving mag komen om de godsdienst vast te leggen, of de vrije beoefening ervan te belemmeren" [Eerste Amendement], waarmee een scheidsmuur tussen Kerk en Staat wordt opgetrokken.' Dit betekent volstrekt niet dat men God slecht gezind was. De overgrote meerderheid van het Amerikaanse volk bad tot God en ook nu nog eindigen de meeste toespraken van de president (en anderen) met 'God Bless America'. 'Hoewel hij daartoe vaak wordt uitgenodigd, kiest God geen partij in de Amerikaanse politiek,' aldus een uitspraak van senator George Mitchell in juli 1987 bij de Iran-Contra-hoorzittingen.

Er is een situatie ontstaan waarin de menselijke verbeelding van God een maximale vrijheid geniet, waarin nieuwe religies en zelfs nieuwe openbaringen (zoals bij de mormonen) tot bloei kunnen komen. Wij vertrouwen op God; maar wel op afstand van het publieke domein!

> 'Verkondig een waarheid die indruist tegen de dogma's van een sekte en u zult ontdekken, ook al kunt u het bewijs leveren, dat u een nest vol horzels hebt verstoord die agressief om uw handen en benen zwermen en u in uw gezicht en ogen vliegen.'
>
> (Lasley, blz. 40)

Shakers
De leden van de 'United Society for Believers in Christ's Second Appearing' stonden bekend als shakers ('schokkers') wegens hun rituele stuiptrekkingen tijdens het gebed.

Amerika

Afkomstig uit Afrika

IN DE LOOP VAN ongeveer vier eeuwen werden er minimaal tien en misschien wel achttien miljoen Afrikanen als slaven verkocht naar Noord- en Zuid-Amerika. Hun werd alles afgenomen behalve God. In zekere zin werd hun de christelijke God zelfs opgedrongen omdat door sommigen de slavenhandel werd gerechtvaardigd door de stelling dat men de Afrikanen op deze manier uit de duisternis naar het licht van het christelijke geloof leidde. Een jonge Afrikaanse slavin, Phyllis Wheatley, kwam goed terecht: zij leerde in recordtempo lezen en schrijven en publiceerde in 1773 een gedichtenbundel (het tweede door een vrouw geschreven boek in het koloniale Amerika), waarin ze al haar gevoelens op treffende wijze tot uitdrukking bracht.

'Twas mercy brought me from my Pagan land,
Taught my benighted soul to understand
That there's a God, and there's a Saviour too:
Once I redemption neither sought nor knew.
Some view our sable race with scornful eye,
"Their colour is a diabolic die."
Remember, Christians, Negroes, black as Cain,
May be refined and join th'angelic train.'

(Fishel en Quarles 1970: 37)

Ondertussen wist men in Afrika al lang van het bestaan van God af: verschillende ontdekkingsreizigers hadden daarvan melding gemaakt. Een van hen, William Bosman, schreef dat de Afrikanen aan de 'Slavenkust' (het tegenwoordige West-Afrika) een helder idee hadden van 'de Ware God en hem de eigenschappen Almachtig en Alomtegenwoordig toekenden' (A New and Accurate Description of the Coast of Guinea, blz. 368a).

Dit betekende dat de Afrikanen een sterke overtuiging naar Amerika meebrachten van een God die hoog boven de mensen en de wereld stond en die goden en godinnen aanwees om voor hem als bemiddelaars op aarde op te treden (zie ook de Kanaänieten; blz. 178). De Oppergod is bij diverse stammen bekend onder verschillende namen, evenals de talrijke lagere goden en godinnen, hoewel die soms ook een collectieve naam hebben. De Joruba, bijvoorbeeld, noemen hen orissa, de Ibo zeggen alose, de Ashanti abosom en bij de Fon zijn het de vodun. De vermenging van Afrikaanse en Zuid-Amerikaanse geloofselementen die het gevolg was van de slavenhandel (bijschrift rechts) leidde tot nieuwe en tegelijk oude manieren om God te vereren. De Fon geloofden dat vodu de alomtegenwoordige geest van God was, die ook in een bepaalde plaats of persoon kon worden opgeroepen: de

*Phyllis Wheatley
Portret van de auteur van* Poems on Various Subjects, Religious and Moral, *in 1773 gepubliceerd in Londen. Het meisje werd uit Senegal, Afrika, weggevoerd op negenjarige leeftijd en kwam als slavin verkocht in Boston, waar zij vijf jaar later in het Engels gedichten begon te schrijven. Zij werd vrijwel direct als een wonderkind erkend en haar poëzie werd vooral in Engeland zeer populair.*

Fon-religie bestond voor een groot deel uit rituelen om de kracht van vodu op te roepen en te activeren. In Haïti werd met dit woord aanvankelijk alleen God zelf aangeduid, later hun religie in het algemeen, die tegenwoordig in het Engels voodoo heet en door de overheid inmiddels is erkend als officiële staatsgodsdienst.

De Afrikaanse slaven gebruikten daarnaast drums en dans als hun manieren om God te vereren. In Zuid-Amerika, met name in Brazilië, Uruguay en Argentinië, werd de Afrikaanse manier van dansen door de Europese kolonisten macumba en kandomblé genoemd, maar die termen werden korte tijd later de namen van bepaalde religieuze sekten, waarin het Afrikaanse geloof in God en zijn goden samensmolt met christelijke en inlandse elementen.

De God en goden van Afrika groeiden in de loop van de tijd steeds dichter naar de christelijke opvattingen en symbolen toe. Vooral in Mexico en West-Indië koppelde men naar hartelust de lagere goden als gezanten van God aan de Maagd Maria en de heiligen. Voor Afrikaanse christenen was dit iets vanzelfsprekends, omdat God immers zo oneindig hoog verheven is en toch via gezanten zijn kracht en heil uitstort over de wereld.

De Afrikanen begrepen trouwens maar weinig van het subtiele verschil tussen verering en aanbidding (blz. 287), gezien de vele gebeden die christenen richtten tot beelden en schilderingen van de Maagd Maria en de heiligen. De goddelijke gezanten moesten wel dezelfde personen zijn als de heiligen en hadden ook ongeveer dezelfde functie. Zo werd Shango gelijkgesteld met de heilige Barbara (ondanks het verschil in geslacht), want beide beschermden tegen onweer. Eshu-Elegba, een handige sjacheraar die boodschappen naar de hemel overbrengt, werd in Trinidad geïdentificeerd met Satan en in Cuba met de heilige Petrus (die de sleutels draagt van het koninkrijk der hemelen).

In Noord-Amerika kwamen dergelijke exotische religieuze ontwikkelingen veel minder voor, maar ook daar behielden Afrikaanse Amerikanen hun eigen opvattingen over God toen zij zich later massaal bekeerden tot het christendom. Dat uitte zich aanvankelijk vooral in dansen en drummen tijdens de eredienst en later in het zingen van spirituals en gospelsongs. Daarover schreef de beroemde Afrikaans-Amerikaanse schrijver W.E.B. DuBois (1868-1963): 'In alle spirituals over de ellende van de slavernij klinkt toch ook hoop door en een vertrouwen in uiteindelijke rechtvaardigheid.' Zich baserend op deze hoop en op de bijbel kon Martin Luther King zeggen: 'I have a dream': een droom waarin God direct tot hem sprak.

In het voorgaande zijn voorbeelden de revue gepasseerd van de wijze waarop Afrikanen in Amerika hun oorspronkelijke beeld van God hebben aangepast. Voor sommige christenen was dit echter een uiterst bedreigende ontwikkeling.

De slavenhandel
Afrikanen die gevangen werden genomen en (onder de meest gruwelijke omstandigheden) naar Zuid- en Noord-Amerika werden verscheept om daar als slaven te worden verkocht, behielden hun fundamentele begrip van God. Daardoor konden de negerslaven niet alleen hun eigen religie in een vreemd land bewaren, maar ook hun God en zijn bemiddelaars koppelen aan de nieuwe opvattingen waarmee zij werden geconfronteerd, vooral die van het christendom.

W.E.B. DuBois schreef vanuit een Afrikaans perspectief over God.

'Ik ben de Rookkoning
Ik ben zwart...

Ik kerf God uit
Het hout van de nacht
Ik schilder de hel in wit
Ik ben de Rookkoning
Ik ben zwart...

Lieve Jezus, heb medelijden
Met het zwoegende land!
Heil aan de Rookkoning
Heil aan de zwarten!'
(Chapman 1968: 359 e.v.)

DE GODSDIENSTEN VAN ABRAHAM: CHRISTENDOM

Oude overtuigingen in nieuwe kledij

God in religies buiten het christendom

Missionarissen en zendelingen
De verkondigers van het geloof (hierboven in houtsnijwerk) raakten verdeeld door de ideeën over God die zij aantroffen in alle verre landen waarheen zij waren uitgezonden. Was er sprake van afgoderij (en dus te veroordelen), of ging het om echte kennis van God die zich op een lokale manier manifesteerde?

IN 1968 BESCHREEF de journalist René Cutforth zijn oom: 'Een anglicaanse priester van tachtig jaar, wiens hoofd sterk leek op dat van een schildpad. Hij had zestig jaar lang in India gewerkt en zich daar intensief beziggehouden met de oorsprong van het Sanskriet en het vertalen van delen van het Nieuwe Testament in het Marathi. Hij was ook een hoogst excentrieke persoon, zozeer zelfs dat sommigen in zijn omgeving meenden dat er bij hem een steekje los zat. [...] Uiteindelijk moest hij India verlaten ten gevolge van de door hemzelf veroorzaakte kerkelijke probleemsituatie.'

'Hij had de leiding gehad over een kleine gemeente in Miri bij Bombay, en had de anglicaanse liturgie hier en daar wat aangepast aan zijn eigen ideeën. Toen een Engelse functionaris de kerk bezocht in de tijd dat Charles bijna tachtig jaar oud was, trof hij daar een hoogst merkwaardige situatie aan. Op het altaar stond zowel een crucifix als een sculptuur van Shiva [blz. 104]; ook de olifantgod Ganesha [blz. 108] en andere figuren uit het hindoe-pantheon waren aanwezig. Het grootste deel van de eredienst bestond uit dansen en het zingen van lange teksten in het Sanskriet, allemaal op de melodie van "Champagne Charlie is me name". Tegenwoordig zou hij als een waarachtige pionier in de oecumene worden beschouwd, maar toen stuurde men hem naar Engeland terug met de diagnose krankzinnigheid.'

(The Listener 4/4/68)

De oom van Cutforth was niet de eerste en enige die inzag dat woorden en voorstellingen van God niet uitsluitend van Europese origine behoeven te zijn. De christenen twijfelden niet aan Christus als de enige intermediair bij 'al Gods glorie' en zoals de dichter Gerard Manley Hopkins het formuleerde:

*'Gods glorie door en uit haar [Maria]stromend,
en op geen andere manier...'*

Er werd door de christenen ook niet aan getwijfeld dat het hun Ene God was, en niet een 'lagere godheid', die het Oude Verbond met het joodse volk had gesloten: alleen de Ene kán God zijn en in de persoon van Christus was in hun optiek een nieuwe verzoening met die Ene God tot stand gebracht. Van meet af aan hebben de christenen God in het middelpunt geplaatst van hun religieuze universum, net als de joden vóór hen. In de joodse Brief van Aristeas (100 vChr.) stond daarom dat de Egyptische farao geen joden in de gevangenis mocht zetten, omdat 'zij de God dienen die ook uw koninkrijk beschermt, dezelfde God, Heer en Schepper van het heelal als die van andere volkeren, ook al noemen die hem bij een andere naam, bijvoorbeeld Zeus of Dis'.

Toen het vroege christendom zich verbreidde over het Romeinse rijk wees het alles af wat God omlaaghaalde naar het menselijke niveau en gevoel, zoals het immorele gedrag van de goden en godinnen in de Grieks-Romeinse mythologie (blz. 206). De christenen herkenden echter ook veel waarheid in het leven en de leer van andersdenkenden om hen heen. Daarom gingen zij ervan uit dat het Woord en de Wijsheid Gods, de Logos van God (blz. 232-236), als een goddelijk zaadje in alle mensen is geplant: dat wat de Stoïcijnen *spermatikos logos* noemden en dat binnentreedt 'in heilige zielen en hen maakt tot vrienden van God' (Wijsheid van Salomo

Ricci
De jezuïet-missionaris Matteo Ricci, hier afgebeeld met een van zijn eerste bekeerlingen, verdiepte zich in de Chinese wetenschap en cultuur, totdat hij uiteindelijk door de Chinezen werd erkend als een 'wijze heer' (van gelijk niveau als iemand van het eigen volk) en die daarom alle respect verdiende.

7:27; blz. 205). Uit deze door God aan de mens gegeven rede komt een natuurlijke kennis van God en van een morele wet voort, die in het geheel niet strijdig is met de christelijke opvatting van God.

Deze instelling maakte mogelijk dat de christelijke opvatting van God kon integreren met de Griekse filosofie, zodat correct geformuleerde ideeën over God (Grieks: orthodoxie, 'juiste leer' en orthopraxie, 'juist gedrag') leidden tot het ontstaan van credo's die fungeerden als kentekens van degenen die tot de ware kerk behoorden – een credo was oorspronkelijk een sumbolon, 'symbool': bij de Romeinen het wachtwoord waarmee een soldaat kon bewijzen dat hij bij het eigen leger behoorde.

Naarmate het christendom zich verder over de wereld verspreidde, ging ook de zoektocht door naar punten van overeenkomst met andere religies, zoals bij de integratie van Germaanse en Scandinavische ideeën over God (blz. 39). In de zestiende eeuw kreeg de rooms-katholieke missie als enige toestemming zich in China te vestigen doordat een jezuïetenpater (blz. 294 e.v.), Matteo Ricci (1552-1610) in China en een andere jezuïet, Alessandro Valignano (1539-1606) in Japan hetzelfde basisprincipe toepasten: christelijke missionarissen namen zoveel mogelijk de gewoonten over van het land waar zij zich vestigden, mits deze niet in strijd waren met hun eigen christelijke ideeën en dogma's.

Ricci leerde daarom de Chinese taal, hij werd zelfs een kenner van de Chinese klassieken en kleedde zich in de Chinese gewaden die behoorden bij zijn geleerdenstatus. Zo vond hij ook bij de Chinezen erkenning. Ricci stimuleerde de Chinese christenen om Confucius te blijven vereren en offers aan de voorouders te brengen, omdat hij had leren begrijpen dat zij hen niet als God vereerden, maar op die manier uiting gaven aan hun dankbaarheid en respect. Hij verbood wel alles wat blijk gaf van gebrek aan vertrouwen in God, zoals bepaalde begrafenisrituelen waarbij extra hulp voor de overledene werd verzekerd tegen de gevaren van de onderwereld. Hij erkende de grote betekenis van Shang Di en Tian (blz. 144-147) voor de Chinezen, maar vergrootte de betekenis van God door hem Tianzhu, 'Hemelse Meester', te noemen. De fundamenten van het christendom werden in China gelegd door de jezuïeten. Toen later andere christenmissionarissen China binnenkwamen, met name franciscanen en dominicanen, wezen deze de sinificatie ('Chinees maken') van het christendom pertinent af: net als in Zuid-Amerika stonden zij erop dat de Europese definitie van de betekenis van God onverkort gehandhaafd bleef. Dit geschil werd in 1742 door de paus te Rome tegen het standpunt van de jezuïeten beslecht (in de bul Ex quo singulari), waarop de Chinese keizer onmiddellijk alle christenen die niet de weg van Ricci volgden, liet uitwijzen.

Kan het christelijke godsbeeld gekleed gaan in een Chinees (of Indiaans, of Afrikaans) gewaad? Deze strijd over het zogenaamde syncretisme duurt voort tot op de dag van vandaag, maar in de praktijk is de 'Ricci-methode' wijd verbreid, omdat christenen in de diverse culturen nu eenmaal in hun eigen taal over God spreken, met aftastende en onvolkomen woorden, zoals in de Koreaanse minjing-theologie of de 'theologie van de waterbuffel' in Thailand. Voor de menselijke verbeelding van God heeft dit alles een bevrijding betekend en de oom van René Cutforth was daarvan een voorloper.

RECHTS:

De Drie Wijzen
Op deze 17e-eeuwse Indiase miniatuur uit de Mogol-periode zien we hoe de drie Wijzen (hier afgebeeld als zoroastrische geleerden) hun gaven brengen en eer betuigen aan het Christuskind. Deze scène wordt uitgebeeld in Indiase trant, hoewel beïnvloed door vroegere tradities (bijvoorbeeld de halo; zie blz. 38).

OUDE OVERTUIGINGEN IN NIEUWE KLEDIJ

God en mythe

Uitdagingen van de wetenschap

> 'Vijf uren in een halfuur! Indrukwekkende betekenis van het moderne wonder, dromerige overpeinzing tijdens de moderne vlucht. Geen gevoelens van angst, maar van innerlijke overeenstemming tussen mijn eigen principes en die van de wetenschappelijke ontdekking.'
>
> (Zeller 1895: 103)

In 1835 werd de eerste spoorweg in Duitsland geopend, een traject van 20 kilometer tussen Fürth en Nürnberg. In hetzelfde jaar publiceerde de theoloog David Strauss (1808-1874) Das Leben Jesu, kritisch bearbeitet. Strauss legde een verband tussen die twee onderwerpen in een beschrijving over zijn eerste treinreis (*kader links*). In zijn boek reageerde Strauss op het standpunt dat een wetenschap die stoommachines (en nog veel meer) kan produceren, zeggenschap moet hebben over andere zaken met betrekking tot de waarheid, inclusief over wat God wel of niet zou kunnen doen: een populair onderwerp waarover in de negentiende eeuw veelvuldig werd gespeculeerd. John Tyndall schreef in 1874:

> 'De onaanvechtbare positie van de wetenschap kan in een paar woorden worden omschreven. Wij maken aanspraak op het gehele gebied van de kosmologische theorie, dat we aan de theologie zullen ontnemen. Voorzover stelsels en systemen op het terrein van de wetenschap liggen, moeten deze zich aan controle onderwerpen en elke gedachte aan autonomie opgeven.'
>
> (Tyndall 1874: 197)

Het enorme succes van de postnewtoniaanse wetenschap leidde tot de 'nomothetische ambitie' (van het Griekse woord nomos, 'wet'): het doel de wetten op te sporen die ten grondslag liggen aan alles wat er in het universum plaatsvindt, inclusief het menselijke gedrag. Lemaitre schreef een boek getiteld l'Homme machine ('De mens als machine'). Darwins uiteenzetting over de oorsprong van de soorten via evolutie gaf een extra stimulans aan de nomothetische ambitie, hetgeen bij Freud aanvankelijk nogal hoop wekte dat hij zou kunnen uitgroeien tot 'de Newton van de binnenkant van het menselijk hoofd'.

Welke rol is voor God in zo'n universum nog weggelegd? Deïsten probeerden God te redden als

Wetenschap en succes
Deze kleurrijke aquarel geeft een beeld van de opening van de spoorweg in 1835; volgens Strauss een voorbeeld van 'een modern wonder' dat door de wetenschap tot stand is gebracht (Strauss, 1846).

degene die het initiatief had genomen tot de schepping om haar vervolgens door middel van ook door hemzelf geschapen wetten te laten functioneren. Het resultaat van deze redenering was echter een afstandelijke en ineffectieve God, 'alleen brein, net als een klok', zoals Herman Melville (auteur van Moby Dick) in 1851 formuleerde (blz. 35).

Misschien zijn echter alle traditionele ideeën onjuist, of worden althans verkeerd begrepen? Tot die conclusie kwam Strauss. Volgens hem had men de traditionele beschrijvingen van God in de bijbel altijd veel te letterlijk genomen, met woorden die onderwerping aan de wetenschap impliceerden. Strauss benaderde dit probleem subtieler. De wetenschap mag dan het recht hebben te oordelen over de waarheid van veel concrete uitspraken en feiten mogen dan wel aan de basis van de waarheid liggen, toch overstijgen het leven en de zin van het leven de wetenschap: er bestaat ook nog zoiets als de wereld van de mythe.

Het woord 'mythe' heeft in onze tijd ten onrechte vaak een negatieve betekenis, namelijk om aan te geven dat een verhaal niet klopt of gewoon niet waar is. Tot aan de negentiende eeuw waren mythen een manier om de waarheid over de mens en de wereld uit te drukken, in situaties waar andere woorden en vergelijkingen tekortschoten (blz. 46 e.v.). In zijn theologie heeft Strauss deze positieve betekenis van mythe toegepast op de evangeliën en het beeld van God dat zich daarin manifesteert.

De Duitse filosoof Hegel (1770-1831) had al eerder aandacht gevraagd voor het verschil tussen idee en feit: ideeën kunnen op feiten gebaseerd zijn, maar ze gaan verder dan de naakte feiten en geven er betekenis aan. Religies zijn de grote 'betekenismakers' of, in Strauss' eigen terminologie, 'mythemakers'. Een mythe hoeft geen verband te houden met een bepaalde gebeurtenis en kan eenvoudig een manier zijn waarop mensen proberen de zin van de wereld, van henzelf en hun onderlinge relaties te onderzoeken en met elkaar te delen. Daarnaast kunnen mythen ook ontstaan naar aanleiding van gebeurtenissen, in een poging om de betekenis ervan te doorgronden. Dus toen Strauss aandacht vroeg voor de primaire rol van mythen in verband met de figuur van Jezus betekende dat voor hem geen ontkenning van de historische feiten en gebeurtenissen. Hij wees alleen de aanpak af waarbij men op wetenschappelijke wijze vaststelde wat er feitelijk is aan de gepresenteerde feiten, om daarna al het andere als onbruikbare fantasie of waardeloze ballast te verwerpen. In het geval van Jezus is het duidelijk dat er iets is gebeurd. Maar wat speelt hierbij de belangrijkste rol? De archeologie, die de onbetwistbare historische feiten van zijn levensverhaal probeert vast te stellen? Of de religieuze betékenis van zijn leven? Beide aspecten zijn natuurlijk belangrijk, maar voor Strauss ging het in eerste instantie om de vraag hoe de volgelingen van Jezus de mythologische gegevens van hun bijbel gebruikten om te ontraadselen waarom hij zo belangrijk en essentieel was om God voor henzelf en anderen tot een levende realiteit te maken. Uit deze redenering volgt dat God niet door de wetenschap kan worden vernietigd (en ook niet 'gered'). Hoe kunnen wij God dan kennen?

> 'De exegese van de Kerk was van oudsher gebaseerd op twee vooronderstellingen: ten eerste dat de evangeliën een ware geschiedenis vertelden en ten tweede, dat deze geschiedenis van bovennatuurlijke aard was. Het rationalisme verwierp de tweede vooronderstelling en hield des te sterker vast aan de eerste om zo te beklemtonen dat het in deze boeken ging om gewone, natuurlijke gebeurtenissen. De wetenschap kan met deze halve maatregel geen genoegen nemen. De eerste vooronderstelling dient ook te worden losgelaten en het onderzoek moet zich eerst richten op de vraag of en in hoeverre de grond waarop we in de evangeliën staan, inderdaad een historisch karakter draagt.'

David Strauss
De Duitse theoloog Strauss probeerde een brug te slaan tussen de newtoniaanse wetenschap die alles zal verklaren en de menselijke ziel, waarvan de eigenschappen niet kunnen worden 'weggeredeneerd'.

De rede voorbij

Barth, Pascal en Kierkegaard

DAVID STRAUSS REDDE God van onpersoonlijke afstandelijkheid, maar tegen een prijs die anderen als te hoog beschouwden: de mens als keuringsinstantie die beoordeelt wat God wel en niet is of kan. Voor Karl Barth (1886-1968), toentertijd een jonge dominee in de Hervormde Kerk van Zwitserland, waren de consequenties rampzalig, wat in de Eerste Wereldoorlog pijnlijk duidelijk aan het licht kwam doordat christenen van beide strijdende partijen 'God' gebruikten om de oorlog te rechtvaardigen.

Tijdens de oorlog maakte Barth een zorgvuldige studie van Paulus' Brief aan de Romeinen en schreef aansluitend een commentaar, waarin hij elk idee dat God ondergeschikt zou zijn aan de menselijke rede, totaal verwierp. Integendeel, om waarachtig God te zijn mocht hij helemaal niets te maken hebben met de menselijke rede: God kan niet de uitkomst zijn van een discussie en nog minder het doel van een menselijke ervaring of een mystieke zoektocht: 'Er loopt geen pad van de mens naar God.' Er bestaat een oneindig groot, kwalitatief verschil tussen schepper en schepselen en God kan alleen langs de weg van de openbaring worden gekend 'in de vreemde nieuwe wereld van de bijbel'.

Over het *Isenheimer Altaar* van Grünewald (links) schreef Barth: 'Daar ligt het kind Jezus in de armen van Zijn moeder, omgeven door onmiskenbare tekenen die ons vertellen dat Het een aards kind is, net als andere kinderen. Alleen het kind, niet de moeder, ziet wat er te zien is: de Vader. Hij alleen, de Vader, kijkt dit kind recht in de ogen. Aan dezelfde kant als Maria verschijnt de Kerk, op enige afstand. Ze heeft toegang van deze kant; aanbidt, prijst en looft en ziet dus de glorie van de eniggeboren Zoon van Zijn Vader, vol van genade en waarheid. Maar de Kerk ziet dit indirect. Wat zij direct aanschouwt, is alleen het kleine kind in Zijn menselijkheid; zij ziet de Vader alleen in het licht dat op de Zoon valt en de Zoon alleen in het licht van de Vader. Dit is de essentie van de manier waarop de Kerk in Christus gelooft en God in Hem herkent. [...] Vanwege dit licht dat van bovenaf valt, wordt deze mens aanbeden als God Zelf, hoewel hij ogenschijnlijk niets anders is dan een gewoon mens. [...] De Kerk neemt het mysterie waar, ze maakt er zelf geen deel van uit. Zij kan en moet aanbidden met Maria en op Hem wijzen samen met de Doper. Zij kan en moet niet meer doen dan dit. Maar dit kan en moet zij doen' (Kirchliche Dogmatik I.2; blz. 125).

In deze theologie wordt geen afbreuk gedaan aan de

Het Isenheimer Altaar
Dit paneel maakt deel uit van het beroemde veelluik van Grünewald (†1528). Hier wordt de realiteit van de Menswording benadrukt, in de woorden van de criticus J.K. Huysmans: 'Wat het Kind betreft, dat heel levensecht en vaardig is geschilderd: het is een stevig Duits boerenkind, met een mopsneusje, scherpe oogjes en een roze, glimlachend gezichtje.'
(Ruhmer 1958: 16)

prestaties van het menselijke intellect, waaronder de wetenschap, maar wordt benadrukt dat God groter en anders is. Drie eeuwen eerder had Blaise Pascal, wetenschapper en filosoof, de lof van de rede bezongen (kader rechts), omdat het denken kan aantonen dat God bestaat (of althans dat het verstandig is om met God rekening te houden, want als Hij bestaat heeft men alles gewonnen en bestaat Hij niet, dan is er nog niets verloren: een van Pascals beroemd geworden stellingen). Alleen God zelf kan echter duidelijk maken wat Hij is, zoals Pascal in 1654 aan den lijve ondervond.

Blaise Pascal (1623-1662) was de uitvinder van onder andere de rekenmachine en de injectiespuit en ontdekte de naar hem genoemde 'Wet van Pascal' over de druk. De menselijke intelligentie beschouwde hij als het meest superieure element van de schepping (kader onderaan).

> 'Vuur
> *God van Abraham, God van Isaäk, God van Jakob, niet van filosofen en geleerden.*
> *Zekerheid, zekerheid, diepgevoeld, vreugde, rust.*
> *God van Jezus Christus.*
> *God van Jezus Christus.*
> *Mijn God en uw God!*
> *Eeuwige vreugde in ruil voor een dag werken op aarde.*
> *Ik zal uw woord niet vergeten.'*
>
> (Krailsheimer 1966: 309 e.v.)

God kan alleen direct worden gekend in de naar binnen gekeerde herkenning van het geloof. 'De ultieme waarheid bestaat alleen in het innerlijke centrum van de mens,' aldus Søren Kierkegaard (1813-1855) in zijn *Oefening in Christendom*, waarin hij nog verder ging door de nadruk te leggen op de onoverbrugbare kloof tussen mens en God. Een kloof die desalniettemin is overbrugd door wat Kierkegaard de absurde, wonderbaarlijke Absolute Paradox noemde: namelijk dat het eeuwige door Christus in de tijd is gekomen en dat God in hem menselijk is geworden. Op deze Absolute Paradox van de genade (op Gods initiatief) zijn maar twee reacties mogelijk: óf verontwaardiging dat zoiets absurds te berde wordt gebracht, óf geloven dat het zo is – 'of/of', zoals Kierkegaard het noemde in een van zijn boeken.

> *'Geloof is juist de tegenspraak tussen de eindeloze passie van het innerlijk leven van het individu en de objectieve onzekerheid. Als ik God objectief kan begrijpen, geloof ik niet; maar juist omdat ik dat niet kan, moet ik geloven.'*
>
> (Kierkegaard 1987: 182)

Leven wordt een radicale keuze voor een leven zoals Christus (zie ook Franciscus; blz. 264 e.v.): een schijnbare onmogelijkheid, zodat wanhoop de kern van de ethiek is. De ware basis van een leven voor God is echter niet 'het goede te doen', maar met vurige hartstocht te leven in Gods wereld: de enige ethische vereiste voor mensen is dat zij 'eindeloos geïnteresseerd blijven in het leven'. Zó te leven werd de goddelijke opdracht in de 'bevrijdingstheologie'.

> 'De mens is slechts een rietstengel, de zwakste die er in de natuur te vinden is; maar hij is een denkende rietstengel. De natuur hoeft maar weinig te doen om hem te knakken: wat rook of een paar druppels water zijn al genoeg om hem te doden. Maar ook al zou het universum hem knakken, dan nog is hij edeler dan wat hem vernietigt, omdat hij weet dat hij zal sterven en beseft dat het universum hem de baas is. Het universum zelf weet die dingen niet. Alle menselijke waardigheid bestaat derhalve in het denken. Daarop moeten we vertrouwen, niet op ruimte en tijd, die we in geen geval zouden kunnen opvullen. Laat ons er dus aan werken om goed te denken: dat is de basis van de moraal.'
>
> (Gedachten 33)

Bevrijdingstheologie

Een keuze voor de armen

IN DE LAATSTE maanden van zijn leven publiceerde de sociaal-filosoof Frantz Fanon in 1961 een boek getiteld *Les damnés de la terre* ('De verworpenen der aarde'). Dit is een hartstochtelijk pleidooi, vooral ten behoeve van de straatarme en uitgebuite volken in Afrika. Verandering ontstaat niet door 'de stoelen op het dek van de "Titanic" nog wat te verschuiven'; bevrijding wordt niet bewerkstelligd door terug te keren naar de oude Afrikaanse cultuur, niet door een verlichte middenklasse en niet door potentieel goedwillende Afrikaanse dictators, niet door 'een nieuw soort negerschap' maar door een collectieve catharsis *(kader onderaan)*.

Fanons vurig vlammende boodschap vond weerklank in Zuid- en Midden-Amerika, waar de kloof tussen arm en rijk en de grootschalige exploitatie van de arme bevolking leidde tot 'ethische verontwaardiging over de armoede en de marginalisering van de grote meerderheid van ons continent'. Deze woorden zijn van Leonardo Boff, een van de voormannen van wat later 'bevrijdingstheologie' zou worden genoemd. In dit godsbeeld gaat het er niet om – in een ongelovige wereld – zo correct mogelijk te denken en schrijven over God ('orthodoxie'), maar 'hoe men de non-persoon, de non-mens, duidelijk maakt dat God liefde is en dat deze liefde ons allen tot broeders en zusters maakt' (Gutiérrez, 1983). De onmiddellijke prioriteit ligt dus niet bij de orthodoxie, maar bij de 'orthopraxie' ('juist handelen'; blz. 306). Dit bracht H. Assman ertoe de bevrijdingstheologie te definiëren als *teologia desde la praxis de la liberación* ('theologie die begint bij de praktijk van het bevrijden').

Eigenlijk gaat het bij bevrijdingstheologie om theologieën (meervoud) omdat er sprake is van een aantal verschillende visies op God met betrekking tot armoede. De oorsprong ligt in de zestiende eeuw, toen enkele missionarissen, onder anderen

Catharsis
Hanengevechten vormen op Bali een zeer populaire sport. Dat mensen 'plezier beleven' aan geweld kan verband houden met een zelfreinigend (cathartisch) effect (kader onderaan).

CATHARSIS EN BEKRACHTIGING

De manier waarop mensen zichzelf en hun gevoelens jegens God uitdrukken is niet altijd ondubbelzinnig.

Waarom ranselen (gewoonlijk vredelievende) Utku-eskimomannen vastgebonden honden af voor hun plezier? Waarom houdt men op Bali zo van hanengevechten, waarbij de vogels elkaar letterlijk aan stukken rijten? Voor de Utku leidt de ervaring naar een catharsis (Grieks: *katharsis*, 'reiniging', 'snoei'), doordat gewelddadige gevoelens worden geuit (afgereageerd) op een manier waar de gemeenschap niet onder lijdt. Voor de Balinezen vindt de rivaliteit tussen groepen in de samenleving uitdrukking en bekrachtiging in het hanengevecht op een manier die anderen geen kwaad berokkent.

Catharsis en bekrachtiging komen ook beide voor in de talloze manieren waarop mensen hun gevoelens voor God uiten: bijvoorbeeld in het lidmaatschap van bepaalde religies of (soms extreme) religieuze sekten.

Antonio de Montesinos (overleden 1545) en Bartolomé de Las Casas ten behoeve van de inheemse volken protesteerden tegen de barbaarse koloniale uitbuiting. De moderne bevrijdingstheologie begon in 1969 met het boek van Gustavo Gutiérrez, Een theologie van de bevrijding. Voor een later boek ontleende Gutiérrez de titel aan een uitspraak van St. Bernardus, Drinken uit de eigen bron, die hij toepaste op Zuid-Amerika, namelijk dat mensen in zaken van de geest en God in de eerste plaats moeten afgaan op hun eigen ervaring (bijschrift rechts). In de officiële Kerk had men bij de geestelijke vorming en de verdieping van ervaringen van individuen eeuwenlang de nadruk gelegd op de normen en waarden van het Europese christendom. Bevrijdingstheologen willen een Kerk die voortkomt uit de bevolking zelf en wordt geïnspireerd door de kracht van de Heilige Geest.

In zijn boek Power of the Poor in History betoogde Gutiérrez dat het bijbelse beeld van God, die bij herhaling vraagt om bevrijding van de onderdrukten, betekent dat God 'een voorkeur heeft voor de armen'. Daarmee bedoelde hij dat 'de armen voorrang verdienen, niet omdat zij in moreel of religieus opzicht beter zijn dan anderen, maar omdat in de ogen van God 'vele laatsten de eersten zullen zijn' (Mattheüs 19:30).

Om rechtvaardigheid in de wereld te bewerkstelligen kan eventueel het gebruik van geweld nodig zijn: 'Wij kunnen niet zeggen dat geweld goed is als het door de onderdrukker wordt toegepast om de orde te handhaven, maar verkeerd als het door de onderdrukten wordt toegepast om diezelfde orde omver te werpen.' Deze stelling lokte boze reacties uit van het Vaticaan, omdat het erop leek dat de Kerk hiermee de marxistische kritiek op de traditionele dogma's over God onderschreef, en ook dat inzake de toepassing van geweld het doel de middelen heiligt. Niettemin werd in het uiteindelijke Vaticaanse standpunt, Instructie over de christelijke vrijheid en bevrijding (1986), het belang beklemtoond van bevrijding in het bijbelse godsbeeld (kader bovenaan). Daarmee is vraag nog niet beantwoord wat volgens deze instructie 'ware solidariteit' in de ogen van God inhoudt en of men in onze seculiere samenlevingen wel echt kan voldoen aan het gebod van Christus (namelijk dat het helpen van armen gelijkstaat aan het helpen van God in Christus) zonder daarbij de structuren van die samenlevingen radicaal te veranderen. Of zoals Walter Rauschenbusch (1861-1919) het uitdrukte: 'De vroegchristelijke asceten noemden de wereld kwaad en wendden zich ervan af – nu wacht de mensheid op christelijke revolutionairen die de wereld kwaad noemen en haar veranderen.'

De Vaticaanse theologische instructie gaat in op het voorbeeld van de bevrijding die God door de Exodus (blz. 181) heeft bewerkstelligd en vervolgt:

'De Kerk is vastbesloten te reageren op de benauwenis van de moderne mens, wanneer hij lijdt onder onderdrukking en hunkert naar vrijheid. De politieke en economische leiding van de maatschappij maakt niet direct deel uit van haar opdracht. Goddelijke liefde is haar leven en die noopt haar tot oprechte solidariteit met iedereen die lijdt. Als haar leden trouw blijven aan deze opdracht, zal de Heilige Geest, de bron van vrijheid, in hen wonen en zullen zij de vruchten ervan voortbrengen: gerechtigheid en vrede in hun familie en op de plaats waar zij werken en wonen.'

Gemeenschappelijke armoede
Vaak is het een kwestie van solidariteit om te kunnen overleven: 'Spiritualiteit is een gemeenschappelijke onderneming: het is de gang van een volk door de eenzaamheid en gevaren van de woestijn, terwijl het zijn eigen weg baant in navolging van Jezus Christus: deze religieuze ervaring is de bron waaruit wij moeten putten.'

Thealogie

God als Moeder en Vader

ONDER DE VELE bevrijdingsgroepen is er een die mujerista wordt genoemd, die zich bezighoudt met de onderdrukking van vrouwen in het algemeen en van de vrouwen op het Iberisch Schiereiland in het bijzonder. De ondergeschikte positie van vrouwen ten opzichte van mannen bestaat in alle religies. In sommige christelijke kerkgenootschappen baseert men zich daarbij nog op het bijbelboek Genesis en zien dit als een uitgangspunt van de schepping dat later is bekrachtigd door bepaalde passages in de Brieven van Paulus. Inmiddels hebben vrouwen God steeds meer teruggeveroverd uit de door mannen gedomineerde taal en verbeelding. Velen spreken liever van 'thealogie' dan van theologie (denken over God), omdat de Griekse woorden voor God en Godin seksespecifiek zijn: theos = 'mannelijk' en thea = 'vrouwelijk'. Op 19 april 1984 werd een bronzen beeld van een vrouw als de gekruisigde Christus opgehangen in de kathedraal van St. John the Divine in New York. Dit crucifix kreeg de naam Christa (met de Latijnse seksespecifieke uitgang: -a = 'vrouwelijk'), maar na elf dagen werd het beeld wegens de vele protesten verwijderd.

Doen woorden er trouwens toe? Jazeker, want het is in woorden en taal dat mensen hun overtuigingen en gedachten uitdrukken. Wie de taal weigert te veranderen zet de onderdrukking voort. Vergelijk de verschuiving van 'nikker' naar 'zwarte', naar 'Afro-Amerikaan', naar 'Afrikaanse Amerikaan': elke stap is er een naar meer menselijke waardigheid en gelijkheid. Alle woorden over God schieten existentieel tekort, maar sommige schieten meer tekort dan andere. De termen Christa en thealogie zijn de eerste stappen om de christenheid eraan te herinneren dat God de menselijke seksen overstijgt en dat het aanhoudend mannelijke woordgebruik in verband met God het christelijke inzicht en handelen veel afbreuk doet. Misschien kan in een volgende stap zowel theo- als thea- worden afgeschaft en gaan we spreken van 'deologie'. Latijn is ook seksespecifiek (deus, dea), maar door het gebruik van deo worden beide andere vormen overbodig gemaakt.

De associatie van Maria met God is voor veel christenen een manier geweest om het vrouwelijke element dichter bij God te brengen. In de loop van de tijd is dit echter problematisch geworden: de manier waarop de maagdelijkheid van Maria is gebruikt als een voorbeeld van onderdanige gehoorzaamheid heeft bijgedragen aan de ontkenning van vrouwelijke seksualiteit (maagdelijkheid zou daarom van een hogere orde zijn). Daar staat tegenover dat Maria ook kan fungeren als een uniek voorbeeld van bevrijding omdat zij de verlosser ter wereld heeft gebracht door de kracht van de Heilige Geest, dus zonder toedoen van een man.

De bevrijding van de vrouw is van recente datum en nog lang niet voltooid. Uit de mate waarin zij is doorgedrongen in eredienst en liturgie kan men aflezen wat er in dit opzicht is bereikt. In 1987 werd de Gemeenschap

Christa
Het afbeelden van Christus of God als vrouw is voor sommigen een doodzonde. Maar voor anderen is het de uitdrukking van een duidelijk standpunt, dat aansluit bij de opmerking van de apostel Paulus dat er in Christus 'geen sprake [is] van Jood of Griek, van slaaf of vrije, van mannelijk of vrouwelijk' (Galaten 3:28).

van St. Hilda gesticht om liturgische vormen te ontwikkelen waarin vrouwelijke beelden en ideeën werden geïntegreerd in bestaande tradities. Deze liturgie is te vergelijken met die in protestantse gebedenboeken, rooms-katholieke missalen en ook met het wicca-'cirkelritueel' (blz. 35).

'God is onder ons.
Haar Geest is hier.
Hef uw hart ten hemel op.
Wij heffen het op naar God.
Laten wij de Ene danken die ons bezielt.
Het is goed Haar te danken en te loven.
Geest van God, die ons leven inspireert, die ons vervult van hemelse vreugde en heilige verontwaardiging over de toestand van onze wereld; wij aanbidden u, wij loven u, wij erkennen het symbool van uw aanwezigheid, uw belofte van solidariteit met ons op deze tocht.
Wij beroepen ons op het teken van vernieuwing dat aan een gebroken en ontmoedigde gemeenschap is gegeven, nu en eertijds in Jeruzalem. Want u bent tot uw volk gekomen, hebt hen vervuld van vertrouwen, hun vervoering en heelheid gebracht, helderheid en visie, hoop en vrede. U hebt hun bestaan verlicht, hun opdracht mogelijk gemaakt, hen in staat gesteld volgelingen van uw woord te zijn.
Met alle vrouwen die u gevolgd hebben toen u op aarde leefde, die u hebben zien sterven en weer opstaan, en met allen die de jonge kerk hebben geïnspireerd en gesteund, met Tabitha die solidair was met de armen, Lydia die de vermoeide reizigers onderdak bood en Priscilla die wist wat vervolging was, loven wij u en zingen:
Heilig, Heilig, Heilig, almachtige God! Hemel en aarde zijn vervuld van uw glorie. Kom ons verlossen, kom ons verlossen, kom ons verlossen, allerhoogste God. Gezegend is Een die komt uit naam van onze God! Kom ons verlossen, kom ons verlossen, kom ons verlossen, allerhoogste God.
Gezegend is Christus, onze broeder, die ons vervult met het besef één volk, één gemeenschap te zijn. Op de avond dat hij verraden werd, nam hij het brood, dankte ervoor, brak het en zei: "Dit is mijn lichaam, dat voor u gegeven werd. Doe dit om mij te gedenken." Zo nam hij na de maaltijd zijn beker, zegende die, en zei: "Deze beker is het nieuwe verbond dat gesloten is met mijn bloed. Doe dit elke keer dat u het drinkt om mij te gedenken."
Christus is gestorven. Christus is opgestaan. Christus zal terugkomen.
Als één gemeenschap verheugen wij ons in uw gaven, wij aanvaarden verantwoordelijkheid voor onze wereld; wij vertrouwen op uw inspirerende Geest, wij verwelkomen u in dit brood en deze wijn.
Dronken van verlangen dat uw diepe, verwarrende aanwezigheid aan ons zal worden geopenbaard, loven we u met allen die inspiratie hebben ontleend aan dit verhaal van vernieuwing en verfrissing. Kom en stort uw Geest over ons uit, zodat we uw boodschap beter kunnen verkondigen, nieuwe visioenen zullen zien, nieuwe dromen zullen dromen. In de naam van Christus.
Door hem, met hem, in hem, in de eenheid van de Heilige Geest, zij

Maria
Dit 15e-eeuwse lindehouten beeld uit Zuid-Duitsland (waarschijnlijk van Friedrich Schramm of Michel Erhart) toont de Maagd Maria die zich erbarmt over degenen die biddend bij haar hun toevlucht zoeken.

Secularisatie

Opties en consequenties

Eens hoog boven Indonesië vliegend voelde socioloog Peter Berger zich dicht bij God. Zijn vliegtuig was bedekt met symbolen van de Indiase hemelgod Garuda, tevens de naam van de nationale luchtvaartmaatschappij van Indonesië. Garuda is een mens met een adelaarskop: het voertuig van de god Vishnu *(blz. 92 e.v.)*. Toen hij net als Vishnu op de vleugels van Garuda door de lucht reisde, realiseerde Berger zich dat hij voor dorpelingen die op dat moment omhoogkeken 'misschien een god [was], of minstens een halfgod, zich door de hemel bewegend met een onvoorstelbare snelheid en dankzij motoren met een onvoorstelbare kracht'. Daarom is volgens Berger 'de vliegtuigpassagier in de Derde Wereld een adequate metafoor voor het moderne leven. Hij beweegt zich op dezelfde planeet als die dorpelingen en toch is zijn leefwereld totaal verschillend.' (Berger 1980: blz. 1 e.v.) Het grootste verschil is dat luchtvaartreizigers met hun creditcards veel meer opties of keuzemogelijkheden hebben dan de eenvoudige dorpeling. De wereld na de Verlichting heeft niet de armoede van mensen (blz. 313) ongedaan gemaakt, maar de voorkeur gegeven aan de vrije keuze, de maximale vrijheid van individuen binnen de grenzen van de wet. Dit wil zeggen dat religie en het geloof in God meer dan ooit optioneel zijn geworden en dat is ook wat secularisatie in wezen inhoudt: een afnemend aantal mensen dat in God gelooft en een afnemende invloed van religies op de samenleving.

Secularisatie is dus geen ideologie die wedijvert met God, maar is het gevolg van alle opties, hoewel er tussen al die opties zeker ook enkele zijn die het oude geloof in God radicaal afwijzen. Een daarvan, de 'theologie na Auschwitz' gaat op dat punt wel het verst: waar was God toen mensen in een beschaafde, grotendeels christelijke samenleving de holocaust (blz. 224-227) uitvoerden of toelieten? Enkele theologen boden verzet: Dietrich Bonhoeffer (1906-1944), een Lutherse dominee,

Hemelvogel
Hier schijnt de zon op een Boeing 737 van de Indonesische luchtvaartmaatschappij Garuda – het vliegtuig waarin socioloog Peter Berger zich bijna een god voelde.

werd in 1943 gearresteerd en in 1944 door de nazi's geëxecuteerd. Echter al voordat hij zijn laatste Brieven en aantekeningen uit de gevangenis schreef, had hij gesteld dat de traditionele opvatting van God als een van buitenaf ingrijpende instantie morsdood was en dat de tijd rijp was voor een 'christendom zonder religie': 'Onze volwassenwording dwingt ons ertoe onze situatie vis-à-vis God eerlijk onder ogen te zien. God leert ons dat we moeten leven als mensen die heel goed zonder hem kunnen. De God die met ons is, is de God die ons heeft verlaten' (Marcus 15:34) (Mijn ziel vindt rust in God alleen; blz. 163).

'God is dood' werd na de oorlog een bekende slogan, die echter niet de verdwijning van God maar het opnieuw bepalen van zijn identiteit impliceert. Een wetenschapper die dit probleem al eerder aan de orde had gesteld was de mathematicus en filosoof A.N. Whitehead (1861-1947). Hij besefte dat wetenschap een metafysica vooronderstelt (meta en fysica: overtuigingen die gebaseerd zijn op waarnemingen van de natuur en deze transcenderen; zie ook Hegel over feiten en ideeën; blz. 309).

In de visie van Whitehead is de meest fundamentele metafysica het geloof dat het universum een proces is waarin mogelijkheden worden omgezet in concrete gebeurtenissen. God is het doel van alle gebeurtenissen en de som ervan, zodat in God alles inbegrepen is (pantheïsme); God is echter ook persoonlijk bij het proces betrokken en is als een kunstenaar aan het werk om orde en schoonheid te scheppen uit de bestaande mogelijkheden – maar hij lijdt als dat proces wordt belemmerd of tegengewerkt. God is 'de grote deelgenoot, de 'mede-lijder' die begrip heeft'.

Deze 'procestheologie' werd verder ontwikkeld door Charles Hartstone (1897-2001), die betoogde dat God als de totale volmaaktheid ook verandering moet kennen, omdat volmaaktheid ook volmaakte verbondenheid omvat. Zo is God bipolair, zowel het absolute als het relatieve, zowel de eeuwigheid als de tijd omvattend en daarom is hij zowel wereldoverstijgend als aards. God bepaalt niet alles, maar vormt wel de weg waarlangs ook puur toevallige interacties tussen mensen tot een goede uitkomst leiden. Andere theologen blijven daarentegen in hun gebeden (en gedachten) leven met God als de Ene die is en zal zijn – ook als deze wereld ophoudt te bestaan – de Ene die de bron is van alles wat er bestaat, de absolute garantie dat onze fragmentjes goedheid, schoonheid, waarheid en liefde geen toevalligheden of illusies zijn: ze zijn echt en weerspiegelen de realiteit van God. Maar na Auschwitz (en andere barbaarse gruwelijkheden uit de twintigste eeuw) kan men dit nauwelijks nog hardop zeggen; een reden waarom er in die eeuw schitterende poëzie tot stand is gekomen waarin dichters 'worstelen met God' (bijv. Eliot en Auden; blz. 273). Ook het werk van de bekende Welse dichter R.S. Thomas is daarvan een voorbeeld. Zo God al bestaat, dan 'bouwt hij geduldig voort aan zijn onzichtbare structuren' (kader rechts).

> 'Nooit gekend als iets anders
> dan een afwezigheid, durf ik
> hem niet te benoemen
> als God. Aanpassingen worden
> gemaakt. Er is een ongeziene kracht,
> met als domein de cel
> en de elektron. We zien hem nooit
> aan het werk, maar kunnen alleen
>   zeggen,
> plotseling stuitend op een
>   verbetering,
> dat hij hier was.
> Om een berg af te breken,
> verwijder je steen voor steen
> zoals de Japanners.
> Om van een oude jas
> een nieuwe te maken,
> weef je gestadig draad na draad,
> dus is een goddelijke verandering
> moeilijker te bespeuren.
> Geduldig, in onzichtbare structuren
> bouwt hij, en even geduldig
> moeten wij bidden en gehoorzaam
> de ordening overgeven van
> de bestanddelen van een wijsheid
> die de onze te boven gaat.
> We moeten de passiviteit
> doorbreken. Laat de doven worden
> geholpen; laat in de stilte die
> over hen is gekomen uw kracht
> werken zodat gesloten deuren
> weer opengaan. Laat de bom
> niet ontploffen en laat het geheven
>   mes
> van de moordenaar worden
>   afgewend.
> Er zijn geen andere wetten
> dan de grenzen van ons begrip.
> Denkend aan rotsen,
> gespleten door de grasspriet,
> gevormd door water, is het beter te
>   vragen
> om transformatie van de wil
> tot het kwaad, tot meer liefdevolle
> mutaties, om een betere ventilatie
> van de bedompte sfeer van
> de gesloten geest'
>
>   (Thomas 1993: 345)

ISLAM

HISTORISCH GEZIEN BEGINT de islam in de zevende eeuw nChr. in Arabië met de profeet Mohammed. Volgens de eigen islamitische overlevering begon het echter als een bepaalde leefwijze of din (vaak vertaald met 'godsdienst'), die God vanaf het begin voor alle mensen had bedoeld. God stuurde voortdurend profeten om de mensen te bekeren tot deze din, maar er werd niét naar hen geluisterd. Sommigen erkenden Mohammed en zijn openbaring (de Koran) echter wel als Gods afgezant, zodat Mohammed de ultieme profeet is. Gelovige moslims belijden dat 'er geen andere God is dan Allah' (dé God) en dat 'Mohammed de boodschapper van Allah is'. Deze belijdenis is de shahada, de eerste van de Vijf Zuilen van de islam (blz. 349) die structuur en eenheid geven aan alle moslims over de gehele wereld.

De Koran is de onwrikbare basis van het leven en geloof van iedere moslim. De historische woorden en handelingen (en pauzes) van Mohammed en zijn metgezellen worden gezien als levende interpretatie van de Koran als richtsnoer voor het leven. Ze zijn verzameld in zes gezaghebbende *ahadith* ('overleveringen') die gebundeld de *hadith* worden genoemd. De Koran en de hadith vormen samen de *sharia*, het gehele complex van heilige wetten waarnaar de gelovige moslims hun leven moeten inrichten.

Na de dood van Mohammed in 632 nChr. (10 nH. in de islamitische jaartelling) raakte de moslimgemeenschap verdeeld. Een deel van hen zag Abu Bakr als de aangewezen leider: later de soennitische moslims of soennieten (volgens de *soenna* of 'gewoonte' van Mohammed). Anderen waren van mening dat Mohammeds naaste bloedverwant, Ali, hem moest opvolgen: later de sjiitische moslims of sjiieten (naar *Sjiat i-Ali*, de 'Partij van Ali'). De sjiieten verheerlijken Ali en hun imams, een reeks opvolgers die zij beschouwen als gezaghebbende leraren. Deze tweedeling heeft

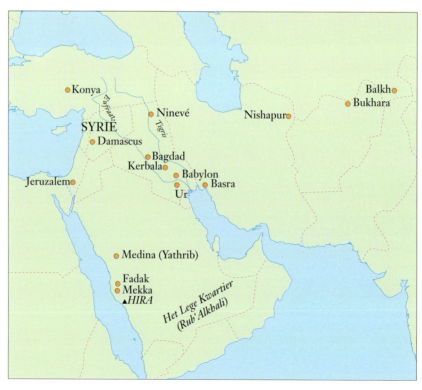

geleid tot verbitterde godsdienstpolitieke geschillen in de moslimwereld.

Binnen honderd jaar na de dood van Mohammed had de islam zich verspreid tot aan de Atlantische Oceaan en de grenzen van China. Tegenwoordig is ongeveer een kwart van de wereldbevolking moslim en zijn bijna overal ter wereld moslimgemeenschappen gevestigd. De secularisatie binnen de moslimlanden bracht al vroeg een tegenstroming op gang: het soefisme waarin de nadruk meer wordt gelegd op geestelijke overgave aan God in liefde en devotie. Het woord soefi komt waarschijnlijk van *soef*, de ruwe wollen mantel die zij droegen).

ISLAM TIJDBALK

Gebed
Alle moslims vormen één volk (umma), verenigd in overgave (islam) aan Allah, dat wordt verenigd door de 'Vijf Zuilen' (blz. 349), waaronder het gezamenlijke gebed in de richting van Mekka.

Jaartallen worden in de mohammedaanse jaartelling aangeduid met nH. = na Hidjra (volgens een maankalender). Ze worden in dit boek voor de duidelijkheid aangegeven volgens het westers-christelijke systeem.

*Dynastieën zijn **vet** gezet.*

Geboorte van Mohammed · Openbaring van de Koran begint · Hidjra (verhuizing naar Medina, 622) · Nachtelijke reis · Dood van Mohammed (632) · De eerste vier kaliefs, *rasjidoen* · Abu Bakr · Omar · Uthman: totstandkoming van de Koran · Ali

570–661

Omajjaden-dynastie · Twisten over de opvolging · Vorming van de Sjia (Partij van Ali) · Slag van Kerbala · Dood/martelaarschap van Hussein · Bouw van de Rotskoepel in Jeruzalem · Grote Moskee van Damascus

661–750

Abbasiden-dynastie (750-1517) · Mutazilieten · Hassan al-Basri · Stichting van Bagdad · Abu Hanifa (hanafieten) · Ibrahim ibn Adham · Malik (malikieten) · Rabia · al-Shafii (shafiieten) · Ibn Hanbal (hanbalieten) · al-Halladj · al-Farabi · al-Ashari

750–1000

Ghaznawiden in India (976-1186) · Ibn Sina (Avicenna) · al-Ghazzali · Ibn Rushd · **Almohaden** in Spanje (1130-1269) · Djilani (Kadirijja) · Kubra (Kubrawijja) · Hassan (Chisjtijja) · Ibn al-Arabi · Attar

1000–1200

al-Shadhili (Shadhilijja) · Rumi en Mevlevijja · Naksbhand (Nakshbandi) · Nimat Allah (Nimatullahi) · **Ottomaanse** dynastie (1299-1923) · Timur plundert Delhi · Inname van Constantinopel · **Mogols** in India (1526-1858) / Beleg van Wenen · Akbar in India · Wahabieten veroveren Mekka · Babi's en Bahai's in Perzië

1200–HEDEN

Mohammed

De zoektocht van een jonge man

Makkah al-Mukarramah ('Het Gezegende Mekka') was al een belangrijk handelscentrum en pelgrimsoord voordat Mohammed was geboren. De Koran (3:96) zegt: 'Het eerste huis dat voor de mensen werd neergezet, is dat in Bakka [dat wil zeggen Mekka]; het is tot zegen en een brandpunt voor allen die de aarde bewonen.' De Kaäba, een kubusvormig gebouw dat is bedekt door een zwart kleed, staat in het centrum van Mekka en in een muur ervan is de Zwarte Steen (al-Hajar al-Aswad) ingemetseld: vermoedelijk een meteoriet. Tegenwoordig wordt hij niet meer aanbeden, zoals met de Zwarte Steen in de pre-islamitische periode waarschijnlijk wel het geval was. Samen vormen ze het ultieme, aan Allah gewijde heiligdom in het hart van de wereld, het einddoel van de pelgrimstocht en het brandpunt van het gebed van de moslim (blz. 349).

IN HET JAAR 610 nChr. viel een man, uitgeput van het bidden, in slaap in een grot op een berghelling bij Mekka in Arabië. De islam en het moslimverhaal van God vonden hun oorsprong in de daaropvolgende ogenblikken.

De eigen moslimtraditie legt die oorsprong veel verder terug, namelijk al bij de schepping van de wereld. Maar historisch gezien begon het verhaal met de zoektocht van de nog jonge Mohammed naar de absolute waarheid van God in de wirwar van conflictueuze godsbeelden in zijn tijd. In Mekka, waar hij in 570 nChr. was geboren, en in de omliggende landen die hij op zijn reizen met handelskaravanen tot aan Syrië goed had leren kennen, heersten de meest onderscheiden opvattingen over God. Joden, polytheïsten, animisten en diverse christelijke stromingen waren vaak in (soms verbitterde) conflicten verwikkeld over godsdienstige onderwerpen. Al deze groepen beweerden *de* ware kennis over God te bezitten. Hoe was het dan mogelijk dat er zoveel onderlinge tegenspraak naar voren kwam? Wanneer er maar één God is, wat kan er dan logisch gesproken nog meer zijn dan God? En wanneer al die verschillende groeperingen of religies beweren *God* te aanbidden, zo redeneerde Mohammed, móet het wel God zijn (hoe ontoereikend ook beschreven of begrepen) die zij aanbidden. Waarom dan toch al die strijd?

Dat waren de vragen waarmee de jonge Mohammed zich bezighield. Hoe konden mensen die beweerden God, de enig bestaande theologische

realiteit, te aanbidden voortdurend met elkaar overhoop liggen (over soms futiele details)? Mohammed was niet de eerste of enige in Mekka die de energieverspilling en de dwaasheid inzag van alle religieuze en politieke verdeeldheid. Ook anderen poogden de eenheid te herstellen die inherent is aan de toewijding tot één en dezelfde God.

De belangrijkste rol hierbij speelden de *haniefs*: streng religieuze personen die in Arabië moreel hoogstaande en monotheïstisch levende joden hadden leren kennen en zich naar hun voorbeeld wijdden aan wat zij noemden 'de godsdienst van Ibrahim' (in de Koran wordt naar hen verwezen in de verzen 2:129; 3:60, 89; 4:124; 6:79; 161; 10:104-105; 16:121, 124; 22:31-32; 30:29-30; 98:4-5). Ibrahim is de Arabische vorm van Abraham, die men beschouwde als de stamvader van de Arabieren.

Het feit dat Abraham zich had afgewend van de dienst aan vele goden en zich had bekeerd tot de éne God, was bijzonder significant voor Mekka, waar men er vele goden en godinnen op nahield. De joden vertelden verhalen (waarvan sommige zijn opgenomen in de *targoeniem* [blz. 200] en in de Koran) over Abraham die de afgodsbeelden van de Chaldeeërs had kapotgeslagen (Abraham kwam oorspronkelijk uit Ur in Chaldea, Mesopotamië; Genesis 11:31) en die de nutteloosheid van het veelgodendom en de totale onmacht van de afgodsbeelden aan de kaak had gesteld: precies het soort godsdienstig gevoel dat welig tierde in Mekka. De verhalen raakten overal bekend en Abraham was een soort boegbeeld geworden van mensen die het polytheïsme wilden afwijzen en de ene God aanhangen. Abraham was de vader van Ismaël die, zoals in Genesis wordt vermeld, de stamvader is van de Arabieren. Derhalve kon iedere Arabier die zijn vertrouwen in de ene God stelde, zich wettig beschouwen als aanhanger van de godsdienst van Abraham, zonder zich daarvoor tot jood of christen te hoeven laten bekeren. Mohammed volgde het voorbeeld van de haniefs, zonder zich echter bij hen aan te sluiten omdat hij daarmee immers de verdeeldheid verder in de hand zou werken. Mohammed zocht naar die ene God achter alle conflictueus verschillende godsbeelden.

Hij begaf zich naar een grot op de berg Hira in de buurt van Mekka om *al-Hakk*, Arabisch voor 'de Waarheid', te zoeken. Verzonken in stil gebed hoopte hij op deze eenzame plek de oorspronkelijke en fundamentele Goddelijke Waarheid te vinden.

Tijdens een van die bezoeken aan de grot op de Hira kreeg hij het verblindende visioen waarin hij plotseling direct en duidelijk de Goddelijke Waarheid zag die een einde zou maken aan alle religies en rituele praktijken van de wereld die hij kende en die via hemzelf de directe ervaring van Gods werkelijkheid zou bevestigen en doorgeven aan alle mensen.

Mohammed vertelde later aan zijn vrouw Aisha dat hij al vóór dit visioen momenten van grote, stralende helderheid had ervaren in zijn slaap en dat deze hem hadden gedreven tot zijn steeds eenzamere worsteling met God. Volgens latere verslagen van Aisha had hij 'in zijn slaap waarachtige momenten van inzicht ervaren, zo helder als de dageraad' en 'had Allah hem zijn eenzaamheid leren liefhebben zodat hij het liefst alleen was'. Zijn grote moment van de ultieme waarheid ging echter de eerdere visioenen ver te boven.

De inwoners van Mekka wezen Mohammeds boodschap over de ware natuur van God als Allah in eerste instantie af. Op de vlucht voor vervolging verhuisde hij naar Jathrib (blz. 350), dat al korte tijd daarna Madinat an-Nabi (afgekort tot Medina), de 'Stad van de Profeet', werd genoemd. Na de verovering van Mekka in 629 nChr. keerde hij er terug om de oproep tot gebed van Bilal (blz. 351) te horen vanaf het dak van de Kaäba (hier afgebeeld in twee 17e-eeuwse diagrammen).

Het Visioen in de grot

Het verhaal van de moslims begint

> 'Zeg: Hij is God als enige [letterlijk ahad, 'een'], Allah de bestendige. Hij heeft niet verwekt en is niet verwekt en niet één is er aan Hem gelijkwaardig.'
>
> (Sura 112)

De Grot
In deze grot ervoer Mohammed de directe aanwezigheid van Allah en het bevel van de engel Djabra'il (Gabriël) om de woorden te spreken die nu de Koran vormen: 'Dit is niet anders dan een ingegeven openbaring. Hij werd onderwezen door een grootmachtige en scherpzinnige.'
(53:4-5)

DE ERVARING VAN Mohammed in de grot op de berg Hira was het begin van het islamitische verhaal van God. Deze episode is in verschillende teksten vastgelegd. Hier wordt de versie gepresenteerd van al-Buchari, een overlevering die teruggaat op Aisha, een van de vrouwen van Mohammed. (Al-Buchari stelde een verzameling *ahadith* (overleveringen) over Mohammed samen die geldt als een van de meest gezaghebbende in de islam.)

'Aisha zegt: Het eerste deel van de openbaring werd aan de apostel van God gegeven in een ware droom tijdens de slaap. Hij droomde nooit zonder dat er een helderheid gelijk de dageraad over hem kwam. Toen leerde hij de eenzaamheid liefhebben en placht hij zich terug te trekken in de grot op de Hira waar hij zich aan God toewijdde [letterlijk: *tahannouth*; misschien 'zoals een hanief']. Hij verbleef daar dan meerdere nachten voordat hij terugkeerde naar zijn gezin om zich te verkwikken. In de periode dat hij deze rustpauzen bij Chadidja [de eerste van zijn vrouwen] doorbracht, daalde al-Hakk [de Waarheid] op hem neer in de grot op de Hira. De engel verscheen en zei: "Lees voor [of "Lees"]." Hij antwoordde: "Ik ben niet een van hen die voorlezen." Hij zei: Toen klemde hij me vast in een wurggreep, liet me weer los en zei: "Lees voor." Ik zei: "Ik ben niet een van hen die voorlezen." Opnieuw klemde hij me voor de tweede keer vast in een

wurggreep, liet me weer los en zei: "Lees voor." Ik zei: "Ik ben niet een van hen die voorlezen." Toen klemde hij me voor de derde keer vast in een wurggreep, liet me weer los en zei: "Lees voor in de naam van jouw Heer die heeft geschapen. Geschapen heeft Hij de mens uit een bloedklonter. Lees voor! Jouw Heer is de edelmoedigste" [Koran 96:1-3]. Toen keerde de apostel van God met deze ervaring terug, met bevend hart, ging naar Chadidja en zei: "Verberg mij [of "omwikkel"] mij, verberg mij!" Dat deed zij totdat de vrees hem verliet. Toen zei hij tegen Chadidja, nadat hij had verteld wat er was gebeurd: "Ik ben voor mijn leven door angst bevangen." Chadidja antwoordde: "Nee, in Gods naam! God laat jou niet in ongenade vallen, want jij brengt de mensen tot elkaar, jij draagt de lasten van de zwakken, jij geeft wat je verdient aan de behoeftigen, jij verwelkomt de gast en helpt waar waarachtig leed is".'

Het paniekgevoel van Mohammed verminderde niet naarmate het visioen langzaam vervaagde. Eerst dacht hij dat hij gek was geworden, of een *kahin*, *sahir* of *shair* (excentrieke personen die in trance raakten en beweerden boodschappen van God te ontvangen). Mohammed besloot dat zelfdoding in dat geval beter zou zijn en ging op weg om zich van een steile rots omlaag te storten. Onderweg kreeg hij een nieuw visioen waarin Djabra'il (de engel Gabriël) hem tegenhield. Weer thuisgekomen bij Chadidja vertelde hij haar dat hij met zekerheid iets had gezien op de berg, maar dat hij nu bang was bezeten te zijn. Chadidja raadde hem aan af te wachten wat er verder zou gebeuren. 'Per slot van rekening,' zo voegde zij eraan toe, 'heb je misschien echt iets gezien.' 'Ja', antwoordde Mohammed, 'ik heb werkelijk iets gezien.'

Vanaf dat ogenblik wist Mohammed met de onwankelbare zekerheid van de eenvoud dat God om God te kunnen zijn *God* moest zijn: Allah, de Ene die God is. Er kunnen geen andere goden bestaan of afsplitsingen van goden. Er kan alleen maar zijn wat *is*: Allah, één ware goddelijke werkelijkheid, de ene bron van de gehele schepping, de zelf niet veroorzaakte veroorzaker van alles wat er bestaat. Dit geloof is opgetekend in de beroemde Sura van Eenheid in de Koran *(kader links)*. Moslims die deze sura opzeggen met een hart vol oprechtheid zullen hun zonden kwijtraken als bomen hun bladeren in de herfst. In zekere zin zijn leven en boodschap van Mohammed een uitwerking geworden van de consequenties van die fundamentele visie: alle leven, elk aspect van het leven komt voort uit de fundamentele eenheid van Allah. Daarom moet elk aspect van het leven, elke gedachte en handeling, worden erkend als afkomstig van Allah en dat tot Allah terugkeert voor het oordeel na de dood. Elk woord en elke handeling dient 'te getuigen van het feit dat er geen andere god is dan Allah'.

Hoe ging het verder met Mohammed na zijn wonderbaarlijke visioen? In eerste instantie gebeurde er niets. Pas na verloop van tijd begon de profeet de woorden te spreken die nu de Koran vormen: de basis van het leven van alle moslims en het islamitische verhaal van God.

De hadith

De bron voor de biografie van Mohammed wordt gevormd door de maghazi-boeken waarin verslag wordt gedaan van de reizen die hij met zijn volgelingen heeft gemaakt. Alleen de versie van al-Wakidi is overgeleverd. Binnen ongeveer honderd jaar na de dood van Mohammed zijn meerdere levensbeschrijvingen ontstaan, met als hoogtepunt die van Ibn Ishak (overleden 761 nChr.), die in een herziene tekst van Ibn Hisham bewaard is gebleven. De andere belangrijke informatiebron vormt de collectie hadith ('overlevering'; meervoud ahadith). Alles wat de profeet en zijn metgezellen deden en zeiden (en waarover zij zwegen) werd onthouden en mondeling doorgegeven totdat ze in de negende eeuw nChr. in grote verzamelingen werden ondergebracht. Zes van deze collecties (die van al-Buchari, Muslim, Ibn Maja, Abu Dawud, al-Tirmidhi en al-Nasai) gelden als leidraad voor het moslimleven. De Koran is de basis, maar de hadith hebben een aanvullend gezag omdat ze het levende commentaar vormen op de openbaring van Allah voor de dagelijkse praktijk van het leven. Ze hebben niet allemaal evenveel gezag en worden, afhankelijk van de inhoud en het gezag van de respectievelijke personen die de overleveringen hebben doorgegeven, gewaardeerd als sterk, goed, mogelijk, zwak enzovoort.

De Koran

Het Woord van Allah aan de wereld

NA ZIJN DRAMATISCHE visioen in de grot voelde Mohammed nog steeds de druk om direct namens God – Allah – te spreken. Er volgde echter eerst een periode van ongeveer drie jaar (*fatra* genoemd) waarin er niets bijzonders gebeurde. Mohammed werd zwaar depressief, totdat hij een nieuwe openbaring kreeg (*kader hiernaast*).

Tot aan het eind van zijn leven bleef Mohammed af en toe woorden spreken die, naar hij geloofde, direct van Allah afkomstig waren. Hij werd beschreven als een profeet (*nabi*) en apostel (*rasul* = het Griekse *apostolos*, 'hij die is gezonden'). Het verschil tussen de woorden die hij sprak als profeet (dat wil zeggen als tussenpersoon of spreekbuis van Allah) en als gewoon mens was onmiskenbaar, zowel voor hem als voor anderen in de zijn omgeving. Ten eerste veranderden zijn stem en uiterlijk. Er zijn vele overleveringen die daarvan getuigen (*kader beneden*). Naast de verandering in zijn optreden, waren ook ritme en rijmklank van zijn woorden totaal verschillend van het dagelijkse taalgebruik. Mohammed werd beschreven als *ummi*, 'gewoon', 'behorend tot het volk', maar ook 'ongeletterd' en zo vatten de moslims het ook op: Mohammed schiep noch schreef de Koran. Hij ontving hem rechtstreeks van Allah, van de Moeder van het Boek in de hemel: 'Bij Allah is het oorspronkelijke boek' (13:39). De Koran bevat het eeuwige woord van Allah met betrekking tot de omstandigheden waarin Mohammed verkeerde. De

> *'O jij, ommantelde: sta op en waarschuw!'*
>
> (Sura 74:1-2)

> *'God, er is geen God dan Hij, de levende, de standvastige. Hij heeft het boek met de waarheid tot jou laten neerdalen ter bevestiging van wat er voordien al was en Hij heeft ook de Taura [Tora] en de Indji'el [Bijbel] al vroeger gezonden, als leidraad voor de mensen.'*
>
> (Sura 3:2 e.v.)

MOHAMMED ALS PROFEET

Toen Mohammed de woorden van Allah sprak, voltrok zich een aantal veranderingen aan hem. Deze zijn later opgetekend en verzameld door onder anderen al-Buchari en Muslim.

- **EEN ROOD GEZICHT**: 'Er lag een kleed over de apostel van Allah dat hem van top tot teen bedekte. Safwan ibn Djala lichtte het even op en zag dat de apostel van Allah rood was in zijn gezicht en dat hij snurkte.'
- **DRUIPEND VAN HET ZWEET**: Aisha zei: 'Ik zag hem toen de openbaring over hem kwam. Het was een extreem koude dag. Na afloop droop zijn voorhoofd van het zweet.'
- **EEN ZWAAR GEWICHT**: Zaid ibn Thabit zei: 'Allah liet [het woord] op zijn apostel neerdalen terwijl zijn been op het mijne rustte. Zijn been werd zo zwaar dat ik bang was dat het mijn eigen been zou verpletteren.'
- **EEN GALMENDE KLOK**: Harith ibn Hisham vroeg de apostel van Allah: 'Hoe komt de openbaring tot u?' Hij antwoordde: 'Soms komt het als het galmen van een klok, en dat vind ik het moeilijkst; daarna verdwijnt het en herinner ik me wat hij zei. En soms verschijnt de engel als een man die tot mij spreekt en onthoud ik wat hij zegt.'

Koran spreekt dus over specifieke en tijdgebonden gebeurtenissen en mensen, maar het blijft in essentie dezelfde eeuwige boodschap.

Daaruit vloeit voort dat dezelfde Koran aan alle ware profeten is geopenbaard, inclusief Mozes en Jezus *(kader lonks midden)*. Mozes, Jezus en andere profeten ontvingen dezelfde eeuwige woorden, hoewel duidelijk gericht op de omstandigheden van hun tijd. Waarom zijn er dan verschillen tussen de openbaringen of geschriften van joden en christenen en de Koran? Omdat volgens het moslimgeloof die geschriften in de loop van de tijd zijn aangepast aan de behoeften en corrupte neigingen van mensen die van God waren afgedwaald. Daarom is de Koran uiteindelijk de enige versie van de ene openbaring van Allah die niet is bezoedeld en daarom is Mohammed de ultieme profeet door wie Allah de inhoud van de Moeder van het Boek zal openbaren. Hij is het Zegel van de Profeten.

Vandaar dus dat voor moslims de Koran het absoluut zuivere woord van Allah *is*. Het schrijven en voorlezen ervan is mensenwerk, maar de Koran zelf is, net als Allah, ongeschapen. Over dit onderwerp – of de Koran wel of niet is geschapen – werd in de eerste eeuwen van de islam hevig gedebatteerd. De orthodoxe en gangbare mening is zoals een vroege en grote moslimtheoloog, al-Maturidi, het stelde:

De Hemelvaart
In de overleveringen (hadith) wordt verteld hoe Mohammed 's nachts op reis (allsra) ging naar Jeruzalem, naar de berg Burak, alwaar hij, op de Tempelberg, op de plaats waar nu de Rotskoepel staat, opsteeg naar de hemel (al-Miradj). Daar gebood Allah hem dat de mens vijftig keer per dag moest bidden, maar Mozes moedigde hem aan om te proberen dat aantal terug te brengen tot vijf keer (blz. 349).

> *'De Koran is het woord van Allah, overgeschreven in boeken, bewaard in het geheugen, gereciteerd door monden, geopenbaard aan de profeet. Ons uitspreken, schrijven en voorlezen van de Koran is scheppen, maar de Koran zelf is ongeschapen.'*

De Koran brengt dus het directe woord van Allah aan de wereld. De woorden van de Koran kunnen worden geïnterpreteerd, in het bijzonder in veranderende omstandigheden, maar op zichzelf zijn ze onveranderlijk. Ze kunnen zelfs niet worden vertaald, omdat het Arabisch de taal is waarin de openbaring aan Mohammed is doorgegeven. Versies in andere talen zijn niet meer dan verwijzingen naar de ultieme openbaring die aan de profeet is ingegeven.

Toen de Koran eenmaal verzameld en eensluidend was gemaakt, stond hij dichter bij de aanwezigheid van Allah dan ooit op aarde mogelijk zou zijn. Natuurlijk, Allah zetelt ver boven alle hemelen en aarde en is door niets te bevatten. Niettemin moeten de woorden uit 'de Moeder van het Boek' worden gerespecteerd en geëerbiedigd. Deze overtuiging leidde tot het veelvuldig overschrijven van de Koran op een manier die eerbied en dankbaarheid suggereert.

DE GODSDIENSTEN VAN ABRAHAM: ISLAM

Kalligrafie

Een schrift de openbaring waardig

DE EERSTE KORANVERZEN die aan Mohammed werden geopenbaard (*zie blz. 316*) vertellen over 'jullie Heer', '[...] die heeft onderwezen met de pen. Hij heeft de mens onderwezen wat hij niet wist' (96:4-5). Dit is een van de eerste sura's ('hoofdstukken') die werden geopenbaard en heet *Al-Kalam*, 'De Pen' (1:18). Ze verwijst naar de zekere en vaste leidraad die Allah aanbiedt. Deze leidraad staat nu in zuivere en eenduidige vorm in de Koran, maar aanvankelijk bestond er geen geschreven versie. De Koran werd van buiten geleerd en doorgegeven door personen die *hoeffaz* werden genoemd. Maar nadat een aantal van hen na de dood van Mohammed in een oorlog gesneuveld was, besefte men dat een meer bestendige versie van de heilige overlevering dringend nodig was. Onder de derde kalief, Uthman (overleden 655 nChr.) werd een officiële tekst voltooid en verspreid onder de mensen in het snel expanderende moslimrijk.

Daarmee kreeg men letterlijk het woord van Allah in handen, niet dat van Mohammed. Hoe belangrijk de profeet ook is, het woord van Allah is altijd belangrijker. Te meer omdat het alles bevat wat iemand moet weten om te slagen voor 'het examen van het leven', zoals Mohammed Jamali (een politieke gevangene in Irak) het in 1961 uitdrukte in een brief aan zijn zoon:

Kufisch schrift
Het Kufisch handschrift (khatt al-Kufi) ontstond in de achtste eeuw. In dit voorbeeld uit de Grote Moskee in Kairouan in Tunesië is het slot weergegeven van sura 53: '[En lachen jullie] en huilen jullie niet, afgeleid als jullie zijn? Buigt dan eerbiedig neer voor God en dient Hem.'

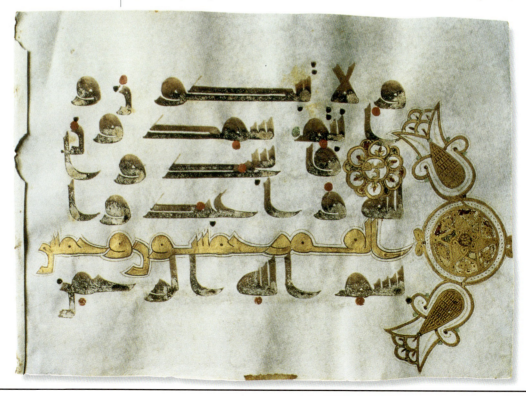

'Naar mijn opvatting is het hele leven een examen en schiep Allah de mens om dat examen in deze wereld af te leggen. Ieder van ons moet elk uur en elke dag van zijn leven examen doen in elke handeling. Daarom moeten we ons best doen en hard werken om te slagen in het leven. Slagen moet je niet alleen voor wiskunde en scheikunde, maar voor alles. En we moeten elke dag de hulp inroepen van de heilige Koran om te slagen voor het examen van het leven.'

(Jamali 1965: 3)

De 'zes stijlen'
Volgens de regels van Ibn Mukla (zie tekst) zijn er zes stijlen cursiefschrift ontwikkeld (in het Arabisch al-Aklam en as-Sitta). Een ervan was het hier getoonde nasch-schrift. Het werd verder ontwikkeld door Ibn Bawwab, zodat ook gewone mensen het woord van Allah wat gemakkelijker konden lezen. Daarom werd dit ook het meest populaire cursieve handschrift.

Met deze opvatting van de Koran als rechtstreekse leidraad van Allah voor het persoonlijke leven is het niet verwonderlijk dat het schrijven en overschrijven van de Koran een middel werd om Allah te prijzen en eerbied te betuigen. Daartoe werd het Arabische schrift nauwgezet aangepast, zodat het waardig werd om de openbaring vast te leggen.

Het overschrijven van de Koran ontwikkelde zich uiteindelijk tot de hoogste kunstvorm in het islamrijk en dat heeft veel verschillende handschriften opgeleverd. Nadat de islam was geïntroduceerd in Basra *(zie blz. 335)* en Kufa ontstond een van de belangrijkste schriften, *khatt al-Kufi*, het Kufische schrift *(bijschrift links)*. Het wordt gekenmerkt door korte verticale en lang doorgetrokken horizontale streken. Er waren geen vaste regels voorgeschreven, zodat schrijvers zich vrij voelden om de meest fraaie decoratieve vormen en versieringen te ontwikkelen.

Niet dat regels noodzakelijkerwijs botsten met schoonheid: Abu Ali Mohammed ibn Mukla (overleden 940 nChr.) stelde een systeem van regels op dat gebaseerd was op geometrische afmetingen en lettergrootte. Tot op de dag van vandaag is kalligrafie een uitingswijze om Allah te danken voor het geschenk van de openbaring, in overeenstemming met het spreekwoord van Mohammed: 'Een goed schrift brengt de waarheid tot leven.' De waarheid die hierdoor op zo'n schitterende manier tot leven komt, is de waarheid van Allah zoals die zich manifesteert in de schepping en in de Koran.

De Namen van Allah
In de islamitische traditie spreekt men de 99 schitterende namen van God uit bij het bidden van de subha, een snoer gebedskralen, dat lijkt op de rozenkrans van de rooms-katholieken.

RECHTS:

De Kaäba
Moslims op hadj (bedevaart) die hier proberen de Kaäba aan te raken.

'Kijken zij dan niet naar de hemel boven hen, hoe Wij die hebben gebouwd en opgesierd en dat er geen barsten in voorkomen? En de aarde hebben Wij uitgebreid en erop stevige bergen aangebracht. En Wij hebben er allerlei kostelijke soorten op laten groeien, als een verduidelijking en vermaning voor iedere schuldbewuste dienaar. En Wij hebben uit de hemel gezegend water laten neerdalen en daarmee tuinen en graan voor de oogst laten groeien [...] als levensonderhoud voor de dienaren. En Wij brengen daarmee een dode streek tot leven. Zo is ook het te voorschijn komen (van de doden).'

(Sura 50:6-11)

Allah in de Koran

De Ene die God is

DE KORAN WERD in verschillende perioden van zijn leven aan Mohammed geopenbaard. De tekst is onderverdeeld in hoofdstukken (sura's) en verzen (ajaat, meervoud van aja = 'teken'). Elke sura heeft haar eigen naam (bijvoorbeeld: 112 heet *al-Ichlaas*, de Toewijding; 113 heet *al-Falak*, de Ochtendschemering; 114 heet *an-Naas*, de Mensen). Hoewel de nummering in de diverse edities verschilt, worden verwijzingen naar de Koran in modernere publicaties meestal alleen uitgevoerd in cijfers, met eerst het nummer van de sura gevolgd door het versnummer. De sura's zijn op lengte geordend: de langere komen het eerst, behalve de *al-Fatiha*, de openingssura die aan de Koran voorafgaat:

'In de naam van God, de erbarmer, de barmhartige. Lof zij God, de Heer van de wereldbewoners, de erbarmer, de barmhartige, de Heerser op de Oordeelsdag. U dienen [of: aanbidden] wij en U vragen wij om hulp. Leid ons op de juiste weg, de weg van hen aan wie U genade hebt geschonken, op wie geen toorn rust en die niet zijn afgedwaald.'

De meeste korte sura's aan het eind van de Koran zijn de het eerst geopenbaarde, uit de tijd dat Mohammed nog in Mekka woonde. Met zijn verhuizing (*Hidjra*) naar Medina in 622 nChr. begint de islamitische jaartelling, aangeduid met nH. ('na Hidjra').

In de Koran is Allah de soevereine Heer van de gehele schepping. Allah is de schepper en alle werken van de schepping zijn zelf weer tekenen (*aja*) die verwijzen naar de evidente waarheid van Allah (kader links).

Zodoende is Allah de soevereine Heer van wie al het geschapene komt en naar wie alle schepselen na hun dood terugkeren. Allah is absoluut verschillend van het geschapen universum en kan niet met woorden worden beschreven. Het enige dat men zou kunnen zeggen is dat Allah gelijkstaat aan het eeuwige licht, dat hen verlicht die zoeken in geloof: '[...] licht boven licht. God leidt tot Zijn licht wie Hij wil' (24:35). De sura van het licht en met name dit vers zijn van groot belang in het gebed van de moslim, volmaakt verwoord in *Misjkat al-Anwar* ('De Nis der Lichten') van al-Ghazali (blz. 356 e.v.).

Als soevereine Heer is Allah ook de uiteindelijke Rechter. Op de oordeelsdag zullen ieders goede en slechte daden nauwkeurig

worden gewogen en zal Allah de mensen belonen naar hun werk. De gevolgen in hemel en hel zijn beeldend beschreven en moeten volgens de moslims letterlijk worden genomen. Daarom wordt Allah zowel gevreesd als aanbeden. Maar Allah is ook *rahman wa-rahiem*, 'genadig en barmhartig'. Volgens een 'traditie' van Abu Hurajra, een metgezel van de profeet, bestaan er 99 prachtige namen voor Allah, onderverdeeld in namen om vrees te wekken en namen om tot eerbied en aanbidding te inspireren. De meeste namen zijn ontleend aan de Koran. De Koran schrijft aan Allah ook vele eigenschappen of attributen toe, waarvan sommige menselijk lijken, zoals het bezit van handen of een gezicht, of het gezeten zijn op een troon.

> *'Hij is de eerste en de laatste, de zichtbare en de verborgene en Hij is alwetend. Hij is het die de hemelen en de aarde in zes dagen heeft geschapen. Toen vestigde Hij zich op de troon. Hij kent wat in de aarde gaat en wat eruit komt, wat uit de hemel afdaalt en wat erin opstijgt en Hij is met jullie waar jullie zijn. God doorziet wel wat jullie doen.'*
>
> (Sura 57:3-4)

De uitspraak over Allah die alles ziet en op een troon zit, zou in de theatrale teksten van de Koran kunnen worden opgevat als een synoniem voor soevereiniteit en macht. Hoe zit dat nu eigenlijk? Zijn deze attributen ontleend aan de menselijke taal en ervaring en metaforisch bedoeld? Of zijn ze bedoeld als letterlijke beschrijving (de Koran komt immers rechtstreeks van Allah, die niet onderhevig is aan de beperkingen van de menselijke taal)? Zit Allah letterlijk op een troon en ziet Hij alles? Over deze en andere vragen werd in de eerste eeuwen van de islam fanatiek gediscussieerd.

Bijvoorbeeld ook over de vraag of Allah alles weet en de uitkomst van alle dingen bepaalt. De Koran benadrukt de almacht van Allah. Omdat Hij de soevereine Heer is, kan er niets gebeuren zonder zijn wil. Sura 81:29 luidt: 'Maar jullie zullen het slechts willen als God het wil, de Heer van de wereldbewoners.' En in sura 13:27 over de uitdaging van de ongelovigen wordt gezegd: 'Had er dan geen teken van zijn Heer tot hem [Mohammed] neergezonden kunnen worden? Zeg: God brengt wie Hij wil tot dwaling en leidt tot Hem wie zich schuldbewust betoont.' En volgens sura 3:129: 'Hij vergeeft wie Hij wil en bestraft wie Hij wil.'

Als Allah alles wil en alles bepaalt – met inbegrip van de 'keuzen' die mensen maken – hoe kunnen de mensen dan op de laatste dag worden geoordeeld naar hun werken? Als Allah zelf hun werken veroorzaakt, kunnen zij toch moeilijk worden beschuldigd of geprezen voor hun daden? Beide kwesties, zowel die van de attributen als die van Allah's almacht, brachten de moslims tot de prangende vraag in hoeverre de taal van de Koran letterlijk het Verhaal van God is.

RECHTS:

Allah de Schepper
Voor moslims zijn 'de werken van de schepping' ook tekenen die verwijzen naar de goddelijke waarheid van Allah.

DE GODSDIENSTEN VAN ABRAHAM: ISLAM

De macht van God

De menselijke vrijheid

O MSTREEKS HET JAAR 912 stelde een intelligente theologiestudent, al-Ashari (873-935 nChr.), een aantal indringende vragen aan zijn leraar al-Jubbaj:

❖ 'Hoe zal de afrekening na de dood eruitzien voor een gelovige, een ongelovige en een kind?' Al-Jubbaj antwoordde dat de gelovige in de hemel, de ongelovige in de hel en het kind op een veilige plaats kwam.

❖ 'Wat nu als het kind vraagt waarom het niet mocht opgroeien om een grotere beloning te verdienen?' Al-Jubbaj antwoordde dat Allah wist dat hij tot een zondaar zou uitgroeien.

❖ 'En als de ongelovige nu aan Allah zou vragen waarom hij hem niet op jonge leeftijd had gedood zodat hij niet meer zou kunnen zondigen?'

Op deze vraag moest al-Jubbaj het antwoord schuldig blijven en al-Ashari begon zich af te vragen wat het nut is van theologie bij het vertellen van het verhaal van God.

Het probleem vloeit voort uit de 'harde' uitspraken in de Koran over de macht van Allah die alles bepaalt. In de eerste interpretatiepogingen van de Koran kenden de moslimtheologen er echter een veel sterkere betekenis aan toe, namelijk de absolute onmogelijkheid dat er ook ooit maar iets zou kunnen gebeuren buiten de macht en het weten van Allah om. Extreem gesteld kwam het erop neer dat alles door Allah was voorbestemd.

Anderen wezen deze doctrine af omdat hierdoor elke menselijke verantwoordelijkheid wordt uitgeschakeld. We zouden bij álles *insh Allah*, 'als Allah het wil', moeten zeggen. Er ontstond een groep theologen die zich boog over deze en andere kwesties: de *mutazilieten* (van het Arabische woord *itazala*, 'afscheiden van'). Deze groep kwam naar voren in de periode van strijd over de ware opvolger (kalief) van Mohammed, die heeft geleid tot de opsplitsing van de moslims in soennieten en sjiieten. Een van de twistpunten in deze strijd was of de derde kalief, Uthman, zo ver van de ware islam was afgedwaald dat het gerechtvaardigd was hem ter dood te veroordelen, een vonnis dat in 656 nChr. werd bekrachtigd en uitgevoerd. Deze keer was het Hassan al-Basri (642-728 nChr.) die de cruciale vraag stelde: is een moslim die een ernstige zonde begaat nog steeds een moslim (in welk geval hij niet gedood kan worden), of houdt hij op moslim te zijn (en mag hij dus gedood worden)? Sommigen (de *charidjieten*) waren van mening dat zo'n persoon niet langer een moslim was. Hassan al-Basri dacht echter dat hij wel een moslim bleef, maar ook een hypocriet was (streng veroordeeld

De sjiieten
Een deel van de moslims gelooft dat Ali, de naaste afstammeling van Mohammed, hem als kalief had moeten opvolgen en dat diens afstammelingen de ware leiders (imams) zijn. Zij vormen de 'de Partij van Ali', Sjiat i-Ali, vandaar de naam sjiieten. Ali's zoon Hussein werd in 680 nChr. bij Kerbala door het leger van de soennitische kalief vermoord en later tot martelaar verklaard. Jaarlijks herdenken nog tienduizenden pelgrims zijn wrede lijdensweg.

DE MACHT VAN GOD

door de Koran). De mutazilieten namen een tussenpositie in. Zij stelden de vraag welk licht het menselijk intellect zou kunnen werpen op deze kwesties. In feite werd hiermee de filosofische theologie in de islam geïntroduceerd.

Tawhid, het eerste principe dat de mutazilieten vaststelden (*kader onderaan*), behandelde het vraagstuk van de attributen (*blz. 330*), omdat deze in tegenspraak schenen te zijn met de eenheid van Allah. Wanneer Allah spreekt, hoort, ziet en op een troon zit, kan men dan in zijn algemeenheid stellen dat Allah een lichaam en ook lichaamsdelen heeft? Zo ja, dan kan men niet meer zeggen dat Allah één is. De mutazilieten kozen weer de middenweg en verdeelden de attributen in tweeën: die welke essentieel Allah zijn en die welke kunnen worden afgeleid uit Allah's handelen. Door Allah op een troon te plaatsen zegt men dat Allah altijd is geplaatst conform de essentie van wat Allah ís.

Toch bleek deze rationele benadering van de beschrijvingen van Allah in de Koran niet bevredigend. Niet in de laatste plaats omdat ook hiermee zulke lastige vragen als die van al-Ashari onbeantwoord bleven. Hij stelde dat het intellect niet superieur is aan de openbaring en dat het alleen kan worden toegepast om het traditionele op de Koran gebaseerde geloof te verdedigen. Wat de attributen betreft bevestigde hij hun werkelijkheid 'zonder te weten hoe' (*bila kaif*) ze zich verhielden tot de essentie of het essentiële wezen van Allah. Wat het vraagstuk van de voorbeschikking aangaat, stelde hij dat alle mogelijkheden, inclusief die welke de hel tot gevolg hebben, zijn geschapen door Allah, maar dat de mens zelf de verantwoordelijkheid heeft zich de 'goede mogelijkheden' toe te eigenen. Dit idee van het 'toe-eigenen' (*bijschrift rechts*) laat de macht en de voorzienigheid van Allah onverlet en geeft tegelijkertijd de mens vrijheid van handelen en dus verantwoordelijkheid voor zijn eigen daden. Het was een vernuftig geformuleerd concept, dat helaas geen einde maakte aan alle debatten.

Toe-eigenen
De leer van al-Ashari over het 'toe-eigenen' (kasb, iktisab) is te vergelijken met winkelen in een supermarkt. De bedrijfsleider zet alles in de schappen en kent de voorraad, maar de klanten moeten uitkiezen wat zij denken dat goed en passend is. Wanneer ze bijvoorbeeld alleen maar tandpasta kopen, zal dat slechte gevolgen hebben voor hun gezondheid: dat is dan echter hun eigen schuld.

DE VIJF PRINCIPES

De mutazilieten hielden zich aan vijf beginselen; aan de eerste twee daarvan ontleenden zij hun naam: ahl al-Adl wa-T-Tawhid, *'het Volk van Rechtvaardigheid en Eenheid'.*

- ☪ 1. *Tawhid*: de absolute en onbetwiste eenheid van Allah.
- ☪ 2. *Adl*: de rechtvaardigheid van God met instandhouding van de vrije menselijke wil als oorzaak van het kwaad in de wereld, dat weer wordt gestraft door Allah.
- ☪ 3. *alWa'd wa'lWa'id*: dreiging en belofte, die in de Koran reëel en noodzakelijk zijn vanwege de menselijke vrije wil.
- ☪ 4. *alManzilah bain alManzilatayn*: de tussenpositie, hun poging om een rationele middenweg te vinden tussen de extremen van de vroege tegenstellingen.
- ☪ 5. *alAmr bi'lMa'ruf wa'nNahy 'an alMunkar*: het bevel goed te doen en het slechte te verbieden – een bondige samenvatting van sociale verantwoordelijkheden en plichten.

De soefi's

Het begin

Hassan al-Basri was een man met een onderzoekende geest. Naast de vraag over de status van een moslim die had gezondigd (*blz. 332*) sneed hij nog tal van andere kwesties aan. Onder de mutazilieten had men inmiddels een andere kijk ontwikkeld op dat speciale vraagstuk, maar men beschouwde hem nog steeds als een grondlegger van hun eigen rationeel georiënteerde theologie over alles wat Allah betekent en inhoudt.

Daarnaast was Hassan ook de initiator van een andere geloofsbeleving, namelijk die in eenheid met Allah via aanbidding, extase en gebed. Na Mohammed en Ali (de vierde kalief en inspirator van de sjiieten) werd Hassan beschouwd als 'de Derde Meester', die 'de innerlijke wetenschap' (*ilm al-kulub*, letterlijk: 'de kennis van het hart') ontwikkelde.

Door deze manier om Allah te zoeken door middel van gehoorzaamheid, toewijding en gebed wordt duidelijk dat Hassan deze wereld beschouwde als een arena waarin mensen worden beproefd en getraind in toewijding aan Allah. Hij vergeleek de wereld eens met een brug: het is verstandig om erover van de ene kant naar de andere te lopen, maar het zou dwaas zijn om er je huis op te bouwen. Deze zienswijze voerde de islam in de richting van het ascetische ideaal van het opgeven van alle bekoringen van de wereld, om het leven geheel aan Allah te wijden. Dat leek op het eerste gezicht in tegenspraak met de sterke nadruk die de Koran legt op het goede van de wereld en de grootmoedige gulheid van Allah als de schenker van al deze gaven. Wanneer daarom ascetisme voortkomt uit een afkeer van de wereld omdat die slecht zou zijn, is dat een vorm van blasfemie omdat men in dat geval de geschenken en de voorzienigheid van Allah afwijst. De waarschuwing in de Koran (57:27) tegen het versmaden van Allah's geschenken lijkt ook het idee van monniken die zichzelf in een klooster verbergen voor de wereld (*rahbanija*) te veroordelen als een uitvinding van de christenen die niets met Allah te maken heeft. Hoewel dit Arabische woord ook iets anders kan betekenen hebben de moslims het altijd opgevat als de verwerping door Allah van het celibaat.

Voerde Hassan de islam op verboden

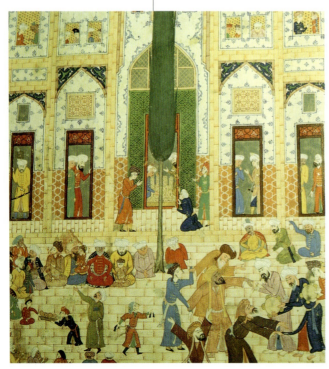

Dansende soefi's
In veel soefi-orden (blz. 346 e.v.) wordt dans gebruikt als een manier om gelovigen uit de wereld los te rukken en hen te brengen in de heilige aanwezigheid van Allah. De vorm en de betekenis van de dans werden het verst ontwikkeld in de mevlana-orde (*mawlawijja*), volgelingen van Rumi (blz. 344-346), die dit *mukabala*, 'ontmoeting', noemden. Anderen beschouwden dans echter met grote argwaan als een hoogmoedige menselijke poging om één met Allah te worden.

paden? Nee, want hij verstond onder ascetisme iets anders. Het was zeker niet dat hij de goede dingen in de wereld om zich heen (en in zichzelf) verwierp, maar wilde alle tijd en energie die wordt besteed aan dergelijke dingen schenken aan een grotere liefde. Hij wilde Allah ook in deze wereld al de eerste plaats gunnen. Dus schreef hij:

> 'Verkoop deze huidige wereld van jullie voor de komende wereld en je zult beide volledig winnen, maar verkoop niet de komende wereld voor deze, want dan zul je beide totaal verliezen. [...] Zij die Allah kennen, behandelen hem als een vriend, terwijl zij die deze wereld kennen hem behandelen als een vijand.'
>
> (Attar 1905: I.40)

Een groot gevaar van de verlokkingen van deze wereld is dat de mensen ze niet gebruiken tot glorie van God, maar dat ze een doel op zichzelf worden. Dat wat de mens zoekt te bezitten, neemt bezit van hem, zoals Hassan schreef in een brief aan Omar II, de kalief op dat tijdstip (*kader rechts*). Jezus was niet de enige die tevreden was met zijn kleding 'van wol' (*kader rechts*). Uit deze volledige toewijding aan Allah, het te allen tijde en op alle mogelijke manieren met hart en ziel zoeken naar Allah, ontstond de soefibeweging.

Soefi's zijn moslims die de directe en persoonlijke ervaring van Allah zoeken. De oorspronkelijke betekenis van hun naam wordt vaak toegeschreven aan het Arabische woord *soef*, 'wol', vanwege de sobere kledij die ze gewoonlijk droegen. De stroming kwam naar voren in een tijd dat de islam snel groeide: in minder dan een eeuw na de dood van Mohammed had zijn religie zich verbreid in het westen tot aan de Atlantische Oceaan en in het oosten tot China. De opeenvolgende kaliefen en hun hofhouding verwierven grote rijkdommen en macht en menige moslim verruilde zijn eenvoudige nomadenbestaan in de woestijn voor een luxueus bestaan in de stad. De soefi's besloten zo dicht mogelijk bij de sfeer van het eenvoudige woestijnleven te blijven om op die manier gestalte te geven aan de absolute soevereiniteit van Allah in henzelf. Het soefisme opende een weg van liefde die veel soefi's aan de bedelstaf bracht, onder wie een zekere Ibrahim ibn Adham. Hij was maar drie keer in zijn leven gelukkig geweest, zo schreef hij, waarvan een keer toen hij bij het bekijken van zijn mantel het bont niet kon onderscheiden van de erin krioelende luizen: 'Armoede is een grote schat die Allah bewaart in de hemel en alleen geeft aan hen die hij liefheeft.' Deze liefde voor armoede was niet strijdig met de nadruk die de Koran legt op al het goede van de schepping, of op het genoegen dat moslims schepten in het vergaren van kennis en begrip: de bedoeling van zowel kennis als armoede is immers dezelfde, namelijk een steeds diepere eenheid met Allah te bereiken. De soefi's presenteerden hierbij een weg om Allah boven alles te stellen en al snel vormden zij een belangrijke stroming in de islamitische maatschappij.

> 'Wees op uw hoede voor deze wereld met al haar misleiding: zij is als een slang, ze voelt zacht aan, maar haar gif is dodelijk. Deze wereld is voor Allah niet speciaal belangrijk of van waarde. Die is zo gering dat ze voor Allah nog minder weegt dan een kiezelsteentje. Gelijk het Woord [Issa = Jezus] zegt: "Mijn dagelijks brood is honger, mijn banier is vrees, mijn kleding is wol, mijn rijdier is mijn voet, mijn lantaarn is de maan, mijn vuur is de zon, mijn voedsel is wat de aarde voortbrengt voor de dieren en het vee; aan het eind van de dag heb ik niets verworven maar er is niemand rijker dan ik".'
>
> (Hassan al-Basra, 1921)

Basra werd een belangrijk studiecentrum. De volgende uitspraak wordt toegeschreven aan de vrouw van de bekende az-Zuhri (overleden 742 nChr.): 'Bij Allah, die boeken van jou vormen een grotere concurrentie voor mij dan drie extra vrouwen.'

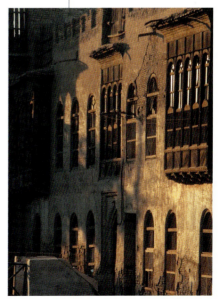

Rabia

Een aan Allah toegewijde soefi

De stad Basra groeide uit tot een bekend centrum van het soefisme en hier werd de opmerkelijke mystica Rabia al-Adawijja geboren (713-801 nChr.). Haar naam betekent 'vierde', omdat zij de laatste was van vier dochters, maar ze werd een van de eerste vrouwen in de islam die als gelijke van de mannen zou worden beschouwd. Attar *(blz. 342)* schreef in zijn *Herinnering aan de Vrienden van God*: 'Wanneer iemand mij zou vragen waarom ik Rabia samen met de mannen heb gememoreerd, antwoord ik in de woorden van de profeet: "Allah houdt geen rekening met uiterlijke vormen. Het hart van de zaak zit niet in de vorm maar in de intentie. [...] Wanneer een vrouw een man wordt op het pad van Allah, is zij een man en kun je haar niet langer een vrouw noemen."'

Toen Hassan *(blz. 334)* een ontmoeting had met Rabia was hij benieuwd of het Allah's bedoeling was dat zij met elkaar zouden trouwen. Rabia antwoordde: 'Het huwelijk is voor hen die een Zelf hebben. Mijn Zelf is verdwenen omdat ik zelf niets ben en alleen leef door Allah, in wiens schaduw ik verblijf. Als je mij wilt huwen, vraag het aan Allah.' 'Waar heb je dan ontdekt hoe je met Allah moet leven?' vroeg hij haar. 'Jij weet hoe,' antwoordde zij, 'ik weet alleen "hoe-niet" en "zou niet weten hoe-niet".'

Rabia onthulde echter de sleutel tot dat 'hoe' toen zij zich op een dag over de markt haastte met een emmer water in de ene hand en een bakje met gloeiende houtskool in de andere. Op de vraag waar ze mee bezig was antwoordde ze: 'Ik ga een vuur in het paradijs ontsteken en de vuren in de hel doven, zodat de sluiers [dat wil zeggen de belemmeringen voor de ware liefde van Allah] zullen verdwijnen en de mensen Allah zullen zoeken zonder hoop op beloning of angst voor straf.'

Rabia had ook een grote liefde voor de schepping als geschenk van Allah en op een dag zag Hassan haar in een veld staan te midden van een aantal herten en andere wilde dieren. Toen hij dichterbij kwam, renden alle dieren weg. Hij vroeg haar hoe dat zou komen. 'Omdat jij hun vlees eet,' antwoordde ze kortaf. Ze leefde in totale armoede. Malik i-Dinar bezocht haar eens en zei dat zijn rijke vrienden wel voor haar zouden zorgen. 'Maar Malik,' sprak ze, 'hoe kun je je toch zo vergissen? Heb ik niet dezelfde verzorger als zij?' 'Jazeker,' antwoordde Malik. 'En bekommert Allah, die voor ons zorgt, zich soms minder om de armen omdat ze arm zijn en meer om de rijken omdat ze rijk zijn?' 'Natuurlijk niet,' was Maliks antwoord. 'Allah kent mijn omstandigheden,' zei ze, 'waarom zou ik hem daar dan steeds mee lastigvallen? Dat is allemaal de wil van Allah, dus is het ook mijn wil.'

Net als andere soefi's nam Rabia aalmoezen aan, echter alleen als ze

---

Rabia had het laatste woord wat betreft de mannelijke superioriteit, toen een aantal mannen haar berispten dat zij haar plaats als vrouw niet kende.

'Alle grote deugden behoren de man toe: de kroon van het profeteren is op zijn hoofd geplaatst, de gordel van het gezag is om zijn middel gebonden; geen vrouw is ooit profeet geweest.'

'Dat is allemaal waar,' antwoordde zij, *'maar absoluut egoïsme en zelfingenomenheid met eigen prestaties kwamen nooit van de vrouw en ook geen woorden als: "ik ben uw heer en meester..." Dat zijn allemaal typisch mannenzaken.'*

werden gegeven en gebruikt in naam van Allah. Zij kreeg eens van iemand vier dirham en omdat haar laatste kleren totaal versleten waren, gaf ze het geld aan een voorbijganger die voor haar een deken moest kopen waarmee ze haar naaktheid kon bedekken. De man ging op weg, maar kwam even later terug om te vragen welke kleur ze wilde hebben. 'Wat heeft kleur er nu mee te maken?' zei Rabia geïrriteerd: ze vroeg het geld terug en gooide het in de Tigris.

Armoede maakte het voor Rabia gemakkelijker om trouw te blijven aan Allah. Op zichzelf betekende het niets, maar als het de wil van Allah was, betekende het alles. Ook wonderen waren niet te vertrouwen wanneer ze haar afleidden van Allah. Eens wilde Rabia aan haar dagelijkse broodkorst beginnen toen een buurvrouw zei: 'Je moet eens wat anders eten. Ik zal een stoofpot met ui voor je maken.' Rabia had er niets op tegen en dus ging de buurvrouw op zoek naar een paar uien, maar ze vond niets. De buurvrouw zei toen: 'Ik zal eens bij de andere buren informeren,' waarop Rabia antwoordde: 'Ik heb al veertig jaar de afspraak met Allah dat ik nooit iemand anders dan hem om iets zal vragen. Laat die uien maar!' Op dat moment vloog er een grote vogel door de lucht met gepelde uien in zijn snavel die hij in de pan liet vallen. 'Dat moet wel een truc zijn,' vond Rabia en liet haar buurvrouw met de stoofpot zitten.

Elke religie kent talloze anekdoten over de bijzondere minnaars en minnaressen van God. Het doet er niet toe of de verhalen 'precies zo' gebeurd zijn, want ze geven een beeld van de verwachtingen en het geloof van de pelgrims die nog op deze aarde onderweg zijn. In een van haar gebeden riep Rabia uit: 'Mijn vrede is in eenzaamheid, want mijn Geliefde is altijd bij me. [...] O Genezer van zielen, het streven naar eenheid met u heeft mijn ziel genezen. U bent mijn vreugde en mijn leven tot het einde toe. [...] Mijn hoop is gevestigd op de eenheid met U en dat is het doel van mijn zoektocht.'

Gebed van Rabia

'O God, alles wat u van deze wereld voor mij heeft bestemd, geef het aan uw vijanden; en al wat u van de komende wereld voor mij heeft bestemd, geef het aan uw vrienden, want u alleen bent meer dan genoeg voor mij.'

Het oude Bagdad

Nadat de Abassiden in het jaar 750 nChr. de Omajjaden-dynastie hadden verdreven, werd Bagdad, destijds Dar es-Salaam, 'het Huis van Vrede', genoemd, de hoofdstad van een nieuwe dynastie van kaliefen. Bagdad werd in 762 nChr. gesticht door kalief Mansoer. De bloei van de stad (weerspiegeld in het befaamde Duizend-en-een-nacht) bereikte een hoogtepunt (toen ook Rabia er woonde) onder kalief Harun al-Rasjid (overleden 809 nChr.).

Al-Halladj

De blikseminslag van Allah's liefde

SOEFI'S ZIJN GELOVIGE mensen die 'van meet af aan op zoek zijn naar Allah, al-Hakk [de Waarheid], de Ene schepper van al wat is. Ze rusten nooit en besteden geen aandacht aan andere mensen, voordat ze hebben gevonden wat zij zoeken. Voor u snel ik over land of water, scheer ik over de open aarde, splijt ik bergen en wend ik mijn ogen af van alles wat ik onderweg zie, tot het moment dat ik aankom op de plaats waar ik alleen ben met u' (uit de *Maksad al-Asna* van al-Ghazali). Deze definitie van een soefi kwam van Abu al-Mugith al-Hussein ibn Mansur (overleden in 922 nChr.). Hij werd bekend als al-Halladj, van het Arabische woord *halaja*: 'hij die wol kaardt'. Maar deze naam werd al snel opgevat als 'hij die het zedelijk bewustzijn kaardt [onderzoekt]' (*al-Halladj al-Asrar*), want al-Halladj groeide uit tot een hartstochtelijk pleitbezorger voor de liefde tot Allah die de tegenwoordigheid van Allah vindt in het Zelf. Terwijl de tranen over zijn gezicht stroomden, zei hij eens:

> 'Uw verwijdering van ons wordt niet veroorzaakt doordat u zich van ons terugtrekt, maar doordat u ons het bewustzijn van uw aanwezigheid ontneemt: bewust worden van uw aanwezigheid betekent niet dat u van plaats bent veranderd, maar dat wij ons bewustzijn hebben veranderd. Uw afwezigheid betekent dat u een sluier tussen ons hebt geplaatst, niet dat u ook maar enige afstand van ons hebt genomen.'
>
> (Akbar al-Halladj nr. 5)

Al-Halladj schreef liefdespoëzie over de aanwezigheid van Allah waarin iedere scheiding leek te zijn opgeheven (*kader links*). Zijn liefde tot Allah was zo direct en reëel dat voor hem, evenals voor Rabia (blz. 336), hemel en hel geen enkele rol meer speelden.

> 'Maak mij een met de Ene
> U die als enige die Ene bent,
> zoals ik getuig:
> alleen God is
> de Weg waarheen geen andere weg ooit leidt!
> Ik ben de Ware [ana al-Hakk],
> gemaakt door Waarheid,
> de komende Waarheid:
> laat dus onze scheiding eindigen
> en Waarheid Een zijn,
> met U in mij, en ik
> gevonden in uw vorm,
> zoals de bliksem
> eensklaps alles verheldert
> in de woedende storm.'
>
> (Massignon 1914: 93)

> 'Wanneer u me het paradijs zou aanbieden in ruil voor een ogenblik van mijn tijd met u hier, of voor het minste moment van geestelijke vervoering met u nu, dan zou ik daar niet op ingaan. Wanneer u me het vurige landschap van de hel in zou sturen, met alle kwellingen van dien, zou ik dat niets vinden in vergelijking met mijn eenzaamheid wanneer u voor mij verborgen bent. Vergeef iedereen, maar mij niet; heb medelijden met hen maar niet met mij. Ik vraag u niets voor mezelf, ook geen beloning: doe met mij wat u wilt.'
>
> (Massignon 1914: 78)

De Koran vertelt de mens dat Allah dichterbij is dan zijn halsslagader (50:51). Soefi's ervaren die nabijheid van Allah en heffen de afstand tussen schepper en schepsel op die manier geheel op *(kader rechts)*. Zo'n extatische eenheid met Allah ging veel andere moslims echter te ver. Wat bedoelde al-Halladj met te zeggen: *ana al-Hakk*, 'ik ben de waarheid'? Het leek erop dat hij beweerde Allah te zijn geworden omdat al-Hakk een van de meest diepzinnige namen van God *(blz. 328)* is in de gehele Koran: de absolute oorzaak van al het zijnde, de Waarheid, het Ene dat waarlijk *ís*. Na een proces in Bagdad werd al-Halladj op wrede wijze ter dood gebracht. Toen hij al stervende was zei hij: 'Dit is waar ieder die de extase kent naar verlangt: alleen te zijn met de Al-Ene.'

Had hij eigenlijk wel *ana al-Hakk* gezegd? In sommige teksten wordt beweerd dat hij slechts *ana hakk* zei, 'ik ben waar', of 'ik ben waarachtig in wat ik zeg over mijn eenheid in liefde met Allah'. De mogelijkheid bestaat ook nog dat hij werd geëxecuteerd vanwege bepaalde overtuigingen en praktijken die hij uit India had meegebracht en die orthodoxe moslims als ondermijnend voor de islam beschouwden. Ibrahim ibn Fatik bezocht hem in de gevangenis en trof hem aan 'rustend op de kroon van zijn hoofd', met andere woorden: in een Indiase yogahouding. Ook sprak al-Halladj eens de volgende raadselachtige woorden: 'Waarschuw mijn vrienden dat ik te water ben gelaten in de oceaan en dat mijn boot is vergaan: ik zal sterven in de religie van het schavot; ik hoef niet naar Mekka of Medina' *(Akbar 52)*. Bedoelde hij hiermee dat wanneer mensen eenmaal de aanwezigheid van Allah werkelijk hebben gezien en gevoeld deze ervaring daarna alle scheidingsmuren tussen de menselijke religies opheft, zoals dat ook bij Kabir *(blz. 120)* het geval was? Hoe dan ook, Allah naar de aarde toehalen was een riskante zaak: zou er een verklaring van de soefi-ervaring mogelijk zijn die niet bedreigend zou overkomen op andersdenkenden?

> 'Ik ben hem die ik liefheb, en hij die ik liefheb is mij. Wij zijn twee geesten in één lichaam verenigd. Wanneer u mij ziet, ziet u hem. Wanneer u hem ziet, ziet u ons.'
>
> (Massignon 1914: 93)

Blikseminslag
Al-Halladj voelde dat door zijn langdurige soefi-levenswijze en -training de sluier waarachter het goddelijke zich verborgen hield, als door een blikseminslag uiteen was gescheurd: 'U hebt zich aan mij zo openlijk getoond dat u in mijn ziel zelf bent opgenomen.'
(Massignon 1914: 38)

Ibn Arabi

Lichtbreking door een prisma

Lichtbreking
De moslims namen veel kennis over van de Griekse wetenschap en gaven haar een nieuwe impuls omdat de studie van de natuur immers gelijkstond aan de studie van Allah's schepping. Men wist dat een schijnbaar kleurloze straal zonlicht in feite bestaat uit een aantal kleuren, die kunnen worden verspreid of gescheiden met behulp van een prisma.
Moslimwetenschappers observeerden refractie (straalbreking: het effect op de elektromagnetische golven waaruit het licht bestaat, wanneer ze de grens passeren tussen het ene transparante medium en het andere). Deze waarnemingen leverden een treffende vergelijking op met de effecten van Allah in het menslijk leven.

De overtuiging van de soefi's dat hun eenheid met Allah alle scheiding en afstand opheft, riep bij veel moslims verontruste vragen op. Was het wel mogelijk om de eenheidservaring te verklaren zonder daarbij de transcendentie van Allah aan te tasten?

Een van de grote islamitische filosofen, zelf een soefi en dus uit de eerste hand bekend met wat de soefi's in woorden probeerden uit te drukken, maakte daarmee een begin: dit was ibn Arabi (Abu Bakr Mohammed Muhjjiddin ibn al-Arabi; 1165-1240). Hij werd geboren in Murcia, Spanje, en men noemde hem *ash-Shajjk al-Akbar*, 'de Allergrootste Leraar'. Hij maakte verre reizen door vele landen op zoek naar de waarheid en zijn grafmonument in Damascus is tot op de huidige dag een bedevaartsoord.

De eerste soefi's hadden laten zien dat men om Allah te vinden zijn eigen Zelf moest verliezen: een tranceachtige toestand waarin de persoon 'sterft voordat men sterft', die door de soefi's *fana*, 'vernietiging', wordt genoemd. Deze concentratiemethode heet *dhikr*, 'herinnering': de praktijk om bij alles aan God te denken. Over deze in de gehele moslimwereld bekende procedure schreef ibn Arabi: 'Wanneer beginners hun *dhikr* ook maar een seconde vergeten, is Satan meteen bij hen. Met het vergeten van Allah sluipt Satan naar binnen, maar zodra er *dhikr* is moet hij vertrekken.'

Dhikr leidt tot de ervaring van eenheid met Allah, wat door ibn Arabi verder werd onderzocht. Het was hem duidelijk dat er niets te zeggen viel over het wezen van Allah, die zich immers ver buiten het bereik van woorden en begrippen bevindt: 'Al deze woorden [van mij] over Allah zijn verwijzingen naar diepe mysteries en door Allah geschonken verhelderingen. Voor u die dit leest zou het veel beter zijn uw aandacht te richten op de waarheid achter deze woorden, zodat u de kennis kunt binnengaan' (*Tarjuman al-Ashwak*).

Wat dat betreft: hoe zit het dan met de attributen (*zie blz. 330*)? Als die werkelijk bestaan heeft Allah een aantal eeuwige 'partners'. Maar volgens de Koran is *shirk*, 'iets voorstellen' alsof het gelijk is aan Allah een van de hoofdzonden. De islam stelt juist dat Allah absoluut is en onverdeeld, ongeëvenaard de Ene. Ibn Arabi schreef: 'Allah staat ver boven iedere gelijkenis en eveneens boven elke mededinger, tegenbeeld of tegenoverstelling' (*Risalat al-Ahadijja*).

Wat *zijn* eigenlijk attributen? Ibn Arabi stelde dat met het scheppen van Adam (de mensheid) het wezen van Allah door de menselijke natuur heen (zoals door een prisma) zodanig begon te convergeren dat de essentie van Allah (*dhat al-Hakk*, 'het Zelf van de Werkelijkheid' = de essentiële natuur) in fragmenten en met verschillende kwaliteiten waarneembaar werd in de vorm van attributen. Precies zoals door een prisma uiteengebroken licht nog steeds licht is, zo wordt ook het wezen van Allah door de schepping gebroken, gefragmenteerd als het ware, zonder dat daarbij iets aan Zijn wezen wordt afgedaan. Vergelijkbaar hiermee zijn aspecten van de Natuur waarneembaar zonder dat de Natuur zelf wordt aangetast: 'De Natuur blijft apart staan van de *delen* waarin zij zich manifesteert, ook wordt de Natuur niet verminderd door *dat* waarin zij zich manifesteert' (*Fusus al-Hikam*, 'De slijpvlakken van wijsheid'). Een even belangrijke bevinding is dat de schepping naar Allah kan terugspiegelen wat Allah in essentie is: 'Want om Allah zijn eigen wezen te doen kennen, is een object buiten dat wezen nodig om het waarneembaar te maken en zodoende zijn mysterie aan hemzelf te openbaren' (*Fusus al-Hikam*). Het doel van de soefi is de spiegel van de menselijke natuur in zichzelf zo glanzend op te poetsen dat hij steeds volmaakter het wezen van Allah reflecteert: 'Allah is de spiegel waarin jij jezelf ziet, net zoals jij de spiegel bent waarin hij zijn attributen beschouwt: ze zijn niets anders dan hijzelf, zodat het analoog zijn aan het ene wederkerig wordt aan het andere.'

Uiteindelijk kan de wisselwerking tussen Allah en de dienaren van Allah zo volmaakt worden dat ze niet meer van elkaar te onderscheiden zijn – en dat is de volledige eenheid met Allah waarin Hij waarlijk aanwezig is maar tegelijk transcendent blijft. Voor de soefi wordt Allah 'het gehoor waarmee hij hoort, het gezicht waarmee hij ziet, de handen waarmee hij de voeten aanraakt waarmee hij loopt, de mond waarmee hij spreekt.'

Zo is Allah in refractie overal in de schepping waarneembaar. Toch kan de mens Allah beter niet buiten zichzelf zoeken in gefragmenteerde glimpen van Zijn glorie, maar in zichzelf, waar die glorie zich volledig duidelijk manifesteert in ideale refractie: 'Mensen moeten hun eigen ziel kennen voordat ze hun Heer kunnen kennen, want hun kennis van de Heer is als het ware de eerste vrucht van hun kennis van zichzelf' (*Fusus al-Hikam*).

Zo geformuleerd lijkt deze benadering van Allah nogal technisch, maar in de dagelijkse praktijk maakt ze van Allah een levende werkelijkheid. In de glorieuze werkelijkheid van die ervaring vond de hoogst bijzondere devotiepoëzie van de soefi's haar inspiratiebron.

> 'Mijn hart kent elke vorm: het is het grasland voor de gazelle en het klooster voor de monnik; het is een tempel voor de afgodsbeelden en de Kaäba [blz. 321] voor de bedevaartgangers; het is de Tafelen der Wet van de Tora en de boeken van de Koran. Ik volg de religie van de Liefde waarheen zijn kamelen mij ook voeren. Mijn godsdienst en mijn geloof zijn de ware godsdienst.'
>
> (Ibn Arabi 1980: 13-15)

Reis naar Allah
De bedevaart naar Mekka werd voor de soefi's een metafoor van de reis van de ziel naar Allah (kader boven en blz. 345).

De Vogelvergadering

Pelgrims op zoek naar Allah

> 'Wees eerst niets! Pas dan kun je bestaan:
> Je kunt niet leven terwijl je leeft en jezelf in stand houdt –
> Voordat je het Niets bereikt is het onmogelijk
> Het Leven te zien waarnaar je eeuwig verlangt.'
> (De Vogelvergadering blz. 222)

De woestijn
De woestijngebieden beslaan in Arabië alleen al anderhalf miljoen vierkante kilometer en zijn zo dor en desolaat dat ze door de Arabieren Rub al-Khali, 'Het Lege Kwartier' worden genoemd: 'Het is een bitter, uitgedroogd land dat geen enkele zachtheid of comfort kent.'
(Thesiger 1960: xii)

VEEL VROEGE SOEFIVERHALEN stammen uit de *Herinnering aan de Vrienden van God (Tadhkirat al-Awlijja)* van Farid ad-Din Attar (overleden ca. 1221). Hij was zelf een soefi en zijn gedichten over de liefde voor Allah behoren tot de hoogtepunten van de Perzische poëzie. Van de meer dan honderd gedichten die aan hem worden toegeschreven is het lange *Mantik at-Tair, De Vogelvergadering*, wel het mooiste vers. Het idee ervoor ontleende hij aan de Koran (38:18-19), waarin sprake is van de schepping die samen met Dawud (David) de lof van Allah zingt: 'Ook de vogels kwamen bijeen; alles wendde zich met hem [tot Allah].' In het gedicht zijn de vogels allemaal pelgrims op zoek naar Allah; zij verzamelen zich om de ware koning te gaan zoeken en beginnen met het kiezen van *hudhud* (de hop) tot hun gids. Hudhud vertelt hun dat deze koning, *simorgh* ('Zeldzame Vogel'), inderdaad bestaat maar dat de weg naar hem toe moeilijk zal zijn en vol gevaarlijke afleidingen:

> 'We hebben een koning; voorbij de bergtop Kaf
> Woont de Simorgh, de vorst die u zoekt,
> En Hij is ons altijd nabij, hoewel wij
> Ver van Zijn transcendente majesteit leven.
> Honderdduizend sluiers van donker en licht
> Verbergen Zijn aanwezigheid voor ons sterfelijk gezicht...
> Zijn schepselen zoeken een weg naar Hem,
> Misleid door elk nieuw en bedrieglijk idee,
> Maar dat niet werkt zoals gewenst is;
> De maan laat zich niet wegen als een maaltje vis!
> Hoevelen zoeken er niet naar Hem wier hoofden
> Als poloballen in een groot toernooi tot duizelens toe
> Heen en weer worden geslagen – hoeveel kreten,
> Hoe ontzettend veel gekerm stijgt er omhoog!
> Denk niet de weg is kort; Zijn paleis
> Ligt achter uitgestrekte zeeën en woestijnen.
> Bezin u goed voordat u start,
> De reis vraagt om een leeuwenhart.
> De weg is lang, de zee is diep – uw vlucht
> Wordt eerst door vreugde gedragen, daarna door gezucht;
> Als u deze zoektocht wenst, geef op uw ziel
> En maak ons vorstelijk paleis tot enig doel.
> Was eerst het wereldse stof van uw handen als u zegt:

"Ik ben een pelgrim op onze vorstelijke Weg";
Doe afstand van uw ziel uit liefde; Hij wie u nastreeft
Zal u Zijn diepste ziel ten offer geven.'
(blz. 34)

De vogels beginnen opeens te twijfelen of ze die zoektocht wel aankunnen en Hudhud moedigt hen aan met verhaaltjes die als een soort raamvertelling het grootste deel van het gedicht uitmaken. Uiteindelijk zijn er nog maar twee dingen vereist voor de zoekers naar de ware koning. Het eerste is: wie God wil vinden moet God liefhebben en aanbidden, niet om te worden beloond, noch uit angst voor straf, maar gewoon omdat God alles wat een mens kan verlangen te boven gaat *(kader rechtsonder)*. De tweede belangrijke les van Attar en Hudhud is deze: wie God zonder terughouding wil liefhebben, moet eerst zijn Zelf vergeten of het vernietigen *(kader links)*.

De dingen van deze wereld zijn niet kwaad of slecht. Maar het is nu eenmaal zo dat zij die Allah liefhebben een grotere liefde bezitten dan wat deze wereld hun ook zou kunnen bieden. Niet alle vogels houden de inspannende reis vol. Toch bereiken er dertig *(si morgh)* Simorgh: deze woordspeling betekent dat het individuele Zelf niets anders is dan het Enige Zelf, uiteindelijk in liefde vereend.

'Hun zielen raakten vrij van alles wat ze waren;
Het verleden kon ze niet langer meer bezwaren.
Hun leven kwam van die nabije, volhardende zon
In wiens levende stralen hun eenheid glanzend glom.
In het stralend aangezicht van Simorgh zagen zij
Zichzelf, de Simorgh van de wereld – in ontzag
Staarden ze hem aan, durfden ten slotte te bevatten dat
Men zelf Simorgh was en dit het einde van de reis.
Ze zien de Simorgh – en kijken naar zichzelf,
Zien daar nóg een Simorgh staan;
Ze kijken naar twee en zien er een,
En dat dit dat is, dat dit, het doel bereikt...
Toen, terwijl ze luisterden naar Simorghs woord,
Beving de vogels een fataal sidderende onzekerheid –
De substantie van hun zijn werd hun ontnomen,
En zij verdwenen als een schaduw voor de zon;
Geen pelgrim noch hun gids die bleef.
Stilte heerste toen Simorgh zweeg.'
(Smith 1928: 219 e.v.)

Al tijdens zijn leven werd Attar niet alleen als dichter vereerd, maar ook als gids naar Allah. Een man, iets jonger dan Attar, zei over hem: 'Slechts eenmaal in de honderd jaar verschijnt er een Attar.' En slechts eenmaal in de duizend jaar verschijnt er iemand zoals die tweede man. Zijn naam was Djalal al-Din Rumi.

Trekkende zwaluwen
'Als zeelui komend van heel
ver,
Huiswaarts geleid door hun
mysterieuze ster,
Vliegen en zingen ze vrolijk
met elkaar,
Verenigd in hun groots gevaar'
(Pitter 1990: 162)

'God sprak tot David: Zeg het
mijn dienaren: bidden
Moet de eerste zorg van de
schepping zijn;
Alsof er geen hel te vrezen, noch
een hemel te verdienen is
Moet de Heer de mensenziel
geheel vervullen...
Het ware gebed zoekt God alleen;
zijn drijfveren liggen
Diep in het berouwvol hart...
Wanneer je alleen bidt om in het
paradijs te komen
Weet je zeker dat je op de
verkeerde weg zit.'

(De Vogelvergadering blz. 158)

Rumi

Leven door liefde

Tijdens een verblijf in Nishapur ontmoette Attar in het jaar 1219 een gezin dat op pelgrimstocht was naar Mekka (blz. 348). Toen hij hun tienjarige zoon onder ogen kreeg, sprak Attar met een profetische blik: 'Deze jongen zal een poort openen in het hart van de liefde.' Deze jongen was Djalal al-Din Mohammed Balkhi (1207-1273). Hij werd geboren in Balkh, Afghanistan, in een tijd dat de islamitische wereld werd bedreigd door Mongoolse invasies. Toen Balkh onder vuur lag nam Djalal al-Dins vader, een vooraanstaand soefileraar, in 1219 met zijn gezin de vlucht. Na een zwerftocht van tien jaar stichtte hij in Konya in Zuid-Turkije een school. Deze streek heette Rum, als overblijfsel van de eerdere bezettingsmacht Rum (Rome). Djalal al-Din bracht er zijn leven door en werd zo bekend onder de naam Rumi. Toen zijn vader in 1231 stierf, volgde Rumi hem op als schoolhoofd en tegen het jaar 1244 was hij al zo bekend dat de mensen van heinde en ver toestroomden om door hem te worden onderricht. In dat jaar ontmoette hij Shams-i-Tabrizi (zoon van Tabriz) waardoor zijn leven totaal veranderde. Shams was een beroemde soefi, die op een totaal onafhankelijke vorm van spiritualiteit was uitgekomen, waarin hij mensen aanspoorde om alle boeken en leraren aan de kant te zetten en zich in uiterste devotie alleen aan Allah te wijden:

'Elke theologie is een strohalm die door Zijn Zon tot as vergaat: kennis leidt je tot de drempel, maar niet door de deur. Je kunt niets leren als je niet eerst alles afleert. Wat was ik geleerd, totdat Gods openbaring mij met stomheid sloeg!'

Shams had Allah gevraagd hem bij iemand te brengen die deze totale liefde zou begrijpen waarop Allah hem met Rumi in contact bracht. In 1244 kwam Shams in Konya aan en Rumi herkende Allah onmiddellijk in hem: 'Allah, fluorescerend door het prisma van de boodschapper' *(zie blz. 340)*. Via Shams ging hij vervolgens totaal en zonder enige terughouding op in zijn liefde voor Allah.

*'Liefde stroomt hier als bloed in mijn aderen en huid.
Hij heeft mij vernietigd en me gevuld
met Hem alleen:
Zijn vuur is tot in elke cel
van mijn lichaam doorgedrongen.
Van "mij" bestaat alleen nog mijn naam; de rest is Hem.'*

(Harvey 1995: 181)

---

*'O, onvergelijkelijke gever van leven, verlos mij toch eindelijk van de Rede!
Laat ze uitgeput rondtrekken van ijdelheid naar ijdelheid.
Splijt mijn schedel open, schenk er de wijn in van de waanzin!
Laat mij krankzinnig zijn, zo krankzinnig als U, met ons.
Achter de verstandigheid van dwazen ligt een brandende woestijn
Waar Uw Zon in schijnt in elk atoom; breng mij daarheen,
Geliefde, breng mij daarheen en laat me vurig sidderen in Volmaaktheid!'*

(Harvey 1995: 209)

Rumi

Rumi zei: 'Een soefi is iemand met een gebroken hart, iemand die zich altijd het hartzeer van de wereld aantrekt en ook altijd gevoelig is voor de Goddelijke Schoonheid ervan. Als je eenmaal tot dit inzicht bent gekomen, breekt je hart voor altijd open en de wond geneest nooit meer door de schoonheid en de grootsheid en de pijn van die ervaring.'

(Harvey 1995: 70)

De filosofie van ibn Arabi *(blz. 340)* stelde Rumi in staat om Allah in alle aspecten van de wereld te zien, met name in Shams, in wie Allah zich had gemanifesteerd. En hij zette die filosofie om in sublieme mystieke liefdespoëzie *(kader links)*. Rumi ging door Shams aanwezigheid zo op in Allah dat zijn leerlingen jaloers werden en Shams wegjoegen. Dit verlies maakte Rumi bijna waanzinnig. Shams keerde echter terug en opnieuw leidden ze een leven in gemeenschap van liefde, gebed, dans en zang in eenheid met God.

> *'Ik was sneeuw, ik smolt in uw stralen.*
> *De aarde dronk mij: als nevel, en zuiver geest,*
> *Stijg ik nu weer op naar de Zon.'*
>
> (Harvey 1995: 182)

In het jaar 1247 werd er op de deur geklopt. Shams stond op en zei: 'Het is tijd, ik ga, de dood roept mij.' Rumi was vervuld van smart, maar hij begreep dat de scheiding onvermijdelijk was. Hij besteedde de rest van zijn leven aan de poging om de vervoering van deze blijvende en oneindige liefde van Allah in woorden met anderen te delen. Hij schreef gedichten (waaronder *Mathnavi* en *Divan-i-Shams-i-Tabrizi*) en een prozawerk met adviezen over het geestelijk leven, waarin vaak rake en kernachtige observaties staan zoals: 'Als je in de spiegel kijkt en een lelijk gezicht ziet, maak je de zaak er niet beter op door met je vuist de spiegel kapot te slaan.' Iedere dag van zijn leven was voor Rumi een nieuwe reisdag op weg naar Allah, zoals ook een karavaan elke dag weer verder trekt.

> *'O geliefden, het is tijd om deze wereld achter ons te laten. De trommel klinkt in het oor van mijn ziel en roept ons voor de reis. De kameeldrijver wrijft zijn ogen uit, zadelt zijn kamelen en vraagt ons te mogen vertrekken. Waarom slaap je nog steeds, jij reiziger? Elk ogenblik dat verstrijkt, vertrekt er een ziel uit dit leven naar de wereld van Allah. O hart, vertrek naar de Geliefde, o vriend, ga naar je Vriend. Wachter, blijf wakker, want slapen is dwaasheid voor wie waakzaam moet zijn.'*
>
> (Divan-i-Shams i-Tabrizi)

Rumi vatte zijn leven samen met: 'Mijn godsdienst is leven door liefde.' Hij overleed tegen zonsondergang op een decemberdag in 1273. Zijn laatste woorden waren: 'Mijn dood is mijn huwelijk met de eeuwigheid' *(kader boven)*.

> *'Wanneer je op zoek bent, zoek ons dan met vreugde*
> *Want wij bewonen het rijk van de vreugde.*
> *Schenk je hart aan niets anders dan*
> *De liefde voor hen die louter vreugde zijn.*
> *Dwaal niet rond nabij de wanhoop*
> *Want er is hoop: die is echt, die bestaat –*
> *Ga niet in de richting van het duister:*
> *Ik zeg je: er is zon.'*
>
> (Harvey 1995: 3)

Het leven als pelgrimstocht
> *'Op weg! Op weg! O ziel,*
> *Laat deze wereld van afscheid nemen achter*
> *En ga met ons naar de wereld van eenheid...*
> *Werp af de lasten der aarde*
> *En vlieg omhoog naar de hemel!'*
>
> (Star 1997: 13)

Soefi-orden

Dansen in extase

Rondom Rumi verzamelde zich een schare volgelingen die bekend werd als de orde van de mevlevi of mevlana. In deze orde hield men zich onder andere bezig met ritmische danssessies, met als doel om vanuit het aardse lichaam te komen tot eenheid met Allah: vandaar dat ze bekendheid verwierven als de dansende derwisjen. Ze legden zich in het bijzonder toe op de sama, een bekende soefidans rondom een middelpunt dat Allah moet voorstellen *(kader rechts)*. Eind negentiende eeuw was meer dan de helft van alle moslims bij een of andere soefi-orde aangesloten. Men had gewoonlijk een grote leraar als leider, die hun meestal ook een naam gaf, maar allemaal voerden ze hun stamboom rechtstreeks terug tot Mohammed zelf, vaak via Hassan al-Basri *(blz. 334)*.

Extatische dans
Rumi zei: 'Dansen is niet alleen pijnloos gedragen worden door je voeten op het ritme van de muziek zoals het stof rondwervelt in de wind. Dansen is het uitstijgen boven twee werelden: het breekt je hart en maakt dat je je ziel opgeeft.'
(Harvey 1995: 224)

❖ Abd al-Kadir al-Djilani (geboren in 1077) van de kadiri's benadrukte het belang voor alle moslims – niet alleen maar voor een bepaalde elite – om de sharia *(blz. 348)* na te leven als allereerste voorwaarde tot de ware kennis van Allah. Omdat hij dit stelde boven de staat van extatische eenheid met Allah werd hij bekend als de grondlegger van het 'sobere' soefisme. Hij werd beschouwd als de 'pool' *(kutb)* waar de openbaring van Allah in de wereld om draaide. Hij liet door zijn eigen leven zien dat Allah geen idee of een filosofische abstractie is, maar een aanwezigheid waarin mensen kunnen leren leven en waardoor elk levensmoment wordt getransformeerd.

❖ Abu al-Djannab Najm al-Din Kubra (1145-1221) van de kubrawijja, bekend als de 'Maker van de Vrienden van God' *(wali tarash)*, baseerde zijn leer op visioenen van Allah en legde de nadruk op een volledige afhankelijkheid van de *shajk* ('leraar') als gids en uitlegger van de weg van de leerling. Die weg is een reis naar binnen, waarbij de beoefenaar wordt geconfronteerd met zaken die als externe werkelijkheden worden beschreven (bijvoorbeeld duivels, engelen en mogelijk zelfs Allah), binnen de realiteit van het eigen innerlijk.

❖ Khwajah Muwin al-Din Hassan (1141-1236) van de chishtijja (uit Chisht in Afghanistan) benadrukte het belang van soberheid en ascetische armoede (zie ook Rabia; *blz. 336*): we mogen geen geld verdienen of lenen en als we toch eigendom verwerven (bijvoorbeeld door geschenken aan te nemen van anderen) mogen we het niet langer houden dan tot de volgende ochtend. We zijn verantwoordelijk voor ons eigen handelen en moeten daarom het oordeel van Allah vrezen en ons verre houden van alles wat tot zijn ongunstig oordeel kan leiden, zelfs van te veel praten; we moeten alleen woorden gebruiken die Allah welgevallig zijn. Tegelijkertijd moeten we erkennen dat onze goede daden niet aan onszelf te danken zijn maar aan de leer van de *pir* ('gids') en de aansporingen van Allah.

- Abu al-Hassan as-Shadzili (1197-1258) van de shadzilijja schreef bijzondere gebedslitanieën, (*Hizb al-Bahr*, de 'Litanie van de Oceaan', *Hizb al-Anwar*, de 'Litanie van de Lichten'), om de mensen tot volledig besef van de eenheid (*tawhid*) van Allah te brengen. In het bijzonder door middel van *dhikr* (blz. 340) beklijft de waarheid dat Allah alles is wat er bestaat. De mens moet leren zijn gehechtheid aan de wereld te verliezen zodat ze, wanneer deze wereld verdwenen is, alleen nog gehecht zijn aan 'dat wat blijft', oftewel Allah. Het komt neer op volledige zelfverloochening.
- Shah Nimat Allah (1331-1431) van de nimatulahi geloofde dat de mensen in de wereld moesten werken (hij was zelf boer) om hun volledige toewijding aan Allah zichtbaar te maken door vrijgevigheid jegens anderen en maatschappelijke dienstbaarheid.
- Khwaja Baha al-Din Mohammed nakshband (1317-1389) van de Nakshbandijja eiste een strikte gehoorzaamheid aan de wetten van de sharia, zodat de kennis van Allah de gehele samenleving kon doordringen. De te volgen weg naar de geestelijke kennis van Allah is heel nauwkeurig in kaart gebracht.

De orden verschillen alleen in de prioriteiten die ze stellen, want hun doel is hetzelfde: het onderwijs in manieren waarop de gelovigen zichzelf voortdurend tot in de aanwezigheid van Allah kunnen brengen (vooral door *dhikr*: het zich concentreren op de eigenschappen van Allah door bijvoorbeeld het reciteren van de 99 'schitterende namen'; blz. 328).

In de meeste orden bestaat veel aandacht voor muziek (*sama*) en dans (*hadrah*, 'aanwezigheid' en *imarah*, 'volledigheid'; namen die duidelijk maken hoe de heilige dans de mens 'leegmaakt' van zichzelf waardoor hij vervuld kan raken van Allah). Dit ondanks het feit dat muziek in de islam eigenlijk een verdacht medium is. Zingen en dansen in het kader van andere verboden activiteiten (bijvoorbeeld gecombineerd met het drinken van alcohol) zijn altijd verboden. Wanneer het de mensen verstrooit en afleidt van hun concentratie op Allah is het 'te verafschuwen' (*al-Makruh*). Voor de soefi's echter ligt *sama* in het verlengde van de oproep tot gebed (*adhan*; blz. 350) en het reciteren van de Koran, wat ook een soort muziek is. Of zoals al-Djunaid (een 'sobere' soefi, overleden 910 nChr.) schreef:

> 'Mijn vervoering is dat ik mezelf van het bestaan hier losmaak;
> Bij de gratie van de Ene die mij de Tegenwoordigheid laat zien.'

Rumi's zoon, Sultan Walad, beschreef wat dansen voor zijn vader betekende.

'Dag en nacht danste hij in extase. Op de aarde draaide en draaide hij als de planeten in de hemel. Zijn extatische kreten weergalmden door de lucht en iedereen in de omtrek hoorde ze... Hij ging voortdurend geheel op in muziek en extase, nam nooit een moment rust... Iedereen verbaasde zich erover dat zo'n groot leider zich soms gedroeg als een bezetene. Maar de mensen lieten hun alledaagse godsdienst in de steek en werden waanzinnig van liefde.'

Dansende derwisjen
Voor de mevlevi's wist muziek iemands individualiteit uit: ze heft de gelovige mens uit zijn Zelf op tot in de aanwezigheid van Allah. Door hun muziek hoeven de soefi's niet te wachten op de dood om de tegenwoordigheid van Allah te bereiken: dat doen ze al in het hier en nu.

De Sharia

Het Pad dat leidt naar Allah

Pelgrimstocht
Een bedevaart naar Mekka is een plicht 'voor mensen die in staat zijn daarheen op weg te gaan' (sura 3:97): dat wil zeggen wanneer hun gezondheid en omstandigheden dat toestaan en zij eerst aan de verantwoordelijkheden voor hun gezin hebben voldaan. Aan het begin van hun reis bidden de pelgrims: 'Allah, ik zoek mijn toevlucht tot u in de gevaren en bedreigingen die we onderweg zullen ontmoeten en de achteruitgang van onze bezittingen en gezinnen bij terugkeer.'
(Muslim II 1977: 677)

ALLE SOEFI-ORDEN gaan ervan uit – in sommige wordt dat expliciet gevraagd – dat hun leden zich houden aan de sharia. Maar wat is de sharia precies? Het woord 'sharia' verwijst oorspronkelijk naar het door kamelen platgetreden pad naar de drenkplaats. In de islam kreeg de term de betekenis van het complex regels en wetten waaraan ieder die zich moslim noemt zich moet houden: het beproefde pad dat naar Allah leidt. Voor moslims is het dus van fundamenteel belang dat Allah duidelijk leiding, bevelen en verboden geeft op alle belangrijke terreinen van het leven. Deze regels en wetten zijn afgeleid uit de Koran *(blz. 324)* en het levensverhaal van Mohammed en zijn metgezellen. De Koran (openbaring) is aan verschillende profeten toevertrouwd *(blz. 325)*, maar alleen de Arabische Koran is, naar de islamieten geloven, in zuivere dat wil zeggen ongecorrumpeerde vorm bewaard gebleven. Daaruit volgt dat Mohammed en zijn metgezellen de eerste 'levende verklaring' van de Koran vormden, uitgedrukt in hun 'woorden, daden en stilzwijgende aanbevelingen' voor de praktijk van het dagelijks leven. Deze woorden, handelingen en zwijgende aanbevelingen zijn vastgelegd in de *hadith* (meervoud *ahadith*): het enkelvoudige *hadith* is tegenwoordig de algemeen gangbare benaming voor de verzameling 'erkende overleveringen' van de islam.

Rond deze wetten ontstonden sharia-scholen, waarvan vier – genoemd

DE VIJF ZUILEN VAN DE ISLAM
De grondbeginselen van de islam zoals die door Allah zijn geopenbaard.

☪ **GETUIGE**: de getuige (ash-Shahada) legt de verbinding tussen Allah en Mohammed als zijn voorbeeldige boodschapper. 'Ik getuig dat er geen andere God is dan Allah en dat Mohammed zijn afgezant is.'
☪ **GEBED**: het officiële gebed, vijf keer per dag, kent 18 verplichte en 51 facultatieve onderdelen. Er zijn detailverschillen ten aanzien van de diverse sharia-scholen.
☪ **TIENDEN**: gelovige moslims moeten aalmoezen geven aan de armen.
☪ **BEDEVAART**: het minstens eenmaal in zijn leven naar Mekka te reizen is voor de gelovige moslim een verplichting.
☪ **VASTEN**: in de maand van de Ramadan moet worden gevast.

naar hun leiders of stichters: de hanafieten, hanbalieten, malikieten en shafiieten – de dienst uitmaken in de islamitische wereld. Ze verschillen in een aantal opzichten van elkaar, bijvoorbeeld de mate van tolerantie in exegese- en interpretatieregels, maar men is het erover eens dat iedere moslim moet leven binnen deze door Allah gestelde grenzen.

Het woord *islam* wordt vaak vertaald als 'overgave', maar het stamt van de dezelfde wortel als het Hebreeuwse woord *shalom*: 'vrede' of 'veiligheid' en daarom betekent het meer iets als 'opgaan in een toestand van veiligheid in verbondenheid met Allah'. Het bereiken van dat doel is geen kwestie van vage verlangens, maar van het in praktijk brengen van de bevelen van Allah: 'Daarna hebben wij voor jou een normatieve richting van de ordening bepaald. Volg die dus en volg niet de grillen van hen die geen kennis hebben' (sura 45:18). Alle mensen zullen op de laatste dag naar hun werken worden geoordeeld. Maar ze hoeven niet bang te zijn want Allah heeft hun verteld wat er van hen wordt verwacht (vgl. het bijbelboek Micha; *blz. 224*) en in elk geval maken zowel Koran als hadith duidelijk dat het oordeel van Allah altijd door mededogen wordt geleid. De allereerste van de beroemde *Veertig* [belangrijkste] *Hadith* van an-Nawawi luidt: "Toen Allah de schepping [*kada; blz. 332*] beval, legde hij in zijn boek deze plechtige en door hem zuiver bewaarde gelofte af: "Mijn mededogen is gelijk aan mijn toorn" (*Matn al-Arba'un an-Nawawi*).'

De basisregels zijn samengevat *(kader bovenaan)* in de 'Vijf Zuilen van de Allah welgevallige levenswijze' *(Arkad ad-Din)*. *Salat* is in elk geval niet het enige islamitische gebed, zoals de soefi's al duidelijk maakten. Door middel van het gebed dat *du'a*, 'smeekbede', heet, kan de moslim zich met zijn behoeften tot Allah richten. Iedere moslim kan op elk moment zijn toevlucht zoeken tot Allah: bij het binnengaan van de moskee wordt vaak het volgende gebed uitgesproken: 'Ik zoek mijn toevlucht tot Allah.' De islam is dus doortrokken van algemene én persoonlijke gebeden. Een gebed volgens de regels van de *salat* verenigt echter de gehele gemeenschap in een algemene en collectieve dankbetuiging aan Allah. Allah spreekt in de Koran van zijn bedoeling om van de mensheid één gemeenschap *(umma)* te maken: wanneer Allah één is, horen alle mensen bij Allah en bij elkaar. Die gedachte wordt in de moskee zichtbaar tot uitdrukking gebracht.

Salat
Een aantal salat-houdingen waardoor moslims zich verenigen voor het aangezicht van Allah verenigen.

De moskee

De plaats voor aanbidding

> 'Jullie die geloven! Wanneer jullie tot de salat [gebed] op de dag van de samenkomst worden opgeroepen, haast jullie dan om Allah te gedenken [dhikr; blz. 340] en laat de zaken met rust. Dat is beter voor jullie, als jullie dat maar weten! En wanneer de salat beëindigd is, ga dan weer uit elkaar het land in, streef naar Gods gunst en gedenk God veel en vaak: misschien zal het jullie welgaan.'
>
> (Koran 62:9, 10)

TIJDENS HET LEVEN van Mohammed was de bevolking van Jathrib, een grote nederzetting ten noorden van Mekka, verwikkeld in een slepend, gewelddadig conflict dat was ontstaan door het bloedwraakprincipe. Men verzocht Mohammed zich als de nieuwe leider in Jathrib te vestigen, in de hoop op een verzoening en een nieuw begin. Zijn verhuizing, de *hidjra*, vond plaats in 622 nChr., het eerste jaar van de islamitische kalender.

Voor het eerst bevond Mohammed zich in een gemeenschap waarin hij de principes van de islam, het leven in gehoorzaamheid aan Allah, in de praktijk kon toepassen. Een van zijn eerste daden na aankomst was het laten bouwen van een moskee, waarmee hij zichtbaar vorm gaf aan de moslimopvatting van Allah.

De moskee is in principe de plaats waar moslims zich verzamelen voor het vrijdagse gebed. Het woord 'moskee' komt via het Frans van het Arabische woord *masdjid*, de plaats voor de mens om zich ter aarde te werpen in aanbidding en gebed; *sadjadu* staat voor 'zij wierpen zich ter aarde'. Een moskee wordt ook wel *djami* genoemd, naar het Arabische woord *djama'u*, 'zij verzamelden zich'.

Zo symboliseert de moskee de bedoeling van Allah om één gemeenschap van gelovigen in de wereld te stichten. Het gebed op vrijdag (in het Arabisch

---

KENMERKEN VAN DE MOSKEE

Naast de verschillen in bouwmaterialen en architectuur hebben alle moskeeën een aantal gemeenschappelijke kenmerken dat het islamitische godsbeeld weerspiegelt.

- ☪ **MINARET**: toren waar vanaf de oproep tot het gebed plaatsvindt waarin de fundamentele geloofsbelijdenis is opgenomen: *1 Allahu akbar* ('God is de grootste'); 2 Ik belijd dat er geen andere god is dan Allah; 3 Ik belijd dat Mohammed de boodschapper van Allah is; 4 Kom naar het gebed; 5 Kom voor uw welzijn/redding; 6 [Ochtendoproep] Bidden is beter dan slapen; 7 *Allahu akbar* ('God is de grootste').
- ☪ **MIHRAB**: een nis in de muur om de gebedsrichting aan te geven; oorspronkelijk was dat Jeruzalem, maar al tijdens het leven van Mohammed is het veranderd in Mekka.
- ☪ **MINBAR**: een trapvormige preekstoel waarop de prediker *(katibh)* zijn toespraak houdt.
- ☪ **KURSI** ('voetenbank', hier gebruikt in de betekenis van 'troon'): de standaard waarop de Koran staat en de Sura van de Troon in de Koran (2:256) symboliseert. Dit vers gaat over de majesteit van Allah, tot wiens eer de moskee is gebouwd en voor wie de gelovigen zich neerbuigen: 'God, er is geen god dan Hij, de levende, de standvastige. Sluimer noch slaap overmant Hem. Hem behoort wat in de hemelen en wat op aarde is. Wie is het die zonder Zijn toestemming bij Hem zou kunnen bemiddelen? Hij weet wat vóór hen is en wat achter hen is en zij bevatten niets van Zijn kennis, behalve dan wat Hij wil. Zijn troon *[kursi]* strekt zich uit over de hemelen en de aarde en het valt Hem niet zwaar beide in stand te houden. Hij is de verhevene, de geweldige.'

djaum al-Djumu'a of *Djum'a*, 'de dag van de vereniging') verenigt alle niet-gehandicapte moslimmannen (vrouwen mogen ook komen, zij het wel gescheiden van de mannen; het feit dat ze niet verplicht zijn, is een teken van mededogen van de kant van Allah) in gezamenlijke lofprijzing en aanbidding door middel van vaste rituelen volgens het gebod van Allah (*blz. 349*).

Hoewel moskeeën het symbool zijn van eenheid binnen de moslimgemeenschap vormen ze geen eenheid qua bouwstijl. Overal zijn ze wat architectuur en bouwmaterialen betreft aangepast aan plaatselijke omstandigheden. Het kan gaan om sobere, eenvoudige gebouwtjes, soms niet veel groter dan een kamer, maar ook om gigantische bouwwerken met de meest prachtige ornamentiek ter ere van Allah.

De Sura van de Troon (*kader linksonder*) is het symbool van de eenheid van Allah, de kern van het islamitische godsbeeld: Allah staat absoluut gescheiden van alles wat is en ooit zal zijn, en als de Ene soevereine Heer over alles wat er bestaat. Een van de eersten die de boodschap van Mohammed begreep en in Allah geloofde, was de slaaf Bilal, die later werd bevrijd door Abu Bakr, de opvolger van Mohammed. Bilal werd de eerste 'oproeper tot gebed' (*moëddzin*). Voor die tijd werd hij gepest door twee inwoners van Mekka, die:

> 'gewoon waren hem op het heetst van de dag in een droge rivierbedding zonder enige beschutting te laten liggen met een zware steen op zijn borst. Dan zeiden ze tegen hem: "Je blijft hier tot je sterft, of je wijst Mohammed af en aanbidt al-Lat al-Uzza" [afgoden in Mekka]. Terwijl Bilal deze kwelling doorstond, mompelde hij voortdurend: "Ahad, Ahad" ["Eén, Eén"; zie ook Akiba; blz. 211].'
>
> (ibn Ishak 1955: 317 e.v.)

Moskeeën
De ingang van een moskee kan lijken op die van een woonhuis (zie boven). De Moskee van de Profeet in Medina (zie onder) illustreert daarentegen hoe een moskee de gehele stad eraan herinnert dat men onder Allah leeft. De Mashid an-Nabi met het Graf van de Profeet is in de islamitische wereld de op een na heiligste moskee (na de Grote Moskee te Mekka).

Allah als Ene is volledig en volmaakt en die volmaaktheid behoeft geen aanvulling. Met dit uitgangspunt staken de vragen die bijna vanaf het begin waren gerezen, steeds opnieuw de kop op: waarom zou een zo volledig en volmaakt Wezen iets scheppen buiten zichzelf, of in aanvulling op die volmaaktheid (de kwestie van de Ene en de Vele). En hoe is het mogelijk iets te zeggen over de Ene die met geen mogelijkheid kan worden beschreven (de kwestie van de attributen van Allah)? In reactie op dergelijke vragen zijn in de islam grote filosofen opgestaan.

Al-Farabi

De Essentie van het Zijn

Bestaan
Het is mogelijk zich voor te stellen wat de essentie uitmaakt (of essentieel is voor) van eenhoorns (bijvoorbeeld dat ze één hoorn hebben) en tegelijkertijd te accepteren dat er geen enkel bewijs is voor hun bestaan (er heeft nooit een concrete eenhoorn bestaan). Beweren dat God bestaat, is eenvoudig beweren dat er een concrete 'zijnsvorm' van God bestaat (God wordt dan 'geconcretiseerd'). Daarna is het voorstelbaar wat er essentieel (in wezen) bij God hoort, met inbegrip van zijn bestaan, want zich God voorstellen zonder dat hij bestaat is even onmogelijk als zich een eenhoorn voorstellen zonder hoorn. Bestaan is er niet aan 'toegevoegd' zoals bij tijgers of eenhoorns (wel of niet) het geval is. Of God geconcretiseerd is (dus concreet bestaat), blijft altijd een kwestie van geloof.

Wat denkt u? En doet dat er iets toe? In de islam zeker wel, want het is mogelijk om Allah zowel met het hoofd als met het lichaam te vereren én te beledigen. In de islam wordt grote nadruk gelegd op zowel het richtsnoer dat Allah heeft gegeven aan de mensen dat zij nodig hebben om te kunnen slagen voor 'het examen van het leven' (*blz. 327*) alsook het laatste oordeel, dat tot stand zal komen door een nauwkeurige afweging van ieders goede en kwade daden.

Daden op zichzelf zijn echter niet genoeg. De grote Verzameling van Hadith (*blz. 322*) van al-Bukari begint met de uitspraak van de profeet dat alle daden worden beoordeeld naar hun intentie (*binijja*).

Wat en hoe mensen denken over Allah is uiterst belangrijk en daarom legden de mutazilieten (*blz. 332*) zoveel nadruk op het aspect van de rede in de religie. Toen de islam ook het Middellandse-Zeegebied bereikte, vermengde die aandacht voor de rede zich met allerlei nieuwe ideeën uit de Griekse filosofie (*blz. 230 e.v.*): met name de neoplatoonse (*blz. 233*) interpretatie van Plato en Aristoteles (*kader rechts*). Islamitische filosofen zagen in dit filosofische systeem een gelegenheid bij uitstek om antwoorden op sceptische vragen te vinden en de korte Koranuitspraken over het wezen van Allah en zijn relatie tot de schepping uit te diepen. Een van hen verkreeg zoveel faam dat hij bekend werd als 'de Tweede Leraar' (Aristoteles was 'de Eerste'): Abu Nasr Mohammed al-Farabi (870-950).

Zoals iedere moslim wist ook al-Farabi dat Allah de schepper van alle dingen is, maar zelf absoluut gescheiden blijft van zijn schepping. Hij stelde dat alle bestaande wezens zijn onderverdeeld in noodzakelijk en contingent of mogelijk. Noodzakelijke wezens bestaan vanuit zichzelf, zonder externe oorzaak. Contingente wezens kunnen bestaan of niet bestaan en er is een oorzaak buiten henzelf nodig om hen tot bestaan te induceren. Van elk bestaand wezen zijn de meeste kenmerken dus niet-noodzakelijk of accidenteel: ze kunnen er wel of niet zijn. Wanneer men die toevallige attributen echter wegneemt, blijft de essentie van het desbetreffende wezen over. Mensen kunnen lang of kort haar hebben, of helemaal geen haar, twee armen, een arm, of helemaal geen armen: allemaal accidentele en dus toevallige attributen. Het essentiële of wezenlijke kenmerk blijft, onafhankelijk van toevalligheden, dat ze menselijk zijn. Dit betekent dat het mogelijk is ons de essentie van iets voor te stellen los van de toevallige bestaanvorm ervan. Het is mogelijk te begrijpen wat een Siberische mammoet in essentie is, ook al zijn deze dieren al duizenden jaren uitgestorven. Om er een tot leven te brengen is een oorzaak buiten hemzelf nodig; bijvoorbeeld het klonen van cellen van een diepgevroren karkas. Het is zelfs mogelijk zich de essentie van denkbeeldige zaken (bijvoorbeeld een eenhoorn) voor te stellen, of van logischerwijs onmogelijke zaken (de huidige koningin van Zwitserland), zelfs al kunnen die, elk om verschillende redenen, niet tot bestaan worden gebracht. Hiervan uitgaande redeneerde al-Farabi dat alle bestaande wezens zijn samengesteld uit een essentie, waaraan het bestaan – met de bijbehorende toevallige attributen – is toegevoegd. Allah bezit echter geen toevallige of accidentele kenmerken omdat er niets aan Allah is dat wel of niet zou kunnen bestaan. Zelfs wanneer Allah denkbeeldig zou zijn, zou die logica nog steeds opgaan omdat dit het geval *moet* zijn voor Allah om Allah te *zijn*, al was het alleen maar een kwestie van definitie. In Allah kunnen essentie en bestaan niet van elkaar worden gescheiden. Eigenlijk stond het voor al-Farabi al veel eerder vast dat er in de schepping meer dan genoeg tekenen zijn *(blz. 328)* – profetie en openbaring – die naar Allah verwijzen. Maar in elk geval maakt de logica eens temeer duidelijk dat het de essentie van Allah (de wezenlijke natuur van Allah) is om te bestaan: alleen in het geval van Allah moeten essentie en bestaan noodzakelijkerwijs samenvallen, omdat anders de definitie van Allah zichzelf zou tegenspreken *(bijschrift links)*.

Hoe is het dan mogelijk dat een absoluut, volmaakt en op zichzelf staand wezen iets buiten zichzelf tot bestaan brengt? Er kan geen enkele *noodzaak* zijn voor zo'n wezen om dat te bewerkstelligen, omdat het op een contingente onvolkomenheid zou wijzen (namelijk dat het gaat om iets dat nog 'ontbreekt' en daarom nog tot bestaan moet worden geïnduceerd). Het moet een gevolg zijn van wat de essentie van Allah *is*. Op dit punt waren de neoplatoonse filosofen van grote invloed. Door hen zag al-Farabi in dat het innerlijke wezen van Allah het Intellect tot bestaan zou brengen dat over zichzelf kon nadenken, omdat er anders niets zou zijn dan een levenloze abstractie. Het Intellect dat zo totstandkwam, zou het wezen van Allah zijn en vervolgens een reeks emanaties op gang brengen, hetgeen uiteindelijk zou uitmonden in het *Tiende Intellect*, dat de geschapen orde voortbrengt als zijn eigen middel tot zelfreflectie (zie ook Ibn Arabi; *blz. 340 e.v.*). Waarom zou echter zo'n proces op gang komen? Deze vraag werd door iemand anders beantwoord.

Aristoteles
Aristoteles werd zeer gerespecteerd onder moslimfilosofen, die een grote bijdrage hebben geleverd aan het redden en overleveren van zijn werk. Kalief Mamun (overleden 833 nChr.) droomde eens dat hij Aristoteles op een troon zag zitten. Deze droom was aanleiding voor hem om zijn geschriften uit het westen te laten komen en ze in het Arabisch te laten vertalen (Fihrist; blz. 243). Andere moslims wantrouwden dit enthousiasme omdat het de openbaring ondergeschikt leek te maken aan de rede.

ARISTOTELISME

'Aristotelisme' is een amalgaam van het oorspronkelijke werk van Aristoteles en Plato met becommentariërende teksten van neoplatoonse filosofen

Toen men in Europa (met name in Spanje, waar de drie monotheïstische godsdiensten jodendom, christendom en islam elkaar ontmoetten) startte met het vertalen van Arabische teksten in het Latijn, schreef men werk toe aan Aristoteles dat in werkelijkheid van neoplatoonse filosofen afkomstig was. Bijvoorbeeld het zeer invloedrijke boek *Theologia Aristotelis* was in feite een tekst die was samengesteld uit *De Enneaden* van Plotinus, terwijl de *Liber Aristotelis*, gewoonlijk *Liber de Causis* ('Boek der Oorzaken') genoemd, uit een werk van Proclus afkomstig was. Door deze versmelting van ideeën ontstonden meningen over God (zoals emanatie en een 'zijnsketen') die niet behoorden tot het oorspronkelijke gedachtegoed van Aristoteles.

Ibn Sina (Avicenna)

Het Noodzakelijk Zijnde

NIET ZO LANG na de dood van al-Farabi was een achttienjarige jongeman op een middag aan het grasduinen in een tweedehands boekwinkel in Buchara. Hij was zeer belezen en een hartstochtelijk zoeker naar kennis. Hij had de *Metafysica* van Aristoteles al minstens veertig keer gelezen en kende het werk van buiten, maar, zoals hij zegt in zijn autobiografie: 'Toch begreep ik toen nog niet veel van de tekst zelf, noch van wat de auteur bedoelde.' Op die gedenkwaardige middag bood de boekhandelaar hem een boek aan voor de halve prijs, omdat de eigenaar het kwijt wilde (*kader linksonder*). Die jongeman heette ibn Sina (980-1037), later buiten de islam beter bekend geworden onder zijn Latijnse naam Avicenna. Via vertalingen van zijn werk heeft hij grote invloed uitgeoefend op het christelijke denken, met name op dat van Thomas van Aquino (*blz. 264*), die hem menigmaal heeft geciteerd. Zijn samenvatting van de medische wetenschap in die tijd, *Al-Kanun fi'l Tibb* ('Canon van de Geneeskunde'), vormde de basisliteratuur voor alle medisch studenten in de daaropvolgende eeuwen. Ook een van zijn werken over filosofie en metafysica, *Kitab alj-Sjifa* ('Boek van de Genezing'), werd een standaard naslagwerk. Hij stond bekend als 'de Eerste der Wijzen' en 'het Godsbewijs'. Evenals al-Farabi geloofde ibn Sina dat de rede verwijst naar de conclusie dat er moet zijn wat hij in het Arabisch *wajib al-wujud* noemde – ruwweg te vertalen met 'dat wat als een absolute noodzakelijkheid moet bestaan', of kortweg 'het Noodzakelijk Zijnde'.

Ibn Sina
Arberry, een grote interpreet van het islamitisch gedachtegoed, schreef over ibn Sina: 'Avicenna lezen over theologie is je bewust worden van de tegenwoordigheid van een van de diepzinnigste en moedigste denkers in de menselijke geschiedenis.'

> 'Dus kocht ik het boek en ontdekte dat het was geschreven door Abu Nasr al-Farabi: Over de 'Onderwerpen van de Metafysica' [dat wil zeggen de Metaphysica van Aristoteles]. Ik haastte me naar huis en begon te lezen, en plotseling begreep ik helemaal waar het over ging – ik kende hem immers van buiten. Ik was opgetogen en de volgende dag gaf ik veel aalmoezen aan de armen, zo groot was mijn dankbaarheid voor Allah.'
>
> (Autobiografie van ibn Sina)

> *'Alles wat er bestaat moet ofwel een oorzaak of reden van bestaan, ofwel geen oorzaak of reden van bestaan hebben. Als er een oorzaak of reden is, dan is het contingent. Maar als er geen enkele oorzaak of reden is, dan is het noodzakelijk [bestaande voor en op zichzelf]. Deze regel vastgesteld hebbende zal ik nu gaan bewijzen dat er in het zijnde een "zijnde" is dat geen oorzaak of reden heeft voor zijn "zijn".'*
>
> (ar-Risalat al-Arshijja)

Zijn toets is of het Noodzakelijk Zijnde noodzakelijk of contingent is. Wanneer het punt noodzakelijk is, is het daarmee bewezen. Wanneer het contingent zou zijn, zou het zijn voorafgegaan door een eindeloze reeks van redenen en oorzaken die, omdat ze contingent verbonden zijn met dat wat ze tot bestaan brengen, *niet* tot bestaan kunnen brengen wat geen reden of oorzaak van bestaan heeft omdat het niet contingent is. Het criterium voor het Noodzakelijk Zijnde is dat zijn wezen (essentie) per definitie niets anders (en niets meer) is dan zijn bestaan (existentie), want als er meer van gezegd zou kunnen worden (bijvoorbeeld dat het een substantie is), zou het mogelijk zijn om vast te stellen of die substantie van een dusdanig aard en realiteit is dat we kunnen weten of het toevallig bestaat of niet.

Bij het Noodzakelijk Zijnde is echter geen sprake van 'toevallig' bestaan of niet bestaan: het bestaat noodzakelijkerwijs. Vervolgens wordt het mogelijk om in omgekeerde volgorde naar de reeks van oorzaken en redenen te kijken en aansluitend tot het besef te komen dat het Noodzakelijk Zijnde de ultieme oorzaak van alle oorzaken en redenen is (van al het toevallig bestaande), in die zin dat het logischerwijs de eerste oorzaak is. Dat roept onmiddellijk de vraag op hoe of waarom het Noodzakelijk Zijnde ertoe komt iets buiten zichzelf tot bestaan te induceren. Ibn Sina gaf evenals al-Farabi hetzelfde antwoord als de neoplatoonse filosofen: door een reeks emanaties. Er bestaat geen externe noodzaak, omdat anders het Noodzakelijk Zijnde contingent zou zijn. Emanatie vloeit voort uit de natuur van het Noodzakelijk Zijnde om zijn eigen natuur te beschouwen en het eerste zelfbewustzijn of Intellect voort te brengen, waaruit vervolgens weer nieuwe emanaties voortvloeien. Dit is een gevolg van pure genade of vrijgevigheid *(djud)*: het is gelegen in de natuur van het Noodzakelijk Zijnde zonder verwachting van wederkerigheid of wederdienst.

Dit is allemaal rationeel beargumenteerd en op zichzelf niet bedoeld om het Noodzakelijk Zijnde gelijk te stellen aan God, ook niet aan Allah zoals hij zich openbaart in de Koran en wordt ervaren door de soefi's *(blz. 334)*. Het 'Noodzakelijk Zijnde' is simpelweg een ontologisch principe dat nodig is om de puzzel van essentie en existentie, of van oorzaken en contingentie op te lossen. Maar ibn Sina was een religieus man en een moslim, zoals hij schreef in zijn autobiografie *(kader rechtsboven)*. Daarom begreep hij dat het Noodzakelijk Zijnde de Ene is die de soefi's ontmoeten wanneer ze door de fases en stadia *(ahwal* en *makama)* gaan die leiden tot het opgaan in Allah – net zoals het Noodzakelijk Zijnde de Ene is die in de Koran wordt geopenbaard in aanschouwelijke beelden en gewone mensentaal. Een misverstand over dit punt was overigens voor de christenen aanleiding om Avicenna te beschuldigen van het poneren van een dubbele waarheid. Waarheid is voor ibn Sina waarheid, in welke vorm dan ook uitgedrukt. In zijn visie kan de waarheid over God tot expressie komen in de meest logisch filosofische terminologie zonder dat zelfs maar het woord God of Allah wordt genoemd, want de rede zelf is het kostbaarste geschenk van God aan de mens. Ibn Sina leverde een intellectuele prestatie die van grote invloed zou zijn op zowel het christendom als de islam. Toch oefende nog geen veertig jaar na zijn dood een andere filosoof scherpe kritiek uit op zijn werk.

> 'Wanneer ik bleef steken in een probleem, of ik kon het middenbegrip van een syllogisme niet vinden, ging ik naar de moskee en aanbad de Schepper totdat het probleem was opgelost en mijn moeilijkheid vereenvoudigd.'
>
> (Autobiografie van ibn Sina)

De Kunst als Loftuiting
Deze titelpagina van een werk van ibn Sina getuigt van het belang en de schoonheid van boekproductie en -illustratie in de islam. De openbaring van de Koran in het Arabisch bracht de kalligrafie en andere kunsten tot grote bloei.

Al-Ghazali

De zoektocht naar betrouwbare waarheden

In de zomer van 1095 nChr. stond al-Ghazali, een van de meest vooraanstaande moslimleraren ooit, te doceren voor een groep studenten. Zijn colleges werden altijd goed bezocht want hij was, voorzover mogelijk, een absolute meester in zijn gebied – niet alleen in de islamitische rechtswetenschap (fikh), maar ook in filosofie, theologie en onderwerpen die tegenwoordig behoren tot het domein van de natuurwetenschappen. Hij had dus geen enkele reden om zich zorgen te maken over het college dat hij moest geven. Toch kon hij geen woord uitbrengen toen hij opstond om met de les te beginnen: het spreken was hem volkomen onmogelijk geworden en zo stond hij daar sprakeloos voor zijn studenten.

Wat was er aan de hand? Al-Ghazali had plotseling beseft dat hij niet wist waarover hij sprak, of liever gezegd, over *wie* hij sprak. Hij doceerde met grote kennis van zaken over Allah en toch kende hij de Ene niet over wie hij sprak.

Het was niet de eerste keer dat hij zo'n crisis meemaakte. Hij was net als vele filosofen voor en na hem begonnen met het vaststellen van de zekere en onwrikbare grondslagen van kennis: wat kunnen we zonder enige twijfel zeker weten? Al-Ghazali wist dat we niet iets zeker kunnen weten door het op gezag van iemand anders aan te nemen, hoewel dat 'aannemen op gezag' (*taklid*) in de islam een wijdverbreide en gerespecteerde praktijk was. Het was hem ook duidelijk dat niets kan worden bewezen door wonderen (*zie kader links*).

Zelfs door zintuiglijke waarneming kan geen absoluut zekere kennis worden verkregen zonder verdere reflectie, omdat onze zintuigen ons vaak bedriegen. Dus waar vinden we de zekere en onwrikbare grondslagen van kennis waarop we zonder twijfel of discussie kunnen vertrouwen? Hoe kan iemand van wat dan ook zeker zijn zonder die zekere en vaste grondslagen (deze zoektocht is in de filosofie bekend als 'kentheorie'): Al-Ghazali kon ze niet vinden en werd toen maar, uit wanhoop, een pure scepticus.

Hij was zijn eerdere crisis te boven gekomen door aan te nemen dat er bepaalde zekere en betrouwbare waarheden bestaan. Sommige waarheden zijn van wat we tegenwoordig een analytische aard noemen, bijvoorbeeld 3 + 7 = 10. Andere waarheden zijn betrouwbaar voorzover we de omstandigheden kunnen omschrijven waaronder we ze voor onszelf kunnen verifiëren zonder kans op misleiding. Bijvoorbeeld, iemand vertelt ons dat Fadak een dorp is in de buurt van Mekka (*bijschrift rechts*): die bewering komt in aanmerking voor de categorie betrouwbare kennis omdat we die voor onszelf zouden kunnen verifiëren. Daarom concludeerde al-Ghazali dat zuivere kennis (door hem in het Arabisch *ilm aljjakini* genoemd) 'datgene is waarin het kenbare zich zodanig tegenwoordig presenteert dat het niet gepaard gaat met twijfel, noch met de mogelijkheid tot falsificatie of illusie

> *'Stel, iemand zegt tegen mij: "drie is meer dan tien, en om dat te bewijzen zal ik deze stok in een slang veranderen", en laten we veronderstellen dat hij dat ook doet: de enige consequentie hiervan zou zijn dat ik me ga afvragen hoe hij die truc uitvoerde. Wat het bewijzen van kennis aangaat, betekent het fala – helemaal niets!'*

en waarbij de betrokken persoon zich zelfs de mogelijkheid van valsheid of illusie niet kan voorstellen'.

Die benadering lijkt op het moderne empirisme en hielp al-Ghazali bij het vaststellen van zuivere kennis *(djakin)*. Maar ze hielp niet om zuivere kennis over Allah te verzamelen doordat Allah nu eenmaal geen object tussen andere objecten is, zoals een dorp tussen de dorpen bij Mekka. Stel dat iemand een dergelijke verificatiemethode zou voorstellen, wat zou dan het resultaat ervan zijn? In de Koran staat bijvoorbeeld duidelijk dat Allah op een troon zit: betekent dit dat deze troon met Allah erop zich op zekere dag aan de mensheid zal presenteren? Dat zou dan tegelijk een belediging van Allah zijn die in de islam geldt als doodzonde, namelijk *tashbih*: het reduceren van Allah tot de menselijke staat, of met andere woorden: antropomorfiseren. Maar wanneer we dat niet doen, hoe kunnen we dan zeker weten of beweringen over Allah waar zijn als we nooit de mogelijkheid zullen krijgen om ze te verifiëren? Hier doet zich het aloude probleem voor van de attributen van Allah (de status van de eigenschappen die de Koran aan God toeschrijft, zoals het zitten op een troon en het hebben van handen en een stem; *zie blz. 330*). De traditionele theologie had de attributen aangenomen als ware uitspraken over Allah, zonder verder in te gaan op de vraag hoe dat mogelijk was *(bila kaif)*. Maar voor al-Ghazali kwam dat te dicht bij het simpelweg dingen aannemen op gezag *(taklied)*.

Hij ontdekte al snel dat de filosofen vóór hem dit probleem, ook met behulp van Aristoteles en de neoplatoonse filosofie, eigenlijk niet hadden opgelost. In 1095, kort voor zijn geestelijke crisis, had hij in zijn boek *Tahafut al-Falsafa* ('De Verwarring bij de Filosofen') aangetoond waar zij hadden gefaald, zowel in het algemeen als in het bijzonder.

Met betrekking tot het algemene toonde hij van twintig punten aan dat de filosofen het mis hadden, of niet overtuigden. Hij toonde aan dat met de bewijsvoering van de filosofen twee tegengestelde gezichtspunten van een twistpunt kunnen worden bewezen met dezelfde geldigheid.

Met betrekking tot het bijzondere stelde hij dat ze met al hun vertrouwen in het neoplatonisme niet hadden bereikt wat ze hadden gehoopt. De emanatietheorie vrijwaarde Allah niet van betrokkenheid bij de schepping, aangezien Allah daarin de bron is van de eerste impuls tot een afgescheiden en contingent bestaan. Daarom biedt emanatie geen oplossing voor het vraagstuk waarom Allah, volmaakt en onafhankelijk als hij is, iets buiten die volkomen volmaaktheid zou willen scheppen: het klassieke probleem van het Ene en het Vele. De filosofen hadden het antwoord gezocht in de theorie dat de wereld zelf eeuwig moest zijn en dat alle substanties, welke vorm ze ook

Zoeken naar een dorp
Hoe weten wij dat een uitspraak (bijvoorbeeld over het bestaan van eenhoorns; blz. 352) waar of onwaar is? Het antwoord van sommigen was: op zoek gaan om er wel of niet een vinden en de uitspraak zodoende door middel van rechtstreekse observatie te verifiëren als waar of onwaar. De bewering dat het dorp Fadak bestaat, is te verifiëren door erheen te reizen en er een kijkje te nemen. De stelling van sommige filosofen uit de twintigste eeuw (de 'positivisten') dat dit de enige manier is om te komen tot zinnige uitspraken werd weersproken met een argument dat al-Ghazali reeds had voorzien: namelijk de erkenning dat zuiver menselijke kennis en inzichten gebaseerd zijn op zintuiglijke waarneming en toch veel verder reiken.

Damascus
Volgens de overlevering is Damascus de oudste permanent bewoonde stad ter wereld: ze wordt al vermeld op een Ebla-kleitablet uit ca. 3000 vChr. De stad werd door Khalid ibn Walid in 14 nH./635 nChr. veroverd en werd in 41 nH./661 nChr. de hoofdstad van de eerste Omajjaden-dynastie. Het grootste gebouw in Damascus is de moskee van de Omajjaden, waarin al-Ghazali de eerste periode van zijn soefi-zoektocht doorbracht.

aannamen, daarom ook eeuwig moesten zijn. Die theorie kon echter niet kloppen volgens al-Ghazali omdat ze substanties gelijk stelt aan Allah, terwijl de filosofen toch het onderscheid tussen het Noodzakelijk Zijnde en de schepping wilden handhaven.

Om die reden hadden zij ook gesteld dat Allah geen weet heeft van details maar alleen van het geheel, omdat hij anders minder dan volmaakt zou zijn: op het ene moment zou Allah dan iets niet weten en op het andere weer wél. Al-Ghazali stelde dat het weten omtrent het 'onweetbare' geen praktische, maar een *logische* onmogelijkheid is en daarom geen noodzakelijke voorwaarde voor alwetendheid.

Het aantonen van inconsequentie in uitspraken over Allah is één ding, maar er iets anders voor in de plaats stellen is nog een heel ander verhaal. De filosofen hadden geen rationeel antwoord gevonden op de vraag hoe Allah kon worden gekend, maar hoe kon men dat dan wél? Deze vraag veroorzaakte bij al-Ghazali de mentale crisis die hem de spraak benam, zodat hij zijn studenten geen les meer kon geven: hij kon met grote kennis spreken óver Allah, maar hij kende Hem niet persoonlijk in zijn leven.

Hij bespeurde een glimp van het antwoord bij bepaalde andere moslims die beweerden God echt te kennen (*djakin*) en die ook methoden praktiseerden om die kennis in de praktijk te bereiken: de soefi's. Al-Ghazali trok zich uit het openbare leven terug, in eerste instantie in Damascus in de minaret van de moskee, om de leer van de soefi's in praktijk te brengen (*kader rechtsboven*). In de tien jaar dat hij teruggetrokken leefde, vond al-Ghazali de waarheid waarnaar hij zocht in de soefimethode van directe en

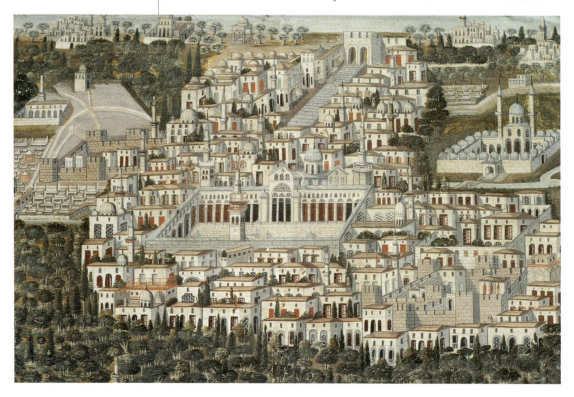

rechtstreekse overgave aan Allah, overgaand in liefde *(kader rechtsonder)*. Hierover schreef hij zijn belangrijkste werk, waarin hij de mensen liet zien hoe men tot die kennis van God kon komen en bovenal hoe men kon leven in die toestand van overgave en liefde. Hij noemde dit 'een tot nieuw leven brengen van de kennis die religie mogelijk maakt' (*Ihja ulum al-Din*: 'De Verlevendiging van de Wetenschappen van het Geloof'). Hij bleef bij zijn kritiek op de oude filosofen, maar bood vervolgens een praktische richtlijn om deze wereld te transformeren tot een poort voor de komende wereld.

De grote verdienste van al-Ghazali was dat hij de brug tussen de zoektocht naar objectieve kennis en de subjectieve dienst aan Allah herstelde. Hij liet zien hoe de vaak extatische liefde van de soefi's voor Allah geen doel op zichzelf was, maar deel uitmaakte van een totale, door de sharia *(blz. 348)* omhulde, islamitische levenswijze. Zodoende werd de spirituele energie van de soefi's in bredere zin opgenomen in de zoektocht van de moslims door het leven: de weg, in gehoorzaamheid aan Allah, van het leven naar de dood.

Ook na al-Ghazali bleef de filosofie een rol spelen in de islam (zie bijvoorbeeld ibn Arabi; *blz. 340*). Ibn Rushd – buiten de islam bekend als Averroës – schreef zelfs een boek over dit onderwerp dat hij *De Verwarring der Verwarring* noemde, maar de filosofie kon nooit meer doel op zichzelf zijn. Ze richtte zich, met name in Perzië, op het onderzoek naar de weg waarlangs liefde leidt tot een direct kennen – zoals al-Ghazali had beargumenteerd én ervaren – niet alleen tussen mensen onderling, maar ook tussen mensen die volgens deze weg leerden leven en Allah zelf.

Kan dit allemaal worden geverifieerd? Uiteindelijk (bij het laatste oordeel over alle dingen) zal het aan ons worden bewaarheid, of anders zal blijken dat het een valse bewering was, tenminste voorzover het ons betreft. Daarom moet er dus voldoende overblijven van wat het individu tot een unicum maakt, dat overgaat van dit leven naar het volgende om die uiteindelijke verificatie te kunnen voltrekken (veel later werd dit de 'eschatologische verificatie' genoemd). Daarom was al-Ghazali van mening dat de filosofen ongelijk moesten hebben met hun theorie dat beschrijving van de lichamelijke opstanding een figuurlijke manier van spreken was over een puur intellectueel bevredigend onderwerp. Hiermee én met zijn weerlegging van de theorie dat de wereld eeuwig is en dat Allah niet van details op de hoogte is, bevestigde al-Ghazali voor de islam na hem de overtuiging dat de Koran boven de filosofie staat en niet te passeren grenzen stelt aan speculatie.

In 1106 hervatte al-Ghazali zijn leraarschap in Nishapur, maar meer in de vorm van een soort leefgemeenschap met zijn studenten. Hij ging ten slotte met pensioen in 1109 en stierf twee jaar later. Op de dag van zijn dood deed hij zijn ochtendgebeden en vroeg toen om zijn doodskleed. Hij kuste het, legde het op zijn gezicht en sprak: 'Gehoorzaam ga ik de tegenwoordigheid van de Koning binnen.' Hij ging liggen met zijn hoofd in de richting van Mekka *(kibla)* en stierf, nog voordat de zon helemaal op was.

In zijn verslag over hoe hij van zonde werd verlost (*Moenkidz min al-Dalal*, 'De Redder uit de Dwaling') schreef al-Ghazali:

'Ten slotte wendde ik mij tot de weg van de soefi's, een weg die kennis en daadkracht combineert. Het doel is hierbij zichzelf te bevrijden van fouten en onvolkomenheden totdat het hart alles kwijt is wat het scheidt van Allah en zich onafgebroken Allah's naam herinnert (dhikr).'

Al-Ghazali gaf uiteindelijk gehoor aan de innerlijke stem die hem al heel lang had geroepen:

'De liefde voor onbelangrijke zaken hield mij vastgeketend, totdat de boodschapper van het geloof mij toeriep: "Op weg! Op weg! De dag is kort en de reis is lang. Je kennis en handelen zijn misleiding en zelfbedrog. Als je je nu niet voorbereidt op de komende wereld, wanneer zul je dat dan wel doen? Als je je nu niet bevrijdt van je gehechtheid, wanneer dan wel?"'

Jihad en martelaarschap

De hoogste inspanning

> 'Aan hen die worden bestreden is [de strijd] toegestaan omdat hun onrecht is aangedaan; God heeft de macht hen te helpen, die zonder recht uit hun woningen verdreven zijn, alleen maar omdat zij zeggen: "Onze Heer is God" – en als God de mensen elkaar niet had laten weerhouden, dan waren alle kluizenaarsverblijven, kerken, synagogen en moskeeën waarin Gods naam vaak genoemd wordt [dhikr] zeker verwoest.'
>
> (22:39 e.v.)

Martelaren
Martelaar worden kan betekenen dat men sterft 'in het belang van de zaak van Allah', maar het kan ook bestaan uit elk waardevol getuigenis, zoals het geduldig verdragen van de dood van drie zonen.
(Bowker 1993: 122)

OM TE SLAGEN voor het grote 'examen van het leven' (blz. 327) is het niet nodig om alle vragen juist te kunnen beantwoorden. Dat neemt niet weg dat de gelovige moslim zich voortdurend moet inspannen om de adviezen van Allah in praktijk te brengen en zijn geboden en verboden op te volgen. Het Arabische woord *jahada* betekent 'hij deed zijn best': hiervan is het woord *jihad* afgeleid dat vaak wordt vertaald als 'heilige oorlog'. Dat is echter slechts een onderdeel van wat je best doen 'voor de zaak van Allah' (*fi sabili'lAllah*) feitelijk inhoudt. Mohammed maakte dat heel duidelijk toen hij zijn troepen na afloop van een veldtocht bij terugkeer in Medina vertelde dat ze terugkwamen van de kleine jihad naar de grote jihad, waarmee hij doelde op de voortdurende inspanning om alle verleidingen te weerstaan die de mens constant afleiden van 'de juiste weg' (sura 1:6). Niettemin kan jihad 'voor de zaak van Allah' tevens *kital* ('doden') voor de zaak van Allah omvatten en ook daarvan is in de Koran zeker sprake. Daarbij wordt echter wel duidelijk gesteld dat dit doden alleen is toegestaan ter verdediging (kader links). Men kan ook een verdedigingsoorlog voeren tegen onderdrukking in het algemeen.

> 'Wat hebben jullie dat jullie niet op Gods weg strijden en ook niet voor die onderdrukte mannen, vrouwen en kinderen die zeggen: "Onze Heer, breng ons uit deze stad waarvan de inwoners onrecht plegen en breng ons van Uw kant een beschermer en breng ons van Uw kant een helper".'
>
> (sura 4:75)

Zowel in de Koran als in de hadith worden duidelijke grenzen aangegeven voor het voeren van oorlog (bijvoorbeeld in sura 2:190 e.v.). Abu Dawud (een van de zes erkende of orthodoxe verzamelaars van hadith; blz. 223) legde de instructies vast die Mohammed aan de strijders voor een veldtocht meegaf: 'Verricht de jihad in naam van Allah en voor de zaak van Allah. Ontzie ouderen die dicht bij de dood zijn, vrouwen, kinderen of baby's. Plunder niet, doe wat er van je wordt verwacht en doe wel, want Allah houdt van hen die goed en toegewijd zijn' (*Kitab al-Jihad*). Omar, de tweede kalief, gaf instructies aan het leger dat Syrië introk (kader rechts). De moslimmannen die zich op 11 september 2001 in New York met hun vliegtuigen als bommen de twee torenflats inboorden, overtraden deze regels op zo'n flagrante wijze dat ze niet als martelaar kunnen worden beschouwd, misschien zelfs niet eens als moslim. Doden (aan grenzen gebonden) voor de zaak van Allah is dus voor moslims een van de manieren om het gezag van Allah te erkennen. Het is geen verplichting voor alle moslims (met andere woorden: het is *fard kifajjah*, geen *fard 'ain*). Afgezien van het feit dat de betrokken strijders moslim moeten zijn, man, gezond, volwassen en in staat hun gezin tijdens hun afwezigheid te onderhouden, kan het ook voorkomen dat andere verplichtingen voorgaan. Zowel al-Buchari als Muslim (hadith-verzamelaars) beschrijven bijvoorbeeld hoe de zorg voor de ouders voorrang heeft: 'Abu Huraira vertelde hoe een man naar de Boodschapper van Allah kwam en vroeg: "Wie verdient mijn beste behandeling?" Hij antwoordde: "Je moeder." Toen vroeg hij: "Wie daarna?" en hij antwoordde: "Je moeder." Hij vroeg: "En daarna?" en hij zei: "Je vader." Abdullah bin Amr beschreef hoe een man naar de Boodschapper van God kwam met de vraag of hij mocht deelnemen aan de jihad. Hij antwoordde: "Leven je ouders?" De man zei "ja" en hij antwoordde: "Al je inspanning moet gericht zijn op de zorg voor hen" ' (*Muslim, al-Jami al-Sahih*, 30:553, 6180, 6184).

Hoe dan ook, Allah hecht waarde aan de kleine jihad en hij begunstigt hen die erin sterven en zo tot martelaars worden. Net als het Griekse woord *marturos* letterlijk 'hij die getuige is' betekent, zo staat het Arabische woord *shahid* voor 'getuige'. Een sjahid die sterft in de kleine jihad wordt vrijgesteld van de ondervraging in het graf door de twee engelen en krijgt een bevoorrechte plaats in het paradijs. Omdat martelaren zuiver en schoon zijn, behoeven hun lichamen niet te worden gewassen voor de begrafenis: ze moeten worden begraven in de kleren die ze droegen bij hun dood, want bij aankomst in het in het paradijs tonen zij hun dodelijke wonden. Zij hebben geen hulp of voorspraak van anderen nodig, integendeel: zij worden zelf pleitbezorger voor anderen. Voor sjiietische moslims (*blz. 332*) is het martelaarschap nog belangrijker omdat hun eerste drie imams, Ali, al-Hassan en al-Hussein, als martelaar vermoord zouden zijn door de hand van andere moslims, waardoor hun dood een verzoenende symbolische kracht heeft voor alle sjiieten. Voor iedere moslim wijst de jihad in beide versies (de grote en de kleine) op de weg van toewijding aan Allah. Dat heeft niet alleen voor dit leven betekenis, maar meer nog voor de toekomstige wereld.

> 'Wacht, mijn volk, ik geef jullie tien regels voor de strijd. Handel niet als een verrader; dwaal niet van de juiste weg; vermink geen doden; dood geen kinderen, vrouwen of oude mensen; beschadig geen bomen; verbrand geen bomen, zeker geen vruchtdragende; dood geen vee van de vijand behalve voor jullie voedsel; vervolg hen die als monnik leven niet, maar laat hen met rust.'
>
> (at-Tabari 1.3.1580)

Oorlog en vrede

Moslims verdelen de wereld in drie domeinen: Dar al-Islam (het domein van de islam) waar Allah wordt erkend, Dar al-Harb (het domein van de oorlog) waar vijandigheid tegen de islam moet worden weerstaan en Dar as-Sulh (het domein van de wapenstilstand) waar onderlinge afspraken een harmonieus samenleven mogelijk maken.

Tot slot

De menselijke zoektocht naar God

Conclusie

De menselijke zoektocht naar God

ER KAN GEEN CONCLUSIE met betrekking tot de menselijke zoektocht naar God worden getrokken en wel om twee redenen. In de eerste plaats komt er nooit een einde aan alles wat mensen kunnen schrijven over de talloze manieren waarop zij iets van de betekenis van de goddelijke natuur hebben gezocht en opgehelderd en dat nog steeds doen. Er ontstaan nieuwe religies en in de oude doen zich ontwikkelingen voor die de woorden van God tot nieuw leven brengen.

Ook de tweede reden ligt voor de hand en springt uit bijna elke bladzijde van dit boek naar voren: hoe beter mensen God leren kennen, hoe dieper het besef doordringt dat God meer is dan zij ooit kunnen benaderen, althans in het aardse leven.

Dat betekent dat de kennis van God die mensen ontdekken echt is, maar dat alles wat ze erover zeggen ontoereikend blijft. Met hun teksten, liederen en beelden proberen ze iets mee te delen over het wezen van God als de Ene, van wie ze veel meer weten dan alleen van horen zeggen uit de verte. Alle beschrijvingen van God door de mens zijn echter bij voorbaat onvolkomen en constant aan verandering onderhevig.

Sommige karakteriseringen doorstaan wel de toets des tijds: bijvoorbeeld het beeld van God/Godin als Vader/Moeder. Toch weten wij heel goed dat God/Godin niet identiek is aan menselijke ouders.

Dus zijn, zoals aan het begin van dit boek al is uiteengezet *(blz. 16 e.v.)*, alle karakteriseringen van God noodzakelijkerwijs bij benadering, voorlopig, voor verbetering vatbaar en overwegend fout. Maar niettemin verwijzen ze naar de Ene die ons al die woorden en beelden ontlokt, maar die tegelijkertijd nooit te vangen is in onze verbale en audiovisuele visnetten. *Deus semper maior*: 'God is altijd groter.'

Een dergelijk motto geldt echter ook voor wetenschappers die het universum proberen te beschrijven en te karakteriseren. Natuurlijk zijn hun methoden heel anders dan die van bijvoorbeeld theologen en is de manier waarop het universum zich manifesteert heel anders dan de manier waarop God een levende werkelijkheid wordt. Ook wetenschappers gebruiken echter bij hun aandeel in de menselijke zoektocht naar de ultieme waarheid beschrijvingen en karakteriseringen van het universum die bij benadering, voorlopig, voor verbetering vatbaar zijn en die ook vaak door volgende generaties van tafel worden geveegd. Niettemin bereiken ze een hoge graad van betrouwbaarheid *(kader blz. 369)*. Dit boek laat zien dat

Onvoorwaardelijke liefde
Mensen leren de betekenis van liefde kennen lang voordat ze de betekenis van woorden leren: het eerst door hun moeder. Wanneer mensen om de een of andere reden moederliefde hebben gemist, kunnen zij de betekenis van liefde ook in latere relaties leren ervaren – hoewel niemand daartoe verplicht is. Dat wij van anderen houden is op zichzelf al wonderbaarlijk. Het besef dat anderen van hen houden is voor veel mensen de eerste glimp van wat God is.

hetzelfde geldt voor de menselijke zoektocht naar God: ook hier is grote betrouwbaarheid bereikt in wegen waarlangs mensen kunnen komen tot een persoonlijke ervaring van de werkelijkheid van God, in lichaam, ziel en geest. Deze methoden brengen de mens voorbij de kennis (hoewel ze op bestaande kennis gefundeerd zijn) tot aanbidding, berouw, verering en liefde. Achter alle objectief vergaarde kennis ligt de uitnodiging verscholen tot het aangaan van een subjectieve relatie met God.

In het verleden werd die relatie met God vaak bepaald door angst, ja zelfs terreur, wat in een aantal gevallen heeft geleid tot excessen. Wanneer wij echter zelf de verantwoordelijkheid en aansprakelijkheid nemen voor wie en wat we zijn, denken en doen, is het logisch dat de tegenstelling tussen God en de mens ons ook wel eens angst kan inboezemen. Thomas Jefferson (de derde president van de Verenigde Staten) schreef eens: 'Ik huiver soms voor mijn land wanneer ik mij verdiep in Gods rechtvaardigheid.' De inscriptie van beeldhouwer Ghiselbertus onder zijn sculpturen van het Laatste Oordeel in het frontaanzicht van de kathedraal van Autun in Frankrijk luidt: *Terreat hic terror quos terreus alligat error*, 'Moge deze verschrikking ieder vrees aanjagen die in aardse zonde leeft'.

Wat echter uit de biografische beschrijvingen van veel mensen in dit boek duidelijk wordt, is dat ieder die leeft met God dat ervaart als een liefdesrelatie en dat volmaakte liefde angst uitsluit (1 Johannes 4:18). Augustinus *(blz. 258-261)* gaf de wijze raad: 'Vreest God opdat ge niet terugvalt en hebt God lief zodat ge voorwaarts gaat' (Brief 144:2). Bij uitstek voor Augustinus had en was liefde het laatste woord: *dilige et quod vis face*, 'heb lief en doe wat je wilt' (in de geest van liefde).

Het is nu eenmaal zo dat het woord 'liefde', afhankelijk van tijd en plaats, verschillend wordt geïnterpreteerd. Neem de zin: 'Dan kan hij onmogelijk echt van haar hebben gehouden.' De dichter Walter de la Mare (1873-1956) liet zien hoe verschillend de mensen en hun omstandigheden zijn van wie dat kan worden gezegd *(kader rechts)*. De voorbeelden zijn misschien niet allemaal even bekend, maar iedereen kan voor zichzelf gemakkelijk anderen bedenken op wie de zin van toepassing is. Liefde heeft zoveel verschillende betekenissen dat vergelijkingen met God niet gemakkelijk zijn. Daarom gaan alle vergelijkingen, inclusief die van de liefde, mank. Toch komt de liefde van alle menselijke ervaringen wel het dichtst bij een gevoel van intense verbondenheid met God.

Natuurlijk kan men God niet steeds zó voelen. Er is, bijvoorbeeld in de Indiase verzen over *bhakti* ('toewijding aan God'; *blz. 95)*, veel vaker sprake van afwezigheid *(blz. 96)* dan van aanwezigheid van God: 'Op een dag zat Chaitanya *[blz. 137]* in volslagen eenzaamheid met zijn vinger in het rulle zand te schrijven en klaagde: "Waar zijn de oevers van de Jamuna *[blz. 134]*! Waar is nu de God die zelfs de god van de liefde verliefd maakt?"' (Hardy 1983: 5).

Wanneer men echter God heeft leren kennen in liefde, ook al is het maar in een flits, betekent dat een onvergetelijke ervaring. Dat geldt niet alleen

> 'Dan kan hij onmogelijk echt van haar hebben gehouden.'
>
> *'We moeten oppassen met het veralgemeniseren van deze zin, maar laten we eens kijken naar de liefdesrelaties van Shelley en Harriet, Swift en Vanessa, Bothwell en Maria Stuart, George IV en Perdita, Paolo en Francesca, Abélard en Héloïse, Thomas en Jane Carlyle, Othello en Desdemona, de historicus Gibbon en de jongedame over wie hij zei (toen hij haar op advies van zijn ouders had afgewezen): "Ik had liefdespijn als een minnaar, ik gehoorzaamde als een zoon."'*
>
> (De la Mare 1943: 34 e.v.)

voor situaties in India, het gaat hierbij om een universeel menselijke ervaring, die voor iedereen die haar heeft meegemaakt de meest gedenkwaardige van alle mogelijke menselijke ervaringen is. De ervaring van God als liefde doet niets af aan de diametraal tegenovergestelde ervaring van lijden en pijn en kan die ook niet wegredeneren, net zomin als de dood van een vogeltje of het verdriet van mensen die wij wel willen, maar niet kúnnen helpen. Het lijden moet echter worden gezien in de gehele context van de liefde, want liefde is minstens even reëel als lijden. Aangezien liefde zelden uit is op het veroorzaken van lijden (en zelfs dan is het in de betekenis van 'remedie' oftewel ook een daad van liefde) en lijden liefde niet kan doen verdwijnen, is het een kwestie van geloof dat de liefde even sterk is als de dood (Hooglied 8:6): sterker dan het lijden en dat ze uiteindelijk zal zegevieren. Terwijl hier sprake is van geloof op grond van rationaliteit en ervaring blijft liefde niettemin een zuivere geloofsdaad.

Dit geloof stelt God in staat om echte wonderen van menselijke hoop en liefde te scheppen, waardoor mensen een totaal nieuw leven gaan leiden. De wereld wordt totaal nieuw door haar te beleven als schepping en wonder of mirakel van God. 'Mirakel' komt van het Latijnse woord *miror*, 'zich verwonderen' of 'verbazen' over iets. De Engelse dichter Thomas Traherne (1638-1674) vat het gevoel van velen in dit boek samen door middel van de woorden in het kader op de linkerpagina.

Wanneer wij zo leven en de wereld zien als een geschenk, gekregen van iemand die het heeft geschonken uit genereuze genade, maar er zelf geen deel van uitmaakt, kan er uiteindelijk geen conflict bestaan tussen wetenschap en God, want God is geen object – zoals het universum – dat mensen kunnen onderzoeken. Hoewel er ook in het universum op zijn minst iets van God te ontdekken en te ervaren valt – zoals in dit boek herhaaldelijk wordt aangetoond. Toch zoeken mensen niet naar God als mogelijke bron van nog ontbrekende of vooralsnog onbekende informatie over het universum. Daarvoor klopt men bij de wetenschap aan. Wanneer mensen zich echter serieus verdiepen in de wetenschap stuiten ze onvermijdelijk op de vraag: 'Waarom is er eigenlijk een universum?' Of zoals de filosoof Wittgenstein (1889-1951) het formuleerde: 'Het mysterie is niet hoe de wereld is, maar dat ze er is.'

Dat bracht een andere filosoof, Martin Heidegger (1889-1976), tot de uitspraak dat de vraag 'waarom is er iets en niet veeleer niets' de meest fundamentele vraag is die de mens kan stellen. Zo begon Heidegger ook zijn colleges *Einführung in die Methaphysik*: 'Waarom is er eigenlijk iets en niet veeleer niets? Dat is de vraag. Vermoedelijk is het geen arbitraire vraag, want: "Waarom is er eigenlijk iets en niet veeleer niets", is duidelijk de eerste van alle vragen. Zeker, het is niet de eerste vraag in chronologische zin. Individuen en volken vragen zich veel af in de loop van de tijd. Ze bestuderen, onderzoeken en beproeven uiteenlopende zaken voordat ze stuiten op de vraag: "Waarom is er eigenlijk iets en niet veeleer niets?" Velen komen nooit aan deze vraag toe, want het behandelen van deze vraag betekent niet alleen het horen of zien van deze

---

'Nooit zul je waarachtig van de wereld genieten, totdat je ziet hoe een zandkorrel de wijsheid en kracht van God weerspiegelt. [...] Je vreugde om de wereld is nooit volledig, totdat je elke ochtend ontwaakt in de hemel, in het paleis van je Vader en je de hemelen en de aarde en de lucht ziet als hemelse vreugden. [...] Nooit zul je waarachtig genieten van de wereld, totdat de zee zelf in je aderen vloeit, totdat je bekleed bent met de hemelen en gekroond met de sterren. [...] De aarde weerspiegelt oneindige schoonheid en geen mens die er acht op slaat. Ze is een majestueuze tempel en geen mens die dat ziet. De wereld zou een domein van licht en vrede zijn, wanneer de mens niet de vrede verstoorde: Gods paradijs, de woonplaats van de engelen en de poort naar de hemel.'

(Tekst uit de eerste eeuw nChr.)

bepaalde vragende zin, maar het stéllen van de vraag, dat wil zeggen: zich erover uitspreken, haar aan zichzelf voorleggen, zichzelf onderwerpen aan deze vraagsituatie. Toch wordt iedereen op zeker moment, misschien zelfs meer dan eens, geraakt door de verborgen kracht van deze vraag, zonder precies te begrijpen wat er aan de hand is.' (Heidegger 2000: 1 e.v.)

Natuurlijk, ook Heidegger geeft toe dat er mensen zijn die het belang van die vraag absoluut niet kunnen inzien en zeggen dat het universum (en wijzelf in dat universum) er nu eenmaal is, punt uit. Wetenschap is echter, net als alle andere vormen van menselijke kennis, afhankelijk van onze vastbeslotenheid om te blijven vragen naar het 'waarom' en 'hoe'. Het is abject en irrationeel om te zeggen dat de ultieme vragen niet mogen worden gesteld: niet in de laatste plaats omdat elk antwoord op de vraag waarom er iets is in plaats van niets, de basis vormt van dat hoogst bijzondere 'iets' dat wij 'God' noemen. God is wat wij bedoelen wanneer we zeggen dat er een

Absolute schoonheid
We zien voorbeelden van schoonheid, goedheid, waarheid en liefde in specifieke mensen, plaatsen en heldendaden: we ervaren en herkennen ze absoluut als wat ze zijn (mooi, goed, waar), onafhankelijk van de specifieke (veranderende) omstandigheden. Wie dit erkent, beseft dat midden in tijd en verandering het Absolute bestaat, meer als een 'persoon' dan als een abstracte conclusie. Daarom spreken we over God in plaats van over het Absolute.

reden bestaat voor het feit dat er *iets is* en niet niets: 'Voor het maken van een pot is een pottenbakker nodig, alleen klei als materiaal is niet genoeg' (Date 1954: 365).

Het punt bij uitstek is dat de vragen naar het 'waarom' en 'hoe' de grondslag vormen van alle menselijke wijsheid en waarheid. Waarom en hoe leeft u en leest u deze woorden? Omdat uw ouders u zo hebben verwekt. Ja, maar waarom en hoe deden zij dat? Omdat ze een kind wilden en genen en eiwitten hen daartoe in staat stelden. Ja, maar waarom en hoe doen genen en eiwitten dat? Omdat de biochemie van de voortplanting zo werkt. Ja, maar...

Die vragen brengen ons, *wanneer we blijven doorvragen*, bij de fundamentele consistentie van de natuur, waarvan de regelmatigheid ons in staat stelt om over 'wetten' te spreken. Maar de ene vraag zal altijd blijven: 'Ja, maar waarom zijn er eigenlijk wetten?' Die vraag niet stellen omdat er nu eenmaal wetten zijn, is net irrationeel onbevredigend als zeggen dat mensen nu eenmaal bestaan en dat het daarom zinloos is te vragen naar het hoe en waarom.

Men kan natuurlijk elk gewenst moment stoppen met vragen en de meesten van ons hebben ook geen tijd om alle antwoorden op alle vragen uit te zoeken tot op het niveau van de wetmatigheden van de natuurwetenschappen. Dat hoeft ook niet: er zijn ware en waardevolle antwoorden *op elk niveau* en het is zeker niet zo dat alles in het leven kan worden teruggebracht tot termen van biologie, schei- of natuurkunde, die wel de noodzakelijke maar nooit toereikende basisvoorwaarden leveren voor antwoorden op menselijke vragen.

Hoe dan ook, de vragen naar het 'hoe en waarom' blijven recht overeind. Heidegger heeft eenvoudig de meest fundamentele van alle mogelijke vragen gesteld: waarom *is* er een universum en niet *niet*? Meer nog, hij stelde deze vraag terwijl hij wist dat de wetenschap er geen antwoord op kan geven. Niemand kan een sluitend antwoord geven op die vraag, want het antwoord komt neer op dat wat mensen bedoelen wanneer het gaat om God.

Voortbordurend op de metafoor van het recept *(zie kader links)* kunnen we uit het gegeven dat er een recept bestaat op zijn minst volgens de deductieve methode *(blz. 17 en 266)* afleiden dat er Een/Iets moet zijn Die/Dat het recept heeft bedacht en het product tot stand brengt zoals het zich manifesteert. Het maakt het universum zoals wij het kennen en ervaren veel plausibeler wanneer we concluderen dat er Een is uit wie het voorkomt en die het onderhoudt. Dat zal altijd waarheid blijven, zelfs wanneer het universum geen begin en geen einde heeft: ook dan kan het bestaan in die relatie van afhankelijkheid. In dat geval kan de Ene (die wij God noemen) zelf geen deel uitmaken van het universum, hoewel God duidelijk kan worden *gekend* door *hoe* het universum in elkaar steekt. Nogmaals: *Deus semper maior*. In deze context is de betrouwbare consistentie van het universum geen verrassing. God waarborgt de bestendige samenhang in het universum zodanig dat door de mens kan worden onderzocht en begrepen. Het was deze betrouwbaarheid van het universum die Albert Einstein zijn beroemde opmerking ontlokte: 'God is moeilijk te begrijpen,

---

De fysicus John Taylor heeft in een onlangs verschenen boek (2001) laten zien hoe wetenschappers door de eeuwen heen (het schiftingsproces) steeds meer uiteenlopende verschijnselen hebben verklaard op grond van steeds minder principes, die telkens op hun beurt 'de verborgen eenheid in de natuurwetten' openbaarden. Hiermee kwam hij tot 'een eenvoudig recept voor een universum', dat mensen in staat stelt te speculeren over 'hoe het universum van start is gegaan en wel zodanig dat het consistent is met de huidige kennis'. Zijn antwoorden zijn een goed voorbeeld van de deductieve methode (blz. 17 en 266).

maar achterbaks is hij niet.' Daarom vormen God en het universum beiden, op verschillende en toch verwante wijzen, een uitnodiging aan de mens als briljante natuurlijke constructie van atomen en moleculen om met een oprecht hart binnen te gaan in deze ultieme waarheid. En dat mag zeker een wonder heten.

Uiteindelijk kan er derhalve geen conflict bestaan tussen wetenschap en God. De uitspraken waarmee wordt geprobeerd iets uit te drukken over de wetenschap met haar ontdekkingen en uitspraken over God en alles wat voortvloeit uit God kunnen wél in conflict raken: dat zien we ook vaak in de wereld om ons heen. De ernstigste conflicten treden op bij proposities over hypothetische feitelijkheden.

Zo was nog niet zo lang geleden (1992) de uitspraak van een wetenschapper dat God een virus is een (metaforisch gestelde) propositie over een hypothetisch feit, die in tegenspraak was met andere beweringen over God. Het is gemakkelijk aantoonbaar dat die uitspraak absoluut en onherroepelijk onjuist is (zoals ik heb gedaan in mijn boek uit 1995: *Is God een Virus? Genen, Cultuur en Religie*), niet alleen omdat de vergelijking niet opgaat, maar ook omdat de wetenschapper in kwestie niet op de hoogte was van sommige recente publicaties over hoe genen en culturele factoren inwerken op de menselijke evolutie.

Omgekeerd protesteren wetenschappers (en niet alleen wetenschappers) ook terecht wanneer orthodoxe gelovigen blijven volhouden dat God de wereld letterlijk in zes dagen heeft geschapen, dat ook God honger kan krijgen en offers nodig heeft om de dag door te komen, of dat God als oude man met baard een juiste voorstelling van zaken is. Ook zij stellen dat dergelijke uitspraken over God absoluut en onherroepelijk onjuist zijn wanneer men ze benadert als proposities over hypothetische feitelijkheden.

Deze conflicten over hypothetische feitelijkheden vormen ongetwijfeld een belangrijke oorzaak van het veranderende godsbeeld in onze tijd. Maar nog veel belangrijker in dat opzicht is het feit dat religieuze personen die leven in gebed tot een diep besef komen dat hun woorden over en beelden van God inderdaad op geen enkele manier adequaat het wonder kunnen weergeven *dat God er is*. Daarom moet het menselijk beeld van God wel veranderen, net zoals ons beeld van het universum verandert.

Met betrekking tot God heb ik in dit boek geprobeerd iets te laten zien van de manier waarop dit veranderingsproces zich heeft voltrokken en hoe sommige wetenschappers (onder wie gelovige personen) een belangrijke en creatieve rol hebben gespeeld in het stellen van de essentiële vragen en het effenen van de weg naar zinvolle veranderingen en correcties in het menselijke beeld van God.

Het ligt voor de hand dat zich problemen zullen voordoen wanneer godvrezende mensen worden geconfronteerd met veranderingen. Bijvoorbeeld wanneer men gelooft dat een bepaald verhaal over of beeld van God door God zelf geautoriseerd en verandering daarom volstrekt ontoelaatbaar is omdat het afbreuk zou doen aan het idee van de goddelijke onfeilbaarheid. Daarbij maakt het meestal geen verschil of het desbetreffende verhaal of beeld wordt beschouwd als directe openbaring of niet.

Dat is echter een probleem binnen de godsdienst, niet binnen de

De ontdekking van dna
In een terugblik schrijft James Watson over het moment dat hij dacht te hebben ontdekt hoe de structuur van dna zich vormt: 'Mijn hart sloeg op hol. Wanneer dít dna was, zou ik een sensatie veroorzaken door de ontdekking bekend te maken... Langer dan twee uur lag ik in gelukzalige staat wakker met paren van aminozuurresiduen ronddwarrelend voor mijn gesloten ogen. Heel even schoot er een angstflits door me heen dat ook zo'n goed idee fout kon zijn.' Inderdaad bleek dat zo te zijn: 'Mijn hypothetische schema werd al de volgende middag in flarden gescheurd.' Toch was hij nog maar een stapje verwijderd van de oplossing. Dit verhaal is een mooi voorbeeld van hoe de wetenschap steeds – haar eigen ideeën schiftend en beproevend – vooruitgang boekt door haar eigen corrigeerbaarheid.
(Watson 1969: 103 e.v.)

wetenschap en zeker niet binnen de essentiële natuur van God.

Alle bestaande geschriften van godsdienstige aard behelzen dus een uitnodiging en bieden de gelegenheid om meer te weten te komen over God op grond van bestaande kennis, overleveringen en gevarieerde geloofspraktijken. God zelf verandert niet, maar de beschrijvingen van God noodzakelijkerwijs wél. Niettemin wordt de lof van God nog steeds vaak in poëtische taal verwoord en dat is nu eenmaal vaak de taal van het verleden (*bijschrift rechts*). Om die reden worden in erediensten en gebeden overal ter wereld nog steeds de oude beelden gehandhaafd, al zijn ze inmiddels als propositie over een hypothetisch feit onwaar bevonden. Ook wetenschappers spreken nog steeds over de zon die opkomt en ondergaat.

Zo wordt duidelijk hoe belangrijk het is poëtische lofprijzingen te onderscheiden van objectief beschrijvend proza. Alleen op die manier kunnen we begrijpen waarom karakteriseringen van God enerzijds bestendig zijn en anderzijds altijd openstaan voor verandering.

In de nabije toekomst zullen we steeds meer te maken krijgen met het veel ernstiger conflict tussen de menselijke ervaring van de wereld en de menselijke ervaring van God op het terrein van de ethiek. Mensen zullen altijd slechte dingen doen – wijzelf zeker niet uitgezonderd. Van bijzondere kwaadwilligheid is sprake wanneer mensen slechte dingen doen in naam van God en daardoor van God een individu maken met een nog slechter karakter dan wij ons in onze zwartste beschouwingen kunnen voorstellen.

Omwille van God zelf moet de mens met dergelijke ideeën de strijd aanbinden. En dat valt niet mee. Sommige mensen houden vast aan hun foutieve godsbeeld alsof hun leven ervan afhangt – wat in psychisch opzicht waarschijnlijk ook het geval is. Maar de aarde is nu eenmaal niet plat omdat enkele mensen blijven denken dat ze over de rand van de wereld kunnen vallen. Het is zeker niet zo dat aanhangers van de nieuwste opvatting ook altijd 'het laatste woord hebben': vooral niet als het gaat om speculaties over God of om bijvoorbeeld een herziening van liturgie en gebedentekst. Het is nu eenmaal een feit dat sommige personen die gehoor geven aan Gods uitnodiging om zich over te geven aan de ene waarheid, tot het besef komen dat sommige zaken die de mens associeert met God volstrekt onverenigbaar zijn met wat men nu (voorlopig en onvolledig) weet over God: liefde heeft niets te maken met terreur, haat of kwade wil. Het is niet gemakkelijk om zulke dingen te zeggen en ze stuiten vaak op hevige weerstand. Toch kunnen we ook wat dit betreft uit dit boek goede moed putten.

Neem bijvoorbeeld het oudtestamentische schrikbeeld van God als een soort hoogste maffiabaas (*blz. 186*), dat werd ontkracht en veranderd binnen diezelfde traditie en in diezelfde teksten, die men toch bleef zien als rechtstreekse openbaringen van God. Goden eten geen baby's meer als ontbijt, hoewel men dat in sommige oude culturen ooit wel geloofde.

Niettemin beroepen veel mensen zich nog steeds op God om daden te rechtvaardigen die indruisen tegen de liefde. Wat dat betreft is het begrijpelijk dat God vaak zo'n slechte pers krijgt en waarom, bij wijze van spreken, God al heel wat doden is gestorven. Aan de ene kant komt dat doordat het kwaad echt bestaat en er mensen zijn die bewust daarvoor kiezen en willen zijn zoals de eerste moordenaar in Shakespeares *Macbeth*:

'*reckless in what they do to spite the world*'. Aan de andere kant is het een gevolg van het feit dat er zoveel absurde dingen over God zijn gezegd en geschreven en er – veel erger nog – in de wereldgeschiedenis zoveel gruwelijke en waanzinnig slechte dingen zijn gedaan in naam van God.

De hieruit onvermijdelijk voortvloeiende dood van God is voor sommigen absoluut en definitief. Atheïsten zijn geen agnostici 'die het ook niet weten'. Desondanks zal God blijven bestaan, niet in de laatste plaats doordat de (h)erkenning van God zo diep in het menselijk brein en lichaam is ingebed, zoals ik in de eerste hoofdstukken van dit boek heb geprobeerd duidelijk te maken. Weliswaar maakt dit het geloof in God uiterst gemakkelijk te exploiteren en zeer gevoelig voor manipulatie, maar het blijft ook de reden waarom zoveel mensen, vaak in grote eenvoud en met een oprecht hart, de weg tot God hebben gevonden.

Dit betekent, in mijn eigen religieuze paradox, dat alles wat met God te maken heeft daarom vaak zo'n slechte pers krijgt *omdat* God zulk goed nieuws is. Wanneer God niet het allerhoogste was dat de mens zich kan voorstellen en kennen, wanneer God niet sommige mensenlevens daadwerkelijk heeft omgevormd tot die goedheid en die liefdevolle relatie, zou God inderdaad voor eeuwig, zoals Mencken (*blz. 10*) het noemde, 'de stortkoker zijn ingegaan'.

Inderdaad *is* God in zekere zin een uitvinding van de mens, maar dat is ook al het andere, de wetenschap niet uitgezonderd. Het woord 'uitvinding' of 'inventie' wordt vaak gebruikt in de betekenis van iets dat verzonnen is: fictie versus feit. Maar de Latijnse stamwoorden *in* + *venio* betekenen 'ik kom binnen', 'ik vind' of 'ik ontdek'. In die zin is het universum een menselijke uitvinding, maar ook iets dat wij binnengaan om het beter te leren begrijpen. Hetzelfde geldt voor God. Ik heb in dit boek getracht enkele van de vele manieren te laten zien waarop mensen hun ontdekking van God hebben gedocumenteerd; hoe zij een relatie aangingen met God en hoe anderen hun voorbeeld kunnen volgen. Maar zoals eerder gezegd: God is geen object zoals het universum, dat door de mens kan worden 'uitgevonden' of ontdekt als een of ander wetenschappelijk object. God is nu eenmaal – los van de vraag of dit universum bestaat of niet – oneindig ver verwijderd van elke beschrijving of beeld. Die ruimte – of kloof zoals sommigen zeggen – tussen God en de mens is noodzakelijk voor het bestaan van een relatie op basis van vrijwilligheid: de mens is geschapen, niet opgescheept, met de vrijheid om God te erkennen óf af te wijzen. Anders zou de relatie tussen God en mens geen vorm van een ontdekkingsreis of liefde kunnen zijn. God heeft de mens geroepen tot verantwoordelijkheid, niet gedwongen tot medeplichtigheid.

Poëzie van de lofprijzing
Traditionele woorden en beelden blijven altijd bestaan, ook al vertaalt elke generatie deze op haar eigen manier. Goedgeslaagde beelden zijn tijdloos. Toen aan Henry Moore werd gevraagd een madonna met kind te beeldhouwen vroeg hij zich af wat het verschil zou moeten zijn met een 'gewone' moeder en kind: 'Ik heb geprobeerd [het beeld] een gevoel van volledige ongedwongenheid en rust mee te geven, alsof de madonna voor eeuwig in die houding zou kunnen blijven zitten (wat ze in steen ook wel zal moeten!).'

We kunnen hieruit concluderen dat er altijd veel verschillende verhalen over God naast elkaar zullen bestaan en dat sommige beweringen over God in verschillende religies met elkaar in tegenspraak zullen zijn. Doordat God geen Object tussen objecten is, kunnen we deze conflicten niet oplossen door ons te beroepen op bepaalde vaststaande 'eigenschappen van God', of 'hoe God is', ook niet wanneer wij die informatie tot openbaring bestempelen omdat ook geopenbaarde omschrijvingen van God met elkaar in tegenspraak kunnen zijn.

Natuurlijk bestaat er een gemakkelijke oplossing voor deze conflicten, namelijk wanneer we zeggen dat God al onze woorden en beschrijvingen ver te boven gaat en dat alle tegenstrijdige verklaringen en omschrijvingen uiteindelijk verwijzen naar dezelfde werkelijkheid. In dat geval zijn alle godsdiensten als het ware verschillende talen waarin de mens spreekt over God, of de verschillende wegen die alle leiden naar hetzelfde doel. Het is ontegenzeggelijk een logische waarheid dat wanneer mensen spreken over God zij zich verschillend zullen uitdrukken. Maar ook dan kunnen ze *onwaarachtig* over God spreken. Alle wegen leiden volgens het spreekwoord naar Rome, maar wegen leiden niet naar Rome alleen omdat het wégen zijn.

Stel: u bent nog nooit in Siberië geweest. U hoort verhalen over Siberië, ook van mensen die er hebben gewoond en weten waarover ze het hebben. Het is een bestaand land, namelijk Siberië, waarvan ze veel weten en niet een ander land. Toch is het heel wel mogelijk dat wanneer u echt een reis maakt naar Siberië een aantal van die verhalen niet blijkt te kloppen, hoewel het (logisch gesproken) wel degelijk ging om concrete verhalen over Siberië.

Zo is het ook met God. Als God echt bestaat, zal Hij/Zij blijken te zijn die *Hij/Zij is*. Niettemin kunnen verhalen over God onwaar blijken te zijn, ook al betreft het (logisch gesproken) verhalen over God. Maar hoe kunnen wij beoordelen of een verhaal klopt of niet, omdat wij niet naar God op reis kunnen gaan zoals in het geval van Siberië? Het antwoord is dat dát voor ons onmogelijk is. Wij kunnen alleen wel onderscheid maken: gezond verstand en filosofie schiften de beweringen en proposities uit die fout, incoherent of gewoonweg dom zijn; ook al zullen bepaalde gelovigen koppig blijven weigeren zich te laten overtuigen van hun ongelijk.

De menselijke zoektocht naar God kan echter alleen plaatsvinden via eredienst, gebed, meditatie, waardoor Gods aanwezigheid in het dagelijks leven wordt geïntegreerd. Alle goddelijk geïnspireerde initiatieven, inclusief het volgens christenen unieke verlossingsinitiatief van Christus maar ook de vele andere die in dit boek zijn beschreven, kunnen we beschouwen als stations die speciaal voor dat doel zijn aangelegd. Uiteindelijk zullen we op het eindpunt aankomen en zullen we God kennen zoals wijzelf worden gekend. In de tussentijd zijn wij mensen slechts onderweg, zowel in de tijd als in de ruimte.

Hoe moeten wij omgaan met alle conflictueuze theologische en filosofische stellingen over God? En doen ze er eigenlijk toe, al die conflicten? Praktisch gezien is dat zeker het geval: religieuze mensen die in God geloven zijn overal ter wereld verwikkeld in een aantal van de meest onverzoenlijke en langdurige conflicten. Neem bijvoorbeeld die in Noord-Ierland, het Midden-Oosten, de Balkan, Cyprus, Sudan, Kashmir, Sri Lanka,

CONCLUSIE

de Filippijnen en Indonesië, terwijl andere, zoals in Nigeria, dreigend op komst zijn. We mogen niet zeggen dat geloof in God deze conflicten heeft veroorzaakt, maar ze kunnen er ongetwijfeld door worden versterkt, in het bijzonder wanneer er zogenaamde geboden van God worden bijgesleept die geweld rechtvaardigen. Of in de woorden van de Ierse dichter en Nobelprijswinnaar, Seamus Heaney: 'Het probleem met de IRA is dat we meer met theologie te maken hebben dan met politiek. Het zijn aanhangers van een zuiver metafysische republiek. En ze hebben zichzelf verstrikt in hun geloften' (*Sunday Telegraph Magazine*, 1 april 2001, blz. 23).

Daarom is het van groot belang dat serieus wordt gewerkt aan oplossingen voor conflicten tussen godsdiensten en verschillende beweringen over God: niet alleen uit pragmatische vredesoverwegingen, maar ook uit het oogpunt van waarheid en verlossing. Er bestaan al religies die elkaar hebben gevonden in de zoektocht naar een wereldwijd geaccepteerde ethiek die tot gezamenlijke actie moet leiden. Wanneer we echter concrete vragen willen beantwoorden over waarheid en uitspraken over waarheid zonder daarbij de ernstige conflicten van deze wereld te verbloemen, zullen we moeten terugkeren tot een basaal niveau.

Wat houdt zo'n basis in? Er bestaat maar één manier en dat is de weg van aanbidding: de eredienst. Wanneer gelovigen in alle religies (inclusief die van de jaina's of van de boeddhisten, waarin men er een godsbeeld op nahoudt dat beperkt is tot het huidige universum) begrijpen dat God menselijke woorden en beschrijvingen te boven gaat maar toch kan worden benaderd in aanbidding, boetedoening en lofprijzing, is dát het voornaamste facet van het universele menszijn dat zij allen gemeen hebben. En wanneer 'God altijd groter is' (*Deus semper maior*) zijn het alleen vormen van aanbidding waarin dat tot uitdrukking kan komen.

Ook eredienst zijn tegenwoordig nogal eens in conflicten verwikkeld, maar naar *gemeenschappelijke* vormen van eredienst moet toch worden gezocht en gestreefd, ook al is dat een bijna bovenmenselijk moeilijke opgave. Alleen in de zuivere context van de eredienst ligt een reële mogelijkheid om een einde te maken aan de onderlinge verdeeldheid, die nog steeds de ondergang van de mensheid zou kunnen inluiden. Want in die context zal namelijk blijken dat de zoektocht van mensen naar God omgekeerd ook altijd de zoektocht van God naar mensen is geweest, echter wel op een manier die hun vrijheid respecteert en stimuleert.

Daarom is de fundamentele betekenis van het gebed uitermate helder. Bidden is een daad van liefde in antwoord op liefde. Bidden is een activiteit van pure liefde die verder niets zoekt of wil voor zichzelf, maar waarbij men alleen en in oprechtheid opziet naar God: 'Hier ben ik, U kent mij, help mij om U te kennen.' Het is goed voorstelbaar dat hier vervolgens allerlei dingen uit voortvloeien: verdriet en berouw, dankzegging en lofprijzing, bidden voor andere mensen, gevoelens van liefde en zorg voor deze prachtige maar vaak lijdende wereld.

'De Kathedraal' van Rodin
'Bidden is, mijn geduldige God, mijn reiken naar u en naar u die eeuwig werkt om van leven liefde te maken: vorm deze koude klei om tot een groot kunstwerk zodat het in vrede mag blijven rusten in U.'

BIBLIOGRAFIE

Deze bibliogrtafie geeft een overzicht van de boeken en teksten die in dit boek zijn aangehaald. De vertalingen die de auteur zelf maakte zijn niet vermeld. University Press wordt overal afgekort tot U.P.
De uitgever heeft getracht, voor zover van toepassing, de auteursrechten op het aangehaalde werk met de rechthebbenden te regelen en voor een juiste bronvermelding zorg te dragen. Mocht men desondanks in *God – Een geschiedenis* omissies tegenkomen, dan wordt men verzocht de uitgever hiervan in kennis te stellen, opdat een en ander in een volgende druk kan worden rechtgezet.

INLEIDING

Bijbel: voor de Nederlandse vertaling is gebruik gemaakt de bijbel in de niuwe vertaling van het Nederlands Bijbelgenootschap, Amsterdam, 1954
Bowker, J., *Is God a Virus? Genes, Culture & Religion*, Londen, SPCK, 1995
Brooke, R., in: G.Keynes (red.), *The Poetical Works of Rupert Brooke*, Londen, Faber & Faber, 1963
Bryson, B., *The Lost Continent*, Londen, Abacus, 1996
Cicero, *De Natura Deorum*, vert. H.C.P. McGregor, Londen, Penguin, 1972
Damasio, A., *Descartes' Error: Emotion, Reason & the Human Brain*, New York, Putnam, 1994; *The Feeling of What Happens: Body, Emotion, & the Making of Consciousness*, New York, Vintage, 2000
Grou, J., *Spiritual Maxims*, 1786
Hume, D., *An Enquiry Concerning the Principles of Morals*, 1751; *Dialogues Concerning Natural Religion*, 1779
le Doux, J., *The Emotional Brain*, Londen, Weidenfeld, 1998
Mencken, H., *Prejudices*, New York, Vintage, 1958; *Minority Report: H.L. Mencken's Notebooks*, Baltimore, John Hopkins, 1997
Moscati, S., *The Face of the Ancient Orient*, Londen, Routledge, 1960
Nicholson, N., *The Lakers*, Londen, Robert Hale, 1955
Nietzsche, F., *Die fröhliche Wissenschaft*, in: *Nietzsches Werke*, V, Leipzig, Naumann, 1899-1912
Rilke, R., *Sämtliche Werke*, Frankfurt, Insel-Verlag, 1955–1997; *Rodin* in: ibid., 5, 1965
Rolls, E.T., *The Brain & Emotion*, Oxford, Oxford U.P., 1999
Sacchetti, F., *Il Trecentonovelle*, Rome, Salerno, 1996
Shaw, G.B., *The Adventures of the Black Girl in Her Search for God*, Londen, Constable, 1932
Stoppard, T., *Jumpers*, Londen, Faber & Faber, 1972
Taliaferro, C., *Consciousness & the Mind of God*, Cambridge, Cambridge U.P., 1996
Thompson, R.F., *Flash of the Spirit*, New York, Vintage Books, 1984
Williams, O., & Honig, E., *Major American Poets*, New York, New American Library, 1962
Xenophanes, *Die Fragmente*, München, Artemis, 1983
Yandell, K.E., *The Epistemology of Religious Experience*, Cambridge, Cambridge U.P., 1994

IN DEN BEGINNE

Adler, M., *Drawing Down the Moon*, Boston, Beacon Press, 1986
Anand, M.R., 'Lines Written to an Indian Air', in: B.N. Pandey, *A Book of India*, Londen, Collins, 1965
Asimov, I., *A Choice of Catastrophes*, Londen, Hutchinson, 1979
Aveni, A., *Nasca*, Londen, British Museum Press, 2000
Bowker, J., *Is God a Virus? Genes, Culture & Religion*, Londen, SPCK, 1995; *The Meanings of Death*, Cambridge, Cambridge U.P., 1993; 'Science and Religion', in: F. Watts (red.), *Science Meets Faith*, Londen, SPCK, 1998
Brown, J.E., *The Sacred Pipe*, New York, Penguin, 1973
Clottes, J., & Lewis-Williams,D., *The Shamans of Prehistory: Trance & Magic in the Painted Caves*, New York, Abrams, 1998
Courlander, H., *A Treasury of African Folklore*, New York, Marlowe, 1996
Deacon, T.W., *The Symbolic Species: The Co-evolution of Language & the Brain*, Londen, Penguin, 1998
Dream of the Rood, M. Swanton (red.), Exeter, Exeter U.P., 1996
Edda of Snorri Sturluson, vert. A. Faulkes, Londen, Dent, 1987
Gimbutas, M., *The Living Goddesses*, M.R. Dexter (red.), Berkeley, University of California Press, 1999
Grimes, R.L., *Beginnings in Ritual Studies*, Lanham, University of America Press, 1982
Gutierrez, R., *When Jesus Came, the Corn Mothers Went Away: Marriage, Sexuality, & Power in New Mexico, 1500–1846*, Stanford, Stanford U.P., 1991
Hogan, L., in: *The Way of the Spirit*, Time-Life Books, 1997
Husain, S., *The Goddess: Power, Sexuality & the Feminine Divine*, Londen, Duncan Baird, 1997
Hutton, R., 'The Discovery of the Modern Goddess', in: J.Pearson (red.), *Nature Religion Today*, Edinburgh Edinburgh U.P., 1998
Johnson, H. & Pines, J., *Deep Roots Music*, Londen, Proteus, 1982
Jung, C.G, *Collected Works*, H. Read et al. (red.), Londen, Routledge, 1968
Lindfors, B., *Forms of Folklore in Africa*, Austin, University of Texas Press, 1977
Luther Standing Bear, *Land of the Spotted Eagle*, Lincoln, University of Nebraska Press, 1978
Mackay, A.L. (red.), *The Harvest of a Quiet Eye*, Bristol, Institute of Physics, 1977
Mellaart, J., *Catal Hüyük: A Neolithic Town in Anatolia*, Londen, Thames & Hudson, 1967; et al., *The*

Goddess from Anatolia, Milaan, Eskenazi, 1989

Melville, H., in: H. Hayford & H. Parker (red.), *Moby Dick*, New York, Norton, 1967

Mooney, J., 'The Doctrine of the Ghost Dance', in: D. & B. Tedlock, *Teachings from the American Earth: Indian Religion & Philosophy*, New York, Liveright, 1975

Okpewho, I., *Myth in Africa*, Cambridge, Cambridge U.P., 1983

Pliny, *Natural History*, vert. H. Rackham et al., Londen, Loeb, 1938–1963

Powers, W.K., 'When Black Elk Speaks, Everybody Listens', in: D.G. Hackett (red.), *Religion & American Culture*, New York, Routledge, 1995

Rouget, G., *Music & Trance*, Chicago, University of Chicago Press, 1985

Schelling, F.W.J., *Philosophie der Mythologie*, in *Schellings Werke*, VI, München, 1959

Schopenhauer, A., *Die Welt als Wille und Vorstellung*, Wiesbaden, Brodhaus, 1972

Shakespeare, W., *A Midsummer Night's Dream*

Simpson, K., *The Literature of Ancient Egypt*, New Haven, Yale U.P., 1973

Sjöö, M. & Mor, B., *The Great Cosmic Mother: Rediscovering the Religion of the Earth*, San Francisco, HarperCollins, 1991

Starhawk, *The Spiral Dance*, San Francisco, HarperCollins, 1979

Sullivan, M., *Symbols of Eternity: The Art of Landscape Painting in China*, Oxford, Clarendon Press, 1979

Teresa, *Her Life*, vert. K. Kavanaugh & O. Rodriguez in *Collected Works*, I, Washington, ICS Publications, 1987

Turner, H., in: V.C. Hayes (red.), *Australian Essays in World Religions*, Bedford Park, Australian Association. for the Study of Religions, 1977

Wagner, R., *Parsifal*, N.John (red.), Londen, Calder, 1986

Whitehouse, H., *Arguments & Icons: Divergent Modes of Religiosity*, Oxford, Oxford U.P., 2000

INDIA

Allchin, F.R., *Tulsi Das: The Petition to Ram*, Londen, Allen & Unwin, 1966

Appar: zie Peterson

Aurobindo, Sri, *The Life Divine*, III, Pondicherry, Sri Aurobindo Ashram, 1955

Babb, L., *The Divine Hierarchy*, New York, Columbia U.P., 1981

Bailey, G., *The Mythology of Brahma*, Delhi, Oxford U.P., 1983

Basavanna: zie Ramanujan

Behari, B., *Minstrels of God*, Bombay, Bharatiya Vidya Bhavan, 1956

Belvalkar, S.K., et al., Mahabharata, Poona, Bhandarakar Oriental Research Institute, 1927–1966

Beyer, S., *The Cult of Tara: Magic & Ritual in Tibet*, Berkeley, University of California Press, 1978

Bhadwaj, S.M., *Hindu Places of Pilgrimage*, Berkeley, University of California Press, 1983

Bhagavadgita: zie Van Buitenen

Bhagavata Purana, J.L. Shastri (red.), Delhi, Motilal Banarsidass, 1983

Bhai Vir Singh, *Purantam Janamsakhi*, Amritsar, Khalsa Samachar, 1948

Bhardwaj, S.M., *Hindu Places of Pilgrimage in India*, Berkeley, University of California Press, 1983

Bhatt, G.R., et al., *The Valmiki-Ramayana*, University of Baroda, 1970–1975

Bhattacharji, S., *The Indian Theogony*, Cambridge, Cambridge U.P., 1970

Bhattacharya, V. (red.), *The Agamasastra of Gaudapada*, Delhi, Motilal Banarsidass, 1943

Brahma Sutra: zie Date

Brihad-aranyaka Upanishad: zie Radhakrishnan

Brooks, D.R., *Auspicious Wisdom: The Texts & Traditions of Srividya Sakta Tantrism in South India*, Albany, State University of New York Press, 1992

Brown, C.M., *The Devi Gita*, Albany, State University of New York Press, 1998

Buitenen, J.A.B. van, *The Bhagavadgita in the Mahabharata: A Bilingual Edition*, Chicago, University of Chicago Press, 1981

Campantar: zie Peterson

Chakravarty, U., *Indra & Other Vedic Deities: A Euhemeristic Study*, New Delhi, D.K. Printworld, 1997

Chari, S.M.S., *Philosophy & Theistic Mysticism of the Alvars*, Delhi, Motilal Banarsidass, 1997

Clothey, F.W., *The Many Faces of Murukan: The History & Meaning of a South Indian God*, Den Haag, Mouton, 1978

Coburn, T.B., *Encountering the Goddess: A Translation of the Devi-Mahatmya & a Study of its Interpretation*, Albany, State University of New York Press, 1991

Crossley-Holland, P., 'The Religious Music of Tibet…', in: *Proceedings of the Centennial Workshop on Ethnomusicology*, Victoria, Aural History Provincial Archives, 1975

Daniélou, A., *Hindu Polytheism*, Londen, Routledge, 1964

Dasam Granth Sahib, Patiala, Punjabi U.P., 1973

Date, V.H., *Vedanta Explained: Samkara's Commentary on the Brahma Sutras*, Bombay, Booksellers' Publishing, 1954, 1959

Dayal, T.H., *The Vishnu Purana*, Delhi, Sundeep Prakashan, 1983

de Bary, W.T. (red.), *Sources of Indian Tradition*, New York, Columbia U.P., 1958

de Nicolas, A.T., *Meditations Through the Rig Veda*, Boulder, Shambhala, 1978

Delmonico, N., 'How to Partake in the Love of Krisna', in: D.S.Lopez (red.), *Religions of India in Practice*, Princeton, Princeton U.P., 1995

Deshpande, P.Y., *The Authentic Yoga: Patanjali's Yoga Sutras*, Londen, Rider, 1978

Devibhagavata Purana, vert. H.P. Chatterji, Allahabad, Panini, 1921–1923

Devimahatmya: zie Coburn

Dhavamony, M., *Love of God According to Saiva Siddhanta: A Study in the Mysticism & Theology of Saivism*, Oxford, Clarendon Press, 1971

Dobbins, J.C., 'Shinran's Faith…' in: G.J. Tanabe (red.), *Religions of Japan in Practice*, Princeton, Princeton U.P., 1999

Eck, D., *Banaras: City of Light*, Londen, Routledge, 1983; *Darsan: Seeing the Divine Image in India*, Chambersberg, Anima Press, 1981

Eschmann, A. et al., *The Cult of Jagannath & the Regional Tradition of Orissa*, Manohar, 1978

Flood, G., *An Introduction to Hinduism*, Cambridge, Cambridge U.P., 1996
Futehally, S., *In the Dark of the Heart: Songs of Meera*, Londen, HarperCollins/Sacred Literature Trust, 1994
Gandhi, M.K., *The Story of My Experiments with Truth*, Ahmedabad, Navajivan, 1929
Gaudapada, *Mandukyakarika*: zie Bhattacharya
Gitagovinda: zie Jayadeva
Gonda, J., *Notes on the Names of God in Ancient India*, Amsterdam, North-Holland Publishing, 1970
Gopal Singh, *The Religion of the Sikhs*, Londen, Asia Publishing House, 1971
Govindalilamrta: zie Delmonico
Growse, F.S., *The Ramayana of Tulsi Das*, Allahabad, 1937
Guru Granth Sahib: zie Kaur Singh; *Sri Guru Granth Sahibji*; Trilochan Singh
Harbans Singh, *Guru Nanak & the Origins of the Sikh Faith*, Patiala, Panjabi U.P., 1969
Hardy, F., *Viraha-Bhakti: The Early History of Krisna Devotion in South India*, Delhi, Oxford U.P., 1983
Jataka Stories, V. Fausboll (red.), Londen, Trubner, 1880
Jayadeva, *Gitagovinda*, vert. D. Mukhopadhyay, *In Praise of Krishna*, Delhi, B.R. Publishing, 1990
Jha, M., *Dimensions of Pilgrimage: An Anthropological Appraisal*, New Delhi, Inter-India Publications, 1985
Kabir: zie Vaudeville
Kalikapurana, B.N.Shastri (red.), Delhi, Nag, 1991–1992
Kaur Singh, N-G., *The Name of My Beloved*, Londen, HarperCollins/Sacred Literature Trust, 1995
Klostermaier, K.K., *A Survey of Hinduism*, New Delhi, Munshiram Manoharlal, 1990
Kramisch, S., *Exploring India's Sacred Art*, B.S. Miller (red.), Philadelphia, University of Pennsylvania Press, 1983
Krishnadasa Kaviraja, *Govindalilamrita*; zie Delmonico
Kunst, A., & Shastri, J.L., *Puranas in Translation*, Delhi, Banarsidass, 1969
Lata, P., *Chaitanya Mahaprabhu*, New Delhi, Ess Ess, 1989
Lopez, D. (red.), *Religions of India in Practice*, Princeton, Princeton U.P., 1995
Ludvik, C., *Hanuman in the Ramayana of Valmiki & the Ramacaritamanasa of Tulsi Dasa*, Delhi, Motilal Banarsidass, 1994
Lynch, O.M., *Divine Passions: The Social Construction of Emotion in India*, Berkeley, University of California Press, 1990
Macfie, J.M., *The Ramayan of Tulsidas*, Edinburgh, T. & T. Clark, 1930
Mahabharata: zie Belvalkar
Mahadeviyakka: zie Ramanujan
Majumdar, A.K., *Caitanya: His Life & Doctrine*, Bombay, Bharatiya Vidya Bhavan, 1969
Maraini, F., *Secret Tibet*, Londen, Hutchinson, 1952
Mattosho: zie Dobbins
Milner, M., *Status & Sacredness: A General Theory of Status Relations & an Analysis of Indian Culture*, Oxford, Oxford U.P., 1994
Mirabai: zie Futehally
Moorhouse, G., *Om: An Indian Pilgrimage*, Londen, Hodder, 1994
Mundaka Upanishad: zie Radhakrishnan
Nagarjuna, *Mulamadhyamakarika*, vert. J.L.Garfield, Oxford, Oxford U.P., 1995
Nammalvar: zie Chari; Raghavan
Nayar, N.A., *Poetry as Theology: The Srivaisnava Stotra in the Age of Ramanuja*, Wiesbaden, Harrassowitz, 1992
Nilsson, U., *Surdas*, New Delhi, Sahitya Akademi, 1982
Obeyesekere, G., *The Cult of the Goddess Pattini*, Chicago, University of Chicago, 1984
O'Flaherty, W., *Siva: The Erotic Ascetic*, Oxford, Oxford U.P., 1981
Pancatantra, F. Edgerton (red.), New Haven, American Oriental Society, 1924
Patanjali, *Yogadarshanam*: zie Deshpande
Patwant Singh, *The Sikhs*, Londen, John Murray, 1999
Peterson, I.V., *Poems to Siva: The Hymns of the Tamil Saints*, Delhi, Motilal Banarsidass, 1991
Puranas: zie Kunst
Radhakrishnan, S., *The Principal Upanishads*, Londen, Allen & Unwin, 1968
Raghavan, A.S., *Nammalvar*, New Delhi, Sahitya Akademi, 1975
Raghavan, V., *The Ramayana Tradition in Asia*, New Delhi, Sahitya Akademi, 1980
Ramayana: zie Bhatt
Ramanujan, A.K., *Speaking of Siva*, Londen, Penguin, 1973
Redfield, R., *Peasant Society & Culture*, University of Chicago Press, 1956
Rig Veda, M. Müller (red.), Londen, 1877
Sachinanand, *Culture Change in Tribal Bihar*, Calcutta, Bookland, 1964
Schromer, K., & McLeod, W.H., *The Sants*, Delhi, Motilal Banarsidass, 1987
Shankara: zie Date
Shantideva, *Bodhicharyavatara*, Poussin (red.), 1902
Shinran: zie Dobbins
Shulman, D.D., *Tamil Temple Myths: Sacrifice & Divine Marriage in the South Indian Saiva Tradition*, Princeton, Princeton U.P., 1980
Shiva Purana, P. Kumar (red.), Delhi, Nag, 1981
Sri Guru Granth Sahibji, Amritsar, Shiromani Gurdwara Prabandhk Committee, 1969
Surdas: zie Nilsson
Tagore, R., *Gitanjali*, 1912
Tanabe, G., *Religions of Japan in Practice*, Princeton, Princeton U.P., 1999
Thiel-Horstmann, M. (red.), *Bhakti in Current Research, 1979–1982*, Berlijn, Dietrich Reimer, 1983
Trilochan Singh, *The Heritage of the Sikhs*, Bombay, Asia Publishing House, 1964
Tukaram: zie Behari
Tulpule, S.G., *The Divine Name in the Indian Tradition: A Comparative Study*, Shimla, Indian Institute of Advanced Study, 1991
Upanishads, Advaita Ashrama Editions, Calcutta, 1957–1965; zie ook Radhakrishnan

Uttaradhyayanasutram, R.D. Vadekar (red.), Poona, 1959
Varadpande, M.I., *Religion & Theatre*, Delhi, Abhinav Publications, 1985
Vaudeville, C., *A Weaver Named Kabir*, Delhi, Oxford U.P., 1997
Vidyarthi L.P. & Rai, B.K., *The Tribal Culture of India*, Delhi, Concept Publishing, 1977
Waghorne, J.P., & Cutler, N., *Gods of Flesh, Gods of Stone: The Embodiment of Divinity in India*, Chambersberg, Anima, 1985
Welbon, G.R., & Yocum, G.E. (eds.), *Religious Festivals in South India & Sri Lanka*, Manohar, 1982
Whitehead, H *The Village Gods of South India*, Calcutta, Association Press, 1921
Younger, P., *The Home of Dancing Sivan: The Traditions of the Hindu Temple in Citamparam*, Oxford, Oxford U.P., 1995
Zvelebil, K.V., *The Smile of Murugan: On Tamil Literature of South India*, Leiden, Brill, 1973; *The Lord of the Meeting Rivers*, Delhi, Motilal Banarsidass, 1984

DE GODSDIENSTEN VAN AZIË

Analects: zie Leys
Bank, W., *Das chinesische Tempelorakel*, Wiesbaden, Harrassowitz, 1985
Barnstone, T. et al, *Laughing Lost in the Mountains: Poems of Wang Wei*, Hanover, U.P. of New England, 1991
Book of Odes (*Shijing*): zie Chan Wing-tsit
Book of History (*Shujing*): zie Waltham
Chan Wing-tsit, *A Source Book in Chinese Philosophy*, Princeton, Princeton U.P., 1963; *The Way of Lao Tzu*, Indianapolis, Bobbs-Merrill, 1963
Daode jing: zie Chan Wing-tsit; Henricks
de Bary, W.T. (red.), *Sources of Chinese Tradition*, New York, Columbia U.P., 1966
Eno, R., *The Confucian Creation of Heaven*, Albany, State University of New York Press, 1990
Forke, A., *Me Ti des Sozialethikers und seiner Schüler philosophische Werke*, Berlijn, Mitteilungen des Seminars für Orientalische Sprachen, 22–25, 1922
Graham, A.C., 'Confucianism', in: R.C. Zaehner (red.), *The Concise Encyclopaedia of Living Faiths*, Londen, Hutchinson, 1959
Grayson, J.H., *Korea, A Religious History*, Oxford, Clarendon Press, 1989
Hardacre, H., *Shinto & the State, 1868–1988*, Princeton, Princeton U.P., 1989
Havens, N., trsl *Kojikiden*, in: Inoue Nobutaka (red.), *Kami*, Tokyo, Institute for Japanese Culture, Kokugakuin University
Henricks, R.G., *Lao-tzu Tao-te Ching*, New York, Ballantine, 1989
Huhm, H.P., *Kut: Korean Shamanist Rituals*, Seoul, Hollym, 1983
I Tjing: zie *Yijing*
Journey to the West: (*Xiyou ji*): zie Jenner
Jenner, W.J.F., *Journey to the West*, Beijing, Foreign Language Press, 1984
Kim, J. (red.), *Korean Cultural Heritage: Thought & Religion*, Seoul, The Korea Foundation, 1996
Kitagawa, J., *Religion in Japanese History*, New York, Columbia U.P., 1966
Knoblock, J., *Xunzi: A Translation & Study of the Complete Works*, Stanford, Stanford U.P., 1988, 1990, 1994
Kojikiden: zie Havens
Laozi (*Lao-tzu*) zie Chan Wing-tsit; Henricks
Leys, S., *The Analects of Confucius*, New York, Norton, 1997
Liji (*Li-chi*), vert. J.Legge, Oxford 1885
Loehr, M., *The Great Painters of China*, Oxford, Phaidon, 1980
Malraven, B., *Songs of the Shaman: The Ritual Chants of the Korean Mudang*, Londen, Routledge Kegan Paul, 1994
Meyer, J.F., *The Dragons of Tiananmen: Beijing as a Sacred City*, Columbia, University of South Carolina Press, 1991
Motoori Norinaga: zie Havens
Shijing: zie Chan Wing-tsit
Shiji: zie de Bary
Shujing: zie Waltham
Sullivan, M., *Symbols of Eternity: The Art of Landscape Painting in China*, Oxford, Clarendon Press, 1979
Tao-te Ching: zie Chan Wing-tsit; Henricks
Tsunoda, R. et al., *Sources of Japanese Tradition*, New York, Columbia U.P., 1964
Waltham, C., *Shu ching, Book of History*, Chicago, Regnery, 1971
Wang Wei: zie Barnstone
Watson, B., *Mo Tzu: Basic Writings*, New York, Colombia U.P., 1963; *Complete Writings of Chuang Tzu*, New York, Colombia U.P., 1968
White, C.W., *Bone Culture of Ancient China*, Toronto, University of Toronto Press, 1945
Whitehead, A.N., *Science & the Modern World*, Cambridge, Cambridge U.P., 1926
Whyte, D., *Where Many Rivers Meet*, Langley, Many Rivers Company, 1990
Xiyou Ji: zie Jenner
Xunzi: zie Knoblock
Yao Xinzhong, *An Introduction to Confucianism*, Cambridge, Cambridge U.P., 2000
Yijing, vert. R.J. Lynn, *The Classic of Changes*, New York, Columbia U.P., 1994
Zhuangzi (*Chuang Tzu*): zie Watson

JODENDOM

De afzonderlijke bijbelboeken hebben geen eigen ingangen: zie hiervoor de uitgebreide bibliografie in J. Bowker, The Complete Bible Handbook, Londen, DK, 1998

Albeck, Ch., *The Mishnah*, Tel Aviv, Mosad Bialik, 1952–1958
Altmann, A., *Moses Mendelssohn: A Biographical Study*, Londen, Routledge, 1973
Babylonian Talmud, vert. en red. I. Epstein, Londen, Soncino Press, 1948–1961
Bergman, H., *The Autobiography of Solomon Maimon*, Londen, 1954
Berkowits, E., *Faith After the Holocaust*, New York, Ktav, 1973
Bold, A., *In This Corner: Selected Poems, 1963–1983*, Edinburgh, Macdonald, 1983
Bowker, J., *Jesus & the Pharisees*, Cambridge, Cambridge U.P., 1973

Boyce, M., *Zoroastrians: Their Religious Beliefs & Practices*, Londen, Routledge, 1979; *Textual Sources for the Study of Zoroastrianism*, Manchester, Manchester U.P., 1984

Buber, M., *Tales of the Hasidim*, New York, Schocken, 1991; *I & Thou*, vert. R. Gregor Smith, Edinburgh, T. & T. Clark, 1959

Carmi, T., *The Penguin Book of Hebrew Verse*, Londen, Penguin, 1981

Clendinnen, I., *Reading the Holocaust*, Cambridge, Cambridge U.P., 1999

de Breffny, B., *The Synagogue*, Londen, Weidenfeld, 1978

Dode-Zeerollen: zie Vermes (vertaling); Tov (tekst)

Driver, G.R., & Miles, J.C., *The Babylonian Laws*, Oxford, Oxford U.P., 1952, 1955

Eliach, Y., *Hasidic Tales of the Holocaust*, New York, Avon Books, 1982

Fine, S., *This Holy Place: On the Sanctity of the Synagogue during the Greco-Roman Period*, Notre Dame, University of Notre Dame Press, 1997

Garrett, D., *The Cambridge Companion to Spinoza*, Cambridge, Cambridge U.P., 1996

Gebedenboek: zie Singer

Guttmann, A., *Rabbinic Judaism in the Making*, Michigan, Wayne State U.P., 1970

Haggadah shel Pesach, Tel Aviv, Sinai Publishing, 1966

Heschel, A.J.: zie Rothschild

Hesiod, *Theogony*, vert. M.L. West, Oxford, Oxford U.P., 1988

Hinnells, J., *Persian Mythology*, New York, P. Bedrick Books, 1985

Hoerth, A.J. et al., *Peoples of the Old Testament World*, Cambridge, Lutterworth, 1994

Lachower, F. & Tishby, I., *The Wisdom of the Zohar*, Oxford, Littman Library, 1989

Levy, I., *A Guide to Passover*, Londen, Jewish Chronicle Publications, 1958

Leon, H.J., *The Jews of Ancient Rome*, Philadelphia, Jewish Publication Society, 1960

Maimon, S.: zie Bergman

Maimonides, *Mishneh Torah*, vert. The *Code of Maimonides*, 15 dln., Yale Judaica Series; *The Guide for the Perplexed*, vert. Ch. Rabin, Londen, East West Library, 1952; zie ook Minkin

Mendelssohn, M.: zie Altmann

Midrash Rabbah, H. Freedman & M. Simon (red.), Londen, Soncino Press, 1939

Minkin, J.S., *The World of Moses Maimonides*, New York, Yoseloff, 1957

Mishnah: zie Albeck

Moscati, S., *The Face of the Ancient Orient*, Londen, Routledge, 1960

Passover Haggadah: zie *Haggadah shel Pesach*

Piyyutim: zie Carmi

Reifenberg, A., *Israel's History in Coins*, Londen, Horovitz, 1953

Rothschild, F.A., *Between God & Man: From the Writings of Abraham J. Heschel*, New York, 1959

Rubenstein, R.L., *After Auschwitz*, Indianapolis, Bobbs-Merrill, 1968; *Approaches to Auschwitz*, Londen, SCM Press, 1987

Shanks, H. (red.), *Ancient Israel: A Short History…*, Washington, Biblical Archaeology Society, 1989

Singer, S., *The Authorised Daily Prayer Book*, Londen, Eyre & Spottiswoode, 1957

Sperling, H., *The Zohar*, Londen, 1970

Spinoza: zie Garret

Talmud: zie Babylonian Talmud

Tanakh: A New Translation of the Holy Scriptures According to the Traditional Hebrew Text, Philadelphia, The Jewish Publication Society, 1985

Texidor, J., *The Pagan God: Popular Religion in the Greco-Roman Near East*, Princeton, Princeton U.P., 1977

Tov, E., tekst vann de Dode-Zeerollen, microfiche, Leiden, Brill, 1993

Vermes, G. et al., *The History of the Jewish People in the Age of Jesus Christ*, Edinburgh, T. & T. Clark, 1973, 1979; *The Complete Dead Sea Scrolls in English*, Londen, Allen Lane, 1997

Weisberg, D.B., *Texts from the Time of Nebuchadnezzar*, New Haven, Yale U.P., 1980

Yose ben Yose: zie Carmi

Zohar: zie Sperling; Lachower

CHRISTENDOM
Zie voor de afzonderlijke bijbelboeken de opmerking aan het begin van de sectie over het jodendom in deze bibliografie.

Anderson, S., *The Virago Book of Spirituality: Of Women & Angels*, Londen, Virago, 1996

Aquinas, *Summa Theologiae*, vert. div., Londen, Blackfriars, 1964; *Contra Gentiles*, vert. div., Notre Dame, University of Notre Dame Press, 1995

Aristotle, *Metaphysica*, vert. W.D. Ross, Oxford, Clarendon Press, 1908

Armstrong, A.H., *Classic Mediterranean Spirituality*, Londen, Routledge, 1986

Armstrong, R. & Brady, I., *Francis & Clare: The Complete Works*, New York, Paulist Press, 1982

Aristeas, Letter of: zie Meecham

Athenogoras: zie Schoedel

Auden, W.H., *Collected Poems*, E. Mendelson (red.), Londen, Faber, 1994; *The English Auden*, E. Mendelson (red.), Londen, Faber, 1988

Augustine, *Opera Omnia*, J-P. Migne (red.), Parijs, 1861; *The Works of Saint Augustine: A Translation for the 21st Century*, vert. div., New York, Augustine Heritage Institute, 1990; zie ook Dyson; Lawless; Sheed

Barth, K., *Church Dogmatics*, Edinburgh, T. & T. Clark, 1936–1969

Basil: zie Deferrari; Holmes; Wiles & Santer

Bell, C., *Art*, Londen, Chatto & Windus, 1920

Belting, H., *Likeness & Presence: A History of the Image Before the Era of Art*, Chicago, University of Chicago Press, 1994

Bemiss, S., *The Three Charters of the Virginia Company of London*, Williamsburg, 1957

Benedict: zie McCann

Berger, P., *The Heretical Imperative*, Londen, Collins, 1980

Bernard: zie Diemer

Bindley, T.H., *The Oecumenical Documents of the Faith*, Londen, Methuen, 1899

Blake, W., *Complete Writings*, G. Keynes (red.), Oxford, Oxford U.P., 1972

Blakney, R.B., *Meister Eckhart: A Modern Translation*, New York, Harper, 1941

Blume, F., *Protestant Church Music*, Londen, 1975

Bosman, W., *A New & Accurate Description of the Coast of Guinea*, Londen, 1705

Bowker, J. (red.), *The Complete Bible Handbook*, Londen, DK, 1998; *The Religious Imagination & the Sense of God*, Oxford, Clarendon Press, 1978; 'The Nature of Women & the Authority of Men', in: *Is God a Virus? Genes, Culture & Religion*, Londen, SPCK, 1995; "Merkabah Visions and the Visions of Paul", *Journal of Semitic Studies*, XVI, 1971

Brown, P., *Augustine of Hippo*, herz. editie, Londen, Faber, 2000

Browne, T., *Religio Medici*, W.A. Greenhill (red.), Londen, Macmillan, 1904

Burgess, A., *The Clockwork Testament*, Londen, Penguin, 1978

Burrows, R., *The Wisdom of St Teresa of Avila*, Oxford, Lion, 1998

Calvin, J., *The Institutes of the Christian Religion*, J.T. McNeill (red.), Londen, SCM, 1961

Campagnac, E.T., *The Cambridge Platonists*, Oxford, Clarendon, 1901

Carmichael: zie *Carmina Gaedelica*

Carmina Gaedelica, A. Carmichael (red.), Edinburgh, Scottish Academic Press, 1928

Chalcedonian Definition: zie Bindley

Chapman, A., *Black Voices: An Anthology of Afro-American Literature*, New York, New American Library, 1968

Clark, M., *Augustine of Hippo*, New York, Paulist Press, 1984

Clement of Alexandria: zie Wiles & Santer

Climacus: zie Luibheid & Russell

Cloud of Unknowing, vert. C.Wolters, Londen, Penguin, 1978

Colledge, E., & Walsh, J., *Julian of Norwich: Showings*, New York, Paulist Press, 1978

Comper, F.M.M., *The Life of Richard Rolle Together with an Edition of His English Lyrics*, Londen, Dent, 1933

Cronin, V., *The Wise Man from the West*, Londen, Hart-Davis, 1955

Dante: zie Sissons

Deferrari, R.J., *Saint Basil: The Letters*, Londen, Loeb, 1926–1934

Diemer, P., *Love Without Measure: Extracts from the Writings of Bernard of Clairvaux*, Londen, Darton, Longman & Todd, 1990

Dix, G,, *The Shape of the Liturgy*, Londen, Dacre, 1943

Dolan, J.P., *The Essential Erasmus*, New York, New American Library, 1964

Dominic: zie Koudelka

Dostoevsky, F., *The Brothers Karamazov*, vert. R. Pevear & L. Volokhonsky, Londen, Vintage, 1990

DuBois, W.E.B.: zie Chapman

Dunn, J.D.G., *The Theology of Paul the Apostle*, Edinburgh, T. & T. Clark, 1998

Dyson, R.W., *The City of God Against the Pagans*, Cambridge, Cambridge U.P., 1998

Eckhart: zie Blakney

Eliot, T.S., *Four Quartets*, Londen, Faber & Faber, 1955; R. Suchard (red.), *The Varieties of Metaphysical Poetry*, Londen, Faber, 1993

Erasmus: zie Dolan

Fanon, F., *The Wretched of the Earth*, Londen, Penguin, 1967

Finan, T., 'Hiberno-Latin Christian Literature', in: J.P. Mackey (red.), *a.w.*

Fishel, L.H., & Quarles, B., *The Black American: A Documentary History*, Glenview, Scott, Foresman, 1970

Fleming, D.L., *Draw Me Into Your Friendship: The Spiritual Exercises*, St Louis, Institute of Jesuit Sources, 1996

Flower, M., *Centred on Love: The Poems of Saint John of the Cross*, Varrowville, The Carmelite Nuns

Francis: zie Armstrong & Brady; Robson

Gardner W.H., & MacKenzie, H. (eds.), *The Poems of Gerard Manley Hopkins*, Oxford, Oxford U.P., 1970

Gibbon, E., *Decline & Fall of the Roman Empire*, op. cit., Londen, Dent, 1956

Giotto: zie Maginnis

Glasscoe, M. (red.), *The Medieval Mystical Tradition in England*, V, Cambridge, Brewer, 1992

Goldscheider, L., *Rodin Sculptures*, Londen, Phaidon, 1964

Gregory of Nyssa, *Opera Omnia*, J.-P. Migne (red.), Parijs, 1863: zie ook Meredith; Musurillo

Gregory Palamas, *Works*, P.C. Chrestou (red.), Tessaloniki, 1962

Grimal, P., *Churches of Rome*, Londen, Tauris Parke, 1997

Grimes, R.L., *Beginnings in Ritual Studies*, Lanham, University of America Press, 1982

Gutierrez, G., *We Drink from Our Own Wells: The Spiritual Journey of a People*, Londen, SCM, 1984; *Power of the Poor in History*, Londen, SCM, 1983

Happé, P., *English Mystery Plays*, Londen, Penguin, 1987

Harries, R., *Art & the Beauty of God*, Londen, Mowbray, 1993

Hartshorne, C., *A Natural Theology for Our Time*, La Salle, Open Court, 1967

Hayburn, R.F., *Papal Legislation on Sacred Music*, Collegeville, Liturgical Press, 1979

Hazlitt, F. & H., *The Wisdom of the Stoics*, Lanham, University of America Press, 1984

Herbert, G., *The Poems of George Herbert*, Oxford, Oxford U.P., 1907

Hilton, W., *The Ladder of Perfection*, vert. L. Sherley-Price, Londen, Penguin, 1957

Holmes, A., *A Life Pleasing to God: The Spirituality of the Rules of St. Basil*, Londen, DLT, 2000

Hopkins: zie Gardner

Ignatius: zie Fleming; Ivens; Munitiz; Rahner

Instruccions Orders & Constitucions...to Sir Thomas Gates: zie Bemiss

Instruction on Christian Freedom & Liberation, Londen, Catholic Truth Society, 1986

Irenaeus, *The Writings of Irenaeus*, Edinburgh, T. & T. Clark, 1868–1869

Ivens, M., *Understanding the Spiritual Exercises*, Leominster, Gracewing, 1998

John Climacus: zie Luibheid & Russell
John of the Cross: zie Flower; Kavanaugh; Matthew
Jones: zie Parry
Kavanaugh, K., & Rodriguez, O., *The Collected Works of St John of the Cross*, Londen, Nelson, 1966
Kelly, J.N.D., *Early Christian Creeds*, Londen, Longman, 1981
Kierkegaard, S., *Concluding Unscientific Postscript*, vert. D.F. Swenson, Princeton, Princeton U.P., 1944; *Either/Or*, vert. H.V. & E.H. Hong, Princeton, Princeton U.P., 1987; *Training in Christianity*, vert. W. Lowrie, Oxford, Oxford U.P., 1941
King, M.L., *A Testament of Hope*, J.M. Washington (red.), San Francisco, HarperCollins, 1991
Koudelka, V., *Dominic*, Londen, DLT, 1997
Krailsheimer, A.J. (red.), *Pascal Pensées*, Londen, Penguin, 1966
Lash, E., *On the Life of Christ: Kontakia*, Londen, HarperCollins
Lasley, J., *Priestcraft & the Slaughterhouse Religion*, Cocoa, NISGO Publications
Lawless, G., *Augustine of Hippo & His Monastic Rule*, Oxford, Clarendon, 1990
Layton, B., *The Gnostic Scriptures*, Londen, SCM, 1987
Luibheid, C. & Rorem, P., *Pseudo Dionysus: The Complete Works*, New York, Paulist Press
Luibheid, C. & Russell, N., *John Climacus: The Ladder of Divine Ascent*, New York, Paulist Press, 1982
Luther, M., *Luther's Works*, vert. div., Philadelphia, 1931
Mackey, J.P., *An Introduction to Celtic Christianity*, Edinburgh, T. & T. Clark, 1995
Maginnis, H.B.J., *Painting in the Age of Giotto: A Historical Reevaluation*, Philadelphia, University of Pennsylvania Press, 1997
Manning, B.L., *The Hymns of Wesley & Watts*, Londen, Epworth, 1942
Matthew, I., *The Impact of God: Soundings from St John of the Cross*, Londen, Hodder, 1995
Maxwell, J.C., *William Wordsworth: The Prelude, A Parallel Text*, Londen, Penguin, 1971
McCann, J., *The Rule of St Benedict*, Londen, Burns Oates, 1963
McGinn, B., *The Presence of God: A History of Western Christian Mysticism*, Londen, SCM Press, 1991, 1994, 1998
Meecham, H.G., *The Letter of Aristeas: A Linguistic Study with Special Reference to the Greek Bible*, Manchester, Manchester U.P., 1935
Meredith, A., *Gregory of Nyssa*, Londen, Routledge, 1999
Miller, P., & Johnson, T.H., *The Puritans*, New York, Harper, 1963
Moule, C.F.D., *The Origins of Christology*, Cambridge, Cambridge U.P., 1977
Munitiz, J.A. & Endean, P., *Saint Ignatius of Loyola: Personal Writings*, Londen, Penguin, 1996
Musurillo, H., *From Glory to Glory: Texts from Gregory of Nyssa's Mystical Writings*, New York, St Vladimir, 1979
Mystery Plays: zie Happé
Nicene Creed: zie Kelly
Palmer, G.E.H. et al., *The Philokalia*, Londen, Faber, 1979
Panofsky, E., *Abbot Suger on the Abbey Church of St.-Denis & its Treasures*, Princeton, Princeton U.P., 1946
Parker, A.A., *The Allegorical Drama of Calderon*, Londen, Dolphin, 1943
Parry, T., *The Oxford Book of Welsh Verse*, Oxford, Oxford U.P., 1962
Pascal: zie Krailsheimer
Patrick: zie Mackey
Paul: zie Dunn
Péguy, C., *Basic Verities: Prose & Poetry*, Londen, Kegan Paul, 1943
Philokalia: zie Palmer
Plato: zie Armstrong, A.H.
Pliny, *Letters*, vert. W. Melmoth, Londen, Loeb, 1915
Plotinus, *Works*, vert. A.H. Armstrong, Londen, Loeb, 1966–1988
Porter, H., *Reform & Reaction in Tudor Cambridge*, Cambridge, Cambridge U.P., 1958
Prater, D., *A Ringing Glass: The Life of Rainer Maria Rilke*, Oxford, Oxford U.P., 1994
Ps.Dionysus, *Works*, Migne; zie ook Luibheid & Rorem
Quarles, B., *The Black American: A Documentary History*, Glenview, Scott, Foresman, 1970
Rahner, K., & Imhof, P., *Ignatius of Loyola*, Londen, Collins, 1979
Rauschenbusch, W., *Selected Writings*, W.S. Hudson (red.), New York, Paulist Press, 1984
Ricci, M., *The True Meaning of the Lord of Heaven*, vert. D. Lancashire & P.H. Kuo-chen, Taipei, Institut Ricci, 1985: zie ook Cronin
Rolle: zie Comper
Robson, M., *St. Francis of Assisi: The Legend & the Life*, Londen, Chapman, 1997
Romanos: zie Lash
Ruhmer, E., *Grünewald: The Paintings*, Londen, Phaidon, 1958
Schoedel, W.R., *Athenagoras: Legatio*, Oxford, Clarendon Press, 1972
Sheed, F.J., *The Confessions of Saint Augustine*, Londen, Sheed & Ward, 1944
Sisson, C.H., *Dante: The Divine Comedy*, Oxford, Oxford U.P., 1998
Socrates, *Church History*, Oxford, Parker, 1891
Speaight, R., *The Christian Theatre*, Londen, Burns & Oates, 1960
Sterne, L., *The Life & Times of Tristram Shandy*, op.cit., Londen, 1948
Strauss, D., *Das Leben Jesu Kritisch Bearbeitet (The Life of Jesus Critically Examined)*, Eng. vert. 1846; zie ook Zeller
Suger: zie Panofsky
Teresa, *Collected Works*, vert. K. Kavanaugh & O. Rodriguez, Washington, ICS Publications, 1987
Thomas, R.S, *Collected Poems*, Londen, Dent, 1993
Thompson, F., *Selected Poems*, Londen, Burns Oates, 1921
Traherne, T., *Centuries, Poems, & Thanksgivings*, H.M. Margoliouth (red.), Oxford, Clarendon Press, 1972
Tyndall, J., *Fragments of Science*, Londen, 1889
Virgil, *Eclogues*, herz. vert., Londen, Loeb, 1999–2000
Ward, B., *The Sayings of the Fathers: The Alphabetical Collection*,

Oxford, Mowbray, 1983
Wesley, J., *An Earnest Appeal to Men of Reason & Religion*, Dublin, 1806; *The Letters*, J.T. Standard (red.), Londen, Epworth, 1931; *Journals & Diaries*, W.R. Ward & R.P. Heitzenrater (red.), Nashville, Abingdon, 1990
Wheatley, P., *Poems on Various Subjects, Religious & Moral*: zie Fishel & Quarles
Whichcote, B.: zie Campagnac
Whitehead, A.N., *Adventures of Ideas*, Cambridge, Cambridge U.P., 1933
Wiles, M. & Santer, M., *Documents in Early Christian Thought*, Cambridge, Cambridge U.P., 1977
Winthrop, J., *A Modell of Christian Charity*: zie Miller & Johnson
Wordsworth: zie Maxwell
Zeller, E., *Ausgewählte Briefe*, Bonn, 1895

ISLAM

Abu Dawud, *Sunan*, M.M.A. Hamid (red.), Cairo, 1950
alAshari, *Kitab alIbana 'an Usul adDiyana*, Hyderabad, 1903
alBukhari, *Kitab alJami asSahih*, Abu Abd Allah Muhammad (red.), 1938
alFarabi: *Kitab Tahsil asSaada*, Beiroet, Dar alAndalus, 1981: zie ook Hammond
alGhazali, *alMunqid min adDalal*, Beiroet, Commission Internationale..., 1959; *Ihya Ulum udDin*, Kafr alZaghari, 1933; *Mishkat alAnwar*, Cairo, 1933: zie ook Kamali
alHallaj, *Akhbar alHallaj*, L. Massignon & P. Kraus (red.), Parijs, Vrin, 1957; *Diwan*, L. Massignon (red.), Parijs, Guenther, 1955: zie ook Massignon
alKhayyat, *Kitab alIntisar*, Beirut, 1955
alQaradawi, Y., *The Lawful & the Prohibited in Islam*, Indianapolis, American Trust
anNawawi, *Matn al-Arba'in anNawawiya*..., E. Ibrahim (red.), Cambridge, Islamic Texts Society, 1997
Arberry, A.J., *Muslim Saints & Mystics*, Londen, Penguin, 1966; *Avicenna on Theology*, Londen, John Murray, 1951
Attar, Farid adDin, *Tadhkirat alAwliya*, R.A. Nicholson (red.), Londen, 1905
Bowker, J., *The Meanings of Death*, Cambridge, Cambridge U.P., 1993
Chittick, W., *The Sufi Path of Love: The Spiritual Teachings of Rumi*, New York, State University of New York Press, 1983
Conference of Birds, vert. A. Darbandi & D. Davis, Londen, Penguin, 1984: zie ook Attar
Doi, A.R., *Shariah: The Islamic Law*, Londen, Ta-ha, 1984
Fihrist: zie Fluegel
Fluegel, G., *Corani Textus Arabicus*, Farnborough, Gregg Press, 1965; Muhammad ibn Ishaq alBagdadi (red.), *Fihrist*, Leipzig, 1871–1872
Gray, B., 'Arts of the Book', in: *The Arts of Islam*, Londen, Arts Council of Great Britain, 1976
Gruner, O.C., *A Treatise on the Canons of Medicine*, Londen, Luzac, 1930
Guillaume, A., *The Life of Muhammad*, Lahore, Oxford U.P., 1967
Hammond, R., *The Philosophy of alFarabi & its Influence on Medieval Thought*, New York, Hobson Book Press, 1947
Harvey, A., *Light Upon Light: Inspirations from Rumi*, Berkeley, North Atlantic Books, 1996; *The Way of Passion*, Londen, Souvenir Press, 1995
Hasan alBasri, *Risala*, in: *Der Islam*, V, 1921
Ibn Arabi, *Bezels of Wisdom*, vert. R. Austin, New York, Paulist Press, 1980; *Tarjuman alAshwaq; alFutuhat alMakkiya*, Beirut, Dar asSadr
Ibn Ishaq, *Sirat Rasul Allah*, op. cit., Cairo, 1955; zie ook Guillaume
ibn Sina: zie Arberry; Gruner; Morewedge
Ihya Ulum udDin: zie alGhazali
Jamali, M.F., *Letters on Islam*, Londen, Oxford U.P., 1965
Kamali, S.A., vert., *Tahafut alFalasifah*, Lahore, Pakistan Philosophical Congress, 1958, 1963
Leaman, O., *Averroes & His Philosophy*, Oxford, Clarendon Press, 1988
Massignon, L., *Quatres Textes*, Parijs, 1914
Matn al-Arba'in anNawawiya: zie anNawawi
Morewedge, P., *The Metaphysica of Avicenna (ibn Sina)*, Londen, Routledge, 1973
Muslim, *Sahih Muslim*, vert. A.H. Siddiqi, Kitab Bhavan, New Delhi, 1977
Pitter, R., *Collected Poems*, Petersfield, Enitharmon, 1990
Quran: zie Fluegel
Rabia: zie Smith
Rumi: *Mathnawi*, Londen, Luzac, 1926–1934; *Diwan-i-Shams-i-Tabriz*, R.A. Nicholson, Cambridge, Cambridge U.P., 1898; zie ook Harvey; Star
Safadi, Y.H., *Islamic Calligraphy*, Thames & Hudson, Londen, 1987
Seale, M.S., *Muslim Theology*, Londen, Luzac, 1964
Sharia: zie alQaradawi; Doi
Smith, M., *Rabia the Mystic & Her Fellow-Saints in Islam*, Cambridge, Cambridge U.P., 1928
Star, J., *Rumi: In the Arms of the Beloved*, New York, Tarcher Putnam, 1997
Thesiger, W., *Arabian Sands*, Londen, Longmans, 1960

IN THE END

Bowker, J., *Is God a Virus? Genes, Culture & Religion*, Londen, SPCK, 1995; *The Complete Bible Handbook*, Londen, DK, 1998
Date, V.H., *Vedanta Explained: Śamkara's Commentary on Brahma-Sutras*, Bombay, Booksellers Publishing, 1954
de la Mare, W., *Love*, Londen, Faber, 1943
Hardy, F., *Viraha-Bhakti: The Early History of Krisna Devotion in South India*, Delhi, Oxford U.P., 1983
Heidegger, M., *Introduction to Metaphysics*, vert. G. Fried & R. Pott, New Haven, Yale U.P., 2000
Shankara: zie Date
Taylor, J.C., *Hidden Unity in Nature's Laws*, Cambridge, Cambridge U.P., 2001
Watson, J.D., *The Double Helix*, Londen, Readers Union, 1969

REGISTER

Paginacijfers in *cursief* verwijzen naar illustraties en bijschriften. **Vette** geven aan waar een begrip voor de eerste maal wordt omschreven (behalve als er maar een ingang is). Als het Arabische voorzetsel al (de) in een ingang voorkomt, is het hoofdwoord alfabetisch geplaatst – bijv., alGhazali komt na *gevurah*.

A

aalmoes, islam 349
aanbidding 287, 303; zie ook lofprijzing; eredienst
'aanleidinggevende' eigenschap 17, **19**, 20, 25, 266
Aapgod zie Hanuman
Aäron 185, 188
aartsengel 197, *197*
Abba **238**, 242
Abbasiden-dynastie 319, 337
abdij 276, 277
abductieve eigenschap 17, 23, 266, 268, 368
Abdullah b.Amr 361
Abhinavagupta 135
Abhira's 95
Abihu 188
Abiram 184
Abraham (Ibrahim) 7, 49, 174-176, 180-181, 185, 208, 321
het Absolute 24-25, 218, 260, 262, 267, 270, 276, 317, 325, 367
abu Bakr 318-319, 351
abu Dawud 323, 360
abu Djannab Naim al-Din 319, 346
abu Hanifa 319
abu Huraira 330, 361
Academie van Plato 230
ach'e lhamo 73
Achab, koning van Israël 175, 182
acheiropoieteis ('niet door handen gemaakt') 287
Acropolis, Athene 31, *51*
Adam 17, 217, 252, 290-291, 340-341
Adams, John 300-301
ademhaling 139, 155, 250
Adeona 10
adhan (oproep tot gebed) 347, 350
adharma (immoreel gedrag) 92
Adhyatma Ramayana 78-79
Adi Granth 121-124, *126-127*
Aditi 139
aditya's 62, 63
Adler, Margot 34, 35
Adonai 178
adrishtat (argument voor het bestaan van God) 76
Advaita **86**-87, 88, 93, 97, 119, 138
Aesir-goden 38

afbeelding/beeld 50-51, 59, 95, 101, 108-109, 111, 114, 126, 138, 162, 169, 236, 251-252, 259, 261, 273, 286, 293
Afghanistan 344
afgoden 240, 302
afgodenverering 71, 177, 183, 194, 207, 240, 277, 286-287, 302, 304, 321, 341
aflaat 290-292
Afrika 46, 243, 302-303, *303*, 312
afwezigheid zie viraha; God
Agni 62, **63**, 64, 66, 70, 79, 82, 107, 109
ahad (één) 322, 338, 351; zie ook ehad
ahata (klankuitdrukking) 128
Ahazia, koning van Juda 183
Ahl al Kitab zie Volk van het Boek
Ahriman 196
Ahura Mazda 196, *196*
ai zie liefde
Aisha 321-322, 324
Aitreya Brahmana 134
Akbar, keizer 319
Akhenaton, farao 51, *51*
Akiba, rabbi 175, 200-201, 211, 351
Alaric 262
Albert de Grote (Albertus Magnus) 266, 275
Alexander, bisschop van Alexandrië 242
Ali, imam 318-319, 332, 334, 361
Allah 14, 49, 120, 321, **323**, 357; zie ook God
-, attributen 330, 333, 340-341, 357
-, essentie van 340-341, 353
-, genadig en barmhartig 330
-, Koran 324-330
-, menselijke vrijheid 332-333
-, Mohammed ontdekt de waarheid 321-323
-, namen 328, 330, 339, 347
-, schepper 323, 328
-, soefi 335-341
-, tashbih (antropomorfisme) 357
-, zoektocht naar betrouwbare waarheid 356-358
Allahabad 134
Allama 59, 113
Allchin, F.R. 81
allegorie 79, 102, 221, 270
Allerhoogste 153
Almohaden-dynastie 218, 319
'Altaar van de Aarde' 168, *169*
'Altaar van de Hemel' *169*
altaar 182, 189, 190, 277
alvar 97, **98**-99, 110, 118
alwetendheid 358
Amalekieten 185
Amanita muscaria 62
Amar Das, goeroe 125

Amaterasu 164, 165, 166
amatsukami (hemelse kami) 166
Amba 106
Ambrosius 280
Amenophis IV, farao 31
Amerika 6, 297, 298-303
-, indianen 18, 31, 36-37, *36*, *37*
Amesa Spenta 196-197
Amida (gebed) 214
Amida 71, 74-75, 143, 158, 165
A-mi-t'o 74
Amitabha 71, 74-75, 143, 158
Amitayus 74, 158
Amon-Ra 51
Amos 175, 184-185, 190, 202
Amritsar *126*, *127*
amygdala 18, **19**, 43
ana al-Hakk 339
anagoge 251, 271, 276
anahata (betekenisvolle klank) 128
analogie 35, 249, 268, 285, 335, 340-341, 365
analytische waarheid 356
Anastasios 288
Andrewes, C.F. 139
androgyn 105-106, 111, 116
Angra Mainyu 196
Anishinabe 36
Antaryamin **87**, 90, 98, 104
Antinomiën van de Rede 357
Antiochus Epiphanes, keizer 175, 209
Antonius, St. 26, 229, 252-253
antropologie 34
Anyang 144, 144
Aphrodite 206, *206*
apofatische weg **249**, 250, 252, 274; zie ook negatieve weg
Apollo 206
apostelen 275, 324
Appar 110-111
Aquino, Thomas van 13, 45, 76, 229, 248, 266-269, 266, 268, 269, 270, 272, 275, 279, 291, 291, 354
Arabieren 321
-, Arabisch schrift *327*, 327
Arabische woestijn 342
Aranyakanda 79
Aranyaka's 61
Arberry, A.J. 354
arcavatara 90
archeologie 30, 32-33, 60, 203, 309
architectuur 50-51, 146-147, 163, 168-169
-, Chinese tempel 169
-, christelijke kerk 276-277. *277*
-, Indiase tempel 60-61, *126-127*, 132-133
-, islamitische moskee 351
-, joodse synagoge 212, *213*
-, liefde voor God 275

REGISTER

Ardas 126-127
Ares 206
Argentinië 303
Ariël 255
Ariërs 33, 57, 58, **60**-63, 128
Aristeas zie Brief van Aristeas
Aristoteles 154, 221, 229-230, 230, 231-233, 266, 269, 352-354, 357
aristotelisme 353
Arius 229, 242-244, 253
Arjan, goeroe 57, 122, 126
Arjuna 92-94
Ark des Verbonds 188, 190-191, 191, 210, 212-213, 212
armoede
 -, bevrijdingstheologie 312-313, 313
 -, christelijke opvatting en kloosterorde 263, 276-277
 -, Engelse mystici 275
 -, Franciscus 264-265
 -, soefi 335-337, 346
Armstrong, A.H. 264
arti (vuur) 94
ascetisme 69, 77-78, 103, 106, 117, 120, 122, 313, 334-335, 346-347
aseïteit 216
Asgard 38
Ashanti 303
al-Ashari 319, 332-333
asjkenaziem 174
ashtangika-marga ('het Achtvoudige Pad') 70
Ashvins 63
Asimov, Isaac 42
Asshur 11
Assisi 264
Assman, H. 312
associatief leren 43
Assyrië 10, 11, 177, 194, 202
Astarte 206
astika darshana's 76
Astruc, Jean 181
asura ('Vijand van de Goden') 118
Athanasius 229, 245, 253, 286-287, 297
 -, school van 245
Atharva Veda 60
atheïsme 12-13, 371
Athenagoras 12, 31, 229, 247
Athene (godin) 206
Athene (stad) 51, 230, 240, 240
atman **86**, 87-88, 135
Aton 51, 51
Attar, Farid adDin 319, 335-336, 342-344
 attributen 24, 85-86, 90, 111, 120, 216, 220-221, 302, 330, 333, 340, 351, 357
Auden, W.H. 229, 271, 273, 317
Augustinus, St. 229, 256, 258-261, 258, 261, 262-263, 266, 275, 280, 290, 299, 365
Augustus, keizer 229, 233
AUM 124, **128-129**; zie ook OM
Aurobindo, Sri 57, 90, 138
Auschwitz 224, 225, 316-317
auteur/autoriteit 370
auto sacramental (Spaans drama) 279
Autun, kathedraal van 365

Avalokiteshvara 74, 158, 159
avatar/avatara 79, 83, 90, **91**, 91, 94, 98, 114, 120, 125, 137; zie ook menswording
Aveni, Anthony 30
Averroës zie ibn Rushd
Avicenna zie ibn Sina
avidya ('Keten van Onwetendheid') 57
Avila, Teresia van 292
axis mundi (centrum van de wereld) 130, 132, 206, 346
ayat (tekenen/versregels) 328, 330
Ayodhya 78, 80, 134, 135
Ayodhyakanda 79
ayojanat (argument voor het bestaan van God) 76
Azteken 31, 48, 48

B

Ba Xian ('Onsterfelijke') 155, 157, 171
Baäl 180, 182
Babb, Lawrence 94
babi's 319; zie ook bahai's
Babylon en Babyloniërs 177, 178, 191, 194-195, 194-195, 197-199, 202
Babylonische Talmoed 175
Bach, Johann Sebastian 229, 280-281
Badarayana, Brahma Sutra 61
Bagdad 319, 337
bahai's 319; zie ook babi's
Balakanda 79
Bali 312, 312
Balkan 373
Balkh 344
ballingschap 177, 194-195, 197-199, 225, 241
Bamian 71
baptistenkerk 229
Bar Kochba 210
Bar Mitzva 43
Barabbas 14
Barbara, St. 303
Barlaäm van Calabrië 251
Barth, Karl 229, 310
de Bary, W. 150
Basavanna 113-115
Basilius, St. 229, 253, 262, 286
Basra 327, 334, 335, 336
Beatrice 270, 271, 272
 -, 'het Zalige Visioen' 267, 272
bedevaart zie pelgrimstocht
beeld/afbeelding 50-51, 59, 95, 101, 108-109, 111, 114, 126, 138, 162, 169, 236, 251-252, 259, 261, 273, 286, 293
begrafenis 45
Beijing 147, 169
 -, Tempel van de Hemel 147
bekrachtiging 312
belichaming 235, 241
Bell, Clive 282
Belloc, Hilaire 148
'het Beloofde Land' 176, 180, 182-184
Belting, H. 286-287
Bene Israël 181
benedictijnerorde 262
Benedictus XI, paus 24

Benedictus, St. 229, 262-263, 262, 263
Bennett, Alan 6
beraka (zegening) 217
beresjiet 177, 205-206
berg 132, 143, 151, 170-171, 171, 322
Berger, Peter 316, 316
'de Bergrede' 139
Berkowits, E. 225
Bernard van Clairvaux 229, 276-277, 277, 313
Bernini, Gian Lorenzo 41
Besjt 222
besnijdenis 198
bestaan 159, 218, 268-269; zie ook God, essentie en bestaan
 -, Allah 352-353
 -, Boeddha 71, 72
 -, 'het Noodzakelijk Zijnde' 354-355, 358
bestaansketen 233
Beth Yitschak-synagoge, Jeruzalem 213
bevrijdingstheologie 229, 311-315
Bhagavad Gita 45, 57, 61, 91, 92-93, 93, 94, 95, 108, 119, 139
Bhagavata Purana 82-83
bhagavata 94
Bhagavati 116
Bhaishya-goeroe 71
bhajan (hymne) 94, 101
bhakta 114
bhakti 88-89, 92-93, **95**, 96, 99, 100-101, 109-113, 119-121, 136, 365
Bhardwaj, S.M. 134
bhutasuddhi (zuivering van de elementen) 131
Bhuvaneshvari 119
Bian Shou 154
bidden zie gebed
biecht 290
bija (zaad-)mantra **129**, 131
bijbel 176-177, 177, 180, 216, 272, 291, 296, 300; zie ook Nieuwe Testament; Oude Testament; Heilige Schrift
 -, attributen van God 220
 -, bronnen 181
 -, Engelse mystici 275
 -, Geneefse bijbel 299
 -, joodse bijbel 200-201, 223, 240
 -, kabbala 217
 -, mythe 207, 309
 -, oorzaak en gevolg van lijden 208
 -, scheppingsverhaal 204, 207
 -, 'vier manieren om de bijbel te lezen' 270-271
bila kaif 333, 357
Bilal 321, 351
Bildad 208
bima 212
bina (wijsheid/onderscheid) 204, 216, 216
Bindu 131
bittoel haJesj 223
Blake, William 282-283
Blakney, R.B. 274
'Blijf bij mij Heer' (christelijk lied) 281
bliksem 125, 339
bloed, offers 48, 49
bloemen 95, 110-112, 121, 134, 144

383

Blume, F. 281
Bobov 226
bodhisattva 71, **74**, 158
Boeddha 57, 69-72, 70-71, 91, 137, 152, 158, 162, 162, 164
boeddhisme 57, 59, 68-71, 93, 142-143
-, China 158-160
-, goden 59, 69-73
-, grottempel 50
-, India 11, 68-75, 83, 93, 98
-, Japan 162-165
-, Korea 162
-, mandala 130
-, offer 49
-, Tibet 72-74
-, verhalen vertellen 69-70
-, 'de Vier Nobele Waarheden' 69-70
-, 'het Zuivere Land' 74-75
Boek der Geschiedenis 144, 146
Boek der Oden 144, 146
boete/boetedoening 42, 47, 49, 51, 213, 225, 290-291, 365
Boff, Leonardo 312
Bohr, Niels 16
Bold, Alan 226
Bombay 92
Bonhoeffer, Dietrich 229, 317
Book of Common Prayer, Engeland 300
boom 38, 61, 91, 206, 361
borstschild (gebed) 256
bos/woud 78
Bosman, William 302
Boston 302
boterdief 98
Botticelli, Sandro 229, 258
bouwkunst zie architectuur
het 'boze oog' 34
Bradford, William 229, 298, 299
Brady, I. 264
Brahma 69, 71, 82, **90**, 97, 104, 107-109, 114, 116-117, 118, 119, 132, 133
brahmadatta 70
Brahman **58**, 79, **84-85**, 85, 86-89, 97, 108, 116, 119-120, 128-129, 131, 135-139
brahmana's 60-62, 84
brahmanisme 57, 58-59, 61, 68-69, 82-83, 112-113
Brahmo Sabha 57, 138
Brahmo Samaj 57, 138
brandschildering, kerkraam 192, 282
Brazilië 303
'Breeches Bible', Engeland 299
brein (hersenen) 18, 25-27, 43-44
    -, ervaren van God 19-20, 22, 26-27, 367
    -, extase en trance 40-41
    -, ritueel 43, 44
    -, symbolische cognitie 43-44
    -, zintuiglijke waarneming 18-19
Brief van Aristeas 305
Brihadaranyaka Upanishad 102
Brindavan 95
Brooke, Rupert 15, 31
Browne, Thomas 280
Bryson, Bill 18-19
Buber, Martin 175, 222-223

Buchara 354
Buchenwald, concentratiekamp 227
Buck, Pearl 297
al-Bukhari 322-324, 352, 361
Bunyan, John 229, 270
Burgess, A. 281
Burrows, Ruth 292
bushi 165
Butades 52
Byzantium 50, 286, 288

C

Caesar, Julius 233
Cai Shen 159
Caitanya 57, 97, 136-137, 137, 365
Calderón de la Barca, Pedro 229, 279
kalligrafie, islamitische 326-327, 326-327, 355
Calvijn, Johannes 229, 277, 291-292, 299
calvinisme 301
Campantar 110, 111
Camunda 117
Canada 298
Canda 117
Candika 106
candomblé (Afrikaanse dans) 303
'Cappadocische Vaders' 229, 253
Cardoner, rivier 294
Caribisch gebied 40
Carlyon, Kevin 34
Carmichael, Alexander 254-255
Caro, Joseph 174-175
carthusianen 262
Catal Hüyük 31-33
catechismus 299-300
catharsis 312, 312
Cazalet, Mark 229, 284, 285
celibaat 263
Centraal-Amerika 303
Chadidja 322-323
chakra (energiepunt) 68, 103, 109
Chalcedon, Concilie van (451 nChr.) 229, 247, 249
Chaldea 321
Chan 142
Chandogya Upanishad 86, 87
Chandra 130
charidjieten 333
chassidiem 120, **175**, 222-224, 226
Chenrezi Avalokiteshvara 73
chèsed (betrouwbaarheid) **186-187**, 189, 195, 216, 222
Chester, mysteriespel 278
chetoeviem 200
Chickasaw 37
Chidambaram 40, 107
China 6, 142, 142, 143-159
    -, bergen en water 170-171
    -, boeddhisme 158-160
    -, christelijke missie en zending 295, 297, 305, 306
    -, Confucius 148-151, 148-149
    -, goden en godinnen 154-159, 159
    -, kunst 53
    -, naturalisme 11, 150-151
    -, Shang Di 144-145

-, synagoge 212
-, taoïsme 151-155
-, tempel 50, 168-169
-, Tian 145-151
Chistijja 319, 346-347
chochma (wijsheid) 204-205, 216, 216
chod (heerlijkheid) 216
christendom 228-317; zie ook Jezus; kerk
-, achterstelling van vrouwen 314
-, Aquino, Thomas van 266-269
-, Augustinus 258-261
-, bevrijdingstheologie 312-315
-, drama 278-279
-, Franciscus 264-265
-, Goddelijke Komedie 270-273
-, Griekse filosofie 230-233
-, Heilige Drie-eenheid 246-247
-, idee van God 304-306
-, jezuïeten 295
-, Keltisch christendom 254-256
-, kloosterleven 252-253
-, Kruis 235, 239
-, kunst 282-287
-, liturgie 278, 281
-, methodisme 296-297
-, missie en zending 295, 297-298, 304, 304-305, 312-313
-, muziek 279-281, 288
-, orthodox christendom 288-289
-, Reformatie 290-292
-, rituelen 42
-, schisma 248, 286
-, secularisering 316-317
-, slavenhandel 302-303
-, symboliek 39, 44
-, zonder God 317
christologie **241-249**
Christus zie Jezus
'Church of England' 296, 298-300
Cicero 12, 31
cinema 279, 279, 285
cisterciënzerorde 262, 276-277, 277
Clara, St. 265
clarissenorde 265
Clemens van Alexandrië 229, 248-249
Climacus, Johannes 229, 251
Clovis 276
cognitie, symbolische 43-44
Colledge, E. 275
Colossenzen, Brief van Paulus aan de 236
Columba, St. 256
communie 49, 239
Communiteit van St. Hilda 314-315
concentratiekamp 224-226, 227, 316-317
confucianisme 142, 143, 160, 162
Confucius 142, 143, 148-151, 148-149, 152, 159, 163, 306
conservatief jodendom 175
Constantijn I, Romeinse keizer 228
Constantinopel 248, 252, 286, 288, 319
Constantinopel, Concilie van (381 nChr.) 229
contingentie 218, 231-233, 267, 325, 352-355, 370
controlevergelijking 356-357
cor inquietum (rusteloos hart) 258, 260
Corinthe 52
Corneille, Pierre 279

REGISTER

correctiemogelijkheid 16-17, 25-26, 35, 51, 87-88, 138, 221, 364-365, 369-370
cortex zie brein
Coventry, mysteriespel 278
Cranach, Lucas 229, 290
Crane, Stephen 27
Cranmer, Thomas 299
creativiteit, liefde voor God 275, 364
Cuba 303
cultuur 15, 42-43, 199
Cuntarar 110
Cutforth, Rene 304, 306
cycloop 206
cynicus 233
Cyprus 373
Cyrus, koning van Perzië 175, 195, 197, 198, 225

D

daeva 196; zie ook deva
Dahomey 46
Dakshineshwar 89
Dalai Lama 74
Damascus 234, 319, 340, 358, 358
dana (geschenk) 49
Daniël, bijbelboek 238-239
Daniélou, Alain 105
dans 41, 73, 160, 303-304
 -, Afrika 303
 -, derwisj, rondtollende 346, 347
 -, India 40, 73, 96, 99, 119, 125, 132, 136, 137
 -, jodendom 223, 226
 -, Kali 119
 -, Shiva 44, 107, 119
 -, soefi 334, 345-347, 346
Dante 229, 268, 270-273, 279; zie ook Beatrice
darshana (helderzien) 53, 57, 76, 89, 95, 111, 133
Darwin, Charles 308
Dashartha, koning van Kosala 78, 79
Dasimayya 113
David, koning van Israël 175, 177, 182, 184, 188, 190-191, 198, 203, 203, 213
davidster 213, 213
Dawkins, Richard 13
Deeley, Quinton 44
deïsme 308-309
Delhi 81, 125, 319
Delmonico, N. 97
demiurg, 'Vorm van het Goede' 231
demon 73, 79, 117-119, 157, 167
Denis, St. 250, 276
deologie 314
derwisj, rondtollende 346, 347
determinisme in de islam zie predestinatie
Deus ex machina 317
Deus semper maior **27**, 80, 311, 364, 368, 373
Deuteronomium, bijbelboek 177, 183-184, 189, 203, 208, 211, 238-239
deva (hemels wezen) 85, 196
devaloka (hemel) 70

devekoet (inkerving) 222
devekoet niggoen (melodisch refrein) 223
Devi Gita 57, 119
Devi 109; zie ook Mahadevi
Devimahatmya 117
dharma 57, 65-66, **68-69**, 78, 81, 92-95, 102, 106, 121, 161
Dharmakara 74
dhat alHakk zie God, bestaan van
dhikr (herinnering) **340**, 347, 350, 359
Di Zang 71
Di 144
Diadochos van Photiki 250-251
Diagoras 12
diaspora 174, **199**, 200
dieren 12, 36, 43-44, 60, 78, 80-81, 95, 106, 118, 128, 152, 159, 202, 261, 265, 265
dierenoffer 83
digambara 70
diksha (inwijding) 102
Di-mu Niang-niang 159
din (oordeel) 216
Din (religie) 318
Diocletianus, Romeinse keizer 286
Dionysos, god 206
Dionysius de Areopagiet 250; zie ook Ps.-Dionysius
directe en onmiddellijke ervaring 17-20, 120, 344, 364, 366, 367
directe waarneming 19-20, 26, 89, 95, 102, 111, 250, 266-267, 341, 366
Divan-i-Shams-i-Tabrizi 345
Dix, G. 278
Djabra'il (engel Gabriël in de islam) 323
djud (pure genade) 268, 355
DNA 205, 369
Dobbins, J.C. 75
dodo 269
dominicanenorde 266, 275, 306
Dominicus, St. 229, 263, 294
donatisten 259, 262
Dongyue Da Di 159, 170
'Donkere Nacht' 293; zie ook viraha
dood 32, 42, 61-65, 69, 75, 78, 84, 93, 107, 121, 136, 144, 147-148, 159, 166-167, 184, 188, 209, 233-235, 238-239, 243, 247, 259, 271, 297, 306, 328, 339, 340, 345, 351
dood van God zie God, dood van
doodzonden zie hoofdzonden
doopsgezinden 42, 234–5, 238, 239, 259, 290, 291, 291
dorpsreligie 59, 61, 95, 108-109, 128, 143, 160
dorpsprocédé 17, 26-27
Dostojevski, Fjodor 229, 288-289, 289
drama 44, 73, 78, 135, 161, 207, 278-279
Dravidische talen 58, 59-60, 113
Dravidische volken 57, 90, 132
'Drie Zuivere Wezens' 154, 156
Drie-eenheid zie ook Economische Triniteit; Immanente Triniteit
 -, Aquino, Thomas van 267-268
 -, China 147, 154, 171
 -, essentiële vraag 241, 246-249, 256, 267-268, 274

-, Ignatius van Loyola 294
-, India 64-66, 86, 90, 104, 106, 116
-, Jezus' relatie met God 234, 236-249
-, liefde 247, 260-261, 272
-, manifestaties van 246, 274
-, Meester Eckhart 274
-, schisma tussen oosters en westers christendom 248
'drieëndertig goden' 63
drums van Shiva 107, 129
drummen 160, 303
dua' (gebed) 349
dualisme 76, 136
 -, manicheïsme 258
 -, yin en yang 153
 -, zoroastrisme 196
dubbelzinnige waarheid 355
DuBois, W.E.B. 303
Duitsland 273, 308
duivel 34, 197, 197, 340; zie ook Satan
Duizend-en-een-Nacht 337
dukkha (lijden) 69-70
dunamis (kracht) 238, 247
Durga 106, 117-118, 118-119
Dvaita 93

E

Eastham, Massachusetts 297
echtbreuk 182, 184, 195
Eckhart, Meester 229, 274-275, 275
Economische Triniteit **246**, 274
ecumenicalisme, muziek 281
'Een en Velen' 357
eenhoorn, bestaan van 352, 353
Efeziërs, Brief van Paulus aan de 236, 280
Egypte 33, 52, 203, 218
ehad (één) 180, 211; zie ook ahad
einde zie telos
Einstein, Albert 16, 31, 369
El 144, 178, **180**, 181, 183, 202
élan vital 15
Elcerlyck 278
elementen
 -, bhutasuddhi 131
 -, Chinese 151
Elia, profeet 175, 182, 183, 202
Eliach 226
Elifas 208
Elimelech, rabbi 222
Eliot, T.S. 229, 270, 272-273, 279, 317
Elizabeth I, koningin van Engeland 299
Ellamma 58
Elohiem (God, Goden) **178**-180, 182-183
elven 23
emanatie/emanentie 205, 216-217, 223, 231, 233, 353, 355
emotie 19, 43-44, 135, 165
 -, kunst 51, 53, 282-285, 367, 371
empirisch wetenschap 357
en pote hote ouk en 242
En Sof ('het oneindige': de niet te kennen essentie) 216
energeia (uitwerking) 251
energie 108, 152-153, 251
 -, chakra 68, 103, 109

-, mandala 130
-, Shakti, 116-117
engel 197, 243, 249, 255, 286, 324
Engeland 254, 278, 299-300
Engelse mystici 274-275
Eno, R. 149
ephedra (plant) 63
epicuristen 233, 240
epische verhalen, indiaanse 77-79, 92-93
episcopaalse hiërarchie 298, 300
Er Lang Shen 157
Erasmus, Desiderius 229, 292
eredienst 11, 17, 20, 35, 50, 58-59, 71, 71, 74, 79, 80, 87-89, 88, 98, 101-104, 107, 112-115, 126, 130, 138, 144, 154, 158, 167, 177, 183, 190, 198, 210, 212, 214-215, 233-234, 266, 269, 277, 280-281, 306, 326, 327, 336, 350, 372, 373; zie ook bhakti
erfgoed 25
erfzonde 290
Erhart, Michel 315
Erigena 274
Eros 206
ervaring 17-23, 40-41, 47, 77, 101, 136, 228
-, muziek 40, 281
-, van God 20, 26, 48, 102, 111
Esarhaddon, koning van Assyrië 10
eschatologische verificatie 359
Eshu-Elegba 303
eskimo 312
essentie zie God, essentie en bestaan van
esthetica zie schoonheid
ethiek 370
eucharistie 239, 276, **278**, 281
Euclides 24, 230
Eufraat, rivier 181
euhemerisme **154-155**, 242
Euhemerus 154-155, 171, 229, 235
Europa 224, 254
Eva 252
evangelie 235, **236-239**, 287, 295, 309
-, synoptisch 236
Evangelio secondo Matteo (film van Pasolini) 285
evolutie 17, 308-309
Ex quo singulari 306
exegese 270-271, 282, 349
existentie zie bestaan
Exodus 175-176, 176, 180-181, 191-195, 225, 240, 313
-, Israëlieten 181
-, tempel 50-51, 51
extase **40-41**, 41, 45, 87, 135, 160, 334, 344, 346, 347, 359
Ezechiël 175, 184, 195
Ezra 175, 199-200

F

fana (ongedaan maken/vernietigen) 340, 343-344, 347, 355
Fanon, Frantz 312
al-Farabi, Abu Nasr Mohammed 319, 352-355
farao 50-51

farizeeërs 211
al-Fatiha 328
Faust van J.W. von Goethe 278
feest/festival
-, Azië 143
-, India 61, 133
-, jodendom 180-181, 181, 192, 213
Feinstein, rabbi Mosje 201
Feng Shen 159
feng shui 169
Feng-shen Yan-yi 156-157
fenomenologie **22-23**
Feuerbach, Ludwig 12, 13, 31
filioque (betrekking hebbend op 'de Zoon') 247; zie ook Drie-eenheid
Filippijnen 6, 373
Filistijnen 177, 184-185, 188, 191
film 279, 279, 285; zie ook cinema
filosofie 218-221, 240, 266-269, 311, 366-368
-, Arabië 266, 268, 340-341, 344, 352-359
-, Griekenland 230-233, 246, 306, 352
-, India 76-77, 86-89
-, Romeinse keizerrijk 233
Fishel, L.H. 302
flogiston 16
Fon (Afrikaans volk) 46, 303
Fostat 218
Francis, Xavier 143
franciscanerorde 265, 274, 306
Franciscus, St. 26, 229, 264-265, 264-265, 294, 311
Franse Revolutie (1789) 300
fravashi 196
Freud, Sigmund 13, 31, 308
Fu Xi 159
Fukien 157
fundamentalisme 356
furie 206
Fürth 308
Futehally, S. 100-101

G

Gabriël, aartsengel 322, 323
Gaia 206
Galatiërs, Brief van Paulus aan de 241
Galilea 234-235
Ganapati zie Ganesha
Ganapati Upanishad 108
gandharva 58
Gandhi, Mahatma 57, 79, 101, 138-139, 138
Ganesha (olifant) 58, 83, 108-109, 108-109, 117, 132, 304
Ganga, (Ganges) rivier 94, 107, 107, 109, 110, 111, 113, 134, 134
garbha-griha (vrouwenschoot) 132-133
Garuda 132, 316, 316
gatha 196
Gaudapada 86
Gaudiya Vaishnava 94
Gautama (Boeddha) 69-70, 70
Gaya 134
Gayatri-mantra 129
gebed/bidden 12, 17, 20, 26, 35, 43, 47, 151, 154, 158, 182, 233, 249, 263,

269, 274, 278-279, 345, 372-373, 373
-, boeddhisme 70
-, Book of Common Prayer, Engeland 300
-, Dominicus 263
-, Engelse mystici 274-275
-, 'hesychastisch gebed' 250-251, 288
-, Ignatius van Loyola 279, 294
-, islam 320, 325, 328, 343, 347, 349, 349
-, jodendom 185, 214-216, 221, 225
-, Keltisch christendom 254-255
-, kunst 43, 282, 285
-, moskee 350-351
-, tot Christus 241
gebedskralen 328
geboorte 42, 65, 75
gedrag, rituelen 42-43
geestendans 37
geheim genootschap 159, 170
gehoorzaamheid 252, 263, 278
gelijkenis 238, 259; zie ook parabel
geloof 75, 143, 194, 221, 240, 266, 291, 298, 310-311
-, liefde 291, 366
-, puritanisme 298-299
geloofsbelijdenis 249, 306
-, van Athanasius 245
-, van Nicene 244, 247, 276
geluid 102, 128-129
Geluk-school (Tibetaans boeddhisme) 57, 74
Gemara 201
genade zie Rahman wa Rahim
genade 75, 89, 93, 99, 123, 236, 259, 271, 275, 290, 291, 293, 295, 298, 311, 355
Genève
-, Bijbel 299
-, Catechismus 299
geneeskunst 234, 236-238, 240, 243
Genesis, eerste bijbelboek 176, 177, 180, 204, 207, 211, 314
genetica 20, 25, 43-44, 205, 369, 369
genootschap, christelijk 228, 277
-, muziek 281
gereformeerde kerk 277
getuige, islam 318, 349
gevoel zie emotie
gevoera (macht) 216
geweld 312, 312, 313
gezang/hymne 94, 101, 110-111, 118, 126, 132, 136, 161, 192, 197, 234, 265, 280-281, 281, 288
al-Ghazali 319, 328, 338, 356-359
ghaznaviden 319
Ghiselbertus 365
Gibbon, Edward 244-245, 248
Gikatilla, Joseph 217
Gimbutas, Marija 33
Giotto 24, 24, 31, 229, 264
Gita zie Bhagavad Gita
Gitagovinda 96-97
Gitanjali 139
gnosticisme **233**-234, 243
-, Griekse filosofie 231
Gobind Singh, goeroe 124, 126
God; zie ook Allah; Brahman; Jezus

Christus; Shiva; Ongeproduceerde Producent; Vishnu
-, aanwezigheid van 26, 191, 317
-, afwezigheid van 193-194, 365; zie ook viraha
-, aseïteit 216-217
-, attributen, karakterisering 27, 216, 248, 309, 364, 369-372
-, beelden van 14-15, 17, 17, 27, 249, 285, 287
-, conflictueuze beweringen omtrent 27, 248, 372-373
-, 'dood van God' 10-13, 26-27, 68-71, 83, 183, 225, 317, 371
-, energieën, verschillende 251
-, ervaring van 19-23, 26, 36-45, 77, 89, 101, 251, 274, 292-293, 310, 339, 365
-, essentie en bestaan 13, 21, 24, 26-27, 86, 128, 130, 136, 159, 189, 216-220, 250-251, 253, 266, 268-269, 272-274, 276, 287, 340, 352, 354-355
-, heiligheid 188-90
-, 'Hoogste God' 36, 302-303
-, liefde voor 120, 186-187, 267-268, 274-275, 292
-, mannelijke karakterisering 33, 35
-, menselijke zoektocht naar 259, 317
-, menswording (incarnatie) 84, 248-253, 266-269
-, naamgeving 124, 128-129, 178, 180-181, 216, 249, 328, 330, 339, 347
-, natuur van 267-268
-, Niet-Weten, de weg van 85, 220-221, 249, 252-253, 268, 293, 336, 342
-, onkenbaarheid 216, 248-253, 259, 266, 268, 273-276, 291, 328, 364
-, pantheïsme 37, 88
-, relatie met 365, 372
-, sekse 17, 33, 73, 314-315
-, toorn van 49, 184-186, 240
-, vereniging/unie met 251, 274
-, verlangen naar 250
-, virus, God als 13
-, visioen 190, 196
-, wijsheid 204-205
-, woord van God 15, 123, 125, 126-129, 260, 263, 267, 287, 305-306
goden en godinnen 10, 206
-, Afrika 302-303
-, boeddhisme 69-73
-, China 154-155, 158
-, euhemerisme 154-155, 242
-, gedenkteken 10
-, Griekenland 51, 154, 206-207, 231
-, India 58-59, 62-66, 82-83, 104-105, 109, 118-119
-, Korea 161
-, polytheïsme, verwerping 321
-, symboliek 114
Godheim 38
Godin 32-35, 58-59, 61, 61, 72-73, 77, 81-84, 102-104, 109, 116-119, 130-131, 170, 314; zie ook Durga; Guanyin; Kali; Mahadevi; Parvati; Radha; Shakti; Vac
'het Goede', vorm van het 230-232

goedheid 24, 260, 289
Goerdwara 126
goeroe 121, 126-127, 129
-, Gobind Singh 57, 124
-, Granth Sahib 57, 124, 126-127, 126
Golgotha (film) 279
Gopala 95
gopi **95**, 96, 99, 102, 135
gotische architectuur 276, 276
Gouden Tempel te Amritsar 57, 126, 127
Goya y Lucientes, Francisco de 289
Graham, A.C. 160
grama-devata (dorpsgoden) 109
grama-kali (dorpsgoden) 109
Grand Canyon 18, 18
Grecchio 265, 265
gregoriaans gezang 280, 281
Gregorius I, paus 280
Gregorius van Nyssa 229, 249, 252-253
Griekenland 52, 205
-, filosofie 230-233, 246, 306, 352
-, ikonen 286
-, mythologie 206-207, 231, 246
-, tempel 50-51
Griekse kerkvaders 249-253
Grieks-orthodoxe kerk 228, 247-253, 288
grihya (offers) 61
Grimes, R.L. 278
Groene Tara 74, 75
Groot-Brittannië zie Engeland
Grootinquisiteur 289
grotschildering 32, 52
grottempel 50
Grote Moeder 32-33; zie ook Moeder
Grote Verzoendag (Jom Kippoer) 178, 191-192, 192, 214
Grou, Jean 26, 31
Grünewald, Matthias 229, 235, 243, 310, 310
Guan Yin Pu-sa 157-158
Guan-di 159
guna 76
Gupta's 82
Gutiérrez, Gustavo 312-313
Gutierrez, R. 36

H

Habakuk, bijbelboek 209
Hachiman 71, 164-165
Hadad 10
Hades 206
hadith 318, 322-**323**, 325, 348-349, 352, 360
hadj (pelgrimstocht) 328, 349
Hadrah 347
Haggada 181, 201
Haggaï, bijbelboek 198
Hagia Sophia, kerk in Constantinopel 288
Haile Selassie, keizer van Ethiopië 40
Haïti 303
hachamiem ('wijzen') 204, 211
al-Hakk (Enige Waarheid) **321**, 322, 338-339
Halacha 201, 222, 224
Halberstam, Ben-Zion, rabbi van Bobov 226
al-Halladj 319, 338-339

halo 38, 306
Hammurabi, koning van Babylon 195
Hana bar Hinena, rabbi 211
hanafieten-school 319, 349
hanbalieten-school 319, 349
Händel, Georg Friedrich 229, 280
Han-dynastie 143, 147
hanief 321-322
Hanna, lofzang van 197
Hanuman 79, 80-81, 80-81, 132
Hardwar 134
Hardy, Thomas 7
Hare Krishna, beweging 137
Hari **96**, 100, 120, 137
Harith b. Hisham 324
Harries, Richard 285
Hartstone, Charles 317
Harun al-Rashid 337
ha-Sjem ('de Naam') 178
hasmoneeërs 175, 177
Hassan al-Basri 319, 332-336, 346
Hassan, imam 361
Hassan, Khwajah Muwin al-Din 319, 346-347
HaTefilla 175, 214-215
Havens, N. 164
Hawthorne, Nathaniel 35
Hayburn, R.F. 281
Hazor 179
Heaney, Seamus 373
Hebreeën, Brief van Paulus aan de 236, 245
Hebreeuwse taal 200
'Heer van de Dans' (Shiva) 44, 104, 107
'Heer van de Kennis' (Vishnu) 72-73
Hegel, Georg Wilhelm Friedrich 229, 309, 317
Heian Jingu 166
Heian-periode, Japan 143
Heidegger, Martin 366-368
heiligdom
-, shinto- 163, 163, 166-167
-, voor Vishnu 88
'Heilige der Heiligen' 191, 210, 212, 215
Heilige Geest
-, apofatische weg 252-253, 274
-, Babylonische ballingschap 199
-, bevrijdingstheologie 313
-, calvinisme 291
-, Drie-eenheid 241, 246-247, 267
-, icoon 286
-, Jezus 245
-, Nieuwe Testament 241
-, Qumran 210
-, Serafim van Sarov 288
-, vertegenwoordiging 246
-, Wesley 296-297
Heilige Schrift 15, 60, 83, 123, 125, 126-129, 178-209, 260, 263, 267, 287, 305-306, 370
-, kunst 285
-, Luther 291
heiligen
-, aflaat 290
-, Afrikaanse christenen 303
-, iconen 286
-, mirakelspel 278
-, verering 292

heiligheid 178, 185, **188**, 188-190, 199, 203, 210, 213, 216, 229, 240, 261
hekserij 34-35, 34
hel 103, 105, 142, 270-271, 270-271, 273, 282, 289, 333, 336, 338
Heliopolis 51
hemel 70, 142, 145, 155, 212, 222, 270, 338
henosis 250
Hephaistos 206
Hera 206
Herakles 12
Herbert, George 272, 285
heremie (kluizenaar)t 253, 256, 263
Hermes 206
Herodes de Grote 175, 177, 190, 215
Heschel, Abraham 175, 222
Hesiodus 206
Hestia 206
hesychastisch gebed 229, **250-251**, 288
hidjra 328, 350, 352
Hilton, Walter 251, 274-275
Himalaya, gebergte 80, 87, 116
hindoeïsme 50, 56, 56, 127, 304
Hippo 259
Hira, berg 321-322
Hiranyagarbha ('Gouden Schoot') 65
Hiranyaksha 82
Hirata Atsutane 143, 165
Hitler, Adolf 225, 273
hoerban 224
Hogan, Linda 37
holocaust 175, 224-226, 224-227, 317
Honen 75
honji-suijaku ('Oorspronkelijke Essentie') 165
hoofdzonden 271
Hooglied (bijbelboek) 102, 292, 366
'Hoogste God' 36, 302-303
Hopkins, Gerard Manley 229, 304
Horyuji 143, 163, 163
Hosea, bijbelboek 175, 184, 240
Hozo 74
Huan Tui 149
Hudhud 342
Huffaz 326
hugenoten 298
Hui Sung, keizer van China 53
Hume, David 24-25, 31
Hur 185
Hussein, imam 319, 332, 361
Husserl, Edmund 31
Hutton, Ronald 33
Huysmans, J.K. 310
Hyperion 206
hypocriet 333

I

I Tjing ('Boek der Veranderingen') 159-160, 168
Ibadan 46
ibn al-Bawwab 327
ibn Arabi 319, 340-341, 345
ibn Hanbal 319
ibn Hisham 323
ibn Ishak 323, 351
ibn Maja 323

ibn Mukla 327, 327
ibn Rushd (Averroës) 319, 359
ibn Sina (Avicenna) 268, 319, 345, 354-355, 355
Ibo 303
Ibrahim ibn Adham 319, 335
Ibrahim ibn Fatik 339
Ibrahim zie Abraham
ichthus 286
iconoclasme 277, 287
icoon 50, 91, 114, 253, 285, **286**-287, 286-287, 288
al-Id alKabir (al-Id al-Adha) 49
Ierland 254
'iets veeleer dan niets' 205, 366-368
Ignatius van Loyola 229, 279, 294-295, 294, 296
Ik Onkar 124, 124
'ik-jij'-relatie 222
iktisab ('toe-eigening' in islam) 333
ilm al-kulub 334
imam 318, 332
imitatie 103, 151, 211, 251, 264; zie ook navolging
Immanente Triniteit **246**, 268, 274
incarnatie zie menswording
index 39
India 6, 55-139
 -, Ariërs 33, 60-63
 -, boeddhisme 11, 68-75
 -, brahmanisme 58-59, 61
 -, christelijke missie en zending 295, 304
 -, filosofie 86-89
 -, God/Godin 82-83, 104-105, 118-119
 -, jaïnisme 11, 71
 -, Krishna 94-97, 99-102
 -, kunst 53
 -, Mogols 319
 -, pelgrimstocht 133-135, 134
 -, purana 82-83
 -, Ramayana 78-81
 -, Samkhya-yoga 77
 -, Shiva 104-115
 -, sikhs 122-128, 123-127
 -, synagoge 212
 -, Tantra 102-103
 -, tempel 132-133
 -, Upanishad 84-85
 -, vedische religie 58, 60-66
 -, Vishnu 90-95, 98-99
indianen, Amerikaanse 18, 31, 36-37, 36, 37
Indonesië 316, 316, 373
Indra 63, 64, 66, 83, 104, 109, 118, 161
Indusvallei 33, 56, 57, 60-61, 94, 105
inheemse religie 30
Inquisitie 289
integrale yoga 138
intentie/plan 352
Iona, Schots eiland 229, 257
Irenaeus, bisschop van Lyon 229, 247
Isaac Luria 175
Isaäk, zoon van Abraham 176, 180
Ise, Japan 163-164
Isenheimer Altaar, Grunewald 310, 310
Ishana 119
ishtadevata 105

Ishtar 206
Ishvara 71, 85, 86, **87**, 88, 90-91
Isis 233
islam 318-361
 -, filosofie 266, 268, 352-359
 -, jihad 360-361
 -, kalligrafie 326-327, 326-327
 -, Koran 318, 324-330
 -, menselijke vrijheid 332-333
 -, Mohammed 320-325
 -, moskee 50, 350-351, 351
 -, offer 49
 -, sharia 318, 346-349, 359
 -, soefi 319, 334-348
 -, soennieten en sjiieten 318, 332, 332, 361
 -, verbreiding 318, 319
 -, 'Vijf Pilaren' van de islam 318, 349
Ismaël 321
Israël ben Eliëzer (de Besjt) 175, 222
Israël 202
 -, acceptatie van lijden 209, 225
 -, koningen 203, 203
 -, offer 192-193
 -, profeten 203
 -, staat 225
 -, uitverkoren volk 189
Israëlieten 176-181, 186-189, 199, 208
Issa zie Jezus (in de islam)
Itihasa 77
Ivens, M. 295
Izanagi en Izanami 164, 165

J

jabarijja 332
Jacob 176, 180-182, 205
Jade Keizer, China 154, 156-157, 158, 170
Jagannatha 57, 133
Jahweh (JHWH) 10, 40, **178**, 180-183, 188-189, 194, 198, 202-203, 216
jainisme 11, 49, 56, 57, 70-71, 76, 83, 93, 98, 103
Jaipur 132
Jamadagni 58
Jamali, Mohammed 326-327
Japan 142, 142, 161, 162-167, 295, 306
Jataka (verhalen) 69-70
Jatru Bhagat 109
Jayadeva 57, 102
Jefferson, Thomas 301, 365
Jehovah 178
Jeremia 185, 187, 189, 194, 208
Jeruzalem
 -, Beth Yitzchak-synagoge 213
 -, Jezus in 239
 -, Mohammeds hemelvaart 325
 -, Rotskoepel 319
 -, synagoge 212
 -, tempel 50, 175, 177, 182, 186, 187, 190-191, 190, 192, 195, 198-199, 210, 210, 212-213, 215, 225, 239
 -, terugkeer naar 198
 -, verwoesting door de Babyloniërs 194-195, 198
 -, westmuur 215
Jesaja, profeet 175, 190

Jesaja, bijbelboek 184, 190, 192, 194-195, 209, 226
jesod (scheppingsbasis) 216
Jethro 181, 188
jezuïetenorde 229, 279, 295, 306
Jezus Christus 137, 211, 223, 228, 233-245, 294-295, 309, 318; zie ook genezing; opstanding
-, aflaat 290-291
-, cinema 279, 285
-, drager van God 271
-, eucharistie 239, 276, 278, 281
-, evangelie 236-239
-, geboorte 265, 265
-, God, relatie met 234-235, 240-245, 310
-, Heilige Drie-eenheid 246-247, 246, 248
-, iconen 286, 286, 287
-, Issa in islam 318, 325, 335
-, Jesus Christ Superstar (musical) 285
-, Jesus of Montreal (film) 285
-, Koran 325
-, kruiswegstaties 284, 285
-, kunst 39, 282, 282, 284, 285, 310, 310
-, 'Laatste Avondmaal' 241, 243, 277-278
-, 'Ladder naar God' 251
-, leven en werk 238
-, liturgie 278
-, menswording 238-239, 242-243, 242, 245
-, mythe 309
-, navolging 264-265
-, Nicene, geloofsbelijdenis 276
-, Niewe Testament 240-241
-, Paulus 234-235
-, rechtszaak tegen 238-239
-, stigmata 264, 265
-, symboliek 286
-, uniekheid 304, 306, 372
-, vergeving 228
-, 'Verzoeking in de woestijn' 80, 238
-, vrouwelijk als Christa 314, 314
-, 'Wie was Jezus?' 242-243
-, de Wijzen uit het Oosten 307
-, 'Zoon des Mensen' 238-239
jhana's (stadia van toenemend inzicht) 69
Jiang Zi-ya 156
jihad 360-361
Jilani, Abd al-Kadir 319, 346
jina (gids) 71
Jin-hua Fu-ren 159
jinja (heiligdom) 163
Jin-mu 170
Jitzak, rabbi Levi 223
jnana ('Weg van Kennis') 85-88, **92**, 136
Job 185, 208-209
Job, bijbelboek 14, 207-209, 238
jodendom 176-227
 -, asjkenaziem 174
 -, ballingschap 194-195
 , benadering van God 178-181
 -, bronnen 176-177
 -, chassidiem 222-223
 -, diaspora 174, 199, 200
 -, feesten 180-181, 181, 192, 213

-, gebed 221
-, Heilige Schrift 199-203
-, holocaust 224-226, 224-227
-, idee van God 305
-, Jahweh 178, 180-183
-, lijden 208-209
-, liturgie 214-215
-, Maimonides 218-221
-, offers 190, 192-193
-, Oude Verbond 174, 176-177, 176, 186-189, 199, 208, 240, 278
-, proester 190, 198-199, 198
-, rabbi 210-211
-, ritueel 43
-, sefardiem 174
-, synagoge 50, 199, 200, 212-213, 213
-, toorn van God 184-185
Jodo Shinshu 75
Johannes de Doper, St. 238
Johannes van het Kruis, St. 229, 292-294, 293
Johannes, evangelie van 235-236
Johannes, St. 248-249
Johnson, Thomas 298, 299
Jom Kippoer zie Grote Verzoendag
Jona, bijbelboek 202
Jones, Thomas 255, 255
joodse opstand 177
joodse volk 176-181, 186-189, 199, 208
Jordanus van Saksen 263
Josephus, Flavius 211
Josia, koning van Juda 191, 198
Jotunnheim 38
Jozua 180, 184, 185
al-Jubbai 332
Juda 185, 194, 202
Juliana van Norwich 274-275
al-Junaid 347
Jung, Carl 31, 33, 39
junzi 149
jyotir-linga ('zuil van het eindeloze licht') 114

K

Kaäba, Mekka 320-321, 328, 341
kabbala (traditie) 200
Kabbala 175, 200, 216-217, 222
Kabir 57, 109, 120-122, 339
Kabir Panth 122
kada/kadar 332
Kadirijja 319, 346
kadoosj (heilig) 188
Kagyu 57
Kailasa, berg 87, 107, 116
Kaïn 180-181
Kairouan, Tunesië 326
kaivalya (bevrijding) 135
Kajafas, hogepriester 238
Kala 117
Kali 59, 96, 99, 106, 117, 117, 119, 132, 137
-, tempel te Dakshineshwar 89
-, tempel te Calcutta 117
Kalidasa 111
kalief 332
Kalki 91
Kama 106, 116-117

kami 161, 162, **164-167**
kamikaze (zelfmoordpiloot) 166, 167
Kanaän en Kanaänieten 175, 176, 178, 179, 180, 181
Kanada 57, 76
kanda (boek) 78
Kannappar 112-113
Kant, Immanuël 222, 357
kapalikas 103
Kapila 76
karma (gevolg van actie) 57, 65, 91, **92**, 95, 107
Karmel, berg 182
karmelietenorde 292
 -, 'ongeschoeide' 292
Karnak, Egypte 50-51, 51
Karttikeya 109, 117
karyat (argument voor het bestaan van God) 76
kasb (toe-eigening) 333
Kashi Khanda 107
Kashi zie Varanasi
Kashmir 373
kastensysteem 112, 115, 120, 127, 138
katafatische weg 250
kathedraal 278
 -, van St John the Divine, New York 314
Kaurava's 92, 93
Kaviraja/Krishnadasa 97
keizeraanbidding 51, 166, 233, 286
Keltisch christendom 254-255
Kenieten 181; zie ook Mozes
kennis 356-359
Kerbala 332
kerk 229
 -, architectuur 50, 276-277, 276-277
 -, en staat 301
 -, iconen 286
 -, liturgie 278
kerstman 22-23, 23
Kerstmis (feest van Jezus' geboorte) 265, 265, 288, 310
keter (kroon) 216, 216
keuze voor de armen 313-314
Khalid ibn Walid 358
khalsa 126-127
khatt al-Kufi (Kufisch schrift) 326, 327
khrafstra 196
Kierkegaard, Søren 229, 311
King, Martin Luther 229, 303
kirtan (lied) 136-137
Kiskhindhakanda 79
Klooster van de Menswording, Avila 292
Klooster van St. Jozef, Avila 292
kloosterleven (monasticisme) 252-253, 288, 361
 -, Augustinus, Regel van 262, 290
 -, Basilius, Regel van 253
 -, benedictijnenorde 262-263, 262-263
 -, cisterciënzerorde 277
 -, karmelietenorde 292-293
 -, Keltisch christendom 256, 257
 -, Koran, veroordeeld door 334
 -, Tibet, kloosterleven 73
kluizenaar zie heremiet
koe, heilige 139, 139
Kohelet 204

Kojiki 143, **164**, 165, 166
Kokugaku 143, 165
Kongfuzi zie Confucius
koningschap zie Messias
Koninkrijk der Hemelen 238-239
Kontakia 229, **288**
Konya 344
Korach 184
Koran 318, 324-330
  -, Allah 324330
  -, asceticisme 334
  -, hadith 323, 348-349
  -, 'Ongeschapen Schepper' 324-325
  -, oorlogvoering, limieten 360
  -, sharia 348
  -, sura 323, 328
Korea 142, 160-162, 165-166, 306
Koryo-dynasty 143, 162
kosmos 196; zie ook universum
  -, China 147, 156
  -, India 50, 61-62, 82, 102, 108, 111, 114, 130, 138
  -, mandala 130
  -, tantra 103
  -, yantra 131
krachtsinspanning 75
Krishna 57, 92-101, 110, 129, 136-137
  -, Bhakti 95, 100-101
  -, Caitanya 136-137
  -, doodsritueel 45
  -, liefde van alle gopi's 99, 135
  -, Mahabharata 92-93
  -, Mirabai 100-101
  -, Radha 96-97, 96-97, 102
  -, Vishnu's avatar 83, 91, 94-95
Krishnadasa Kaviraja 57
Kronos 206-207
kruisiging 39, 44, 234-236, 239, 239, 241, 243, 264, 269, 279, 282, 284, 290, 339
kruiswegstaties 284, 285
Kshitigarbha 71
Kubra, abu al-Djannab Najm al-Din 319, 346
kubrawijja 319, 346
Kufah 327
Kufisch schrift 326, 327
Kumara 108-109, 117
kumbhamela (pelgrimstocht) 57, 134
Kundalini 102
kunitsukami (aardse kami) 166
Kun-lun, gebergte 170
kunst 19, 43, 47, 52-53, 73, 95, 207, 212, 235, 266-268, 276-277
  -, China 51, 53, 53
  -, christendom 242, 243, 249, 282-287, 310, 314-315
  -, iconen 285-288, 286-287
  -, India 90, 106, 133, 135
  -, islam 327
  -, liefde voor God 275
Kunung Kori 161
Kurma 91
kursi (troon) 350
Kurukshetra, veldslag van 92
kut (Koreaans ritueel) 161
kwaad/het kwade 73, 78-81, 143, 184, 196-197, 208-209, 215, 217, 224-227, 256, 259, 273, 289, 370-371

kwakers 229, 298, 298
Kyriakos 288

L

Laatste Avondmaal 239, 241, 243, 277, 278, 315
Laatste Oordeel 185, 187, 196, 202, 222, 229, 262, 299, 328, 330, 332, 346, 349, 352, 365
'ladder naar God' 251
Lakshmana 78-80, 81
Lakshmi 40, 116, 116, 130
Lalita 119
Lanka 80
Laozi 143, **152**, 152, 154
  -, taoïsme 152-153
de Laplace, Pierre Simon, markies 308
de Las Casas, Bartolomé 312
di Lasso, Orlando 279
Latimer, Hugh 299
Lei Gong 159
Lemaitre 308
Leo XIII, paus 269
Leonardo da Vinci 52-53
Leontopolis 210
lepra (melaatsheid) 264
Lessing, Gotthold Ephraim 222
leven, mensenoffer 48
Leviticus, bijbelboek 189-190, 192
li (ritueel) 148-150
Li, koning van China 143, 146
Li Ji ('Archief der Ritualen') 170
Li Na-zha 157
liberaal jodendom 175, 224
liberalitas (zuivere generositeit) 268
lichaam 102, 115, 131, 196, 228, 235, 241
licht 16, 74, 107, 114, 120-122, 126, 129, 164, 210, 223, 251, 261, 271-272, 276, 277, 321, 328, 340, 340, 347
lichtbreking zie refractie
liederen/gezangen, godsdienstige 94, 101, 110-111, 118, 126, 132, 136, 161, 192, 197, 234, 265, 280-281, 281, 288
liefde 12, 25, 110-113, 120, 125, 135-136, 150, 185-187, 214, 220, 222, 247, 269, 271-272, 291, 335, 338-339, 344-345, 359, 364-366
  -, christendom 238, 247, 252, 260-262, 267-268, 275, 288-289, 292
  -, essentie van God 186-187, 267, 269, 274-275
  -, gebed 220, 347, 373
  -, geloof 291
  -, Goddelijke Komedie 271-272
  -, Johannes van het Kruis 292-293
  -, Krishna 96-97, 100-102
  -, menselijke zoektocht naar God 100-103, 364, 365-366
  -, Perzische filosofie 359
  -, theodicee 12, 13
lijden 47, 74, 81, 99, 115, 136, 142, 147, 158, 175, 211, 275, 289, 292, 317, 366
  -, boeddhisme 69-70

  -, Engelse mystici 275
  -, jodendom 180, 193-195, 203, 208-209, 224-227
  -, theodicee 12, 13
lijdensverhaal zie Passion
lila **97**, 107, 136
linga 61, 113, **114-115**, 114-115, 116
lingayat 113-115
Lingbao tianzun 154
Lissabon, aardbeving 15
liturgie 35
  -, christelijke 278, 281, 315
  -, iconen 286
  -, joodse **214-215**
  -, ondergeschiktheid van vrouwen 314-315
  -, orthodox christendom 288
lofprijzing 42, 192, 214-215, 234, 295, 327, 355, 366, 370; zie ook aanbidding
  -, christelijke kunst 285
  -, muziek 280-281
lofzang van Hanna 197
Logos (Rede) 232, 236, 243, 263, 305-306
Lokeshvararaja 74
Londen 296
Longmen, grottempel 50
loricae (borstschilden) 256
lotusbloem 130
Lo-yang 168
Lucas, evangelie van 236, 244, 245
Ludvik, C. 80
Luria, Isaac 217
Luther Standing Bear 37
Luther, Martin 75, 229, 277, 280-281, 280, 290-292, 296, 298-299
lutheranisme 229, 317

M

Maan 130
Macedonië 234, 287
Mackey, J.P. 254, 256
macumba (Afrikaanse dans) 303
Madhva 57, 89, 90
Madonna zie Maria
Madrid 289
Madurai 132
Madurakavi 98
maffia 186, 371
magen (wapenschild van David) 213, 213
magische paddestoel 62
Mahabharata 57, 77, 92-93, 134
Mahadevi 83, 115, **116**, 117-119, 137
Mahadeviyakka 113-115
Mahapurana 82
Mahasthamaprapta 74
Mahavakya **85**, 108
Mahavira 80
mahayana-boeddhisme 70-72
Maheshvara 114
Mahisha 118
Mahishasura 118, 119
Maimon, Salomo (Maimonides) 174-175, 218-222, 221
Maithuna 102-103
Maitreya 158-159

REGISTER

Makkabeeënopstand 175, 209
mala 125
Malik i-Dinar 319, 336
malikieten-school 319, 349
malkoet (soevereiniteit) 216
Malraven 162
Mamun, kalief 353
manas (intellect) 76
'Mandaat des Hemels' 142, 144, **146-147**
mandala 130-131, 130, 132-133
Mandukyakarika 87
Mani 258
manicheïsme 258
Manikkavacakar 110, 112
Manresa 294
Mansur, kalief 337
mantra (monotoon gezang) 61, 73, 85, 94, 103, 107, 122, 124, **129**, 131
Maraini, F. 73
Maran 98
Marcus, evangelie van 236, 239
Marduk 178
de la Mare, Walter 365
marga 92
Maria, Maagd 197, 245, 271-273, 304, 314
 -, afbeeldingen van 38, 310, 310, 315, 371
 -, aflaat 290
 -, Afrikaans christendom 303
 -, icoon 286
 -, onderdrukking van vrouwen 314
 -, relikwie 39
Mariamma 58
Marokko 319
martelaarschap 211
maruta (houtblok) 225
Marx, Karl 13, 31, 138
marxisme 6, 313
masjid (moskee) 350
masoreten 175, 183
Massachusetts 298
Mataram, tempel te 232
matsuri (Japans shintofeest) 167
Matsya Purana 116
Matsya 91
Matteo, Evangelio secondo (film van Pasolini) 285
Mattheüs, evangelie van 236, 239-240
al-Maturidi 325
Mauthausen, concentratiekamp 226
Mawu 46
maya (kracht) **85**, **87**, 106-107, 136, 138
Maya's 31, 49
Medina 321, 328, 339, 360
meditatie 76, 109, 123-124, 129, 131, 135, 142, 372
Meiji-periode, Japan 143
'Meisje, het kleine zwarte' 14
Mekka 50, 120, 319-321, 320-321, 329, 339, 341, 348
melaatsheid zie lepra
Melkweg 110
Mellaert, James 32
Melodos zie Romanos
Melville, Herman 35, 309
Memphis 51

Mencken, H.L. 10-12, 16, 27, 371
Mendelsohn, Moses 175, 222, 222
menora 213, 213, 218-219
mens, doel van de 232
menswording (incarnatie) 154, 240, **242**, 247, 277, 285, 287-288, 310; zie ook avatar; Jezus
Merkaba 234
Meru, berg 132
Mesopotamië 203
messias 14, 40, 175, **177**, 195, 198-199, 203, 210, 217, 234, 239, 243
metafysica 317
metafysische dichters 229, 272-273
metafysische relatie 247
methodisme 229, 281, **296-297**, 297
mevlevi (mevlana) 319, 334, 346, 347
Mexico 303
Micha ben Imla 190
Micha 14, 175, 193, 224
Michaël, aartsengel 197
Michelangelo 282
Michelino 270
Middellandse-Zeegebied 199
Midden-Oosten 373
mihrab (toevluchtsoord) **50**, 350
Milaan 258
Miller, Perry 298, 299
Mi-Lo Fu 158-159
Milton, John 197
minaret 350
minbar (preekstoel) 350
Ming-dynastie 143, 156
minjing theologie 306
minyan (vergadering) 212
Mirabai 57, 100-101, 101
mirakel zie wonderen
mirakelspel 278
mis 278, 281, 291
Misjna 174-175, 201, 201, 211, 218
missi/missionaris 210, 295-298, 304, 304-305, 312-313
Mitchell, senator George 301
Mithras 66, 232, 233
mitnaggediem ('tegenstanders') 120, 223-224
Mitra 63-64, 66
modaal monarchisme 246
moeder 32-33, 36, 61, 61, 116-119, 137, 139, 159, 170, 186, 193, 204, 275, 293, 364
'Moeder van het Boek' 324
Mohammed 137, 318, 320-325
 -, graftombe van 351
 -, hadith 323, 325
 -, hemelvaart 325
 -, hidjra 350, 352
 -, jihad 360-361
 -, kalief 332
 -, Koran 324-328
 -, leven van 323
 -, sharia 348-349
 -, soefi-orde 346
 -, 'Visioen op de Berg' 321-323
 -, 'Zegel der Profeten' 325
moksha (bevrijding uit de eindeloze cirkel van wedergeboorte) 57, 78, 87, 89, 93, 136

Monarch 246
monasticisme zie kloosterleven
Mongolen 344
Monte Cassino 262, 263
Montesines, Antonio de 312
Montesquieu, baron Charles de 15, 31
Montserrat, Zwarte Madonna van 294
Moore, George 24, 26
Moore, Henry 371
Moorhouse, Geoffrey 132
moraliteit 24, 197
 -, toneelspel 278-279
Moraviërs 296
Mordechai van Neskizh, rabbi 223
More, Thomas 193
Morley, Thomas 41
mormonen 301
moskee 50, 350-351
 -, 'Moskee van de Profeet' 351
Moskou 288
moslim 323-324, 332, 351, 360, 360-361; zie ook islam
Motoori Norinaga 165
Motovilov 288
Moule, C.F.D. 241
Mozes van Léon 175, 216
Mozes 175, 185, 306, 318
 -, Exodus 181
 -, Heilige Schrift 200-202
 -, heiligheid van God 188-189, 188
 -, Koran 325
 -, Mohammeds hemelvaart 325
 -, Naam van God 178, 180
 -, toorn van God 184
 -, Verbond met God 176, 186-187
Mozi 143, 150-151
Mu'adhin 351
mudang (sjamaan) 161-162
muga (rituele hymne) 162
mughals 306, 319
mujerista 314
Muktika Upanishad 84
Mul Mantra 122, 124
Mullica Hill, New Jersey 298
Munda 117
Mundaka Upanishad 86, 139
munt, joodse 210
Murukan, god 59
muruku 59
mutazilieten 319, 332-334, 352
muziek 19, 43, 47, 98, 101, 111, 125-126, 128, 136, 223, 226
 -, christendom 279, 280-281
 -, extase en trance 40-41, 94, 161
 -, Franciscus 265
 -, gospels 303
 -, jodendom 223, 226
 -, liefde voor God 275
 -, 'muziek der sferen' 280
 -, orthodox christendom 288
 -, soefi-orde 347
 -, spirituals 303
mysterie 19, 37
 -, godsdienst 233-234
 -, toneelspel 278, 279
mystici
 -, Engeland 274-275
 -, Rijnland 274

mythe 46-47, 46, 58, 80, 82-83, 163-165, 206-207, 210, 247, 305, 309

N

nabi (profeet) 324
nada (betekenisvolle klank) 128-129
Nadab 188
nadi (kanalen) 103
Nagarjuna 57, 72
nagna's 83, 83
Nahum 202
Nakshband, Khwaja Baha al-Din Mohammed 319, 347
nakshbandi 319, 347
nalvars 57, **110**
nam (heilige naam) 124, 128
Nam simaran 124
Nam-yoga 124
namaste (eerbied betuigen) 94
Namdev 120
Nammalvar 57, 98-99, 98, 104
Nanak, goeroe 57, 122-123, 122-123, 124, 126-127
Nantes, Edict van (1583) 229, 298
Napels 269
Napoleon I, keizer van Frankrijk 308
Nara-periode 143, 164
Narayana 83, **90**, 98, 104, 116, 130
al-Nasai 323
Nasca-lijnen, Zuid-Amerika 30-31, 31
Nasik 134
Naskhi-schrift 327
Nataraja 44, 104, 107
Nathan 184
naturalisme 11
natuurlijke wereld 36-37, 64, 76, 116, 123, 144, 159, 204, 266, 327, 328, 330, 341, 366
 -, Chinese religie 11, 149, 150-151
 -, Franciscus 265
 -, jodendom 204
 -, Keltische christenheid 254-256
 -, vedische religie 62
navolging 103, 151, 211, 251, 264; zie ook imitatie
al-Nawawi 349
nayanar 57, 98, 107, **110**, 113
nazi 175, 224, 224-225
Nebi'iem (profeten) 200
Nebukadnezar I, koning van Babylon 178
negatieve weg zie Niet-Weten
Nehemia 175, 199-200
nembutsu (engagement) 74-75
neoplatonisme 233, 250, 251, 258, 291, 352-355, 357
Nero, Romeins keizer 72-73, 234
neti 85
netsach (majesteit) 216
neutrino 17, 266
New Age, filosofie 243
New Jersey 298
New Mexico 36
New Plymouth, Massachusetts 298, 299
Newton, Sir Isaac 16, 16, 31, 308-309
Nicea, Concilie van 229, 249, 287
Nicene, geloofsbelijdenis 244, 247, 276
Nicephorus, hesychast 250

Nicholson, Norman 19
Nidhogg 38
nien-fo 74
niet-jood 240
'het Niets' 267
'Niet-Weten', weg van 85, 220-221, 249, 252-253, 268, 293, 336, 342
Nietzsche, Friedrich 31
Nieuw Frankrijk 298
Nieuwe Testament 228, 235, 240-241
 -, Engelse mystici 274
 -, evangeliën (vier) 236
 -, Heilige Drie-eenheid 241, 247
 -, Luther 291
Nieuwjaar 180, **181**, 181, 192, 198
Niflheim 38
Nigeria 46, 373
Nihongi 143, 163, **164**, 165, 166
Nijl, rivier 50, 51
Nimat Allah, sjah 319, 347
Nimatullahi 319, 347
Nimbarka 136
Ninevé 202
Nirguna 85, **86**, 120
nirvana **70**, 71, 71, 98
Nishapur 344, 359
Noach 176
nomothetische ambitie 308
non-dualisme zie advaita
'het Noodzakelijk Zijnde' 85-87, 352, 354-355, 358
Noord-Afrika 258, 259
Noord-Amerika 36-37, 37, 298-299, 300-302, 303
Noord-Ierland 373
Noorse mythen 31, 38, 306
Nornen 38
nous (intelligentie) 232
Nürnberg 308
nyasa (mandala) 131
Nyaya 57, 76
Nyingma 57

O

oceaan 83, 87, 121, 123, 136, 206-207, 252, 254, 274, 299, 339
Oceanos 206
Odin 38-39
oerreligie 36
offer 48-49, 95, 276, 291
 -, China 145-146, 148, 151, 157, 157, 169
 -, India 60-65, 68, 70, 78, 84-85, 102, 105, 111-113, 117, 120-123, 125, 128
 -, jodendom 177, 181, 189, 190, 192-193, 213
 -, aan Kali 117
 -, mensen- 48-49
 -, purana 83
 -, vedische religie 62-63
oikonomia 246
olifant zie Ganesha
Olympus, berg 206, 231, 246
OM 124, **128-129**; zie ook AUM
Omajjaden-dynastie 319, 337, 358
Omar, kalief 319, 360

Omar II, kalief 335
'Onbekende God' 240
'Onbevlekte Ontvangenis' 240, 259
'Onbewogen Beweger' 154
onderdrukking, en taal 314
'Ongeproduceerde Producent' 36, 65-66, 77, 83-86, 88, 98, 104, 106-107, 116, 119, 122, 142, 147, 152-154, 207, 231-232, 250, 267, 317, 340, 368
'ongeschoeide karmelieten', kloosterorde 292
onsterfelijkheid
 -, Ba Xian ('de Acht Onsterfelijken') 155, 157, 171
 -, Chinese religie 170-171
onwetendheid 59, 72, 77, 84, 87, 89, 129, 270
'het Onze Vader' (gebed van Jezus) 250-251
oordeel zie Laatste Oordeel
oordeelkundig inzicht 294
oordelen 24-25
oorlogvoering 182-184, 196, 210, 360-362, 373
oorzaak en gevolg, lijden 208
oorzaak 77, 86, 88, 91, 128, 150, 165, 166, 248-249, 266-267, 352
oosters christendom 248-250, 286-287
openbaring 15, 27, 37, 89, 126-127, 142, 199, 200-201, 221, 255, 266-268, 272, 301, 310, 318, 322-323, 327, 353, 370
openingsura, Koran 28
opstanding 44, 228, 233-235, 239, 259, 286, 328, 359
optionele theologie 279, 316-317
orakel 203
orakelbeenderen 143-144, 144, 145
Oraon 109
oratorium 279, 280; zie ook Passion
orde van predikers 262-263
Orissa 133
orthodox christendom 228, 248, 251, 288-289
orthodox jodendom 175, 223, 224, 225-226
orthodoxie (orthopraxie) **306**, 312
Osiris 10, 233
Otto, Rudolph 19, 31
Ottomanen-dynastie 319
Oude Testament 178; zie ook Heilige Schrift; Nieuwe Testament
Ouranos 206, 207
ousia 248
overspel 182, 184, 195
Owomeyela, Oyekan 46

P

Pachomius 262
Padmagarbha Mandala 132
Paekche (Korea) 162
paksu (sjamaan) 161
Palamas, Gregorius 229, 251
Paleolithicum, grotschildering 32
Palestina 210, 211, 243, 245
pancayatana puja ('de Vijf Godheden') 83
Pandava's 92, 92, 93, 94

panentheïsme 317
pantheïsme 37
parabel 238, 259; zie ook gelijkenis
paradijs 74, 252, 271-272, 336, 338, 361, 366
paradox 310-311, 371
paraiya (paria/'uitgestotene') 58
Parameshtihin 63
Parashurama 58
Parijs 266, 266, 269, 275, 276, 295
Parker, A.A. 279
parsi's 196-197
Parvati 106, 108, **116-117**, 118
Pascal, Blaise 24, 229, 311, 311
Pasen 254; zie ook Pesach
Pashupati 60, 61, 106
Pasolini, Pier Paolo, cineast 285
Passion 236, 275
Pataleganga 110
Patanjali 57, 77, 131
Patrick, St. 256
Pattini 59, 70
Paulus 229, 234-235, 236, 241, 299
 -, bekeerlingen 250, 276
 -, bekering van Saulus 234
 -, Brieven van 234-235, 258, 310
 -, definitie van christenen als reeds gestorven 42, 234-235
 -, over de kruisiging 235
 -, prediking in Athene 240, 240
 -, vrouwen, achterstelling van 314, 314
pausdom 292, 295, 306
Pavlov, Ivan Petrovich 14
Péguy, Charles 279
Peirce, C.S. 31, 39
pelgrimstocht 191-192, 199, 295
 -, christendom 229, 294
 -, India 120, 133-135, 134, 137
 -, islam 320, 328, 341-343, 348, 349
Penn, William 229, 298
Pennsylvanië 298
Pentateuch 181
Periya Tiruvandadi 98-99
Perry, Lee 40
Persepolis 196
personificatie 204-205
Peru 30-31, 31
Perzië 196-197, 319, 359
Pesach 192; zie ook Pasen
Petrus 303
Philippenzen, Brief van Paulus aan de 234
Picasso, Pablo 282
pictogram 144-145, 145
'Pilgrim Fathers' 229, 298, 299
pir ('gids') **121**, 347
piyyutim (gedichten) 175, 215
plan/intentie 352
Plato 52, 229, 230-233, 230, 231, 306, 352-353
Pleiaden 109
Plinius de Jongere 244
Plinius de Oudere 52
Plotinus 229, 233
poëzie 19, 100, 126, 136, 270-273, 317, 330, 366, 370
 -, alvar 98-99
 -, jodendom 215
 -, Johannes van het Kruis 292-293

 -, metafysische dichters 229, 272-273
 -, nayanar 110-111
 -, orthodox christendom 288
 -, soefi 338, 341-343
 -, vacana (dichters) 113
 -, 'worsteling met God' 317
Polen 212
polyfonie 280
polytheïsme 83, 104-105, 177, 180, 182-184, 202, 207, 321
Pompeius 175, 210
Pontigny, abdij van 277
Poseidon 206, 207
positivisme 357
Prajapati 63, **65**, 107
prakash karna (manifestatie van het licht) 126
prakriti (materie) **76-77**, 116, 119, 135
pranam (zich in aanbidding op de grond werpen) 94
prasada (delen van voedsel) 94, 127
Prater, D. 277
Prayaga (Allahabad) 57, 134
predestinatie 291, 299, 330, 332-333
Prediker, bijbelboek 204-205
predikorde 262-263
preek 300
prehistorie 32-33, 32
presbyterianisme 228
priester
 -, christelijk 277
 -, joods 190, 195, 198-199, 198
prisma 340
procestheologie 26, 229, 317
Proclus 353
Profeet zie Mohammed
profeten 177, 182, 185, 192-195, 199-200, 203, 236, 239, 241, 243, 247, 318, 324, 336, 348
projectie 12, 155
prostitutie 182, 184, 195
protestant 298-300
proto-Shiva zegel **60**, 69, 105
psalmen 183-184, 186, 191-194, 199, 207, 238, 274, 280-281
Ps(eudo)-Dionysius 229, 250-251, 274, 276, 287
Ptolemeus 230
Pueblo-indianen 36
puja (aanbidding) 57, 58, **94-95**, 102-103, 111, 113, 130-131, 133
Pujongnim 161
Punjab 127
purana 57, 77, 81, **82-83**
Puri (in Indiase deelstaat Orissa) 133, 137
puriteinen 229, 298-300
purusha 61, **76-77**, 119, 132, 135
Puzo, Mario 186
Pyolsang kori 161

Q

qi (adem/energie) 153-155
Qing-dynastie 143
Quarles, F. 302
Quebec 298
Quetzalcoatl 48

Quinque Viae zie 'de Vijf Wegen'
Qumran 175, 210

R

Ra (Re) 51
Rabat 319
rabbi (rebbe) 174, 200-201, 210-212, 224
Rabia al-Adawijja 319, 336-338, 343
Racine, Jean 279
Radha 96-97, 96-97, 102, 118, 137
Rafaël 230
Rahim 120
Rahman wa Rahim **330**, 349, 360
Rahner, Karl 295, 295
raja (activiteitsprincipe) 76, 82
Rajachandra, Shrimad 139
Raktabija 117
Ram Das, goeroe 125
Ram Mohan Roy 57, 138
Rama 57, 77, **78-79**, 78-79, 80-81, 81, 91, 120-121, 135, 139
Ramacaritmana 80-81
Ramakrishna 57
 -, missie 137
ramanuja 57, 59, 88-90, 98, 136
Ramanujan 112-115
Ramayana 57, 77-81, 92
Rambam zie Maimonides
Ramcaritmana 80-81
Ramsey, J.A. 47
rasa (passie) 134-135
ar-Rashidun, kalief 319
rastafari 40
Rauschenbusch, Walter 313
Ravana 79-80
Ravi Das 120
rebbe zie rabbi
'rechtvaardiging door het geloof' 291, 300
rede 289, 310-311, 333-334, 344, 353
reductionisme 12-13, 47, 368
reële aanwezigheid 111
Reformatie 229, 277-278, 281, 290-292, 290
refractie **340**, 344
Regels 262; zie ook kloosterleven
reggae 40
reiniging 94, 134
'Reis naar het Westen' 157
relatie 247
religie 372
 -, inheemse 30
 -, valse 370
religieuze orde 229, 292-295
relikwie 39
ren (menselijkheid) 149
Renan, Ernest 264
reparatie 176, 217
Reserve Bank van India 125
resjiet (wijsheid) 205
Rhea 206
Ricci, Matteo 143, 229, 305, 306
Richelieu, kardinaal 298
Ridley, Nicholas 299
Rig Veda 60-63
Rijnlandse mystici 274
Rilke, Rainer Maria 20, 31, 229, 277

rishi 60, 128
rita (fundamentele orde van de kosmos) 57, **62**, 65-66

rituelen 20, 36, 42-45, 45, 60-61, 68, 72, 82-85, 94, 110, 112-113, 120, 125, 128, 131, 133, 139, 144-146, 161-163, 167, 203, 278-279, 303
-, begrafenis- 45
-, Confucius 148-150
-, doopsgezinden 42, 234-235, 239, 290-291, 291
-, offer 49, 68, 83
-, overgangsriten 42, 43, 109, 143
-, Upanishad 84-85
rituelencontroverse 229, 306
Rodin, Auguste 20, 31, 244, 373
Rolle, Richard 274-275
Romanos 229, 288
Rome 24, 258, 262, 295
Romeinen, Brieven van Paulus aan de 235, 310
Romeinse keizerrijk 234, 248, 306
-, bekering tot het christendom 228, 286, 305
-, bezetting van Palestina 174, 177, 210-211, 210-211
-, christenvervolging 244
-, filosofie 233
-, godsdiensten 233
-, keizeraanbidding 233
-, Kelten 254
-, kruisiging van Christus 239
rondtollen, derwisj 346, 347
rooms-katholieke kerk 228, 269, 306
-, bevrijdingstheologie 312-313
-, Inquisitie 289
-, muziek 281
-, schisma 248
-, vestiging in Noord-Amerika 298
Rouget, Gilbert 40-41
Roy zie Ram Mohun Roy
rozenkrans 125
Ru (volgelingen van Confucius) 150
Rubenstein, R.J. 225
Rudra, god 59, 105-106, 119
rudra 62-63, 136
Ruhmer, E. 310
Rumi, Jalal al-Din 319, 334, 343-347, 344, 346
runen 38
Rupa 57, 97
Ruskin, John 139
Rusland 6
Russisch-orthodoxe kerk 228, 277, 288-289

S

sabbat 198, 201
Sabellius 229, 246-247
Sachinand 109
Sadashiva 119
sadduceeërs 210
sadhaka 131
sadhana 99, **102-103**
sadhu 95
Safwan ibn Jala 324
saguna 87
St. Denis kathedraal, Parijs 229, 276
St. Paul's kathedraal, Londen 296
Sakya 57
salat (gebed) 325, **349**
Salomo, koning van Israël 175, 177, 182, 186, 187, 205
sama (dans) 346
Sama Veda 60, 63
samadhi (samensmelting) 135, 137
Samaria, hoofdstad van Israël 191
samhitas 60
Samkhya 57, **76**, 82, 93
-, yoga 77
Samothrace 12
sampradaya 136
Samuel ibn Tibbon 218
Samuël, profeet 197
samurai 167
San Clemente, kerk 232
Sanakas 136
sanatana dharma ('eeuwig dharma') 68
San-jiao 142
Sanqing 154, 155
Sansin 161
Sanskriet 58, 58
Santa Maria degli Angeli, kerk 265
Santer, M. 249, 253
Satan 197, 197, 340; zie ook duivel
sat-cit-ananda **86**, 87-88, 97
sati (weduwe) 121, 138
Sati 116
Saturnus 108
satyagraha ('waarheid overwint altijd') 138, 139
Saulus 184
sceptici 233, 356
Schelling, F.W.J. 31, 47
schepping 14-15, 20, 36-37, 46, 69, 71, 78, 83, 85, 86-87, 90, 102-103, 122, 136, 147, 165, 195, 204-207, 211, 214, 216-217, 236, 247, 254-256, 259, 265, 266-269, 275, 289, 305, 336, 340, 351, 366-368
-, evolutie 308-309
-, India 64-65
-, ondergeschiktheid van vrouwen 314
scheppingsverhaal 12, 82, 205
-, bijbel 204, 207
-, Griekse mythe 206-207
schilderingen 52-53, 53, 282
schisma, christendom 248, 286
'Schitterende Namen' zie Allah
scholastiek 279
schoonheid 47, 51, 137, 259, 266, 270-271, 276, 289, 317, 327, 336, 344, 367
-, Dantes liefde voor Beatrice 270
-, ervaren van 19, 19, 23, 45, 367
-, esthetisch oordeel 24-25, 367
-, licht 276
-, 'Vorm van het Goede' 231
Schopenhauer, Artur 31, 40
Schotland 254, 256
Schramm, Friedrich 315
schrift
-, islamitische kalligrafie 326-327
-, pictogram 144-145, 145
Schrift, Heilige 60, 83, 178-209, 370
-, kunst 285
-, Luther 291
schrijn zie heiligdom
secularisatie 6, 42, 45, 316-317
sefardiem 174
sefirot 216-217, 217, 223
seksualiteit 42-43, 48, 79, 95, 96-97
-, seksuele gemeenschap 35, 96-97, 102-103, 106, 118-119, 125, 131, 292-293
-, tantra 102-103, 103
Seleuciden-dynastie 209
semiotiek **39**
Senegal 302
Serafim van Sarov 229, 288
Servië 286
Seti I, farao 31, 50
shabad 128-129
shabda 128-129
as-Shadzili, abu al-Hassan 319, 347
shadzilijja 319, 347
ash-Shafi'i 319
shafieten-school 319, 349
Shahada 318, 349-350, 361
shahid 361
shaikh 346
shaiva's 57, **83**, 89, 106, 110, 114
'shakers' 301
Shakespeare, William 52
Shakti 57, 90, 97, **102-103**, 103, 105-107, 115, 115, 116-119, 130-131
Shamasj 194-195
Shams-i-Tabrizi 344-345
Shan Shen (berggeest) 170
Shang Di 144-145, 169, 306
Shang-dynastie 143-145, 156
Shangqing taoïsme 154
Shango 25, 303
Shankara 57, 86-88, 136
Shantideva 57, 74
Shao Yong 168-169
sharia 318, 346-347, **348-349**, 359
Shatapata Brahmana 85
Shaw, George Bernard 14, 16, 21, 31
Shen Nung 159
Shesha 90
Shetashvetara Upanishad 107
shikhara (pilaar) 132
Shimei Nawa 166
shinsen (voedselgeschenk) 167
Shinto **162-163**, 164-167
shirk 340
Shiva Purana 108, 114
Shiva 57, 81-83, 89, 90, 103-115, 116, 131, 132, 136, 304
-, afbeeldingen van 60, 61, 105-106, 110
-, drums van Shiva 107, 129
-, Kali 119
-, Kannappar 112-113
-, linga en lingayats 114-115, 114-115
-, Murukan 59
-, nalvar en nayanars 110-111
-, Nataraja (Heer van de Dans) 44, 104, 107
-, Parvati 116-118

-, Purana 83, 114
-, tantra 103, 103
-, zonen van 108-109, 117
shoah 224
Shomu, keizer van Japan 164
Shotoku 143, 163
shramana ('afstand doen van de wereld') 68-70
shrauta (offers) 61
shri **116**, 118-119
shrivaishnava's 94, 118
shrividya's 57, 119, 131
shriyantra's 131
shruti ('dat wat gehoord is') 60
Shuddhadvaita Vedanta 136
shunyata (leegte) **72**, **73**
Shvetaketu 86
Shvetambara 70
Siberië 160, 288
Sicilië 236
siddha (volmaakt) 71
signalen en symbolen 39, 43, 45, 276
sikhs 6, 15, 56, 57, 122-128, 123-127
Sima Tan 160
Simorgh 342
Sinaï, berg 189, 201
sinificatie ('verchinezen') 306
Sion, berg 190, 191, 198
Sioux-indianen 36
Sita 78-79, 79, 80, 81
sjamanisme 34-35, 50, 155, **160-161**, 161
Sjema 177-178, 183, 211, 223, 246
sjiieten, moslims **318**, 332, 334, 361
Sjoelchan Aroech 175
Skanda 59, 108-109, 117
slang 18, 26, 73, 85, 87, 90, 98, 110, 119, 196
slavernij 40, 296, 297, 302-303, 303, 314
sluier 336, 338-339
smarta/smriti 83
'sober soefisme' 346
Societas de Jesus zie jezuïeten
Socrates 231, 242
Sodom 185
Soedan 373
soefi 319, 334-348, 355, 358-359
Soekkot-feest 192, 210
Soemeriërs 194
soennieten, moslims **318**, 332
Sofar 208
Sofia 205, 233, 288
solipsisme 21
Soma 62-63, 66
'somatische marker'-hypothese 44-45
Spanje 221, 279, 292
Speaight, R. 279
sperma 63, 103, 109
spermatikos logos 232, 305-306
sphota 128
spiegel 205
Spinoza, Baruch 175, 222
'spiritual' 303
spissitude 16
spoorwegen 308, 308
sprookjesfiguur 23
Sri Lanka 373

Standing Bear, Luther 36-37
Starhawk 34-35
startsi (heilige mannen) 288-289
Sterne, Laurence 248
Sthandila-mandala 132
stigmata, 264, 265
stilte 128, 220, 239, 249, 343, 356
stoïcijnen 232-233, 240, 305-306
Stoppard, Tom 23
Strauss, David 229, 309, 310
Sturluson, Snorri 38
Su Tongpo 170
Subiaco 263, 263
substantia 248
Suger, abt 229, 276, 276, 277
Sugriva 79
Sui-Tang 143
Sukhavati 74, 143
summa 266
Sundarakanda 79
Sung-dynastie 143
'Sura van Eenheid', Koran 323
surda 57, 136
Surya 63, 63, 83
-, tempel in Bombay 92
Suvée, J-B. 52
Svayambhu 63
Swabia 315
symbolen 38-39, 43, 60, 91, 106, 114, 116, 118, 128, 130
-, anti-icoon 114
-, christelijke kunst 276-277, 286
-, icoon 114
-, India 60-62, 69, 70, 72-73, 80, 86, 90-91, 95, 103-104, 105, 111, 114, 115, 117, 128, 130-133, 139
-, mandala 130
-, OM (AUM) 105, 128
-, sikh 124, 126-127
-, startsi 288
-, symbolische cognitie 43-44
symfonie 280-281
synagoge **50**, 174, 199, 200, **212-213**, 213, 280
syncretisme 58, 64, 83, 90, 94-95, 104-106, 109, 119, 155, 156, 160, 162, 228, 303-306, 339
Synode van 869 nChr. 287
synoptisch evangelie 236

T

taal 314
-, en onderdrukking 314
-, Hebreeuws 200
-, India 58, 60
al-Tabari 361
Tagore, Rabindranath 57, 138
Tai Sui 157
Taiho-codex 143, 163
Taika-hervorming 143, 163
Taiping-rebellie (1850-1864) 143, 170
Taishan 157
Taizé-gemeenschap 229, 281
talibaan, Afghanistan 71
Talmoed 174-175, 201, 201, 211, 218
tamas (passiviteitprincipe) 76, 82

Tamil Nadu 58-59
Tamil Veda 98, 110
Tamils 57, 58, 59, 110-111
tana Bhagats 109
Tang-dynastie 142
tantra **102-103**, 103, 110, 119, 130-131
tao 142
-, taoïsme 152-155, 160, 170-171
Tao-te Tianzun 154
Tao-te Tjing 152-153
tapas (door ascese geproduceerde warmte) 63, 78, 106, 117, 139
taklid (autoriteit) 356
Tara 71, 73-74, 75
taraka ('veerbootmantra') 107, 116-117
targoems **200**, 321
Tathagata 72
tawhid (eenheid) 333, 347
Taylor, John 368
te 153
tegenargument 13
teleologica 267
televisie 279
telos (doelstelling) 267, 269
Temmu, keizer van Japan 143, 164
tempel
-, architectuur 50-51, 51
-, China 50, 168-169
-, grotten- 50
-, India 50, 90, 102, 110, 115, 132-133
-, jodendom 50, 174, 177, 182, 190-192, 195, 199, 238-239
-, shinto- 163, 163
-, sikh- 126-127
Tenach **200**, 201-202
Tenochtitlán 48
Tenshu 166
Teresia van Avila 41, 41, 229, 278, 292, 293, 294
terrorisme 360, 371
tetragrammaton 178
Tevaram 110
teyvam (goddelijke natuur) 59
Thailand 306
thalamus, hersenanatomie 18-19
thealogie 314-315
theater 278-279
Thebe 51
theodicee **12**, 13, 224
Theologia Aristotelis 353
theologie 20, 26, 229, 252, 269, 295, 314, 316-317, 332
theosis 250, 274
Thesiger, Wilfred 342
Thomas, R.S. 7, 229, 317
thomisme 279
Thompson, Francis 285
Thompson, R.F. 25
Thor 10, 38
Thoreau, Henry David 139
Thugs 117
Tian Ming 146
Tian 142, **145**, 146-151, 306
Tian-zhu 306
Tian-zi ('Zoon des Hemels') 146
Tibet 72-74
'Tien Geboden' 176
tiferet (schoonheid) 216

tijd 45-46, 91, 96, 99, 114, 117, 157, 231, 247, 260, 270
tikkun zie reparatie
Timur 319
al-Tirmidhi 323
tirthankara's 70, 71
tirtha-yatra (pelgrimstocht) 134
Tirumal 98
Tirumurai 110
Tiruvaciriyam 99
Tiruvaymoli 98-99, 104
Tiruviruttam 99, 104
titaan 206
toe-eigening, islamprincipe 333
toevalligheid zie contingentie
Tolstoi, Leo 139
toorn van God 184-186, 299, 328; zie ook God, toorn van
Tora 197, 199, **200**, 202, 205, 210-214, 218, 220, 238
 -, engagement 200, 209
 -, liturgie 214
 -, Makkabeeënopstand 209
 -, orthodox jodendom 224
 -, overgangsriten 43
 -, rabijnen 210-211
 -, studie van 200-201, 223
 -, synagoge 212-213
 -, Verbond met God **176**, 177
'Toren van Babel' 176
tovenarij 34-35, 34
Traherne, Thomas 272-273, 366
Trajanus, Romeinse keizer 244
trance 40-41, 98, 125, 137, 160-161, 203, 223
transcendentie 19, 25, 45, 87, 122, 216-217, 221, 325, 340, 351
Trente, Concilie van 281, 292
trimurti 86, 90, 104, 116, 128
Trinidad 303
trommelen zie drummen
troon 330, 333, 350, 357
tsimtsoem 217
Tsunoda, R. 162
Tu-di Gong 159
Tukaram 57, 136
Tulsi Das 57, 129
Tungu (Siberisch volk) 160
Turkije 6
Turner, H. 36
Tyndale, William 299
Tyndall, John 308

U

Udayana 76
Uddalaka 86
uitvinding 371
Ujjain 134
umma 349
ummi 324
unie 103, 113, 121, 125, 127-130, 135, 137, 155, 170, 223, 235, 250, 274, 291-292, 334-335, 337, 339, 340-341, 343-346
universum 89, 96, 119, 136, 272, 289, 366-369; zie ook kosmos
 -, als God 26, 86-89

-, essentie en bestaan 268-269
-, metafysica 317
-, scheppingsverhalen 90, 206
-, 'Vorm van het Goede' 231
-, wetenschappelijke theorie 16-17, 308, 364
upanishad 57, 61, 62, 66, 83, **84-85**, 88-89, 102, 108
Ur, Chaldea 321
Urabe Kanetome 143, 165
Uriël, aartsengel 255
Uruguay 303
Uthman, kalief 319, 326, 332
Utku-eskimo's 312
Uttarakanda 79
Uzza 188
Uzzia, koning van Juda 190

V

Vac 128-129, 139
vacana (dichters) 57, 113
vagevuur 270-271, 270, 290, 292
Vahiguru 127
Vaisheshika 57, 76
vaishnava's 57, **83**, 89-90, 94, 110, 116
vajra (donderslag) 66, 130
Valignano, Alessandro 229, 306
Vallabha 57, 136
Valmiki 78
Varaha 82
Varanasi 107, 107, 120, 134
Varapande, M.L. 135
Varuna 63-66, 67, 104
vasten, islam 349
Vastu Purusha-mandala 132, 133
Vasudeva 94
Vaticaan zie rooms-katholieke kerk
vattya ('indringend principe') 76
Vaudeville, C. 120-121
Vaughan, Henry 22
Vayu 63, 80
veda 33, 57, 58, **60-61**, 64-65, 76, 78, 83-84, 89, 104-105, 128, 139
vedanta 57, 61, 84, 87, 118
vedische religie 57, 58, 60-66, 84
Venugopala 94
Venus 206
venussen 32, 32
verbanning zie ballingschap
verbeelding 51-53, 234
'Verbond van Aardse magie' 34
verbond 102, 174, 176-177, 176, 180, 186-189, 195, 198-199, 202, 208, 210, 228, 239, 240, 278
Verenigde Staten 6; zie ook Noord-Amerika
verering 287, 303
vergevingsgezindheid 235, 244-245, 328
verhalen vertellen 46-47, 50, 59, 69-70, 77-80, 83, 152, 162, 164, 201, 223, 238
verleiding 80, 238
verlichting
 -, boeddhisme 69-72, 74
 -, mandala 130
 -, Tara 73-74
'Verloren Zoon' 244, 245

verlossing 47, 73, 77, 85, 103, 107, 138, 143, 158, 176, 187, 195, 214-215, 222, 225, 226, 228, 240, 259, 266-267, 275, 290-291, 291, 292, 299-300
vernietiging zie fana
verschijning 18-9, 22, 71, 85, 87, 97, 106, 130, 154
vervalsing 357, 372
vervreemding 13
verzoening 229, 236, 247, 305
Via eminentiae 268
Via negativa 274-275
Via remotionis 268
Vibhava 90
'Vier Edele Waarheden' 69-70
'Vier Koningen' 68, 71
'Vijf Godheden' 83
'Vijf Lichamen' 119
'Vijf M's' 103
'Vijf Pilaren' van de islam 318, **349**
'Vijf Principes', mutazilitisch 333
'Vijf Producten' 139
'Vijf Wegen' (Quinque Viae) 13, 24, 76, 266-267
Vinayapatrika 81
Vinaya-patrika 81
viraha (afwezigheid) 96, 99-100, 113, 125, 136
virashaiva's 113-115
Virgilius 229, 233, 271, 271
Virginia 298
Vishishtadvaita **88**, 93, 99
Vishnu 57, 80-83, 88, 89, 90-95, 104-105, 119, 136
 -, dans 40
 -, Garuda 316
 -, heiligdom 88
 -, incarnatie (avatar) 79, 90-91, 91, 114
 -, Jagannatha feest 133
 -, Krishna 94-96, 98-99, 110, 133
 -, purana 82, 83
 -, Ramayana 78
 -, Shakti 116
 -, shri 118
Vishnu Purana 83, 83
Visigoten 262
visioen 137, 160, 251-252, 266, 270, 272, 273, 282, 315
 -, Ignatius van Loyola 294
 -, Jesaja 190
 -, Mohammed 321-323
 -, Paulus 234
 -, Teresia van Avila 41, 41, 292
 -, Zoroaster 196
visualisering **72-73**, 97, 103, 130, 134
Vivekananda 57, 137
Vladimir van Kiëv 229, 288
vliegtuig 316, 316
voedsel 33, 36, 44, 62, 94, 127, 198
vogels 255, 255, 265, 342-343
Voltaire 15, 15, 31
voodoo 303
voorzienigheid 204
'Vorm van het Goede' 230-232
vrees, in relatie tot God 19, 41, 365
vriendschap 260, 270
vrije wil 289, 332-333
Vrishni's 94

vrouw 114-115, 314-315
-, bevrijding van de 314-315
-, Godin 32-35, 32
-, heks 34-35
-, in de islam 336, 351
-, ondergeschiktheid aan de man 12, 73, 114, 314, 314, 336
-, wijsheid 204
vruchtbaarheid 32, 61, 66, 139, 144, 159, 182
vuur 63, 78, 100, 105, 130, 161, 182, 226, 254-255, 265, 273, 292, 336, 344
vyuha 90, 130

W

waarborg 21
waarde 24-25, 197, 366, 367
waarheid 25, 138-139, 372
   -, alGhazali's zoektocht 356-357
   -, cor inquietum 258, 260
   -, Griekse filosofie 231-232
   -, mythologie 47, 309
   -, verlangen naar 267
   -, wetenschap 16-17, 266-267, 308-309, 368-69
Wagner, Richard 31
-, opera Parsifal 47
wahabieten 319
Wakefield, mysteriespel 278
al-Wakidi 323
Walad, sultan 347
Wales 254
Wang Wei 143, 170-171
water 61
   -, Chinese religie 170
   -, reiniging/zuivering 94, 134
waterbuffel, theologie 306
Watson, James 369
weerlegging 12
'Weg van het Niet-Weten' 274-275
Wei-jin 143
Wen Wang 156
Wen Zhang Di-jun 159
Wenen 319
Wereldoorlog I 310
Wereldoorlog II 166, 167, 282, 317
Wereldparlement van Religies, Chicago 1893 57, 137
Wesley, Charles 229, 281, 296
Wesley, John 229, 296-287, 296
westmuur van de Tempel, Jeruzalem 215
westers christendom 248, 286
'Westers Paradijs' zie Sukhavati
West-Indië 303
wetenschap 21, 77, 138, 308-309, 308, 311, 356-359, 364, 366-369
   -, aard van het universum 16-17, 308, 364
   -, corrigeerbaarheid 16-17, 364-365
   -, dood van God 317
   -, moslim- 340, 354
   -, natuurkundige wetten 16, 139, 266, 308, 368
   -, waarheid 47
wetenschappelijke benadering 47, 308
wetten, fysica 16, 139, 266, 368
Wheatley, Phyllis 302, 302

Whichcote, Benjamin 300
Whitby, Synode van (664 nChr.) 254
Whitehead, A.N. 154, 230, 317
Whitehead, Henry 58
wicca 31, **34-35**, 315
wijsheid 196, 204-205, 207, 211, 215-216, 233, 243, 305
Wijsheid, bijbelboek 205
wijsheidsliteratuur 175
'Wijzen uit het Oosten' 245, 306-307
Wilberforce, William 229, 297
wildernis 191, 225
Wiles, M. 249, 253
Willem van St.-Thierry 277
Willendorf, Venus van 31, 32
Williams, Charles 279
Winthrop, John 298
Wittenberg 290
Wittgenstein, Ludwig 31, 153, 366
'Woeste Goden' 72-73, 72, 130
woestijn 27, 41, 210, 253, 274, 313, 335, 342, 344
'Woestijnvaders' 229, 252-253, 253
wol 335
wonderen 287, 289, 308, 337, 356, 366
Woord van God 15, 123, 125-128, 200, 202, 236, 260, 263, 267-268, 287, 305-306, 325; zie ook Logos
Wordsworth, William 229, 270
woud/bos 78
Wu, koning van China 143, 145, 156
wu wei 153
wujud 354
Wu-sheng lao-mu 158-159
Wycliffe, John 229, 281

X

Xenophanes 15, 31
Xi Wang-mu 170
Xia-dynastie 143, 144-145
Xian zie onsterfelijk
xiao (kinderlijke eerbied) 147, 149
Xiyou ji ('Reis naar het Westen') 157
Xolotl 48
Xuan Zong, keizer 157
Xun Kuang, Xunzi 143, 150, 153

Y

Yadava's 94
Yajnavalkya 84
Yajur Veda 60
Yama 45, 70, 72
Yamamoto-clan 162
Yamuna, rivier 134, 365
Yandell, K. 17
yantra 130, 131
Yao, X. 149
Yasna 196
Yasukuni-heiligdom, Tokio 143, 166, 167
Yathrib 321, 350
Yggdrasil 38
Yi Songye 162
Yi-dynastie 143, 162
yin en yang 153-154, 156
Yoga Sutra 135
yoga 61, 68-69, 77-78, 77, 85, 92-93, 102, 109, 131, 135, 138, 339

yogi 72-73, 103, 107, 109, 121, 130, 131
Yomei, keizer van Japan 143, 163
yoni 61, 114, 115, 116
York, mysteriespel 278
Yoruba 25, 25, 303
You Ting Shi 168
Younger, Paul 107
Yu Huang Shang-Di 156-157
Yu Shen 159
Yua Lao Xing-jun 159
Yüan-dynastie 143
Yuanshi tianzun 154, 156, 156
Yuddhakanda 79
Yue Lao Xing-jun 159

Z

Zacharia 198
Zaddikim 222-223
Zaid ibn Thabit 324
Zaïre 243
'zalig visioen' 267, 272; zie ook Beatrice; Dante
Zalman, rabbi Sjneur 222
Zarathustra zie Zoroaster
zee zie oceaan
zegeningen, jodendom 214-215
'Zelf Ongeproduceerde Producent' 154
Zeller, E. 308
zen 229
zending/zendeling 210, 295-298, 304, 304-305, 312-313
Zeus 60, 206, 305
Zhou Xin 143, 156
Zhou-dynastie 143, 145-146, 148, 154, 156
Zhuangzi 143, 152
ziel 231-232
zingen 280-281, 303-304
zionisme 175, 218
Zoesja, rabbi 222
Zohar 175, 216
Zon 51, 51, 130, 265, 272, 282, 295, 344
zonde 49, 185, 208, 215, 228, 235, 256, 296, 323, 332-333
   -, aflaat 290-291
   -, erfzonde 290
   -, hoofdzonden 271
zonnedans 36
zonnegod/-godin 51, 63
'Zoon des Mensen' 238, 239
'Zoon van God' 235
Zoroaster 175, 196
zoroastrisme 196-197, 196, 306
Zosima 289
zout 87
az-Zuhri 335
Zuid-Amerika 302-303, 306, 312-313, 313
'het Zuivere Land' 74-75, 142-143, 158
'Zwart Meisje' 14
Zwarte Madonna van Montserrat 294
Zwarte Steen, Mekka 320
zweethutceremonie 37
Zwitsers Gereformeerde Kerk 310

Woord van dank

◆

Naast Sean Moore en Margaret Bowker (pp.6–7), ben ik dank verschuldigd aan een aantal mensen die op verschillende wijzen hebben bijgedragen aan de totstandkoming van dit boek. Gavin Flood, Yao Xinzhong en professor C.F.D. Moule hebben delen gelezen en voorstellen en correcties aangedragen; Quinton en Mona Deeley deden dat ook en Quinton schreef stukken voor het deel over rituelen (pp.42–45) waarin zijn nieuwe en belangrijke inzichten over 'de regilieuze hersenen' naar voren komen; David Bowker was met zijn kennis van de religies, altijd een bron voor waardevol advies en correcties. Wijlen Richard Tucker en Guy Welbon stonden mij terzijde bij respectievelijk de metafysica en de tempels van India, en Madeleine Shaw Leidde mij rond in de Cambridge University Library – waarvan de staf ook onschatbare hulp verleende. Felicity Bryan behoedde mij voor onnoemelijk veel fouten. Een clubje artsen – Bill Aylward, Malcolm Kerr-Muir en Stephen Wroe – stonden mij bij tijdens mijn aanhoudende oog- en andere ziekten en zorgden er zo voor dat ik kon blijven schrijven. Bill Broderick, Sarah Brunning, Maureen Thomas, Hayley Glen en Ted Hardingham boden niet aflatende steun.

Studio Cactus produceerde dit boek namens Dorling Kindersley. Het team stond onder leiding van Damien Moore, Amanda Lunn en Kate Grant, die fantastisch waren. Donna Wood en Sharon Rudd verzetten het leeuwendeel van het werk en deden dat met een enorme dosis doorzettingsvermogen: zonder hen zou dit boek nooit hebben bestaan.

JOHN BOWKER

Studio Cactus is Oxford University Press dankbaar dat men de auteur onbeperkt gebruik liet maken van de *New Revised Standard Bible* en dat men toestemming verleende om te mogen putten uit hun *The Oxford Dictionary of World Religions* (1999). Dank ook aan Jo Walton voor de beeldresearch, Polly Boyd voor de correcties, Jane Baldock voor de redactionele ondersteuning, Sharon Moore voor de wijzigingen in de kaarten en Hilary Bird voor het register.

ILLUSTRATIEVE-RANTWOORDING

Abbreviations: BAL = Bridgeman Art Library, RHPL = Robert Harding Picture Library

Omslag: boven, van links naar rechts: Corbis, Werner Forman Archive, Ancient Art & Architecture Collection, Glasgow Museum, Corbis; onder: Corbis; Franse titelpagina: Lester Lefkowitz/Corbis Stockmarket
Frontispice: Victoria & Albert Museum, Londen, UK/BAL
Titelpagina: DK/Glasgow Museums/Ellen Howden
Inhoud (LHP): AKG Londen; (RHP): boven: Oriental Museum, Durham University, UK/BAL; linksonder: AKG Londen; rechtsonder: Staatliches Kunstmuseum, Minsk/AKG Londen
p.7: William Manning/Corbis Stockmarket
p.8 & 11: Pergamon Museum, Berlijn/Bildarchiv Steffens/BAL
p.10: National Museum, Damascus, Syria/Peter Willi/BAL
p.12: AKG Londen
p.13: Prisma/Rex Features
p.14: DK/Alistair Duncan
p.15: Institut et Musée Voltaire, Genève/Erich Lessing/AKG Londen
p.16: DK
p.17: Sixtijnse Kapel, Rome/AKG Londen
p.18 & 19: DK
p.20: Musée Rodin, Parijs/AKG Londen
p.23: privé-collectie/BAL
p.24: Scrovegni Chapel, Padua/Cameraphoto/AKG Londen
p.25: DK/Glasgow Museums/Ellen Howden
p.27: Corbis Stockmarket
p.28–9 & 36: Haffenreffer Museum of Anthropology/Werner Forman Archive
p.31: Bettmann/CORBIS
p.32: Naturhistorisches Museum, Wenen/Erich Lessing/AKG Londen
p.34: Kevin Carlyon/Fortean Picture Library
p.37: AKG Londen
p.38 boven: DK/Max Alexander
p.38 onder: DK/Francesca York
p.39: Musée Municipal, Limoges/Erich Lessing/AKG Londen
p.40: Jean-Louis Nou/AKG Londen
p.41: DK/David Sutherland
p.42 & 43: Rex Features
p.44 boven: GJLP/CNRI/Science Photo Library
p.44 onder: GCA/CNRI/Science Photo Library
p.45: David & Peter Tumley/CORBIS
p.47: Wittelsbacher Ausgleichfonds, München/AKG Londen
p.48: AKG Londen
p.49: Janet Wishnetsky/CORBIS
p.50: Werner Forman Archive
p.51: Erich Lessing/AKG Londen
p.52: Hubert Stadler/CORBIS
p.53: Kimbell Art Museum/CORBIS
p.54–5: British Library, Londen, UK/BAL
p.58: DK/British Museum
p.59: DK/Barnabas Kindersley
p.60: Angelo Hornak/CORBIS
p.61: Angelo Hornak/CORBIS
p.62: Historical Picture Archive/CORBIS
p.63: Jalaram Temple, Bilimora, Gujarat, India/Dinodia Picture Agency, Bombay, India/BAL
p.64: Victoria & Albert Museum, Londen, UK/BAL
p.65: DK/Frank Greenaway
p.67: Ancient Art and Architecture Collection

VERANTWOORDING

p.69: Science Photo Library: Colin Cuthbert
p.70: DK/Glasgow Museums
p.71: Goldhill/Rex Features
p.72 & 73: Philip Goldman Collection/Werner Forman Archive
p.75: Oriental Museum, Durham University, UK/BAL
p.76: Robert Harding Picture Library
p.77: Jean-Louis Nou/AKG Londen
p.78: National Museum of India, New Delhi, India/BAL
p.79: Jean-Louis Nou/AKG Londen
p.80: DK/Peter Anderson
p.81: Victoria & Albert Museum, Londen, UK/BAL
p.82 boven: Jean-Louis Nou/AKG Londen
p.82 onder: DK/Ashmolean Museum, Oxford
p.83: Rex Features
p.85: Resource Foto/Art Directors/Trip
p.86: Art Directors/Trip
p.87: Rex Features
p.88: DK/Ashmolean Museum, Oxford
p.89: Art Directors/TRIP
p.90 boven: DK/Ashmolean Museum, Oxford
p.90 onder: DK/Gables
p.91: Victoria & Albert Museum, Londen, UK/BAL
p.92: Surya Temple, Somnath, Bombay, India/Dinodia Picture Agency, Bombay, India/BAL
p.93: Oriental Museum, Durham University, UK/BAL
p.94: DK/Glasgow Museums
p.95: Explorer/Jean-Louis Nou/Robert Harding Picture Library
p.96: DK/Barnabas Kindersley
p.97: National Museum of India, New Delhi, India/BAL
p.98: Jean-Louis Nou/AKG Londen
p.101: privé-collectie, India/Dinodia Picture Agency, Bombay, India/BAL
p.103: privé-collectie/Werner Forman Archive
p.104: DK/Glasgow Museums
p.105: DK/Barnabas Kindersley
p.106: British Library, Londen, UK/BAL
p.107: Robert Harding Picture Library
p.108: DK/Glasgow Museums
p.109: DK/Barnabas Kindersley
p.110: Jean-Louis Nou/AKG Londen
p.111: Rex Features
p.113: Helene Rogers/Art Directors/TRIP
p.114: DK/Amit Pashricha

p.115: JR Naylor@ The Ancient Art and Architecture Collection Ltd
p.117: Jean-Louis Nou/AKG Londen
p.118: DK/Glasgow Museums
p.119: National Museum of India, New Delhi, India/BAL
p.120: DK
p.121: Robert Harding Picture Library
p.122, 123, 124 & 125: Helene Rogers/Art Directors/TRIP
p.127: DK/Gables
p.128: Art Directors/TRIP
p.129: DK/Glasgow Museum
p.130: Ronald Sheridan@ The Ancient Art and Architecture Collection Ltd.
p.131: British Library, Londen UK/AKG Londen
p.132: DK
p.134: Paul McCullagh/Robert Harding Picture Library
p.135: F Good/Art Directors/TRIP
p.137: Rex Features
p.138: Archiv Peter Ruhe/AKG Londen
p.139: DK/Gables
p.140: Mary Evans Picture Library
p.143: Seattle Art Museum/CORBIS
p.144: Lowell Georgia/CORBIS
p.145: British Library, Londen/Werner Forman Archive
p.147: Erich Lessing/AKG Londen
p.148: Bibliotheque Nationale, Parijs/BAL
p.149: Sipa Press/Rex Features
p.151: Burstein Collection/CORBIS
p.152: Oriental Museum, Durham University, UK/BAL
p.153: DK/Alex Wilson
p.155 & 156: Mary Evans Picture Library
p.157: Werner Forman Archive
p.158: Mary Evans Picture Library
p.159: DK/Glasgow Museums/Ellen Howden
p.161: Sipa Press/Rex Features
p.162: Oriental Museum, Durham University, UK/BAL
p.163: Sakamoto Photo Research Laboratory/CORBIS
p.165: Asian Art & Archaeology Inc./CORBIS
p.166: Paul A Berry/CORBIS
p.167: Hulton Deutsch Collection/CORBIS
p.168: Peter Scholey/Robert Harding Picture Library
p.171: Gina Corrigan/Robert Harding Picture Library

p.172–73: Musée National de la Renaissance, Ecouen/Peter Willi/BAL
p.176: Israel Museum, Jeruzalem/AKG Londen
p.177: Zev Radovan
p.178: Bettmann/CORBIS
p.179: DK/Alistair Duncan
p.180: Richard T Nowitz/CORBIS
p.181: DK/Andy Crawford
p.183: Austrian National Library, Wenen/AKG Londen
p.185: Judaica Collection Max Berger, Wenen/AKG Londen
p.186: Musée Rolin, Autun/AKG Londen
p.187: AKG Londen
p.188: Vaticaans Museum, Rome/AKG Londen
p.190: Richard T Nowitz/CORBIS
p.191: Musée National de la Renaissance, Ecouen/Peter Willi/BAL
p.192: Dave Bartruff/CORBIS
p.194: Pergamon Museum, Berlijn/AKG Londen
p.195: Gianni Dagli/CORBIS
p.196: Charles & Josette Lenars/CORBIS
p.197: Chris Hellier/CORBIS
p.198: AKG Londen
p.200: DK/Jewish Museum/Andy Crawford
p.201: Ted Spiegel/CORBIS
p.202: DK/Paul Harris
p.203: DK/Max Alexander
p.204: Science Photo Library/Claude Nurisdany & Marie Perennou
p.205: Science Photo Library/Colin Cuthbert
p.206: DK/Manchester Museum
p.207: Archaeological Museum, Tunisia/Gilles Mermet/AKG Londen
p.208–09: Bibliotheque Nationale, Parijs/AKG Londen
p.210: Israel Museum, Jeruzalem/AKG Londen
p.211: National Gallery, Londen, UK/BAL
p.212: DK/Joods Historisch Museum
p.213 above: DK/Alan Williams
p.213 below: DK/Barnabas Kindersley
p.215: Annie Griffiths Belt/CORBIS
p.216 & 217: AKG Londen
p.219: Bibliotheque Nationale, Parijs/AKG Londen
p.221: Royal Library, Kopenhagen/AKG Londen

VERANTWOORDING

p.222: Markisches Museum, Berlijn/AKG Londen
p.223, 224, 225 & 227: AKG Londen
p.229: Courtesy of Mark Cazalet
p.230: Vatican Museums, Rome/AKG Londen
p.231: DK/Francesca York
p.232: DK/Mike Dunning
p.233: DK/British Museum/Christi Graham, Nick Nichols
p.234: DK/Peter Wilson
p.235: Kunstmuseum Bazel/AKG Londen
p.237: The Ancient Art & Architecture Collection Ltd
p.238: National Library, Athens/Erich Lessing/AKG Londen
p.239: DK/Peter Dennis
p.240: Ronald Sheridan@The Ancient Art & Architecture Collection Ltd
p.241: Staatl. Russisches Museum, St Petersburg/AKG Londen
p.242: Missions Etrangers de Paris, Parijs/Jean-Francois Amelot/AKG Londen
p.243: Bareiss Family Collection/AKG Londen
p.244: Musée Rodin, Parijs/Peter Willi/BAL
p.246: Museo del Prado, Madrid/AKG Londen
p.249: Galleria Nationale dell'Umbria/S Domingie/AKG Londen
p.251: Kathareinenklooster, Sinaï/Erich Lessing/AKG Londen
p.253: Staatliches Kunstmuseum, Minsk/AKG Londen
p.254: Science Photo Library/Pat and Tom Leeson
p.255: DK/Cyral Laubscher
257: RHPL
p.258: Galleria degli Uffizi/S Domingie/AKG Londen
p.261: RHPL
p.262: Gian Berto Vanni/Corbis
p.264: Musée du Louvre, Parijs/Erich Lessing/AKG Londen
p.265: S. Croce (Bardi Chapel), Florence/Erich Lessing/AKG Londen
p.266: Musée du Louvre, Parijs/Erich Lessing/AKG Londen
p.268: Museo de Arte, Lima/Weintmilla/AKG Londen
p.269: S Maria Novella, Cappellone degli Spagnuoli/AKG Londen
p.270: DK/John Heseltine
p.271 & 272: British Library, Londen/AKG Londen
p.275: Bayerische Staatsbibliothek, München/AKG Londen
p.276: F Jalain/RHPL
p.277: Michael Short/RHPL
p.279 boven: Bettmann/CORBIS
p.279 onder: Reinhard Eisele/CORBIS
p.280: British Library, Londen/AKG Londen
p.281: Peter Robinson/Empics
p.282: Museo dell'Opera del Duomo, Florence, Italy/BAL
p.283: AKG Londen
p.284: Welwillend beschikbaar gesteld door Mark Cazalet
p.286: Decaniklooster, Joegoslavië/AKG Londen
p.287: Ronald Sheridan@The Ancient Art & Architecture Collection Ltd
p.290: AKG Londen
p.291: Operation Raleigh/RHPL
p.293: Bibliotheque Nationale, Parijs/Lauros-Giraudon/BAL
p.294: AKG Londen
p.295: Bettmann/CORBIS
p.296: Brian Wilson@The Ancient Art & Architecture Collection Ltd
p.297: CORBIS
p.298: Lee Snider/CORBIS
p.299: The Ancient Art & Architecture Collection Ltd
p.301: AKG Londen
p.302: CORBIS
p.303: The Ancient Art & Architecture Collection Ltd
p.304: DK/Ray Moller
p.305: Archivo Iconografico/CORBIS
p.307: Jean-Louis Nou/AKG Londen
p.308 & 309: AKG Londen
p.310: Unterlindenmuseum, Colmar/AKG Londen
p.311: Port-Royal-des-Champs, Abbaye/Erich Lessing/AKG Londen
p.312: Nik Wheeler/CORBIS
p.313: Paul Almasy/CORBIS
p.314: Welwillend beschikbaar gesteld door Edwina Sandys
p.315: SMPK, Berlijn/AKG Londen
p.316: George Hall/CORBIS
p.319: Robert Frerck/Robert Harding Picture Library
p.320: Art Directors/Trip
p.321: AKG Londen
p.322: Art Directors/Trip
p.325: British Library, Londen, UK/BAL
p.326: Jean-Louis Nou/AKG Londen
p.327: privé-collectie/Bonhams, Londen, UK/BAL
p.328: DK/Glasgow Museum
p.329: Art Directors/Trip
p.331: DK/Alistair Duncan
p.332: AKG Londen
p.333: Steve Rayner/CORBIS
p.339: Science Photo Library/Gordon Garradd
p.340: Science Photo Library/Alfred Pastieka
p.341: British Library, Londen, UK/BAL
p.334: Ronald Sheridan@The Ancient Art & Architecture Collection Ltd
p.335: Nik Wheeler/CORBIS
p.337: Westfalisches Schulmuseum, Dortmund/AKG Londen
p.342: RHPL
p.343: Peter Johnson/CORBIS
p.344: Art Directors/Trip
p.345: Bibliotheque Nationale, Parijs/AKG Londen
p.346: Helene Rogers/Art Directors/Trip
p.347: AKG Londen
p.348: A Gamiet/Art Directors/Trip
p.349: Art Directors/Trip
p.351 boven: R Bell@The Ancient Art & Architecture Collection Ltd
p.351 onder: Art Directos/Trip
p.352: Viesti Collection/Art Directors/Trip
p.353: Musée du Louvre, Paris/Erich Lessing/AKG Londen
p.354: Art Directors/Trip
p.355: Bibliotheque Nationale, Parijs/BAL
p.357: RHPL
p.358: Museum im Azm-Palast., Damascus/Jean-Louis Nou/AKG Londen
p.360: Iman Zahdah Chah Zaid Mosque, Isfahan, Iran/Index/BAL
p.361: Christie's Images, Londen, UK/BAL
p.362: Lester Lefkowitz/Corbis Stockmarket
p.364: JM Trois/Explorer/RHPL
p.366: DK/Alistair Duncan
p.369: Corbis
p.371: Reproductie met toestemming van de Henry Moore Foundation/St Matthew's Church, Northampton, Northamptonshire, UK/BAL
p.373: Musée Rodin, Parijs/Peter Willi/BAL